北京电子科技职业学院志

（合并校篇 1958—2007）

《北京电子科技职业学院志》编纂委员会　编著

中国轻工业出版社

图书在版编目（CIP）数据

北京电子科技职业学院志. 合并校篇：1958—2007 /《北京电子科技职业学院志》编纂委员会编著. -- 北京：中国轻工业出版社，2024. 9. -- ISBN 978-7-5184-5001-5

Ⅰ. G719.281

中国国家版本馆CIP数据核字第20247CD317号

责任编辑：王宝瑶　　责任终审：高惠京　　设计制作：锋尚设计
策划编辑：王宝瑶　　责任校对：朱燕春　　责任监印：张　可

出版发行：中国轻工业出版社（北京鲁谷东街5号，邮编：100040）
印　　刷：艺堂印刷（天津）有限公司
经　　销：各地新华书店
版　　次：2024年9月第1版第1次印刷
开　　本：787×1092　1/16　印张：41
字　　数：1000千字
书　　号：ISBN 978-7-5184-5001-5　定价：398.00元
邮购电话：010-85119873
发行电话：010-85119832　010-85119912
网　　址：http://www.chlip.com.cn
Email：club@chlip.com.cn

240196W4X101ZBW

《北京电子科技职业学院志（合并校篇1958—2007）》编纂委员会

《北京电子科技职业学院志（合并校篇1958—2007）》编写组

主　　编：张启鸿　姚光业

副 主 编：王　玮　张晓辉　么居标　李　跃

执行主编：李　跃

统　　稿：陈晓文　王　琴

编　　辑：耿密云　魏　萍　运文强　王娅娟　李璐桐

王安琪　宫育津　周国华

序

国以史为鉴，校以史明志。历史是最好的教科书，历史是最好的老师。校志是对学校创立、发展历史轨迹的真实记载，是学校文化建设的重要内容，是学校继往开来的精神基石，具有“存史、资政、育人、交流”的重要作用。在北京电子科技职业学院迎来六十五华诞之际，客观、全面地梳理学校2022年以前的发展历程，编纂形成学校校志，第一册为《北京电子科技职业学院志（合并校篇1958—2007）》，记载的是2007年组建新的北京电子科技职业学院之前各合并校办学发展的历史；第二册为《北京电子科技职业学院志（2007—2022）》，呈现的是2007年合并为一校之后，学校快速发展与建设的办学历程。彰往察来，是对学校兴学立业文明薪火的接续传承，使命光荣，意义深远。

回顾学校60余年的发展历程，我们深深感受到，学校的发展与党和国家事业发展、与首都经济社会发展紧密相连。60余年的峥嵘岁月，学校一代代职教人前赴后继，创新实践，走出了汇聚优势资源、勇创一流职教的融合发展之路，走出了传承工匠精神、哺育职业英才的立德树人之路，蕴涵着丰富宝贵的办学心血与经验，积淀形成了“艰苦奋斗的创业精神、敢为人先的创新精神、精益求精的工匠精神、勇立潮头的进取精神、开放包容的融合精神、默默耕耘的奉献精神”，这些精神财富弥足珍贵，凝练成一种文化基因，我们必须倍加珍惜，传承弘扬。

校志的编辑出版，凝聚着全体编纂人员的辛勤劳动，体现了全校各单位团结协作的精神。许多老领导和校友提供了宝贵意见和热情帮助，校志编纂工作专班成员，特别是几位退休老同志主动担当，默默奉献，精益求精，付出了大量心血。在此，我们向参与校志编纂、修订和统稿的所有同志，表示诚挚的谢意！

昔日荣光，已成既往。愿全校师生员工，以史为鉴、继往开来，把习近平总书记对职业教育“大有可为”的殷切期盼转化为“大有作为”的生动实践，向着首善标准、中国特色、世界一流的高水平技能型大学的发展目标奋勇迈进！

党委书记　　　校长

二〇二三年十月

凡 例

一、本志书的编纂坚持依法修志的宗旨，坚持实事求是的原则，力求做到资料翔实，言而有据，达到科学性、思想性和资料性的统一。

二、本志书采用公元纪年，时间断限为1958年10月至2007年3月。

三、本志书分为篇、章、节、目四个层次，横排门类，纵述历史。

四、本志书体裁为述、志、图、表、记、录，以志为主体。

五、本志书称谓一律使用第三人称。人物直书其名，必要时在人名前增加职务名称。各种名称第一次出现时用全称，需简称的注明简称称谓。

六、本志书采用国家法定计量单位，采用规范汉字。

七、本志书涉及纪年、日期、计算、统计数据等数字，用阿拉伯数字并按国家标准书写。

八、本志书中各校涉及专业设置、招生与毕业生、在校生规模、教职工结构和校舍情况等数据信息主要依据学校基层报表内容整理形成。

九、本志书资料来源于学校档案室室藏档案、人事档案、上级文件、学校各部门和单位提供材料及退休老同志提供材料等。

目 录

第一篇 中等职业教育

第二篇 成人高等教育

第三篇 高等职业教育

概　述

《北京电子科技职业学院志（合并校篇1958—2007）》呈现的是2007年合并组建新的北京电子科技职业学院之前，各合并校不同时期办学发展历程分志的集合，每一所学校的创建、兴办与发展都是学校历史的重要组成部分，所有参与学校发展建设的教职员工和校友都是构筑学校发展历史的基石。

一、学校办学历史沿革

2007年3月，经北京市政府批准，五所学校合并组建了新的北京电子科技职业学院。五所学校即北京电子科技职业学院、北京二轻工业学校、北京市仪器仪表工业学校、北京市汽车工业学校（北京市汽车工业总公司职工大学）、北京市机械工业学校（北京市机械工业局职工大学）。各校在独立办学过程中，不断融合发展，先后涉及多所中专学校、职工大学和高职学院。

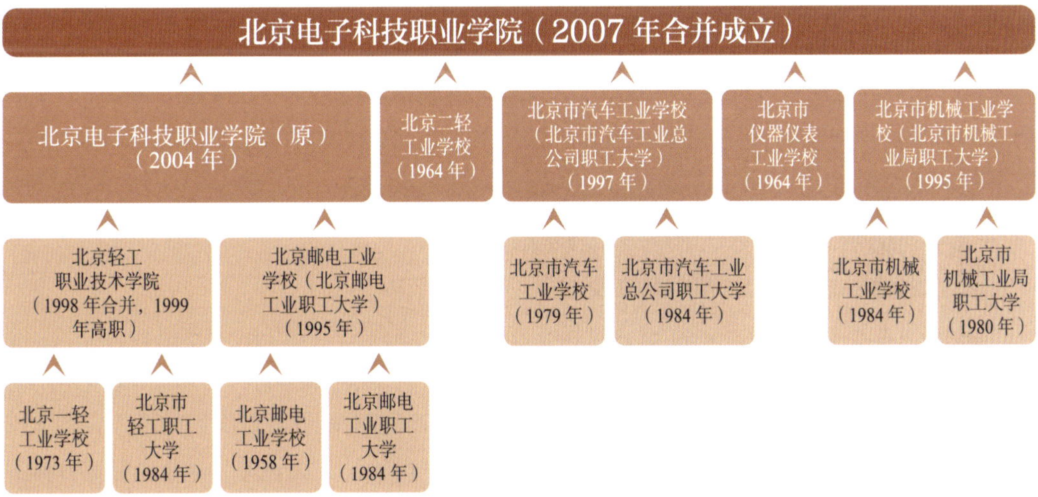

从创建时间看，各学校的办学始于国家经济建设发展的不同历史时期，有着鲜明的时代烙印，有的创立于新中国百废待兴时期，有的创立于改革开放阶段，它们都快速发展于中国特色社会主义新时代。

二、伴随国家经济发展而成长

任何事业的发端都来自时代的召唤和使命的驱动，教育的发展也是如此，是伴随着国家经济发展而成长的。职业教育始于言传身教的学徒制，在大机器生产的推动下形成了集体教学的学校制。新中国的职业教育经历了规模从小到大、层次从低到高、贡献由微到著的发展历程，其最显著的特点是与国家经济和社会发展紧密相连，服务于地方和区域经济。

学校的发展也是随着社会经济发展而不断成长的，在各所学校职业教育的历史长河中，最早一所学校起源于国民经济第一个五年计划期间。彼时新中国百废待兴，工业化建设是一项崭新的事业，邮电基础工业亟待建设与发展，为解决邮电产业工具制造和通讯技术用人之需求，北京邮电工业学校应运而生，于1958年10月18日正式成立，成为学校职业教育办学历史的起点。

20世纪60年代中期，随着北京五金工具等轻工业与仪器仪表工业体系的建立，北京二轻工业学校、北京市仪器仪表工业学校的前身半工半读学校相继成立。20世纪70年代初期，随着日化、钟表、酒业、食品等一轻工业的发展，北京一轻工业学校的前身技工学校和“七·二一”工人大学相继成立。这几所职业学校的成立，为社会主义建设初期人才需求提供了有力的支撑。

1978年党的十一届三中全会召开，开启了改革开放和社会主义现代化建设的历史新时期，北京各行各业全面快速发展，汽车行业进入规模性发展阶段，以北京市第一机床厂等大型国有企业为代表的机械行业技术不断提升，为适应经济社会发展对人才的新需求，又相继诞生了北京市汽车工业学校、北京市机械工业学校。其他四所学校在前期办学基础上，或复校或正式更名成立中等专业学校。这六所办学特色优势突出的中专学校，共同肩负起时代使命，为国家和首都的建设发展做出了突出贡献，获得了社会高度认可。

20世纪80年代初期，为顺应社会对成人专科学历教育的需求，开始探索建立成人高等教育院校，相继成立北京市机械工业局职工大学、北京市第一轻工业总公司职工大学（后更名为北京市轻工职工大学）、北京市汽车工业总公司职工大学和北京邮电工业职工大学，丰富了学校学历教育的层次。

三、依托行业企业需求而发展

依托行业企业兴办职业教育是时代的产物，也是符合中国国情的一种社会办学形式，它既能解决企业对人才的需求，又可以补充国家经济困难时期对职业教育发展的投入。各学校从创建至2000年，均隶属行业主管，在领导任免、资产供给、人员管理、专业设置等方面，由各工业局、各总公司统筹管理，在教育教学、专业备案、招生就业等方面接受北京市教育主管部门的指导和管理。

北京邮电工业学校、北京邮电工业职工大学为邮电部所属单位，由邮电部工业局、总公司直接管理，北京一轻工业学校、北京市轻工职工大学隶属于北京市第一轻工业局，北京二轻工业学校隶属于北京市第二轻工业局，北京市仪器仪表工业学校隶属于北京市仪器仪表工业总公司，北京市汽车工业学校、北京市汽车工业总公司职工大学隶属于北京市汽车工业总公司，北京市机械工业学校、北京市机械工业局职工大学隶属于北京市机械工业局。在改革开放的进程中，这些单位均改制为集团或控股有限公司。

在归属行业管理期间，学校与企业的紧密联系与生俱来，天然形成了校企融合发展一体化模式。在校园建设方面，行业领导从战略发展角度出发，将学校建设纳入行业发展规划，给予学校很大支持，如北京邮电工业学校将台路校区原是北京邮电器材厂院内技工学校用地，北京二轻工业学校红领巾校区原是朝阳塑料厂用地，北京市仪器仪表工业学校大钟寺校区原是北京照相器材厂用地，北京市汽车工业学校甜水园校区原是总公司建筑工程队用地，北京市机械工业学校翠微路校区是北京市第二工具厂的厂址，北京一轻工业学校芍药居校区是购买太阳宫公社奶牛场用地。在专业建设方面，各校根据行业生产技术和管理岗位对人才的需要设置专业和课程，产业特点清晰，特色突出，如北京邮电工业学校的机械制造与加工、邮政自动化、计算机网络等专业，北京二轻工业学校的模具设计与制造、玩具设计与制造、服装设计与制造等专业，北京市仪器仪表工业学校的精密仪器制造、机电技术应用、自动控制技术等专业，北京一轻工业学校的轻工机械、工业企业电气化、计算机应用、生物技术应用等专业，北京市汽车工业学校的汽车制造、汽车检测与维修等专业，北京市机械工业学校的机械制造、焊接技术、数控技术与应用等专业，这些专业陆续发展成为北京市特色专业。其中，“机电技术应用专业”分别被教育部和北京市认定为示范专业、骨干特色专业和现代化标志专业，“数控技术应用专业”“模具设计与制造专业”被认定为全国示范专业和北京市现代化标志专业，“生物技术应用专业”被认定为北京市骨干特色专业和现代化标志专业，“汽车制造与维修专业”被认定为北京市现代化标志专业。期间，行业企业为教师实习提供便利条件，成为“双师型”教师队伍的培养基地。同时，为学生提供真实工作场景的顶岗实习，学生就业入职后很快进入工作状态。

学校在承担学历教育的同时，还兼有对行业企业职工进行文化普及和岗位培训等任务，涉及领导干部培训、企业职工技术培训等，融多重教育类别为一体。如中国邮电工业总公司将北京邮电工业学校和北京邮电工业职工大学作为培训中心，承担全国所属企业的培训工作，为此建立了招待所；北京市仪器仪表工业总公司将教育培训中心设在校园内，共同承担校企培训组织工作；北京市轻工职工大学集党校、成人高等教育与培训为一体，几块牌子、一套人员；北京市汽车工业总公司将甜水园校园作为教育培训基地，管理模式上实行统筹管理，统一调配中专校、职工大学、党校、干校等教育资源，这种融合一直延续至2000年之后。20世纪90年代末，各相关单位从教育资源整合并发挥最大规模效应出发，将中专校和职工大学进行合并，实行两块牌子、一体化办学管理模式，为学校后期归属北京市教委管理及进一步整合发展创造了有利条件。

四、跟随北京职教步伐而壮大

1958—2007年，在近50年的办学历程中，各学校紧紧跟随国家和北京市职业教育发展的步伐努力前行，在发展中不断壮大，成为北京市职业教育发展变化的缩影。

从中华人民共和国成立初期到1965年，是北京职业教育的建设发展阶段，北京邮电工业学校建立、北京二轻工业学校和北京市仪器仪表工业学校前身相继创立，成为当时职业教育领域的骨干学校。

1978—1990年，改革开放促进北京经济快速发展，北京职业教育得到恢复并大力发展，这几所学校成为北京市职业教育的中坚力量。各职业院校不断改革创新，北京一轻工业学校、北京二轻工业学校和北京市仪器仪表工业学校等学校作为北京市职业教育的改革试点校，先后承担了校长负责制、教师干部聘任制、校内结构工资制和学分制等内部体制机制改革任务，率先进行改革，在全国及北京职业教育系统反响很大。

1991—2000年，北京职业教育进入充实提高阶段，办学规模、办学模式、管理方式和质量水平发生显著变化，形成中等职业教育的“黄金时代”。期间，北京一轻工业学校、北京二轻工业学校、北京市仪器仪表工业学校、北京市汽车工业学校和北京市机械工业学校这几所学校先后成为北京职业教育的世行贷款校，北京市也给予了配套资金的支持，使这几所学校的实践教学设备设施达到一定规模，办学实力大幅提高。各学校不断创新发展，取得了突出成就：北京二轻工业学校被评为市重点中专校、中专示范校，2000年被教育部评为国家级重点中专校；北京一轻工业学校被评为北京市重点中专校、北京市普通中等专业学校示范校；北京市仪器仪表工业学校、北京市汽车工业学校分别被评为北京市重点中专校；北京市机械工业学校被评为北京市普通中等专业学校骨干校。

进入21世纪，受到普通高校扩招和普及高中的双重影响，中等职业教育招生规模呈递减趋势，北京职业教育进入结构性调整阶段。在这种形势下，北京市政府将具有优势教育资源的学校纳入北京职业教育改革发展调整计划。各学校抓住历史机遇，乘势而上，最终汇集在一起，走向共同发展高等职业教育的快速发展之路。

一是成功申办高职学院。1999年，北京市教育委员会（以下简称市教委）、北京市发展计划委员会（以下简称市计委）联合下发《关于北京市试行按新的管理模式和运行机制举办高等职业技术教育的通知》，明确试办高等职业教育的范围和标准。北京市轻工职工大学和北京一轻工业学校合并，一举申报成功，成为北京市首批独立设置的全日制高等职业院校，定名为北京轻工职业技术学院。同年，北京市机械工业局职工大学正式开办全日制“机械与电子应用技术”高职专业。从此，部分学校进入独立设置的高职院校行列，实现从成人教育、中等职业教育向独立设置的高等职业教育的转变。

二是集中划归市教委管理。2000年，根据北京市政府关于调整北京市经委系统所属学校管理体制文件精神，北京轻工职业技术学院、北京二轻工业学校、北京市仪器仪表工业学校、北京市汽车工业学校（北京市汽车工业总公司职工大学）、北京市机械工业学校（北京市机械工业局职工大学）一同整体划归北京市教委管理。2002年，北京邮电工业学校（北京邮电工业职工大学）从邮电部工业系统划归北京市教委管理。

三是开展北京经济技术开发区职业教育园区建设。2001年，北京市进行布局结构调整，在北京经济技术开发区（以下简称北京经开区）建设一所大容量、高水平、高效益、具有示范性和竞争力的职业教育园区，培养中高等技术技能人才。2001年3月，北京市教委决定由北京市仪器仪表工业学校、北京二轻工业学校、北京市汽车工业学校（北京市汽车工业总公司职工大学）、北京市机械工业学校（北京市机械工业局职工大学）等联合组建北京经济技术开发区职业教育集团，结合北京经济技术开发区地域优势，进一步实现产教融合战略。职业教育园区建在北京经济技术开发区凉水河一街，2002年开始建设，2005年基本建设一期工程完成，相关学校入驻职业教育园区。

四是合并成立北京电子科技职业学院。2004年，为迎接教育部高职教育办学水平评估，北京轻工职业技术学院与北京邮电工业学校（北京邮电工业职工大学）合并成立北京电子科技职业学院，两校联手，优势互补，扩大办学规模，完成评估任务，推进高职教育延续发展。

五是合并组建新北京电子科技职业学院。2007年3月，五所学校合并组建新的北京电子科技职业学院，成为北京市规模最大、专业最全的高职院校，北京经济技术开发区职业教育园区成为学校的新校区。

艰苦奋斗数十载，各所学校的发展历程犹如一条条蜿蜒的河流，源远流长，最终百川入海，融汇成北京电子科技职业学院一体办学的洪流。

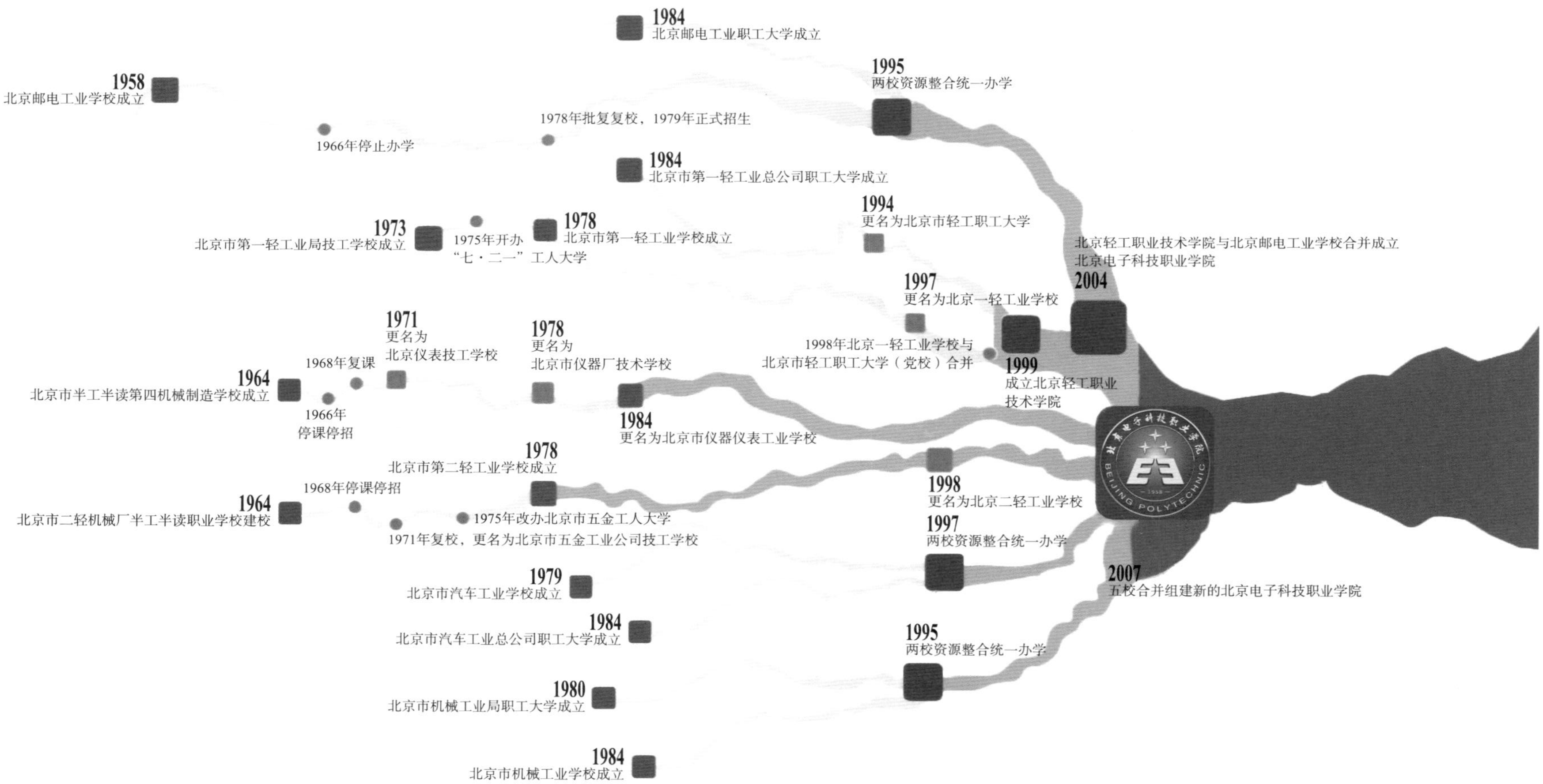
1958
北京邮电工业学校成立
1966年停止办学
1978年批复复校，1979年正式招生
1984
北京邮电工业职工大学成立
1995
两校资源整合统一办学
1984
北京市第一轻工业总公司职工大学成立
1973
北京市第一轻工业局技工学校成立
1975年开办
“七·二一”工人大学
1978
北京市第一轻工业学校成立
1994
更名为北京市轻工职工大学
1997
更名为北京一轻工业学校
1998年北京一轻工业学校与
北京市轻工职工大学（党校）合并
1999
成立北京轻工职业
技术学院
2004
北京轻工职业技术学院与北京邮电工业学校合并成立
北京电子科技职业学院
1964
北京市半工半读第四机械制造学校成立
1966年
停课停招
1968年复课
1971
更名为
北京仪表技工学校
1978
更名为
北京市仪器厂技术学校
1984
更名为北京市仪器仪表工业学校
1964
北京市二轻机械厂半工半读职业学校建校
1968年停课停招
1971年复校，更名为北京市五金工业公司技工学校
1975年改办北京市五金工人大学
1978
北京市第二轻工业学校成立
1998
更名为北京二轻工业学校
1979
北京市汽车工业学校成立
1984
北京市汽车工业总公司职工大学成立
1997
两校资源整合统一办学
1980
北京市机械工业局职工大学成立
1984
北京市机械工业学校成立
1995
两校资源整合统一办学
2007
五校合并组建新的北京电子科技职业学院
BEIJING POLYTECHNIC

第一篇

中等职业教育

第一章 北京邮电工业学校

1958年10月18日，北京邮电工业学校成立，属于全日制普通中等专业学校。学校先后开设无线电设备制造、机械制造与加工、电信电源设备制造、长途电信设备制造、计算机及应用、邮电经济管理等专业，为邮电工业系统和社会累计培养毕业生4000余人。1995年，北京邮电工业学校与北京邮电工业职工大学合并一体办学。2004年，北京邮电工业学校（北京邮电工业职工大学）与北京轻工职业技术学院合并成立北京电子科技职业学院，迈入高职教育办学阶段。

PTIC 北京邮电工业学校
北京邮电工业职工大学

第一节 发展沿革

一、学校发展

学校创建 1958年10月18日，中华人民共和国邮电部下达第139号文件《关于改称北京邮电工业学校的批示》，北京邮电工业学校建立。

1949年11月1日，中央人民政府邮电部正式成立。早在延安时期，通信部门就办起通信材料厂。中华人民共和国成立初期，邮电行业根据通信发展的规划需要，贯彻自力更生、艰苦奋斗的方针，继承和发扬延安通信部门的光荣传统，由之前的修配厂、木担厂、印刷厂和老解放区迁来的工厂，共同组成了邮电工业的雏形。

1954年11月15日，中央人民政府邮电部改称中华人民共和国邮电部（简称邮电部），全面负责邮电通信行业的宏观管理。随着第一个五年计划的开展，国家进入大规模经济建设和社会主义改造时期，我国的邮电通信事业也进入了一个崭新的历史发展阶段。邮电事业关乎其他行业的发展和人民群众的生活，成为国家重点发展的领域。发展至1957年，全国邮电工厂已达295个，职工36000多人。其中，邮电部直属工厂9个，职工2000余人，承担制造和修配通信器材和通信设备的任务，生产邮政、载波、电报、长途市话交换等设备和器材。随着邮电工业的迅猛发展，特别是邮电部直属行业企业的急速扩大，迫切需要通信设备制造方面的中等专业人才。一线企业急需有知识、懂技术、会操作、善管理的新生力量。单靠国家统一分配的大、专院校毕业生，不论从数量上还是从前沿岗位需要上，都不能满足一线生产与管理的需要。这种对技术技能型人才的需求，成为学校建立的契机——北京邮电工业学校正是在这种历史背景下应运而生的。

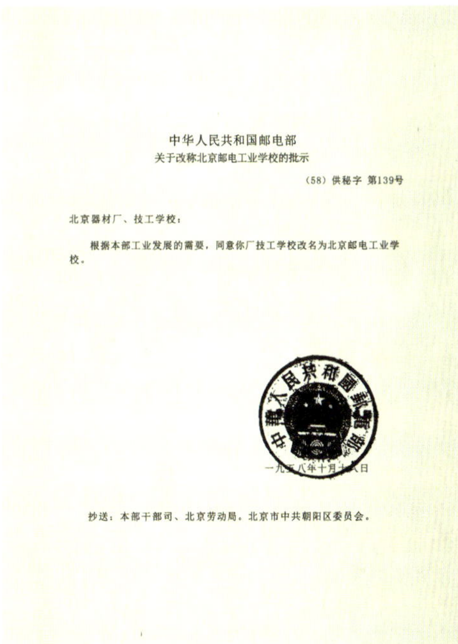
中华人民共和国邮电部
关于改称北京邮电工业学校的批示

（58）供秘字 第139号

北京器材厂、技工学校：

根据本部工业发展的需要，同意你厂技工学校改名为北京邮电工业学校。

一九五八年十月十八日

抄送：本部干部司、北京劳动局。北京市中共朝阳区委员会。

1958年北京邮电工业学校成立

1958年10月18日，邮电部下达《关于改称北京邮电工业学校的批示》，决定由邮电部器材供应管理局负责，在位于北京市朝阳区酒仙桥的北京邮电器材厂技工训练班的基础上，用已有的工棚和临时增建的房屋作为暂时的校舍，组织创建北京邮电工业学校，目标是培养邮电工业领域一线中级技术和管理人才，以适应邮电工业发展的需求。从此，开启了邮电工业学校中等职业教育发展的篇章。

北京邮电工业学校，成为北京电子科技职业学院办学历史上最早开办的一所普通中等职业学校，也是其唯一一所部属中等专业职业学校。1958年10月18日这一天成为学校职业教育办学历史的起点。

艰苦创业 1959—1961年，学校自力更生，艰苦创业，努力提高硬件条件。学校创建之初，由于条件所限，一直沿用北京邮电器材厂院内技工学校旧址，原有房屋简陋，只能作为一小部分临时教学用房。在鼓足干劲、力争上游、多快好省地建设社会主义的时期，学校采取了“边建校、边招生、边开课”的办学方针，通过师生的义务劳动，很快盖起了油毡顶、木条芦苇泥墙的房子作为教室和宿舍，学生睡的是碎木板钉的大通铺。如此艰苦的教学环境，师生们却相当满足。当时，作家老舍先生应邀来校作报告，在校园中转了又转，为学校艰苦办学的精神所感动，将教室称为“蝈蝈笼”，高度赞扬师生们的创造力和干劲。全校师生在这极其简陋的房屋中教学、生活，度过了一段艰苦而充实的难忘时光。从“蝈蝈笼”中，走出了一批有理论知识、有专业素养、有较强实践能力的中等专业人才。

巩固提高 1962—1966年，党中央提出对整个国民经济实行“调整、巩固、充实、提高”的八字方针，在政策上采取了“定”（定发展规模）、“缩”（缩小发展规模）、“并”（与他校合并）、“迁”（全部或部分迁离北京）、“停”（停办）等方式进行优化调整。仅北京中专学校，就有37所撤销或停止办学，5所部分或全部外迁。在大的调整形势下，由于邮电工业学校办学效果得到企业认可和欢迎，没有受到大的影响，但招生规模有所缩减，教师队伍进行了相应精简，从300多人调整为175人。学校充分利用这一时期，在教学内容、教学方法和教学管理等方面进行研究和探讨，教学能力进一步提高。

“文化大革命”时期 1966年7月至1969年5月，按照上级分期“毕业”的方针，学校将67届、68届、69届三届在校生分批提前进行就业安排，过早地令他们走上一线工作岗位。1969年，奉邮电部军管会的指示，学校撤销，学校的校舍、设备和图书资料等交由邮电部507厂接收，随后又转交给北京无线电仪器二厂。学校的教职工接到指示，前往河南省正阳电信总局的“五七干校”接受“再教育”。从1970年开始，在干校接受再教育的部分教职工，陆续分配到北京、广西、山东、天津等地，进入邮电部直属的工厂企业参加工作。教职工队伍由此解体，改变了教职员工的人生轨迹。

首次复校 1972年，根据上级精神筹备复校，但受到多种因素影响，未能成功。

1972年，国家各行业进行整顿调整，开始恢复国民经济的建设，一些解散的学校恢复办学被提到了相关部门的议程中。经邮电部与北京市相关部门协商，决定恢复北京邮电工业学校的办学。1972年底，学校部分教职工接到通知，返回北京筹备恢复北京邮电工业学校的事宜。由于校舍被北京市仪表局所属的北京无线电仪器二厂等企业占用，没有腾退，邮电部与北京市仪表局协商，将仪表局学习班的旧址东单新开路胡同94号院作为复校筹备处。此地是过去宁郡王府的后院，占地约1.9亩（1亩≈666.7平方米），建筑面积1526.8平方米，成为学校恢复办学并进一步发展的重要场所。

在筹备组党支部的领导下，参加复校工作的教职人员，以高涨的热情和期盼已久的心情投入复校工作中。一部分人员积极联系邮电部和北京市相关部门，解决历史遗留问题，筹备复校；另一部分人则开展业务培训，做好复校后教育教学工作的准备。期间，教职人员开展电信相关的生产实践和科研活动，恢复过去的实习工厂，边学习边实践边提高。筹备组不分干部和群众，共同参与到实践和研究中，组织生产电信工具101列架，试制了电缆探测器，研制了电动绕接器。1973年，复校筹备处为邮电部系统的企业举办了为期一年的模具培训班，共培训40人。筹备组还派一部分教职工深入工厂为企业提供培训，参加新产品试制和工艺研究等工作。至1975年，教职工人数已发展到80余人。

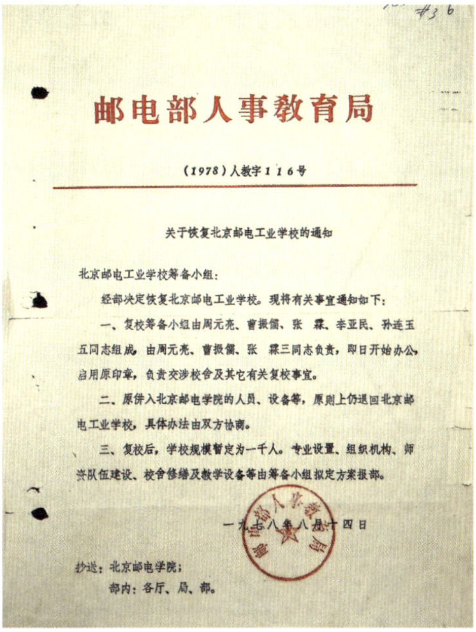

邮电部人事教育局

（1978）人教字116号

关于恢复北京邮电工业学校的通知

北京邮电工业学校筹备小组：

经部决定恢复北京邮电工业学校。现将有关事宜通知如下：

一、复校筹备小组由周元亮、曹振儒、张　霖、李亚民、孙连玉五同志组成，由周元亮、曹振儒、张　霖三同志负责，即日开始办公，启用原印章，负责交涉校舍及其它有关复校事宜。

二、原併入北京邮电学院的人员、设备等，原则上仍退回北京邮电工业学校，具体办法由双方协商。

三、复校后，学校规模暂定为一千人。专业设置、组织机构、师资队伍建设、校舍修缮及教学设备等由筹备小组拟定方案报部。

一九七八年八月十四日

抄送：北京邮电学院；
部内：各厅、局、部。

1978年邮电部关于恢复北京邮电工业学校的通知

由于20世纪70年代初期的特殊政治环境，原有校舍腾退问题始终未能得到落实。1976年1月，邮电部决定暂停复校工作，将现有建制并入北京邮电学院，教职员工由北京邮电学院接收，东单新开路胡同94号院改为学院的实验工厂，北京邮电工业学校首次复校工作未能实现预期目标。

二次复校　1978年，根据上级精神再次开展复校工作，并于1979年正式恢复办学。

1976年10月，教育战线开始拨乱反正，逐步进行恢复和整顿。在国务院的指示下，1978年8月，邮电部人事教育局下发《关于恢复北京邮电工业学校的通知》(〔1978〕人教字116

校门挂着“校”“厂”两块牌子

号），决定恢复北京邮电工业学校，暂定学校规模为在校生1000人，成立了由周元亮、曹振儒、张霖、李亚民、孙连玉组成的复校筹备工作小组和党总支。此次复校再次将东单实验工厂作为复校基地。

在学校党总支的领导下，组织一部分教职工，交涉归还校舍、筹办复校招生等事宜，一部分教职工做复校后教育教学的准备，包括理论备课、参加实验工厂的实践劳动等。经过不断争取和反复协调，终于在1979年初，学校进入朝阳区将台路2号院原有校址，在校门口重新挂起了北京邮电工业学校的校牌。但由于厂校划分一直存在争议，一时无法达成整体腾退的目标，仅腾退了原学生宿舍、四个教室、食堂和操作间等建筑设施，归还校园的面积不到过去面积的9%。因此，当时的学校校门左边挂着北京邮电工业学校的校牌，右边挂着北京无线电仪器二厂牌子，处于厂、校混杂并存状态。

1979年10月11日，北京邮电工业学校召开了复校暨开学典礼，邮电部李一清副部长、李志刚副部长到会并讲话。自此，学校重新恢复办学，北京邮电工业学校开始了一个新的发展阶段。

1979年北京邮电工业学校复校暨开学典礼大会

与北京邮电工业职工大学合并 1995年，邮电部下发《关于两校合并方案的批复》（〔95〕总办字第396号）文，将同属于邮电部管理的北京邮电工业学校与北京邮电工业职工大学（首都联合职工大学邮电分校）合并，两块牌子，一套人马，资源整合，寻求共同发展。将台路校区和酒仙桥15街坊104号校区合为一体，主校区设在将台路校区，酒仙桥校区继续开展成人高等教育和培训。1995—2004年，学校领导班子和组织机构设置均为一个班子一套人马，教职员工一体融通办学，成人高等教育设立专门部门进行协调组织。有关北京邮电工业职工大学1984年的成立情况及其专业设置和教育教学情况，参见本书第二篇成人高等教育中“北京邮电工业职工大学”章节。

调整发展 20世纪前后，随着社会经济发展和人民生活水平的不断提高，特别是新生代独生子女进入上大学的年龄，民众接受高等教育的期盼飙升。从1999年起，高等学校大幅度扩大招生规模，更多的初中毕业生选择进普通高中就读。普通高中招生数迅猛回升，超过中职招生增幅，导致职普比连续下降。加之，国家推进计划经济体制向社会主义市场经济体制转变，经济增长方式由粗放型向集约型转变，产业结构的调整使大批国企减负增效，形成了一线技术工人供大于求的局面。1995年两校合并后，中国邮电工业总公司给学校划拨的经费较少，曾要求学校停止全日制学历教育的招生，减少人员编制，单纯为集团公司开展培训业务，学校出现了办学经费投入与生源不足的双重困难，面临着是否继续办学的重大抉择。

经过领导班子反复论证，决定继续职业教育办学，保留中等专业与成人教育资源，动员全校教职员工，摆脱对计划经济的依赖，克服“等”“靠”“要”的思想，树立自力更生的观念，提出“三个轮子一起转”的方针，“三个轮子”即全日制学历教育办学、行业企业及社会培训、校办企业经营，“一起转”是指以全日制办学为主，扩大办学规模，改善办学条件，将培训和校办企业作为办学的有力支撑，三者相互促进，协同推进，保障学校可持续发展。

与北京轻工职业技术学院合并　2004年，随着北京市产业结构的调整，北京的职业教育不断发展提升。在办学层次结构上，中等职业技术教育学校多，体量小，生源不足；独立设置的高等职业教育发展快速，能更好地适应北京市高精产业的发展，培养高等职业技术技能应用性人才。北京轻工职业技术学院是1999年成立的北京首批高等职业学院，经过几年的发展，需要进一步扩大规模和专业类型，提升办学质量，迎接高职院校的办学水平评估，邮电工业学校则需要进一步提升发展空间。两校同位于朝阳区东北方向，校区间隔不远。经过协商，两校达成合并办学的一致意见，经北京市政府批准，双方于2004年6月合并，成立北京电子科技职业学院，北京邮电工业学校（职工大学）的办学历史结束，两校以一种新的方式继续前行。

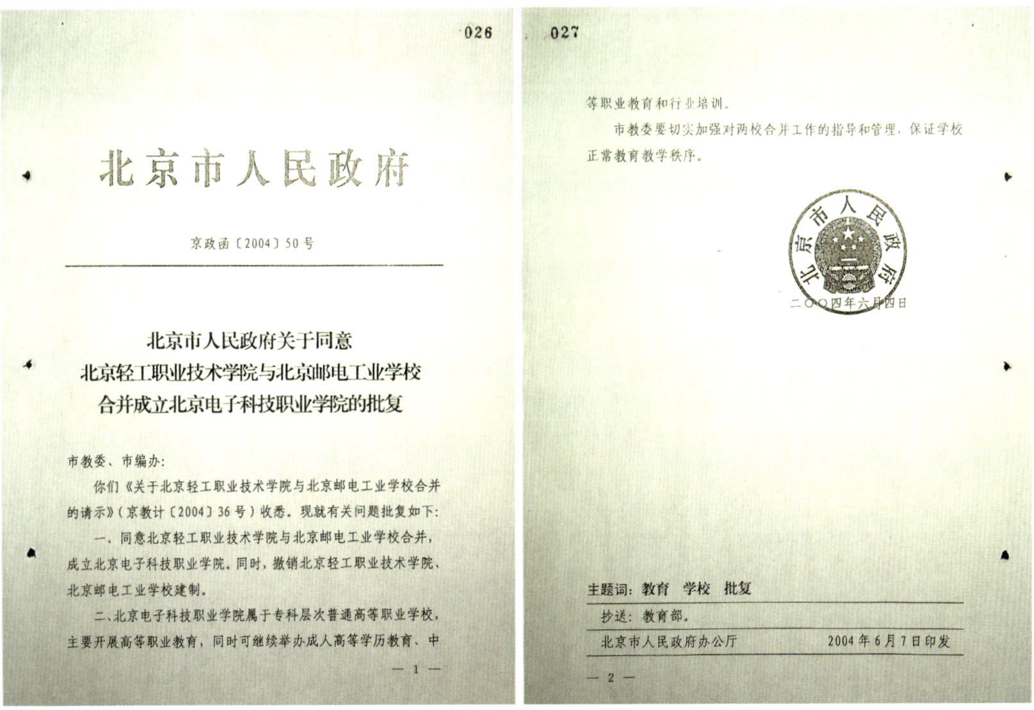
026

北京市人民政府

京政函〔2004〕50号

北京市人民政府关于同意
北京轻工职业技术学院与北京邮电工业学校
合并成立北京电子科技职业学院的批复

市教委、市编办：

你们《关于北京轻工职业技术学院与北京邮电工业学校合并的请示》（京教计〔2004〕36号）收悉。现就有关问题批复如下：

一、同意北京轻工职业技术学院与北京邮电工业学校合并，成立北京电子科技职业学院。同时，撤销北京轻工职业技术学院、北京邮电工业学校建制。

二、北京电子科技职业学院属于专科层次普通高等职业学校，主要开展高等职业教育，同时可继续举办成人高等学历教育、中

— 1 —

027

等职业教育和行业培训。

市教委要切实加强对两校合并工作的指导和管理，保证学校正常教育教学秩序。

北京市人民政府（印）
二○○四年六月四日

主题词：教育　学校　批复

抄送：教育部。

北京市人民政府办公厅　　2004年6月7日印发

— 2 —

2004年北京轻工职业技术学院与北京邮电工业学校合并成立北京电子科技职业学院的批复

二、隶属关系

邮电部管理 1958年，北京邮电工业学校成立初期，属于邮电部部属学校，由邮电部下属器材供应管理局直接管理。从1963年起，邮电部明确学校由邮电部工业局和教育局双重领导，以加强对学校教学业务的指导。1979年北京邮电工业学校正式复校，由邮电部教育局领导。从1984年9月开始，邮电部决定，教学业务和教育研究工作仍由部教育局领导，行政领导关系由邮电部工业局统一归口管理。1988年北京邮电工业学校划归中国邮电工业总公司归口管理。1995年，北京邮电工业学校和北京邮电工业职工大学合并，共同归属中国邮电工业总公司管理。1999年9月，中国邮电工业总公司完成政企脱钩，成为中央企业集团，并更名为中国普天信息产业集团公司。

从1999年开始，学校主管单位转为邮电部所属行业企业管理，主管单位体制的变化，对学校领导体制、人才培养、资金拨付等产生了影响。

市教委管理 2000年2月，教育部发布《关于印发划转地方管理的国务院部门（单位）所属中等专业学校和技工学校名单的通知》（教发〔2000〕15号）。根据这一指示精神，在邮电部及相关部门的支持下，学校积极办理划转北京市管理的工作。

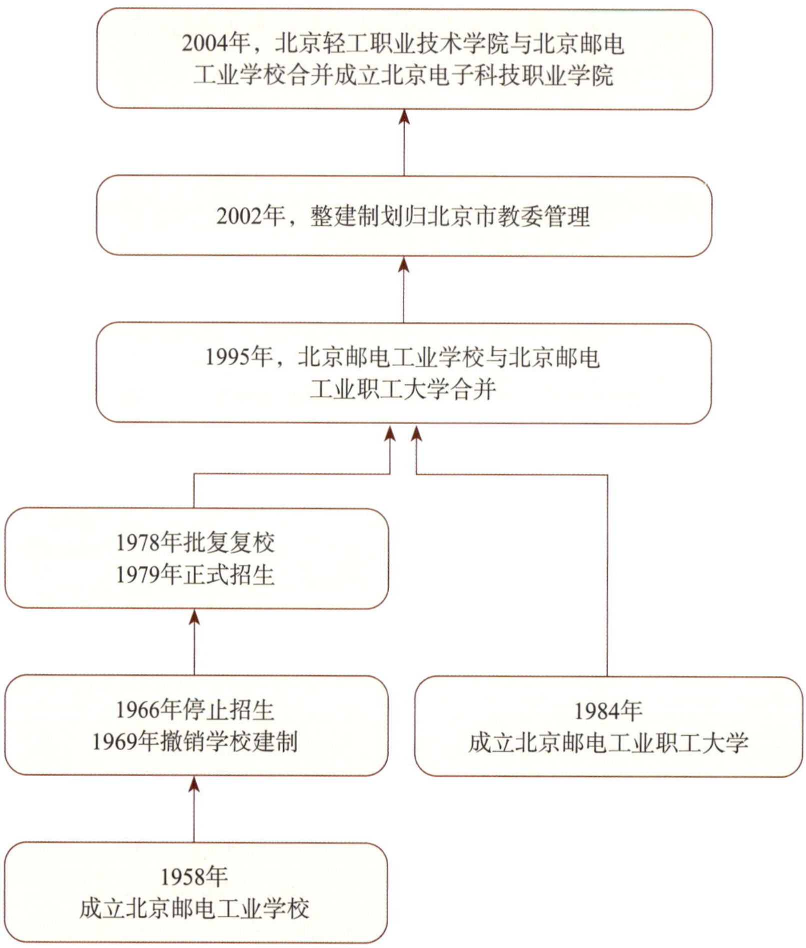

北京邮电工业学校发展沿革

在实际划转过程中，2000年11月，中共北京市委组织部、中共北京市委教育工作委员会、北京市教育委员会、北京市劳动和社会保障局四部门联合下发《关于部分国务院部门（单位）所属院校调整管理体制工作的实施意见》（京教工〔2000〕48号），文件中有“北京邮电工业学校继续由原单位举办并为主管理，市教委负责财政拨款和教育行政业务管理”的意见内容，使得学校在执行中感到归属关系没有理顺，工作遇到很大困难，多次向北京市教委和中国普天信息产业集团公司汇报协商，并递交了《关于北京邮电工业学校归属问题的报告》。经过多次报告与沟通，2002年11月，最终明确了学校与行业企业脱钩，北京邮电工业学校（北京邮电工业职工大学）整建制划归北京市教委管理。划归北京市教委后，理顺了管理关系，保证了财政投入，进一步明确了办学方向。

第二节 机构设置

一、历任领导

北京邮电工业学校第一任校长邹立元同志，原是邮电部工业供应局的一位处长，曾是一名部队转业干部。1958年奉命前往北京邮电工业学校，负责学校的筹建工作，当时没有经验可以借鉴，依靠党的领导，在广大教职员工的支持下，紧紧围绕邮电部所属行业企业的需求，一门心思尽快培养出企业需要的技术技能人才。在时任党委副书记王占先的一篇《怀念邹校长》文章中记载，邹立元校长到任后，立即进行学校的筹建，尽职尽责、艰苦朴素，善于团结同志、联系群众，为学校的创建与发展做了大量的工作。

学校历届领导秉承“廉洁勤政，团结协作，深入群众，真抓实干，实事求是，知难而进”的工作作风，在建设发展过程中形成了“团结协作，雷厉风行，主动服务，管理育人”的机关作风。学校历任校领导见表1-1-1 ~ 表1-1-3。

第一任校长邹立元（前排自左至右第八位）

表1-1-1　　1958—1969年北京邮电工业学校历任校领导一览表

校长	任职时间	党委书记	任职时间	副校长	任职时间	党委副书记	任职时间
邹立元	1958—1963	邹立元	1958—1959	薛林源	1958—1969	张　洛	1960—1961
张文通	1963—1969	王占先	1960—1961	罗华锐	1959—1963	陈广才	1960—1961
/	/	张文通	1961—1969	李有全	1964—1969	王占先	1961—1969
/	/	/	/	周元亮	1965—1969	/	/

表1-1-2　　1979—1995年北京邮电工业学校历任校领导一览表

校长	任职时间	党委书记	任职时间	副校长	任职时间	党委副书记	任职时间
曹振儒	1979—1983	张怀礼	1979—1982	赵贻忠	1979—1983	曹振儒	1979—1982
梅东华	1984—1985	曹振儒	1982—1983	张　霖	1979—1983	赵贻忠	1982—1983
郑渊（代）	1985—1987	彭志琦	1984—1985	赵继亭	1980—1994	杨文瀚	1984—1985
张志超	1987—1988	阎生毅	1986—1987	王中昌	1984—1985	李朝阳	1986—1987
李宗信	1989—1990	杨旭之	1987—1994	毛松蕃	1984—1985	/	/
王景致	1990—1995	/	/	赵其云	1986—1987	/	/
/	/	/	/	李朝阳	1987—1988	/	/
/	/	/	/	王景致	1988—1990	/	/
/	/	/	/	张留侯	1988—1994	/	/

表1-1-3　　1995—2004年北京邮电工业学校合并后历任校领导一览表

校长	任职时间	党委书记	任职时间	副校长	任职时间
陈　嵘	1995—2004	陈　嵘	1995—2004	卢乃勋	1995—2000
				孙东海	1995—2001
				宋淑芬	1995—2004
				毕重伟	2000—2004

二、机构人员

学校成立初期，为了保证教学计划的实施，设置了教务科，建立了各专业科。教务科负责教学计划的安排和组织，构建专业建设的思路，专业科组织教师备课、研讨，实施教学任务。简洁实际的专业设置、课程组织、教学管理、教学实施体系初步搭建成型。实用够用是学校创建初期的机构设置特点。

1979年复校后，学校成立了党委办公室、校办公室、教务科、人事保卫科、总务科、物资设备科和校办工厂。党委办公室负责党务和团、工会、民兵的工作，校办公室负责行政管理事务，教务科负责教学业务管理，人事保卫科负责人事调动、统计、保卫工作，总务科负责总务、生活、修缮、财务事务，物资设备科负责国统、市统物资的购进和保管。1980年人事保卫科分为人事科和保卫科，并增设政治教育科，政治教育科负责学生的思想教育、理论教育和教职工的理论教育。1984年，在原有科室的基础上专门成立教育研究室，承担邮电部下达的有关邮电教育和培训业务的研究。

根据《北邮工校》建校30周年校庆专刊，收集整理了1988年的机构设置和人员名单。1988年，学校设立党政办公室、人事科、工会、教务科、学生科、总务科、保卫科、基建办公室、机械专业科、电子专业科、经济管理专业科、实验工厂等，共有教职员工244人，其中实验工厂91人。

校领导：杨旭之　张志超　王景致　张留侯　赵继亭

党政办公室：袁正容　金宝珍　熊淑琴　蒙桂英　张素欣　王　进　魏晓湘　王蕴珠　何玉田　王成友　陈宝山　张　勇　钟振林　李治忠

人事科：裴瑞敏　牛士俊

工会：毛松蕃

教育研究室：朱秀华　金绍文

教务科：王中昌　李　锋　张　界　张建庭　王洪生　陈通亮　徐　锷　叶礼桂　张京霞　李鸿儒　刘爱民　廖江平　陈　捷　李　跃　付　锐　秦　麟　林多魁　张英香　李秀云　刘小惠

基建科：吕毓良　李维唐　陈小铭　龚景生　赵连福　安国定　杨建平　姚金海　蔡金生　曹振飞　董金福　肖　翔

学生科：张子忠　马淑兰　王　旗

机械专业科：戚林仙　戎春才　杨法琴　赵　玲　宋淑芬　汪　洋　孙　淑　谈伟中　刘玉生　汪贵华　屈小梅　杨永春　梁宝祥　李庆新　王玉萍　杨淑珍　崔康骥　张六合　宋虎山　吕玉生　单小平　吴振球　王步云　王秀琴

电子科：高启时　张国金　张明林　张树培　蒋志英　陈世惠　王　琪　路　昭　史亚明　李　源　刘英才　周以礼　朱小波　潘　骥　杜玉芬　张　豪　秦仁和　张树英　刘　威　林风豪　彭志琦

经济管理科：程广印　王芙蓉　郑　渊　关庆国　郭耀忠　王　瑞　宋锡昌　张俊森　王桂全　陈惠良　问彦瑞　侯庆革　王辉斌　刘启珍

保卫科：经文峰　周家邦　刘　立　周　斌

第三产业科：孙德良　苏　绚　宋学成　张志刚　白　东

总务科：刘贵生　任　鉴　谢兰英　杨　克　张新庆　赵新政　陈　才　崔克明　戴祖懋　吕小丽　杨桂清　董宝林　孙绍华　邱桂荣　张凤英　韩白燕　杨瑞珍　郭海庭　姚学文　周小音　刘　萍　杨贵生　董　宾　张晓丽　马　丽　邬杰明

校实验工厂：李宗信　程春泰　卢乃勋　孔庆泉　刘　琪　阎瑞霞　马文坤　张本强　王宝元　肖志刚　郭增星　周伟朝　文晓刚　徐　康　张　杰　庄　颉　于凤荣　张思昌　任晚水　李凤兰　王　兵　戴　冰　李晓敏　欧阳桂萍

刘振华　王秀婷　张彦平　齐兰珍　张笑梅　贺淑安　尚志英　张淑华
金桂芝　邢春荣　郑华美　赵　斌　何雪梅　王　琳　阎　荣　丁　江
叶　平　杨韵蝶　李　炎　蒋庆华　董天举　韩春普　刘全福　张关明
白秀英　高树松　李　珍　张京惠　何　静　寿雪茜　杜增梅　杨　波
王昭桐　夏泰兴　刘宗和　范小成　宋建国　吕玉珍　胡海军　贾　杰
安慕莹　赵鲁光　李培祥　王秀英　曹素梅　张俊杰　赵秀清　毛　颖
程福玲　闫全平　徐占昌　何卫东　王绍杰　刘美丽　曹静芬　宋佩兰
丁效义　朱晓东　张美丽　孙永录　赵　红　肖韵华　顾秀英　霍燕青
李丽颖　佟惠芬　胡卫星

1988年运动会教师自行车慢骑项目

1993年，学校进行校内管理体制改革，精简了部分职能机构，并将三个专业科室合并为一个专业科，最终设立四科四室。专业科的设置，促进了电子、机械、经管三个专业类别上的交流，推动了机械、经管教师向机电结合、电算化方向发展，有利于提高教师的业务素质。学校管理机构及负责人见表1-1-4。

表1-1-4　　1993年北京邮电工业学校机构设置及负责人一览表

机构名称	负责人	机构名称	负责人
校办公室	刘　琪	学生科	汪贵华
党委办公室	张子忠	总务科	陈小铭
教务科	李庆新	政治教研室	袁正容
教研督导室	李鸿儒	专业科	宋淑芬

1995年合并后，经过调整磨合，逐步完成了两校的机构整合和人员聘任。1997年共设置11个机构，机构名称及负责人见表1-1-5。

表1-1-5　　1997年北京邮电工业学校机构设置及负责人一览表

机构名称	主任	副主任	机构名称	主任	副主任
行政办公室	程春泰	/	学生管理处	杜玉芬	张树新（兼）
党委办公室	刘　琪	/	后勤部	陈小铭	/
培训部	张燕飞	孙　琳	基建处	吕毓良	/
教务督导部	李庆新	毕重伟	培训楼管理部	吴耀忠	文鄂明
大专部	马德华	刘　威	团委	/	张树新
专业部	杨永春	/	/	/	/

1998年在编在岗教职工名单（共198人）

党委书记、校长：陈　嵘
副　　校　　长：卢乃勋　孙东海　宋淑芬
校　长　助　理：徐　禾
工　会　主　席：任　鉴
党　委　办　公　室：刘　琪
团　　　　委：张树新
行　政　办　公　室：程春泰　何玉萍　张素欣　都云祖　李兰玉　张逢梅　李素玲　何玉田　李雪梅　魏　筠　余　英　王秀琴　周　斌　陈　才　董宝林　姚学文　崔克明　田智明
教　务　督　导　处：毕重伟　崔康骥　蒙桂英　刘爱民　李鸿儒　刘丽萍　朱秀华　董智茹　郭　炜　张河清　廉诗红　秦　麟　李春荣　徐　锷　叶礼桂　张京霞　孙晨丽　梁宝祥
大　　专　　部：马德华　刘　威　李庆新　王计卯　王玉萍　王惠儒　刘　杰　吴振球　曹新才　汤喜珍
专　　业　　部：杨永春　赵　玲　宋虎山　郑　渊　周以礼　钟桂英　陈　梅　路　昭　关庆国　李雪梅　张景璐　王　莹　高　斐　于　京　詹晓冬　檀　勇　胡　亦　吴道钰　杨永利　胡冬琴
培　　训　　部：张燕飞　孙　琳　王　琪　崔靖宇　秦志虹　赵婉芳
学　生　管　理　处：杜玉芬　贾文丽　王秀婷　杨贵生　吕毓良　李　珍　陈小铭　邬杰明　张新庆　魏金君　戴祖懋　赵连福　孙绍华　魏晓湘　肖　翔
培训楼管理处：吴耀忠　文鄂明　史亚明　吕晓丽　魏衡阳　梁丽洁　李秋霞　李承忠　赵　军

校办产业：高树松　张俊杰　王　旗　张笑梅　徐　康　王宝元　刘　辉　戎春才
杨志强　江　超　胡海军　钟振林　杜增梅　赵鲁光　张　界　杨　克
李　炎　李培祥　何卫东　赵秀清　文晓刚　孙永录　董天举　张美丽
李立颖　张英侠　杨淑珍　赵　红　张兆荣　顾秀英　金　明　欧阳桂萍
樊凤丽　刘国栋　李建华　夏泰兴　郑华美　马　丽　马文坤　朱晓东
吕玉珍　霍燕青　金桂芝　何雪梅　蒋庆华　于凤荣　尚志英　张京慧
韩白燕　李凤兰　肖韵华　徐占昌　张彦平　范小成　安慕莹　胡卫星
丁　江　周伟朝　李　原　程福玲　孙德良　程文静　刘　超　赵　斌
王步云　单小平　朱恭生　廉诗阳　张树臣　张明林　熊　伟　邢春荣
白　东　宋学成　闫全平　蔡金生　郭士洪　陈通亮　陈宝山　姜　涛
熊淑琴　陈　和　刘　萍　张晓丽　陈惠良　李　跃　张　勇　杨建平
董金福　董　宾　王辉斌　张国金　钱志刚　杨桂清

1999年，学校根据需要增设了生源与就业指导办公室，重点负责开发生源及毕业生就业工作。

第三节　教育教学

一、专业建设

专业设置　学校从1958年至2004年，围绕邮电工业产业和企业实际岗位需要，先后开设了无线电设备制造、机械制造与加工、电信电源设备制造、长途电信设备制造、计算机及应用、邮电经济管理、邮政自动化、计算机通信、计算机网络、商务英语等专业。

1958年，学校成立初期，在校生规模计划为3000人，面向邮电通讯行业企业的一线通讯设备制造等岗位培养德、智、体、美全面发展，牢固掌握必需的科学文化基础知识和专业技能，有较强实践能力的专门人才，学校获批设置机械制造、无线电设备制造、电信电源设备制造和载波通讯设备制造等9个专业。1958—1961年，学校首先开设无线电设备制造、机械制造和电信电源设备制造等专业并进行招生；1962—1966年，学校从实际出发，将办学规模调整为在校生640人，在无线电设备制造专业和机械制造专业的基础上，增设长途电信设备制造专业，并在机械制造专业下开设切削和冲压两个“专门化”，以提高对一线人才培养的针对性、实用性。在此期间，学校将五年学制无线电设备制造专科班调整为四年制的中专班。

1966年之后，由于历史原因，学校教育教学秩序一度受到严重冲击，彼时各专业建设发展处于停滞状态。

1979年10月11日，机械加工工艺专业三个班120名新生举行了复校后第一届新生开学典礼，宣告北京邮电工业学校正式复校。此时，学校规模确定为在校生1500人，仍以机械专业为主干专业，主要培养掌握机械加工工艺基本理论知识和实际操作技能的技术人才。

20世纪80年代初，为适应通信事业的不断发展和企业岗位需求，学校陆续增设了电子计算机（后改名为计算机应用）专业和邮电经济管理（后改名为邮电通信财务会计）专业。以上专业均对口招收高中毕业生，年龄不超过22周岁，除邮电经济管理专业为2年学制外，其他专业为3年制，招生对象多为外地生源，毕业去向为全国邮电工业系统。1981—1988年，共毕业16个班，毕业学生达638人。

随着国家的经济体制改革，人才需求也随之发生变化。1991年，学校为了适应行业企业和社会发展变化，适时调整专业设置，拓宽专业口径，将原专业开设了“专门化”，如：计算机应用专业开设程控交换专门化；机械制造专业开设模具设计与制造专门化、机械加工工艺专门化；邮电经济管理专业开设电信企业财会专门化。同年，学校与用人单位探索定向委培生的模式，用人单位和学生本人目标明确，专业和课程设置适用性强，毕业实习即是上岗前试用，为特定岗位所学所用，供需双方满意。1991年，为邮电通信企业招收定向委培生共65名，占当年招生人数的54%，1993年招收定向委培生92名，占当年学校招生人数的63%。

进入1993年，由于经济管理专业中等技术人才的需求逐渐趋于饱和，同时受邮电系统人才需求高层次化以及邮电生产企业人员零增长的影响，经济管理专业缩减招生人数，学校再次拓宽机械专业口径，增开邮政自动化新专业，培养安装、调试和维修邮电通信各种设备的技术、技能人才，根据用人单位的选择，不再强调只培养技术人员，而是强调双向选择，因材适用。同时，招生计划和毕业去向也由单一的中国邮电工业总公司所属各企业，转向全国邮电通信企事业单位，有些学生分配到其他系统工作。

进入1995年，在原有专业基础上进行了专业调整。根据行业企业和社会需求，学校招生专业设置了计算机及应用、邮电经济管理、邮政自动化、计算机通信、计算机网络、商务英语等，招生人数总计1500余人。专业设置的变化体现了学校从仅为邮电行业服务到为地方社会服务的转变。在此阶段，计算机技术和通信事业迅猛发展，根据北京市产业调整情况，学校在满足本行业培养所需技术技能人才之外，为使培养的毕业生更适合社会发展需求，就业范围更加广泛，及时调整了招生方向。学校发挥原有信息领域专业资源的优势，紧跟计算机应用技术的发展趋势，将计算机与网络技术、计算机与通信有机结合，开设了计算机通信和计算机网络两个新专业。1997年，学校职工中专班还开设了邮政自动化和计算机应用专业，学制分别为二年（招收高中毕业生）和四年（招收初中毕业生）。

1998年开始，学校正式面向北京市（地方）招收计算机及应用专业初中毕业生，学制四年，培养符合现代企业发展需求的技术技能人才。在上述专业的教学计划中，根据通信行业及计算机应用、网络信息化等前沿岗位群对知识结构、能力素质的要求，设置了数字通信、程控交换原理、现代通信技术等课程。为适应信息网络技术的发展，设置了计算机网络、局域网技术组网工程、网页制造等课程，使学生的知识储备、能力结构符合现代技术的需求，学生毕业后能够更加广泛地适应多种职业与岗位。

进入21世纪后，国家的邮电通信能力已基本满足国民经济发展的需要，邮电行业实行邮电分营、政企分开，学校也逐渐从服务行业企业向服务社会转变。随着改革开放不断深化，对外交流日益增多，在彼时即将加入世界贸易组织（WTO）的大环境背景下，对外商务活动的从业人员需求急剧增加，学校于2001年设置了商务英语专业，同年开始招生。随着计算机技术更加深入广泛的应用，2003年，又增设了电子信息技术和电子商务两个专业。

截至2003年，学校主要招生专业有计算机及应用、计算机网络技术、计算机通信、电子信息技术、电子商务、商务英语6个专业，在校学生人数为2157人，形成了以中专学历教育为主的多层次、多渠道的办学格局。

1958—2004年学校主要招生专业设置见表1-1-6。

表1-1-6　1958—2004年北京邮电工业学校主要招生专业一览表

序号	专业名称	主要培养方向
1	无线电设备制造	培养具备无线电物理方面的理论基础和实践操作能力，能够进行无线电产品的装配、调试、维修的人才

续表

序号	专业名称	主要培养方向
2	机械制造与加工	培养掌握机械加工工艺基本理论知识和实际操作技能的中等技术人才
3	电信电源设备制造	培养掌握电源设备相关的理论知识，能够制造和维修通信电源元器件等的技术人才
4	长途电信设备制造	培养掌握传输和载波相关理论知识，能够生产和维修配线架和交接箱等设备的人才
5	计算机及应用	培养掌握电子计算机的基本理论和具有实际操作技能的中等技术人才
6	邮电经济管理	培养掌握邮电经济管理的基本理论知识和实际技能的财务会计专业人才
7	邮政自动化	培养掌握邮政营业设备及自动控制基础知识和技能，可从事邮政自动化设备的使用、维护和技术开发的人才
8	计算机通信	培养具有计算机和通信方面的理论知识，能在移动通信领域从事移动网络设计与建设、管理与运维的技术人才
9	计算机网络	培养拥有计算机基本理论及网络技术知识，可从事计算机网络安装、测试、维护、管理等工作的技术人才
10	商务英语	培养具有商务管理方面的专业知识，有较强的实际工作能力，能适应市场经济需要的人才

重点专业　经过多年专业建设，学校逐渐形成了机械加工工艺、电子计算机、邮电经济管理、邮政自动化等具有竞争优势的重点专业。

机械加工工艺专业：培养方向是能够掌握机械加工工艺基本理论知识和实际操作技能的中等技术人才。使学生具有邮电产品机械加工的基本理论知识，掌握产品工艺技术理论和工装设计能力，并具有一定的电子理论知识。在技能上会操作机械加工主要机床设备，能独立完成比较复杂程度的零件加工任务。在课程设置上，普通课有政治、体育、数学、外语等；基础课有机械制图、电工、电子技术、理论力学、材料力学、机械设计、金属工艺等；专业课有金属切削原理及刀具、工装设计、机床设备、机械加工工艺、冲压模具等；开设公差与技术测量、机床与工艺和金相热处理等实验课程。学生需完成冷冲模设计、机械零件设计、机床夹具设计、专用量具设计、线切割编程等课程设计和毕业设计，由厂校联合组织进行毕业答辩。

电子计算机专业：培养方向是掌握电子计算机的基本理论和具有实际操作技能的中等技术人才。使学生掌握电子计算机的基本原理，能在应用电子计算机的部门担任值班维护工作，能进行简单的有关程序设计、对电子计算机的部件能进行装配和检修，并能排除一般故障。课程设置上，普通课有政治、体育、数学、外语等；基础课有电工基础、制图、晶体管电路、脉冲数字电路、仪表测量等；专业课有计算机原理、计算机软件和通讯概要、计算机在邮电系统的应用；实验课程主要在学校的电工电路实验室、计算机实验室、市话交换及程控交换实验室开展，培养和锻炼学生的计算机应用项目设计和软硬件开发能力，以及程控交换机生产中的装配调试能力。

邮电经济管理专业：培养方向是掌握邮电经济管理的基本理论知识和实际技能的中等专业人才，针对岗位主要是工业会计和统计。通过学习，学生能够具有政治经济学和邮电经济学方面的基本理论知识；能够全面了解邮电通信业务知识和邮电企业的技术经济指标；能够了解系统工程、统筹法的基本原理；能够掌握会计核算的理论和方法，熟悉财务管理的基本理论及计划统计的一般原理；能够独立处理日常财务、会计和计划统计工作；具有分析基层业务单位经济活动的初步能力。在课程设置上，普通课有政治经济学、体育、汉语与写作、外语、高等数学及应用数学等；基础课有计算机技术、邮电经济等；专业课有电信技术基础、邮政业务与组织、电信业务与组织、邮电会计、邮电统计、邮电经济活动分析等；实践性教学环节有生产过程实习、大型作业和毕业实习等。

邮政自动化专业：培养方向是掌握邮政营业设备及自动控制基础知识和技能，可从事邮政自动化设备的使用、维护和技术开发的专业人才。主要专业课程有邮政营业设备、自动控制技术基础、电机与电力拖动、工业可编程控制器、VFP（数据库及应用）、计算机网络与基础、C程序设计、应用软件等。

计算机网络技术专业：主要培养拥有计算机基本理论及网络技术知识，可从事计算机网络安装、测试、维护、管理等工作的技术人才；主要课程有Windows操作系统、C语言程序设计、VB程序设计、计算机网络原理与基础、局域网实例、实用软件、专业网站建设、网页设计与制作、Internet应用、现代通信技术等。

商务英语专业：培养具有较强的英语听、说、写、译能力和一定商务管理与贸易专业知识，有较强的实际工作能力，可从事涉外企业、宾馆、外贸业务及文秘等能适应市场经济需要的技术人才。主要课程有国际贸易实务、外贸会计、国际金融、商务函电、电子商务、英语精读、英语听说、商务口语等。

二、教学管理

建校以来，学校明确办学思想，坚持实践教育，强调理论教学突出应用性，专业教学突出实用性，教学过程突出实践性的“三性”教学。根据邮电通信行业的特点，各专业科教师根据教学计划，精心编写教学方案，不断改进教学内容和教学方法。

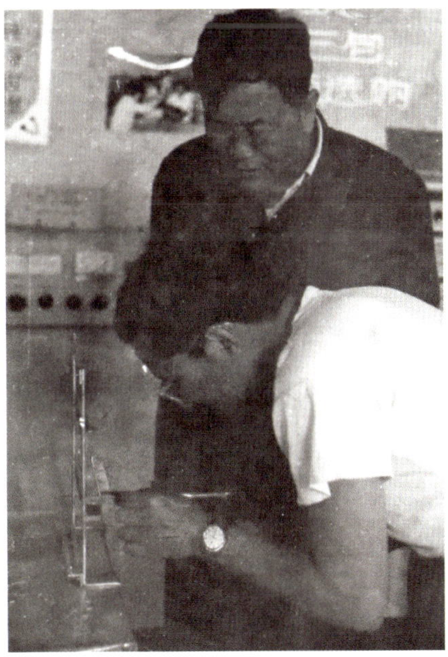

开展实践教学

教学、生产和社会服务三结合 机械专业一直是学校的主要专业。至1988年，机械专业已相继建立了机械制造、金属工艺、工程力学与制图和金工实习四个教研组和生产实习组，拥有力学、金相、公差、液压、热处理、机床等实验室。仅机械实验室，用于学生实习加工和实验的机床设备就有40余台。在强有力的实习实训设备支持下，教师根据社会需求，改革教学体系和课程设置，增设新的适应性课程，如金属塑性变形理论、塑料成型原理和塑模设计等。机械专业的教师，在完成教学任务的同时，利用业余时间通过为乡镇企业办模具培训班、代培实验和实习、对外加工等方式对社会进行有偿服务。不仅实现了教学为社会服务，更使教师们得到了实践锻炼，提高了教学业务能力，朝着“教学、生产、社会服务”三结合的方式拓展。

以写促教 邮电经济管理专业设置了计划统计教研组、财务会计教研组、企业管理与技术经济教研组，承担着邮电经济管理、工业经济管理、会计与案例等课程的教学和实习任务。教师们采用“以写促教”的方式，开展各类学术活动，出版教材、编写习题集、发表论文。在实践教学过程中，通过大量的教研活动和模拟银行、模拟财会室等，利用理论与实践相结合的有效模式，解决了当时邮电系统财会人员奇缺的问题。

软硬件课程结合 1958年建校初期，电子专业以通信设备制造为主，复校后随着计算机在邮电系统的逐步应用，1980年创建了计算机应用专业，先后培养计算机在程控交换技术中的应用、计算机控制技术、软件和硬件应用兼顾的急需人才，也形成了以计算机和通信技术为主要知识结构的年龄梯度分布合理的老中青教师队伍，骨干教师占教师总数的1/3，使得学校计算机教学在中专学校中位居前列。在教学过程中，完善规范教学计划，通过将基础理论知识与软硬件课程和上机实验相结合，将“三性”融入教育教学过程中。

老师辅导学生上机实验

三、教学改革

建校以来，学校按照培养技术技能人才的要求，始终将理论知识的应用和实践能力的培养作为重点。提倡教师在传授知识的过程中，注意培养学生的科学思维方法，用启发式、讲座式等生动活泼的教学方式，调动学生的积极性和主动性，鼓励学生独立思考，培养学生的

2000年9月2日，学校举行开学典礼和升旗仪式

创新意识。在推进考试改革中，采取多种考核形式，侧重考核学生获取新知识的能力、分析问题和解决问题的能力。在教育教学过程中，充分应用现代教育技术手段，开发多媒体教学软件，使之在改革教学方法和提高整体教学水平方面发挥作用。

以两校合并后的教学改革为例，学校在改革目标、内容和方法上都做了详细的安排。

改革目标 建立以能力为本、以学生为主的教学改革目标。从单纯的知识传授向“以能力为本位，注重全面素质培养”的方向转化；在教学中注重贯彻“以学生为主体，教师为主导”的教学思想，调动学生学习积极性；强化思想政治教育，把教书育人、德育教育渗透到每节课中，从授课计划入手，使德育教育进一步规范化，并在教学检查及听课过程中注意落实。

在具体实施上，从毕业生就业能力出发设定具体目标，熟练掌握应用技能，提高就业质量，包括：能够熟练使用文字处理软件，会上网；熟练使用电子实验室各种仪器仪表，达到二级电工水平；能够处理计算机的一般故障；能利用所学计算机语言进行编程，并获得计算机等级考试二级证书；英语达到高中毕业水平，并能达到一定的听、说、译能力；获取学校在教学过程中所要求或组织参加的各种技能证书或社会考试证书。

内容改革 通过教学内容的改革，增加授课内容的时效性、实践性和灵活性。根据市场需要及学生的特点，结合培养目标，进行教学内容的改革和调整。时效性是指专业课程要适合当前最新需要；实践性是指在教学中注意实践环节及动手、应用能力的培养；灵活性是指教学计划要有灵活度，能够根据需要进行调整。对某些课程内容较为陈旧和课程体系前后设置不合理的进行剔除或调整。制订计划，积极开展第二课堂及各种讲座（计算机、英语、通信、时事等），增强校园学术气氛，提高学生的学习兴趣及综合素质。

方法改革 教学方法改革主要包括教学手段、方法和考核三个方面。在教学过程中，充分利用现有的教学设备，进行现代化教学的尝试和推广，提高计算机房、多媒体教室、语音室及投影机演示、音像等教学设施的使用率，鼓励老师制作和使用电子课件进行教学，加大电类基础课实践环节。教师在教学方法上充分研究、改变传统教学模式，探讨发挥学生主体性及参与性的教学方法，采用启发式、讨论式的教学方法，开拓学生思路。教研督导室在常规检查及听课中进行考核，帮助教师提高。

加大课程考核的改革力度，除采用笔试外，逐步探索相关课程的口试、上机、实践、论文、演讲等多种考试形式，从而提高对学生掌握知识的程度及综合素质评价的科学性、准确性。科学、合理安排毕业设计，毕业设计尽可能结合生产实际，毕业设计的成绩和评语计入学生成绩册。组织参加教委和各专科教研会组织的水平测试、统考及竞赛，尽可能实行教考分离，以便提高教学质量，保证教学效果。

改革成效 随着老师们在教育观念上的不断转化，教学改革有了不同程度的进展，以人为本和创新思维的教学观念有所体现，越来越多的老师注重以能力为本位，以学生为主体的教学方式，使课堂教学出现了新气象。为培养学生的综合素质，在实践教育教学改革过程中，还推出了几个讲座，从“遨游Internet”“少男少女课堂”，到“影视精品欣赏”“模拟法庭”等，都很受同学们的欢迎。

学生在进行模拟法庭实践活动

朱秀华老师的心理健康教育课，生动活泼，教学内容和教学形式丰富多彩，信息含量高，始终贯彻教书育人的原则，把正确的世界观、人生观、价值观教育融入教学环节，使学生能够在轻松愉快的课堂气氛中调节心理，放松身心，对培养良好的品德，健康的心理素质起到推动作用，成为受学生欢迎的课程之一。

郭炜老师的英语课，内容丰富、方法新颖、课堂气氛活跃，能把较为枯燥的语言学习变为妙趣横生的课堂游戏，让每个学生在这样的氛围中，培养、锻炼听、说等多种能力，得到了专家的肯定，深受学生的喜爱和欢迎。

四、实践教学

建校以来，学校贯彻教育、科研、生产相结合的方针，始终强化实践性教学环节。

实习工厂 1958年建校同期，在邮电部的支持下，从各直属单位和学校抽调有经验的管理人员、技术人员，筹建了实验工厂的前身——实习工厂。

根据职业教育的实践特点，为使在校学生能按教学计划要求进行基本功训练及生产实习活动，实习工厂选择电传机调整工具和101列架等作为实习产品，引入生产模式，以产品生产模拟岗位技能需求。后来根据企业需求，又增加了波长表和试线夹等新产品，学生在生产实践中学习和成长，实习工厂成为学生半工半读的劳动基地。校内厂房也于1966年6月基本建成，厂房面积为2000多平方米，建立了钳工、机加工的实习场地，建设了电镀油漆车间。很多教师都需要轮流到实习工厂进行实践实习，改造思想认识，培养吃苦耐劳的精神。从学校办学历史上看，这是最早的生产实训模式，大大提高了学生的实际操作能力，使学生在掌握基础知识、专业知识的基础上，提升了实践动手和解决实际问题的能力。至1966年，先后建成了各专业科实验室和研究室15个，拥有仪表设备1593台，价值173.578万元，构建了基本上满足普通课、专业基础课和专业课需要的实践教学体系。

实习工厂作为后期发展的校办企业雏形，既是学生实习、半工半读的场地，也是教师的实习实践和劳动基地。在提高教师动手能力的同时，各专业学科在此开展了劳动实践和多项科研活动，并制作、加工教学所需教具。同时，也为知识分子参加劳动改造、提高思想认识提供了途径，培养了众多既有劳动觉悟、又有理论知识和实践技能的德才兼备的教师。经过多年的不断发展和完善，实习工厂建成了机、钳工车间，装配车间，电镀车间和热处理车间，机床设备比较齐全，能同时承担机、钳工各一个班的实践教学任务。除此之外，实习工厂还具有一定批量生产加工的能力，生产的产品为学校增加了收入，创造了利润，学校再用这部分资金收入反哺教育教学，形成了较为完整且可持续发展的循环系统。

实验实训室 随着实践研究的不断深入，学校将实验实训作为教学计划的重要组成部分，着力搭建实验实训基地。

根据国务院“全国中等专业教育工作会议纪要”中的“四个一些”要求——即基础知识厚一些，专业面宽一些，实际技能好一些，适应性强一些——在开展课堂教育的同时，除了充分利用实习工厂进行实践操作，还抓紧进行实习基地搭建及设备购置，初步搭建了电工实验室、金相实验室、公差测量实验室、力学实验室、计算机实验室的架子，加强实践性教学环节。凡是实验占重要地位的专业，实验都需要单独设课，单独考核。各项实习成绩也进行考核并列入学生成绩册。1980年开设实验项目20个，实际完成率达90%，并要求相关专业学生进行7周的机加工和4周的钳工实习。

由于学校开设的专业大部分为面向一线的技术、技能岗位，为了使学生更好地将理论与实践相结合，加大对学生专业技能的训练，学校不断完善实践教学平台。20世纪90年代初，设有机械、力学、金相与热处理、公差与技术测量、液压、电路基础、电子电路、自动控制、微机、电话交换、邮电通信业务等实习室，并建有计算机房、语言实验、电化教学、工程制图等实验场所。1994年，各专业教学计划中实践性教学环节占到总课时的三分之一，教师可以对学生的实习、实验、工程技术能力进行多方位指导。

学生在计算机房练习

五、各类培训

根据学校的定位和发展，学校将行业企业及社会培训作为“第二个轮子”，放在了办学的重要地位。培训对于提高劳动者的素质和培养专门人才起着非常重要的作用，特别是对于在职在岗人员的培训，针对性强，教育效用的直接性更加明显，可以更直接、快速地提高劳动者的素质。

设置培训中心 1995年两校合并时，中国邮电工业总公司调整教育机构，在合并文件中明确将邮电工业学校和职工大学组成一个新的培训机构，称为邮电工业总公司培训中心，后变为普天信息产业集团公司培训中心（本章中简称培训中心）。在学校、职大基础上，加上培训中心，对外形成三块牌子的建制，学校领导兼任培训中心的领导，在机构设置上，成立培训部和培训楼管理部，主要任务是在学历教育的同时，充分挖掘校内师资、设施和场地的潜力，通过市场调查，广泛了解人才市场的需求，积极开展多层次、多形式的对内、对外培训工作，努力建设低重心、多层次（低、中、高级技能型人才和多技能、复合型人才）、有活力的动态机构。

为保证培训质量，培训中心还组建了一支兼职队伍。在学校原有教师力量的基础上，增加了来自各大学与国家相关部门以及邮电工业总公司的教授、专家和领导干部。教师队伍的壮大使得培训教学软实力不断增强。在硬件方面，学校于1997年3月破土动工兴建培训楼，于1998年1月竣工验收。1998年3月2日接待了当年第一期培训班。培训楼内设有专门的教室和相应的教学设备，并配备了一个拥有80多个床位的招待所，供培训学员住宿，每个房间均配有电视机和电话，能够充分保障学员在培训期间的生活需求。

行业系统培训 作为行业系统的培训基地，学校紧跟通信技术发展的新动向，从通信领域的最新技术和业务中寻找培训课题，聚焦三大热点：最新技术的业务培训、计算机最新应用软件和开发工具的培训、新标准和新政策的培训。培训中心承担着本系统各级各类培训班业务，如财务干部培训班、审计干部培训班、政工干部培训班、技术干部培训班、厂级后备干部培训班等。

1999年中国普天信息产业集团公司系统内经营人员培训班合影

邮电工业总公司系统中很多企业厂长和副厂长都参加过培训中心举办的后备干部班。从表1-1-7所示1996年培训班统计中可以看出，培训中心开办的各类培训班，能很好地助力各类技术人员和管理干部的成长与发展。

表1-1-7 1996年培训中心举办培训班情况一览表

序号	时间	培训班名称	人数
1	03.05—03.09	为506、508厂举办市场营销班	70人
2	03.06—03.27	PTIC班组长培训班	46人
3	03.11—04.11	PTIC总工办主任研究讨论学习班	31人

续表

序号	时间	培训班名称	人数
4	04.03—04.11	PTIC政工干部培训班	38人
5	04.07—04.14	第一期ISO9000系列标准质量管理培训班	32人
6	05.06—05.16	教育管理干部培训班	21人
7	05.19—05.25	第二期企业档案信息管理系统软件培训班	25人
8	06.03—06.11	第二期ISO9000系列标准质量管理培训班	31人
9	06.16—06.29	纪检监察干部培训班	23人
10	06.23—07.03	HJD-04机新技术学习班	26人
11	07.01—07.07	第三期企业档案信息管理系统软件培训班	20人
12	08.10—08.24	会计电算化培训班	33人
13	08.28—09.06	人事干部培训班	28人
14	09.04—09.10	知识产权法制教育骨干培训班	43人
15	09.12—09.18	统计人员培训班	34人
16	09.17—11.25	中青年干部培训班	36人
17	10.17—11.01	器材总公司人事干部微机学习班	22人
18	10.20—10.24	PTIC保卫工作会议	22人
19	11.07—11.12	邯钢经验学习班	57人
20	11.18—11.30	审计人员培训班	26人
21	全年	移动电话手机维修技术培训班（共五期）	188人

注：PTIC为中国普天信息产业集团公司英文缩写。

取证培训 除了承担系统内培训，学校还积极开展考取各种等级证书的培训工作，陆续开办了成人高考辅导、计算机等级考试、模块考试辅导、英语和多种通信技术等各种层次、不同周期的培训项目。学校将社会承认的专业技能评价引入校园，先后申办成为国家经贸委批准的企业领导干部工商管理培训院校，经劳动部批准的全国计算机信息高新技术组考、培训单位（QSTA），经北京市教委批准的全国计算机等级考试组考、培训单位，计算机应用技术模块考试考点（NIT）和经美国Autodesk批准的授权培训中心（ATC）。

社会培训 随着内外环境的变化，培训中心遇到了电信体制改革和计算机证书饱和带来的系统内部培训和考级证书培训需求双萎缩。在此情况下，培训中心采取积极的态度，不断调整培训策略，面向社会、面向市场开发社会力量办学项目，扩大工商管理培训的函授课程。采取与外部联合办班模式，选择培训热点，开展职业技术技能培训，注重培训的专业性和针对性，与北京·松下彩色显象管有限公司、联想集团、中信证券股份有限公司、浪潮集团有限公司等单位建立了良好的合作关系，举办中层干部工商管理班，软件培训班等。学校与微软公司签订协议，被授权为“微软授权培训中心”，还被国家经贸委批准作为承办工商管理培训的单位。1996—2003年学校培训情况如表1-1-8所示。

2000年联想电脑公司第二十二期新员工培训

表1-1-8　　1996—2003年北京邮电工业学校培训情况一览表

年份	培训情况
1996	全年培训总人数700余人
1997	全年培训总人数928人，系统内培训448人
1998	全年培训班70期，培训总人数2791人。其中，系统内培训班17期，共544人；计算机等级考试和培训将近1000人
1999	全年培训班53期，培训总人数3722人。其中，系统内培训271人；计算机等级和模块考试900多人，计算机应用软件培训323人
2000	全年培训班73期，培训总人数2902人。其中，系统内培训228人，计算机等级考试1036人
2001	全年培训总人数4000余人。其中，系统内培训6个班，共计316人，计算机等级考试922人
2002	全年参培人数2000余人。其中，系统内培训112人，计算机等级培训576人
2003	全年参加培训和社会考试将近3000人，其中，开办培训班31个，共计培训人数1260，举办计算机、英语口语等社会考试4次

六、校办企业

根据校办产业发展的各项政策，结合邮电产业的特点，按照实践教学的需要，发挥学校人才聚集优势，校办企业随之建立和发展，一方面满足了实习实训的需求，以产代训，另一方面为教育教学提供了资金支持。

校办企业沿革　自1987年起，在巩固和发展原有实验工厂的基础上，又创办了四个具有独立法人资格的校办产业，即北京育华通信设备厂、北京四达新技术应用研究所、华翔汽车运输部、北京唯实经营部。1992年底，学校在校办产业第三轮承包中引进竞争机制，改变过去由学校选聘承包干部的方式，对校办企业实行承包招标，签订企业经营承包协议书，竞争者通过投标答辩竞争上岗，给企业更多自主权的同时也使承包者有了压力和动力。五个校办企业注入了新的活力，当年效益显著上升。学校从校办企业上缴利润中筹措的经费，由1988年的17.279万元，提高到1993年的100多万元，上升了4.8倍。

截至1994年，校办企业正式职工100人左右，自行开发出12种产品，可以承揽机械类加工和汽车运输，代销和经营二十多个以邮电通信产品为主的商品。这段时间内，随着国家经济建设的飞速发展，邮电通信建设的加快，企业的整体素质逐年提高，经济效益不断增长，使学校的办学路子越走越宽，实力不断增强，助力了学校的发展。

1995年，北京邮电工业学校与北京邮电工业职工大学合并后，根据国家和北京市对校办企业的发展政策，学校持续推进校办企业的发展，一是满足师生实验实训的需求，二是获取学校可持续发展的资金支持。

1998年，北京邮电工业学校实验工厂更名为北京京雁通信设备厂。同年3月，组建北京鸿科雁计算机通信服务中心，主要提供寻呼相关的维修培训和服务工作。到1998年底，学校有北京京雁通信设备厂、培训楼招待所、北京华翔汽车运输部、北京育华通信设备厂、四达新技术应用研究所、北京鸿科雁计算机通信服务中心六个校办企业。2000年，培训楼改名为北京普天宾馆，并正式对外营业，一方面为对外培训提供住宿保障，另一方面对外经营，成为新的经济增长点。

校办企业承担实习实训任务的同时，所得收入也弥补了教育经费的不足。各企业以多种形式加大市场开发，不断提高产品质量，经济效益有所增长。仅以校办企业在1996—2000年为例，据统计，校办企业共向学校上缴747.5万元，为学校负担了80多人的开支，有力地支持了学校办学。

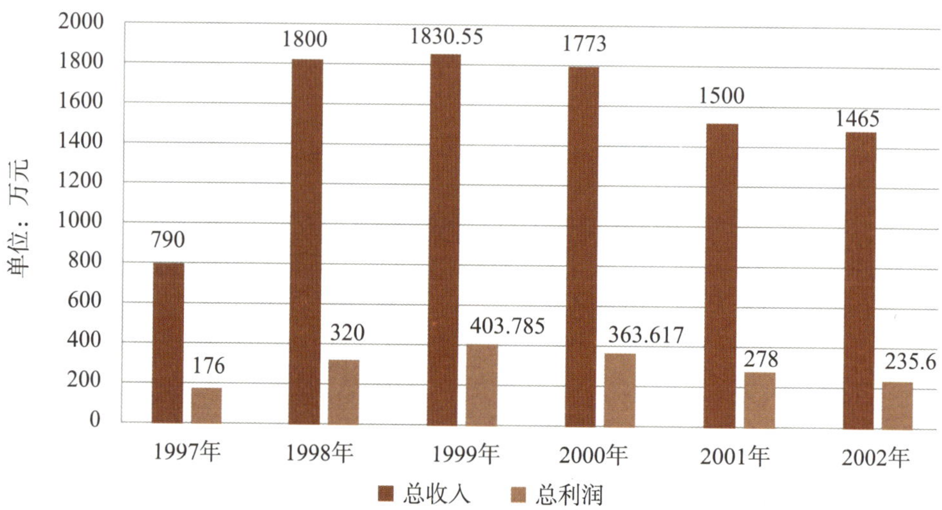

1997—2002年校办工厂经济效益情况

进入2000年之后，随着社会的发展，技术更新换代加快，市场竞争加剧，企业生产的老产品市场表现不佳，致使多数用户订购产品的数量大幅度下降，而且，中专校办企业面临人员老化、技术落后、资金投入难等问题，校办企业受到很大冲击，部分企业关停并转。2002年，学校正常经营的校办工厂有北京京雁通信设备厂、普天宾馆、华翔汽车运输部、北京育华通信设备厂。全年计划完成收入总额1690万元，实际完成1465万元，为全年计划的86.7%；计划完成利润总额320万元，实际完成235.6万元，为全年计划的73.6%。

2002年，普天宾馆进行了股份制改造，京雁通信设备厂改制为有限责任公司，育华通信设备厂改制为中外合资有限责任公司，华翔汽车运输部撤销营业执照。改制后企业与学校的关系由原来承包制变为股东与企业的关系。

实验工厂　学校建校初期创建的实验工厂，是最早建立的校办企业，以引入邮电所需产品进行加工制造的方式，不仅承担着教学实习实训任务，保障学生实践活动，提高感性认识和操作技能，还承担着教师实践培训任务。根据自身优势和特点，面向邮电工业领域生产通信专用仪器和工具，研究邮电通信设备中的窄缝产品，产品主要有电动绕接器、手动绕接器、电缆探测器、电缆障碍击穿器、数字式环阻测距仪、感应式对号器等。这几种产品有很强的专业性，成为邮电、铁路等通信部门必备的电缆维护产品（表1–1–9）。这些产品不但打开了市场，为校办产业带来了生机，而且在实际的实习实训操作中，也促使教师和学生从实际应用角度出发，加深对专业知识的理解，在实践中提出问题、解决问题，真正做到教学相长。学校实验工厂成为全国最早生产绕接工具和具有电缆探测金属管线经验的厂家。此外，还参与了GB 11317—89《绕接技术》的起草工作，制订、注册备案了国内行业首部《光缆、电缆探测器》企业标准。

表1-1-9　　实验工厂部分通讯产品一览表

产品名称	简介
RJ型电动绕接器 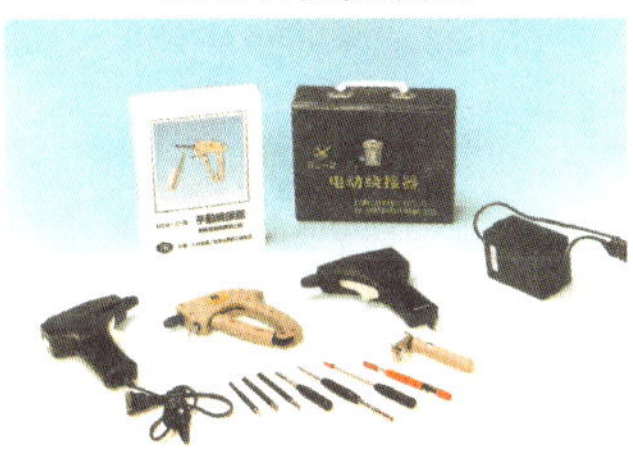	无焊绕接技术是先进的电器连接工艺，它使用专用工具——绕接器，将导线按规定圈数紧密地缠绕在带有棱边的接线柱上，使之成为牢固连接的接点，与锡焊连接比较，具有高可靠性、长寿命、高效率、无污染的优点
QDH01型感应式对号器 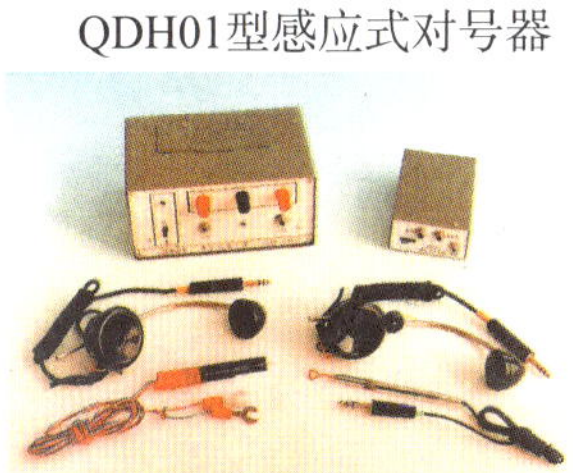	该感应式对号器采用双频感应式收发，对电缆芯线进行无剥皮对号，尤其适用于已开通的市话电缆中部分芯线连接至用户时的对号，不影响邻近线对的通信业务，避免工作障碍，该仪器分辨率高，5千米以内能清晰对号，机内附有通话装置，仪器操作简单，携带方便

续表

产品名称	简介
MCW-01型手动绕接器 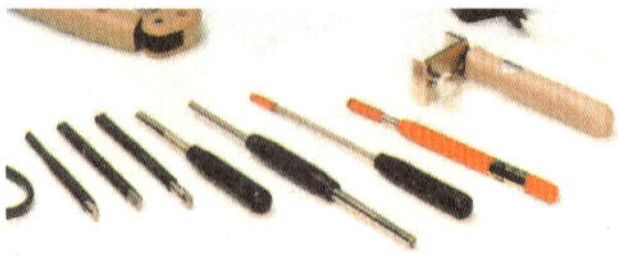	手动绕接器是对各种类型的接点进行0.6毫米以下线径绕接的手动工具，它能根据线径变换各种接点需要的圈数，能方便地连绕防震型复连线，还能退绕
QTQ型电缆探测器 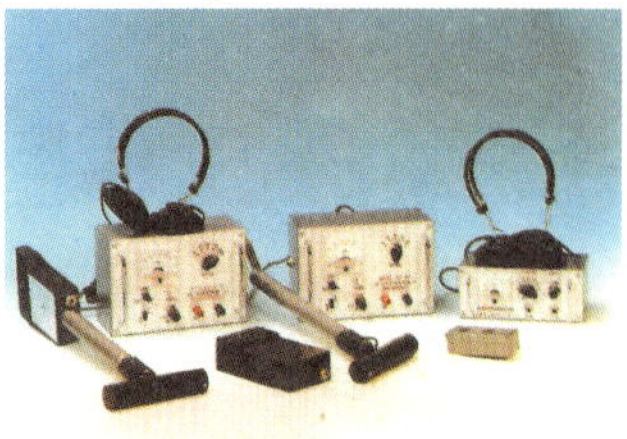	电缆探测器是通讯电缆施工和维护工作的必备仪器，也是厂矿企业探测地下金属管线的常用仪器，可减少开挖地面的劳动，具有便于携带、适于野外操作等优点
QXZ03型电缆障碍击穿器 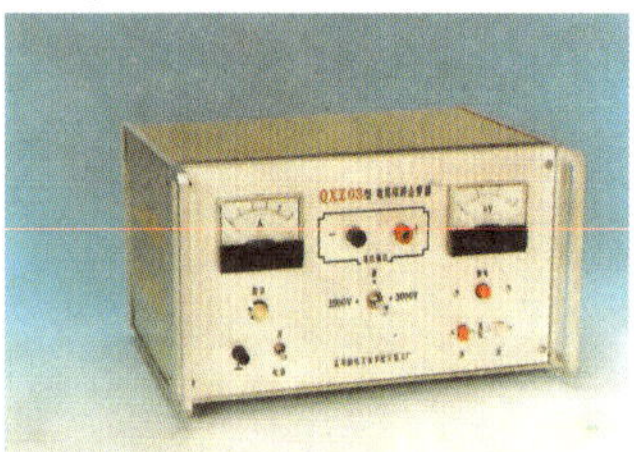	该电缆障碍击穿器采用对电缆故障点施以瞬间高压的方法使之击穿，造成故障点短路或成为低阻值状态，从而不致因故障点阻值过高而影响定点查找，适用于市话通信（铅皮、塑料）电缆因绝缘不良而发生自混、他混等障碍的击穿，配用相应的电缆探测器、数字环阻测距仪，可做到对故障点迅速准确定点
ZZD01-8密集型市话用户载波系统 	该载波系统是电话载波系列的一种设备，为调幅式双边带、双向传输的通讯系统，其特点是能在一对用户线上扩容7个用户，该系统可用作电话局至电话局的扩容，也可用作电话局（或单位交换机）至用户间的扩容

实验工厂一直是学校的创收单位。1980年销售额为43万余元，1982年完成销售任务50.30万元。随着改革的深入和发展，1986年开始，全国部分集体企业和全民所有制企业逐步引入经营承包的新形式。1987年，学校也开始对实验工厂进行改革尝试，签订承包合同，工厂的经济效益有了大幅度的提高，产品值达100多万元，获纯利润20多万元，补充了学校部分经费的不足。第一轮承包结束的1989年产值已由原来的五六十万元增加到一百四十万元左右，纯利润由十多万元增加到六十多万元（包括营业外收入）。

四达新技术应用研究所 成立于20世纪80年代的四达研究所运用内外结合的科技力量，瞄准邮电市场的窄缝产品和当时新兴的电、磁医疗仪器，进行软件开发和高技术产品开发，邀请有名望的医疗专家讲解指导，聘请具有软件开发能力的科技人员开发软件，用两年多时间研究和生产出“子午流注电脑治疗仪”“全电脑无创性结石排出仪”“中风早期预报软件”，同时还开发出一种邮电产品“自动电话计费器”。1993年6月，该研究所研制的“子午流注治疗仪”获得国家发明专利申请。同年11月，该专利经过北京医药总公司鉴定，允许小批量生产。该仪器采用了先进的微电子技术，应用电脑替代人工进行按时选穴，用现代电磁技术选择特定的电脉冲波和磁场强度刺激穴位，取代人工针刺穴位方法。经临床验证，该仪器具有操作简便、易懂易学、治疗范围广、无痛、无副作用等优点，对治疗各类痛症、关节炎、扭伤、咳喘等效果显著。

第四节　师资队伍

一、教师结构

学校创建初期的教师结构由以下三部分人员组成，一部分教师队伍为通过抽调或借调的方式从邮电部机关和北京邮电器材厂吸纳的工程技术人员，一部分为派往其他大学培训的提前返校人员，另外一部分为毕业生留校人员。到1961年，教职工已发展到350人，其中专职教师130人。

1962—1966年，随着招生规模的变化和教学任务的调整，教师队伍也进行了相应精简，教职工从300多人调整为175人。学校充分利用这一时期，加强了教师对教学内容、教学方法和教学管理等方面的研究和探讨，统一思想，明确教学任务，教学能力有了进一步提高，81位教学工作人员承担了三个专业40门课程的教学、实验和部分实习辅导工作，教学秩序更加稳定，教学质量不断提高，骨干教师不断涌现，稳步地向正规化办学方向发展，直至由于历史原因教师队伍解散。

1985年首届教师节合影

1979年，复校刚开始，各个专业学科的部分老师陆续归队回校，为学校的师资队伍建设奠定了基础。同时，在学校的建设发展过程中，积极引进、补充高学历人才，为学校的高质量发展注入“活水”。1988年之后，本科学历教师在专任教师中的比例一直稳定在50%以上，且总体呈上升趋势（见表1-1-10和表1-1-11）。2004年合并前，学校共有教职工近200人，其中专任教师62人。专任教师中，达到本科以上学历者占92%，具有中级及以上专业技术职务的教师占55%。

表1-1-10　　1985—1994年北京邮电工业学校教师情况统计表

学年	教职工总数	专任教师数	本科及以上学历人数
1985/1986	221	55	36
1986/1987	221	50	27
1987/1988	249	62	31
1988/1989	243	60	23
1989/1990	190	50	28
1990/1991	213	42	24
1991/1992	210	53	30
1992/1993	211	46	31
1993/1994	202	42	32
1994/1995	207	51	34

表1-1-11　1995—2000年北京邮电工业学校和北京邮电工业职工大学合并后教师情况统计表

学年	教职工总数	专任教师数	学历为本科及以上人数
1995/1996	244	47	31
1996/1997	232	40	28
1997/1998	229	43	31
1998/1999	208	34	22
1999/2000	198	40	30
2000/2001	188	43	41

二、教师培养

建校以来，学校高度重视教师队伍建设，要求任课教师既要具备扎实的理论知识和较高的教学水平，又要具有较强的专业实践能力和实践经验。

完善制度　学校高度重视教学管理工作，积极推动教学管理工作向科学化、规范化的方向发展，保证教育教学的顺利进行。建立完善教学管理规章制度，调动教师的积极性。参照《北京中等专业学校督导工作暂行规定》及教学评估指标，规范教学，引进并启用计算机管理软件，提高教学管理工作效率。要求教师钻研教学，贯彻“因材施教、教书育人”的思想，讲究讲课艺术、学习教育理论、了解学生实际需求，并能在教学中对学生进行爱国主义

1998年学校举行教师节大会

以及正确的人生观、世界观、价值观教育。

两校合并后重新修订规章制度，对各部门的职责作了进一步明确。通过外出走访、选送论文、参加评比等多种形式扩大对外交流，开拓视野，学习先进经验，掌握先进的教学理论、教学方法等，从而提高整体教学质量。

教学督导 学校始终坚持在全校范围开展听课活动，由校长亲自带队，副校长、教学部正副主任、督导组，共同组成听课小组，对任课教师（包括外请教师）采取事先不通知的抽查形式进行听课，对教学质量、授课效果进行全面的了解和评估，对存在的问题及时纠正。同时，总结一些教师的教学特色，将具有较强创新意识和灵活新颖的教学案例，进行推广宣传。

1966年学校长征队队旗

培训进修 建校以来，在教师培养过程中，学校以开展老教师帮带新教师“一带一”的方式，充分发挥老教师的骨干作用，加强对青年教师的业务指导和实践锻炼。注重对新教师的岗前培训和教学过程中的检查帮助，通过老教师进班听课、组织青年教师评优课、校内公开课、优秀论文评选、教案交流等活动促进青年教师的成长。同时，鼓励老教师继续进修，不断更新知识，聘请高级讲师进行计算机知识讲座和专业英语讲座，促进老教师顺应发展、与时俱进。

1995年两校合并后，随着学校教师队伍的不断壮大，为了更有效地落实有关教师进修、培训的政策，提高教师的教学水平和业务能力，学校制订了《北京邮电工业学校、首都联合职工大学邮电分校教师进修管理办法》，加大校外培训和交流的力度。

岗位与职称聘任 学校积极开展教师岗位聘任工作，引入市场经济观念，逐步推行干部制度、分配制度及用工制度改革，从中层干部到全体教职员工，实行全员聘任，引入竞争机制，使得所聘岗位与分配制度相适应。

学校根据国家教委、北京市及邮电部等关于教师及各类专业技术人员职称评聘的有关规定，积极落实相关政策，认真开展评聘工作，畅通一线教师发展的通道。1987年7月，学校首次进行专业技术人员职务评审和聘任工作。1988年，首批专业技术职称评聘工作结束，聘任高级职称6人、中级职称48人、初级职称50人，共聘104人。

据《北京普通中等专业教育志稿》记载，北京邮电工业学校1987—1992年具有高级职称的教职员工共有16人，如表1-1-12所示。

表1-1-12　1987—1992年北京邮电工业学校高级职称人员情况一览表

职称	姓名	评聘年份	职称	姓名	评聘年份
高级讲师	高启时	1987	高级讲师	彭志琦	1988
	程广印	1987		王中昌	1989
	李洪儒	1987		陈　捷	1989
	刘玉生	1987		张留侯	1989
	谭斐芸	1987		周以礼	1992
	杨德恒	1987	高级工程师	卢乃勋	1988
	乌克敏	1987		杨旭之	1988
	张树培	1988		詹声谷	1988

在之后的几年中，高级讲师在专任教师中的比例呈上升趋势。2002年共有14人具有高级技术职称：路昭、朱秀华、徐锷、刘利平、钟桂英、刘威、梁玉琴、廉诗红、王旗、李凤兰、张国全、施英、陈嵘、魏晓湘。

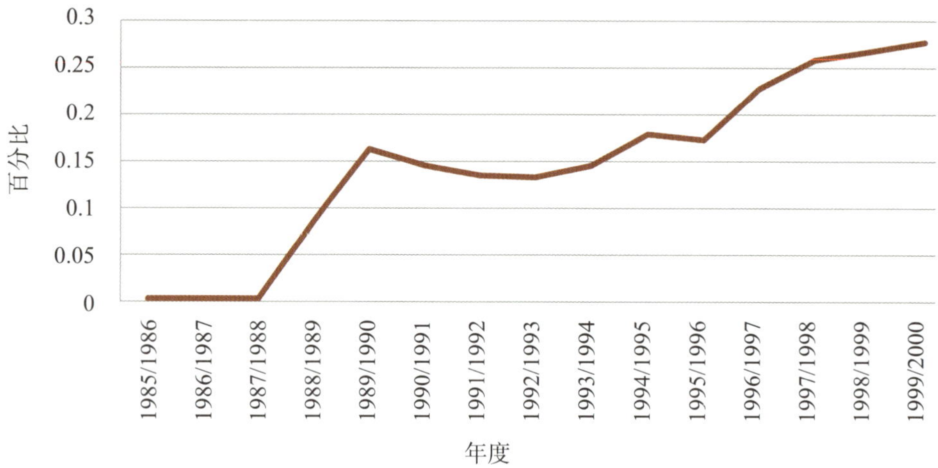

1985—1999年度高级讲师在专任教师中的比例

三、教师荣誉

自建校至1997年，学校教师获得多项市级以上荣誉，见表1-1-13。

表1-1-13　1959—1997年北京邮电工业学校教职工获市级及以上荣誉一览表

序号	年份	获奖人及奖项
1	1959	杨淑琴获北京市优秀辅导员称号
2	1960	杨淑琴获北京市社会主义建设先进工作者称号
3	1960	王祖耨获北京市社会主义建设先进工作者称号

续表

序号	年份	获奖人及奖项
4	1960	徐钟琪、刘鹏弟、冯致祥、赵郁之获北京市教育系统先进个人称号
5	1979	徐成林获北京市先进生产者称号
6	1983	张留侯、毛松蕃获北京市教育系统教书育人服务育人先进工作者称号
7	1986	周以礼获北京市高教系统教书育人服务育人先进工作者称号
8	1987	刘爱民获北京市教育系统教书育人服务育人先进工作者称号
9	1989	周以礼获北京市优秀教师称号，获全国邮电教育系统先进教育工作者称号
10	1994	赵玲获全国邮电教育系统优秀教师称号
11	1997	刘利平、钟桂英获北京市中等专业学校优秀中青年骨干教师称号

第五节　学生培养

一、学生教育管理

建校以来，学校高度重视学生的教育管理，在提升硬件条件的同时，积极推进文化建设。经过长期办学积淀，形成校园文化建设理念。20世纪90年代形成了“团结、奋进、求实、奉献”的校训，以“敬业、严谨、爱生、育才”作为教风，以“勤奋、文明、团结、进取”作为班风。这一校园文化建设思想，一直是学校精神文化的主要组成部分。

学校重视学生文化教育活动，在校园里，学校每年定期举办“五月艺术节”，艺术节的活动有：歌咏比赛，卡拉OK赛，诗歌会、演讲会，书法绘画，手工展览会等；同时还举行18岁成人礼仪式、英语晚会、知识竞赛等格调高雅、形式多样的活动；创办了《校园信息》

1986年学校运动会85级11班同学拔河

1986年学校运动会学生冲刺

学校足球队成员合影

1994年学校运动会入场式

《校园时报》等刊物，内容充实有趣。加强精神文明建设的同时，开展了众多积极向上的文化体育活动，将校园文化生活的思想性、教育性、趣味性、娱乐性融为一体，丰富了老师和学生的业余生活。

二、招生规模

1959年学校正式招收学生500人，其中，三年制初中毕业生122人，其余为北京邮电器材厂技工训练班升入中专班级的原有学生。

1966年之后，学校因历史原因停滞了一段时期，但在1979年之后又进入一段新的发展时期。1959—2004年学校先后为全国邮电和通信企业培养、输送了牢固掌握基础知识和专业技能且能够从事专业技术或管理工作的德、智、体全面发展的技术人才4000余人。

1985—2000年学校中专学生规模见表1-1-14。

表1-1-14　1985—2000年北京邮电工业学校中专学生规模统计表

年度	在校生人数	在校班级数	专业数	当年招生人数
1985/1986	156	4	3	39
1986/1987	151	4	3	113
1987/1988	152	4	3	37
1988/1989	150	4	3	112
1989/1990	189	5	3	80
1990/1991	183	5	3	107
1991/1992	224	6	3	120
1992/1993	245	6	3	130
1993/1994	267	7	3	145
1994/1995	335	9	3	194
1995/1996	283	8	3	109
1996/1997	203	5	3	91
1997/1998	195	4	2	104
1998/1999	228	5	2	125
1999/2000	366	8	2	239
2000/2001	515	11	3	220

三、毕业生情况

建校至“文化大革命”前，学校共毕业36个班，总计1200余名学生。大部分毕业生投身到企业一线工作中，许多毕业生成为邮电行业、企业中的技术专家和管理骨干。据《北邮工校》和相关统计报表数据汇总，1979年复校后至1994年，累计有毕业生1200余名。通过对1988年之前的毕业生进行的调查和分析，发现该时段毕业学生具有面向全国分配、专业对口和一线岗位为主等特点。1960—1969年专业设置与毕业生情况见表1-1-15。

表1-1-15　1960—1969年北京邮电工业学校专业设置与毕业生情况一览表

毕业年份	专业	班数	毕业人数	合计
1960—1961	无线电设备制造 机械制造 电信电源设备制造	2 1 1	53 42 27	122
1963—1965	机械制造 无线电设备制造 长途电信设备制造	9 6 4	297 222 137	656
1967—1969	机械制造 无线电设备制造 长途电信设备制造 电信电源设备制造	8 2 2 1	333 63 67 42	505
共计		36	1283	

1961年第二届毕业生全体合影

1963年实习队与上海器材厂领导、师傅合影

2000年9805班毕业合影

就业地遍布全国 根据1988年《北邮工校》校友录的统计数据显示，已毕业的44个班近2000名学生，虽然多数留在北京专业对口企业工作，但分配至陕西省、四川省、江苏省等地工作的毕业生也很多。从表1-1-16可以看出，学校毕业生几乎遍及全国各地，为邮电事业的发展、祖国的四化建设贡献他们的聪明才智。

表1-1-16　　1988年之前北京邮电工业学校部分毕业生去向一览表（按就业地分类）

就业地	人数	就业地	人数
北京市	646	广东省	52
上海市	62	湖北省	62
天津市	64	吉林省	41
陕西省	183	辽宁省	8
重庆市	45	山西省	31
四川省	194	安徽省	1
河南省	51	山东省	32
河北省	25	湖南省	1
浙江省	46	贵州省	16
江苏省	119	内蒙古自治区	3
江西省	31	宁夏回族自治区	2
广西壮族自治区	32	/	

注:《北邮工校》校友录中有的毕业生未注明就业地，此表中数据为不完全统计。

就业专业对口　1977—1985年，邮电工业进行了全面调整和整顿，全国邮电工厂从322个（其中部直属工厂30个，省邮电管理局所属工厂292个），调整为112个（其中部直属工厂29个，省邮电管理局所属工厂83个）。经过这次调整，在全国范围内形成了以部属工厂为主的通信设备制造网；在省、市、直辖市范围内，形成以修配厂为主的通信设备修配网。由于学校是部属专业院校，大量学生毕业后直接就业于邮电部的直属工厂。

这些直属工厂主要研发和生产邮电工业所需的通信设备，例如程控交换设备、传输设备、电源设备等。工厂的用人需求和学校所开设的专业（机械加工、无线电通信设备制造、有线电通信设备制造、程控交换专门化、模具设计与制造专门化、机械加工工艺专门化）非常契合，学生不仅能够将所学知识在工作中学以致用，还能在实践中得到锻炼，提升自己对专业的认识，有的毕业生甚至走上了科研岗位。1988年之前学校部分毕业生去向见表1–1–17。

表1-1-17　　1988年之前北京邮电工业学校部分毕业生去向一览表（邮电部直属工厂）

单位名称	就业人数	工作内容
邮电502厂（邮电部侯马电缆厂）	28	生产大型光缆、电缆
邮电503厂（邮电部西安微波设备厂）	115	生产成套微波通信设备
邮电505厂（邮电部眉山通信设备厂）	127	生产各种载波通信设备、测量仪表以及专用元器件
邮电506厂（邮电部北京通信设备厂）	177	研制生产现代化微波通信设备
邮电508厂（邮电部北京通信元件厂、北京邮电电话设备厂）	79	生产模拟、数字程控交换机、电话机等传输设备、交换设备和终端设备以及通信电源元器件等

续表

单位名称	就业人数	工作内容
邮电511厂（邮电部天津通信设备厂）	25	制造和维修通信交换设备、邮政专用机械及器材
邮电512厂（邮电部天津电话设备厂）	30	生产通信终端设备，比如自动电话机、公用磁卡电话、投币电话、CDMA手机等
邮电514厂（邮电部成都电缆厂）	29	生产电话电缆
邮电515厂（邮电部重庆通信设备厂）	41	开发和生产传输设备、同步数字系列设备、程控交换设备和微波通信设备
邮电517厂（邮电部武汉通信仪表厂）	9	生产载波、市话、线路、光纤通信和其他五大类仪表及设备
邮电518厂（邮电部南京通信设备厂）	67	生产配线架和交接箱等和通信相关的传输设备
邮电519厂（邮电部上海通信设备厂）	22	生产载波、电报、仪表、元件、脉码调制（PCM）设备和光纤通信设备等
邮电520厂（邮电部上海电话设备厂）	19	生产载波机、电传机、电话机、无线通信设备、调度机、通信电源及配套设备
邮电522厂（邮电部杭州通信设备厂）	29	生产载波、传输设备、交换设备、电缆设备等通信设备和电讯产品
邮电535厂（邮电部武汉通信电源厂）	33	生产广泛应用于程控电话交换系统、通讯通信和数字微波方面的电源系统
邮电536厂（邮电部阳新电话设备厂）	1	研发和生产电话等通信设备

注：《北邮工校》校友录中有的毕业生未注明就业单位，此表中数据为不完全统计。

以一线企业就业为主 根据当时标明就业去向的统计信息显示，绝大多数毕业生都到一线企业参加工作。除了上表中的邮电部直属工厂，也有各省邮电管理局所属的邮电工厂，如山西省电信器材厂、湖北省武汉邮电研究院实验工厂、贵州省邮电器材厂等；也有进入科研院所（如邮电工业标准化研究所、邮电部西安第十研究所、邮电部电信传输研究所等）、学校（北京邮电工业学校、北京邮电工业职工大学、北京机械工业管理专科学校、石家庄邮电专科学校等）工作的毕业生；此外，还有分配到地方邮电管理局等行政和事业单位的毕业生，如天津市邮电管理局、江苏省盐城邮电局、北京市怀柔区科学技术委员会等。1988年之前学校部分毕业生就业单位见表1-1-18。

表1-1-18 1988年之前北京邮电工业学校部分毕业生就业单位类别一览表

单位类别		人数
行政事业单位	留校	32
	外校	28
	科研院所	183
	其他	169
企业	—	1282

注：《北邮工校》校友录中有的毕业生未注明就业单位，此表中数据为不完全统计。

从1958年建校至2004年，中专毕业生共计4000余名。其中，据各类报表和年终总结统计，1995—2004年中专毕业生1600余名。

7901班毕业生合影

1989年毕业生合影

9651班毕业合影（1998年）

9754班毕业合影（1999年）

四、优秀毕业生事例

学校培养的毕业生大多充实到一线生产岗位，也有的在科研院所参与研究、教学、管理等工作，许多毕业生成为邮电战线上的骨干，有的成长为业务上的专家。

唐仁杰 就读于邮电工业学校机械制造专业，是1316班的学生，1968年毕业，毕业后继续深造并出国留学。20世纪70年代中期参与气体激光大气传输光通信样机的研制任务，之后又参与研制光导纤维、新型单模光纤，在光纤研究上做出重要成绩，其中，“1.55微米波长零色散单模光纤制造技术研究”项目于1990年通过部级鉴定，填补了国内空白，达到20世纪80年代中期国际水平，获武汉邮电科学研究院科技进步一等奖；“光纤制造新工艺研究”项目于1995年通过部级鉴定，为国内首创，获武汉邮电科学研究院科技进步二等奖。唐仁杰荣获国家教育委员会、国家人事部（现为中华人民共和国人力资源和社会保障部）授予的优秀留学回国人员奖章，国家科学技术委员会、国家人事部（现为中华人民共和国人力资源和社会保障部）授予的国家有突出贡献的中青年专家等光荣称号，享受国务院特殊津贴。

文鄂昕 1969年毕业于邮电工业学校机械制造专业，学习刻苦努力，毕业后就读于北京邮电大学电子交换专业，参加工作后一直从事技术研究和管理工作，曾任北京普天和平通信技术公司副总经理。该公司成立于1988年，是国内最早研究呼叫中心及其CTI技术设计和应用的厂家之一。基于专业知识和工作实践，文鄂昕发表了《智能人工长途电话交换系统》和《以185客服中心全面提升邮政服务》等文章。1988年获得“国家科学技术进步”二等奖，1996年获得邮电部授予的“科学技术进步”三等奖。

吴洲洋 毕业于邮电工业学校经济管理专业，是8412班学生，就业于连云港市邮电局计财科，工作中所研制的邮电通信企业会计核算软件，填补了全国邮电财会系统的一项空白。该研究成果1994年获财政部“全国首届会计软件展览会会计电算化奖”，1995年获“江苏省邮电科技进步一等奖”及“邮电部科技进步三等奖”。吴洲洋1989年被连云港市政府授予“劳动模范”称号，1991年又被邮电部授予“全国邮电财会先进工作者”称号，1992年被评为连云港市“十佳青年”，1994年被评为“江苏省邮电管理局级拔尖人才”，1996年获得“全国邮电优秀中青年知识分子”荣誉称号。

王迪 1998年入学，就读于北京邮电工业学校计算机网络技术专业，中专毕业后，成功考取本科院校，经过刻苦钻研和不断努力，最终成为控制科学与工程专业博士。毕业后，遵从自己的职业梦想，进入北京邮电大学继续科研工作，至2022年，为北京邮电大学人工智能学院副教授，主持科研项目4个，作为第一作者发表SCI论文5篇。

第六节　校园建设

一、1979年复校前建设情况

1959年，邮电部在北京市朝阳区酒仙桥将台路征地93亩（1亩≈666.7平方米），后增加至98亩。当年破土施工，全校师生积极参加建校劳动，于1961年上半年完成了教学楼、学生宿舍楼、食堂（兼礼堂）的建设，建筑面积共计11500多平方米。1961年暑期，全校师生从北京邮电器材厂迁入朝阳区酒仙桥将台路2号新校舍，正式在新校区上课。

老校门前留影

在后续的建设中，邮电部给予大力支持和资金投入，学校不断完善校区基础建设，到1966年5月，完成了办公用房、浴池、配电室及家属宿舍等建筑的建设，建筑面积共计2151平方米，健全了水电等基础设施。修建了具有400米跑道的操场，建设了一个标准的游泳池，安装了配套的体育设施。建立了校园广播宣传网，进行了校园绿化。随着校园的不断建设和完善，全校师生在美丽校园内学习、生活，积极开展文体活动，德、智、体、美、劳全面发展。拥有游泳池、占地近100亩地的美丽校园，成为那个时期师生最美好的记忆。在那个困难的年代建成如此美丽的校园，足以证明邮电部对职业教育和人才培养的高度重视。

二、1979年复校后建设情况

1979年复校后，9月13日，学校和北京无线电仪器二厂签订“关于北京无线电仪器二厂退还北京邮电工业学校校舍的协议书”，腾退了第一批1750平方米的校舍。1980年11月，学校3400平方米的宿舍楼开工动土。1985年6月25日，厂、校双方又签订了“就地划分的协议”。1987年9月8日，又经过多次反复协商，最终签订了厂校划分协议，学校面积由之前的98亩变为43.5亩。同年，北京市政府给予13000平方米的建筑指标补偿。

1987年9月8日，学校领导与北京无线电仪器二厂签订划分协议

1989年7月28日，首都规划建设委员会第110号文《关于北京邮电工业学校初步设计的批复》，正式批准北京邮电工业学校复校第一期工程五个单体建筑，包括教学楼、实验楼、学生宿舍楼、校办工厂和变电室，总面积13000平方米。同年11月12日，第一个单体建筑教学实验楼（4703平方米）破土动工。1992年底开工兴建变电室（110平方米）。1993年4月动工兴建（4832平方米）的教学办公楼，当年完成土建主体。截至1995年，校园占地面积28900平方米，建筑面积18570平方米，其中教学及实验场所6500平方米，学生宿舍2200平方米，教工宿舍6600平方米。

1997年底，学校开始兴建培训楼，后又增建培训楼夹层，2003年培训楼建筑面积达6800平方米。1998年，建成了900平方米的校门及过街门楼。

2001年，在原有基础设施上又投入200余万元，新建7323.32平方米的教学楼，包含1个阶梯教室、1个综合教室（均为电化教室）、2个普通教室、4个计算机房、3个多媒体教室、2个电类实验室、1个物理实验室、1个程控实验室、1个语音室等现代化教学设施及图书馆新址等。2003年，新建4000多平方米的学生宿舍，增加了住宿面积，改善了住宿条件。

学校实验楼开工前原址旧貌

1998年10月18日，学校举行庆祝建校四十周年活动

截至2003年，校园占地面积37113.74平方米，约合55.7亩，校舍建筑面积19861.1平方米（不含教工宿舍），建有教学楼、培训楼、图书馆及现代化的大型综合教室、阶梯教室、语音室、多媒体教室、计算机房及各类实验室等，具备校园网和闭路电视系统，教学设施基本齐全，为师生提供了良好的学习和生活条件。

大事记

1958年10月18日，邮电部决定将北京邮电器材厂技工学校改为北京邮电工业学校，北京邮电工业学校正式成立。

1959年9月，北京邮电工业学校新生入学，根据邮电部招生计划，共招收新生500人。

1966年6月，学校暂停招生。

1969年5月，邮电部指示将学校撤销。

1970年8月，北京邮电工业学校全校固定资产向507厂移交完毕。

1972年底，部分教职工奉命返回北京筹备恢复北京邮电工业学校的工作，将原北京市仪表局学习班旧址东单新开路胡同94号作为复校筹备处。至1975年底未能实现，北京邮电工业学校并入北京邮电学院。

1978年8月，邮电部再次决定恢复北京邮电工业学校。

1979年，北京市朝阳区将台路2号校园重新挂起北京邮电工业学校校牌。

1991年3月，召开三届二次教代会，通过北京邮电工业学校“八五规划”。

1992年1月，邮电部下达基本建设计划，学校自筹120万元建设教学楼，委托北京市有关部门设计。

1992年11月，与北京市无线电仪器二厂签订腾退房屋协议。根据协议：北京无线电二厂为学校建教学基础设施提供方便，拆除游泳池周围临建库房及木工房，学校将机床实验室、公差实验室及实验室办公室的房屋交给二厂。

1993年4月，教学办公楼开工建设。

1994年4月，经北京市高教局批准，北京邮电工业学校、北京无线电工业学校、北京成人电子工业学院、北京无线电动力技校四校联合成立电子城技术教育中心。

1995年，北京邮电工业学校与北京邮电工业职工大学合并统一办学。

1996年，开办了第一个公开对外的计算机培训班。

1997年，首都联合大学邮电分校首次招生。

1998年，举行四十周年校庆活动。

1998年，培训楼、新校门和过街门楼建成并投入使用。

2000年，培训楼改名为北京普天宾馆，成为学校新的经济增长点。

2000年，校办企业进行新一轮企业承包，承包期3年。

2002年，北京邮电工业学校从行业企业管理正式划归北京市教委管理。

2004年，北京轻工职业技术学院与北京邮电工业学校（北京邮电工业职工大学）合并，成立北京电子科技职业学院。

2003年北京邮电工业学校教职工名单

2003年1月在编在岗教职工名单一览表

机构设置		人员名单
校领导		陈　嵘 宋淑芬 毕重伟
校办公室		刘　威 崔靖宇 程春泰 郭士洪 陈通亮 周　斌 田智明 李兰玉 张逢梅 魏　筠 丁明洁 何玉萍 余　英 梁丽洁 张树臣
党办工会		刘　琪 王秀婷
教务处		郭　炜 董智茹 陈　梅 蒙桂英 王玉萍 张京霞 叶礼桂 孙晨丽
督导处		钟桂英 吴巧荣
学生处		马德华 杜玉芬 殷文娟 贾燕军 马文坤 关庆国 杨贵生 陈　才 刘　杰 汤喜珍 董金福 李承忠 曹新才
招生就业		贾文丽 施　英 吕晓丽
后勤处		吕毓良 陈小铭 李　珍 魏晓湘 徐　康 邬杰明 张新庆 戴祖懋 孙绍华 姚学文 姜　涛 陈宝山 蔡金生 白　东 肖　翔
专业教研室		胡　亦 杨永春 杨永利 陈莉莉 杜　辉 张燕宁 詹晓东 张　界 张景峰 于　京 张景璐 高　斐 赵婉芳 王　莹 孙玉兰 廉诗阳 梁金宏 尹春燕
基础教研室	英语组	刘利平 王彦侠 王　超 张克霞 周　宇 马　进
	语文组	张晓刚 杜　鹃 刘志男
	数学组	徐　锷 景妮琴 王　瑜
	体育组	李春荣 都云祖 秦　麟
	电路组	路　昭 林梦圆 朱恭生 胡冬琴 刘　超
	物理组	焦　镭 张学华
	政治组	廉诗红 朱秀华 梁玉芹
培训部		熊　伟 王　琪 张燕飞 吴道钰
育华工厂		徐　禾 张树新
普天宾馆		吴耀忠 文鄂明 李雪梅 史亚明 李秋霞 赵　军
京雁工厂		王　旗 张俊杰 岳　珊 杨志强 江　超 何卫东 张海恒 毛　磊 张英侠 郑　涛 肖韵华 尚志英 何雪梅 朱晓东 樊凤丽 李建华 胡海军 祁金凤 苏欣惠 塔春宇 张　红 张瑜峰 刘　琦 胡卫星 张彦平 范小成 丁　江 安慕莹 刘国栋

截至2003年12月离退休人员名单一览表

类型	人员名单
离休	赵贻忠 赵新正 刘　立 王文翰 周家帮 宋桂英 文正斌 牛士俊 罗华锐 李连福 王祖耨 郭耀华 闫生毅
退休	杨法琴 黄　颖 刘玉林 蔡松林 肖少坤 刘季康 詹声谷 邵瑞珍 张德水 陈　健 杨德恒 谭斐芸 陈俊书 林朗庵 张锡华 高志通 范明夷 任晚水 林多魁 李维堂 李秀云 苏　绚 秦仁和 遇桂华 宋佩兰 杜继光 吴　萍 卢振达 曹静芬 白秀英 王芙蓉 张淑华 陈世慧 郭耀忠 金宝珍 彭志琦 曹素梅 曹振飞 金绍文 李　锋 戚林仙 陈　捷 郭海庭 安国定 王　进 谢兰英 邱桂容 王宝元 马占鳌 刘玉生 刘英才 宋锡昌 袁正容 吕玉生 杨瑞珍 张凤英 马淑兰 张树英 姚金海 刘宗和 王秀英 杨旭之 王鸿生 王蕴珠 程广印 贺淑安 王景致 毛松蕃 张子忠 张留侯 王昭桐 高启时 蒋志英 汪贵华 龚景生 杨淑珍 刘贵生 刘爱民 戎春才 赵　玲 丁效义 杨韵蝶 孔庆泉 齐兰珍 贾　杰 张思昌 郭增星 裴瑞敏 周伟朝 程福玲 赵继亭 张树培 张六合 宋虎山 李鸿儒 张笑梅 张素欣 于凤荣 郑　渊 卢乃勋 王秀琴 孙永录 蒋庆华 李庆新 周以礼 崔康骥 张美丽 吕玉珍 李　原 郑华美 杨桂清 任　鉴 高树松 杜增梅 何玉田 刘振华 路　昭 金桂芝 肖桂亭 朱秉恭 曹德懿 寇书田 谌洪孝 杨淑琴 赵庆根 郭　媛 赵瑞霞 周子琴 梅东华 杜阳德 王计卯 孙东海 孙　琳 欧阳桂萍

第二章 北京二轻工业学校

北京二轻工业学校前身可追溯到1964年建立的北京市二轻机械厂半工半读职业学校及之后的北京市五金工业公司技工学校、北京市五金工人大学，1978年6月改办为北京市第二轻工业学校，后来更名为北京二轻工业学校。学校先后开设电气运行与控制、模具设计与制造、服装设计、玩具设计与制造、数控技术、计算机网络技术、信息与通讯技术、工业企业财务会计、国际商务等工科、艺术、商务三大门类二十多个专业，模具设计与制造专业2001年被北京市评为现代化标志专业，2002年被教育部认定为全国中等职业教育示范专业。1978—2007年，学校为行业企业和社会培养具有普通中专学历的职业技术人才13000余人。1995年学校被北京市政府评为北京市重点中专校，2000年被北京市政府评为北京市中专示范校，同年被教育部评为国家级重点中专校。

北京二輕工業学校

第一节 发展沿革

一、学校发展

北京市二轻机械厂半工半读职业学校 1964年8月，为了壮大社会主义公有制的集体经济，促进企业发展，北京市第二手工业合作总社决定在北京市二轻机械厂内成立一所职业学校，为企业培养专门的技术人才，校名定为“北京市二轻机械厂半工半读职业学校”。学校生源有高中和初中两种，学制三年或四年。学校于1964年9月招生2个高中班、1个初中班，于1965年9月招生3个应届初中班，在校生共300人。学生毕业后为技术工人，享受技术二级工待遇，第一届毕业生由北京市第二手工业合作总社统一分配，第二届学生由北京市二轻机械厂安排工作。由于历史原因，学校于1968年4月20日停办。

北京市五金工业公司技工学校 1971年11月15日，北京市第二轻工业局所属北京市五金工业公司，将北京市二轻机械厂半工半读职业学校的教师召回，成立“北京市五金工业公司技工学校”，校址设在北京市五金工业公司电镀厂内，具体地址为丰台区贾家花园81号（早期编号是19号）。生源为应届初中生，专业设置为机加工，学制二年，待遇按国家技工标准执行。1971年和1972年底分别招应届初中毕业生各150人，1973年底招应届初中生100人，职工脱产班34人，在校生434人。毕业生大部分被分配到北京市五金公司下属企业，少部分留校，职工脱产班的34人转入后来办的工人大学继续学习。1975年2月，根据北京市二轻局主管教育部门“创造条件办七・二一工人大学”的安排，北京市五金工业公司技工学校决定停止招生，准备改建工人大学。

北京市五金工人大学 1975年4月，经上级批准，北京市五金工业公司将“北京市五金工业公司技工学校”改办为“北京市五金工人大学”，校址仍设在北京市五金工业公司电镀厂内。学校的专业设置为机电专业，学制二年，毕业生享受大专毕业生待遇。1975年6月，学校将技校职工班即将毕业的34名学生与从北京电讯厂选招的6名老工人，组成工人大学第一届学员班；1976年6月，第二届工人大学班招生38名学员，在校生达78人。毕业生除2名学生留校之外，其余全部返回原单位。1978年5月，北京市第二轻工业局通知学校做好改办北京市第二轻工业学校的准备工作，1978年7月北京市五金工人大学停止办学。

以上三个阶段办学情况参见本章附录学校前期办学。

北京二轻工业学校 经北京市委科学教育部、北京市革命委员会工交办公室、北京市革命委员会财贸办公室、北京市革命委员会计划委员会〔78〕京科教字070号、〔78〕京工字130号、〔78〕京革财字41号、〔78〕京科字186号《关于纺织局等成立中等专业学校的批复》:

“二轻局成立北京市第二轻工业学校及一分校”，“所需经费按有关规定办理，教师和校舍由各局（总厂）自行安排和解决”；1978年7月，根据北京市二轻局〔78〕二轻教字243号文件精神，在北京市五金工人大学基础上正式改办“北京市第二轻工业学校”，成为一所全日制普通中等专业学校。1998年6月，经北京市人民政府批准，学校更名为“北京二轻工业学校”。

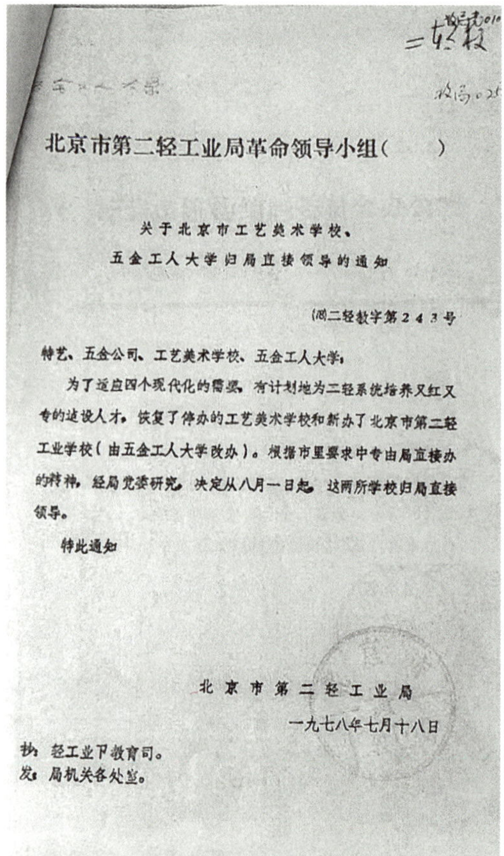

北京市第二轻工业局革命领导小组（　　）

关于北京市工艺美术学校、
五金工人大学归局直接领导的通知

(78)二轻教字第243号

特艺、五金公司、工艺美术学校、五金工人大学：

为了适应四个现代化的需要，有计划地为二轻系统培养又红又专的建设人才，恢复了停办的工艺美术学校和新办了北京市第二轻工业学校（由五金工人大学改办）。根据市里要求中专由局直接办的精神，经局党委研究，决定从八月一日起，这两所学校归局直接领导。

特此通知

北京市第二轻工业局
一九七八年七月十八日

抄：轻工业部教育司。
发：局机关各处室。

《关于北京市工艺美术学校、五金工人大学归局直接领导的通知》

学校的办学宗旨和人才培养目标定位是为北京市二轻系统相关企业培养又红又专的中等技术及干部管理人才，生源主要是初中毕业生，学制分为三年或四年，专业设置与招生情况随二轻系统企业需求和社会变化而定。校址早期仍在北京市五金工业公司电镀厂内，1984年11月迁至朝阳区八里庄北里红领巾公园路8号院。

进入职教园区　2001年3月，北京市教委下发《关于建立北京经济技术开发区职业教育集团的通知》，决定由北京二轻工业学校等5所中专校组建北京经济技术开发区职业教育集团，学校成为园区成员校之一。同年，在职业教育园区内开始北京二轻工业学校新校区建设。2005年9月，学校迁入北京经济技术开发区凉水河一街9号职业教育园区。

合并组建北京电子科技职业学院　2007年3月，经北京市政府批准，北京二轻工业学校、北京市仪器仪表工业学校、北京市机械工业学校（北京市机械工业局职工大学）、北京市汽车工业学校（北京市汽车工业总公司职工大学）与北京电子科技职业学院合并，组建新的北京电子科技职业学院，将职业教育园区作为新校区，开展独立设置的全日制高等职业教育办学。

1964年8月 北京市二轻机械厂半工半读职业学校 → 1971年10月 北京市五金工业公司技工学校 → 1975年4月 北京市五金工人大学 → 1978年6月 北京市第二轻工业学校 → 1998年6月 北京二轻工业学校 → 2007年3月 北京电子科技职业学院

北京二轻工业学校发展沿革

二、隶属关系

产业背景 二轻工业是新中国成立后由民间手工业逐步建立和发展起来的，早期由北京市第二手工业合作总社管理，北京市第二轻工业局成立后，接手管理城镇二轻工业个体手工业劳动者，并将这些二轻个体手工业者联合起来成立了相应的企业，涉及的领域主要包括：皮毛皮革及其制品、服装与鞋帽、塑料及玩具制品、木器家具、铁皮加工、家用电器、民用电器及灯具、地毯与工艺美术品、竹藤棕草木器制品、日用杂品、文教与体育用品、日用五金工具与建筑五金等。北京市第二轻工业局所属的中等职业学校有多所，各学校分别面对不同的企业群体办学，“北京市第二轻工业学校”面对的企业群体有服装、鞋帽、家用电器、民用电器及灯具、文教体育用品、装饰装潢、玩具制造、日用五金工具和建筑五金等企业。

行业管理 学校自1978年成立起至2000年，归属北京市第二轻工业局管理，属于行业办学。根据《关于北京市工艺美术学校、五金工人大学归局直接领导的通知》(〔78〕二轻教字243号)，经局党委研究，“北京市第二轻工业学校”归北京市第二轻工业局直接领导。1983年北京市第二轻工业局更名为北京市第二轻工业总公司，1995年北京市第二轻工业总公司又更名为北京二轻有限责任公司（以下简称二轻公司），在此期间，学校的党政及行政的各项工作（包括人、财、物等）始终接受二轻公司行业领导；与此同时，学校的教育教学业务接受北京市教育主管单位的指导，招生计划、专业设置、毕业证书等需要同时报北京市教育主管单位审批。

教委管理 依据2000年4月《北京市人民政府批转市教委市经委关于调整市经委系统所属30所学校管理体制实施意见的通知（京政发〔2000〕13号）》，2000年10月，北京市机构编制委员会下发《关于北京市工艺美术学校等11所学校调整隶属关系的函》(京编办事〔2000〕155号)，北京二轻工业学校人、财、物及校园等整建制划转北京市教委，一切工作均由北京市教委管理。

三、学校荣誉

1984—2006年学校获得市级及以上荣誉情况见表1-2-1。

表1-2-1　1984—2006年北京二轻工业学校获市级及以上荣誉一览表

序号	年份	内容
1	1984	北京市政府批准学校为北京市管理体制改革试点校
2	1995	北京市政府批准学校为北京市重点中专校
3	2000	教育部批准学校为国家级重点中专校
4	2000	北京市政府批准学校为北京市中专示范校
5	2001	北京市教委认定学校模具设计及制造专业为“北京市中等职业学校现代化标志专业”
6	2002	北京市教委和北京市劳动保障局授予学校北京市职业教育先进学校称号
7	2002	教育部认定学校模具设计及制造专业为“全国中等职业教育示范专业”
8	2006	北京市教委等六部门授予学校北京市职业教育先进单位称号

学校领导与北京市重点铜牌等合影
（左起依次为王大成、王沛英、左秀芝、王文、柳燕君）

学校领导与国家级重点铜牌合影
（左起依次为王振水、王文、朱进京、焦焕礼、柳燕君）

第二节 学校管理

一、历任领导

1978—2007年，学校党组织的建制分为党支部、党总支、临时党委、党委四个发展阶段，历任领导任职见表1-2-2和表1-2-3。

表1-2-2 1978—2007年北京二轻工业学校历任书记、副书记一览表

任职	建制			
	党支部 1978.06—1981.09	党总支 1981.10—1985.04	临时党委 1985.04—1987.06	党委 1987.06—2007.03
书记	李造启 1978.06—1984.09	韩银铸 1984.09—1985.04	门溥志 1985.04—1987.06	王沛英 1987.06—1991.01
				左秀芝 1991.01—1995.12
				王 文 1995.12—2007.03
副书记	延来发 1978.07—1983.06	朱 绮 1983.06—1985.04	朱 绮 1985.04—1985.08	王大成 1987.06—1988.03 王建平 1991.01—1993.04
	钱统超 1979.08—1981.07		王大成 1985.11—1987.06	王 文 1993.04—1995.12
				王鸿燕 2002.04—2007.03

表1-2-3 1978—2007年北京二轻工业学校历任校长、副校长一览表

校长	任职时间	副校长	任职时间	副校长	任职时间
钱统超	1979.08—1981.07	任 杰	1978.07—1987.06	郭占堂	1979.07—1984.09
徐汉祥	1981.07—1985.04	王忠友	1983.04—1986.02	李 炜	1984.09—1985.04
李 炜	1985.04—1987.06			都玉栋	1984.09—1987.06
				朱 绮	1985.08—1987.07

续表

<table>
<tr><th>校长</th><th>任职时间</th><th>副校长</th><th>任职时间</th><th>副校长</th><th>任职时间</th></tr>
<tr><td>左秀芝</td><td>1987.06—1991.01</td><td>李　炜</td><td>1987.06—1991.01</td><td rowspan="2">王大成</td><td rowspan="2">1988.03—1997.06</td></tr>
<tr><td>张守山</td><td>1991.01—1993.04</td><td rowspan="3">王沛英</td><td rowspan="3">1991.01—1999.07</td></tr>
<tr><td>左秀芝</td><td>1993.04—1997.01</td><td>刁景周</td><td>1993.04—1995.12</td></tr>
<tr><td>焦焕礼</td><td>1997.01—2001.09</td><td rowspan="2">柳燕君</td><td rowspan="2">1995.12—2006.07</td></tr>
<tr><td>王　文
（主持工作）</td><td>2001.09—2007.03</td><td>王振水
朱进京</td><td>1999.07—2007.03
1999.07—2007.03</td></tr>
</table>

二、机构人员

学校根据办学需要设置内部管理机构，随着办学规模的扩大，学校的机构设置随之变化，教职工队伍也不断壮大。

1978年，学校内部机构设置有人保科、总务科、教务科、学生科、工会、共青团总支等部门，共有教职工人数44人，其中专任教师22人，兼任教师2人。学校机构设置及部门领导见表1-2-4。

表1-2-4　　1978年北京二轻工业学校机构设置及部门负责人一览表

部门	职务	姓名	任职时间
人保科	科长	赵光明	1978.07—1981.10
总务科	科长	石跃泉	1978.07—1981.10
教务科	科长	安维默	1978.07—1981.10
学生科	科长	高　骞	1978.07—1981.02
工会	主席	段清汉	1978.06—1983.04
共青团部委员会	书记	何　平	1978.07—1979.02

2007年，学校内部机构设置主要有党政办公室、财务处、保卫处、招生分配办公室、工会、学生处、教务处、宣教中心、培训部、教研督导室、德育心理咨询办公室、设备处、后勤处、基础部、机电系（机电实训中心）、信息系、商务系、艺术系（艺术实训中心）、质量办，学校机构设置及在职人员见表1-2-5。

表1-2-5　　2007年北京二轻工业学校机构设置及在职人员一览表

机构设置	负责人	成员
校领导	王　文	王鸿燕　朱进京　王振水
党政办公室	朱　芳	赵桂霞　李立平　魏宏云　王永胜　钱益军　蔡　婕　王　晔
财务处	胡文杰（正职） 贺　静（副职）	蔡金兰　董景红
保卫处	马连友	屈新裕　赵二民　王　刚　于俊海　张连全　刁国孝　王洪伟 江守方
招生分配办公室	徐　力	赵立新　罗爱华
工会	果金兰	殷希光
学生处 团委书记	秦　东（正职） 王　振（副职） 李　帅（副职）	莱印生　罗一平　石志革　赵　明　聂正义　王小慧　赵　毅 任玉兰　郝玉花　张贵苹　崇　伟　王佔刚　孙凡迪　韩　笑
教务处	董全美	纪林奎　张兰君　孙秀杰　武凤兰（1）张　强　柏文武 吴　洋
培训部	刘京华	李　萍　武凤兰（2）刘宝明
宣教中心	任秋洁（正职） 李　洁（副职）	王俊华　成佳音　高建强　李宝军　王卉忠　隋　南　杨　硕 杨　娟　李　筝　倪玉林　郝宏伟　周文楷
教研督导室	何　兵	李江兰　马玉蓉　张进军
德育、 心理咨询办	陆　丁	王景馨　杨进才　郭进菊　刘雅坤　宋仙桃　潘莉莉
设备处	姚毅军	张建芬
后勤处	寇志强	王天锡　图步新　马锡增　胡俊江　孙欣欣　朱容媛　董建华 连国建　徐　明　崔少辉　苏京纲　陈秋洪　陈　勇
基础部	耿密云	黄艳茹　白春平　王　幼　王　琴　张宏武　刘红达　张爱萍 陈开宇　王海燕　金小雪　程　辉　刘　燕　王　雷　黎林飞 兰淑平　赵立勇　井　怡　樊丽荣　王　楠
机电系 机电实训中心	付宏生（正职） 杨立平（副职） 秦　涵（副职）	郭　青　颜晓红　骆湘云　杨维英　贺　红　刘向阳　晁晓园 王　雯　张景黎　郭京渝　牛立军　席少文　李　欣　马宏松 刘华刚　陈峥嵘　王国旗　孙红梅　于　辉　张冬颖　马金茹 张　强　齐振平　柯建平
信息系	白秀轩（正职） 陈　超（副职）	冯　皖　米　佳　何　俐　李东瀛　余宝海　白秀轩　刘正宏 常　莹　朱庆华　王海青　关　冰　徐江红　王宇昕 王月荣（外借筹建办）
商务系	赵新忠（正职） 唐友莲（副职）	白雪雯　邓　晖　张伟利　孙国芳　尉凯征　赵　静　边海宁
艺术系 艺术实训中心	李根京（正职） 汪泽瀛（副职） 徐　彬（副职）	李友友　崔秀清　岳　鹏　马建云　王艺勤　栗　军　王　睿 酆　蔚　王明杰　于　凯　刘尧远
质量办	刘小鹤	/

第三节　专业建设

一、专业设置

1978年，学校开设电气运行与控制专业，至1990年学校又相继开设模具设计与制造、机械制造、轻工机械、服装设计、玩具设计与制造、工业企业财务会计、微电脑程序设计、企业管理等专业，构建了学校专业框架，直接为二轻系统各企业培养人才。

1991年1月，北京市塑料工业学校并入北京市第二轻工业学校，学校增加了塑料机械、塑料成型工艺、塑料模具设计、塑料包装技术等专业，1993年4月，北京市塑料工业学校分离出去，相关专业也随之取消。由于计算机技术迅速发展，学校及时增设微机应用、计算机及应用专业；随着二轻系统企业转型，学校及时停止机械制造、机械制冷、工业与民用建筑等专业的招生，并根据市场需求随时调整专业结构设置，先后增设了机电技术应用、家用电器、涉外财务会计、市场营销、装潢设计、企业形象策划与广告等十多个专业。期间，玩具设计与制造、服装设计、计算机及应用、模具设计与制造专业成为学校骨干专业。

2000年4月，学校划归北京市教育委员会管理后，及时调整办学方向与专业结构，办学宗旨转为面向首都高新技术产业、现代制造业、现代服务业、国际电子商务业培养人才，先后开设数控技术、计算机网络技术、信息与通讯技术、国际商务、服装表演等十多个专业。其中，模具设计与制造专业于2001年被北京市评为现代化标志专业，又于2002年被教育部认定为全国中等职业教育示范专业。

1978—2006年的工科类、艺术类与商务类专业设置及学生主要从业岗位见表1-2-6～表1-2-8。

表1-2-6　　1978—2006年北京二轻工业学校工科类专业设置及学生主要从业岗位一览表

序号	专业名称	主要从业岗位	年份与招生人数	学制（年）/生源
1	电气运行与控制（工业企业电气化）	电气安装、运行与控制、维护等	1978（48）/2003（33）	3/初中
			1980（39）/1982（43）/1983（42）/1984（76）/1985（83）/1986（79）/1987（42）/1988（81）/1989（85）/1990（82）/1991（85）/1992（42）/1993（42）/	4/初中

续表

序号	专业名称	主要从业岗位	年份与招生人数	学制（年）/生源
2	模具设计与制造	模具设计、制造、安装、调试、维护与管理等	1984（74）/1985（123）/1986（83）/1987（41）/1988（81）/1989（126）/1990（82）/1991（126）/1992（44）/1993（42）/1994（54）/2001（77）/2002（90）/2003（76）/2004（80）/2006（178）	4/初中
			1994（24）	4/自费
3	机械制造	机械加工制造、安装、调试、运行维护与管理等	1980（34）/1993（40）/1994（28）	4/初中
			1994（12）	4/自费
4	轻工机械	轻工机械运行、操作等	1982（43）/1983（78）/	4/初中
5	塑料模具设计	塑料模具设计	1991（37）/1992（44）	4/初中
6	塑料成型工艺	塑料成型制造	1991（81）/1992（40）	4/初中
7	塑料机械	塑料机械设备的安装、调试、维护与管理等	1991（40）/1992（41）	4/初中
8	塑料包装技术	塑料包装技术	1991（41）	4/初中
9	轻工产品造型	轻工产品造型等工作	1991（26）/1992（28）/1998（30）/1999（32）/2000（28）	4/初中
10	机电技术应用	生产线机电及自动化设备的安装、调试、运行、检测及产品开发与技术服务等	1994（55）/1998（42）/2000（40）	4/初中
			1994（25）/2001（74）/2002（45）/2003（76）/2004（77）	4/自费
11	机械类新专业	机械类新专业的设备安装、调试、运行、维护与检测工作等	1995（60）/1996（82）/1997（123）/1998（175）/1999（203）/2000（37）	4/初中
			1995（19）	4/代培
12	电气仪表新专业	电气仪表新专业的设备安装、运行与控制、维护等	1995（84）/1996（85）/1997（85）/1998（82）/1999（123）/2000（73）	4/初中
13	工业造型设计	工业产品造型设计、视觉传达设计、环境设计等	1995（27）	4/初中
			1995（3）	4/自费
14	制冷与空调	制冷和空调系统设计、装置安装、维修、运行管理、销售及服务等	1995（87）/1996（82）/1997（116）/1998（92）/1999（85）/2000（57）	4/初中

续表

序号	专业名称	主要从业岗位	年份与招生人数	学制（年）/生源
15	宝石	宝石及材料工艺学专业领域的鉴定、贸易和资产评估等	1997（42）	4/初中
16	数控技术应用	现代化数控设备的操作与编程、维护与管理、产品质量的检验、售后服务等	2001（36）/2002（90）/2003（76）/2004（78）/2006（81）	4/初中
17	电子电气应用与维修	现代化电子电气设备的检测、维修等	2001（32）	4/初中
18	电气设备安装	现代化电气设备的安装、调试、运行等	2004（30）	3/初中
19	加工制造类	现代化产品加工制造	2005（40）/2006（200）	3/初中
			2005（425）	4/初中
20	家用电器	家用电器洗衣机、电冰箱、电冰柜、彩电、音响的安装、维修、销售	2000（68）	3/初中
21	微电脑程序设计	计算机设备安装与维护、文字图表与图像处理、AutoCAD，网页技术、网页制作等	1985（26）	2/高中
22	微机应用	计算机安装与维护、文字图表与图像处理、AutoCAD、网页技术、网页制作、Photoshop等	1992（40）	2/高中
			1992（42）/1993（44）	4/初中
23	计算机及应用	数据库与应用、办公软件应用、信息网络技术、多媒体应用技术、可视化编程语言、Windows操作系统等	1994（30）/1995（41）/1996（87）/1997（156）/1998（74）/1999（141）/2000（139）/2001（110）/2002（129）/2003（156）/2004（102）/2006（40）	4/初中
			1994（13）	4/自费
24	计算机网络技术	网络管理、网络设备销售及技术支持、网站建设与管理等	2001（37）/2002（45）/2003（76）/2004（70）/2006（39）	4/初中
25	信息技术类	现代化信息技术类专业的设备安装、调试、运行与网络检测等	2005（228）	4/初中
26	信息技术类新专业	现代化信息技术类新专业的设备安装、调试、运行与网络检测、多媒体建设等	2006（37）	4/初中

表1-2-7　　1982—2006年北京二轻工业学校艺术类专业设置及学生主要从业岗位一览表

序号	专业名称	主要从业岗位	年份与招生人数	学制/生源
1	服装设计与工艺	服装设计、制版和工艺制作、服装生产及技术管理，现代化服装设计、产品开发、服装生产及技术管理、跟单营销等	1982（29）/1983（24）/1984（23）/1985（26）/1986（27）/1987（25）/1988（45）/1989（40）/1990（28）/1991（28）/1992（30）/1993（88）/1994（79）/1995（116）/1996（266）/1997（221）/1998（246）/1999（242）/2000（342）/2001（270）/2002（325）/2003（230）/2004（93）/2006（52）	4/初中
			2002（30）/2003（30）	3/初中
			1994（2）/1995（2）/1997（2）/1998（4）/2000（3）	4/代培
			1994（11）	4/自费
2	玩具设计与制造	玩具设计、制作和检测、包装、销售等	1983（20）/1984（42）/1985（40）/1986（41）/1987（44）/1988（40）/1989（21）/1991（38）/1992（42）/1995（16）/1999（41）	4/初中
			1995（18）	4/代培
3	装潢设计	艺术设计、装饰装潢设计等	1994（19）/1995（28）/1996（39）/1998（30）/1999（64）/2000（32）	4/初中
			1994（9）/1995（4）	4/自费
			1996（30）	4/代培
4	企业形象策划与广告	企业基础管理、形象规划设计等	1997（35）	4/初中
5	工艺美术	现代应用工艺美术设计与应用领域	2001（96）/2002（105）/2003（105）/2006（52）	4/初中
6	美术设计	现代平面设计和数码后期制作	2002（35）/2003（70）	3/初中
7	服装表演	现代企业服装及形象设计、服装表演、产品营销及公关等	2001（34）	3/初中
			2001（21）	4/初中
8	戏曲表演	现代戏曲服装设计、戏曲服装表演	2004（40）	4/初中
9	文化艺术与体育类	现代服装及表演、装饰装潢、工艺美术与体育设施配备与维护、体育用品和器材销售、竞赛活动的组织与实施及体育赛事执裁等	2005（213）	4/初中

表1-2-8　　1985—2006年北京二轻工业学校商务类专业设置及学生主要从业岗位一览表

序号	专业名称	主要从业岗位	年度与招生人数	学制/生源
1	工业企业财务会计	基层会计岗位的工业企业财务核算与管理等	1985（39）/1986（41）/1987（80）/1988（79）/1989（40）/1990（86）/1991（84）/1992（106）/1993（85）/1994（30）/1995（289）/1996（325）/1997（80）	4/初中
			1994（12）/1996（1）	4/自费
2	工业企业计划统计	统计计算和数据分析	1991（43）/1995（41）/1997（38）/1998（116）/1999（40）	4/初中
3	涉外财务会计	涉外现代化财务实务操作技能工作	1994（30）/1995（26）/1996（166）/1997（274）	4/初中
			1994（14）	4/自费
			1995（14）	4/代培
4	企业管理（涉外经济专门化）	企业涉外经济管理	1988（35）/1989（28）/1993（81）	4/初中
5	文秘与档案	能够从事秘书、文书、档案管理、客户服务、计算机文字处理、会务服务、办公室事务管理、行政事务管理等	1993（40）	2/高中
			1994（59）/1995（42）/1998（206）/1999（82）/2000（109）	4/初中
			1994（2）	4/自费
6	餐旅管理	餐旅业服务与管理	1997（42）/1998（70）/2000（27）	4/初中
7	市场营销	企业市场经营、管理、销售等	1998（196）/1999（184）/2000（148）	4/初中
			2001（59）/2002（180）/2003（80）/2004（32）	3/初中
8	物业管理	物业管理、维修等	2000（27）	3/初中
9	商贸与旅游类	现代化商业贸易、旅行社服务及其他旅游企业服务	2005（265）	3/初中
10	电子商务	电子商务经营、市场或网络营销、信息采集与分析	2001（42）/2002（45）/2003（76）/2004（75）/2006（33）	3/初中
11	国际商务	企业、公司、商业集团中的业务助理、文秘、前台接待、商品销售等	2002（45）/2003（76）/2004（75）/2006（38）	3/初中
12	商务外语	现代化涉外商务英语	2001（37）/2002（85）/2003（116）/2004（83）	3/初中
13	饭店服务与管理	现代饭店业务操作、饭店企业经营管理等	2001（35）/2002（40）	3/初中
14	旅游服务与管理	现代旅行社服务及其他旅游企业服务等	2003（40）/2004（38）	3/初中
15	文秘	现代秘书、文书、客户服务、计算机文字处理、会务服务、办公室事务管理	2001（32）/2003（38）	3/初中

二、办学规模

1978—1984年，学校分散多址办学，没有独立的办学场所，招生人数及在校生规模比较小，1983—1984学年全日制普通中专生在校生人数为352人。1984年教学楼建成，学校有了独立的校园，办学条件越来越好，学校的招生人数、在校生规模、毕业生数量不断增长，2000—2001学年招生规模最大，全日制普通中专在校生人数达4869人，2006—2007学年全日制普通中专生在校生人数为3424人。1978—2006年全日制普通中专在校生及毕业生人数统计见表1-2-9。

表1-2-9　1978—2006年北京二轻工业学校全日制普通中专在校生及毕业生统计表

学年	在校生人数	毕业生人数	学年	在校生人数	毕业生人数
1978—1979	48	0	1993—1994	1774	331
1979—1980	48	0	1994—1995	1938	295
1980—1981	121	0	1995—1996	2004	633
1981—1982	73	48	1996—1997	2997	310
1982—1983	188	0	1997—1998	3865	301
1983—1984	352	48	1998—1999	4621	536
1984—1985	493	73	1999—2000	4731	1175
1985—1986	802	0	2000—2001	4869	922
1986—1987	956	110	2001—2002	4457	1163
1987—1988	1017	158	2002—2003	4534	1195
1988—1989	1158	207	2003—2004	4457	1435
1989—1990	1196	291	2004—2005	4176	1108
1990—1991	1222	240	2005—2006	4048	1138
1991—1992	2088	367	2006—2007	3424	1290
1992—1993	2114	455	/		

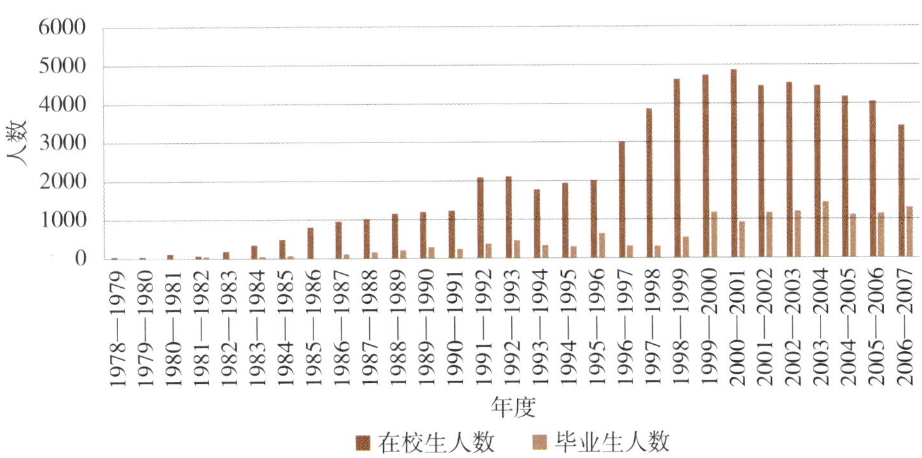

1978—2007年全日制普通中专在校生及毕业生人数变化

三、实践教学

实验、实训室建设 学校非常重视实践教学环节，1978—2003年，主要以实验室、专业教室、实训中心、实习场地等硬件建设为主，以满足专业建设的需要，具体建设情况见表1-2-10。

表1-2-10 1980—2003年北京二轻工业学校实验室、专业教室及实训中心建设一览表

序号	名称	创建年份	主要用途
1	电工实验室	1980	电工基础课程，电位测量、互感电路测量等16项实验
2	电子实验室	1980	电子技术课程，差分放大器、射极跟随器等24项实验
3	机加工实训室	1980	机电专业学生所需的机加工实习
4	金相及热处理实验室	1982	金属工艺学课程，硬度测量、显微组织观察等7项实验
5	液压实验室	1982	液压传动课程，压力形成等3项实验
6	力学模具实验室	1982	材料力学、模具加工工艺等课程，板料拉伸等16项实验
7	钳工实训室	1984	机、电及工业设计专业学生的钳工实习
8	物理实验室	1984	一年级物理课程，力、热、声、光、电等16项实验
9	机原机零实验室	1990	机原机零与机械基础课程，齿轮范成法等5项实验
10	机原机零陈列室	1990	机原机零与机械基础课程，各种机构原理展示
11	公差实验室	1990	公差与技术测量，测量孔的直径等10项实验
12	电机实验室	1992	电机课程，直流发电机、单项变压器等8项实验
13	电工实训室	1992	机电专业学生电工、电子实习
14	计算机一室	1997	计算机基础课程所需开出实验及文字录入
15	计算机二室	1998	AutoCAD、网页技术、网页制作
16	CAD/COM专业教室	1998	为数控加工技术、制图CAD等课程提供实践教学场所
17	计算机三室	2000	AutoCAD、网页技术、网页制作、Photoshop
18	微机实训室	2000	文字录入、计算机基础
19	液压与气动专业教室	2000	液压传动课程的现场教学及完成相关实验
20	模具专业教室	2000	模具加工工艺课程的现场教学
21	电类综合实验室	2001	可开出电机拖动、断续控制、电子技术等课程所需的译码器、计数器、RC振荡器等30多项实验
22	PLC实验室	2001	可开出可编程控课程所需的计件实验、检瓶实验等14项实验
23	计算机四室	2001	AutoCAD、网页技术、网页制作、Photoshop
24	家电实训室	2001	制冷、音视频等家电实习
25	模具加工中心	2001	为模具专业、数控专业的学生开设模具电加工实习及数控综合实习
26	计算机五室	2002	AutoCAD、网页技术、网页制作、Photoshop
27	数控加工中心	2002	学校投资百余万元，购置了数控加工中心、数控铣床、线切割机、电火花成型机床等专用模具加工设备，初步建成了现代模具加工实训中心，并开始投入使用

续表

序号	名称	创建年份	主要用途
28	计算机六室	2003	AutoCAD、网页技术、网页制作、Photoshop
29	计算机七室	2003	AutoCAD、网页技术、网页制作、Photoshop
30	电子商务实训室	2003	以最先进的设备和技术建立的电子商务实训室，为经管专业学生的国际汇兑实物、国际贸易实物、市场营销等课程提供网上经营、购物及国际贸易的各种训练

1983年学生在实训车间进行实操训练

2005年，学校搬迁到亦庄职业教育园区，在基本保留原有实验、实训室基础上，利用场地资源扩大了实践教学的空间，新建计算机网络实训中心、电子商务实训室，重点建设了服装研发设计与制作基地、现代模具技术实训基地。

计算机网络实训中心

两个重点基地建设 服装与艺术设计实训基地和现代模具技术实训基地是学校重点建设的两个实训基地，于2005年建成。

基地的建设目的：依托现代模具技术实训基地建设，带动模具设计与制造、机电技术、数控技术、电子电气应用与维修等工科类专业的整体建设和发展；依托服装与艺术设计实训基地建设，带动服装、工艺美术、美术设计等艺术类专业的整体建设和发展。

基地的建设原则：根据岗位能力和培养目标开发实训项目，根据项目要求确定设备参数和台套数量；建立教学工厂，在模拟仿真或真实的工作环境中进行实训，培养学生未来职业岗位所要求的职业规范和职业技能，提升其就业能力；改理论验证型实验设备为学生动手操作型实训设备，突出职业技能训练；实训设备水平与区域经济发展和技术水平同步，并适度超前，使学生在实训过程中能够学习、掌握和运用本行业先进的技术、工艺和技能；产学结合，既可用于教学，又可进行生产和新技术的应用推广；建设稳定的校外实训基地。

服装与艺术设计实训基地：主要由服装CAD设计工作室、服装工艺室、新产品研发中心、服装制作培训室等十四部分组成，功能定位是“培养具有能熟练掌握艺术产品加工技术和现代生产工艺，具有一定设计、展示、营销和研发产品能力的生产一线的高级职业技术人才和管理人才”，具体见表1-2-11。基地集中、高职教育为一体，以高职为主，兼顾中等职业教育，集学历教育和岗位培训为一体，发挥最大办学潜能和社会效益，产、教、研相结合，以产养教，以研促教。北京二轻工业学校服装与艺术设计实训基地教学功能定位见表1-2-11。

表1-2-11　北京二轻工业学校服装与艺术设计实训基地教学功能定位一览表

序号	实验实训室名称	教学功能定位
1	服装CAD设计工作室	用于服装专业学生掌握服装设计软件、培养学生的设计能力，学生结合相关的服装设计软件，能够将构思中的平面设计图形通过网络传输实现产品制作
2	服装工艺室	用于服装专业学生熟练掌握服装制作工艺，包括打板、排版、样衣制作、改板等工艺过程，并熟练运用服装制板CA/CW系统，独立完成服装设计后的制板、打版、单量、单裁及单件加工
3	新产品研发中心	用于服装与艺术设计的学生新产品的研制和开发，能满足特殊工艺要求；支持教师和学生的创意设计、毕业设计和特殊要求的加工制作
4	服装制作培训室	用于服装专业学生初步了解服装加工的工艺知识和主要设备及使用方法，掌握服装制作的基本技能
5	服装生产实习车间	用于服装专业学生了解生产的工艺和设备配置，掌握现代服装生产的全过程及相关岗位的技能，进而掌握服装生产管理的基本知识和技能
6	服装专业教室	用于服装专业学生进行服装静态展示及服装动态表演活动
7	产品设计工作室	用于艺术设计学生掌握产品设计软件、培养学生的设计能力，学生结合相关的产品设计软件，能够将构思中的平面设计图形及三维空间虚拟形象通过网络传输实现产品制作
8	染织工艺室	包括手工织布机、染缸，用于服装专业学生掌握染织的加工程序
9	木工实训室	用于艺术设计相关专业的学生了解木工生产的工艺和设备配置，掌握现代木工生产的全过程和掌握相关岗位的操作技能

续表

序号	实验实训室名称	教学功能定位
10	传统工艺品和新工艺品研发室	包括蜡染扎染工作室、手工刺绣与手工绘画工作室、民族服装服饰研究室，软装饰设计制作工作室、首饰、皮包与鞋帽设计与制作工作室等，主要用于服装与艺术设计的学生进行传统产品和新产品的研制和开发；支持教师和学生的创意设计、毕业设计和特殊要求的加工制作
11	丝网印刷制作室	学生通过丝网印掌握印刷的相关知识，了解制作过程，增加技术能力，可以独立设计制作平面产品
12	陶艺制作室	用于艺术设计相关专业的学生从事立体设计工作，学生通过对陶艺制作过程的学习实践，增强对空间的整体感受力，掌握一种立体成型技能
13	摄影室	用于艺术设计相关专业学生学习摄影技术、暗房洗印技术，使学生能独立进行摄影及洗印工作，掌握摄影技术的全过程
14	模型制作室	用于艺术设计相关专业学生进行传统产品和新产品的研制和开发，使学生了解产品模型样机制作原理，增强学生对空间的整体感受力，掌握立体成型制作技能；能满足特殊工艺要求，支持教师和学生的创意设计、毕业设计和特殊要求的加工制作

2005年9月，学生在服装生产实习车间实训

现代模具技术实训基地：该基地由三个实训中心组成，每个实训中心又由若干实训室、车间组成，主要包括电工实训教室、CAD专业教室、机器人实训室、电加工实训室等十六部分，建筑面积7000平方米。学生在与生产实际和未来职业岗位相近的模拟仿真工作环境中，从造型设计到激光原型制造、从模具CAD到模具CAM、从普通加工到数控加工、从模具钳工到特种加工、从成型性能分析到精密测量技术、从模型到模具、从传统到现代，树立起模具设计加工的全新理念，学到现代模具设计与制造技术行业先进的技术、工艺和技能，毕业时能胜任岗位需求，具体教学功能的定位见表1-2-12。现代模具技术实训基地被

中国模具协会和北京模具协会分别认定为模具人才培养培训基地，成为北京市教委认定的市级重点建设实训基地。

表1-2-12　北京二轻工业学校模具设计与制造基地教学功能定位一览表

序号	名称	教学功能定位
1	电工实训教室	用于电工实训、电机控制、低压运行维修操作工等实训、实验及实习
2	CAD专业教室（1）	用于机械制图与CAD、EDA技术、电子CAD制图员的实训
3	机器人实训室	用于机器人实训、机器人设计开发等实训及实习
4	电加工实训室	用于电火花机床、线切割机床等实训及实习
5	电梯控制实训室	用于电梯控制技术的实训、实验及实习
6	电子实训教室	用于电子技术、电路分析等实训、实验及实习
7	机械工程基础实验室	用于机械工程基础的实训及实习
8	现代检测技术实训室	用于传感器、检测技术与检测装置等实训及实习
9	普通机加工区	用于机加工实习等实训及实习
10	CAM专业教室（2）	用于数控技术、CAM制造工程师等实训及实习
11	钳工	用于钳工技能训练的实训及实习
12	塑料成型区	用于塑料成型工艺的实训及实习
13	冷冲压实训区	用于冲压成形工艺的实训及实习
14	模具装配区	用于模具制造的实训及实习
15	精密加工区	用于模具制造的实训及实习
16	数控加工区	用于数控的实训、实习
17	机电一体化室	用于电工、电子、电控等的实训及实习

2005年模具实训中心

四、“模具设计与制造”特色专业建设

1979年，学校开办模具设计与制造专业，成为全国轻工业中专校中第一个开办此专业的学校。该专业在20世纪80年代初期为全国二十多个省、自治区、直辖市代培200多名中专毕业生，至1999年为止，为北京市轻工业培养出1240名毕业生。1988年，模具设计与制造专业被原北京市高教局中专处批准为北京地区中专重点专业；2001年底，该专业被评为北京市现代化标志专业，北京市教委于次年为该专业颁发了现代化标志专业牌；2002年，北京二轻工业学校的模具设计与制造专业被教育部认定为全国中等职业教育示范专业。模具CAD/CAM专业教室被北航海尔软件公司认定为全国模具CAD/CAM培训中心，模具实训中心被中国模具协会指定为中国模具人才培训基地，被北京模具协会指定为北京模具制造技术培训基地。

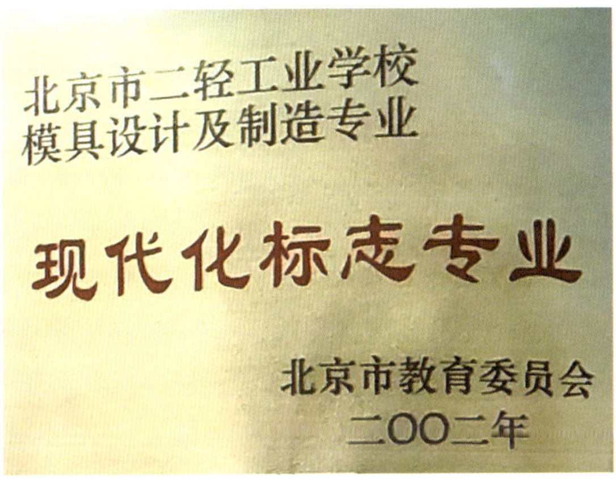

现代化标志专业牌

培养目标　20世纪90年代末，模具设计与制造专业的培养目标是培养德、智、体、美、劳全面发展，牢固掌握必需的文化科学基础知识和冷冲压、塑料成型零件的生产工艺及模具设计与制造方面的专业知识和技能，并具有较强实践能力的中等技术专业人才。2007年模具设计与制造专业的培养目标是培养德、智、体、美等方面全面发展，具有必备的科学文化基础知识，掌握模具设计与制造技术专业基础理论，具有较强的模具设计、制造、维修能力，具有相关设备的操作、维护技能，具有专业技术的综合应用能力和一定的工作创新精神，能适应社会主义市场经济建设需要的生产第一线高素质劳动者和中初级专门人才。

课程设置　1979年模具设计与制造专业制订了第一个专业教学计划，并被轻工中专各校采用。1987年，在原有课程基础上，该专业新开模具CAD课程。1988年投资53万元更新了模具实验室及冲压等实习实验设备，1992年增开模具CAD/CAM课程。1995年，该专业以“加强基础、拓宽专业面向、主动适应、分流培养、整体优化”为指导思想，以岗位能力为本位，加强多证书制教学，实现了大专业下小专门化管理，开始滚动实施模块式专业教学改革。学生须先完成工程制图、机械基础应用、电工与电子技术、机电设备控制技术、数控技术应用等五大公共模块平台的学习，然后在进入“活模块”限选课学习阶段时，才可以选择进入模具设计与制造方向学习。另外，该专业开设任选课和第二课堂模块，并将其贯穿整

个教学进程中，为学生个性化学习与发展提供帮助与服务。1997年，该专业建设CAD/CAM专业教室，内含数控车床、数控加工各一台，有22台586学生机、一台教师机和一台服务器联成多媒体教学网，并与机床联网，同时购买了四套CAD/CAM软件，实现教学、编程、操作、加工的有机整体，另有模具、机原机零、液压与气动等设备先进的专业教室，开设机械CAD/CAM专门化，突出专业建设主攻目标。2005年，现代模具技术实训基地建设完成，第六学期专业化方向的实训由3周增加到6周，第七八学期顶岗实习共40周。

实训取证 1999年学生毕业时只取得初级钳工证书，后来经学校进一步探讨学业与专业岗位技能证书相结合的方式，增加模具制造实训、电加工与成型加工实训、金工实习和数控实习的时间，为学生提供考取更多职业资格证书的机会。2007年在第三、五、六学期增设中级制图员、维修钳工、数控工艺员、模具软件设计师等内容的实训，支持学生考取劳动和社会保障部颁发的中级专业技能证书。2007年校内实践教学安排见表1-2-13和表1-2-14。

表1-2-13　　北京二轻工业学校校内实习实训安排一览表

学期	实习内容	周数
一	认识实习	2
二	基础钳工训练	3
三	机加工训练	3
四	模具拆装、注塑、冲压见习	4
五	模具制造（1）	4
六	电加工训练，热处理见习，模具制造（2）	3
七	生产实习	3

表1-2-14　　北京二轻工业学校校内实践教学安排一览表

学期	内容	周数
一	认识实习	1
二	钳工实训	3
三	AutoCAD	1
	测绘与绘图	2
四	机加工实训	3
	电工实训	1
五	电子实训	1
	数控机床操作编程实训	3
六	专业化方向实训	6
七、八	顶岗实训	40

校外基地 学校于2007年已合作建设的校外实训基地有SMC（中国）有限公司、北京兆维集团、北京鸿兴同达模具有限公司、北京杰安思机电有限公司、清华大学基础工业训练中心、北京工业大学机电学院六个基地。

学校教师指导学生实训

第四节　重要改革

为了提升中专学校内部管理实效，1984年北京在市属6所普通中等专业学校试行校长负责制、教育目标责任制、教师干部聘任制、校内结构工资制以及职代会（教代会）制度的内部管理体制改革，北京二轻工业学校成为首批试点学校之一。

一、全方位综合配套改革

1984年，学校根据市政府〔84〕108号文件先试行了校长负责制，迈出改革第一步。1988年，学校又以优化劳动组合为突破口，改革内部人事制度，实行第一期全员聘任制，1989年学校进行了内部分配制度改革，实行结构工资制（至2007年，学校共进行了九期劳动人事制度改革，前五期为全员聘任制改革，后四期为全员聘用制改革）。接着，学校在教育、教学等领域进行了全方位的改革。

在教育方面，1984年学校出台了奖学金实施办法，1989年学校实行教育目标责任制，1990年学校成立专业学生管理委员会，1999年学校成立年级管理委员会，2001年学校将专业与年级管理相结合并制订了学生道德行为评价标准，2003年学校修订了学生考核办法。

在教学改革方面，学校围绕专业建设、课程体系、教学管理等进行了一系列综合配套改革，1987年学校进行了大专业下小专门化班改革；1993年又进行了教考分离、高职分流并出台了《3131教改方案》；1995年9月，进行了模块式教学改革；2000年学校进一步提出“以改革为主线，以育人为中心，以管理为导向，以提高办学水平、教育质量、社会效益为目的，以内改外联为一体、多形式、多层次办学的方式，建设全国示范校，培养二十一世纪合格人才”的办学新思路，在深入调研的基础上进行了学分制课程体系改革，制订了选课制、导师制，相继出台了《学分制改革方案》《学分互认方案》《奖励学分制度》；2002年9月，学校由基础科负责，根据学生入学成绩、入学摸底成绩，在一年级10个班级实施语文、英语、数学三门课程分层次滚动式走班教学的改革，每门课分3个层次（拓展提高层、达标跃进层、特色发展层），每个层次分3个班，3门课共9层27个班，集中在每周的两天授课；同一年，学校以模具9901班为试点，对专业课进行“研究性学习”教学试验。

多年来，北京二轻工业学校“以改革为发展铺路，在改革中求发展”，将学校建设成为国家级重点中专校，为二轻系统和北京市的经济发展做出了应有的贡献。2002年10月，《北京中专教育》第三期刊登《北京二轻工业学校专栏》，介绍学校的改革成果。

二、首期全员聘任制改革

背景目的 1988年学校的情况是内部人员结构不合理，缺乏内部活力。当时教师缺编，外聘教师很多，而行政工勤人员偏大，全校教职工316人，共设25个科室部门，中层以上干部41人，占全校人员总数的13%，行政干部和工勤人员占2/3以上，教师不足全校人员的1/3。为了充分调动广大教职工工作的积极性、主动性和创造性，努力提高办学效益，增强办学活力，达到教育资源的合理配置，以全面贯彻党的教育方针，全面提高教育质量，学校于1988年10月决定以优化劳动组合为突破口，率先在全市中专校中进行内部人事管理体制和分配制度改革，实行第一期全员聘任制。

实施过程 1988年10月底至12月初，学校研究、制订、审核《教职工聘任制试行办法》《各部门职责范围、各岗任职条件及岗位责任制》《教学人员聘任制实施细则》方案；12月8日，召开全校教职工大会，校长报告优化组合筹备进展情况、宣布聘任方案；12月22日，学校对未被聘任人员的安排问题，在《教职工聘任制试行办法》中作了补充规定；1989年1月3日，优化组合工作进入层层聘任、上岗培训阶段，8日签订聘任合同，聘任制开始实施。

聘任考核 校长聘任或招聘中层干部，各科原则上不设副职；中层干部根据本部门实际情况划分班组，聘任科员或组长；班组长根据本组的工作任务及职责，聘任组员。实行工作岗位定编、定员、定岗的合同化管理制度，由校长（甲方）与中层干部（乙方）签订合同，中层干部（甲方）与科员或班组（乙方）签订合同，组长（甲方）与每个组员（乙方）签订合同。

未聘任人员安置 根据不同情况，学校对未被聘任人员制订了相应的办法：年龄较大、身体较差、不能继续顶岗工作的，经本人申请，领导批准，可在距国家规定的退休年龄5年之间（含5年）实行校内退休；未被聘任的人员，可以合理流动、申请停薪留职或接受学校的集中培训，培训期间只发基本工资，培训成绩合格者可以重新参加优化劳动组合，不合格者可第二次培训，凡拒绝培训和不服从分配者，学校将按国家有关规定将其除名。病残职工，由学校统一安排。

实施效果 实行聘任制后，缩减了原来超编的行政部门，使多余人员向外流动，内部人员结构趋于合理。全校教职工由聘任前的316人减少到297人，科室从原来的25个减少为20个，中层干部从原来35人减少为22人，行政管理人员比聘任前减少19人，工勤人员比聘任前减少33人，办理停薪留职、校内退休、请长假等手续的18人，其余人员由校办工厂、经营部门吸收。实行聘任制后，学校改变了奖金发放办法，依据对人员履行岗位职责情况的考核，按质分奖，拉开档次，打破平均分配。

三、模块式教学改革

背景目的 20世纪末，国家普及高中教育，扩大本科院校的招生，中专校的招生与就业受到影响，学校生源入学成绩从整齐划一变得参差不齐，毕业生“出口”从单一就业转向多层次的发展。为主动适应市场经济需要，为有不同需求、不同层次的受教育者提供高质量的人性化服务，学校于1995年进行模块式教学改革。

改革要求 模块式教学改革要求必须完成六个转变，即专业课程体系从学科型向模块型转变，教学目标从以传授知识为主向以培训能力为主转变，教学内容从以理论教学为主向以实践教学为主转变，教学方法从以讲授为主向研讨为主转变，教学主体从以教师为主向以学生为主转变，考核从以终结考核为主向以过程考核为主转变。

学制安排 模块式教学学制安排为四年，按3：1的比例分为教学模块和分流模块两个阶段，用三年的时间完成各专业所需的基本教学模块内容和基本实践性教学环节，用一年的时间完成分流模块的任务。

教学模块 从相关学科基础的专业大类入手，结合学生未来岗位需求，运用岗位能力分析的思想，将性质相同或相近的课程整体优化成教学单元即教学模块。根据调研，学校将课程大致划分政治与体育、文化基础、专业基础、公共专业、专门化、选修、岗位技能七个模块。政治、体育模块，按国家教委规定，全校统一安排；文化基础模块，将语文、外语、数学、计算机基础课程作为基础文化课的主干课，物理、化学课程本着专业够用的原则，按机、电等工科以及财经类专业需求进行适当调整，不再实行全校统一教材、统一大纲、统一学时；专业基础模块，按专业大类整合优化专业基础课程的相关章节，使之既有利于新专业的开发，又能扩大覆盖面，整合优化后要求统一课程名称、统一教材，执行同一教学大纲；公共专业模块在同一专业大类中，将具有共同技术要求的专业课组成公共专业模块，学完这一模块，学生应具有专业大类的较通用的专业技术知识和技能，即具有一定的从业能力；专门化模块，将每一大专业开设若干专门化，每个专门化的课程组成专门化模块，学生进入四年级时，根据社会需求和本人意愿进行选择，分流后进行专门人才与复合人才的培养；选修模块依据社会和企业需求开设若干的选修课组成选修模块，以利拓宽知识，进行复合型人才的培养；岗位技能模块以培养岗位技能为目的，实操技术训练为主的教学安排，这是增强岗位技术素质训练的教学模块。

分流方向 分流模块有三个分流方向，对准备升入高等职业院校继续深造学习的学生，进行高等职业技术教育的前期教学；对专业学习能力很强的学生，开设专门化课程，进行专门人才与复合人才的培养；对准备直接进入操作技术岗位就业的学生，以上岗培训为主，进行产教结合式培养。

改革效果 模块式教学以工作过程为导向，以能力为本位，以学生为主体，最大限度地缩短了人才培养与企业需求的时间差，把人才培养的滞后性缩短到最低限度。学生专业基础知识面得以拓宽，基础技能训练得以加强，就业选择得到更多的出路；教师教学从讲书向讲学指导并重发展，能力从理论型向理论实践并重的双师型方向发展；学校既能保证主干专业的相对稳定，又能拓宽专业的服务方向，突出职业技术教育的特色，为后来的发展迎来更多的机遇。1998年9月“模块式教学改革”被北京市教委评为优秀教学成果三等奖。

四、学分制教学改革

背景目的 为贯彻落实《中共中央国务院关于深化教育改革全面推进素质教育的决定》和教育部《关于全面推进素质教育深化中等职业教育教学改革的意见》《关于制定中等职业

学校教学计划的原则意见》文件精神，学校创造条件实行弹性学习制度，允许学生工学交替，适当延长或缩短学习期限，使学生能够根据社会需要、个人兴趣和条件自主选择课程，分阶段完成学业，为首都社会经济发展培养多规格的中等职业技术人才。

前期准备　2000年3～5月，焦焕礼校长和柳燕君副校长带领学分制领导小组北上太原冶金工业学校、南下赴杭州、上海等地的相关学校考察，了解学分制方案及试点情况。考察归来后，首先，建立了调研制度，各专业科从职业教育的特点出发，深入企业调研，了解相关行业岗位群的特点；其次，成立专业顾问委员会，聘请社会知名专家、学者、企业家帮助出谋划策，确定各岗位的技能需求；接着，组织骨干力量，重新构筑专业课程体系模块；最后，制订学分制试点方案，形成了以知识应用为主线、以能力培养为中心、以提高职业技能和综合素质为目标的、符合人才市场需要的、科学合理的“模块包–模块–子模块–知识点–能力点”专业课程结构。

实施过程　2000年9月，学校在充分调研和模块教学的基础上，决定在机电专业4个新生教学班率先试行学分制课程体系改革并逐步滚动实施；2001年，学校进一步修订《北京二轻工业学校学分制试点方案》；2002年，学校将学分制课程体系扩大到全体新生班。

管理办法　学校出台学分制相关管理办法及一系列配套政策文件《学分制教学管理实施细则》《学分制学生学籍管理暂行规定》《学分制学生道德行为学分评价标准的规定》《学分制导师暂行条例》《学分制有关收费标准的暂行规定》《关于进一步深化课程体系整体改革的意见》《关于文化基础课和专业课教学改革的原则意见》《学分制教学计划编写要求》《以能力为本位的课程教学大纲编写要求及格式要求》等，又出台了《北京二轻工业学校对各教学系（部，室）的考核办法》《北京二轻工业学校教研室工作达标标准及考核办法》等考核制度，将课程体系改革纳入各教学系（部，室）每学年的考核体系，将课程建设纳入教研室考核体系。

课程模式　学分制采用“宽基础、活模块、多规格”的课程模式，由必修课、限选课、任选课三大类构成（如下所示）。

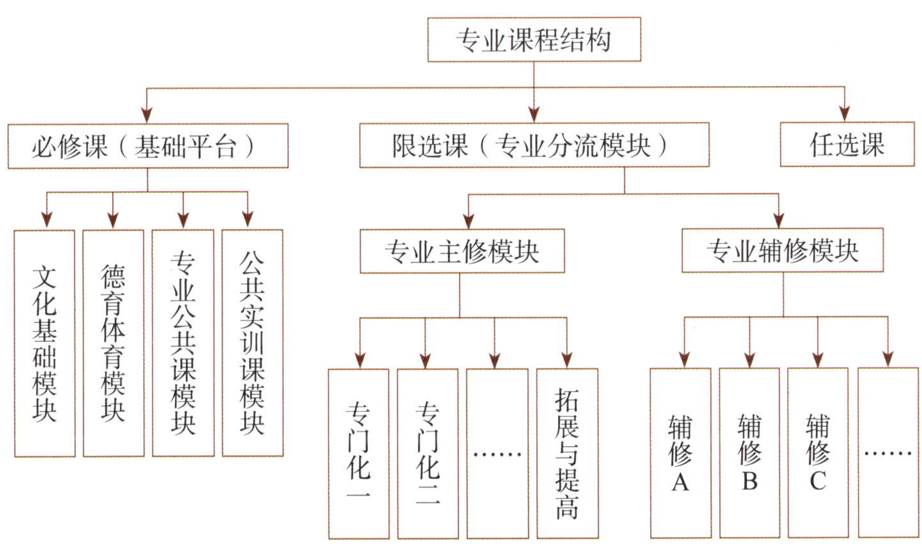

学校专业课程结构图

“宽基础”属于必修课模块，也称基础平台，由文化基础模块、德育体育模块、专业公共课模块及公共实训课模块组成，其中的文化基础模块和德育体育模块实行全校统一大平台，重在培养学生基本的文化素质和综合素质，为学生奠定可持续发展的基础。

“活模块”包括限选课模块和任选课模块两大部分。限选课模块也称专业分流模块，是改革的重中之重，在每个专业下分为专业主修模块和专业辅修模块两个模块，在每个模块下，派生出若干个子模块，专业模块构建灵活，可操作性强，不同的模块对应不同的学习程度和就业方向，学生可以根据自身基础和发展方向，选择不同深浅度的专业知识模块进行学习。任选模块课程门类比较多，内容丰富多彩，学生选择空间比较大，主要包含：人文、艺术、社会科学、专业技能扩展等课程，以及第二课堂活动、社团活动，技能取证、技能比赛等。技能取证包括计算机维修工（中级）、计算机调试工（中级）、秘书证（中级）、装饰美工（中级）、电工、钳工、家电维修、计算机文字录入处理员、数控工艺员、电子商务员、统计证和“英国伦敦行业协会国际职业资格证书”“全国计算机等级证书”“全国英语等级证书”“北京市英语口语等级证书”“全国计算机应用技术证书（NIT）”等。

“多规格”是指为社会培养不同规格的人才。学分制课程体系打破原来学科课程体系架构，构建宽泛的基础模块、灵活的专业能力模块，学生经过各种子模块不同排列组合内容的学习之后，可以与高职、职业培训、职业资格证书取证、成人教育等分别接轨，可选择不同的出口——或多渠道就业或继续深造。不同规格人才的培养，既突出中等职业教育以就业为导向、以岗位能力培养为目标的特点，又有利于学生终身教育和可持续发展，充分体现了其教育的先进性、灵活性、前瞻性、融通性。

学分计算 一般课程以16~18学时计1学分，独立开设的实践课、体育课、公益劳动、军训等以30~36学时计1学分，改革有成效的综合化课程视情况可以10~12学时计1学分。必修课、限选课、任选课三类课程的分配比例原则上是65%、25%、10%。为避免学生可能出现的单纯追求学分的现象，采用“学分绩点”的办法，对学生进行客观评价。

选课管理 选课管理包括学习方式的选择、学习数量的选择和选修课程的选择三个内容。对在相关比赛中获奖的学生，可适当加计学分并可减免学分相当的任选课程数量。

毕业标准：学分总数必须达到教学计划中规定的最低学分标准（四年制学生最低学分标准为210学分），且必修学分和限选学分达到教学计划中规定的比例要求；总平均学分绩点G≥1.5。达到上述要求，即达到毕业标准，允许提前一年或延长两年达到上述要求。

改革效果 学分制课程体系改革的实施，使得学习课程、授课教师、学习时间、学习地点、学习方式、学习手段具有可选择性，激发出学生的学习积极性、主动性和独立性，2003年9月1日，学校首批学分制学生5人提前毕业，他们在3年内修满规定学分，提前1年毕业。

第五节　师资队伍

1978年，全校教职工总数44人，专任教师22人，其中本科毕业及以上教师8人，占专任教师总数的36.36%。教师来自主管局从企业中挑选的老大学生或相对文化程度较高、能力较好的技术人员，后来学校将部分应届优秀毕业生留校任教，学校本科生以上学历的教师少。1982年全校教职工总数131人，专任教师64人，本科毕业及以上教师22人，占专任教师总数的34.38%。从20世纪90年代后期起，学校不再从本校学生中直接留校任教，新入职的教师一律是本科毕业生或研究生学历。2005年，学校研究生占教师总数的31%，高级讲师占专任教师总数的41%，中、高级职称教师占教师总数的83%，出国培训教师占教师总数的40%。

一、队伍培养

学历提升　20世纪80年代中期，学校制订师资队伍培养目标规划“建立一支德才兼备、结构合理、整体优化、具有创新能力的高素质的师资队伍”，并制订相关政策，专门拨出一定经费，鼓励支持教师进修本科以上学历，从提升教师队伍的学历层次入手，加强教师队伍建设。2000年以后，学校在师资队伍建设上提出“校外引进与校内培养相结合、师德建设与专业（包括学科专业和教育专业）发展相结合、校外培训与校本培训相结合、学历提高和短期培训相结合、普及提高与重点培养相结合、监督考核与激励机制相结合”的六结合原则，提高教师队伍的学历层次和综合素质。在学校相关政策鼓励和支持下，教师队伍的学历层次得到迅速提高，1983—1999年，从中专学历提升到大专学历的教师共有51人；1988—2003年，从大专学历提升到本科学历的教师共有48人；1990—1992年，从本科学历提升到研究生学历的教师共有2人；2001—2003年，从本科学历提升到研究生学历或同等学力的教师共有26人；2002—2004年从本科学历提升到研究生学历或同等学力的教师近40人，2005年，学校专任教师全部具有大学本科以上学历。

业务培训　20世纪90年代中后期，学校鼓励支持全体教师取得各种职业证书及双师资格证，组织全体教师参加计算机培训班学习。2002—2004年，学校每年筹资40万元，专项专款用于教师培训，重点开展出国培训、现代教育技术培训、专业培训、教学能力培训、新教师培训等，选送出国培训考察的专任教师达到40多人。以调整教师知识结构和提高动手能力为重点的专业培训，促进了“双师型”和“一专多能”教师的成长；以教学手段现代化为目标的现代教育技术培训，使98%的教师能熟练使用多媒体进行教学，增强了教学的直观性，增大了教学的信息量；以教学方法为核心的教学能力培训，提高了课堂实效；以新教师了解学校、熟悉教学规范和要求为重点的新教师培训，促进了年轻教师的尽快成长。

教师管理 学校多管齐下，以"坚持考核培养、建立激励机制、打造优质课程和树名师工程"等各种措施，提升教师队伍整体素质和业务水平，并出台一系列政策，1984年实行教师工作量制，1988年实行3%奖励晋级制度，1989年实行结构工资制，1990年实行督导制，1993年制订《教师教学质量评定办法》，1994年建立教师以老带新师徒合同制，1997年建立学术委员会，2000年制订《骨干教师与学科带头人评选与考核办法》。学校每年进行课件评比、优秀论文评选等评比活动，对做出成绩、获得各种荣誉的教师，及时给予必要奖励。教学质量考核结果、校级和市级骨干教师、学科带头人等都与结构工资挂钩；在出国培训、脱产培训、研究生学历教育等方面，骨干教师和学科带头人享有优先待遇。

教学督导 学校要求教师们每学期以教研组为单位制订详细的教研计划，每周集中一次专门进行教研活动，要求活动有内容、有主题、有记录、有成效。2000年，学校要求教师们树立全新的现代教育观、人才观、质量观，采用现代教学模式、教学方法和技术手段组织教学，不断开发和补充体现新知识、新技术、新工艺、新方法的综合化的课程和教学内容，开设一定数量的选修课，满足学生个性发展。学校每学期分别举办骨干教师公开课、青年教师选优课、新教师汇报课；每学期安排督导听课、评课，推荐在课程改革、教法改革方面有突出成效的教师举办全校示范课。

教研培训现场

二、教科研管理

进入21世纪，学校以教科研课题研究为龙头，以教科研活动为手段，以提高教师教科研能力和教育教学素养为目的，从教育内容、方法、手段及组织形式等方面，开展教科研工作。

教科研内容　教科研主要包括应用技术、培养规律、专业设置、课程体系、教学内容、教学模式、教学管理、德育工作等。

组织机构　学校建立学术委员会，其办公室设在教研督导室，负责组织、协调、督促学校的教科研工作，各教学科室下设教研组，将课题研究与教研活动进行有机结合。

政策支持　学校相继出台《教研、科研课题立项办法》《教研、科研课题管理办法》《教科、研课题结题评审暂行办法》《课题审定申请书》《课题经费申报单》《课题评分标准》《教育教学成果奖励办法》《关于教科研课题奖励的规定》《关于鼓励教师承担教科研课题的补充规定》《北京二轻工业学校对各教学系（部，室）的考核办法》《北京二轻工业学校教研室工作达标标准及考核办法》等文件，形成教学、科研一体化的运行机制。

经费保障　学校每年拿出全年经费的2%用于教科研课题研究和教科研成果的奖励，财务科为每个课题建立账目，为鼓励教师承担教科研课题，特别是承担一些国家级、市级课题，2002年后，学校每年坚持投入教科研经费40万元，专项专款用于教科研奖励。

立项情况　2002年初，教师们踊跃申报课题，参与课题研究的教师超过80%。从2002—2004年，学校立项课题共32项，其中有国家级课题2项，为孙经钰老师负责的“主题知识网站建设”“整体构建德育体系”；北京市教科院职成教所课题9项：“中等职业学校学分制教学与管理的研究与实验”“研究性学习在模具专业科教学中的应用与研究”“分层走班滚动式教学研究与实践”“职业学校心理健康教育方法研究”“北京市中等职业教育产教结合模式的研究”“北京市中等职业学校学分制与课程改革研究”。北京市政府教育督导室课题有“中职生全面素质及其教育的思考”“促进中职生心理素质健康发展的途径和方法”“中职生多种能力的形成与发展”。

教科研成果　1999年8月《工业企业电气化专业教育培养成本调研报告》获中国职教学会职业技术教育中心研究所职教教学成果二等奖；2000年11月，学校被原中央教科所德育中心评为国家级教育科学“九五”规划重点课题《整体构建学校德育体系实验研究》先进实验校；2003年11月，学校又被原中央教科所德育中心评为国家级教育科学“九五”规划重点课题《整体构建学校德育体系实验研究》中2002—2003学年先进实验校。

在论文撰写方面，有98篇论文在校外各级各类刊物上发表或在各种评比中获奖。孙经钰老师撰写的论文《主体知识网站应用于教学的研究》，获中国教育技术协会论文评比一等奖；柳燕君、何兵老师撰写的论文《中职学校实施学分制的探索与实践》，获北京高职中专教育研究会二等奖。

在教材撰写方面，柳燕君、孙经钰、杨立平、张进军、李燕生、陆宁、姚毅军等教师主编、参编的公开出版教材共有119册（其中教育部规划教材30册，其余正式出版教材89册），校内自编教材、讲义有15册。杨立平老师自编教材《电冰箱与空调器维修实训》，在北京市教委组织的“首届北京市中等职业学校专业课自编教材、讲义交流与评选活动”中被评选为优秀奖。陆宁、王振等教师主编的《健康心理素质》训练教程，被全国高职中专政教研究会评为2004年优秀教学科学研究成果特等奖。

在课件制作方面，2002年，孙经钰老师负责的课题《多媒体应用基础》主题知识网站在

2002年“中国数字化教育高峰论坛会”上获全国多媒体课件大赛优秀奖；2003年，校外获奖课件和编入教材课件11件；2004年，在校外获奖课件和编入教材课件13件。

三、教师获奖

1984—2006年北京二轻工业学校教职工获得市级及以上荣誉情况见表1-2-15。

表1-2-15　1984—2006年北京二轻工业学校教职工获市级及以上荣誉一览表

序号	年份	获奖人及奖项
1	1959	王沛英获北京市先进工作者称号
2	1984	王大成获北京市教育系统先进工作者称号
3	1986	杨碧云获北京市高教系统教书育人先进工作者称号
4	1987	冯宣谋获北京市高教系统教书育人服务育人先进个人称号
5	1988	孙德坤获北京市高教系统教书育人服务育人先进个人称号
6	1989	孙德坤获北京市优秀教师称号
7	1989	杨碧云获北京市劳动模范称号
8	1989	贺红获北京市工业系统优秀教师称号
9	1989	任迎春获全国轻工业系统先进教师称号
10	1989	张建芬、王德葆获北京市工业系统先进教育工作者称号
11	1990	杨碧云获北京市“三八红旗手”称号
12	1990	王沛英获北京市教育系统德育先进工作者称号
13	1990	任迎春获北京市中等专业学校优秀班主任称号
14	1991	王沛英获北京市优秀思想政治工作者称号
15	1991	揭雪梅获北京市优秀教师称号
16	1991	左秀芝获北京市优秀教育工作者称号，获北京市优秀党员称号
17	1991	成佳音获北京市优秀青年教师称号
18	1991	赵怡萍、仇郁文获北京市教育系统优秀班主任称号
19	1992	左秀芝获北京市教育系统德育先进工作者称号
20	1993	王沛英获北京市工业系统优秀教育工作者称号
21	1993	黄树燕、张进军获北京市优秀青年教师称号
22	1993	仇郁文获北京市工业系统优秀教师称号
23	1993	赵怡萍获北京市优秀教师称号
24	1994	王文获北京市教育系统德育先进个人称号
25	1994	左秀芝、刁景周、董全美、任迎春获北京市工业系统先进教育工作者称号
26	1995	李友友、姚毅军获北京市优秀教师称号
27	1995	李友友获北京市先进教育工作者称号
28	1995	马玉蓉获北京市优秀青年知识分子称号

续表

序号	年份	获奖人及奖项
29	1995	任秋洁获北京市优秀团干部称号
30	1995	王沛英、线志红、汪杰、施莹获北京市工业系统先进教育工作者称号
31	1996	柳燕君、李秀英、左秀芝、李江兰获北京市工业系统先进教育工作者称号
32	1997	姚毅军、马玉蓉获全国轻工业系统优秀教师称号
33	1997	马玉蓉、付宏生、耿密云、李友友获北京市中等专业学校优秀中青年骨干教师称号
34	1997	汪杰、柳燕君、李萍获北京市工业系统优秀教师称号
35	1997	成佳音、韩国相、李萍获北京市工业系统先进教育工作者称号
36	1998	刘京华、姚毅军、李根京、胡文杰、黄树燕获北京市中等专业学校优秀中青年骨干教师称号
37	1998	王佩珠获北京市工业系统优秀教师称号
38	1999	李根京、周辉获北京市优秀教师称号
39	1999	李根京获北京市工业系统十佳教师称号
40	2000	马玉蓉获北京市劳动模范称号
41	2001	杨立平、何兵、陆宁、刘红达、岳鹏获北京市中等专业学校优秀中青年骨干教师称号
42	2002	王天锡获北京市优秀教育工作者称号
43	2002	李根京获北京市职业教育先进个人称号
44	2004	马玉蓉获北京市中等职业学校市级骨干教师称号
45	2004	付宏生获北京市优秀教师称号，获全国优秀教师称号
46	2004	兰淑平获北京市教育系统优秀班主任称号
47	2005	王文获全国职业教育先进个人称号
48	2006	王文获北京市职业教育先进个人称号

第六节　学生培养

自1978年至2007年3月合并前，学校全日制普通中专招生18400人，毕业13829人，其中本市毕业生为13512人，为全国协作代培毕业生639人。

一、德育教育

学校要求全校教职员工始终要把对学生的德育教育放在首位，在德育教育工作中要做到一个到位、五个落实：对德育工作的认识到位，德育工作机构落实、制度落实、内容落实、队伍落实、形式落实。1998年学校提出“教书育人、管理育人、服务育人”的“三育人原则”和“人人有责、人人负责、各尽其责”的“三责精神”，把育人工作落实到学校的各个环节、各个岗位。

校级活动　学校举办常规性的德育教育活动，加强对学生进行德育教育。例如：1989年10月，学校成立了业余党校，对学生进行有计划的培训，要求学生具有用中国特色社会主义立场、观点、方法观察处理问题的能力，提高学生政治思想观念和科学文化理论水平；1996年9月24、25日组织全校师生参观“红岩魂”展览；2001年9月20日，校党委围绕我爱国旗的德育活动组织学生观看“心灵的呼唤”残疾人艺术专场演出；2001年11月22日，邀请中国科学院刘善循教授到校为全体师生做心理健康报告；2003年12月12日邀请海淀区人民法院刑事二庭庭长、“全国十佳法官”荣誉称号的获得者尚秀云到校为全校师生作法制报告。学校每月开展一次德育教育活动，并要求各班开班会，每个学生写心得体会，优秀文章编入德育集锦《足迹》中。

班级活动　学校规定班主任每周要为学生讲一次德育课，德育课要求有正式教案，按1课时计入教师工作量，确保德育课真实有效；学校每年进行优秀班主任和先进教育工作者等评比活动，对做出成绩、获得各种荣誉的教师，学校会及时给予必要奖励。要求学生结合德育课开展主题班会活动，写主题班会感想体会，还要有总结，上述材料以班为单位装订存档，作为优秀班集体评选条件之一。

学雷锋活动　1985年，学校成立学雷锋小组，每个专业组织多个学雷锋活动小组，其中包括公益性学雷锋活动小组及与专业技能相结合的学雷锋活动小组。学校每年3月开展学雷锋活动，将学习雷锋精神作为学校德育教育的重要内容。学雷锋活动小组常年活动在社会和校园，这项活动后来发展为青年志愿者活动。1989年5月4日，在全校“五四”学雷锋表彰大会上，学校宣布党委决定：将每年5月4日定为学校学雷锋表彰日。1992年，学校学雷锋小组中的部分同学大约40余人，参加北京市团委高教局组织的中专生学雷锋义务服务活动。北京公交公司112路车队是学校学生学雷锋做好事的基地，1997年12月9日，在纪念“一二·九”活动大会上，学校与车队正式结为文明共建单位。

在雷锋精神感召下，涌现了很多好人好事。1996年8月27日，刚刚从学校财务会计专业毕业进入银行工作的李超同学，在北京银行滨河路支行执行款车押送任务时一伙歹徒闯入银行抢劫钱财，面对持枪歹徒，李超勇敢地与他们进行搏斗，肩、腹部中弹受伤，仍十分冷静地应对，最终保住国家财产，得到媒体关注和人们的赞誉。1997年1月4日，财9314班刘晓龙、文秘9402班刘云鹏二人到红领巾公园滑冰时，发现一位女士和一名儿童掉进冰窟窿，他们立即奔向出事地点救助落水母子。北京电视台来校采访并报道此事，学校所在地区精神文明办公室来校赠送锦旗并向两名学生赠送纪念品。

学雷锋活动小组开展活动

二、素质教育

1985年5月13日，校长办公会决定每周一举行全校升旗仪式，对学生进行爱国主义教育和集体主义教育。自1987年起，学校每年组织新生进行军训，要求学生掌握基本的军事知识，增强组织纪律性，借此培养学生艰苦奋斗、刻苦耐劳的坚强毅力和良好的学风及生活作风。1993年，学校成立校风校纪检查组，制订校风校纪检查制度，加强校风校纪管理。1997年学校建立心理咨询室，帮助学生进行心理疏导，减轻学生内心冲突，预感和干预危机事件的发生，提升处理心理问题的能力。

学校积极建设学生团校、法律学校，开设文学欣赏、历史知识、礼仪培训、体型训练、技能训练等选修课，举办英语角、日语班、乐器班、书法班等第二课堂，举办毕业设计展，组织参加技能大赛、毕业生拍毕业照等活动，成立舞蹈队、歌唱队、管乐队、足球队、排球队等文艺团队和体育团队，每年定期举办班级联欢会、五月鲜花合唱节、学校艺术联欢节、田径运动会等文艺与体育活动，积极参加北京市教育主管单位或北京二轻工业总公司举办的活动。在各种学习和活动中，开阔学生的视野，提升学生的综合素质，使学生得到全面发展。

2002年学校升国旗仪式

1987年起学校每年组织新生进行军训

2004年学校新年联欢

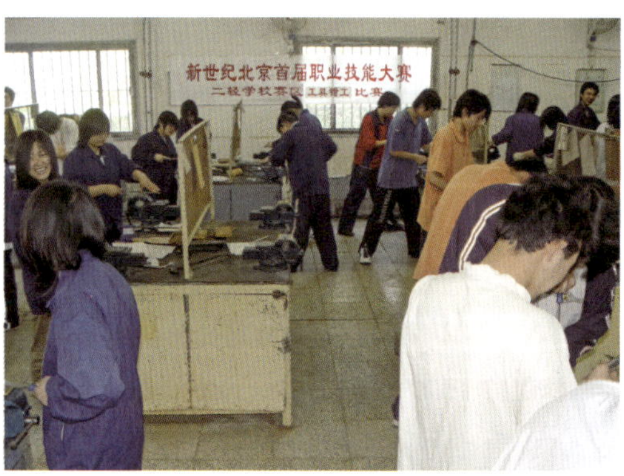

2004年技能大赛

学校运动会入场式

学生在多功能厅内进行形体训练

学校毕业设计展

财8001班毕业留念

三、教育成效

市级先进班集体 学校每年均有被评选为北京市级先进班集体的班级，根据学校有关资料显示，2000—2003年，学校获得北京市级先进班集体称号的班级有12个班，见表1-2-16。

市级及以上优秀学生干部和三好学生 1995—2003年学生获得北京市级优秀班干部称号者17人次，获得团中央优秀干部称号者1人，获得北京市优秀三好学生称号者40人，见表1-2-17。

表1-2-16　　2000—2003年北京二轻工业学校获评北京市先进班集体一览表

年份	北京市先进班集体
2000	造型9906班、微机9810班
2001	机械9913班、家电0001班、微机9810班、电气9807班、造型9906班
2002	机电0105班、商外0101班
2003	装潢0109班、商外0101班、网络0101班

表1-2-17　　1995—2003年北京二轻工业学校获评北京市级及以上优秀学生干部和三好生人员一览表

时间	优秀学生干部	三好生
1995.10	电气9321王星魁	模具9429孟献军　电气9321丁韧铁
1996.10	财会9314刘　宁	模具9429孟献军　电气9321丁韧铁 涉外9304宣望月　电气9321刘荣和
1997.11	微机9404苏明文	模具9429孟献军　电气9321丁韧铁 机械9401曾　波、姚青华、黄　琴
1998.10	财会9415李皎杰	模具9705李慧娟　涉外9711王　俏 机C9502张　杰、袁　芳
2000.12	电气9911徐晓静 模具9705李静怡 电气9705赵　静	微机9912李　颖　外贸9905王　伟 涉外9712王　婿
2001.05	模具9705李静怡（团中央）	/
2001.12	电气9911徐晓静 模具9705李洁静 电气9705赵　静	模具9809詹　迎　模具9914梁　通 外贸9801张杰琼　机电9803张显玉 涉外9801代遴波　机9912藏景芳 机C9801黄　超　机C9802闫　明 电气9911仰　永　电气9807何　颖 玩具9911左　雷　电气9909范　菁 涉外9711马　军
2002.12	微机9912王丽颖 装9906倪宏展 微机9912刘国栋 家电2001董佳蕊	机械99C4李光伟　模具9901邢　围 造型9906刘晓飞　外贸9904张　霞 统9906王双侠
2003.12	00机-2付天雪 装潢008黄　鹏 微机0015彭海岩	装潢0101刘长玉　微机0119郑海霞 电商0201秦雪迎　机电0105温玉莲

技能大赛　1996—1999年，北京市经委连续举办四年中专生技能比赛，学生个人和学校团体在比赛中成绩都很突出。学校集体成绩：1996、1998年均获得北京市经委系统中专生技能比赛团体第二名，1999年学校获得北京市经委系统中专生技能比赛团体第一名。2000年北京市电子办举办计算机邀请赛，模具9705张霞获得作品优秀奖。2000年教育部举办小小科学家比赛，模具9705张霞获得提名奖。2003年学校在北京市教科所职成所举办的北京市中等职

业学校“快灵通”杯计算器中使用竞赛冠军奖。1996—2000年技能大赛中学生及学校获奖情况见表1-2-18。

表1-2-18　　1996—2000年北京二轻工业学校参加技能大赛获奖情况一览表

时间	比赛项目及获奖	学生获奖	学校成绩	颁奖单位
1996.09	中专生技能比赛	钳工第二名　模具9327刘富强	团体第二名	北京市经委
1997.09	中专生技能比赛	钳工第四名　模具9429孟献军 钳工第六名　模具9429马杰轩	/	北京市经委
1998.06	中专生技能比赛	4名学生参赛成绩：钳工第二、第六名，车工第八、第十一名	团体第二名	北京市经委
1999.09	中专生技能比赛	钳工第一名　机9604马玉东 钳工第二名　机9603马振宇 车工第三名　机9603李利群	团体第一名	北京市经委

毕业设计　自1984年起，学校实行毕业设计真题真做，学生在毕业设计阶段接受用人单位或学校的实际课题，向用人单位或学校展示自己的真才实学。1998—2002年，有5项毕业设计获市级以上奖励，有20多个毕业设计项目被设题单位采用，见表1-2-19和表1-2-20。

表1-2-19　　1998—2002年北京二轻工业学校毕业设计（实题）及获市级奖励项目一览表

项目	设题单位	设计班级	获奖情况
四路报警器	北京北方电气公司	电12/电13	北京市经委优秀毕业成果三等奖
可编程示教板	北京二轻工业学校	电12/电13	北京市高教局优秀教学成果三等奖
电梯显示改造	中铁电梯公司	电14/电15	北京市经委优秀毕业设计鼓励奖
考卷配页机器人设计	北京二轻工业学校	机9501	北京市发明银奖，“海信杯”全国中学生计算机邀请赛优秀作品奖、教育部组织的“长江小小科学家”提名奖及奖金9000元
文具用品系列设计	北京优秀工业设计参赛课题	造9504	北京市优秀工业设计提名奖，参加2001年国际职业教育成果展览

考卷配页机器人

可编程多功能演示机械手

表1-2-20　　1998—2002年北京二轻工业学校毕业设计（实题）被设题单位采用情况一览表

项目	设题单位	设计班级
万东医疗公司企业形象手册一套—VI识别系统	万东医疗有限公司	装9401
狮子一家毛绒玩具设计	北京京乐企业有限公司	玩9510
情侣熊、兔子等毛绒玩具设计	北京佳艺玩具有限公司	玩9510
艺潮文化发展有限公司企业形象VI手册	国家广播电影电视总局培训中心	企广9701
八南社区区徽、区旗	北京八里庄街道八南社区居委会	装9805
冷冲模十套（冲裁、弯曲、和拉伸）、塑料注射模	北京市第二轻工业学校实习工厂、外校产品（加热器）	模具18
快速制模（低熔点合金模）	北京市第二轻工业学校轻工机械专业科	模具21　模具22
保湿壶	宣武工程师协会	造型8901
《家居家具时尚》杂志	盛和宝鼎广告有限公司	装9401
可口可乐98推广广告	创佳广告有限公司	装9401
情侣熊、背包熊、戴帽熊等熊系列毛绒玩具	安徽省全叙玩具有限公司	玩9501
《京地房地产楼书及标志》	盛和宝鼎广告有限公司	装9502　造9504
1999年汽车展展台设计	北京大安展示设计有限责任公司	造9504
金箔纪念卡	北京泉氏珠宝工艺品制作有限公司	装9502
通勃公司企业形象识别VI手册	北京大树企业形象策划有限责任公司	装9502
陶瓷及软陶艺品设计制所	北京安迈琪特商贸中心	造9504
熊家族玩具设计（共8只）	北京佳艺玩具有限公司	玩9501
北京思源金属门有限公司企业形象识别系统手册	北京尚阳广告有限责任公司	造9504
北京金谷家具企业形象VI手册	北京金谷家具公司	造9806

文艺演出　学校的文艺活动丰富多彩，从1986年至2003年，在参加北京市每年举办的各种文艺演出活动中，不论是学生个人表演或集体合唱，均能取得很好的成绩，1986—2003年学生获北京市文艺演出比赛一等奖成绩见表1-2-21。

表1-2-21　　1986—2003年北京二轻工业学校学生获得北京市文艺演出比赛一等奖一览表

年份	参加活动	演出者及节目内容	奖项
1986	北京市中专五月鲜花文艺汇演	孙金华诗朗诵	一等奖
1987		王　盛、孙金华配乐诗朗诵	一等奖
1991		大合唱	一等奖
1993		大合唱	一等奖
2003	北京市学生艺术节	舞蹈《阿呀呀》	一等奖

1993年学校被北京市高教局授予北京市群众文化活动先进集体奖，在全国七运会“我爱中华”文体表演获表彰。

体育运动 学校严格按照北京市体育锻炼标准开展体育活动，进行达标检测，2002年11月被北京市中专体委授予北京市实施体育锻炼标准先进集体，在北京市各种体育运动活动中均取得很好成绩，1984—1996年学生获得北京市级体育比赛冠军成绩见表1-2-22。

表1-2-22 1984—1996年北京二轻工业学校学生获北京市级体育比赛冠军一览表

年份	体育运动会名称	获奖项目
1984	北京中专三好杯乒乓球赛	学校团体冠军
1994	北京中专田径运动会	男子组4×100接力赛第一名
		张伟：铁饼第一名、铅球第一名
1995	北京中专田径运动会	男子组4×100接力赛第一名
		张伟：铁饼第一名、铅球第一名
1996	北京中专田径运动会	男子组4×100接力赛第一名

四、优秀毕业生事例

孙金华 1983年考入北京二轻工业学校玩具设计与制造专业，1987年毕业，在校就读时担任班长，嗓音极具磁性，是小有名气的文艺青年，毕业后被分配到北京市二轻局教育处。1988年广东电视台普通话配音组来北京招收配音演员，孙金华凭借着自己的灵气和驾驭语言的天赋，作为特殊人才被引进广东，从1988年到1997年，孙金华为几百部影视剧人物配音。1998年，孙金华担任广东电视台的大型节目部副主任、团委书记，开始参与负责广东电视台的大型晚会的编导工作，曾负责编导“百歌颂中华”歌咏活动、“名家名曲”音乐会，偶尔还客串晚会主持人，也为影视剧、广告片配音和录段词。

2010年作为广东省首批新闻媒体干部下基层，任广东省肇庆市高新技术产业开发区党委委员、管委会副主任。2012年转任肇庆市委宣传部副部长兼肇庆市广播电视台台长。经过六年多的基层任职，2016年广东省委组织部任命孙金华担任珠江电影集团党委委员、副总经理，广东省电影家协会副主席，升任副厅级干部，组织策划了多部电影、电视剧及纪录片，获得了国内外多个电影艺术奖项。在孙金华学长看来，电影的内涵在于反映生活、反映人性、反映现实生活中的真善美，只有反映人性的电影才有力量。

何凤英 1983年就读于北京二轻工业学校玩具设计与制造专业，1987年毕业进入北京市玩具六厂木材加工车间工作，后来走上设计岗位，并光荣地加入中国共产党。1988年企业合并为北京市玩具工业联合公司，她担任玩具工业联合公司团委书记。1993年通过公开招考层层选拔进入《是与非》纪委机关编辑室，从事宣传教育工作。2005年底，接受组织安排，被派驻到北京市市政府管理委员会担任纪检组副组长、监察处处长。2012年被任命为驻市南水北调办纪检监察组组长。2023年正式调任市发改委，任纪委委员，一级巡视员，驻市发展和改革委员会党组成员、纪检监察组组长。

林菁 1984年8月毕业于北京二轻工业学校电气运行与控制（工业企业自动化专业）。1990年6月获北京航空航天大学电子自动控制专业工学学士学位。2002年7月获对外经济贸易大学工商管理专业工商管理硕士学位，曾在北京电冰箱附件厂设备部任工程师，在北京汇佳国际数据系统有限公司任市场部经理，并长期专注新ICT技术在行业领域的创新应用。1995年1月他创办北京佳讯飞鸿有限公司，成为国内领先的智慧指挥调度服务提供商，公司成为国家级专精特新“小巨人”企业。2011年5月，公司成功上市，旗下拥有航通智能、臻迪科技、通用机器人等29家控股、参股公司，产品广泛应用于铁路、轨道交通、国防、石油、石化、电力、海关等多种行业，为全球20多个国家和地区的客户提供创新技术与解决方案。公司助力中国高铁技术和高端装备产业，参与中国人民抗日战争暨世界反法西斯战争胜利70周年阅兵、国庆60周年和70周年阅兵、北京奥运安保、上海世博会安保等重大任务保障工作，为神舟、嫦娥、长征系列航天发射任务提供通信保障。

截至2023年，林菁任北京市政协科技委副主任、海淀区人大常委会委员、海淀区工商联副主席、中关村上市公司协会副会长、北航北京校友会会长等社会职务，先后在北京、河北、四川、内蒙古、云南捐资建立了五所“北京佳讯飞鸿希望小学”，长期为8位残疾人发放工资、办理社保，资助10余名贫困学生，多次为革命老区、疫情和地震等灾区捐款捐物，累计捐款达2200余万元。经过多年努力，林菁荣获了北京市劳动模范称号、北京市青年企业家金奖、第三届北京市优秀青年企业家称号。

栗延秋 1986年毕业于北京二轻工业学校玩具设计与制造专业，1993年5月12日自主创业，2000年在北京经济技术开发区成立北京盛通彩色印刷股份有限公司，2008年带领企业走进印刷百强，2013年度被中国印刷技术协会授予“第十二届毕昇印刷优秀新人奖”，2016年获“北京市新闻出版广电行业领军人才”称号，2017年获“北京市三八红旗”奖章。盛通集团拥有三个事业板块、近10家全资子公司，三百多家教育培训直营加盟机构，企业资产总额达23亿元，年缴税款近亿元，员工3000余名。

第七节　多元化办学

学校以全日制普通中专办学模式为主，另外还有联合办学、国际合作办学、社会办学等模式，为北京市二轻系统的相关企业、北京市用人市场和全国轻工业系统培养了大量中职与高职专业技术人才。

一、联合办学

1987年，学校与多所高中、职高及职工中专学校联合办学，在联办校场地上课，毕业后发北京二轻工业学校中专毕业证书。1993年，经北京市政府同意，北京市高教局共投资200万元支持高职教育改革试点工作，学校成为试点校之一，与北京联合大学联合开办高职试点班，采取“3+2”模式，专业为计算机应用，1994年、1995年又联合办工业自动化机械电子专业、空调制冷专业高职班，培养高职人才80名。学校与高中、职高及职工中专学校联合办学情况见表1-2-23。

表1-2-23　北京二轻工业学校与高中、职高及职工中专联合办中专情况一览表

学校名称	专业
北京五金电器职工中专	财务会计、统计、物业管理等
北京工贸技师学院轻工分院（含北京市第二轻工技校、轻工高级技工学校时期）	服装设计、服装展示专门化、物业管理等
北京通县经委职工中专	模具设计与制造、机械制造等
北京平谷职教中心	涉外会计、工业会计、文秘与档案管理等
北京二轻干部管理学校	文秘与档案管理、计算机及应用等
北京大兴第二职业学校	财务会计、空调与制冷、市场营销等
北京通县干部中专	财务会计、文秘与档案管理等
北京燕山职业高中	财务会计、工业统计、商务英语等
北京燕山职业中专	涉外会计、工业统计等
北京育龙技术学校	服装设计、旅游服务与管理、餐旅管理等
北京左安门中学	文秘与档案管理
北京铁路机械学校	空调与制冷

续表

学校名称	专业
北京环卫职工中专	计算机及应用
北京密云第二职业学校	计算机及应用
北京密云职业学校	计算机及应用
河北信息工程学校	模具设计与工艺

1993—1997年北京二轻工业学校与大学联合办学情况见表1-2-24。

表1-2-24　　1993—1997年北京二轻工业学校与大学联办高职班人数统计表

学校名称	专业	时间	人数
联大自动工程学院	计算机应用	1993.07—1995.07	18
联大自动工程学院	计算机应用	1994.07—1996.07	11
联大自动工程学院	工业自动化机械电子专业	1994.07—1997.07	8
联大自动工程学院	计算机应用	1995.07—1997.07	18
联大建材轻工学院	空调制冷	1995.07—1997.07	25

二、国际合作

2002年学校与新加坡华夏管理学院首次合作办学，合作专业为电子商务，招生学生15人。2003年2月，学校与新加坡特许科技学院、新西兰基督城理工学院（CPIT）华夏管理学院首次合作办学CPIT双语教学班，合作专业为“信息与通讯技术”，首次招生2个班，2003

与国外院校合作开展双语教学项目签字仪式

年9月又招生1个班，共计90名学生，按照基督城理工学院教材和教学管理模式，由外籍和本校教师共同执教，采用“双语”教学方式，学制三年，修业期满考试合格，获得北京二轻工业学校中专毕业证书及新西兰基督城理工学院DICT毕业证书。

三、职工学历教育

1984年，经过北京市人民政府成人教育局批准备案，学校专门设立职工中专部（2002年12月改名培训中心），面向社会招生。1979—2000年，学校招收二轻系统相关企业和社会其他企业的职工学生1105人，毕业1001人，具体情况见表1-2-25。

表1-2-25　1979—2000年北京二轻工业学校职工学历教育招生及毕业生情况一览表

入学时间	专业	招生人数	毕业时间	形式	毕业人数	学制（年）	学历
1979.09	模具设计与制造	41	1981.07	全日制	41	3	中专
1980.09	工业会计	40	1983.07	全日制	40	3	中专
1981.09	工业会计	155	1984.07	业余	155	3	中专
1983.09	工业会计	46	1985.07	全日制	46	2	中专
1984.07	工业会计	43	1987.09	全脱产	43	3	大专（与电大联办）
1984.07	工业统计	30	1987.09	全脱产	30	3	大专（与电大联办）
1985.09	模具设计与制造	30	1988.07	业余	30	3	中专
1985.09	工业统计	84	1988.07	业余	84	3	中专
1985.09	工业与民用建筑	34	1988.07	全日制	31	3	中专
1987.09	工业会计	157	1990.07	全日制	69	2	中专
1987.09	玩具设计与制造	15	1990.07	全日制	15	3	中专
1989.09	机械制冷	55	1992.07	业余	50	3	中专
1991.09	工企管理	20	1993.07	业余	20	2	中专
1990.09	工企管理	34	1992.01	业余	34	1.5	专修
1992.09	工业会计	20	1995.01	业余	19	2.5	中专
1991.09	工业会计	19	1994.01	业余	12	2.5	中专
1993.09	工业会计	21	1996.01	业余	21	2.5	中专
1994.09	商业企业管理	50	1997.01	业余	50	2.5	中专
1994.09	工业会计	20	1997.01	业余	20	2.5	中专
1995.09	工业企业管理	18	1998.01	业余	18	2.5	中专
1995.09	工业设计	18	1998.01	业余	18	2.5	中专
1996.09	财务会计	78	1999.07	业余	78	3	大专（联办）
1997.09	财务会计	50	2000.07	业余	50	3	大专（联办）

四、社会培训

学校培训中心曾举办各种短期培训班，譬如文化补习班、职业技能取证班、计算机类取证班、外语等级考试班等各种培训班，生源来自社会，培训合格后获得结业证。1981—2003学年非学历教育情况见表1-2-26，截至2007年3月，总培训人数近万人。

表1-2-26　1981—2003学年北京二轻工业学校非学历教育情况统计表

学年	职业技能取证	计算机类	外语	文化补习	合计
1981—1982	270	/	/	/	270
1982—1983	110	/	/	/	110
1994—1995	418	0	0	0	418
1995—1996	520	95	0	38	653
1996—1997	737	462	0	98	1297
1997—1998	961	570	31	31	1593
1998—1999	324	152	0	53	529
1999—2000	444	314	96	57	911
2000—2001	415	287	85	57	844
2001—2002	516	518	36	109	1179
2002—2003	243	222	262	216	943
2003—2004	672	277	62	154	1165
总计	5630	2897	572	813	9912

第八节　校园建设

一、多址办学

1978年6月，学校最初的校址仍是原五金工人大学的校址，也就是在原来的北京市第二轻工业局五金公司电镀厂车间，具体地址为原丰台区贾家花园81号（早期编号是19号），原有建筑面积224平方米，新建车间面积236平方米，总建筑面积460平方米。

1979年1月，经北京市第二轻工业局批准，学校部分办公室迁至原朝阳区八里庄北里（因紧邻红领巾公园南门，2000年统一规划时被朝阳区定为红领巾公园路8号院）。这个地址原为北京市第二轻工业局下属朝阳塑料厂，1978年11月，北京市第二轻工业局将朝阳区八里庄北里的朝阳塑料制品厂撤销，厂址主体部分作为北京航空学院二分院校址，其中最南边的两间大仓库作为北京市第二轻工业学校办学之用。全校教职工们自己动手将厂房仓库改造成为教室，校门朝南开。

1980年，学校全日制普通中专扩大招生，又从在职职工中定向招收全日制工业会计专业学习班，缓解企业财务管理人才紧缺问题，朝阳区红领巾校区办学用地紧张，租借北京市第二十七中学教室及办公用房作为上课地点。

至此北京市第二轻工业学校形成在原丰台区（借用房屋）、原朝阳区八里庄北里、原东城区（租借教室）跨三区分散办学的局面。

二、红领巾校区设施建设

建教学楼　1982年，北京市第二轻工业局给学校投资130万元，学校将原来朝阳区八里庄北里校址由厂房仓库改建的教室全部拆除，在此基础上建学校教学楼，年底破土动工，此处上课的学生，暂借北京市八里庄第三中学（简称八里庄三中）教室上课。1984年10月，5008平方米的教学楼竣工。1984年11月，学校从原丰台区的五金电镀厂、北京市第二十七中学与八里庄三中撤出，全部迁入朝阳区红领巾校区，统一一址办学。

改开东门　1984年6月，北京航空学院二分院与北京航空学院一分院合并，北京航空学院二分院从朝阳区八里庄北里撤走，北京市二轻工业总公司将学校北边的北京航空学院二分院校园3884平方米建设面积及土地，全部交付北京市第二轻工业学校使用，总占地11亩。根据当时情况，学校领导班子研究决定将原来的南大门改为东大门。

红领巾校区的教学楼和南门

红领巾校区的东大门

建食堂楼 1985年5月31日，原中央人民政府轻工业部（以下简称轻工部）领导及北京市第二轻工业总公司领导来校参观各实验室、实习车间，并听取学校工作汇报，轻工部领导要求学校今后多为全国代培学生，并初步确定给北京二轻工业学校拨款250万元作为征地款，学校当年向外围征地33.5亩，总占地达到44.5亩。1986年，学校建临时食堂316平方米，解决师生吃饭问题。1988年，学校办学规模不断扩大，学校又进一步向外围征地，占地总面积达到51亩。1995年10月24日，学校在校园西北部建成3819平方米的食堂及风雨操场楼（一层大厅作风雨操场，二楼为食堂），并正式投入使用。

建实验楼 为了满足学生实习、实训的需要，1991年，学校在校园西部建成5819平方米实验楼。

建宿舍楼 为了解决教职工生活问题，学校决定与开发商联合在校园的西北角建两栋塔楼，其中一栋归属学校作为教职工宿舍楼。1995年8月该教职工宿舍楼破土动工，1998年12月9日，10019平方米的教职工宿舍楼和81平方米的茶炉房交付使用，110户教职工喜迁新居。2000年，学校又在校园一角建造168平方米平房，作为教师单身宿舍。

建图书楼等 1997年学校决定在校园的东北部兴建综合办公及图书馆楼（一层为图书馆，二楼以上为综合办公区）和传达室，在东南部建实习工厂，在新传达室和综合楼之间建北校门。1997年9月18日，综合办公及图书馆楼破土动工；1999年9月，5400平方米的综合办公及图书馆楼、26平方米的传达室、283平方米的实习工厂建成使用，位于综合楼一层的图书馆也很快就投入使用，学校办学条件得到更进一步的改善。

建操场等 1999年3月1日，校长办公会决定拆除校园中部所有平房，修建具有300米跑道的操场及新的机加工实习车间供学生实习。1999年9月，学校建校园网。

2001年，学校占地面积59902.4平方米，总产权建筑面积为36963平方米，其中教室5008平方米，图书馆1480平方米，实验室、实习场所6504平方米，会堂2023平方米，行政办公用房4458平方米，学生食堂1273平方米，教工食堂523平方米，学生宿舍4783平方米，教工单身宿舍168平方米，生活福利及其他用房724平方米，教工住宅10019平方米；学校图书藏书量为10万册；固定总资产3513.7万元，其中教学仪器设备资产值453.08万元，生产实习设备总值72.95万元。

学校的北门、综合楼及宿舍楼

三、职教园区建设

2001年3月，北京市教委下发《关于建立北京经济技术开发区职业教育集团的通知》，北京二轻工业学校成为职业教育集团成员校之一，具体地址在北京经济技术开发区凉水河一街9号。职业教育集团园区建设由北京市教委牵头，由筹建办公室组织实施建设工程，各个成员学校提供各项教育教学和实训基地建设需求，参与本校区楼体建设。2005年上半年，职业教育园区完成一期工程建设。

2005年6月底，北京二轻工业学校进行整体搬迁，7月底全部设备调试完毕，成为第一个进入北京经济技术开发区职业教育园区的学校。原北京朝阳区红领巾公园8号院，由北京市教委以土地置换方式于2005年交给中国音乐学院附中。在职业教育园区新校址，学校的占地面积为23691平方米，建筑面积为23938平方米，学校拥有现代化的模具技术实训基地、服装研发设计与制作实训基地、计算机网络实训室等教学设施，可以容纳3000名学生学习。

四、校园文化建设

图书设备 学校十分重视图书资料和电子图书等的建设，1997年图书馆建成之后，学校又加大投入，购买大量图书、报纸杂志和录像带，截至2006年，共有图书11万册，电子图书51000册，供师生阅读学习和教学使用。

题写校牌 1982年，学校师生一起动手撰写"北京市第二轻工业学校"的校牌，并将它挂在学校的南大门，标志上的字体凝聚着师生们对学校的真挚情感。1993年国务院原副总理、原国务委员兼国防部部长张爱萍为学校校名题字，字里行间饱含着老人对学校的希望。1998年6月，根据北京市人民政府批准，学校更名为"北京二轻工业学校"，学校以此字体做成新的校牌悬挂于学校的北大门。

1982年3月，师生自己动手写校牌

校领导与张爱萍副总理题写的校名（见图中裱框）

职业教育园区的校牌

制订校训 1987年4月11日，学校提出“自尊、求实、团结、奋进”的校训，并将之悬挂在教学楼的大门上方。此校训是一种文化，体现着学校的办学理念；此校训是一座航向标，指引着师生前进的方向；此校训是一个标尺，成为师生的行为准则。师生们每次出入教学楼都会看到它，潜移默化地接受它的教育，自觉地运用它去衡量、调整着自己的行为，离开学校多年后，仍将它铭记在心。

征集校歌 1994年学校领导班子决定谱写校歌，在全校开展征集校歌词曲活动，涉外9105班学生崔征的创作作品被采用。歌词中展现着同学们的青春风采，“九月的鲜花像我们的笑脸，青春的年华迸发出热情的火焰”；歌曲中唱出了学子们的精神风貌，“我们自尊，我们求实，面向现代化，我们团结，我们奋进，灿烂的阳光是我们的明天，美好的未来向我们召唤。”

教学楼与校训“自尊、求实、团结、奋进”

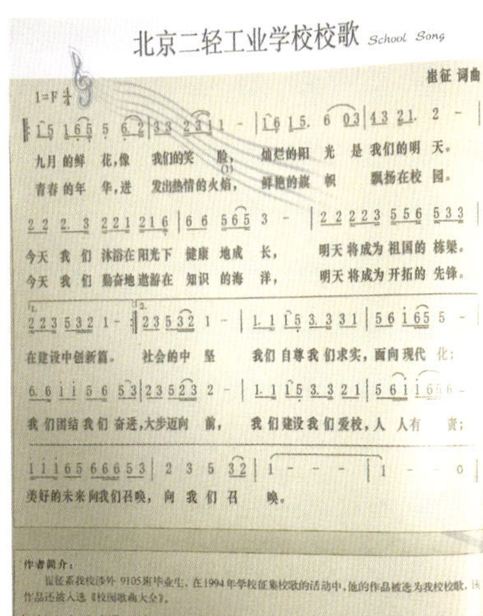

北京二轻工业学校校歌

设计校徽 学校成立初期，徽章仅仅是作为学校的象征与标志，设计得很简单，上面只有学校名称，底色有红底金色和白底红色两种（以此区分师生的身份和规范师生的行为），师生将校徽佩戴在胸前，感到无比的高兴和自豪。在世纪之交（2000年），校徽被赋予了更丰富的含义，成为学校文化的象征，人们往往借助图案或字母等设计形式展示学校的性质与办学宗旨、宣传学校文化等，为此，学校在全校开展征集校徽活动，最终采取了李根京老师的设计方案，校徽图案的左半部是汉语拼音E，整体看是汉语拼音Q，即二轻的缩写；左半部又是个齿轮，代表工业；同时一支笔代表学校，整体象征“二轻工业学校”，后来的校刊杂志、学生校服等上面都印有此校徽标志。

北京二轻工业学校校徽

大事记

1964年

8月，北京市二轻机械厂半工半读职业学校成立。

9月，首届招生3个班，共150人。

1965年

8月，第二届招生3个班。生源为应届初中毕业生。教学计划按三年制中专校计划。理论教学与生产劳动为1：1。

9月，大学、中专毕业生中优秀者张连宗、付全义、许沪钰等七位分配到学校任教。暂时无课的教师到二轻机械厂实习。

1966年

1月，根据上级指示精神，校领导制订半工半读职业学校升格为正式中专的方案，并呈报二轻局审批。

9月，部分教师被送到回龙观中越人民公社监督劳动。

10月，部分师生参加大串联。

12月，师生陆续返校。

1967年

10月，1964年入学的2个班（高中生源班）的学生提前分配。

1968年

4月20日，二轻机械厂半工半读职业学校停办；学生全部进入二轻机械厂。

1971年

10月，北京市五金工业公司决定筹备学校复校工作，委任原桅灯厂厂长（书记）张宝箴兼任校领导，下放到二轻机械厂的教师被分批调回学校。

11月，上级批准校址设在丰台区贾家花园19号北京市第二轻工业局五金公司电镀厂内，简易楼第三层10间房（12m^2/间）为办公室，工厂内6间仓库改为教室，调入任杰、孙德坤、李青莲、杨翠臣、王素萍任教，五金工业公司派8名复转军人牛国才、刘纪奎、刘德海等来校任学生政治辅导员。

12月，成立校党支部，支部负责人包括张宝箴（书记）、任杰、刘纪奎；成立校革命领导小组，主要负责人包括张宝箴、任杰、李炜。20日首届招生150名学生，分为3个班，由于教材编写等工作尚未完成，学生进校后到工厂进行3个月的生产劳动。

1972年

2月，仓库改建教室完工。

4月1日，学生正式开学上课。建立学生请假制度、教职工考勤制度、成绩评定标准、学生生产实习评价标准。

12月，第二届招生工作完成，共招收150名学生，在校生达6个班300人。

1973年

7月，学校根据国务院批转国家计委、国务院科教组《关于中等专业学校和技工学校办学几个问题的意见》研究学校发展问题，同时向上级提出建校舍的申请。

12月，首届150名毕业生分配去向为二轻拉锁厂、桅灯厂、王麻子刀剪厂、铝制品厂等单位，8人留校充实教师队伍和政工队伍。第三届招生工作完成，招生3个班，其中职工脱产班34人，应届初中毕业生100人，在校生达6个班284个，教工队伍42人。

1974年

9月，校领导小组根据国务院科教组、财政部联合发出的关于开门办学的通知，研究决定借用西城新开胡同中华路小学三间房“开门办学”，招收二轻系统职工。

1975年

2月，学校改办“七·二一”工人大学，校名改为北京五金工人大学。拟定将技校职工班升为工人大学班，原班34名学生加上另从北京电讯厂选招的6名老工人，共40人。

4月7日，北京五金工人大学开学。

5月，二轻局拨款8万元作为“双端面磨床”科研项目专款。

7月，第三届技校2个班学生全部毕业，校办厂留14名毕业生，校本部留2名毕业生。其余分配到五金公司下属各厂。在校生为大学班40人。

1976年

6月，第二届工人大学班招生38名学员。在校生达78人。

7月28日，受地震影响，全校师生投入抗震救灾工作，停课一周。

1977年

7月，首届工人大学生40人毕业，全部返回原工作单位，在校生38名。

1978年

5月16日，收到〔78〕京科教字070号、〔78〕京工字130号、〔78〕京革财字41号、〔78〕京科字186号《关于纺织局等成立中等专业学校的批复》。

6月，收到〔78〕二轻教字第194号《关于恢复和新办中专技校的通知》。

7月，收到〔78〕二轻教字243号《关于北京市工艺美术学校、五金工人大学归局直接领导的通知》，经局党委研究，五金工人大学改办“北京市第二轻工业学校”，校址仍为原五金工人大学校址。

8月，首届招收48名应届初中毕业生，专业为工业企业电气化，班级为电7801班。

1979年

1月，北京市第二轻工业局批准，部分办公室迁至朝阳区八里庄，原朝阳塑料厂厂址中两间大仓库为办学使用。

7月，根据二轻党字〔79〕91号《关于钱统超同志任职的通知》，学校为支部建制，钱统超为校长、党支部副书记，延来发为党支部副书记，郭占堂、任杰为副校长。

1980年

扩大招生，租借北京市第二十七中学教室及办公用房。

1981年

5月，李造启同志来校任党支部书记。

7月，徐汉祥同志来校任校长。

10月，学校党组织改为党总支建制。李造启任党总支书记，延来发任党总支副书记，徐汉祥、朱琦、王文为党总支委员。

1982年

北京市第二轻工业局投资130万元，建设教学楼，年底破土动工。教学借用八里庄三中教室给学生授课。

1983年

1月，共青团第二轻工业学校代表大会召开，选举产生团总支委员会。团总支书记王文，副书记王春玲。

1984年

6月，北京市第二轻工业总公司决定：将原朝阳塑料厂内划归航院二分院使用的校园全部交付学校使用。

8月，教学楼竣工交付使用，共5050平方米。

11月，从原丰台区的电镀厂、北京市第二十七中学、北京市八里庄第三中学全部撤出，统一迁入朝阳区八里庄校址。

年内，制订奖学金实施办法。

1985年

1月12日，北京市第二轻工业总公司批准学校自1984年10月起实行职务及岗位津贴。

4月16日，决定拨6000元扩建物理实验室。

5月18日，校长办公会通过《教职工进修学习试行办法》和《教学人员奖惩办法》。

5月31日，轻工部财务领导来校参观各实验室、实习车间，初步确定拨250万元给学校作为征地款。

9月14日，校长办公会研究决定实行教师工作量制，筹建语音室，购买长城0520CH型微机。

1986年

1月8日，校领导班子决定将玩具专业与计算机室从电专业科分离，成立玩具与计算机科。

3月18日，世界银行组织考察参观图书馆、实习实验场地。

4月23日，成立职称评审小组。

9月17日，成立“二轻工业学校改革小组”。

12月17日，经校务委员会审议，校长办公会通过请假、考勤、奖金发放三项制度。

1987年

4月11日，全校师生“严明纪律树新风”大会，提出校训“自尊、求实、团结、奋进”。

5月30日，第一届团代会召开，选举产生首届团委书记王春玲，副书记王先、王盛。

6月17日，校长办公会决定，实习车间实行独立核算改称实习工厂，任命殷建镁为厂长，协议有效期2年。

6月27日，第一届教职工代表大会第一次会议召开。

7月13日，市高教局领导来校进行办学条件评估验收。

7月18日，总公司组织处处长来校宣布总公司党委决定：左秀芝任校长、王沛英任书记。

8月21日，解放军52922部队副营长、政治处副主任等15名指战员来校对新生及全校学生干部进行8天军训。

1988年

3月27日，召开改革专业设置论证会，总公司领导等参加论证。

4月9日，市计委决定投资80万元给学校建实验楼。

7月8日，举办中专办学十周年庆祝大会。

12月8日，全校教职工大会，校长报告优化组合筹备进展情况，宣布聘任方案，各岗位聘任条件、职责范围等。

1989年

1月8日，教职员工签订全员聘任合同。

4月11日，成立北京市第二轻工业学校思想教育委员会，召开第一次会议，通过思想教育委员会工作条例。

4月12日，成立学校教育研究会。

24日，召开中国共产党第二轻工业学校党员大会。王沛英同志代表临时党委工作报告《振奋精神锐意改革，为创建文明学校而努力奋斗》，选举产生第一届党委：王沛英、左秀芝、王大成、王文、杨香荣。

5月4日，召开纪念“五四”学雷锋表彰大会，决定每年5月4日为学校学雷锋表彰日，成立学校思想教育委员会，对1988—1989年度学雷锋先进集体先进个人予以表彰。

6月6日，召开全体住校生会，成立护校队。

10月1日，校领导带领全校200名学生参加天安门广场庆祝中华人民共和国成立40周年国庆集体舞联欢晚会。

12月28日，举办全校报告会，中央歌舞团一级演员彭清一做“理想、信念、奋斗、人生”报告。

1990年

4月2日，召开文明竞赛动员大会，王沛英书记进行动员，工会副主席果金兰同志宣布竞赛内容如下：教师比仪容仪表、行为语言、教学效果；干部比仪容仪表、行为语言；学生比仪容仪表；工人比团结协作、工作态度、行为语言、管理环境服务态度、遵守纪律。

12月25日，召开北京二轻工业学校及北京塑料工业学校领导班子会议，北京市第二轻工业总公司党委副书记查保宗、副总经理蒋贵来校宣布北京市政府对两校合并的批复。

1991年

1月28日，召开北京市第二轻工业学校与北京市塑料工业学校合并大会，地点在纺织劳保馆，北京市第二轻工业总公司组织部领导宣布合并后的领导班子及校名，校名仍用“北京市第二轻工业学校”。

7月12日，北京电视台社教部来校采访德育工作。

1992年

1月13日，第二期聘任工作完成。

3月13日，召开办学水平评估动员大会。

3月26日，召开“微机应用专业”论证会。

5月1日，100名学生参加北京市第七届职工运动会开幕式广播体操表演。

11月23～28日，中专办学水平评估复评工作组进驻学校。

1993年

4月，北京市第二轻工业学校与北京市塑料工业学校分开，恢复北京市塑料工业学校，北京市第二轻工业学校校名不变。

6月10日～7月16日，进行第三期聘任工作，采取确定岗位系数、岗位目标与学校整体目标相结合的方式，建立精干高效运转的内部机制，建设高素质教师队伍，至9月，完成第三期全员聘任。

9月13～16日，成人中专办学水平评估专家组一行7人进驻学校。

1994年

3月8日，刘常新同志（一轻校校长）来校指导办学水平评估工作。

4月15日，召开全校迎接办学水平评估工作再动员大会。

5月27日，召开申请世行贷款论证汇报会，总公司副总经理孙长泰、邢德海以及干部处、教育处等领导到会。

6月8日，成立轻工机械专业建设指导委员会。

10月17日，召开教代会主席团扩大会议，校长汇报迎接办学水平评估工作准备情况，审议自评报告；24～28日，高教局中专办学水平评估复评专家组进驻学校。

年内，被北京市政府评为首都文明单位，被北京市团委评为红旗团委。

1995年

1月3日，增设信息公关部，主要职责是根据社会人才需求情况提供毕业分配、专业设置、招生信息。

5月11日，被市政府批准为重点中专校，左秀芝校长等到一轻工业学校参加颁发重点校铜牌大会。

7月7～18日，完成全校第四期聘任工作。该期聘任以提高人员素质、建立高质高效良性循环内部机制为目标，聘任方案进一步修订了岗位职责、明确了质量标准。

8月，教工宿舍破土动工。

9月6日，北京市第二轻工业总公司双文明领导小组来校检查，验收“市文明单位”。

10月13日，北京市成人教育局四位专家来校，验收计算机考点。

10月18～24日，新食堂正式启用。

年内，被北京市政府评为首都文明单位，被北京市团委评为红旗团委。

1996年

3月8日，召开北京市中专学生管理研究会理事会。

5月，北京电视台教育台（35频道）专题报道学校办学情况。

9月9日，机专业科学生获经委系统中专生技能比赛团体第二名，获评育人质量先进学校。

11月27日，破格聘用青年教师李根京为高级讲师。

年内，被北京市政府评为首都文明单位，被北京市团委评为红旗团委。

1997年

1月4日，财9314班学生刘晓龙和文秘9402班学生刘云鹏在红领巾公园滑冰时，抢救了一名落入冰窟窿中的女士和一名儿童。北京电视台来校采访并对此事进行了报道，学校所在地区精神文明办公室来校赠送了锦旗，并向两名学生赠送了纪念品予以表彰。

1月9日，召开设置“企业形象策划与广告表演艺术”和“宝石”专业论证会。

1月20日，北京二轻有限责任公司任命焦焕礼为校长，左秀芝光荣退休。

7月1日，召开庆“七·一”迎回归联欢会，并举行18岁成人仪式，337名学生举行成人宣誓。被誉为首都金融卫士的全国五一劳动奖章获得者李超同学回校参加大会。

9月2日，再次被评为“育人质量先进学校”。

9月11日，北京市第二开关厂出资2000元，奖励与学校联合定向培养的机电9604班前10名品学兼优的学生。

9月18日，综合办公楼破土动工。

10月31日，召开设置“机械CAD/CAM”专业论证会。

11月7日，成立家长顾问委员会并举行首次会议。

12月9日，召开纪念“一二·九”运动大会，高华计算机有限公司副董事长兼国家CAD工程中心主任孙家广同志向学校赠送价值一万多元的计算机辅助设计及绘图系统软件供教学使用。

年内，被北京市政府评为首都文明单位。

1998年

1月，教务管理水平被北京市教委职教处评为全市中专校A级一类。

3月26～27日，市政府教育督导室副主任谢幼琅等六位同志组成的专家组入校开展北京市中专示范校评估督导检查工作。

6月，北京市第二轻工业学校更名为北京二轻工业学校，隶属关系不变。

9月1日，师生向洪涝灾区捐款44079.80元。

9月6日，在北京市经委举办的技能大赛荣获团体总分第二名。

12月，教职工宿舍楼交付使用。

12月20日，被北京教育考试院评为全国计算机等级考试二级考试先进考点。

年内，被北京市政府评为首都文明单位。

1999年

3月1日，校长办公会决定拆除校园中部所有平房，修建具有300米跑道的操场；建设新传达室，开北校门；建设新机加工实习车间等。

7月12日，召开全校教职工大会，焦焕礼校长对教学工作和评估工作进行了全面总结，并对争创国家级重点校工作做部署。

8月，《工业企业电气化专业教育培养成本调研报告》获全国优秀职教教学成果二等奖，颁奖单位是中国职教学会职业技术教育中心研究所。

9月，综合楼一层图书馆投入使用；在北京市经委举办的钳工、车工比赛中，机9604马玉东同学获得钳工比赛第一名，机9603马振宇同学获得钳工比赛第二名，机9603李利群同学获车工第三名，学校获得北京市经委系统中专生技能比赛团体第一名。

9月16日，召开全校教职工大会，宣布第五期聘任结果，并成立综合办公室，探索实施后勤服务社会化。

11月4～6日，市教委骨干、示范校评估专家组一行十三人，由职教处任继文副处长带队，原中专处处长詹生根任组长，到校进行示范校评估。4日上午焦焕礼校长就争创示范校有关工作做了汇报，北京二轻有限责任公司党委书记端木玉林等领导出席并听取汇报。

11月9日，在阶梯教室召开争创示范校评估工作总结大会，对为评估做出突出贡献的部门和个人进行了表彰。

11月10日，市委常委、市教育工委书记、市教委主任徐锡安等领导来校考察工作并对学校发展给予积极评价。

12月，再次被北京教育考试院评为全国计算机等级考试一级考试先进考点。

2000年

1月，被北京市政府评为北京中专示范校。

1月6日，召开“家用电器”和“物业管理”专业论证会。

2月26日，召开校党政领导联合办公会，焦焕礼校长传达了市教委骨干、示范校评估办公室关于二轻校被评为北京市中专示范校反馈意见。

3月2日，召开全校师生大会，对在评估工作中做出突出成绩的先进集体和个人进行表彰。

4月，成为教育部“面向21世纪职业教育课程改革和教材建设规划”首批研究与开发项目校之一。

6月，机电专业科学生毕业设计的“考卷配页机器人”，在2000年“海信杯”全国中学生计算机邀请赛作品展评活动中荣获优秀作品奖，并在教育部组织的“长江小小科学家”奖励活动中被评为提名奖，获奖金9000元。

6月8日，被教育部评为国家级重点中专校。

8月18日，举行国家级重点中专揭牌仪式。

8月，被北京市政府评为首都文明学校。

9月，完成学分制理论与实践研究，成立了课题小组，制订了学分制试点方案，首先在机电专业2000级4个教学班试行。

2001年

1月，完成第六期全员聘任制、第一期全员聘用制改革。

4月，经市教委考试院批准，设立全国公共英语等级考试考点。

4月18～19日，聘请校外专家分别召开了模具、服装专业建设指导委员会2001年第一次工作会议。

4月23日，成佳音老师指导毕业学生设计、制作的可编程多功能演示机械手等在国际职教展览周参展。

4月25日，现代教育报“校园风采”栏目登载题为“现代模具、服装设计大有作为”的文章报道学校专业建设情况。

6月15～16日，市教委在北京市农业学校举办进入亦庄职教园区六所中专校实训基地建设论证会，学校拟建的模具和服装两实训中心建设方案获得好评。

8月13日～15日，举办全校教师、班主任和中层管理干部参加的暑期教学研讨会。学校根据研讨意见，决定将“宽基础活模块”作为课程改革的重点并突出课程的实践性，将文化基础课、专业技术课与实践课比例调整为4∶3∶3，各专业课据此修订专业教学计划。

8月31日，在江苏国际服装节上，学校毕业生作品有28件（套）作品进入决赛，其中一件获得首届“雅鹿杯”全国羽绒服防寒服比赛银奖。

9月，全面实施学分制教学改革。

9月7日，焦焕礼校长退休，校党委书记王文同志主持学校全面工作。

10月，被中宣部、团中央、教育部、全国学联授予大中专学生志愿者三下乡实践活动先进单位称号。

11月20日，学校领导班子研究决定，模具专业参加北京市中职骨干特色和现代化标志专业评估，并成立评估办公室。

年内，新加坡华夏管理学院院长杨忠勇博士，马来西亚创育学院首席执行员王雯弘硕士、马来西亚创育学院董事张荣有博士及黄明声博士，英国南安普顿国际学院市场总管David Wright先生来校参观、洽谈合作办学。

2002年

1月，投资百余万元购置了数控加工中心、数控铣床、线切割机、电火花成型机床等专用模具加工设备，初步建成现代模具加工实训中心，并投入使用。

3月1日，实施第六期聘任制暨第一期全员聘用制并签订合同，此次聘用进一步深化了学校人事制度改革，建立了以岗位为核心的考核体系及以教师为主体的激励机制，促进身份管理向岗位管理转变。

4月16～17日，北京市教委骨干特色和现代化标志专业评估专家组到校进行专业评估。

4月29日，市教委学分制考察组到校进行学分制试点工作考察。

6月，马来西亚沙巴艺术学院院长扬忠勇博士参观并落实两校学生交流。

6月17日，北京市中专体委专家组到校对体育工作进行评估检查。

8月中旬，党委副书记王鸿燕和教务科长董全美带队，组织马迁等五名优秀学生代表赴马来西亚沙巴艺术学院、创育学院进行了为期9天的校际交流。

8月底，王振水副校长带队，组织10名市级骨干教师到英国牛津继续教育学院学习考察。

9月，在一年级10个班级实施语文、英语、数学三门课程分层次走班教学，每门课分3个层次（拓展提高层、达标跃进层、特色发展层），每个层次分3个班，3门课共9层27个班，集中在每周的两天授课；同时，以模具9901班为试点，对专业课进行“研究性学习”教学实验。

11月，被北京市中专体委评为北京市体育锻炼标准先进集体。

11月15日，召开“电脑美术设计”“楼宇智能化技术”专业论证会。

12月25日，孙经钰老师负责的国家级“十五”课题“主体知识网站建设与立体化资源建设”子课题，在学校举行开题报告会。

12月，完成第七期全员聘任制、第二期全员聘用制改革。

年内，学校正式与新加坡之北京华夏管理学院签订联合办学协议，合作专业为电子商务，在校生人数15人。

2003年

2月26日，与新西兰基督城理工学院国际教育学院、新加坡特许科技学院教学合作项目正式签约，并举行合作揭牌仪式暨信息与通信专业开学典礼。

3月1日，在第一期全员聘用制基础上完成第二期全员聘用制实施工作，并修订结构工资方案，进一步提高教职工待遇。

4～6月，承担市教委职成教“空中课堂”数学、英语课程在线答疑任务，成为市教委“职成空中课堂”在线答疑基地校。学校被评为北京市职成教“空中课堂”做出贡献的单位，张进军老师获得北京市抗非典先进个人，另有九名教师被评为“空中课堂”作出贡献的教师，此外还有六名同志被评为作出贡献的工作人员。

7月17日、23日，选派骨干教师14人分赴新西兰、英国培训，学习课程分别为现代教学教法和现代教育管理，学习时间分别为6周和2周，14名教师全部获得合格证书。

7月17日～9月1日，由副校长朱进京带队，一行4名教师赴新西兰基督教城理工学院进行教学原理、教学方法和CPIT教材课程培训，为期六周。

8月22日～9月6日，由党委副书记王鸿燕带队，一行10名教师赴英、法、德三国考察职业教育教学工作。

9月1日，首批学分制学生提前毕业，首批学生5人在3年内修满规定学分，提前1年毕业。

10月，被中央教科所德育中心评为国家级教育科学“十五”规划重点课题“整体构建学校德育体系深化研究推广实验”2002—2003学年先进实验校。

10月16日，市教委国家级重点学校复评专家组一行9名专家在职成处处长吴晓川带领下，到校进行国家重点校复评。

2003年2月，与新加坡特许科技学院、新西兰基督城理工学院华夏管理学院首次合作办学CPIT双语教学班，合作专业为“信息与通信技术”，首次招生2个班，2003年9月又招生1个班，在校生人数90人。

2004年

4月2日，与北京士达鸿教育科技有限公司斯坦福英语课程合作项目签字；根据协议，引进斯坦福英语课程，首先在双语教学班开设。

4月13日，制订关于骨干教师和学科带头人的选拔及管理暂行办法。

4月15日，成立2004年技能大赛组委会。

5月25日，成立搬迁小组，组长王文，副组长王振水、柳燕君、朱进京、王鸿燕；成立搬迁方案小组，组长权惠东，组员马建云、姚毅军、寇志强。

7月13日，制订房屋搬迁分配方案。

8月，法国ESHOR国际学院副校长来校参观亦庄校区、洽谈并签约与服装设计与制作合作办学。

9月1日，与敦豪公司订单式培养的敦豪物流班举行开学典礼。

10月，举办40周年校庆系列活动，主要内容有编写校史、举办老校友联谊会、编辑邮票纪念册等。

11月，付宏生老师被评为全国优秀教师。

2005年

6月，按照迁入职教园区后管理模式的需要设置机构和岗位，学校将教学科室变更为系部，行政科室变更为处室；对结构工资进行调整；完成第八期全员聘任制、第三期全员聘用制改革。

6月25日，学生提前放假，正式启动搬迁计划。

7月1日，进入新校区调试设备工作阶段。

7月31日，完成搬迁工作，由二轻学校原址朝阳区红领巾公园路8号迁入新校址北京经济技术开发区职教园区，成为第一个入驻亦庄职业教育园区的学校。

9月21日，与河北信息工程学校合作开展模具设计与工艺专业办学，采用“2+1”形式，学生前两年在河北信息学校学习，后一年在二轻学校学习，毕业颁发二轻学校毕业证书。该专业首次招收来自河北的学生21人。

11月，王文同志被评为全国职业教育先进个人。

年内，模具加工实训基地、服装设计实训基地获评“中等职业教育市级示范性重点实训基地”。

2006年

6月，完成第九期聘任制（第四期聘用制）聘用工作。

10月31日～11月2日，实施“北京-伦敦，奥运服装设计”教学合作项目，该项目与英国纽汉姆继续教育学院、瑞恩斯伯恩通讯与设计学院联合实施，根据协议，英国服装教育教师5人在二轻学校参加教学研讨会，并指导服装0401班学生教学和服装设计，学生优秀作品将于2007年参加英国展评活动。

2007年

3月14日，市教工委、市教委召开五校领导班子会议，会上宣布，经北京市人民政府批准，中共北京市委教育工委、北京市教育委员会将北京电子科技职业学院、北京市仪器仪表工业学校、北京二轻工业学校、北京市机械工业学校（北京市机械工业局职工大学）、北京市汽车工业学校（北京市汽车工业总公司职工大学）整合为新的北京电子科技职业学院。

学校前期办学（1964—1978年）

一、北京市二轻机械厂半工半读职业学校（1964.8—1968.4）

学校建立 学校的前身建立于1964年8月，校名为“北京市二轻机械厂半工半读职业学校”，学制4年，隶属北京市第二手工业合作总社。

为了壮大社会主义公有制的集体经济，促进企业发展，北京市第二手工业合作总社决定成立一所职业学校，为企业培养专门的技术人才，在这样的背景下，1964年8月，北京市二轻机械厂半工半读职业学校应运而生，校址在北京市二轻机械厂中。学校以勤工俭学、产教融合、工学结合作为主要形式，把普及工人教育作为教育目的、树立劳动观念作为政治目的、发展生产作为经济目的、文化革命和技术革命作为科技目的，确定了学校的具体培养目标为“培养热爱社会主义、热爱祖国、德智体全面发展的又红又专技术职工”。

机构人员 学校领导班子由三人组成，校长由北京市二轻机械厂厂长王成义同志兼任，总支书记由于维治同志兼任，教导主任由范广信同志担任。

教职工队伍共21人，专职教师15人（大专以上学历7人，中专学历8人），政治辅导员6人（含管理干部1人）。上级将新分配来的大学、中专毕业生中优秀者张连宗、付全义、许沪钰、王远美、马树莲、蔡雄伟等分配到学校任教。

教学研究室分为专业课程组和专业技术课程组两个小组，专业课程组组长由张连宗担任，专业技术课程组组长由李炜担任，暂时无课的教师到北京市二轻机械厂实习。

人才培养 学制设置与教学安排：学校招生学制分为两种，初中学历入校生学制为四年，高中毕业入校生学制为三年。教学计划参照四年制、三年制中专计划实行，选用教材为四年制中专教材，要求教师在实际教学中参照使用，自己压缩并编写教材及讲义。理论教学时数与生产劳动时数的比例暂定为1∶1。教学形式分为三种：三天上课，三天到车间生产劳动；一周上课，一周到车间生产劳动；三个月上课，三个月到车间生产劳动。寒暑假各放二周。

招生、办学及毕业去向：1964年9月，学校首届招生3个班，招生总人数为150人，每班为50人，生源为社会待学青年及个别应届毕业生，其中高中毕业程度2个班，初中毕业程度1个班。1965年9月，学校第二届招生3个班，生源为应届初中毕业生，见表1。

北京市第二轻工业合作总社李文双局长，在1964年三次来校视察，过问学校远景规划，要求尽快与北京市教育局联系，办一所600名学生规模的正式中专学校。1966年1月，根据上级指示精神，学校领导研究制订将半工半读职业学校升格为正式中专的方案，方案呈报二轻局待批；1966年9月，部分教师被送到回龙观中越人民公社监督劳动；1966年10月，部分师生参加大串联；1966年12月，师生陆续返校。

毕业生由北京市第二手工业合作总社和北京市二轻机械厂统一分配，毕业后为技术工人，享受技术二级工待遇，其中成绩优秀的毕业生可以分配在干部岗位。1967年10月，64级2个高中生源班毕业，分配去向是北京市第二手工业合作总社和北京市二轻机械厂。1968年4

月20日，根据北京市二轻机械厂半工半读职业学校停办方案，教职工除一人留守学校外，一律至各车间劳动，第一届初中一个班的学生由北京市第二轻工业局负责分配，第二届三个班的学生分配到二轻机械厂。

虽然学校办学只有将近四年的时间，但这种在职业教育领域中试行工厂办学校、产教融合、工学结合、半工半读、服务生产的做法，却形成职业教育的重要办学特色和人才培养模式。

表1　北京市二轻机械厂半工半读职业学校办学情况一览表

届次	入校时间	班次	学生来源	毕业时间	毕业去向
第一届	1964.09	3	高中2个班 初中1个班	1967.10 1968.04	二轻系统
第二届	1965.09	3	初中	1968.04	二轻机械厂

二、北京市五金工业公司技工学校（1971.8—1975.7）

恢复办学　20世纪70年代初，北京市第二轻工业局下属北京市五金工业公司，在“文化大革命”中期恢复生产，各企业急需技术技能型人才。为了使企业的工人能够迅速掌握相应的劳动技能，胜任劳动岗位（工种）的需要，提高工人的技术水平，促进生产发展，1971年8月，北京市五金工业公司决定筹备复校工作，学校由原来的“北京市二轻机械厂半工半读职业学校”更名为“北京市五金工业公司技工学校”，隶属于北京市第二轻工业局五金工业公司。

筹备组人员在崇文区（现属东城区）榄杆市五金工业公司内一间平房办公，研究决定：派原桅灯厂厂长张宝箴担任校领导；将原来在北京市二轻机械厂下放的“北京市二轻机械厂半工半读职业学校”的教师分批调回学校，组成“北京市五金工业公司技工学校”的教师队伍，调入总务干部常伯武。当时首批回校的老师有李炜、胡振娟、刘秀清等。

1971年11月15日筹备组研究并经上级批准：校址设在北京市第二轻工业局五金公司电镀厂，具体地址为丰台区贾家花园19号（后改为81号），借用该厂简易楼第三层10间房（12平方米/间）为办公室，将工厂内6间仓库改为教室。

北京市五金工业公司技工学校教室

机构人员 1971年12月，学校正式成立了党支部，党支部成员有张宝箴、任杰、刘纪奎，张宝箴担任党支部书记；成立了革命领导小组，人员有张宝箴、任杰、李炜；成立了共青团支部，团支部书记为刘吉奎。

原来的教师陆续回校工作，另外调入孙德坤、李青莲、杨翠臣、王素萍等教师，五金工业公司派牛国才、刘纪奎、刘德海等8名复转军人任学生政治辅导员。

人才培养 学校招生的生源为应届初中毕业生及在职职工，专业为机械加工，学制为二年，培养目标是为北京市第二轻工业局五金工业公司培养有理想、有道德、有文化、有纪律的全面发展的合格的机加工技术工人。学生毕业后享有技工学历。

1971年12月，首届招生150名学生，分为3个班，生源为初中毕业生。由于教材编写等工作未尽，学生进校后到工厂进行3个月的生产劳动。

1972年2月，仓库改建教室完工，4月1日学生正式开学上课。学校陆续建立完善管理规章制度，包括学生请假制度、教职工考勤制度、成绩评定标准、学生生产实习评价标准等。

1972年12月，第二届招生工作完成，共招收150名学生，分为3个班，生源为初中毕业生。在校生达6个班300人。

1973年7月，根据国务院批转国家计委、国务院科教组《关于中等专业学校和技工学校办学几个问题的意见》中“对中专学校和技工学校要抓紧调整、规划布局等工作，根据需要与可能适当发展……”的指示，校领导小组研究学校发展方向，同时向上级提出建校舍的申请。

1973年12月第三届招生人数134人，分成3个班，其中职工脱产班34人，应届初中毕业生100人。三年招生学生总人数达434人。

五金技校模具班团支部毕业留念

1973年12月，首届毕业生进行分配，毕业150人，分配150人，主要去向是二轻拉锁厂、桅灯厂、王麻子刀剪厂、铝制品厂等单位；胡光华、臧尔军、席少文、孙秀杰、何平、董全美、汪泽瀛、王紫燕8人留校，充实教师队伍和政工队伍，教职工队伍达到42人。1971—1973年北京市五金工业公司技工学校情况见表2。

表2　　1971—1973年北京市五金工业公司技工学校办学情况一览表

届次	入学时间	招生人数	生源	专业	学制	在校生数	毕业时间	毕业人数	去向
一	1971.12	150	应届初中毕业	机加工	2年	150	1973.12	150	留校8人，其余分配到拉锁厂、刀卵厂、铝品厂等
二	1972.12	150	应届初中毕业	机加工	2年	300	1974.06	150	留校办厂14人，校本部2人，其余分配到五金公司系统各厂
三	1973.12	100	应届初中毕业	机加工	2年	284	1975.07	100	分配到五金公司系统各厂
		34	在职职工					34	升入工人大学班

1974年6月，第二届毕业生分配，毕业150人，分配150人，留校办厂14人、校本部2人，其他主要去向是五金公司下属各厂。

1974年9月，校领导小组根据国务院科教组、财政部联合发出的关于开门办学的通知，研究决定借用西城新开胡同中华路小学三间房“开门办学”，招收二轻系统职工。

1975年7月，第三届技校应届初中班的2个班学生全部毕业，校办厂留14名毕业生，校本部留白雪雯、杨洁慧2名毕业生，其余分配到五金公司下属各厂。在职生34人转入后来的职工大学。

三、北京市五金工人大学（1975.4—1978.7）

1975年4月，北京市五金工业公司正式将北京市五金工业公司技工学校改建为北京市五金工人大学，校址是北京市五金工业公司技工学校原址，具体地址是丰台区贾家花园19号（后改为81号），并又借西城中华路小学教室及五金电讯工具厂房屋。4月7日，北京五金工人大学举行开学典礼。

机构人员　教职工队伍主要由原来北京市五金工业公司技工学校的成员组成。中国共产党北京五金工人大学党支部委员、行政领导成员及工作部门组长见表3～表5。

表3　　中国共产党北京五金工人大学党支部委员一览表

职务	姓名	任职时间
书记	张宝箴	1975.04—1977.09
副书记	任　杰	1975.04—1978.07
	延来发	1976.01—1978.07

续表

职务	姓名	任职时间
委员	霍文岐	1975.04—1978.07
	刘吉奎	1975.04—1976.12
	徐振清	1975.04—1978.04
	郭占堂	1976.12—1978.07

表4　　北京五金工人大学行政领导成员一览表

职务	姓名	任职时间
校长	张宝箴	1975.04—1977.09
副校长	任　杰	1975.04—1978.07
副校长	郭占堂	1976.12—1978.07

表5　　北京五金工人大学工作部门组长一览表

部门	职务	姓名	任职时间
政工组	组长	张宝箴	1975.04—1977.09
	组长	郭占堂	1977.09—1978.07
教务组	组长	李　炜	1975.04—1978.07
	副组长	孙德坤	1975.04—1978.07
		李青莲	1975.04—1978.07
总务组	组长	常伯伍	1975.04—1978.03
	组长	石跃泉	1978.03—1978.07

人才培养　学校研究职工大学办学形式，将“科研、教学、生产三位一体”作为主导思想，以“双端面磨床”的研究作为主攻科研项目，为二轻五金工业系统培养生产中急需人才。学校的专业设置为机电专业，学制二年，毕业生为大专待遇。4月7日，北京五金工人大学举行了开学典礼。

1975年5月，二轻局拨款8万元，作为“双端面磨床”科研项目专项经费。

1975年6月，学校将技校职工班即将毕业的34名学生升为工人大学班的学生，另从北京电讯厂选招6名老工人，组成40人一个班。

1976年6月，第二届工人大学班招生38名学员，在校生达78人。7月28日，唐山大地震。受地震影响，全校师生投入抗震救灾工作，暂时停课一周。1975年4月—1975年7月北京五金工人大学人才培养情况见表6。

1977年7月，首届工人大学生40人毕业，全部返回原工作单位，双端面磨床科研项目未完成。8月，校领导总结一年来工人大学办学实践，认为科研、教学、生产三位一体形式有优势，但经费、人员、调资指标不易协调，决定恢复集中办教育的形式。

北京市五金工人大学二届学员毕业合影

表6　　1975—1978年北京五金工人大学人才培养情况一览表

届次	招生时间	招生人数	生源	学制	专业	毕业时间	毕业人数	毕业去向
第一届	1975.04	34+6	原职工技校学生+电讯厂职工	2	机电	1977.07	40	返原单位
第二届	1976.07	38	在职职工	2	机电	1978.08	38	留校2人，其余返原单位

1978年6月，第二届北京五金工人大学生38人毕业，两名留校工作，其余全部返回原单位。

停止办学　1978年3月20日，国务院批转教育部《关于办好“七・二一”大学的几点意见》，自此，全国“七・二一”大学进行调整或整顿，被批准保留的进一步充实提高，不具备条件的改为业余大学、中等专业学校或文化技术业余学校。

5月，北京市五金工人大学收到北京市第二轻工业局通知：做好成立北京市第二轻工业学校的准备工作。〔78〕京科教字070号、〔78〕京工字130号、〔78〕京革财字41号、〔78〕京科字186号《关于纺织局等成立中等专业学校的批复》中相关的内容为“二轻局成立北京市第二轻工业学校及一分校”，“所需经费按有关规定办理，教师和校舍由各局（总厂）自行安排和解决。”

至此，北京市五金工人大学停办，学校开始着手在校生毕业分配工作，第二届工人大学毕业生33人，其中两名留校工作，其余全部返回原单位。

附二

北京二轻工业学校学分制试点方案
（2001年10月修订）

一、总则

为贯彻落实《中共中央国务院关于深化教育改革全面推进素质教育的决定》精神和教育部《关于实施素质教育深化中等职业教育教学改革的意见》《关于制定中等职业学校教学计划的原则意见》中提出的“中等职业学校应创造条件实行弹性学习制度，使学生能够根据社会需要、个人兴趣和条件自主选择课程”和“允许学生工学交替，适当延长学习期限或分阶段完成学业”规定精神，我校决定自2000年起在机电专业科试行学分制，并逐步滚动实施，2002年拓展至全校各新生班。

实施学分制的指导思想：以《中共中央国务院关于深化教育改革全面推进素质教育的决定》和教育部《关于全面推进素质教育深化中等职业教育教学改革的意见》为指导，通过深化教学改革全面推进素质教育，充分调动学生学习的积极性和主动性，满足学习社会化、终身化和个性化发展的需要，加强中职教育与其他类型教育的沟通和衔接；因材施教，满足经济建设和社会发展对人才多样化的需求；积极提高教育教学的活力，把我校教育教学做大、做活、做强。

学分制是以选课制为前提，以学分作为计算学生学习分量单位的一种教学管理制度。其基本特性和原则：学习时限的灵活性、学习内容的选择性、成绩考查的变通性、学生学习的自主性、培养过程的指导性、质量评定的综合性，具体方案如下。

二、学分制方案

1. 课程设置

根据培养目标、人才规格与发展学生兴趣特长和潜能，按必修、选修（含限选与任选）设置课程。

（1）必修课：指为保证人才培养规格，学生必须修习的课程。必修课包括基础课程、专业课程和实践课程。

（2）选修课：学生可以有选择地修习的课程。选修课分为限选课和任选课。（i）限选课是指学生在学校提供的选修课范围内，按要求选修一定学分，以深化、拓宽与专业相关的知识和技能的课程。（ii）任选课是指扩大学生知识面，培养发展学生兴趣特长和潜能的课程。

2. 学分与学分绩点

（1）学分：学分是确定学生能否毕业的重要依据之一，用字母A表示。

（2）学分的计算标准：一般课程以16～18学时计1学分，独立开设的实践课、体育课、公益劳动、军训等以30～36学时计1学分，改革有成效的综合化课程视情况可以10～12学时计1学分。

（3）学分分配比例：必修课、限选课、任选课三类课程的分配比例原则上是65％、25％、10％。

（4）学分绩点：为避免学生可能出现的单纯追求学分的现象，采用学分绩点的办法，对学生进行客观评价。学分绩点用字母C表示，为了和传统的百分制和等级制计成绩的质量标准对照，并便于三好生、学习优秀生等评比，现列表如下：

学分绩点与百分制、等级制成绩对应表（五等8级）

序号	百分制	等级制	绩点C	可否授以学分
1	96～100	/	4.00	可以
2	90～95	/	3.70	可以
3	85～89	优	3.10	可以
4	75～84	良	2.30	可以
5	65～74	中	1.50	可以
6	60～64	合格	1.00	可以
7	55～59	/	0.70	尚可
8	0～54	不合格	0	不可以

（5）平均学分绩点：用字母G表示。

$G=\frac{\sum A_i C_i}{\sum A_i}$（$i$为教学计划中的单一课程下标）

依此计算方法算出学期平均学分绩点、学年平均学分绩点和总平均学分绩点（依i的选择而定）。

（6）跨学期进行的课程，按学期计算学分。

（7）实践教学环节学分的取得在保证出勤率的情况下要求$C\geqslant1$。

（8）每学期每个学生的单一课程学分绩点在$0.7\leqslant C<1$的课程不得超过两门，且学期平均学分绩点$G\geqslant1.5$方可计学分。

3. 选课管理

学分制的核心是选课。选课管理包括学习方式的选择、学习数量的选择和选修课程的选择三个内容。

（1）学习方式选择：学习方式分跟班听课与自修学习两种，跟班听课是按学校安排的教学计划进行课堂教学，参加统一考试。自修学习，学生自己掌握内容与进度，但要报自修计划，学校指定指导教师，学生按计划在指导教师的指导下学习。原则上多数人选择跟班听课的学习方式，重修或优秀生可以选择自修学习的方式。（自修管理办法另拟文。）

（2）学习数量的选择：全日制学生在一个学期内学分控制在$A_{min}\leqslant A\leqslant A_{max}$，其中，$A_{min}=\frac{A_{min}}{8}\times0.75$（取整）$A_{max}=\frac{A_{min}}{4}\times0.75$（取整）

学分总数指教学计划中规定的达到毕业标准的最低学分。（例如根据机电专业科教学计划学分总数为210学分，A_{min}≈20学分，A_{max}≈40学分。）

（3）选修课程的选择：在教学计划开列的课程中，学生分别在限选课和任选课中进行选择，但选择数量一定在学分控制线内，课程一经选定就变成该生的必修课，不能随意停止所选课程的学习，经考核不能取得学分需重修者可考虑更改选课。

（4）对在相关比赛中获奖的学生，可适当加计学分并可减免学分相当的任选课程数量。

（5）考虑到中专学生的年龄和知识水平的特殊性，选课工作在指导教师的指导下学生自愿选课。（选课指导教师的有关条例另有规定）

4. 考试、毕业及必要的学籍管理

（1）考试规定：

考核仍实行百分制或等级制，对跟班学习者全校安排统一考核，对自修学习者教务部门依照学生的自修计划安排考核。

学生通过成人教育渠道业余完成了高教自考等课程的学习，只要内容符合专业要求，课程内容不低于我校相关课程的大纲要求，考试成绩合格，经本人申请，专业科核定，教务科批准，承认学分。

学生自学某门实践性环节获得与实践性教学大纲要求相当、范围相同的国家或社会行业机构承认的专业证书或技术操作证书等，经本人申请、专业科核实、教务科批准，承认实践环节的学分。

本校修读学分必须达到总学分的2/3以上。

（2）毕业标准：

（i）学分总数必须达到教学计划中规定的最低学分标准（四年制学生最低学分标准为210学分），且必修学分和限选学分达到教学计划中规定的比例要求。

（ii）总平均学分绩点$G \geq 1.5$。

达到上述两项要求，即达到毕业标准。允许提前一年或延长两年达到上述要求。

对经批准加修其他专业课程并达到规定学分者，可作为辅修专业毕业，记入学生档案发给证书。

（3）学业成绩优秀标准：每学年学习数量达到控制学分范围中值以上，平均学分绩点$G \geq 3.10$，可定为学业成绩优秀学生。

（4）单一课程成绩学分绩点$C<0.7$不能获得学分，该课程给一次补考机会，补考仍不能获学分者重修该课程。

（5）重修：拿不到学分的学生可提出重修，重修次数不受限制。（因重修、自修学习单独考试而加大培养成本，学校需要加收学费，另拟文。）

（6）暂退：学生因健康或其他原因不能坚持学习的，经学校批准做暂退处理。学生暂退后仍保留学籍，学生复学时需提交申请上报学校批准。

（7）在允许修业期限内取得学分距毕业标准相差10学分之内，由已获有效学分计算出的

$G \geq 1.5$可作肄业处理，未达到肄业标准的可视不同情况发给结业证明。

三、学分制的操作运行及相关管理办法

1. 参加学分制试点的同学在入学教育中加入有关学分制的政策教育，选课法、选课方式等内容的教育，使同学们能很好地配合学校做好学分制的试点。

在选课前向学生公布课程的学分，选修课的科目（包含取技能证的选修）及有关课程的介绍。

学生在选课指导教师的指导下按照选课法则自愿选课，填写选课申请表，本人提出自修申请等。

2. 按照学校审批的选课申请及自修申请，教务科填写学生到课课表。学生到课课表一式四份，学生自留一份，教务科留一份，专业科留一份，学生所在班级留一份。

3. 学生的选课申请、自修申请、学生到课表、学分记录、学分绩点统计等以学生个体造册留存。对学生的学分和学分绩点及重修、暂退等项学籍管理问题，由教务科负责通知到学生管理部门。

4. 任课教师对学生的考试或考查，记分方式仍按普通班的办法进行，转化学分绩点过程由教务科统一完成。

5. 学分制相关管理办法

（1）学分制教学管理实施细则。

（2）学分制学生学籍管理暂行规定。

（3）学分制学生道德行为学分评价标准的规定。

（4）学分制导师暂行条例。

（5）学分制有关收费标准的暂行规定。

6. 学生到课课表的生成、学分的确认与统计、学分绩点的核算、学生成绩统计等均由计算机管理软件完成。

四、参加学分制试点学生的德育教育

1. 参加学分制试点的学生在德育教育方面和学年制同学一样，统一服从全校学生的管理教育。

2. 对参加学分试点的班级和学生应严格管理和要求，德育评价不合格者其学籍的处置视同普通班的同学，不再给重修的机会。

五、试点方案需要上级部门的政策支持

1. 学分制具有弹性学制性质，学习效率高的优秀学生达到质量要求后允许提前毕业。学习效率低的学生允许晚毕业，依照方案设计，政策上应允许学制年限在原有四年制基础上提前一年或错后两年。

2. 按照学分制组织教学，学生的学习进程与所学科目是参差不齐的，我市教育行政部门的学年验印工作应改成达到毕业标准的学生一次性验印。

3. 对现行的学籍管理制度允许学校做必要的变通处理。

4. 方案中规定的校外课程成绩与专业能力取得的学分，是学校提供的教学计划之外的成绩，市教育行政部门验印时也必须给予承认。

第三章 北京市仪器仪表工业学校

北京市仪器仪表工业学校是一所北京市属全日制普通中等专业学校，其前身可追溯到1964年8月9日成立的北京市半工半读第四机械制造学校，1971年12月，更名为“北京仪表技工学校”，1984年经北京市经委批复，正式更名为“北京市仪器仪表工业学校”。在43年的办学历程中，为行业企业和社会培养了10000多名中等专业技术技能及管理人才，同时开展了各类培训。机电技术应用专业被教育部认定为全国中等职业学校首批示范专业、被北京市教委认定为中等职业学校骨干特色专业、现代化标志专业。学校被北京市政府认定为“市级重点中等专业学校”。

北京市儀器儀表工業學校

第一节　发展沿革

一、学校发展

北京市半工半读第四机械制造学校　1964年8月，北京市半工半读第四机械制造学校成立，简称“四机校”，隶属于北京市机电工业局，委托北京市仪器仪表联合厂（简称北京市仪器厂）代管。半工半读是20世纪60年代一种办学模式，学生一半时间在学校读书，一半时间到工厂劳动，学制为4年，开设语文、数学、物理、化学、政治、外国语等基础课程，学习企业所需的机械加工等专业课程，开办金属切削加工、真空机械等专业，连续两年共招收115名学员。学校1966年停办，1968年恢复办学。

北京仪表技工学校　1971年，北京市半工半读第四机械制造学校更名为“北京仪表技工学校”，沿用朝阳区郎家园北京市仪器厂院内的校址，在市区内招收130名学生，之后招收了3届车、铣、刨、电、钳等5个工种的技工班。1977年开始从参加高考后的高中生中招收中专生，开设精密仪器制造专业，学制2年。1978年，学校更名为“北京市仪器厂技术学校”。1980年，学校正式开办中等专业教育，设置中专班，全市统一招生和分配。1978—1983年，共招收六届，总计474名学生，开设机械制造、电气自动化、精密机械等专业。

以上办学情况见本章附文“学校前期办学”。

北京市仪器仪表工业学校　1984年6月，经北京市人民政府（〔1984〕厅秘字第030号）批准，学校正式更名为“北京市仪器仪表工业学校”，为普通中等专业学校。1985年8月，经北京市人民政府办公厅、市经委批准，撤销在海淀区大钟寺白塔庵5号的北京照相器材厂，利用该址扩建“北京市仪器仪表工业学校”，并成立校办实习工厂。

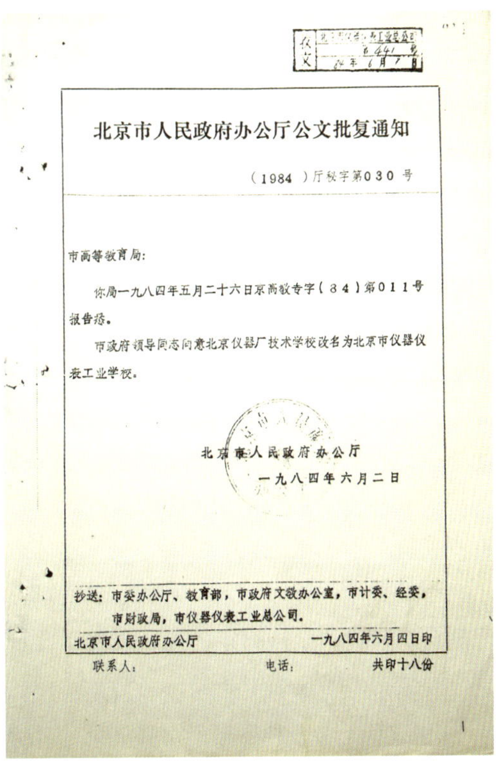

北京市人民政府办公厅公文批复通知

（1984）厅秘字第030号

市高等教育局：

你局一九八四年五月二十六日京高教专字（84）第011号报告悉。

市政府领导同志同意北京仪器厂技术学校改名为北京市仪器仪表工业学校。

北京市人民政府办公厅
一九八四年六月二日

抄送：市委办公厅、教育部，市政府文教办公室，市计委、经委，市财政局，市仪器仪表工业总公司。

北京市人民政府办公厅　一九八四年六月四日印

联系人：　电话：　共印十八份

北京市人民政府办公厅批复通知

在前期办学的基础上，学校经过1984—2007年，二十多年的发展建设，不断深化教育教学和内部体制机制改革，加强师资队伍和专业建设，提升人才培养质量，机电技术应用专业成为北京市中等职业学校现代化标志专业、骨干特色专业。学校于2002年、2006年两次被评为“北京市职业教育先进单位”，2005年被评为“全国职业教育先进单位”。

进入职教园区 2001年3月，北京市教委下发《关于建立北京经济技术开发区职业教育集团的通知》，决定由北京市仪器仪表工业学校等5所中专学校组建北京经济技术开发区职业教育集团，学校成为园区成员校之一。同年，在职业教育园区内开始北京市仪器仪表工业学校新校区建设。2005年9月，学校迁入北京经济技术开发区凉水河一街9号职业教育园区。

合并组建北京电子科技职业学院 2007年3月，经北京市政府批准，北京市仪器仪表工业学校、北京二轻工业学校、北京市机械工业学校（北京市机械工业局职工大学）、北京市汽车工业学校（北京市汽车工业总公司职工大学）与北京电子科技职业学院合并，组建成新的北京电子科技职业学院。

二、隶属关系

产业背景 仪器仪表工业是为工农业生产、科学研究、国防建设等各个部门提供实验、检测、计量、调节、控制设备与系统的制造行业。仪器仪表作为获取、测量、传递、变换处理、监视、显示信息的重要工具，广泛用于制造业、能源、环保、航空、航天、国防工业以及科学研究等部门，是观察、测量、计算、记录和控制自然现象与生产过程的工具。

新中国成立前，我国没有独立完整的仪器仪表工业。中华人民共和国成立后，北京地区仪器仪表工业从无到有，快速发展。在国民经济恢复时期，首先发展起来的是教学仪器、电工仪表、金属材料试验机和大地测量仪器。1951年国家着手第一个五年计划的编制工作。“一五”期间陆续建立了一批大型骨干工业企业和国防工业，从第二个五年计划开始，仪器仪表工业列入国家经济发展计划。在北京地区，国家投资新建、扩建了一批仪表企业，仪表产品大幅度增长。到20世纪60年代中期，北京仪器仪表工业在人员、设备和技术力量等方面均有了相当的发展，已具有研制和生产光学仪器、实验室仪器及装置、电工仪器仪表、分析仪器、地质仪器、真空设备仪器、教学仪器和自动化装置的实力，行业规模已经初步形成。改革开放后，仪器仪表工业在现代科学的促进下，快速发展。仪器仪表是技术密集型、知识密集型和劳动力密集型产业，需要有文化、懂技术、业务熟练、具有现代科学技术和管理知识的精密仪器制造、自动化仪表、模具设计与制造和企业管理等方面的中等技术、管理人才。

行业管理 1964年，“四机校”成立时，隶属于北京市机电工业局，委托北京市仪器仪表联合厂代管，至1983年，先后隶属于北京市仪器仪表电器工业公司、北京市仪器仪表工业局、北京市电子仪表工业局。

1983年11月，中共北京市委、北京市人民政府决定对北京市电子仪表工业管理体制进行改革，撤销北京市电子仪表工业局，分别成立广播电视、计算机、仪器仪表3个工业总公司。3个总公司为市属局级单位，直属市政府领导，由市经济委员会归口管理。1984年北京市仪器仪表工业学校更名成立，归北京市仪器仪表工业总公司和北京市仪器厂双重管理。

1996年12月，根据国务院及北京市建立现代企业制度试点工作要求，北京市仪器仪表工业总公司转制为国有资产经营公司，公司改名为北京仪器仪表工业控股（集团）有限责任公司（本章内简称总公司）。北京市仪器仪表工业学校为北京仪器仪表工业控股（集团）有限责任公司下属的29个企事业单位之一，在学校领导干部任用、办学经费、培养计划、企业培训等各方面，由行业主管部门主导，在教学业务上接受北京市教育部门的指导和管理。

北京市仪器仪表工业学校校门

在行业管理期间，为适应企业对于重点专业人才的需求，解决总公司职工队伍整体文化、技术结构较低，后备管理人才、科技人才和高级技术工人来源的问题，1985年总公司在新校区（海淀区大钟寺白塔庵5号）成立北京市仪器仪表工业总公司教育培训中心，主要任务是协调总公司内各类学校的发展规划，加强对各类学校的综合指导，为机械工业部仪器仪表行业培养有高级工艺技巧的实习指导教师和高级技术工人。同时肩负在职干部的专业培训和知识更新、举办有关专题培训班，承担仪器仪表行业新技术、新工艺的推广工作，并进行相应的教学改革和研究工作。1987年，北京市仪器仪表工业总公司教育培训中心与北京市仪器仪表工业学校、北京照相器材厂整合，教育培训中心与学校实行一套班子、两块牌子、多种职能的办学模式，成为职前与职后教育培训基地。

划归北京市教委管理 依据2000年4月《北京市人民政府批转市教委市经委关于调整市经委系统所属30所学校管理体制实施意见的通知》（京政发〔2000〕13号），2000年10月，北京市机构编制委员会下发《关于北京市工艺美术学校等11所学校调整隶属关系的函》（京编办事〔2000〕155号），北京仪器仪表工业学校人、财、物及校园等整建制划转北京市教委，一切工作均由北京市教委管理。

根据管理体制调整协议内容，北京市仪器仪表工业学校（含职工中专部）继续保持与北京仪器仪表工业控股（集团）有限公司的密切关系，根据企业需求做好人才培养工作，承担公司职工的培训任务。划转后，总公司仍委托仪器仪表工业学校行使总公司教育培训中心职能。2002年6月，学校搬迁到亦庄职教园区后，完成了法人变更、文书档案及财务档案材料的移交工作，北京市仪器仪表工业总公司教育培训中心转出北京市仪器仪表工业学校。

三、学校荣誉

1993—2006年北京市仪器仪表工业学校获得荣誉见表1-3-1。

表1-3-1　　1993—2006年北京市仪器仪表工业学校获市级及以上荣誉一览表

序号	年份	内容
1	1993	北京市政府批准学校为北京市首批重点中专校
2	2002	教育部认定学校机电技术应用专业为“全国中等职业教育首批示范专业”
3	2002	北京市教委认定学校机电技术应用专业为“北京市中等职业学校骨干特色专业”
4	2002	北京市教委认定学校机电技术应用专业为“北京市中等职业学校现代化标志专业”
5	2002	北京市教委、北京市劳动和社会保障局授予学校北京市职业教育先进单位称号
6	2005	教育部等七部门授予学校全国职教先进单位称号
7	2006	北京市教委等六部门授予学校职业教育先进单位称号

第二节　组织机构

一、党的组织结构

党员代表大会　1987年5月，正式组建学校党委。5月12日，召开了第一届党员大会，进行了首届党委选举，选举陈昊、高德荫、张希静、管立志、井亚祥五名同志为第一届党委委员。陈昊当选为书记。

1992年6月25日，召开第二次党员大会，朱明起作《坚持党的基本路线　发挥党组织的政治核心作用　把教育培训中心办成培养社会主义事业接班人的坚强阵地》的报告。选举朱明起为党委书记。

1996年4月21日，召开第三次党员大会，朱明起作《坚持发展深化改革再谱新篇章》的报告。选举朱明起为书记。

基层党支部建设　党政交叉任职，基层党支部书记由中层干部兼任，从结构上党的工作和行政工作融为一体，职责清晰、分工明确、科学有序，具有交叉、互补、多元的思想政治工作功能，实现了党政工作齐抓共管，建立了精干、高效、灵活的党建管理体制。

1987年，设置学校党支部、科室党支部、照相器材厂党支部、成人教育党支部。1990年，设置教学科室党支部、教学管理科室党支部、行政管理科室党支部、政工科室党支部、校办工厂党支部等五个支部。1998年，新成立离退休党支部。1999年，设置教学科室党支部、教学管理科室党支部、行政后勤党支部、机关科室党支部、离退休干部党支部五个支部。

第一届党员大会

2004年后，设置教学一党支部、教学二党支部、行政后勤党支部三个支部。

二、学校历任领导

学校成立初期，张士奎任常务副校长，主持工作。卞援朝自1990年2月至1991年11月兼任副校长；管立志自1987年5月至1990年2月任教育培训中心副主任并分管学校教学工作；高德荫自1987年5月至2000年7月兼任党委副书记，至2001年11月兼任纪委书记。宋珪自2000年7月至2007年3月任常务副校长；赵立琴自2002年5月至2005年12月任学校纪委书记。1984—2007年北京市仪器仪表工业学校历任党政领导情况见表1-3-2。

表1-3-2　　1984—2007年北京市仪器仪表工业学校历任党政领导一览表

<table>
<tr><th colspan="2">党支部（党委）书记</th><th colspan="6">校长、副校长</th></tr>
<tr><th>书记</th><th>任职时间</th><th>校长</th><th>任职时间</th><th>副校长</th><th>任职时间</th><th>副校长</th><th>任职时间</th></tr>
<tr><td>谷翠英</td><td>1984.06—1986.05</td><td colspan="2">/</td><td>张士奎（常务）</td><td>1984.06—1985.06</td><td rowspan="2">高德荫</td><td rowspan="2">1987.05—2001.11</td></tr>
<tr><td>刘秋霞</td><td>1986.06—1987.04</td><td>管立志</td><td>1985.07—1987.04</td><td>雍丽秀</td><td>1985.07—1990.01</td></tr>
<tr><td>陈昊（兼）</td><td>1987.05—1988.12</td><td rowspan="4">陈　昊</td><td rowspan="4">1987.05—2007.03</td><td>管立志</td><td>1990.02—1993.08</td><td>蔡继顺</td><td>1991.12—1995.12</td></tr>
<tr><td>卞援朝</td><td>1988.12—1991.11</td><td>甄维华</td><td>1990.02—1996.10</td><td>高玉培</td><td>1995.12—2000.06</td></tr>
<tr><td>朱明起</td><td>1991.12—2000.06</td><td rowspan="2">宋　珪</td><td rowspan="2">1991.12—2007.03</td><td>苏　波</td><td>1995.12—2007.03</td></tr>
<tr><td>高玉培</td><td>2000.07—2007.03</td><td>周国华</td><td>2006.06—2007.03</td></tr>
</table>

2006年学校领导集体合影（从左至右为：周国华、宋珪、陈昊、高玉培、苏波）

三、机构人员

机构设置 随着学校的发展，机构设置与管理体制逐步调整完善，构建规范高效的内部管理体系，推动学校高效有序运行。

1984年学校成立初期，设置综合办、教务科、学生科、财务科、工会及5个学科的教研室。

1987年，总公司教育培训中心与学校整合为一体，至2000年划归教委，培训中心与学校对外两块牌子，一个领导班子。按照学校发展规模，继续调整完善行政管理机构，建立起“指挥灵、职责清、信息通、效率高”的校科（室）两级管理体系。在原有基础上，增加培训中心办公室、人保科、设备技安科、基建科、成人教育办公室、高级工培训办公室。

1989年，学校机构设置分为党政管理科室、教学管理科室、教学科室和特定工作机构。党政管理科室为：中心（学校）办公室、工会、团委、人事保卫科、财务科、总务科、政教科、膳食科；教学管理科室为：教务科、成人教育办公室、学生科、教育研究室；教学科室为：文化基础教研室、精仪专业教研室、自动化专业教研室；特定机构为郎家园管理办公室、贷款办公室、校办工厂（北京市照相器材厂）。1991年，成立实习实验科、督导组。1993年，成立马列主义教研室。

1997年初，为加强专业建设，对教学科室进行了全面调整。为加强计算机专业教学力量，成立了计算机教研室；为提高理论教师实践动手能力与实验课教师的理论水平，将原实验科分解，实验室划归各科室，由专业教研室统一组织实践教学任务的实施。学校设有校办公室、党办、人保科、工会、团委、财务科、膳食科、总务科、教务科、教育研究室、学生科、招生办公室、郎家园办公室、精仪教研室、自动化教研室、计算机教研室和基础课教研室，设有照相器材厂和玻璃加工厂（校办企业）、实习车间。

1999年，学校深化校内体制改革，进行结构布局调整，着力构建面向21世纪发展的基本框架，3月完成第五期全员聘任，机构和人员大幅压缩，建立精干、高效灵活的管理体系，引进后勤社会化管理，坚持党政配合、齐抓共管，从组织上保证中心工作协调配合，统一思路，统一研究，统一安排，重大活动统一组织。进一步完善校内工资结构方案，建立科学有效的奖励机制。管理科室由11个调整为6个，中层干部由19人调整为7人，管理干部回教学一线7人（含教研室主任4人）。学校职能部门设置为：综合办公室、教务科、学生科、教育研究室、财务科、总务科。学校教学部门设置为：精仪教研室、计算机教研室、自动化教研室、基础教研室。

2004年起，学校设置综合办、教务科、学生科、教育研究室、财务科、总务科、基础教研室、机电教研室和信息中心。

2005年12月北京市仪器仪表工业学校机构及负责人见表1-3-3。

表1-3-3　2005年12月北京市仪器仪表工业学校机构及负责人一览表

部门	负责人	部门	负责人
综合办	杜　彤	团委	李春竹
财务科	韩　华	教研室	蒋湘若
总务科	张彦明	基础教研室	夏新生（主任）、袁　方（副主任）
教务科	曲　锜	机电教研室	赵堂春（主任）、张文涛（副主任）
学生科	董　锋	计算机教研室	康英健（主任）、龚戈淬（副主任）

人员情况　1987年，教职工人数为76人，2000年，教职工人数为200人，到2007年，教职工人数为171人，1985年北京市仪器仪表工业学校在职教职工人员见表1-3-4，2005年情况见表1-3-5。

表1-3-4　1985年北京市仪器仪表工业学校在职教职工人员一览表

序号	姓名	序号	姓名	序号	姓名	序号	姓名
1	张士奎	15	郎贤农	29	苏　波	43	张永红
2	谷翠英	16	张宝熙	30	宋　珪	44	赵宝泉
3	刘佩奇	17	马昆玉	31	郑北辰	45	戴雪英
4	方云海	18	赵必洁	32	隋惠玲	46	于连仓
5	田　瑁	19	王贺玉	33	王　岩	47	王凤霞
6	张玉珠	20	洪淑敏	34	孙东凡	48	申玉清
7	胡心鼎	21	施景滨	35	张建平	49	刘艳霞
8	王考亭	22	汪三明	36	张金维	50	李毅华
9	杨德华	23	郑庆海	37	李丕瑾	51	王世安
10	白凤茹	24	张卫泽	38	李　哲	52	赵立琴
11	蒋杰敏	25	贾蕙蕙	39	王保福	53	韩秀云
12	郭　琳	26	刘秋霞	40	张春生	54	陈炳希
13	管立志	27	赵文华	41	康　阳	55	李福生
14	雍丽秀	28	杨合义	42	张晓良	/	

1984年建校二十周年教职工合影

1989年建校二十五周年全体教职工合影

1994年建校三十周年教职工合影

北京市仪器仪表工业学校建校三十周年留影名单

（人名从左至右排列）

第一排：

陈少斌　于志信　许增森　李延飞　高玉培　李凤秋　童和庆　李兰弟　谷翠英　赵立琴
付学信　王桢　张本朝　马建江　宋珪　甄维华　管立志　陈昊　朱明起　高德荫
贾东振　田瑁　汪三明　张宝熙　苏波　连燕玲　洪淑敏　王孝德　蔡永博　蒋湘若
赵文华　赵必洁　王贺玉　盖瑞云　于鸣贵　贾云华　张颖

第二排：

龚戈淬　孙树梅　史松岩　郎莹　郭丽芝　肖莹　刘志红　黄净　李丕瑾　贾蕙蕙
王乐群　隋惠玲　叶如燕　周燕地　韩秀云　李小霞　谢了　李月馨　马晓燕　邓嵩
金玥　牛瑢　王兵　关颖　曲錡　邓艺珊　韩华　祝梅　方京晶　汪世明
彭兰萍　张卫泽　陈红霞　陈淑秀　商薇　寇淑玲　刘士红　邹佩清　吴虹　范群
王春青　程杰　郭琳　高惠航　李秀芹

第三排：

顾雪芳　汪增芹　赵淑华　周福华　张朝卫　杨小平　夏红　康英健　崔跃芬　张玉珠
乔静　胡际童　马仲宝　沈秉弟　英建宏　张忠　佟柱安　袁睿雄　马美路　康阳
马振福　刘京生　李智　张晓良　陈炳西　杨世朋　廖立　张志慧　赵生华　孙丽萍
董锋　杜彤　徐婉丽　胡晓冰　宋桂凤　刘俊年　张翠侠　白丽宾

第四排：

杨东臣　刘小虎（校友）邵桂祥　苏保明　张长林　张疆　胡金虎　孙述利　张文忠
边德来　王皑　魏万成　崔刚　陈立生　闫金生　代明　王世安　申本津　翟鹏
姜春杰　钱连源　贾洪波　高声明　李健　张胜群　马克　马运生　钟忠　张小友
李毅　张连和　张天擎　邢国啟　刘建寅　陶砂　冯玉金　王友　翟宝铭

（王素娟老师等因公未出席合影）

北京市仪器仪表工业学校建校四十周年教职工合影

表1-3-5　2005年12月北京市仪器仪表工业学校在编在岗教职工一览表

校领导（5人）	陈　昊　高玉培　宋　珪　苏　波　赵立琴
综合办公室（11人）	杜　彤　商　薇　关　颖　刘京生　张本朝　谢　了　王　涛　沈秉弟　杨文勃　王洪桥　赵治全
财务科（3人）	韩　华　李　毅　吴　虹
总务科（15人）	张彦明　孙丽萍　王春青　魏万成　佟柱安　张　忠　王　荣　贾　磊　梁志样　张　萍　闫金生　吴　秀　董维志　张胜群　申本津
教务科（7人）	曲　錡　刘磊光　郎　莹　牛　瑢　张小友　李　丽　刘俊年
学生科（20人）	董　锋　李春竹　陶云明　刘士红　于广智　陈　宏　袁睿雄　赵　琳　马美路　张　颖　寇淑玲　李憶萍　边　红　王丽君　王铁国　李　辉　英建宏　崔　刚　徐金成　李民清
教研室（2人）	蒋湘若　刘志红
基础（26人）	夏新生　袁　方　王世安　范　群　张晓良　俞　玫　杜　钧　刘晓英　林惠莉　李宏昭　赵占香　李　冬　曹建春　张燕雯　张　平　赵西清　黄　仪　赵生华　胡际童　李　梅　李延飞　左文燕　邓艺珊　马　克　高学忠　辛　义
机电（34人）	赵堂春　张文涛　刘玉娟　丁景红　蒋从根　邱利军　张　英　叶如燕　隋惠玲　马晓燕　于　彤　钱连元　冯玉金　王　凯　康　阳　肖　莹　张天擎　徐美德　黄桂芸　李　勇　薛　梅　陈容红　曹良玉　李　宏　黄敦华　张赛昆　朱青松　崔　健　崔跃芬　宋全文　蔡永博　刘燕军　马振福　黄　净
计算机（18人）	康英健　龚戈淬　张永红　李丕瑾　刘建平　陶　砂　杨建兴　赵　丹　马　蕾　曲鸣飞　郑发跃　曲云皋　张　鑫　高声明　马运生　祝　梅　钟　忠　方京晶

教职工新年团拜会大联欢

第三节 专业建设

一、专业设置

仪器仪表工业是为国民经济各部门服务的技术高度密集型行业，随着国家经济建设的发展，以及经济体制和经济增长方式的转变，学校根据仪器仪表工业发展不同时期行业发展背景，针对企业实际岗位需求，开办复合型、操作技能强、科技含量高的专业，为生产第一线的关键岗位培养具有中专学历层次的技艺性较强的操作人员和维修人员。

自建校以来，学校紧紧把握市场需求这个“主脉”，由专业教师组成课题组深入北京周边企事业单位进行调研，把握人才需求新情况、新趋势，适时灵活设置和调整专业方向，及时调整课程安排。

随着首都经济发展，为适应产业结构调整升级的需要，学校不断优化资源配置和专业结构，开设符合首都经济发展需要、紧密服务就业的新专业。经过多年发展，学校逐渐形成以机电技术为特色，以工科为主，结合管理类专业的设置格局，发展成机、电、管、财集合的综合型中专学校，先后累计开设专业近20个，至2007年主要招生专业为机电技术应用、数控技术应用、电子信息与技术、计算机及应用、商务外语等。1984—2006年北京市仪器仪表工业学校专业设置情况见表1-3-6。

表1-3-6 1984—2006年北京市仪器仪表工业学校专业设置情况一览表

序号	专业名称	招生年份
1	精密仪器制造	1984—1990
2	工业企业管理	1984—1987
3	自动化仪表	1987—1990
4	精密机械制造	1991—1993
5	工业电气自动化	1991—1993
6	自动控制技术	1994—2000
7	财务会计	1994
8	仪器仪表制造	1994—1995
9	数控机床加工技术	1994—2000
10	市场营销	1994、1995、1997、1999、2000
11	涉外财务会计	1995—1998

续表

序号	专业名称	招生年份
12	饭店服务与管理	1995—1997、1999
13	对外贸易	1996—1998
14	经贸外语	1996—1999
15	饭店管理	1996
16	计算机及应用	1993—2006
17	机电技术应用	1995—2006
18	数控技术应用	2001—2006
19	电子与信息技术	2001—2003
20	商务外语	2001—2003
21	通信技术	2004—2005

二、办学规模

20世纪80—90年代，是北京中等职业教育的大发展时期，学校专业设置数量有所增加，办学规模不断扩大。1984年开始设置精密仪器制造专业、工业企业管理专业，合计招生82人，1985年合计招生71人。此后增设其他专业，到1997年，招生人数为1435人，在校生共3571人。

进入20世纪90年代后期，随着经济体制深化改革，北京市的职教发展的指导思想发生了变化，逐渐树立统筹发展、全市一盘棋的思路。1999年，全市职业教育工作会议召开，进一步明确了在新形势下职业教育的地位。这一时期，学校的在校生人数基本稳定，保持在3500～4300人。其中1999年学校在校生人数创建校以来历史新高，达到4390人。其中，包括与北京市仪器仪表技工学校、北京光学仪器厂技工学校等学校联合办学的招生人数，实行统一招生、统一教学计划、统一教材、统一授课计划、统一教学管理、统一考试等。

全体师生参加升旗仪式

2000年后，受北京市中等职业教育布局结构调整影响，办学规模略有减小。1986—2006年学校各专业（方向）招生情况及在校生（1990年之前含干部中专及职工大学学生）规模见表1-3-7和表1-3-8。

表1-3-7　1986—2006年北京市仪器仪表工业学校各专业（方向）招生情况一览表

年份	专业	学制	招收初中生数
1986	精密仪器制造	4年	82
	工业企业管理	4年	44
1987	精密仪器制造	4年	40
	工业企业管理	4年	40
	自动化仪表	4年	40
1988	精密仪器制造	4年	121
	自动化仪表	4年	85
1989	精密仪器制造	4年	174
	自动化仪表	4年	87
1990	精密仪器制造	4年	130
	自动化仪表	4年	87
1991	精密机械制造	4年	124
	工业电气自动化	4年	83
1992	精密机械制造	4年	96
	工业电气自动化	4年	85
1993	精密机械制造	4年	120
	工业电气自动化	4年	158
	计算机及应用	2年	40（高中）
	工业企业管理（财会专门化）	4年	40
1994	自动控制技术	4年	80
	仪器仪表制造	4年	119
	计算机及应用	4年	80
	数控机床加工技术	4年	41
	财务会计	4年	82
	市场营销	2年	41（高中）
1995	自动控制技术	4年	85
	数控机床加工技术	4年	41
	仪器仪表制造	4年	43
	涉外财务会计	4年	124
	机电技术应用	4年	86
	饭店服务与管理	3年	133

续表

年份	专业	学制	招收初中生数
1995	计算机及应用	4年	124
	计算机及应用	3年	80
	市场营销	4年	40
1996	数控机床加工技术	4年	40
	自动控制技术	4年	120
	涉外财务会计	4年	123
	机电技术应用	4年	200
	计算机应用	4年	203
	饭店管理	4年	85
	饭店服务与管理	3年	80
	对外贸易	4年	80
	经贸外语	3年	40
1997	数控机床加工技术	4年	40
	自动控制技术	4年	430
	涉外财务会计	4年	124
	机电技术应用	4年	215
	计算机应用	4年	210
	市场营销	4年	120
	对外贸易	4年	90
	经贸外语	4年	40
	饭店服务与管理	4年	166
1998	数控机床加工技术	4年	133
	自动控制技术	4年	312
	涉外财务会计	4年	94
	机电技术应用	4年	226
	计算机应用	4年	129
	对外贸易	4年	90
	经贸外语	4年	44
1999	数控机床加工技术	4年	174
	自动控制技术	4年	255
	机电技术应用	4年	216
	计算机及应用	4年	219
	市场营销	4年	90
	经贸外语	4年	45
	饭店服务与管理	3年	45

续表

年份	专业	学制	招收初中生数
2000	数控机床加工技术	4年	151
	自动控制技术	4年	326
	机电技术应用	4年	163
	计算机及应用	4年	188
	市场营销	4年	42
2001	数控技术应用	4年	80
	机电技术应用	4年	174
	电子与信息技术	4年	264
	计算机及应用	4年	245
	商务外语	4年	20
2002	数控技术应用	4年	90
	机电技术应用	4年	205
	电子与信息技术	4年	264
	计算机及应用	4年	295
	商务外语	4年	42
2003	数控技术应用	4年	87
	机电技术应用	4年	168
	电子与信息技术	4年	331
	计算机及应用	4年	287
	商务外语	4年	39
2004	数控技术应用	4年	81
	机电技术应用	4年	160
	通信技术	4年	248
	计算机及应用	4年	358
2005	数控技术应用	4年	152
	机电技术应用	4年	187
	光机电技术应用	4年	79
	通信技术	4年	287
	计算机及应用	4年	158
2006	数控技术应用	4年	166
	光机电技术应用	4年	102
	机电技术应用	4年	176
	加工制造类新专业	4年	80
	计算机及应用	4年	129

表1-3-8　1986—2007年北京市仪器仪表工业学校在校生规模情况统计表

年度	在校生规模/人	年度	在校生规模/人
1986—1987	426（中专生278）	1997—1998	3571
1987—1988	491（中专生386）	1998—1999	3938
1988—1989	531（中专生506）	1999—2000	4390
1989—1990	691	2000—2001	4354
1990—1991	982（中专生794）	2001—2002	3740
1991—1992	842	2002—2003	3640
1992—1993	842	2003—2004	3466
1993—1994	959	2004—2005	3396
1994—1995	1199	2005—2006	3548
1995—1996	1711	2006—2007	3407
1996—1997	2456	/	

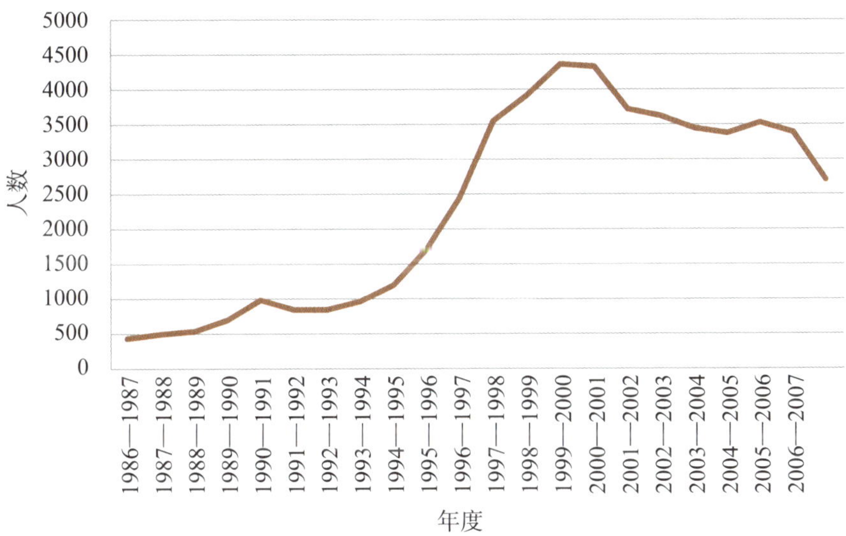

1986—2007年在校生规模变化图

三、专业建设

学校重视专业建设工作，一方面深入行业企业和社会进行需求调研，另一方面采取论证、研究、指导的方式，听取各方面的意见，使专业建设更加符合产业发展，符合岗位需求，满足学生个性化需要。学校成立了由专家教授、工程技术人员组成的专业指导委员会，协助确定专业建设发展方向，论证专业设置的可行性，审议教学和实训中心建设方案，努力使新专业与首都经济结构的调整和支柱产业发展相适应，逐步形成二三产业交叉、技术管理结合的综合型专业结构。

1984年建校初期，学校开设精密仪器制造、工业企业管理两个专业，1986年学校迁往大钟寺新校区后，办学条件得到了很大程度上的改善，增设了仪表自动化专业。

1990年，学校成功获得世界银行（以下简称世行）职业教育项目贷款，利用世行贷款提供的条件，拓宽专业，调整结构，在保持骨干专业相对稳定的同时，适时增加新专业。确保专业改造方向对头、步子稳妥，使之具有适应性、灵活性和超前性。

改革开放后的20世纪90年代，经济发展带动了人才市场的旺盛需求，一种以社会需求为本，设置多种专业平台，针对社会人才缺口，开办多类行业学科的办学模式应运而生。既表现出中职教育与社会关联的紧密程度，也符合中职教育所具有的灵活办学的个性特征。学校在原仪器仪表制造专业的基础上，派生、开发出与经济和社会结合紧密、专业覆盖面广、技术含量较高、市场需求长远、师资和设备比较充足的专业，主要包括：机电技术应用、自动控制技术、数控技术应用、计算机技术及应用等技术型骨干专业。与此同时，也积极开办市场营销、涉外财会、对外贸易业务、饭店服务与管理等服务型、管理型专业，使专业建设既符合市场需求，又带有适度的超前性。强化骨干专业，开办热门专业，提高了学校的社会声誉和学生报考的积极性，为学校的生存和发展奠定坚实的基础。1990—1996年，改造老专业的重点是更新教学内容、拓宽专业面，同时在大专业下设若干“专门化”，实施“3+1”模块化教学计划。通过对老专业的组合设置社会需要的实用型、交叉型和综合型专业，同时对专业设置进行动态管理，每年招生的专业数和学生数根据市场需求不断调整。

期间，学校积极适应行业企业从产供销到销供产的变化，开设了以“懂生产、会维修、知法律”为培养目标的营销专业；根据北京市机械行业自动化发展的趋势，学校开设口径宽、通用性强、便于微调、机电一体化的机电技术专业；根据当时北京市数控设备大幅度增加、急需数控设备操作维修人员的状况，学校开设了数控加工技术专业。

1996年，学校针对上一年度所做的市场调研和1996年毕业生分配需求，判断人才需求的走向，随着国内市场与国际市场的接轨，企业对外业务不断拓展，在相当一段时期内，外经、外贸、资料翻译、口译和现代汽车维修等方面的毕业生需求量较大。中专毕业生思想相对稳定，留得住，工作上手快，干活不挑肥拣瘦。为适应企业的需求，学校于1996年增设对外贸易业务、经贸外语、饭店服务与管理三个专业。为了以上专业的开设，学校投资近60万元人民币，建成计算机中心和计算机多媒体语音教室，添置了部分实验设备，为专业教学提供必要的硬件保证。

2000年划转北京市教委管理之后，学校以面向社会、办有特色专业为基本思路，形成了以“机电技术应用”专业为骨干特色的专业建设格局，逐步建成为具有电子与信息技术、机电技术应用、数控技术应用、计算机及应用、自动控制技术、市场营销、经贸外语等多个二三产专业交叉、技术管理专业结合的综合性学校。强化骨干专业，开办热门专业，提高了学校的社会声誉和学生报考的积极性，为学校的生存和发展奠定了坚实的基础。

四、机电技术应用专业

1995年，学校根据首都工业发展状况及社会市场需求，在原“精密仪器制造”专业基础上，开设了“机电技术应用”专业。经过多年的建设，机电技术应用专业发展成为北京市中等专业学校骨干特色专业、北京市现代化标志专业和教育部全国职教首批示范专业。

培养目标 注重德智体美全面发展，注重该专业必需的理论知识和综合职业能力，注重生产、管理、服务第一线，注重培养高素质劳动者和中初级专门人才。课程结构上，贯彻“厚基础、多模块、重技能”的指导思想。教学方法上，引入德国双元制和英国商业与技术教育委员会（BTEC）的教学思想。理论与实践紧密结合，注重对学生自学能力、动手能力和创新能力的培养。

主要知识和能力要求 毕业生应具备高中阶段的文化基础知识，掌握机械、电工与电子技术、自动控制等方面的基本知识，掌握典型机电设备的结构与工作原理，具有机电自动化设备安装、调试、运行和维修的基本能力，具有一般机械加工的操作和编制简单零件工艺规程的能力，具有简单机电设备改装的能力。

专业能力和专业知识结构 毕业生应具备的专业能力，用八个能力模块来表示，分别为：工程图纸阅读能力；典型零件、传动机构识别分析能力；机械加工及设备维护能力；简单机电设备改造能力；自动化生产线安装调试运行维护能力；电路识图分析计算能力；常用工具仪表使用能力；机电产品营销能力。

八个能力模块各自对应一定的专业知识结构，分别是：工程制图，工程力学、材料、公差、机械原理、机械零件；工艺及工装、典型机械设备的原理、结构、维修工艺；液压气动基本单元及典型结构、常用低压电器、继电接触器控制、可编程逻辑控制器（PLC）应用；单片机原理、接口技术、汇编语言、常用传感器基本原理、传感器应用；电工基础、电机变压器、模拟电子、数字电子、电力电子；产品保管及鉴别、售后技术服务、市场调查与预测。

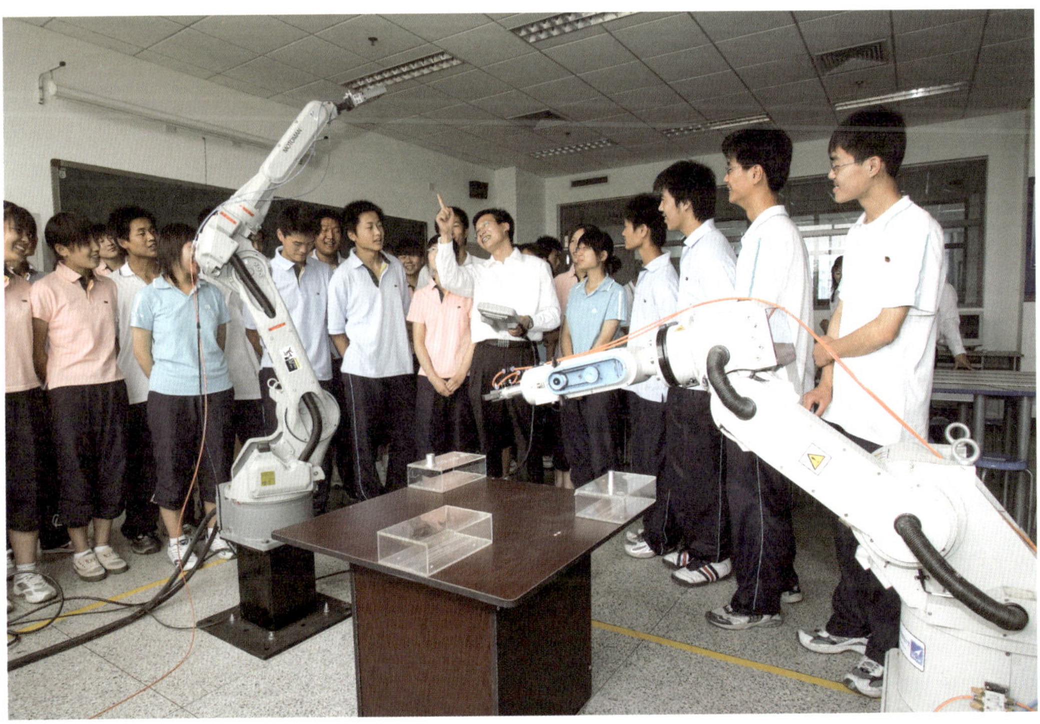

师生在机器人实训室开展教学活动

课程结构和实践环节 根据能力和专业知识的要求，确定该专业的课程结构，分别是工程制图及CAD（Computer Aided Drafting）、机械工学、机械制造基础、液压与气动、电器及PLC控制技术、微机控制技术及应用、传感器及应用、电工电子技术、机电商品学、市场营销。

相应的实践环节，分别是测绘训练、CAD训练、钳工实习、机械拆装实习、机加工实习、维修实习、电器线路安装实习、PLC应用实训、控制应用综合实训、电工技术实习、电子技术实习、产品营销实习、综合训练。

毕业生情况 经过不断地探索、改革创新，机电技术应用专业已趋向成熟，成为学校最具特色的骨干专业之一，招生数连年增长。毕业生遍布首都独资、合资、国有各企事业单位，如北京三菱四通集成电子有限公司、首钢NEC电子有限公司、SMC（中国）有限公司、北京ABB电器传动有限公司、中科院电子研究所、中科院大恒激光电子有限公司、奥林帕斯、长城无线电公司等，受到社会用人单位的好评。毕业生主要从事自动化设备及机电产品的运行维护、制造、装配调试和机电产品的营销与技术服务等工作。由于学校重视对学生思想品德，职业道德和综合能力的培养，大多数毕业生成为单位的生产和技术骨干。

五、实践教学

建立实践教学模式体系 学校重视实践教学环节，逐步探索市场经济条件下的新模式。以实训基地建设为重点，增加工艺性、设计性、综合性实验，增加仿真模拟和现场操作环节，逐步形成基本实践能力与操作能力、专业技术能力与专业技能、综合实践能力与综合技能有机结合的实践教学体系。

1991年，电气自动化专业对有关课程的实验做出了具体规定。属于验证课堂理论、巩固加深所学知识、掌握基本概念的实验随课程按教学大纲进行。对于要求培养学生熟练掌握实验方法和测试手段、培养使用实验设备和仪表能力的实验，则单独设课或安排综合实验周，该专业“电工基础”和“电子技术基础”两门课程的实验单独设课，算法语言安排1周的综合实验，以增强学生基本技能的训练。

自控专业在对毕业生情况调查基础上，提出实训课程安排计划；数控、机电专业对课程设置进行研讨，实行综合实习课，开设机床维修与故障排除综合实验课；计算机专业为提高学生技术技能，利用学校位于中关村高科技产业区的地域优势，化整为零，到各公司实习组装机器，销售编制软件，将计算机维修专家请进学校，不但为学校维修设备几十台，还使学生取得了“计算机硬件维修证书”。

实践课程的设计 从20世纪80年代末开始，学校不断改进实践教学方法，采取了一些新的举措。一是专业课程以毕业设计为终端，带动实验实习、制图测绘、课程设计等实践教学环节的系统改革，逐步建立相对独立、比较完整的实践性教学体系。在毕业设计中，增加能与实验实习基地建设及同企业生产结合的“真刀真枪”课题；二是电工、电子、公差等专业基础课的实验单独设置、考核，计算机课开设试验周增加录入实习。

师生在液压传动实训室上课

1988年，学校精密仪器模具专门化专业的课程设计（包含大作业和测绘）共安排9周的时间，11个项目，即：机械零件课程设计一周半，制图测绘、电子课程设计、机床课程设计、夹具课程设计、模具课程设计各一周，公差与配合大作业、机械原理设计大作业、金属切削刀具课程设计、模具制造工艺学课程设计、液压课大作业各半周。实施中制订了每项内容的业务技术要求。此专业的实习共分为教学实习、生产实习和综合实习三部分：教学实习18周，分4次进行第二学期4周钳工实习；第三学期4周热加工实习（铸、锻、焊，以铸为主）；第四学期4周机加工轮换工种实习；第五学期6周固定工种实习；生产实习4周，在第六学期进行；2周特种加工实习，2周模具制造工艺实习，1周综合实习，在第七学期进行，主要配合工艺课程设计，了解工艺模具生产的全过程。

由两位青年教师自主设计的“教学并联机械手”装置

实验实训室建设 1985年，学校的仪器设备有机床5台，钳工工作台2个，虎钳25把及其他各类工具等。实验室设备有材料性能试验机6台、各类显微镜8台、精密测量仪器量具百余种（件），各类电子测量仪器仪表、微型电子计算机等近百件，具有一定机械、仪器仪表电气设备的设计制造、实验加工维修能力，1985年学校实验室建设情况见表1-3-9。

表1-3-9　　1985年北京市仪器仪表工业学校实验室建设情况一览表

实验室名称	数量/间	建筑面积/平方米
物理实验室	1	120
化学实验室	1	150
力学实验室	1	150
金属工艺实验室（热处理、金相等）	1	150
公差与技术测量实验室	1	150
切削原理与刀具实验室	1	150
机床实验室	1	150
液压与气动实验室	1	150
机制工艺实验室	1	150
电工基础实验室	1	150
电力拖动实验室	1	150
工业电子学实验室	1	150
电子电路实验室	1	150
自动化仪表实验室	1	150
模具实验室	1	150
计算机机房	2	600
多媒体演播室	1	60

为发展职业技术教育，国家从1984年开始酝酿利用世行贷款发展职业技术教育事业。世界银行贷款职业技术教育项目旨在重点建设、优先装备部分院校，使其成为示范性骨干学校，以推动全国职业技术教育事业的发展。1990年10月，经市政府批准，学校成为当时北京市接受世行贷款的院校之一，由国家教委分贷80万美元，使学校获得了引进外资、改善办学条件的难得机遇。在世界银行贷款职业技术教育项目的资金支持下，共购置922套设备，加上学校自有资金配套购置教学设备，加强了专业实验室建设，详见表1-3-10和表1-3-11。

截至1996年，已建成电子、电子技术应用、电工、金相、热处理、材料力学、精密测量、公差、逻辑控制、物理、化学、微机原理与应用、电机与拖动、晶闸管变流技术、液压自动控制、自动化仪表、机械工程、数控技术、计算机辅助设计二十个实验室，另外还有两个语音室和一个电教室以及机械原理与机械零件陈列室。增添设备完善了机加工和钳工实习。世行贷款提高了实验实训水平，为学校发展奠定了坚实的物质基础，学校获得世行贷款职教项目执行工作“全面达标，办出特色”单位称号。

表1-3-10　1990年北京市仪器仪表工业学校精密仪器专业实验室建设情况一览表

实验室名称	仪器设备名称	用途	使用情况	备注
1. 仪表材料实验室	各式硬度计 金相显微镜 各式金相加工机 各式电炉、干燥箱 大型卧式金相显微镜 立式金相显微镜	用于金相、材料实验	实验时数：10学时/人年 学生分组：1人/组 实验人（组）：200人（组） 年实验时数：2000学时	该实验室部分仪器设备用世行贷款购置，国内招标1991年到货，国际招标1992年到货
2. 材料力学实验室	液压万能试验机 冲击试验机 纯弯曲疲劳试验机 扭转试验机 其他仪器	用于材料力学实验	实验时数：10学时/人年 学生分组：2人/组 实验人（组）：200人（100组） 年实验时数：1000学时	该实验室部分设备系世行贷款购置，国内招标1991年初到货
3. 精密测量实验室	各式实验仪器设备和实验工量具	用于精密仪器测量的27个实验	实验时数：24学时/人年 学生分组：1人/组 实验人（组）：200人 年实验时数：4800学时	现有常用量具量仪系世行贷款购置，国内招标仪器1991年到货，国际招标1992年到货
4. 精密机械实验室	切削原理实验仪器 刀具实验仪器 工艺实验用机床	用于精密机械的16个实验	实验时数：24学时/人年 学生分组：2人/组 实验人（组）：200人（100组） 年实验时数：2400学时	现有仪器设备大部分用世行贷款购置，1991年初基本到货
5. 液压实验室	各类液压实验台	用于液压的6个实验	实验时数：8学时/人年 学生分组：2人/组 实验人（组）：200人 年实验时数：800学时	全部用世行贷款建设，1991年到货
6. 模具实验室	各类实验仪器、机床设备	用于模具实验	实验时数：18学时/人年 学生分组：2人/组 实验人（组）：200人 年实验时数：1800学时	全部用世行贷款建设，1991年到货
7. 实习车间	现有机床设备 国内招标机床 国内招标数控机床	用于精密机械的机钳工实习	实验时数：144学时/人年 实验人（组）：100人 年实验时数：14400学时	用部分世行贷款更新充实实习设备

表1-3-11　1990年北京市仪器仪表工业学校精密仪器检测与自动化实验室情况一览表

实验室名称	仪器设备名称	用途	使用情况	备注
1. 精密检测实验室	传感器测试台 精密检测实验台	实验电阻传感器测试、电容传感器测试、电感传感器测试、霍尔传感器测试、光电传感器测试	实验时数：10学时/人年 学生分组：2人/组 实验人（组）：200人（100组） 年实验时数：1000学时	该实验室仪器设备部分用世行贷款购置，国内招标1991年到货，国际招标1992年到货

续表

实验室名称	仪器设备名称	用途	使用情况	备注
2. 精密仪器自动化实验室	单板机教学开发系统 IMCS-51 绘图仪 数字控制模拟实验台 STD工业控制机总线 STD（Standard Bus）	实验：微机应用、微机在仪器中应用 课程：仪器结构设计与工艺 毕业设计	实验：20学时/人年 3200学时/学年 课程设计：30学时/人年 4800学时/学年 毕业设计：60学时/人年 9600学时/学年	/

进入2000年，学校建有电工、电子、电控、电机、力学、金相、液压、晶闸管数控、微机原理实验和展示、检测、精密测量等实验室，并配有多媒体语音教室、机零机原陈列室、计算机中心、CAD中心、多媒体演播中心、机电维修及PLC等专业教室以及机加工、电工和钳工实训基地等先进的实践教学设施。

2005年，以“模拟实景、符合实际、有利实训、确保实用”为建设原则，经过近一年的调研和论证，在多次听取了企业和行业专家的意见后，形成光电技术（自动控制）和信息技术两个实训基地的建设方案。在配套资金支持下，共改造16个实验实训室，新建PLC、智能建筑等16个实训室，进一步改善实践教学环境，为强化学生实践动手能力和深化教学改革，创新教学模式均提供了有利的条件和可靠的保障。在实训中心建设过程中，寻求多家企业合作，先后和天津龙舟科技仪器公司、德国博世力士乐公司、神州数码网络有限公司签署了合作协议。

2005年与德国博世力士乐公司签约合作

第四节　教学管理

一、教学质量管理

学校始终将教学管理放在重要位置。在原有基础上，从1992年起，建立完整的教学管理制度，并不断改进和完善。针对职业教育特点，创建“三级三段”质量监控体系及教科研管理办法。无论是教学组织、教学运行还是教学质量、教学研究，严格把关、监督到位，保障教学质量稳步提高。

教学质量监控系统　学校教学质量监控组织系统由三级组成，教研组构成第一级，教学科室主任构成第二级，教务科和教育研究室联合构成第三级，即校一级控制。在教学副校长领导下，由教务科统筹协调对质量的监控检查。为了保证工作的到位率，从统一认识入手，建立一整套规章制度和实操方案。一方面坚持教学例会制，分阶段布置检查内容，另一方面利用教学简报定期公布每一次教学检查情况，以科室为单位进行表扬与批评，并实行奖惩。将教学检查的结果列为学校对科室及全体教师考核的一项内容，引起全员对教学质量管理的重视。

分阶段对教研组长进行培训，明确严格管理的目的，提高管理意识并在每次教学检查之后，结合发现的问题讨论反馈意见，使之学会检查和管理的方法。对不能尽职的组长进行调整。

学校还制订实施了校长、教务科，教研室主任、教研组长，任课教师三级听课制度，建立教学日志制度，保证了学校各级教学管理和授课人员之间的有效沟通，从而形成有效的教学质量过程管理。

教学质量监控任务　首先按照管理的层次分解监控任务，教师以教研组为单位由组长进行常规性的跟踪检查；科室主任重点检查各教研组长，教务科对全校进行定期普查或抽查层层把关，分级负责。在确定各层次管理范围的基础上，按期初、期中、期末三个阶段分解了检查监控的内容。由于各负其责，保证了各级各期的监控实施。学校教学质量“三级三段”监控体系情况见表1-3-12。

教学质量反馈渠道　对教学系统进行有效的计划、组织、指挥、协调和控制。这个系统的运行是不断发现问题、解决问题，使教学质量持续提高的动态过程。它是一个闭环的控制系统，通过质量控制，使教学达到最佳状态。其中，畅通的反馈渠道至关重要，没有反馈，便无法实施控制。为使教学质量信息传递无阻，学校利用教研组活动记录本传递检查信息，并设计了专用表格将三级监控组织的检查和监控信息反馈到科室及教师，同时教师的改进情况及存在问题也由表格传递回来。这种信息的不断交流传递，保证了教学质量管理目标的实现。

表1-3-12　　北京市仪器仪表工业学校教学质量“三级三段”监控体系情况一览表

三级监控（三阶段）	教研组	教学科室	教务科教育研究室
期初	检查内容：授课计划、储备教案（普查）	检查内容：授课计划、储备教案（重点查组长）	检查内容：授课计划、储备教案（普查或抽查）
期中	检查内容：教案/周、教学进度/月、听课计划/月、作业批改/月（普查）	工作内容：教学进度、教案、作业；听课；检查实践教学情况；反馈问题，分析原因，改进教学	工作内容：采样调查课堂教学情况2次（表格反馈、对话*）、组织学生对教师教学情况进行测评、分别反馈教与学的情况、抽查教案、检查日志、了解改进情况、抽查时间教学情况
期末	检查内容：检查试卷批改、对组员综合评价打分、分析总结本组教学效果	工作内容：抽查试卷批改、进行全科教学质量测试、反馈校级测评情况	工作内容：组织全体教师测评、组织学生对教师教学情况进行测评、汇总教学质量测评情况，进行综合评价分析，为教师质检评价提出依据、普查监考、抽查阅卷情况

* 对话是指教务科和各科室主任与学生之间进行的关于课堂教学、课程安排、教学效果等方面内容的双边谈话。

教学质量监控效果　在未增加专职教学管理人员数量的情况下，加强了教学管理的力度。由于第一级监控组织建立在教研组内，教师自觉置身于管理之中，基本实现了自我管理和全面管理；整个管理有序，反馈及时，问题解决处理及时，提高了管理质量；由于有组长、室主任的参与便于沟通，相应减少了以往严格管理造成的教师与教务管理人员之间的矛盾；主管教学副校长、教务科长从教学检查的事务性工作中解脱出来，有更多的精力去研究问题。

教学质量监控按照“三级三段”进行管理，使教学质量管理简单易行、有实效性，可在监控及时、管理到位的情况下，有更多的精力和时间去进行专业改造、课程设置和研究管理规律。

二、教案管理办法

“教案”是教师在钻研教材，了解学生的基础上，依据教学大纲和教科书，以课时为单位设计的准备实施的教学方案，学校规定两学时教学内容编写一个教案。编写教案是教师的一项基本功，也是体现教师备课认真程度和教学水平的重要标志之一。1992年，学校制订了《北京仪器仪表学校教案管理办法》，并认真落实执行。此案例被列入《北京普通中等专业教育志稿》中。

主要内容和基本要求　各类理论授课（含单独授课的实验）课程，教师在讲授之前必须准备好教案，无教案者不能授课，也不能享受课时酬金。

教案应包括教案首页，教案正页和教案末页；教案首页和末页由学校统一制发，教师必须认真填写上面的项目，不得空项。教案首页应包括授课序号、授课名称、适用班级、日期、授课类型、任课教师等一般项目，还应包括授课计划、教学目的要求、教学重点难点，采用的教具挂图、参考资料、提问的内容和作业等；教案正页是实施授课的具体方案，应包括授课的具体内容、主要的教学程序，板书板图的序列等；教案末页（课后记）作为课后分析的专用纸页，要求教师特别是青年教师和担任新课的教师对每次课授课的实际效果，存在的主要问题以及改进措施等进行教学小结，以此作为下次讲课的借鉴，促进教学水平的逐步提高。

教案应根据教学大纲的基本要求认真组织教材，把适宜的教学内容和教学方法组成一个讲授系统，要力求做好重点突出、层次分明、详略得当、讲清难点。

管理办法 凡学校正式在编的任课教师，在实施讲授课程前均要认真备课、编写教案，而且在讲课过程中，要保持两周的储备教案。

教研室主任应经常对储备教案进行督促检查；教务科人员在教研组织活动日不定期对两周储备教案组织抽查，抽查中每缺少一个储备教案扣除本教案津贴的50%。教案在实施前1周要交教研组长审阅，教研组长要对授课内容、讲授方法、深度广度、授课进程等实质性内容进行认真审阅，并在指定位置上签署意见，教研组长教案由室主任签署意见。

未经教研组长签署意见的教案无效，授课后不能享受教案津贴。教研组长不审阅教案或对教案审阅工作潦草从事，按“教研组长工作规范规定”处理。

教案不能隔轮重复使用，每学期教案评比工作结束后，由教务人员在教案上打制标记，发还教师本人。凡使用旧教案授课视为无教案。

凡是通过实验、习题课、讲评、电化教学、复习测验、考查等手段实施授课内容的也必须有教案。上述教学手段必须纳入学期授课计划方能实施。管理条例杜绝了讲授内容的随意性。

凡讲授三（含三）轮以下的课程和青年教师，其教案要编写详案，一般原则上每案不少于5页（指正页），讲授三轮以上课程，且教师为讲师以上职称的可以编写略案，但原则上每案不得少于3页（指正页）。

教案津贴及奖励 在教学过程中，凡实施后的合格教案（指理论授课和单开课的实验课程），均享受教案津贴。

教案数以两学时内容为一个教案，不足两学时的教案不计。

教案津贴在学期末评比检查定级后，新学期开始随首次课时酬金一次性发放。

下述情形不享受教案津贴：教研室主任授课；行政兼课；外聘教师兼课。非单开课的实验及其他实践性教学环节。正常教学任务以外的教案。

教案津贴分以下三等。

A等（优秀教案）：每个教案津贴为“基本教案津贴”金额的1.5倍；

B等（合格教案）：每个教案津贴为“基本教案津贴”金额；

C等（不完全合格教案）：每个教案津贴为“基本教案津贴”金额的0.5倍。

凡荣获“优秀教案”者，除享受优秀教案津贴外，学校还将公开表彰，颁发证书并记入业务档案；凡无教案授课的，除不享受教案津贴，追回课时酬金外，学校还将通报批评并记入业务档案。

第五节　重要改革

学校根据行业企业及社会对人才培养需求，按照职业教育不同时期的发展变化，结合自身实际，始终坚持改革创新，以改革提升管理效率，以改革提高教育教学质量，以改革求发展。作为北京市职业教育的改革试点校，承担了校长负责制、教育目标责任制、全员聘任制和结构工资制等改革任务。分层教学改革、内部管理综合配套改革是其中的重要成果。学校被北京市政府授予“全面达标、办学有特色”称号。

一、教育教学改革

1987年8月，国家教委在北戴河召开全国中专教改座谈会，提出以实践性教学为教改的突破口，加强学校教育教学改革。学校进一步明确了教改指导思想和目标，制订了第一轮教改方案，决定将自动化仪表专业作为教改专业，带动其他专业改革的工作。为此，成立教改小组，组织有关教师深入工厂企业进行人才需求的调研和预测，编制出教改方案。1988年启动教改工作，在8731班进行试点，确定遵循的基本原则，即：保证一个关键（实践性教学关键）；坚持两个并重，一个目标（传授知识和培养能力并重、一个培养目标）；强调三个不断线；建立两个体系；培养四个能力；实行三个结合。教改历时四年多的时间，成效明显。

专业设置改革　随着经济体制改革和科学技术的发展，专业人才岗位群的动态变化加速，有的岗位消失，新的岗位产生；长线专业与短线专业转换加快；既要求专业门类多，又要求专业宽窄并存等。这些变化使人才预测周期缩短，人才培养的调节机制更需加强，为适应这些变化，中专校的专业设置必须进行改革。并应适时地调整教学计划和课程体系。学校的教学改革就是在改革专业设置与课程体系、加强实践性教学上做了改革的尝试。

一是明确改革专业设置的指导思想：树立人才市场观念，加强人才需求预测和调研。建立起具有自我调整专业结构的运行机制。提高学生的政治业务素质，增强竞争意识，成为适应社会需要的中专人才。

二是加强人才需要预测和调研：通过人才需求预测和调研，学校专业设置既要满足现阶段的社会需要，又要符合科学技术的发展趋势；既要与北京市本行业特点及需要一致，还要和本市同类学校的专业设置协调平衡，以提高社会综合效益。

三是实施“3+1”模块教学，推行“大专业小专门化”：当时大部分工厂企业迫切需要通用性T型应用技术人才。所谓的T型人才是人才的知识结构在横向上既要有广泛的一段的（普通的、技术的和专业的）知识，在纵向又要对某一专业的专门化有较精通的知识和技能。因而T型人才的培养模式要在专业设置上实行“大专业小专门化”，为了适应这种在大专业中设置不同专门化，学校把教学计划分为两个阶段：一个阶段，学生在前三年（或两年半）中，按照专业培养目标的要求，学习普通文化课模块和技术基础课模块的课程。技术基础课又可分为机械基础、电气基础、企管基础等子模块；另一个阶段，学生在第四年（或第三年下学期）中，根据学校人才需求的预测和调研，按照社会的需要，分别按不同的专门化开设相关课程进行毕业实习和毕业设计。这种结构，称为“3+1”模块式教学。这种模式使学生专业定向的时间，从四年缩短为一年，既可以保证本专业所需的基础知识和技能，又可针对某一个专门化，掌握必要的专业知识和技能，从而提高了学生的适应能力，增加人才需求的可靠性，学校也有较大的办学灵活性。

课程体系改革　由于工厂企业对中专人才不仅要求掌握常规技术、常规设备、常规工艺，还要求适当兼顾并能面向新技术、新工艺。学校工业自动化仪表专业教学改革，就对部分技术基础课和专业课的结构与体系进行了调整与改革。

一是更新教学内容，拓宽专业面：考虑到本行业大部分工厂企业迫切需要专业面宽的电气自动化中等专门人才，因而学校在自动控制方面增设了三门课程：“逻辑控制”“可编程序控制器”“单片计算机”；在常规电气方面增设了两门课程：“晶闸管变流技术”和“电机与拖动”。并针对增设的课程进行必需的技能训练和培养，使毕业生能适应不同类型工厂企业的需要。

二是调整课程结构，扩大知识面：“检测技术及仪表”“显示技术及仪表”“控制仪表及装置”三门课程调成为一门课，即“工业自动化仪表”，以检测技术及仪表为课程主要内容。同时，适当增加机械方面的课程模块，既有机械工程基础知识的课程，也有机械加工工艺基础知识的课程，大大增强了适应性，受到工厂企业的普遍欢迎。

三是加强实践性教学：实践性教学由原来的39周增加到54周。实践性教学周数与理论教学周数之比，由原来的39∶111达到54∶96。经过几年时间，通过教改试点，学校初步形成了实践性教学体系。

经过四年多的教学改革加强实践性教学，建立了实验实习科，统一管理实验实习，初步形成了比较完整的实验教学体系。

改革实习教学：学校对实习教学也进行了改革尝试。整个实习教学是以从简单到复杂，由单项到综合，由常规基本操作训练到结合生产实际等作为基本原则。

加强课程设计（大作业）：课程设计是培养学生工程实践能力的重要教学环节。学生通过课程设计，不断受到系统的设计训练，提升查阅手册资料、绘制工程电气图样的能力。

“真刀真枪”的毕业设计：毕业设计是完成自动化工艺技术员基本训练的最后一个教学环节。自动化专业毕业实习与毕业设计，安排在第八学期，从组织准备工作、课题选择、指导书任务书的编写，毕业实习与调研，一直到毕业设计的辅导要求、评分标准以及答辩都做了严格的规定，从而保证了毕业设计的质量。

1998年，在第一轮改革基础上，根据行业企业和社会需求的变化，按照职业教育改革要求，结合学生实际情况，学校推进第二轮教育教学改革工作，改革内容分为教学体系、教学内容和教学方法三个层次进行，要求每个教师创新设计一堂有新意或教法有特色的课程，采取成果汇报形式，由教研室推选优秀教师做示范课，分析典型课堂教学过程，从分析重点内容、设计教案、教学方法、实践运用等环节，推动教学内容和方法的改革。

二、学校综合配套改革

1990年，学校进行了校内综合配套改革，改革以“改善待遇、转换机制、打破三铁、提高效益”为中心，以校长负责制、教育目标责任制、全员聘任制和结构工资制为主要内容。

制度与职责 改革首先从制度建设入手，先后修订了《北京市仪器仪表工业学校教学管理工作手册》《学生管理规章制度》《行政、后勤工作管理制度》《教职工代表大会工作条例》《党委工作条例》《校长工作条例》《教育质量管理目标责任制暂行条例》等制度文件，各项管理工作不断程序化、标准化、科学化，做到分工明确、责任落实。制订了各职能科室、教学科室的职责范围，明确了教职工的岗位职责。树立“三上两提高”的新目标，即人员上素质、教学上水平、管理上台阶，提高学校社会适应能力、提高学生实践动手能力。

目标与内容 学校的改革基本思路和做法可以简单归纳为以下四句话：确定一个目标，突出两个重点，运用三条原理，摆正四个关系。

确立一个目标。在综合配套改革中，始终以教育目标责任制为核心，确定一个全方位的动态教育目标体系。教育目标的制订做到三结合：与国家教委办学水平评估相结合，与本行业的发展需求相结合，与学校的现状和特点相结合。教育目标的内容突出德育教育、突出师资队伍建设、突出实践性教学环节。在教育目标的实施上，狠抓三个方面的落实，一是落实教育目标的分解，二是落实教育目标的责任，三是落实教育目标的考核。

抓住两个重点。学校综合配套改革以劳动、人事、工资制度的改革为突破口，通过用人制度的改革，建立优胜劣汰的竞争机制；通过分配制度的改革，建立多劳多得、优质优酬的激励机制。一是真聘严考，建立竞争机制，坚持原则，敢于动真；过细工作，强化培训；严格考核，动态上岗。通过真聘严考，校内引进了竞争机制，强化了动态机制，形成了制约机制，激发了广大教职工奋发向上的精神。二是按劳分配、强化激励机制，调整结果，加大激励比例；下放责权，实行校、科两级分配；强化考核，使奖罚落在实处；突出特点，完善分配方案。

运用三条原理。一是系统原理，强调教育目标的整体优化，强调改革方案的总体设计。二是激励原理，精神鼓励和物质鼓励同步结合；激励实施要公平；激励兑现要及时，充分考虑到广大教职工的各种需要，注意把学校的整体利益和教职工的切身利益结合起来，鼓励教职工为实现学校的目标而努力工作。三是反馈原理，建立起了经常性的、畅通的反馈渠道和动态的弹性的控制机制，摸索出了一条不断完善改革的有效途径。

摆正四个关系。一是加强领导和依靠群众的关系，通过综合配套改革的实践，得到经验：一个解放思想、勇于开拓、团结战斗的领导班子是搞好改革的前提，一支理解改革、支持改革、投身改革的教职工队伍是搞好改革的基础。二是加大改革力度和群众承受能力。加大改革力度是形势的要求，也是人心所向，但是同时，也必须充分考虑到群众的承受能力，特别是教师和各级骨干的承受能力。改革是在逐步渐进的情况下进行的。三是质量计酬和数量计酬的关系，数量计酬解决干多干少一个样的问题，质量计酬解决干好干坏一个样的问题。所以在计算劳动报酬时，对这两方面均予以充分的考虑。四是眼前利益和长远利益的关系，在改革的过程中，既要体现眼前利益又要考虑学校的长远利益，必须两者兼顾，不能顾此失彼。

综合改革成效 通过建立新的管理体制和运行机制，逐步建立了可以不断优化干部教师队伍、调动教职工积极性、提高教育质量、提高办学效益的新机制，启动学校内部的活力，形成实现教育目标的合力，学校的面貌发生了明显变化。

此次学校改革，两次在全市介绍经验，市文教办五次发简报予以介绍，在机电部教育工作会议上介绍经验并在《北京市学校改革事例汇编》和《中专教育》杂志上发表文章。北京市教育主管部门在《落实北京市中专改革工作会议精神》（京政办〔1990〕54号文件）中指出“仪器仪表工业学校，将企业全面质量管理的思想引入教育管理，充实到教育目标责任制中”。

三、分层教学改革实验

为了解决中职学生学习基础差异悬殊这一突出问题，也为了寻求一种合理的教学结构，培养合格的技术技能人才，学校文化基础教研室于2001—2002年度第二学期在01级机电与数控两专业的四个班中，实施了分层教学实验，实验科目定为当时问题突出的英语、数学两门课程。

分层教学实验设计 分层不分班的层班设计是实施真正分层教学实验的关键。分层首先要认同学生个体在不同科目上的思维定向、学习能力的差异以及差异所导致的各科目学习的不同层面。

分层班级的组织设计：为了创建最佳实验场景，实施真实意义上的“因材施教”，分层教学实验采用了分层不分班的层班设计，即在不打乱原有班级编制前提下，实现各科目的分层教学，数学、英语各自分为A、B、C三个教学层次。对于学生个体而言，各科目的学习层次会有所不同，数学学习属于A层的学生有可能英语学习在C层。为消除学生的“层敏感”，弱化学生对低层级的负面心理，使学生树立正确的学习选择观念，分层班不以A、B、C称谓，而是采用1、2、3、4班级称谓。

采取三项定层法的分层方式。中职校的学生十分缺乏正确的学习定位，且以往的教育过程也缺少对学生这方面的能力培养，所以在实施教学分层上要充分考虑到这一点。三项定层法：即指学生入学时的科目成绩、教师对学生第一学期学习过程的考查（知识接受能力、课堂行为表现、章节测验成绩）、学生第一学期期末成绩。三项定层法基本涵盖了成绩、表现、潜能等三项学习指标。其中出现的极个别不合理现象，可采用层间微调加以矫正。

以层为单位的教学目标。分层针对的是学生基础差异和接受能力的差异，不是一种学制上的分层，因而在教学目标的制订上分为近期目标和远期目标。A、B、C层的近期目标是一致的，即在二年级末通过北京市文化基础课的水平测验，但其标准不同。按水平测验150

分制计算，A层应达到128分以上（即百分制的85分左右），B层应达到105分左右（即百分制的70分左右），C层应达到90分以上（即百分制的60分及格水平）。远期目标：A层应具有考高职的应试基础，B层应具有中专生的一般文化基础，C层应具有应对中专专业课程的最基本要求。

以难易为区分度的内容设计。分层教学是在国家统一教学大纲指导下的教学实验，所以在课程内容制订上，没有以知识点的多少作为分层定位，而是在不减少知识点的前提下以知识点的难易度作为分层内容的区分度。在这一教学原则指导下，制订了分层内容的实施原则。分层内容的设置以目标的不同而不同。A层内容以原有中职课程内容为基础，按A层学生的实际能力适当加深知识内涵，逐步加宽知识层面；在B层学习内容上，保持原有的中职内容及结构；在C层学习内容上，则采取放慢教学进度，加补所缺知识内容的训练，从最低点逐步提升学生的学习内容。为保证实验的顺利进行。参加实验的全体教师，坚持边研讨边开课的实验方式，以确保实验质量。

分层教学运作方式 在实际实施层面，采取了同步开课、层间透明教学操作、一卷叠层考试制等方法。

分层班同步开课法。为了让每一个学生能真正分层学习，采用了同一学科，不同层次，同时开课的同步上课法。这样既有利于每一个学生针对自己强弱不等的学科去上不同层次的课，也有利于学生的管理，更有利于不同层面的学生的学习交流与互补。针对C层学生基础太差的现实，在课时分配上，C层班增加课时，所加课时，用占用自习课的方式解决。分层班同步开课法实现了真正意义上的因材施教，给出了最佳的教育层面，它帮助学生树立起正确的学习选择观，培养了学生良好的自我定位能力。

层间透明教学操作法。为了调动学生学习的积极性、主动性，培养学生自我定位、自我发展的能力，在教学、测验、考试中，采用了层间透明操作法，即在练习篇目、习题及测验考试卷子上都标定了A、B、C三层题型，让每层学生都能看到各层学生不同的学习内容及难易度。层间透明操作使学生处在主动的学习环境中，易使学生产生攀升的学习心态，激发学生进取的兴趣，营造学生更高追求的学习氛围。老师在授课、辅导的同时也有意识地鼓励、引导、帮助学生加强向更高目标进取的决心。

一卷叠层考试制。卷中采用三层题档，以知识点的含量造就试题的难易度，以难易度构建试题层。试题层分为：基础题、中度题、难度题。各层考生在同一时间内做不等量的、难易度不同的试题。每一位考生在同一试卷内都可以看到所有层面的试题。试题构造呈梯形，基础试题简单而量大，集中学生应会的最基础的知识点，主要考查学生最基本的知识点掌握；中度试题由简单知识点的组合构建而成，题量适中，主要考查学生运用知识的一般能力；难度试题每题的知识点含量较多，难度稍大、题量较小，主要考查学生驾驭知识的综合能力。考试采用“层叠加”式的答题法，即C层学生答基础题；B层学生答部分基础题和全部中度题；A层学生答少量基础题、部分中度题和全部难度题。想升层的学生在答完必答的本层题外，加答上一层的规定试题；而保层的学生只需做完本层的所有题目。学生根据自我评价、自我定位的要求，去做“保层”与“升层”的题目。升、保、降层都有客观标准，考试结果作为升、保、降层的考核标准之一。

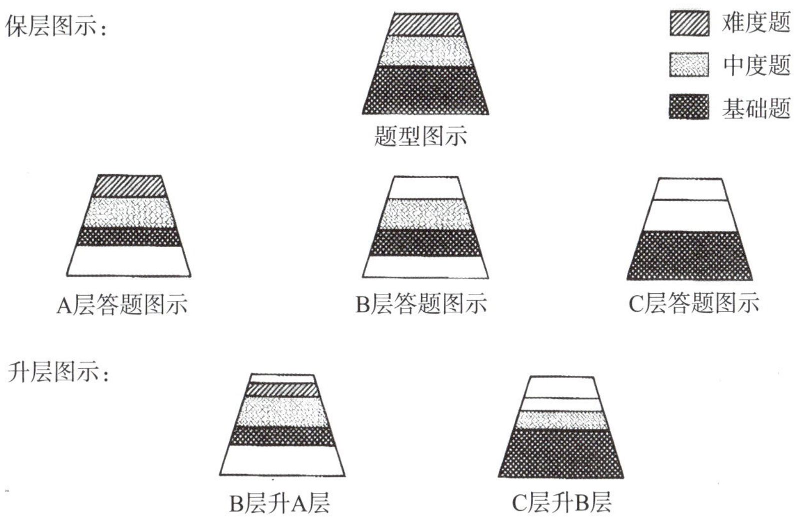

“层”叠加式答题图解

分层教学实验成果 学校在2001级新生中实施数学、英语分层教学实验以来，取得了显著成绩，不仅为职业学校的学生找到了一条较为适宜的学习之路，还拓展了学校专业课的改革思路，把因材施教、因材育人的教育思想真正落实到职业教育中。

2003年9月，对2001级进行水平测试，结果仍然显著。测试后，将数学、外语两科成绩与未分层的班级进行了水平对比，同时又与分层班中未分层的语文学科的水平测试成绩进行了横向比较，具体见表1-3-13。

表1-3-13　　2003年北京市仪器仪表工业学校“语数外”水平测成绩对比统计表（满分：150分）

科目	数学		英语		语文	
班级	普通班	分层班	普通班	分层班	普通班	分层班
平均分/分	126.17	131.53	121	130.35	121.04	122.76
不及格率	6.17%	5.23%	9.69%	3.27%	1.77%	3.92%
及格率	91.83%	94.77%	90.31%	96.73%	98.23%	96.08%
优秀率	11.45%	30.72%	7.49%	16.99%	13.27%	19.61%

其中数学、外语是实施的分层教学，语文实施的是常规教学。普通班是指未分层班级。从表中对比可看出，数、外成绩明显高于普通班，未分层的语文变化不大，而以往语文水平测试成绩一般高于数学、外语成绩。

分层教学构建了一种新型的职教教学模式，融合了多种新型教育理念，提供了成功教育的实践场景。

成果一：提供了因材施教的教育模式。分层教学是建立在以学生学习程度为标准的基础之上，对学生的学习差异给出了“因材施教”的最佳教学环境。不同学习层面的学生在分层班中能获得准确的学习指导，受到适度的学习能力培养，处在低层教学中的学生，容易建立学习的自信，形成自主的学习意识。事实上，分层班教学会形成良性的学习循环，因为分层教学首先培养了学生“层选择”能力，而“层选择”促进了“层目标”的形成，“层目标”会产生“层动力”，最终促成学生“学习目标行为”的能力形成和建立，从而逐步改善中专校学生学习被动的局面。

成果二：实现了人性化教育理念。分层教学尊重了人的学习能力差异，给出了不同层面的学习选择。人都渴望成为成功者，分层教学为学生提供了成为“成功人士”的可能，使“成功”变得更易实现。实验中一些从未品尝过“成功”的学生在分层教学中实现了“成功”的梦想，从而激发了再次获取“成功”的学习热情。而一些已取得成绩可以升层而不想升层的学生，甚至表现出了一种“宁当鸡头不当凤尾”的心态。分层教学不但满足了学生当“成功者”的愿望，而且使学生在这份成功中感受到“成功”的乐趣从而获得学习动力，成为学习活动的积极参与者。

成果三：提供了新人才观的理论信息。在学校中占据主流的教育观念将学习水平按绝对成绩标准划定，而分层教学的观念是依照“成功教育理论”的相对成绩标准划定，这是两种截然不同的人才观，是“成功教育”区别于一般教育的核心。“成功教育”的理论是一种“相对成功”的学习理论，有利于职业学校进行学生“最大化学习”的教育理论研究（所谓“最大化学习”就是指学生在有限时间内获取的最大学习效率），也有利于职教多层人才培养目标的实现。分层教学实验证明，在有限时间内学生的能力开发是有局限性的。学生学习失败的原因很多是由于学习的定位不准确所造成。所谓“没有教不好的学生”的人性化教育理论，应该是建立在“学习个体准确的学习定位”前提下。

成果四：利于职业教育的就业导向。企业对职业学校的人才培养要求是多层面的，分层教学实现了学生不同层面的学习，给出了学生学习发展的空间和时间，事实上已为学生未来职业的选择规划出了发展的路线。

成果五：开发了专业课程的培养路径。为不同的学生构建不同的职业出口是职业学校办学的终极目标，因而，专业学习的递层才是分层的真正目的。学校基础文化课的分层教学，引起了专业教师的关注与兴趣，激发并造就了学校以“成功理念”为指导的专业课分层教学试验，这是一种以活动课形式为载体，以项目教学法为基本方法的分层课型，将教学目标划分出不同项目等级，让学生从最基础等级做起，按自有能力，逐级攀升。这种分层法，激发了学生极大的学习兴趣和创作欲望，取得了意想不到的学习效果。

四、自动控制技术专业改革

在北京市职教所《中等职业学校教学方法与手段的研究》课题组的指导下，学校选择了“自动控制技术”专业的可编程序控制器原理及应用课程，进行专业课教学方法与手段改革实验。根据本专业的培养目标和岗位能力要求，把建设专业教室与改革教学方法密切配合作为研究内容，探索教学方法与手段的改革思路。

建立多功能专业教室　1999年，学校建立了专业教室，把可编程序控制器原理及应用课程的教学场所从普通教室搬到了专业教室，可编程序控制器简称PLC，是一种采用微电脑技术的自动控制设备。该课程实践性强，学生要在充分理解指令使用要点、程序结构特点和控制要求的基础上完成编程、调试任务。课程具有智能型与技能型相结合的特征。针对这一特点，自控专业将筹建专业教室与教学实验工作同步推进，并参考了德国职业教育的教室环境布置，将原自控实验室改建为专业教室，把实验台有机的合并，以便利于学生的小组学习和互助，这种教学环境创设既能安放教学设备，又能安放实验设备；既能进行课堂教学，又能进行实际操作；既能集中听教师讲解，又利于学生小组讨论。传统的教学方式是教师讲学生听，不利于学生能力的培养和技能的提高，在专业教室学习则不同，边讲边练、及时巩固、练中提高的教学方式，更加接近职教生知识接受能力的实际状况，利于实现职业教育的教学目标。通过实践，师生均感到这样安排的教室与该课程的特点十分贴近，它打破了传统课堂上过于沉闷的学习气氛，拉近了教师与学生的距离，增加了学生实践动手的机会，实现了教师对个体化差异学习的有效指导，显著提高了学生学习兴趣及吸收率。

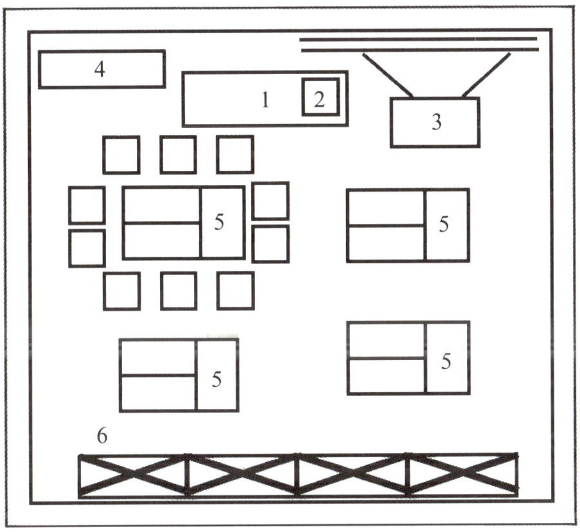

1—教师位置
2—多媒体计算机
3—投影仪
4—模拟演示台
5—学生座位，放置三台PLC
6—器材、资料、书籍柜

专业教室示意图

采用四步教学法　经过教学实验，在教师的探索、改革和创新中，形成了与专业教室相适应的“讲练结合—循序实操—排障研讨—自主整合”四步教学法。

讲练结合：课程讲解在专业教室进行。教师用很少时间将学习要点利用投影、计算机辅助教学手段进行知识讲解，然后直接带学生进入操练阶段。

循序实操：过去在教室学习，需要4个学时。学生初次接触这种有一个状态选择开关、三个显示窗口、八个显示灯、三十一个按键的编程器时，总是晕头转向不得要领。而在专业教室上课，教师专门设计有针对性的指令，讲几条，就领学生操作几条，学生边听边练，重复几次后，“清零”“输入”“删除”“插入”“修改”“查找”等操作经过45分钟就轻松地掌握了。专业教室的设置，给了学生自主实践、思考、分析、讨论、训练的余地和空间。

排障研讨：完成一个单元的指令学习之后，或者在学习一组新的指令时，及时进行实验操作。在实验的设计上，教师根据学生认识过程的梯度和知识迁移的规律，从使用要领入手循序渐进。其方法分为四步：第一步验证实验程序，第二步调试实验程序，第三步调试工程应用程序，第四步自己设计程序。

学生在PLC实训室完成课业任务

自主整合：设置这个环节主要是为引导学生深入地认识问题，学会分析方法，提高分析能力，能扎实地掌握操作方法。如在学习“PLS、S、R”指令单元时，学生在学习了上升沿微分指令“PLS”后，教师便设疑：“如果需要下降沿微分指令怎么办?”教师在做出简要提示后，学生仅经过小组讨论，便能在原有程序的基础上，编出符合要求的新程序。实验中，当学生调试完程序之后，教师用改动程序或变更接线人为“制造”各种错误（简称设障），限定学生在短时间内重新调试好。这样的人为设障法，大大提高了学生的分析能力和操作技能。教师常会利用学生完成任务的时间差，补充不同层级的设障，为先完成任务的学生布置更高级别的“排障”任务，实现了对具有不同学习能力的学生实施分层教学的目标，有效激发了学生的学习积极性。

经过讲解—实验—设疑讨论之后，教师都会把提高阶段落实在应用上，在学习了基本逻辑指令之后，引导学生编写“三个风机运行监视”程序，学习了计数器、定时器指令单元之后，让学生编写“高精度时钟”应用程序。这样一步一个脚印，一步一个台阶，编程的难题就被逐渐克服了。北京市仪器仪表工业学校专业教室四步教学法特点见表1-3-14。

表1-3-14　北京市仪器仪表工业学校专业教室四步教学法特点一览表

要素	知识讲解	循序实操	排障研讨	自主整合
教师活动	传授知识	设计实验题目	对实验设置故障	引导解决实际问题
学生活动	理解领会	实验操作	排除故障	编程并调试

续表

要素	知识讲解	循序实操	排障研讨	自主整合
教学法	讲授、启发、揭示规律	用理论指导实践，掌握技能	用理论分析、讨论、排除故障	提出控制要求，学生编程并调试
教学手段	讲解、投影、计算机辅助教学	实际操作训练	计算机辅助教学、操作训练	投影、计算机辅助教学、操作
运用要领	围绕目标讲透原理，启发引导	题目循序渐进有针对性，练中点拨	易错处重点练，有启发性的适当练	学生能独立完成编制程序和调试程序
组织形式	集体教学为主	小组教学为主	小组教学为主	小组教学为主
能力培养	理解能力及思维的敏捷性	逻辑思维能力、实际操作能力、调试程序能力	逻辑思维能力、分析能力、创新能力	分析、综合、实际操作能力
适用范围	工科中等职业教育实践性较强的专业课程			

运用多媒体辅助教学　专业教室配备了多媒体计算机，教师自制教学课件，使多媒体技术成为教学方法与手段改革的重要工具。教学中，教师选择不易表述的难点和重要知识点，借助多媒体技术，加速学生理解过程，如用动画展示移位寄存器的工作状态，就可以用动画的形式保留每次移位前各存贮单元的状态，这样学生在对比中很容易理解，并学会使用。还可以用动画模拟接点动作后的效果，使本来很抽象的东西变得具体了。它有利于学生掌握诸如"PLC的周期性扫描工作方式""接点产生滞后的原因分析"等知识点，且记忆深刻。另外，在列举工业现场的实际问题时，大量的控制要求、生产工艺、测控手段及动作周期，对于缺少实践经验的中专学生来说，在短时间内是不易理解的。用动画把这些信息综合起来立体化、形象化展示，很容易抓住解决问题的关键点。

第六节　师资队伍

自建校以来，学校重视教师队伍建设，通过每年接收研究生到校任教等途径提高教师学历层次，提高教师队伍整体素质。

一、队伍规模与结构

1985年学校建立初期，专任教师33人，至2007年，学校已初步建成了一支素质优良、结构合理、专兼结合的教师队伍，专任教师80余名，其中“双师型”教师占专业课教师的68%，为培养合格人才提供了有力保障。1986—2006年的专任教师及其职称、学历情况见表1-3-15和表1-3-16。

表1-3-15　　1986—2006年北京市仪器仪表工业学校专任教师情况统计表

年份	教职工总数	专任教师总数	年份	教职工总数	专任教师总数
1986	76	49	1997	230	87
1987	198	52	1998	216	77
1988	241	57	1999	200	82
1989	232	58	2000	193	82
1990	12（干部中专）	3	2001	194	78
	236	76			
1991	229	64	2002	190	82
1992	237	59	2003	185	80
1993	227	51	2004	188	80
1994	237	67	2005	181	80
1995	253	77	2006	181	80
1996	241	75	/		

表1-3-16　1986—2006年北京市仪器仪表工业学校教师职称学历情况统计表

年份	专任教师职称情况					专任教师学历		
	总数	副高级	中级	初级	教员	大学及以上学历	专科	中专（高中）及以下
1986	49	/	15	6	28	32	15	2
1987	52	/	16	3	33	29	21	2
1988	57	5	23	26	3	30	25	2
1989	58	5	28	23	2	31	25	2
1990	3	/	1	1	1	/	/	/
	76	4	38	29	5	47	28	1
1991	64	6	33	19	6	41	22	1
1992	59	7	27	24	1	40	18	1
1993	51	11	29	11	/	32	17	2
1994	67	14	40	13	/	39	25	3
1995	77	11	38	14	14	45	26	6
1996	75	14	35	23	3	46	23	6
1997	87	16	38	29	4	59	25	3
1998	77	16	29	27	5	56	19	2
1999	82	16	35	24	7	63	17	2
2000	82	17	35	27	3	64	16	2
2001	78	17	31	20	10	61	15	2
2002	82	20	28	25	9	66	14	2
2003	80	26	27	27	/	78	2	/
2004	80	27	30	23	/	78	2	/
2005	80	26	30	20	4	76	1	3
2006	80	26	30	20	4	76	1	3

教师风采

二、教师队伍创建与管理

1985年，总公司按学校发展制订规划，经市经委批准，学校生源发展规模定为800人，设置精密仪器制造、自动化仪表、工业企业管理和模具设计与制造四个专业。

队伍创建 1985年，学校有专任教师54人，具有大专及以上学历的有36人。学校要发展规模必须先调配师资力量。按总公司要求和相关编制标准规定，1991年，学校在校生实际规模应达1050人（其中800名正规生，250名高级技工委培生），教职员工总数应达242人，其中专任教师应达121人，为让教职员工与学生比例达到规定的1：434，学校一方面向有关领导部门申请编制，一方面采用多种录用方式按比完成师资配置。

为保证师资队伍的质量，补充师资遵循原则如下：一是师资以应届高校本科毕业生为主，数量占60%～70%，除基础课外各专业科允许补充少量的大专毕业生，数量约为20%，对少数确有发展前途，具备当教师资质，而又需要的中专毕业生，各专业科可选留1～2名，但必须送往机械工业部有关高等学校进修，在取得相当于本科水平后，方可担任教师工作。二是专业科的教师可在总公司系统补充一批有实践经验的工程技术人员，一般约占补充师资总数的20%。三是补充师资的学历结构应满足的比例为本科：大专：中专=7：2：1，而年龄的结构比为50岁以上：（36～49）岁：（29～35）岁：22岁以下=1：3：5：1，各类专业教师的结构比例为文化基础：精密仪器制造：自动化仪表：工业企业管理=4：3：2：1。

队伍培养 为了适应科学技术迅速发展的新形式，学校建立了教师进修制度。教师需不断补充和更新科技知识，扩大知识面，丰富教学内容，提高教学质量。为抓好教师的知识更新，学校举办了两个进修班，一是教师英语进修班，帮助教师提高外语水平，达到可以直接阅读国外科技资料的程度；另一个是电子计算机进修班，让理工、管理专业的教师掌握一二种计算机语言，并将计算机引入专业课程的教学中去。为使教师扩大视野，加快知识更新，“七五”期间，学校让大部分教师参加有关学科的学术性交流会议。

培养教师的实践能力：对于新参加工作的青年教师，原则上都要参加半年到一年的生产实践，并担任半年实验员工作和图书资料管理工作。对现有未达到大学本科毕业水平的青年教师，继续采用脱产、半脱产、在职进修的方法，有计划、有步骤地安排他们去进修，争取在“七五”期间有百分之七十的人达到大学本科毕业水平。

对中年以上的教师，连续担任教学工作3～5年后安排半年时间脱产进修，用于知识更新、开展科研和教育研究、写论文、著书立说和社会调查等。

学校制订了培养学科带头人的政策。对中青年教师进行认真细致的长期考察后，在确有发展前途比较优异的人才中选送23名到有关高校研究生班或师资研究生班进修。

师资管理 学校进一步完善了教师业务档案，采用建立教师岗位责任制，实行教师聘任制，设定教师工作量，建立教师教学质量考核办法等项措施进行师资管理，为了帮助新参加工作的青年教师提高教育工作能力水平，学校规定其三年之内实施坐班制，并安排担任1～2年的班主任和社会工作；专业课青年教师则必须参与指导学生的毕业设计，带领学生参加教学生产实习劳动。鼓励教师在教学第一线讲课、辅导、带实验，推动教学改革，提高教学质量。

为更好地落实党的知识分子政策，学校不仅从业务上帮助教师，还从生活上和政治上关心爱护教师，坚持每年对教师的健康进行普查；对工作负担重，健康状况欠佳的教师，采取有效措施，分期分批地安排其疗养，并创造条件解决教师住房难的问题。对有政治追求的教师，党组织热情指导、严格把关，及时吸收符合条件的教师入党。每年“教师节”时，学校都会大力表彰先进教师的模范事迹，并认真梳理一次教师中存在的问题，切实为教师办一些实事。

理论学习 学校以讲座、讨论、自学的形式开展“教育学”学习。1986年的教师考核工作，要求讲师以上的教师结合教育学写出一篇论文，合格后由学校发给结业证书。对未学过教育学的新教师，必须在到校后一年之内参加教育学的考核。学校从1989年开始组织教师学习“职业技术教育学”理论，并要求结合中专教学的实际，写出一定水平的教育研究论文，或写出中专教学工作总结，经考核合格后由学校发给结业证书。以上两项教育理论的学习，是教师聘任、考核和晋升的依据之一。

三、教师队伍建设与培养

1990年，学校制订“八五”期间师资队伍建设规划，在“坚持方向，深化改革，适度发展，提高质量”的方针指导下，提出“满编运行，转变机制，专兼结合，动态稳定，提高素质，尊重人才”的师资队伍建设指导思想，建设适应改革开放、结构合理、整体优化的师资队伍。

队伍建设 学校根据教改形势对不同年龄段的教师分别提出“宽、促、严”三种标准：对老教师宽容体谅，即适当考虑他们在教改中的位置制订相应政策，又要充分发挥他们在专业建设和培养新人上的“传帮带”作用；对中年教师采用激励政策促其创新发展，为促进他们知识结构上台阶，学校先后送出30多人参加研究生学习以提升他们的教学能力和水平；对青年教师的培养则实施导师制，学校制订和规范了青年教师的培养路径，加快其迅速成长。

学校注重选拔培养中青年骨干教师出国学习，曾先后派出40余名教师到英国、美国、德国、新西兰、韩国学习教学教法、教学模式、专业技术，并进行学术交流。学校制订了骨干教师评定机制，对市、校级骨干教师在培养、进修、津贴等方面给予优惠政策；学校提倡教师学习教育新理论和新知识，提高科研能力和实践动手能力；并创造机会和条件，鼓励专业课教师取得技能证书。

满编运行 教师队伍在实行满编的前提下，60%的教师主要从事教学工作，20%的教师在从事教学工作四五年后，有一年的小结，进修培训提高期，亦可编写教材，另20%的教师主要从事技术服务和科研工作。这种“6–2–2”专任教师满编运行机制，可使教师结构达到科学合理。教师的知识不断得到更新，教学内容不断得到充实，教学质量不断得以提高。

补充师资 学历以大学本科为主，大专毕业生数一般不超过10%，对少数确有发展前途，具备当教师的政治业务素质，而又有迫切要求的中专毕业生，各专业学科可选留1～2名，但必须送往有关高校相应专业去培养，在经过1～2年实践的锻炼，取得本科学历后方可担任教师工作。补充的师资在年龄结构上有利于学校师资队伍在年龄结构上形成梯队，在职称结构上形成合理的层次（即高级、中级职称）；补充师资优先考虑有专业实践经验的、有科技开发能力的、有科研能力的工程技术人员；由于学校还担负着职工中专、干部培训等成人教育，所以还要适当吸收有成人教学工作经验的人员。

保持动态稳定 为使学校师资队伍成为适应改革开放、结构合理、整体优化的队伍，保持动态稳定是必要的。

一是加强学科带头人和骨干教师的培养，经过选拔、推荐和考查，在1993年6月，学校确定了5～6名学科带头人，20～25名骨干教师。被确定的学科带头人、骨干教师要求为具备德才兼备、本科学历、教龄在四年以上的中青年教师。对学科带头人、骨干教师，学校为其创造良好的学术进修、业务工作环境和生活条件，在工资、职称上给予优厚的待遇或破格聘用，以形成并保持相对稳定人才辈出的局面。

二是保持师资队伍适当流动，对于素质较差或暂时不合格的教师，允许并促使其流动，一是向校外流动，二是在校内流动，可流动到校办实习工厂、实验室去锻炼，对不适合继续当教师的人员坚决调离教师岗位。

专兼结合 建立起专兼结合的师资队伍，即除了专任教师外，建立起一支校内、外兼职的讲师团。兼职讲师是聘请在校内担任各级行政领导工作或行业企业工程技术人员或离退休中有丰富教学经验的老教师。兼职讲师可担任专业课、新开设课程、选修课和开办讲座的教学工作，也可对学校的教学改革、开设新专业、专门化进行定期的咨询，或亲带课程设计和毕业设计。兼职讲师团的人数，一般占专任教师的15%～20%。

建立教学、生产实践和技术服务三结合的机制，鼓励专业课、专业基础课教师及有关人员积极参加技术服务和生产实践。建立技术服务机构，抽调专任教师编制的20%的人参加技术服务工作，对于有技术开发和经营能力的教师，相对固定在技术服务的岗位上，对于一般的教师可实行轮换制；根据上级有关部门的政策精神，制订校内技术服务的政策，吸引教师参加技术服务工作；对于参与技术服务工作的教师，实行“双师制”，既可当讲师，又可当工程师。

四、教师队伍实践能力培养

1996年，学校提出“九五”教师培养计划，针对学校35岁以下青年教师比例占全校专任教师总数44.8%的情况，有计划地加强教师教学水平和实践能力的培养，使他们中更多的人成长为骨干教师。支持教师进行专业学历进修、知识更新进修，提高教师实践教学能力。

学校在师资队伍建设中，努力提高教师思想政治素质、师德水平和业务能力。坚持在教师中开展“爱岗敬业树师德”的主题教育活动。学校每年举办新教师培训班，对新教师实行导师制，加强对青年教师的培养。为了加快提高教师学历层次和实践技能，制订了一系列教师进修培训办法，在教师中开展“六个一”工程活动，即每位教师需要有：一堂教改课、一个多媒体课件、一本技能证书、一篇高层次论文、一个教科研课题、一段社会实践。每位教师要正确分析自己的优劣势，制订达标步骤及措施，争取早日达标。学校采取有效措施，完善教师培养机制，每年举行公开课、评优课，评选优秀中青年教师，培养选拔骨干教师和学科带头人。

五、教师队伍综合能力提升

2001年，学校制订“十五”期间师资队伍建设规划，在师德师风建设和“双师型”教师培养方面开展工作。

师德教育 在教师思想政治修养和先进教育理论学习方面进行要求，增强教师的责任感、使命感。坚持开展以教书育人、为人师表、敬业爱生、乐于奉献为核心的师德教育，加强对师德的考核，考核的结果作为教师聘任、晋升，奖惩的依据，并实行师德“一票否决制”。

继续教育 按照按需培训学用结合的原则，满足广大教师学习新理论、新技术、新知识、新方法的需求。学校争取以多途径、多渠道的形式开展培训。

学历层次 学校每年有计划地选送符合进修条件规定的教师进修研究生（研究生课程），达到专任教师总数30%以上进修的目标。通过每年接收研究生到校任教等途径提高教师层次。在提高教师学历层次的培训中，加强实践环节，突出能力、素质和水平的培养，使教师的学历层次与能力、素质同步提高。

“双师型”队伍 职业教育培养的是应用型和实践型人才，加强兼有教师资格和其他专业技术职务的“双师型”教师队伍的建设是必要的。培养途径包括：引进企业、科研单位的科研和工程技术人员到校任教，培养专业课教师取得其他专业技术职务或中级以上技工等级证书，有计划、有目标地选送专业课教师到实训基地培训学习等。至2007年，“双师型”教师已占专业课教师比例达80%以上。

实习指导教师 一是完善教师培训办法，在教师中开展“着眼大局促改革，爱岗敬业树师德”系列主题教育，增强宣传教育的针对性和时效性，坚持对青年教师进行培训制度，实行导师制。2005年，制订《专任教师进修研究生（研究生课程）培训办法》《关于教师继续教育培训办法》《关于培养“双师型”专业课教师的培训办法》等制度，在教师中推进“六个一”工程。二是进一步强化队伍管理，学校及各教研室制订年计划，并对计划落实情况进行检查，将教师培训情况纳入年度考核内容之一，凡是参加培训的教师要写培训小结，学校对年度培训情况要写出自查报告。

六、教学科研工作

学校自1989年成立教育研究室（初期为“督导室”）开始，教育教学研究便逐渐步入正规化发展之途。

教研工作初创 教师教科研能力及水平优劣，直接影响学校整体教育质量、层级水平及学校地位。全面开展教科研工作，提高教职工的教科研水平成为学校重要的工作任务，教育研究被列入“一把手”工程，校长带头承担国家级和北京市的多项课题研究（参加教育部面向21世纪中职重点课题、全国教育科学“十五”规划国家重点课题等多项课题研究），同时经常性地为教学提供信息，鼓励并号召教学中层领导们瞄准职教改革的前沿阵地，捕捉职教最新信息，积极带领教研室投身职教改革的浪潮中，从而带动了基层教研活动的深入开展。

理论学习指导 教育理论是正确教育行为发生的基础与导向，也是教育素质提升的源泉与营养剂，教研室将常规化的理论学习规范化、制度化、书面化，先后组织教师学习了《教育新理念》《师生沟通的艺术》《活动教学论》《多元智能与课程改革》等多种最具前沿思维的教育理论书籍和贴近教学实际的书籍，为教师课堂改革、论文写作带来了多方面的指导。

行督重导模式 督导是教研室的常规工作，搞不好会让教师产生紧张不适的情绪。为了使督导工作既发挥监察规范教学的作用，又不失充满疏通引导教学的友善，教育研究室发明了三维诊断评课法，即由“三卷两表”组成，“三卷”由学生听课自我评价、教师课后自我评价、听课者听课体验三张问卷表格组成（学生问卷采用不记名的方式，课后随机发放5～7张），问卷表中仅有自我评价的选项和建议，没有答卷人对对方的评价；“两表”则由学生听课信息统计分析表和教学诊断分析书组成。“两表”由督导员根据数据汇总写出诊断分析书后，送达教师手中，同时与教师进行充分交流。这种听课方式减缓了老师对听课的不良情绪反应，因而受到教师欢迎，甚至出现老师自请听课现象。

教研平台搭建 用课题带动人才培养，是快速出人才的捷径。学校将课题分为技术型、研究型、教改型，鼓励教师与企业共同开发实际项目，立项后学校给予人员、设备、经费重点支持。

学校采用多种模式主动为教师搭建教科研平台。一方面主动出击，联系承接课题，一方面有意识地推荐教师参加国家级、市级大课题，同时自己组建课题评审小组，开展校内做课题活动，培养更多教师做课题的能力。学校把课题工作列入教师考核政策，促使教师从单一教书型向多元研究型的层位转变。课题成果带动了教师论文的质量，极大增强了老师搞课题的兴趣和自信。

教改主要成果 学校每年召开的学术年会已成为教师展示成果、收集信息、了解动态、感受成功、调动激情的大会。该会议已成为学校引导教改方向，提升教师层次的盛会。

教师参与编写的部分教材

2005年学术年会

由于教育层面的整体提升，学校有三十多名教师参加教育部、机械行业、北京市各级教育教学研究组织，并担任一定的职务。学校先后承接国家和省市研究课题10余项，由中青年骨干教师牵头的教科研成果近20项，有百余篇论文获全国及省市优秀论文奖和教学成果奖，各类刊物发表论文近40余篇，主编、副主编或参编教材近40册，并多次在全国和市属范围内宣讲论文、介绍成果。

七、教师荣誉

1988—2005年北京市仪器仪表工业学校教职工获得主要荣誉见表1-3-17。

表1-3-17　　1988—2005年北京市仪器仪表工业学校教职工获市级及以上荣誉一览表

序号	年份	获奖人及奖项
1	1988	管立志获机械电子部系统优秀教育工作者称号
2	1989	童和庆获北京市工业系统优秀教师称号
3	1989	王书言获北京市工业系统优秀教育工作者称号
4	1991	管立志获北京市优秀教师称号，获全国优秀教育工作者称号
5	1991	赵立群获北京市优秀教师称号
6	1994	陈昊获北京市工业系统优秀教育工作者称号
7	1995	陈昊获北京市优秀教育工作者称号，获全国优秀教育工作者称号
8	1996	高德荫、李延飞获北京市工业系统优秀教育工作者称号
9	1997	张英获北京市优秀青年教师称号
10	1998	陈昊获北京市工业系统十佳教育工作者称号
11	1998	连燕玲获北京市教育系统德育先进工作者称号
12	1998	陶砂、曲錡、张英获北京市中等专业学校优秀中青年骨干教师称号
13	2005	龚戈淬获北京市优秀教师称号

第七节　学生培养

一、德育教育

学校一直将学生的道德教育、法制教育、心理教育、思想政治教育、综合素质的培养作为工作重点，依据不同年级学生的身心特点和知识水平，由浅入深、由低到高、分层递进，在实践中逐步形成了多方位、系列化的学校德育工作体系，通过“看”“讲”“唱”“评”“赛”等方式，开展多种形式的学生喜闻乐见的活动，调动学生的参与意识，使德育工作生动活泼、丰富多彩。经过几十年工作，形成了领导重视、全员参与、齐抓共管、协调配合的德育工作系统，建设了一支理念先进、作风硬朗的德育工作队伍，积累了一套行之有效的德育工作模式。

1990年，学校提出突出德育教育，把德育工作放在学校各项工作的首位，制订了学生德育十条目标，编写学生思想品德教育大纲，根据学生不同年级的特点，确定每一学年的德育工作重点，使学校德育工作逐步制度化、规范化。以“养成教育”为重点，形成人人、时时、处处做德育工作的氛围，以教书育人、管理育人、服务育人为三条主线，全方位做好学生德育工作，努力培养社会主义建设的合格人才。

学生工作交流会

1995年，进行政治课考试方法改革，采用理论学习与日常行为表现挂钩的评分方法，体现出知识、能力、觉悟的三位一体。

二、建立教育激励机制

1999年，为促进学生全面发展，学校改革了奖学金发放办法，加大奖励力度，设立特等奖学金（1600元/年）及一至四等综合奖学金。为鼓励学生充分发挥自己的特长，为在某一方面表现突出的学生设立了学雷锋、爱劳动、见义勇为、科技创新、文学创作、体育、文艺等八类单项奖学金。调动了学生学习的积极性，增强了学生的自信心，促进学风的健康发展。

2001年，为适应现代职业教育特点，推进素质教育，形成良好的行为习惯，实行“学生课堂行为量化评价体系和学生日常行为量化评价体系”，将学生的“日常行为考核”“课堂行为考核”和“住宿生学习、卫生、纪律综合考核”分阶段汇总，三位一体对学生进行操行评价，其成绩作为学生学期评优、评奖的依据。学校在日常教学和各项活动中十分重视对学生综合能力的培养，在学生日常管理中坚持“四自”的原则，即自我管理、自我教育、自我服务、自我约束。

三、综合素质培养

学校一贯强调以就业为导向，突出职业道德和行为规范教育，加强学生竞争意识、创新意识的培养。入学之初，一年级学生的德育课通过理论课、活动课、讲座等形式帮助学生初步形成一定的职业道德理念及行为规范。对将毕业的学生，学校安排“就业行为指导课”，通过介绍人才市场对中专生需求预测、举办讲座等多种形式进行教育，强化职业意识，提高毕业生对岗位的适应能力。

学校以全面提高学生综合素质为目标，开设了创业、美育、书法、学生心理健康教育等课程，丰富学生活动，使学生获得可持续发展的潜在素质。

学校在日常教育管理中，注重多方位、多角度、多层面开展工作，以活动促进教育，如每班每学期一周安排“公益劳动课”，在为全校师生服务的同时，督促检查同学们落实管理条例，纠正违纪现象，使学生在“自我服务”的过程中锻炼提高自我管理能力，养成良好的行为习惯。通过升旗仪式、秋季运动会、艺术节、文艺汇演、歌咏比赛、篮球联赛，拔河比赛、课间操比赛等形式多样的学生集体活动，使在校生的团体合作意识不断增强，合作能力不断提高。每学期各班级均组织2～4次主题班会，并进行主题班会评比，举行优秀主题班会观摩活动，提高学生主动交流的意识，增强学生收集和整理信息的能力。学校举办“科技节”，为锻炼培养学生创新能力提供舞台，涌现出“科技制作小能手”为代表的一批热衷于科技创作的学生骨干，使学生的创新能力得到整体提高。1995—2003年学校学生获得主要荣誉见表1-3-18。

表1-3-18　　1995—2003年北京市仪器仪表工业学校学生获主要荣誉一览表

序号	获奖内容	获奖年度
1	9441班获评北京市优秀班集体	1995—1996
2	9741班获评北京市级先进班集体	1997—1998
3	张洪洁同学获评北京市级优秀学生干部	1997—1998
4	张东颖、杨曼、张宏伟同学获评北京市级三好学生	1997—1998
5	高秋华、李华杰、高鹏程、李想、梁红玉、周春艳、刘佳、龙海波同学获评北京市级三好学生	2000—2001
6	张晓倩、马艳玲、张期珊同学获评北京市级优秀学生干部	2000—2001
7	马晶晶同学获评全国三好学生	2003

学生运动会入场式

四、学生文体活动

文化艺术活动　学校将美育教育纳入常规工作中，在学生中开展丰富多彩的文化艺术活动，组织参加各项重大活动和文艺演出比赛，如1989年选派150名师生参加国庆联欢晚会，舞蹈《美的旋律》在北京市中专三月鲜花文艺汇演获三等奖；1997年，在第四届北京市学生艺术节上，燕娜同学获中专组十佳歌手称号，琵琶独奏《草原英雄小姐妹》获中专器乐二等奖；1998年在第六届北京市学生合唱节上，合唱《森林中之声》获中专组优秀奖；1999年五十周年国庆，选派180人参加国庆白天游行庆典、50人参加焰火晚会活动，同年选派96名学生参加北京市人民迎接澳门回归祖国联欢晚会；2000年在第七届北京市学生合唱节上，合唱《蓝色多瑙河》和《摇篮曲》获中专组优秀奖；2001年在第六届北京市学生艺术节上，舞蹈《山路十八弯》获中专组三等奖和创作奖；2002年在第八届北京市学生合唱节上，合唱《同一首歌》和《走进新时代》获中专组三等奖。

学生合唱队登台演出

学生在学校艺术节表演自编腰鼓舞

体育活动 学校将体育活动作为集体主义教育、心理健康教育等素质教育的内容。常规的活动是每年的田径运动会和各单项比赛活动。学校建立了田径、篮球等学生运动队，吸引有特长的学生参加，作为体育强校，多次获得北京市中职学校田径运动会团体总分冠军，北京市中职学校篮球联赛冠军等荣誉称号，并被北京市体育局认定为“篮球传统项目校”。

1993—2004年北京市仪器仪表工业学校运动队主要参赛成绩见表1-3-19。

表1-3-19 1993—2004年北京市仪器仪表工业学校运动队主要参赛成绩一览表

序号	获奖内容	获奖年份
1	获北京市中等专业学校篮球联赛男子组第三名	1993
2	获北京市中等专业学校篮球联赛男子组第二名	1994
3	获北京市中等专业学校篮球联赛男子组第二名、北京市第二十三届中专田径运动会甲组男子团体第八名和女子团体第八名	1995
4	获北京市中等专业学校篮球联赛男子组第二名、北京市职业学校篮球联赛男子组第三名、北京市第二十四届中专运动会甲组团体第八名	1996
5	获北京市第二十六届中专田径运动会甲组男子团体第六名	1998
6	获北京市第一届职教田径运动会甲组团体第五名	1999
7	获北京市中等专业学校乒乓球联赛女子团体第二名、女子单打第二名和第三名，北京市中等专业学校篮球联赛男子组第一名，北京市第二届职教田径运动会甲组团体第二名	2000
8	获北京市中等专业学校乒乓球联赛女子团体第二名、女子单打两个第三名，北京市中等专业学校仪表杯篮球联赛男子组第一名，北京市第三届职教田径运动会甲组团体第二名	2001
9	获北京市中等专业学校乒乓球联赛女子团体第一名、女子单打第一名和第二名，北京市振兴中华第十九届匡威杯篮球赛职教男子组第一名，北京市中等专业学校篮球联赛男子组第一名，北京市第三十届中专田径运动会乙组团体第一名	2002
10	获北京市振兴中华第二十届匡威杯篮球赛职教男子组第二名，北京市中等专业学校篮球联赛男子组第一名，北京市第三十一届中专田径运动会乙组团体第一名	2003
11	获北京市第三十二届中专田径运动会乙组团体第一名	2004

校园篮球赛

参加2006年中专运动会

学生风采

五、毕业生就业情况

毕业生规模　建校以来，学校中专毕业生累计1万多人，从1987年首届毕业生40名，至20世纪90年代初的300多人，进入2000年后毕业生达到1300多人，为行业所属企业和社会输送了一批又一批的技术技能人才，1986—2006年历届毕业生情况见表1-3-20。

表1-3-20 1986—2006年北京市仪器仪表工业学校中专毕业生情况统计表

年份	毕业生人数	年份	毕业生人数
1986	/	1997	310
1987	/	1998	622
1988	81	1999	592
1989	69	2000	895
1990	109	2001	1397
1991	115	2002	996
1992	198	2003	1091
1993	241	2004	851
1994	203	2005	712
1995	239	2006	678
1996	226	/	

分配去向调查 1990年，学校对往届毕业生进行了追踪调查。截至当年，已经向社会培养了包括技工、中专、职工中专、电视中专、职大、电大等各类人才2536人，其中中专毕业生1525人。这些毕业生成为企事业中技术、管理骨干力量，他们当中从事本专业施工、工艺、设计等技术工作的占61%，从事企业管理和其他技术管理工作的占16%，从事教育、共青团、外贸、新闻等其他工作的占23%，提拔到企业和车间领导岗位上的毕业生占13%。学校的毕业生，在专业对口的岗位上，以其较扎实的基础知识和较过硬的专业技能，做出了可喜的成绩，受到了用人单位的欢迎和好评。

学校毕业生分布在北京市仪器仪表、电子（广播电视）、机械、一轻、二轻、纺织、医药、新闻、出版、汽车、外贸、煤炭、教育、民政、化工、电力、政法、商业等十多个系统，近170多个单位，其中70%分配在仪器仪表、电子系统的126个企事业单位。其中，北京市仪器厂是接收学校毕业生最多的企业之一，毕业生分布在每个岗位，在工艺、设计等技术部门工作的毕业生，已经成为不可或缺的技术骨干力量，不少人已担任工程师职务。该厂中层干部大部分系学校毕业的学生。1991年学校毕业生主要分配去向见表1-3-21。

表1-3-21 1991年北京市仪器仪表工业学校毕业生主要分配去向统计表

主管上级	接收单位	精密仪器		企业管理		自动化		总人数
		男	女	男	女	男	女	
北京仪器仪表总公司	北京仪器仪表工业学校	1	/	/	/	1	/	2
	北京自动化仪表厂	/	/	/	/	/	1	1
	北京低压电器厂	/	/	/	/	1	1	2
	北京第二光学仪器厂	1	1	1	1	1	1	6
	北京整流器厂	/	/	/	/	2	4	6

续表

主管上级	接收单位	精密仪器		企业管理		自动化		总人数
		男	女	男	女	男	女	
北京仪器仪表总公司	北京光学仪器厂	1	/	/	/	/	/	1
	北京仪表机床厂	1	/	/	/	/	/	1
	北京电表厂	1	1	/	/	3	2	7
	北京自动化仪表二厂	/	/	1	2	/	/	3
	北京分析仪器厂	1	1	/	/	1	/	3
	北京自动化仪表七厂	/	/	1	1	1	1	4
	北京模具厂	1	/	/	/	/	/	1
	北京照相机总厂	1	/	/	/	/	/	1
	北京自动化控制设备厂	1	2	/	/	2	/	5
	北京椿树整流器厂	2	1	/	1	/	/	4
	北京科学仪器厂	2	2	/	/	/	/	4
	北京市仪器厂	2	/	1	/	/	/	3
	北京检测仪器厂	/	2	/	/	1	/	3
	北京市仪器仪表工业总公司供应公司	/	/	3	/	/	/	3
北京机械局	北京机械工业学校	/	/	/	/	1	/	1
	北京第二机床厂	/	/	1	1	/	/	2
	北京第二机床厂	1	/	1	1	/	/	3
	北京机床齿轮厂	3	2	2	4	1	1	13
北京市电子办公室	北京录音机厂	/	/	/	2	2	2	6
	北京大华仪器厂	/	/	/	/	2	4	6
	北京半导体器件五厂	2	2	1	2	/	/	7
	北京显像管总厂	1	/	/	1	/	/	2
	北京电视机厂	/	/	/	1	/	/	1
航空航天部	航星机械制造公司	/	/	/	/	1	1	2
	曙光电机厂	1	1	3	2	/	/	7
	长空机械厂	1	/	/	/	/	/	1
电影电视部	北京广播电影电视部	/	/	/	1	1	/	2
水利水电部	北京电力自动化设备厂	/	/	/	/	/	1	1
城建总公司	北京市城市建设总公司	/	/	/	1	/	/	1
市农办	北京市郊区旅游实业开发总公司	/	/	/	1	/	/	1
卫生局	北京友谊医院	1	/	/	/	/	/	1
企业	北京国际艺苑筹建人事部	/	/	/	1	/	/	1
企业	北京北辰实业集团公司	/	/	/	1	/	/	1

六、优秀毕业生事例

杨睦民 北京市仪器仪表工业学校1989届工业企业管理专业毕业生，曾任北京低压电器厂团委书记、宣传部长、劳动人事处长、组织部长；北京敬业电工集团党委副书记、纪委书记、副总经理；北京京仪敬业电工集团总经理；北京京仪敬业电工集团党委书记、董事长；北京京仪敬业电工有限公司党委书记、董事长、总经理；北京京仪敬业电工科技有限公司党委书记、董事长；北京京仪工贸有限公司董事长；北京京仪世纪电子股份有限公司董事长。至2023年任北京京仪集团有限责任公司党委常委、副总经理。中专毕业后杨睦民被分配到北京低压电器厂，从生产科统计员、调度员干起，踏踏实实、一步一个脚印，经过业务、党务、管理等多岗位锻炼，逐步成长为大型国有企业的领导干部。他先后从事过团委书记、宣传部长、党办主任、组织部长、纪委书记、党委书记等党务工作，担任过处长、总经理、董事长等经营工作，当选过多届区人大代表。在繁忙的工作之余，他不忘提高自己的学历层次，增加知识储备，先后获得专科、本科、研究生学历和高级管理人员工商管理硕士学位。

卢莉莉 北京市仪器仪表工业学校1996届精密机械制造专业毕业生，现任国药集团药业股份有限公司麻药中心销售总监。中专刚毕业时分配到北京光电设备厂，先后在生产技术部门、营销管理部门工作，卢莉莉有非常强的学习能力，在校期间就利用课余时间在对外经贸大学学习了商业管理专业并取得了大专学历，毕业后边工作边学习，又在北京大学取得了计算机信息管理大专学历。她通过不断努力考取了中国人民大学会计学专业本科并通过职称考试获得会计中级职称，后调入中国医药集团某部门担任财务工作。为了更好地适应药企的工作，她又考取了上海交通大学的药学专业获得大专学历，并于2003年开始进入特药经营领域。我国特药领域由于管理严格，麻药用药水平很低，相对于其他国家是比较落后的，卢莉莉在工作中积极协助政府相关部门开展特殊药品政策宣传与学术推广，足迹遍布全国各省、市、县，以严谨的工作作风和出色的增值服务诠释着“携手共创无痛世界”特殊药品经营理念，使癌痛患者从用不上药到不出乡镇就可以使用大三甲医院的药品。她从一名普通业务员做到大区经理、再到部门副总监、总监，带领团队专心根植于我国的特药事业，从全国一个多亿的市场做到现在将近百亿，极大促进了特药行业的健康发展。

张渤海 北京市仪器仪表工业学校2002届自动控制技术专业毕业生。他于2006年自主创业，成立北京海创高科科技有限公司并担任董事长，该公司是一家专注于工程质量检测仪器自主研发的中关村高新技术企业，国高级高新技术企业，北京市专精特新、瞪羚羊企业。该公司从初创的十几人，发展到总人数达200余人，业务量扩大到全国30个省、自治区、直辖市共计2000余家最终用户，打造了300多家优质的经销商网络。作为董事长，张渤海非常注重“创新”和“人才”这两个企业长久发展的重要基石。公司产品均是依据用户需求和国家规范要求，精心为用户量身设计开发，2013年公司获得“加固产业创新力企业50强”的荣誉称号。2015年公司在河北固安工业开发区征地30亩，建立检测仪器生产线和工程检测实训基地，与中国建筑科学院、同济大学、东南大学、天津工业大学等十几所大专院校达成校企合作，建立专家工作站和科研人才基地。2019年该公司布局产业上游，成立全资子公司“测维检测”，服务的客户有融通集团、北京各政府机关等。2020年1月受疫情联防联控机制委托，公司紧急转产生产五万只额温枪，获得“北京市疫情防控突出贡献企业”称号。

陈莹　北京市仪器仪表工业学校2004届数控机床加工技术专业毕业生，毕业后入职“北京长空机械有限公司”（现名为北京航科发动机控制系统科技有限公司），属于中国航空发动机集团。陈莹在北京航科大胆创新，不断将新技术应用在日常生产加工中，在他的带领下，班组内实现“一人多机”的加工方式，极大地提升生产效率。他曾是中航工业系统最年轻的“高级技师”，现为公司首席技能专家。2010年6月10日《中国航空报》以“一专多能的新一代数控工人”为题报道了陈莹的事迹。他两次参加北京市工业和信息化职业技能竞赛并获得“高级技术能手”称号，先后被评为中航工业青年岗位能手、北京市青年岗位能手、中央企业青年岗位能手，并获得中国航发“大国工匠”特殊贡献奖，享受北京市政府技师特殊津贴。2022年，陈莹被授予“中国航发技能大师”和“中国航发杰出工匠”称号，2023年被评为中国航发十大杰出青年。

第八节　多元化办学

一、对外合作交流

学校重视国际交流，曾派多人次到国外考察职业技术教育，并接待了美国、德国、英国、加拿大、日本、韩国、新加坡、以色列等十几个教育代表团，同时与韩国京畿机械工业高等学校签订了两校合作交流协议。通过加强与国内外的沟通和交流，更新教育理念、改进教学方法和内容，学习国外职业技术教育的成功经验和发展趋势，对如何建立与市场经济相适应的现代教育模式形成全新的认识，对国外先进的教育思想和教学方法加深了了解。

20世纪90年代，学校陆续接待了德国、日本、加拿大、以色列、新加坡等国家外宾，是北京市、教委和机电部的窗口学校之一。

1996年11月，经北京市政府外事办公室及北京市教委批准，作为北京汉城教育合作协议的子项目，学校与韩国京畿机械工业高等学校进行校级交流，签署了《北京仪器仪表工业学校和京畿机械工业高等学校交流合作会谈纪要》，本着加强中韩两国职业技术教育的交流与合作为目的，促进两校的教育和学术交流。

北京市仪器仪表工业学校与韩国京畿机械工业高等学校建立友好学校

1997年韩国京畿机校校长等四人访问北京仪器仪表工业学校，拟定了两校合作协议，经北京市教委和外办以及汉城教育厅批准，两校正式结为兄弟友好学校。1998年陈昊校长一行回访韩国京畿机校，开展了广泛的交流活动，并为韩国京畿机校获“陈昊校长奖学金”的三名学生颁发了荣誉证书和奖学金。

1999年初，学校公派张洪伟同学到韩国京畿机校留学。7月，韩国京畿机校副校长洪铉泽等四人再次来学校进行5天的友好访问，为三位同学颁发了韩国京畿机校“安正烨校长奖学金”荣誉证书，并开展专业教师教学交流。

2000年，派出两批学生到韩国留学，4名同志到该校访问。通过韩国京畿机械工业高等学校介绍，韩国Turbotek特宝泰克公司向学校无偿赠送具有国际先进水平，总价值40多万人民币的数控机床模拟教学软件。

2005年5月，与芬兰赫尔辛基工业学院达成合作办学协议。双方互派师生进行交流，在自动控制、计算机、电子预警等方面以实训项目的形式完成培训。

中芬学生交流

二、联合办学

学校从行业企业和北京市的实际要求出发，积极利用电视中专、成人大专、职工中专等，把教育办到企业，为企业培养了各类急需人才，先后开设了全日制中专班、职工中专班、北京市广播电视中专学校工作站、北京市电子仪表工业职工大学分校、电气工程师刊授进修大学北京辅导站、中国统计干部电视函授学院北京分院、公司办学、单位办学等多种类、多内容、多学科的教学班级。

学校立足于提高综合办学效益，不断拓宽办学渠道，加强校外办学的建设与管理，注重成人教育的发展。通过联合办学，学校扩大了办学规模，降低了教育成本，提高了教学设施的利用率，提高了学校的知名度，密切了和社会的联系，走出了一条优势互补、资源共享、互利互惠、共同发展的路子。

学历教育 从1984年开始，学校在电视大学、职工大学、自学考试等方面与相关学校联合进行办学。1984—2000年北京市仪器仪表工业学校在职学历教育情况见表1-3-22。

表1-3-22 1984—2000年北京市仪器仪表工业学校在职学历教育情况一览表

项目名称	人数	年份	备注
电视大学学历班	529	1984—1986	/
机械制造工艺与设备（职大学历班）	77	1984—1985	开办六个专业
职工中专学历班	549	1985、1999	开办十个专业
广播电视中专学历班	501	1984、1985	/
机电一体化高等专科自考学历班	176	1993—2000	/

开展“双补”工作 “双补”是指给由于历史原因失去学习机会的青壮年职工创造学习机会，补习文化、补习技术知识、提高职工的素质。作为隶属于北京市仪器仪表工业总公司的中专校，针对企业管理干部中专门人才少、专业素质低的情况，陆续办了三届电视中专，一届职工中专，培养了企管、财会、统计、法律、行政管理、管理工程和机械制造工艺七个专业的毕业生，为解决当时企业管理人才短缺做出了贡献。

举办职工中专班 学校先后同北京远东仪表公司、北京整流器厂、北京分析仪器厂、北京光学仪器厂等十个企业联合举办职工中专班。采取集中管理、分散办班、企业为主、学校把关的方法，把教学班办到企业中，让企业参与到人才培养的全过程。

依据“从企业实际需要出发，为企业培养适用人才”这一指导思想，经市成人教育局批准，教育培训中心首先创办了电视中专仪器仪表与自动化专业。由于这一改革适应企业需要，获得了企业领导和职工的欢迎。1988年9月创办时，原计划在条件较好的电表厂设立一个试点班，招生25名，随后自动化仪表厂又主动提出参加试点，最后设立了两个试点班，招生53名。在之后几年中，教育培训中心利用仪器仪表与自动化专业，陆续开办了自动化仪表、电力拖动自动化、分析仪器仪表三个小专业，1989—1991年连续三年每年开办两个班，共计有264名学员。1991年7月底，88级试点班结业，开始向企业输送面向生产一线、适应岗位需要的专业人才，企业的智力投资收到了应有效果。不仅为企业培养了适用人才，还在成人教育改革方面摸索了一条学历教育与岗位培训相结合的有效途径。

三、企业在职员工培训

学校根据北京市仪器仪表工业总公司的安排和要求，发掘办学潜力，开办了厂长、书记、后备干部、管理干部、技术干部、技术工人等各类岗位培训班，不断改善和提高干部和职工队伍的素质，适应企业生产管理工作的需要。

领导干部岗位培训 1991年，根据总公司教育工作计划和要求，创建了第一期企业厂长培训班。为提高领导干部的管理水平和业务能力创造条件，有效地改善了领导干部队伍的

“四化”结构和整体素质。

专业管理干部培训　专业管理干部培训按照上级部门的计划和要求，结合实际情况进行。学习的重点是专业岗位的理论知识和业务知识。举办会计证、电算化、营销、工商管理、计算机、CAD等多学科、多专业的短期培训班，经考试合格，发给结业证书或单科结业证书。

工程技术人员的在职培训　为了适应技术进步的需要，扩大技术干部的知识面和知识更新，学校开办了多期车间主任培训班、电气工程师继续教育进修班等。

工人技术岗位培训　从1984年起，总公司开始进行中级、高级技术工人培训。学校举办了多期高级工、中级工培训班。接受培训和考核合格的学员，由总公司颁发劳动部统一印发的技术等级证书（原是机械工业部技术等级合格证）。

1986—1998年北京市仪器仪表工业学校各类在职员工培训情况见表1-3-23。

表1-3-23　1986—1998年北京市仪器仪表工业学校各类在职员工培训情况一览表

项目名称	人数	时间	备注
电气工程师继续教育进修班	560	1986.09—1991.09	共分四期培训
经济管理干部职称培训班	507	1987.01—1988.07	共分四期培训
企业领导干部培训班	102	1991.01—1993.04	/
工商管理培训班	67	1998.04—1998.07 1998.05—1998.07	/
车间主任培训班	170	1987.04—1994.01	共分四期培训
高级工培训班	51	1987.01—1988.07 1997.07—1997.12	/
中级工培训班	50	1994.03—1994.07	/

取证培训　学校同中华人民共和国财政部联合开办会计证书班、电算证书班等。经有关部门批准，开设了计算机等级考试、工人等级考试等。1993—2003年北京市仪器仪表工业学校社会取证培训情况见表1-3-24。

表1-3-24　1993—2003年北京市仪器仪表工业学校社会取证培训情况一览表

项目名称	人数	时间	备注
会计取证培训	306	1993.09—1994.12	共分三期培训
会计电算化取证培训	640	1995—1999	共分八期培训
推销员考证培训班	270	1997—1998	共分二期培训
财会人员继续教育取证班	4148	1999—2003	共分十九期培训

第九节　校园建设

一、校园基础设施建设

大钟寺校园建设　1984年，学校更名为“北京市仪器仪表工业学校”，当时学校规模较小、办学地点分散于朝阳区、海淀区、原宣武区等四个地方。实验室只有两个，电类课和机类课各一个，图书馆和阅览室占据一间半教室。

1985年，总公司做出了撤厂办校的决定，撤销北京照相器材厂，利用原址扩建“北京市仪器仪表工业学校”，学校搬迁到海淀区大钟寺原照相器材厂后，占地14343平方米，约21.5亩，建筑面积约3700平方米，其中生产主楼2400平方米，综合楼1300平方米。综合楼作为学校和校办工厂办公楼，生产主楼一二层仍为校办工厂使用，三四层改建教室。

1987年，学校的全部资产只有相距几十千米的两座小楼和一座厂房（大钟寺校址），一座在城东郎家园北京市仪器厂内的小楼，只有四个班级的教学主楼，另一座办公楼及厂房则位于大钟寺北侧。正是这京城对角线上的两座小楼，形成学校的雏形和日后腾飞的支架。

1987—1992年，学校迎来了建设机遇，经多方投资，在大钟寺校区完成了7300平方米新教学实验楼工程，包括图书馆、阶梯教室、餐厅兼合班大教室、人防地下室等，其中学校用面积为2500平方米，改建食堂操作间400平方米，至1990年，陆续搬迁至大钟寺校区办学。

1993年，学校自筹资金投资200多万元，在学校北院两侧兴建学生宿舍楼2040平方米。结束了学生全部走读的历史，开始招收部分住校生。1995年，投资88万元人民币，兴建了“信息中心”。

校园很小，有袖珍校园之称，只有挖掘潜力，在小的地域上提高使用价值。2000年，学校占地面积11249.68平方米，总建筑面积24456平方米。其中教学用房10935平方米，实验室3554平方米，实习用房1185平方米。2001年11月新建成的校园网正式启用。2002年学校获评北京市国家级（示范校）和省部级（骨干校）重点中等职业学校校园网建设基本达标学校。

职教园区建设　2001年3月，北京市教委下发《关于建立北京经济技术开发区职业教育集团的通知》，北京市仪器仪表工业学校作为成员校之一，由北京市教委牵头，由筹建办公室组织实施建设工程，学校提供各项教育教学和实训基地建设需求，参与本校区楼体建设。2005年底，职业教育园区完成一期工程建设，本学校建筑面积为26144平方米。2005年9月，学校整体搬迁至职教园区新校址办学。

二、校园文化建设

办学理念 20世纪80年代，学校提出“立足行业、面向社会，以质量求生存、以市场求效益、以改革求发展、以特色求地位、以评估求素质、以交流求信息”的总体办学思路。结合中专学校自身特点提出了“三高、三特、三化”的新目标：在教学水平上要高质量、高效益、高声誉，在办学风格上要学校有特色、专业有特点、学生有特长，在学校管理上要逐步实现科学化、现代化、规范化。

进入2000年，学校提出根据21世纪和社会主义市场经济的需要，提出“面向社会、突出应用、强化技能、办出特色，培养大批有技术、能动手、懂经营、善管理的复合型、实用型、外向型中等技术人才”的指导思想。

在办学思路上，学校采取“外圆内方”的战略，“外圆”是适应市场和服务社会，“内方”是遵循教育规律，“外圆”体现在专业设置、办学层次、办学形式、服务社会等方面，“内方”体现在人员素质、办学实力、展示特色、科学管理等方面。“圆”影响和制约“方”，“方”服从和服务“圆”。“圆”是“方”的目标，“方”是“圆”的保证。

在办学模式上，学校不断挖掘潜力，广开思路，以广泛服务社会，不断优化资源配置为目的，通过跨行业、跨部门、跨所有制的联合办学打破行业界线，建立社会化办学网络。形成以普通中专为主体多层次、多形式、多学科的多元化办学功能。这样做不但能产生很好的社会经济效益，而且能密切学校同社会、企业的联系，扩大学校的知名度和覆盖面。

校徽 双环图案是学校迁址合并前由老师自己设计使用的老校徽，它由“仪器仪表”拼音字母YQYB组成，两环采用字母Q、B的叠加，意味着学校多种办学的特点，底部似书本、似海燕的造型是字母Y的变形，蕴含着学校迎着改革大潮脱颖而出、奋发向上的态势。校徽分为金绿套色（学生佩戴）和金红套色（教职工佩戴）两种。绿色代表生机，寓意学校是育人苗圃，红色意味着改革与活力。

老校徽　　新校徽

搬入北京经济技术开发区职业教育园区后，学校启用新校徽。英文OMEC校徽标志，是由学校主导专业：机电技术应用、数控技术应用、自动控制技术、计算机技术应用等通用的光学（OPTICS）、机械（MACHINE）、电子（ELECTRONIC）、计算机（COMPUTER）英文字头汇聚而成。学校的“机电技术应用”专业为“全国中等职业教育首批示范专业”和“北京市现代化标志专业”，“数控技术应用”和“计算机技术应用”专业为教育部等七部委全国技能型紧缺人才培训基地，“自动控制实训中心”和“计算机技术实训中心”为北京市教委示范性重点实训基地，是培养现代化技能型人才的基地。

校徽标志的色彩蓝橙相间，简洁鲜明。蓝色象征着宁静、科技，橙色象征着热情、执着，集中体现了团结、文明、勤奋、创新的校训宗旨，充分显示了现代职教特色，简单明了，时代感强。

校训　团结、文明、勤奋、创新。

校刊　校刊《仪校通讯》于1990年1月15日创刊，是学校党委的重要舆论阵地，是老师自己编辑、制作，由党办主办的校园刊物，设有教学改革、仪校教工风采、简讯等栏目。作为校刊，《仪校通讯》记录和见证了学校的每一步发展。

大事记

1964年

9月，北京市半工半读第四机械制造学校成立。学校隶属于北京市机电工业局，委托北京市仪器仪表联合厂代管。

年内，首开金属切削加工专业，招收初中毕业生，学制四年。

1965年

8月，在北京市仪器厂内的新校舍建成投入使用。

年内，开办全国首创“真空专业”中专班。

暑期，位于北京市仪器厂郎家园厂区内一栋三层教学大楼竣工并交付使用。

1966年

6月，学校停课并停止招生。

1968年

2月，学校全面复课。

年内，在仪表厂内招收学员，开办短训班和职工大学班。

1969年

2月，1966年6月前招收的学生分配就业。

1971年

年内，招收机械加工、钳工专业技工班。

12月，更名为“北京仪表技工学校”，招技工班学生。

1974年

年内，首届技工班学生毕业。

1976年

年内，招收部分上山下乡知识青年，招收人数为70人。

1977年

年内，从高考生中招收应届高中毕业生，开办了中专班。

年内，开设精密仪器专业，学制2年。

1978年

2月，更名为“北京市仪器厂技术学校”，继续开办中专班。

1980年

年内，开办中专班。开设电气自动化专业。

1981年

年内，开设精密机械专业。

1983年

年内，学校隶属关系由北京市仪器仪表工业局变更为北京市电子仪表工业局。

1984年

9月，经北京市经委批准，学校更名为“北京市仪器仪表工业学校”，成为全日制普通中等专业学校，招收初中毕业生，学制四年。

年内，举办中、高级技术工人培训。

年内，举办建校20周年庆祝活动。

1985年

8月，经北京市人民政府办公厅、市经委批准，撤销在海淀区大钟寺白塔庵5号的北京照相器材厂，利用原址扩建“北京市仪器仪表工业学校”，并成立校办实习工厂。

1986年

学校迁往大钟寺校区，增设自动化仪表专业。

1987年

5月，经北京市仪器仪表工业总公司批准，选举产生了学校第一届党委，随后又相应建立工会及团委。

8月，制订了教改方案，成立教改工作小组。

1988年

9月，启动教改工作，在8731班进行试点。

1989年

9月，新教学楼建成并投入使用。

年内，举办建校25周年庆祝活动。

1990年

10月，世界银行职业教育贷款项目开始实施，贷款额度为87万美元。

11月，被市高教局评为中专实践性教学先进单位。

1991年

2月，进行内部四项综合配套改革，实行校长负责制、教育目标责任制、全员聘任制和结构工资制，成立实习实验科、督导组。

年内，根据总公司教育工作计划和要求，创建了第一期企业厂长培训班。

1992年

制订了《北京仪器仪表学校教案管理办法》，此案例被列入《北京普通中等专业教育志稿》中。

1993年

8月，获评“北京市中等专业学校B一类学校。”

年内，成立马列主义教研室。

年内，获北京市政府批准为首批重点中专学校。

1994年

举办建校30周年庆祝活动。

1995年

9月，与北京联合大学自动化学院合办“通信技术专业（3+2）高职班”。

年内，开设机电技术应用专业，招生2个教学班。

1996年

11月，与韩国京畿机械工业高等学校签署了《北京仪器仪表工业学校和京畿机械工业高等学校交流合作会谈纪要》，本着加强中韩两国职业技术教育的交流与合作为目的，促进两校教育和学术交流。

年内，增设对外贸易、经贸外语、饭店服务与管理3个专业。

年内，利用世界银行贷款职业技术教育项目资金，完成电子、电子技术应用、电工、金相、热处理、材料力学、精密测量、公差、逻辑控制、物理、化学、微机原理与应用、电机与拖动、晶闸管变流技术、液压自动控制、自动化仪表、机械工程、数控技术、计算机辅助设计二十个实验室建设，两个语音室和一个电教室和机械原理与机械零件陈列室建设。

年内，被评为“首都文明单位”。

1997年

6月，经北京市人民政府批准，与韩国汉城京畿机械工业高等学校正式建立友好学校关系。

年内，韩国京畿机校校长等四人访问北京仪器仪表工业学校，拟定了两校合作协议，经北京市教委和外办以及汉城教育厅批准，两校正式结为兄弟友好学校。

1998年

陈昊校长一行赴韩国京畿机校回访交流。

成立了离退休党支部。

1999年

年初，公派张洪伟同学到韩国京畿机校留学。

3月，被北京市政府评为“北京市先进对外参观单位”。

7月，韩国京畿机校副校长洪铉泽等四人再次来校友好访问，为三位同学颁发了韩国京畿机校“安正烨校长奖学金”荣誉证书，开展专业教师教学交流。

9月，进行职普融通试点，开办首届“普通高中班”。

2000年

8月，北京市经委系统中专学校管理体制调整，学校行政关系改由北京市教委直属领导，党的组织关系归属海淀区教育工委。

10月，经北京市政府同意，北京市经委系统所属30所学校管理体制进行调整，北京市仪器仪表工业学校整体划归北京市教委管理。

年内，派出两批学生到韩国留学，4名同志到该校访问。

2001年

3月，与其他5所中等职业学院共同组成北京经济开发区职业教育集团，计划迁入北京经济技术开发区职业教育园区。

2002年

1月，北京市教委认定学校“机电技术应用”专业为北京市中等职业学校骨干特色专业。

4月，北京市教委认定学校“机电技术应用”专业为北京市中等职业学校现代化标志专业。

5月12日，召开第一届党员大会，进行了首届党委选举。

6月，完成了法人变更、文书档案及财务档案材料的移交工作，北京市仪器仪表工业总公司教育培训中心转出北京市仪器仪表工业学校。

年内，被评为“北京市职业教育先进单位”。

2003年

2月，撤销校办实习工厂——北京市永明照相器材厂。

2004年

入选承担技能型紧缺人才培养培训工程的职业学校（计算机应用与软件技术专业）。

2005年

5月，与芬兰赫尔辛基工业学院签订合作办学协议。双方互派师生交流，在自动控制、计算机、电子预警等方面以实训项目形式进行培训。

9月，学校迁入北京经济技术开发区凉水河一街9号职业教育园区。

年内，被评为“全国职业教育先进单位”。

年内，自动控制实训基地和计算机技术实训基地获评“中等职业教育市级示范性重点实训基地”。

2006年

再次被北京市教委、发改委、财政局、人事局、劳动和社会保障局、农村工作委员会评为“北京市职业教育先进单位”。

2007年

3月，经北京市政府批准，北京市仪器仪表工业学校、北京二轻工业学校、北京市机械工业学校（北京市机械工业局职工大学）、北京市汽车工业学校（北京市汽车工业总公司职工大学）与北京电子科技职业学院合并，组建新的北京电子科技职业学院。

学校前期办学（1964—1983年）

一、北京市半工半读第四机械制造学校

学校创立背景 20世纪60年代是我国大力发展工业的时代，技术工人的短缺已成为国家迈向工业化的掣肘。1964年1月，教育部召开教育工作会议，根据中共中央和刘少奇提出的“两种教育制度”方案讲话精神，建议各省、自治区、直辖市以及各大城市都着手实验、试办半工半读学校。1964年下半年，天津、北京、上海等大中城市开始举办各种形式的半工半读学校。北京市教育局成立了半工半读教育办公室，提出了北京市试办半工半读学校的规划，并积极试办。1964年8月，北京市仪器仪表工业学校的前身——北京市半工半读第四机械制造学校应运而生，被人们简称“四机校”，隶属于当时的北京市机电工业局，委托北京市仪器仪表联合厂代管，先后隶属于北京市仪器仪表电器工业公司、北京市仪器仪表工业局、北京市电子仪表工业局。

半工半读是学习的一种模式，学生一半时间在学校读书，一半时间到工厂实习劳动，理论结合实际，很快就能顶班劳动，毕业时就能够培养为具有中等专业技术水平和实际动手操作能力的技术工人。1964—1971年半工半读第四机械制造学校领导任职情况见表1。

表1　1964—1971年半工半读第四机械制造学校领导任职情况一览表

姓名	职务	任职时间
童庆山	常务副校长	1964.09—1966
张　光	副校长	1964.09—1966 1967—1971.11
张　祥	党支部书记	1964.09—1966 1967—1971.11
张士奎	常务副校长	1967—1971.11

初期办学情况 学校当时办学条件相当简陋：二间教室、一间教工办公室，总共三间简易平房。为保证半工半读学校的发展，北京市教育局拨款11万元，在北京市仪器厂郎家园厂区内规划建造了一栋三层教学楼，并于1965年暑假建成交付使用。

半工半读的学制为4年，在开设语文、数学、物理、化学、政治、外国语以及体育等基础课程的同时，学习企业所需的机械加工等专业课程。对于学校基础课程，北京市教育主管部门极为重视，要求北京市知名中学积极帮助、对口支援，对口四机校的是两所知名高中，北京四中和北京八中，解决了新生入校文化基础课教学的燃眉之急。

为了紧密配合企业用人需要，创造办校特色，1965年，学校开办了真空技术专业，是全国首创的真空技术专业中专班，涵盖真空获得、真空应用和真空测试，课程教材全部由在校教师和工厂技术人员自己编写。

北京市半工半读第四机械制造学校校园

1964年，金属切削加工专业招生64人；1965年，金属切削加工专业招生51人，真空机械专业招生50人。

停办与复课 1966年6月，学校停课并停止招生。学校停课期间面临经费没来源、教室被占用、老师下车间、学校招生难等诸多困难，学校以“坚持就是胜利”为精神支柱，坚定不移地办教育。

1968年，在有关领导的支持下，学校全面复课，成立“七·二一”工人大学学员班，开始在北京仪器厂各车间进行动员，抽调了青年工人、老工人、复员军人以及原四机校的学生

1964年初期办学的部分教师合影

来上学，本着缺什么补什么、用什么学什么的原则组织教学，没有教材自己编，没有教具自己造，教学内容深入浅出，以实践知识引入概念、上升到理论，采取讨论式教学，先后开办了短训班，职工大学班，三年办学期间共培养学生100多名。

二、学校更名及办学情况

北京仪表技工学校 1971年4月15日至7月31日，全国教育工作会议在北京召开，会议强调：中等专业学校和技工学校是我国普及科学技术、文化教育的一支重要力量，必须认真办好。全国半工半读教育体系相应进行了调整。同年12月，北京市半工半读第四机械制造学校更名为“北京仪表技工学校”，继续延用朝阳区郎家园北京仪器厂院内的校址。1971—1978年北京仪表技工学校历任校领导见表2。

表2　1971—1978年北京仪表技工学校历任校领导一览表

姓名	职务	任职时间
张士奎	常务副校长	1971.12—1978.08
张　光	副校长	1971.12—1978.08
张　祥	党支部书记	1971.12—1975.11
李瑞亭	党支部书记	1975.12—1978.08
王云霞	党支部副书记	1977.03—1978.08

在北京市教育主管部门支持下，在市内招生130名。之后，招收了3届车、铣、刨、电、钳5个工种的技工班。

1974年首届技工学校毕业生合影

1976年10月，全国各级各类教育逐步恢复。国民经济的恢复和发展对各行各业专门人才的需求日见迫切，当年学校从北京各近郊区、下乡知青中招收70名学生。1978年开始招收高中毕业生，开设精密仪器和电气自动化专业，学制两年，学校教学工作逐渐走上正轨。

北京市仪器厂技术学校　1978年，学校更名为“北京市仪器厂技术学校”。党的十一届三中全会之后，全国转向了以经济建设为中心的轨道，各行各业对训练有素的生产、服务、管理第一线实用人才的需求十分迫切，国家再次进行调整中等教育结构，学校针对当时社会需求开设了精密仪器和电气自动化专业。

1980年，国务院转批教育部、国家劳动局《关于中等教育结构改革的报告》(国〔1980〕252号)，“提倡各行各业广泛举办职业（技术）学校”，“要使各类职业（技术）学校的在校学生数在整个高级中等教育的比重中大大增长。”1980年5月，中共北京市委、北京市人民政府召开北京市中等教育结构改革工作会议，批转市政府文教办公室《关于当前中等教育结构改革的几点意见》(京政发〔1980〕54号)，拉开了北京市中等教育改革的序幕。学校开办中等专业教育，设置中专班，全市统一招生和统一分配。1978—1984年北京仪器厂技术学校历任领导见表3。

表3　　1978—1984年北京仪器厂技术学校历任领导一览表

姓名	职务	任职时间
张士奎	常务副校长	1978.09—1984.05
宋东生	副校长	1979.02—1981.04
王云霞	党支部副书记	1978.09—1980.09
高德玉	党支部副书记	1980.10—1983.09
谷翠英	党支部书记	1983.10—1984.05

注：张士奎自1978年9月至1983年9月兼任党支部书记。

三、两校毕业生情况

根据仪器仪表企业建设发展对技术技能人员的需求，学校自1978年开始招收高中毕业生入学，到1983年共招收了六届共计474人，开设了机械制造、电气自动化、精密机械等三个专业。精密机械专业还增设了真空机械和模具两个专业。学校1971—1983年招生数量见表4。

表4　　1971—1983年学校招生人数统计表

专业名称	年份									
	1971	1972	1973	1974	1978	1979	1980	1981	1982	1983
机械加工（技工专业）	88	45	45	/	/	/	/	/	/	/
钳工（技工专业）	43	45	45	/	/	/	/	/	/	/
机械制造	/	/	/	73	93	49	/	/	/	/

续表

专业名称	年份									
	1971	1972	1973	1974	1978	1979	1980	1981	1982	1983
电工（技工专业）	/	/	/	/	51	/	/	/	/	/
电气自动化	/	/	/	/	/	/	44	/	/	/
真空技术	/	/	/	/	/	/	45	/	/	/
精密机械	/	/	/	/	/	/	/	83	85	81

这些学生毕业后75%分配在北京市仪器仪表、电子计算机、广播电视工业系统中，其中仪器仪表系统占50%以上，其余毕业生分布在北京市一轻、二轻、纺织、医药系统及中央在京系统的企事业单位。大部分毕业生从事着技术引进、技术开发、产品设计、工艺、施工、技术改造、技术革新、设备维护管理、职业教育等各项技术岗位工作，成为技术骨干和教育教学骨干。

早在20世纪70年代，学校毕业生就在用人单位中享有盛誉，评价学校毕业生“能文能武，思想好，理论联系实际”，深受用人单位的欢迎。

第四章 北京一轻工业学校

北京一轻工业学校的前身可追溯至1973年成立的北京市第一轻工业局技工学校，1975年改办北京市第一轻工业局“七·二一”工人大学。1978年5月，北京市第一轻工业学校成立，后更名为北京一轻工业学校。1998年7月，北京一轻工业学校与北京轻工职工大学（党校）合并，定名为“北京轻工职业技术学院”，筹备申报独立设置的高等职业学院。1983年，学校被北京市政府确定为首批办得好的学校；1984年，被批准为管理体制改革试点学校；1992年被确定为综合改革试点校之一，同年，经北京市办学水平综合评估被评为B级一类学校；1993年，被评为北京市重点中专校；1998年认定为北京市普通中专示范校。至1998年，累计培养6600余名中专毕业生。

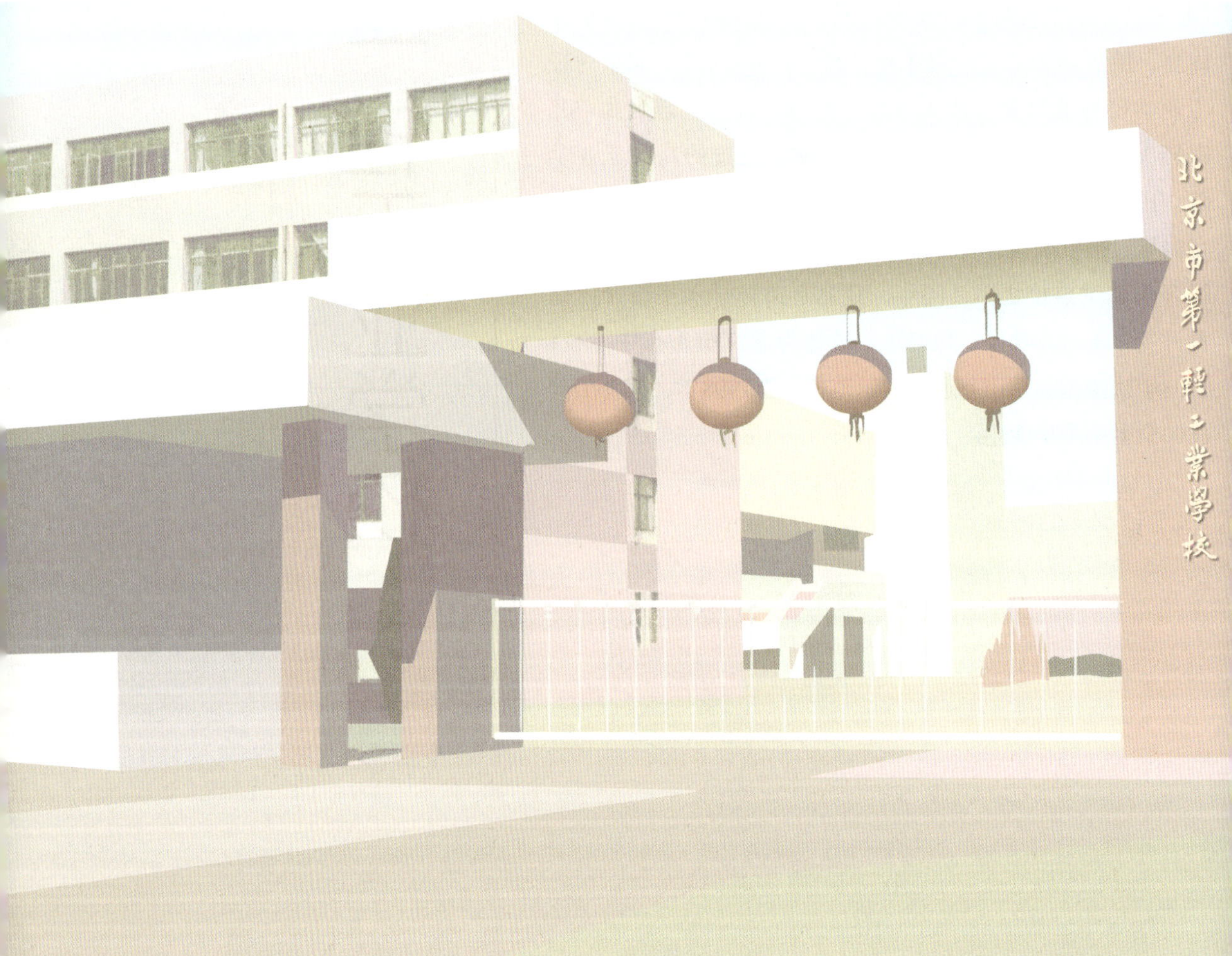
北京市第一轻工业学校

第一节　发展沿革

一、学校发展

北京市第一轻工业局技工学校　1973年，经北京市政府批准，建立北京市第一轻工业局技工学校，校址设在崇文区（现为东城区）夕照寺一轻局一轻机械厂内，设有机械、铸造、铆焊三个专业，学制两年，为一轻系统先后培养270余名学生。

北京市第一轻工业局“七·二一”工人大学　1975年，在前期办学基础上，根据企业实际需求，改招北京市第一轻工业局“七·二一”工人大学学生，并于次年北京市第一轻工业局“七·二一”工人大学正式成立。先后举办了各类工人大学班、学习班和技术培训班。

以上前期办学情况见本章所附“学校前期办学（1973—1978）”。

北京一轻工业学校　1976年我国迎来恢复国民经济建设的高潮，北京市一轻工业迅速发展，急需中等专业技术人才。1978年5月，经市委科教部、市计委等四单位联合签发的〔78〕京科教字070号《关于纺织局成立中等专业学校的批复》文件，内容涉及多所中专校的成立，其中，批准成立北京市第一轻工业学校，在原有办学基础上，学校正式迈入全日制普通中等专业职业学校发展历程，学校成立时，办学地址分别在北京市左安门十八里店公社饮马井生产队和一轻机械厂内，1982年一并迁至新校址朝阳区太阳宫芍药居。1997年，学校更名为北京一轻工业学校。建校以来，立足于北京一轻系统，服务于北京工业系统，面向全国轻工系统，在管理体制、教育教学、校园建设、改革创新等方面不断进取，发展壮大，教学与生活设施完备，拥有200余名高素质教师队伍，开设工业企业电气化、轻工机械、工模具设计与制造、食品工艺、工业发酵等专业，被评为北京市重点中专校、认定为北京市普通中专示范校。

两校合并申办高职　1998年，北京市高职教育快速发展，学校领导从发展大局出发，与北京轻工职工大学领导共同商议，利用申办全日制高职的政策，积极筹备建立高职院校，得到行业领导的批准。1998年7月，北京一轻集团有限责任公司下发《关于北京市轻工职工大学、北京市一轻总公司党校与北京市第一轻工业学校三校合并的决定》（京一轻〔98〕人劳字第274号），为实现“科教兴企”的战略目标，深化教育体制改革，优化教育资源配置，促进高中等职业技术教育的协调发展，加快发展高等职业教育，使教育更好地适应改革发展的需要，决定三校合并，原有校名和办学体制保留，各拨款渠道不变，芍药居、左家庄两处校区保留，师资、设备等教育资源统一调配使用，创造条件积极申报高职学院，申报名称定为“北京轻工职业技术学院”。

北京一轻工业学校校门（当时校名为北京市第一轻工业学校）

二、隶属关系与产业背景

隶属关系　学校自成立之日起，始终归属北京一轻行业管理，学校领导任用、人员编制、办学经费等都由行业局统筹安排，在培养对象及专业设置上，行业局有明确的面向行业、优先服务本系统企业的要求，学校在专业设置上优先申报主管局制订，兼顾社会需求，管理模式凸显行业办学的特点；在专业设置、招生计划、教学管理等方面则接受北京市教育主管部门的指导及管理。

北京一轻行业管理体系有着悠久的历史。1958年11月，北京市轻工业局成立，1965年11月更名为北京市轻工业公司，1966年9月更名为北京市第一轻工业局，1983年1月更名为北京市第一轻工业总公司，1993年依法注册为北京一轻总公司，1996年更名为北京一轻集团有限责任公司，2000年更名为北京一轻控股有限责任公司，简称“一轻局”或“一轻总公司”。

产业发展背景　中华人民共和国成立后，轻工业作为彼时短板工业，于20世纪70年代后逐步受到重视，工业生产开始转移到与重工业相关的生产资料及人们迫切需要的生活物质上。一轻行业体系所涉及的领域多是城乡居民生活消费品，与人民日常生活息息相关，对于提高人民的生活水平，轻工系统职工担负着重要的责任。

其所属工业门类有：日化、钟表、酒类（葡萄酒、啤酒、酿酒）、食品、乐器、造纸、日用玻璃制品、眼镜、制笔、文教体育用品工业等，打造出一批拥有自主知识产权的企业和名牌产品，形成了大豪缝绣电控、星海钢琴、清华阳光太阳能热水器、欧珀莱系列化妆品“四个中国名牌”，红星、大豪、星海、金鱼、龙徽“五个中国驰名商标”。

随着改革开放和一轻行业发展对人才需求的日益增长，北京市第一轻工业学校及北京市第一轻工业总公司职工大学相继成立。两校始终隶属于北京市第一轻工业局管理，为行业办学单位，学校同时也成为一轻局的教育培训基地。

三、学校荣誉

1983—1998年北京一轻工业学校获市级及以上荣誉情况见表1-4-1。

表1-4-1　1983—1998年北京一轻工业学校获市级及以上荣誉一览表

序号	年份	内容
1	1983	北京市政府批准学校为“首批办得好的学校”
2	1984	北京市政府批准学校为管理体制改革试点校
3	1992	北京市政府批准学校为综合改革试点校
4	1992	北京市高教局在评估中认定学校为“B级一类校”
5	1993	北京市政府批准学校为北京市重点中专校
6	1995	在办学水平评估中被认定为A级校，达到全国重点中专校的办学水平
7	1998	北京市教委批准学校为北京市普通中专示范校

第二节　机构设置

一、学校领导任职情况

学校1978—1985年为党支部建制，1985—1991年为党总支建制，1991—1998年为党委建制。1978—1998年学校校长、书记及1978—1998年学校副校长、副书记任职情况见表1-4-2和表1-4-3。

表1-4-2　1978—1998年北京一轻工业学校历任校长、书记一览表

序号	姓名	职务	任职时间
1	王自端	党支部书记	1978.07—1982.04
2	刘常新	校长	1981.12—1988.04
3	王淑萍	党支部书记	1982.04—1985.04
		党总支书记	1985.04—1986.11
4	张荫森	党总支书记	1986.11—1991.03
5	徐恒亮	校长	1988.04—1998.07
		党委书记	1991.03—1998.07

表1-4-3　1978—1998年北京一轻工业学校历任副校长、副书记等一览表

序号	姓名	职务	任职时间
1	孙振华	党支部副书记	1980.04—1982.04
		副校长	1982.04—1992.03
		纪委书记	1992.03—1994.03
2	孙景桂	副校长	1982.04—1986.06
3	徐恒亮	副校长	1984.10—1986.11 1986.11—1988.04 （第一副校长）
4	余祖光	副校长	1986.09—1990.03
5	金　铭	党总支副书记	1987.12—1991.03
		党委副书记	1991.03—1998.07
		纪委书记（兼）	1991.06—1992.03 1994.03—1998.07

续表

序号	姓名	职务	任职时间
6	张贵春	副校长	1988.05—1998.07
		工会主席	1987.02—1988.11
7	张天东	副校长	1990.05—1991.06
8	虞未章	副校长	1991.06—1998.07
9	黄根隆	副校长	1995.11—1998.07
10	郑长仁	工会主席	1988.11—1998.07

二、机构设置与人员情况

机构设置情况 1978年建校初期，学校规模小，机构设置比较简单。20世纪80年代学校主要设有党政办公室、工会、团委、财务科、行政科、基建科、保卫科、教务科、学生科等职能部门。教学系统主要设教研室建制，随着学校专业建设和课程建设的不断发展，教研室机构随之变化。

20世纪90年代末，学校的机构设置分为党群组织机构、行政教学管理机构、教学科机构三类。党群组织机构包括纪委、党委办公室、校工会、团委；行政教学管理机构主要包括校办公室、教务科（也属于教学管理机构）、教学研究室、学生科、生源开发毕业咨询办公室、财务科、行政科、膳食科、基建房管科、保卫科、设备器材科等；教学机构主要包括轻机科、电气专业科、食品化学科等专业科、基础科、马列教研室、图书馆等。

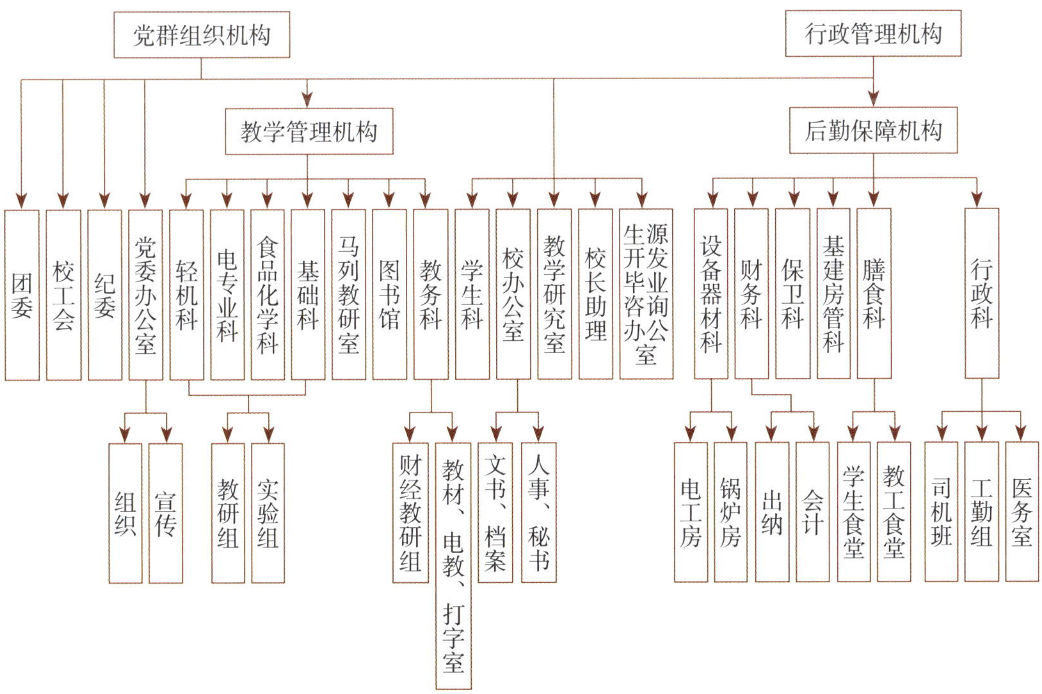

北京一轻工业学校机构设置图

教职员工情况 建校以来，教职员工队伍不断发展壮大，在人员数量上由建校初期的50余人，发展到1998年合并前的200余人，人员结构发生了很多变化，教学人员比例增加，学历、职称结构不断提升。1978—1998年学校教职工情况见表1-4-4。

表1-4-4　　1978—1998年北京一轻工业学校教职工情况统计表

年份	教职工总数	教职工党员数	年份	教职工总数	教职工党员数
1978	49	15	1989	241	52
1979	58	16	1990	246	49
1980	79	24	1991	248	53
1981	141	34	1992	249	49
1982	159	41	1993	247	50
1983	209	53	1994	245	50
1984	248	52	1995	246	50
1985	204	31	1996	248	48
1986	227	36	1997	226	53
1987	246	51	1998	209	57
1988	250	51	/		

建校初期人员名单

王自端　孙振华　高应耕　吴淑兰　朱景琦　杨瑞芝　肖渠然　王　适　刘向澄　张学思
冯学章　杨培茹　陈健文　谢华林　徐恒亮　李宝兰　孙　健　李慧芳　杜文荣　平光远
王淑萍　关桂英　侯爱莲　肖永生　陈跃祖　李广辉　王金路　邹兰玲　郭有田　刘国华
王韵纯　路　梅　卢盼盼　宋卫华　樊应隆　张世森　于　效　武文玲　张贵春　仪晓霞
黎国庆　赵长林　赵国民　侯桂兰　江玉珍　李　静　王慎江　宋淑华　宋新祯　张　桦
毛　鹏　张　芸　程　苑　金毓敏　朱大力　汪欣欣　左庆鹤　余超英　张福顺

1998年与职工大学合并前在编在岗教职工名单

校　领　导：徐恒亮　金　铭　虞未章　张贵春　黄根隆　郑长仁
校长助理：孙　健　张惠清
工　　会：郑长仁（主席）　崔晓宏　高淑敏　于淑凤
学校办公室：金　铭（兼）　朱宝戡　黄晓民
党委办公室：吴景秋（主任）　周　哲　张光伦
教　务　科：张俊茹（科长）　严新新　王金路　郭有田　沈　瑜　王绍岩　陈洪华
边树棣　吴　方　沈　倩　王玉宁　张沙丽　刘亚红

学　生　科：齐志明（科长）　李海澎　王路得　陈玲玲　孙　跃　赵国民　张玉容
王新宇　牟昆华　于淑苓　刘秀军　张桂兰

生源办公室：黄昌录（科长）　于泉英　李秀云　崔　红

财　务　科：宓小佳（科长）　赵志华　李　玲

保　卫　科：张泽军（科长）　赵桂金　薛栓琪　马玉颖　张　萍

图　书　馆：杜文荣（馆长）　王丽梅　谈丽丽　崔焕英　侯爱莲　王　岩

行　政　科：吉少泉（科长）　江玉珍　谢　斌　刘兆麟　杨建军　关凤琴　沈宝福
王宝玉　姚寿君　陈　宝　张福生　佟继福　黎国庆　陈全力　赵文生
尤雨朋　仪晓霞　刘立明　孟祥丽　徐来成　王宝力　关铁朋　关铁章
李旗营　史永成　李俊明　赵树林

食　　　堂：张延年（科长）　李金利　张秀萍　汤月琴　王玉淑　关瑞金　王景荣
刘化文　张秀芹　阎少波　史秀花　黄仁春　孙克俭

基　建　科：赵汝强

基　础　科：王桂芝（科长）

数学组：陆长铮　郭　桐　付国伟　丁　敏　左峰辉　王建荣　张　锬
李亚杰　刘　静　王冬琳

语文组：安淑春　李　铮　朱　兰　石莉芸

外语组：张慧香　杨　青　郭文玲　刘丽洁　王卫东　杨丽娟　朱琪芳
卢盼盼　徐　蕾　冯善云　于学英

物理组：阮　俊　王冬华　张元亮

体育组：王继学　尹大川　杨　青　伍　严　龙明丽　张子英　徐业君
王轶洁

管　理　科：张惠清（科长）　安　静　邓　红　曾　昕　刘晓煜　王建平　何　深
韩志伟

马列教研室：董　辉（主任）　杨改玲　宋　忆　张智梅　任　皞

食品化学科：谢梅英（科长）　李晓燕　徐　晶　马　越　金明善　辛秀兰　苑　函
陈红梅　胡晓红　路　梅　夏　青　吴志明　刘　玮

机电专业科：赵永良（科长）　范晶彦（副科长）　周国烛　朱运利　张福顺　徐思德
李默生　杨京平　米　兰　王丽芬　李雪梅　张　玫　史小来　陈小宁
刘景复　陈小荣　马红麟　杨　雯　黄　丽　赵晓文　蒲国平　黄　蓉
叶海蓉　李惠芳　刘增辉　孟祥篪

金工实习车间：任有志（组长）　陈国安　孙红庆　强卫群　贾志茂

计　算　机　科：董义革（科长）　肖永生　徐红勤　韩丽萍　杨洪雪　王　萍　刘　杨
李先飞　王　雯　唐　鹏　赵　凯

第三节　专业建设

一、专业设置

普通中专　1978年，学校仅设置一个专业，为机械制造；1980年，增加造纸机械与工业企业自动化两个专业；1984年，招生专业增加到7个，专业建设呈向上发展趋势；1985年，包装行业成为国家的新兴行业，面向食品、化工、轻工、医药、纺织等各个行业，轻工产品与包装密不可分，学校以包装机械专门化为突破口，改造和拓宽轻工机械这个老专业的方向，这一专业的开辟受到全国包装协会的大力支持。

1986年，根据对所属企业的调研，经与一轻总公司及所属十四个大型企业主要领导的反复论证，确定学校专业的发展方向为食品（工业发酵）、轻工机械和电气三大重点门类，根据行业生产特色，学校轻工机械专业开始削减一般机械制造内容，突出轻工系统典型机械，常用设备，常用技术内容。

90模具一班毕业合影

1987年，学校参加全国包装行业教育会议，获得很多信息，依据轻工部“七五”计划的指导思想，以技术进步来带动行业生产的发展，学校立即组织论证，启动开设微机应用专业，为“七五”期间北京造纸、玻璃、食品、日化等行业企业培养掌握先进设备所需人才的紧缺专业。同年，应行业需求，与全国白酒协会联合办班，从西南地区各县兴办的白酒厂职工中招生一个班。1988年，开始与北京市的各大乳制品厂联系，为学生实习寻求专业基地，最终东郊乳制品厂成为学生的实习实训基地。

进入20世纪90年代，1991年，学校设置9个招生专业，专业数逐年增加，至1998年已有25个专业（专门化）。其中，20世纪90年代中期是学校增设新专业较多的又一时期。1978—1998年学校专业（专门化）设置情况见表1-4-5～表1-4-7。

表1-4-5　1978—1998年北京一轻工业学校专业（专门化）设置情况一览表

序号	专业（专门化）名称	序号	专业（专门化）名称
1	机械制造	25	电子计算机及应用
2	造纸机械	26	造纸工艺（制浆专门化）
3	工业企业自动化	27	财务会计
4	造纸工艺	28	工业企业管理（公共关系专门化）
5	玻璃机械	29	硅酸盐工艺
6	工业企业电气化	30	家用电气
7	玻璃工艺	31	饭店服务与管理
8	工业企业财务会计	32	经贸外语
9	轻工机械制造	33	工业企业管理（文秘与档案专门化）
10	工模具设计与制造	34	物业管理
11	食品	35	现代娱乐管理
12	食品（酿造工艺专门化）	36	娱乐
13	微型计算机原理与应用	37	导游
14	轻工机械制造（包装机械专门化）	38	计算机美术设计
15	轻工机械制造（钢琴专门化）	39	计算机应用（商务电脑专门化）
16	涉外企业管理	40	保险
17	工业企业管理（信息专门化）	41	保险（医疗保险专门化）
18	白酒	42	金融（金融与保险专门化）
19	工业企业管理（文秘与办公自动化专门化）	43	饭店服务与管理（物业管理专门化）
20	机电（机电技术应用）	44	导游（旅游英语专门化）
21	工业会计（涉外会计专门化）	45	市场营销（公关与营销专门化）
22	涉外企业管理（信息处理专门化）	46	现代娱乐（运动保健专门化）
23	轻工业分析	47	统计
24	工业企业管理	/	

表1-4-6　　1978—1990年北京一轻工业学校各年度招生专业（专门化）及学制一览表

年份	招生专业	招生专业（专门化）/学制	新增专业（专门化）
1978	1	机械制造3	机械制造
1979	1	机械制造3	/
1980	3	机械制造2/造纸机械3/工业企业自动化3	造纸机械、工业企业自动化
1981	2	造纸工艺2.5/玻璃机械2	造纸工艺、玻璃机械
1982	5	机械制造2/工业企业电气化2.5/工业企业财务会计2/造纸工艺2/玻璃工艺2/	工业企业电气化、玻璃工艺、工业企业财务会计
1983	7	工业企业电气化2.5/工业企业财务会计2/造纸工艺2.5/造纸工艺2/玻璃工艺2/轻工机械制造2.5/工模具设计与制造2.5	轻工机械制造、工模具设计与制造
1984	7	模具设计与制造4/轻工机械制造4/财务会计4/食品（酿造工艺）4/工业企业电气化4/玻璃工艺4/造纸工艺3	食品（酿造工艺）、财务会计
1985	6	轻工机械制造4/工业企业电气化4/工模具设计与制造4/食品4/玻璃工艺4/玻璃机械4	/
1986	11	轻工机械制造2/轻工机械制造4/工业企业电气自动化4/工模具设计与制造4/工业企业财务会计2/工业企业财务会计4/食品4/微型计算机原理与应用4/造纸工艺4/玻璃工艺4/玻璃机械4	食品、微型计算机原理与应用
1987	9	轻工机械制造（包装机械）4/轻工机械制造（钢琴）2/工业企业电气自动化4/工模具设计与制造4/微型计算机原理与应用4/工业企业财务会计4/食品专业4/造纸工艺4/玻璃工艺4	轻工机械制造（包装机械）、轻工机械制造（钢琴）
1988	11	轻工机械制造（包装机械）4/工业企业电气自动化4/工模具设计与制造4/微型计算机原理与应用4/工业企业财务会计4/食品4/涉外企业管理2/工业企业管理（信息）1/白酒/2造纸工艺4/玻璃工艺4	涉外企业管理、工业企业管理（信息）、白酒
1989	11	轻工机械制造（包装机械）4/工业企业电气化4/工模具设计与制造4/食品4/微型计算机与应用4/涉外企业管理2/工业企业管理（文秘及办公自动化）2/机电4/玻璃工艺4/造纸工艺4/工业企业财务会计4	工业企业管理（文秘及办公自动化）、机电
1990	9	轻工机械制造（包装机械）4/工业企业电气化4/工模具设计与制造4/食品4/微型计算机与应用4/工业企业财务会计4/工业会计（涉外会计）2/造纸工艺4/玻璃工艺4	工业会计（涉外会计）

表1-4-7　　1991—1998年北京一轻工业学校各年度招生专业（专门化）及学制一览表

年份	招生专业	招生专业（专门化）/学制	新增专业（专门化）
1991	9	轻工机械制造（包装机械）4/工业企业电气化4/工模具设计与制造4/微型计算机与应用4/食品4/造纸工艺4/玻璃工艺4/涉外企业管理（信息处理）2/工业企业管理（文秘与办公自动化）2	涉外企业管理（信息处理）
1992	10	轻工机械制造4/工业企业电气化4/工模具设计与制造4/微型计算机与应用4/食品工艺4/玻璃工艺4/造纸工艺4/轻工业分析2/轻工业分析4/工业企业管理2	轻工业分析、工业企业管理
1993	12	轻工机械制造4/工模具设计与制造4/玻璃机械4/电子计算机及应用4/电子计算机及应用2/企业电气自动化4/食品工艺4/造纸工艺（制浆）4/财务会计4/财务会计2/工业企业管理4/工业企业管理2	电子计算机及应用、造纸工艺（制浆）
1994	16	轻工业机械制造4/工模具设计与制造4/工业企业电气化4/食品工艺4/造纸工艺（制浆）4/财务会计4/工业企业管理（文秘与办公自动化）4/工业企业管理（公共关系）4/机电技术应用4/电子计算机及应用4/电子计算机及应用2/工业企业财务会计2/硅酸盐工艺4/家用电器4/饭店服务与管理2/经贸外语4	工业企业管理（公共关系）、硅酸盐工艺、家用电器、饭店服务与管理、经贸外语、机电技术应用
1995	18	轻工业机械制造4/工业企业电气化4/微型计算机及应用4/微型计算机及应用2/食品工艺4/机电技术应用4/家用电器4/玻璃工艺4/财务会计4/工业企业管理（文秘与档案）4/工业企业管理（公共关系）4/造纸工艺4/统计4/经贸英语4/物业管理4/现代娱乐3/饭店服务与管理3/工业企业财务会计2	工业企业管理（文秘与档案）、物业管理、现代娱乐
1996	20	轻工机械制造4/工业企业电气化4/微型计算机与应用4/食品工艺4/家用电器4/硅酸盐工艺4/财务会计4/物业管理4/工业企业管理（文秘与公共关系）4/饭店服务与管理3/机电技术应用4/工业与民用建筑2/工业会计（涉外财会）4/保险4/经贸外语4/物业管理2/娱乐3/导游4/导游3/计算机美术设计4	娱乐、导游、计算机美术设计
1997	25	轻工机械制造4/工业企业电气化4/机电技术应用4/家用电器4/计算机及应用4/计算机及应用（商务电脑）4/食品工艺4/硅酸盐工艺（玻璃工艺）4/工业企业电气化2/保险4/保险（医疗保险）4/财务会计4/金融（金融与保险）4/物业管理4/饭店服务与管理3/饭店服务与管理（物业管理）4/现代娱乐管理3/导游4/导游（旅游英语）4/经贸外语4/工业企业管理（公共关系）4/工业企业管理（文秘与办公自动化）4/市场营销（公关与营销）4/计算机美术设计4/现代娱乐（运动保健）3	计算机及应用（商务电脑）、保险、保险（医疗保险）、金融（金融与保险）、饭店服务与管理（物业管理）、导游（旅游英语）、市场营销（公关与营销）、现代娱乐（运动保健）
1998	25	轻工机械制造4/工业企业电气化4/机电技术应用4/计算机及应用4/硅酸盐工艺4/食品工艺4/家用电器4/保险（医疗保险）4/金融（金融与保险）4/财务会计4/工业会计（涉外会计）4/工业企财务会计4/统计4/工业企业管理（公共关系）4/工业企业管理（公共关系）3/市场营销（公关与营销）4/经贸英语4/饭店服务与管理3/饭店服务与管理4/导游（旅游英语）4/导游4/现代娱乐管理4/物业管理4/计算机美术设计4/现代娱乐（运动保健）4	统计

成人中专 20世纪80年代中期起，学校开办了成人中专，为行业企业服务，满足在职职工获取中等专业学历资质的需要，先后开办财务会计、管理工程、计量、计算机、包装装潢等专业。

1986年，学校招收了财务会计（学制两年）、管理工程（学制三年）专业共65名学员，脱产学习。同年，成人中专毕业生共有126人，包括财务会计专业、计划统计专业等，多为两年制脱产学习。1988年，招收计量专业成人中专班，共计44人。

1994年，学校招收财务会计专业，业余3年制，共125人；1995年，招收财务会计专业（高中毕业起点业余3年）15人，计算机专业（初中毕业起点脱产3年）35人；1996年，招收包装装潢专业15人、计算机专业41人、广告专业7人，均为初中毕业起点，脱产学习3年，包装装潢专业（初中毕业起点业余2.5年）34人。

二、在校学生规模

1981—1985年，学校的办学条件还处于极端困难时期，但在校生人数不断增加。1978年在校生规模117人，1985年在校生人数696人，是1980年人数的3倍。进入20世纪90年代，办学规模继续扩大，1990年1764人，1995年3069人，至1998年在校生人数已近5000人，当年毕业生近千人。办学规模的扩大，反映了学校办学能力的提升，得到行业企业和社会的认可。1978—1998年学校中专（全日制）在校生规模见表1-4-8。

表1-4-8　　1978—1998年北京一轻工业学校中专（全日制）在校生规模统计表

年份	在校生合计/人	当年招生/人	毕业生/人
1978	117	117	/
1979	117	/	/
1980	235	118	/
1981	197	77	117
1982	323	190	64
1983	457	230	91
1984	612	312	148
1985	696	313	215
1986	1022	418	77
1987	1406	420	364
1988	1485	463	363
1989	1629	504	327
1990	1764	512	358
1991	1747	442	436
1992	1839	517	411

续表

年份	在校生合计/人	当年招生/人	毕业生/人
1993	1990	658	494
1994	2385	963	561
1995	3069	1156	463
1996	3814	1221	440
1997	4495	1498	750
1998	4935	1411	980

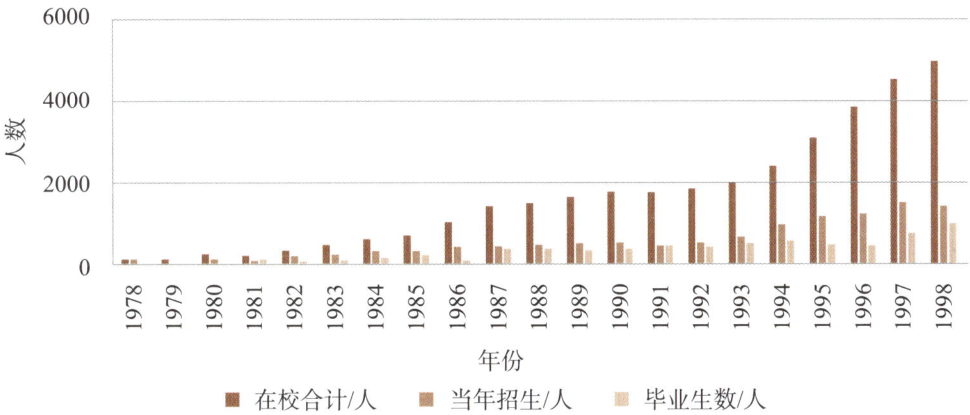

1978—1998年学校中专生（全日制）在校生规模变化图

三、专业建设

专业建设目标 以国家教育方针为指导，以企业需求为导向，以国际职业教育经验为借鉴，学习国内先进地区中专教育及有关专业教学的经验，在教学实践过程中，逐步更新教育观念，面向未来，面向现代化，全面、准确认识中专教育教学特点，逐步形成学校的教育理念，以适应未来社会的全面素质和综合专业能力，确保培养高质量的技术技能人才。

专业建设规划 在人才培养层次方面，培养生产、服务、技术和管理一线的技术技能人才，即技术员或基层管理人员；随着科学技术进步和社会发展，出现了智能化操作岗位及企业“知识工人”的需求，在专业上对学生按需求进行多层次、多方位的培养，但目标始终定位在技术层面。

在工作岗位（业务范围）方面，为扩大毕业生就业机会，通过对企业（社会）调查，适时拓宽专业服务范围。工科专业面向工业企业，兼顾商业服务行业，除生产技术工作外，兼顾销售、技术服务；在产品、技术、生产等工作岗位方面不搞单打一，面向岗位群，既能从事技术工作，又能当操作工。

在德、智、体等综合素质方面，全面落实教育方针，拥护党的路线、方针、政策，初步形成观察社会、分析问题、选择人生道路的科学世界观、人生观和价值观。培养学生良好的道德品质，较强的事业心和责任感，树立集体主义观点，增加法律意识、竞争与合作意识、环境意识等现代意识要求；在智育方面，培养学生达到“相当高中文化水平”，对“必备的技术理论知识”的要求是“较好理解并能初步运用”；强调“具有基本的技术、业务经验和本专业主要工种（岗位）实际操作技能”，重视“初步形成独立工作能力和社会适应能力”；扩充“体育”的内涵，培养“良好的心理素质”。

1989年7月，北京市副市长陆宇澄到北京一轻工业学校考察

专业建设沿革 从1978年成立至1998年，学校建设发展20年，经历了80年代和90年代，随着国家改革开放，不同年代行业企业和社会发展需求有很大不同，专业建设在总目标不变的情况下，建设重点随之变化。

20世纪80年代，随着改革开放的脚步，1979年9月全国计划会议提出对轻工业实行“六个优先”，1981年的《政府工作报告》中确立“把消费品工业的发展放到重要地位”，轻工业发展进入黄金时期。学校根据社会需求，确定了以行业为依托，跨出一轻系统，建立大轻工概念。

一是开设新专业，改造老专业，增设专门化。第六个五年计划期间（1981—1985年），是学校建校以来发展较快的阶段，五年间，平均每年新上2个专业，这对于没有教学楼、实验楼、图书馆的学校来说是十分困难的。而且有些专业开设时（如财会、食品、发酵）是在一个专业老师都没有的情况下开设的。为了满足企业急需，学校边上马边备鞍，对一轻系统各企业进行广泛的调查研究，从专业设置、需求特色、教学质量等方面，召开各种座谈会，调查一轻企业对中专生的需求，并采取请进来和引进来两种方式解决师资问题。学校完成了少数专业教学计划的改革，主要是轻机、电气两个专业，不断修改、调整，实行弹性教学计划，从84级学生开始试验，积累经验。这一时期，学校在极其简陋的情况下，克服一切困难，开拓11个专业，为满足一轻系统行业企业人才需求提供了支撑。

二是改造老专业，增开专门化。1984年，根据北京市确立的四大支柱产业之一的食品工艺，增开了食品工艺及方向的专业。除了食品、微机两个新专业外，学校在为社会主义经济服务的思想指导下，改造老专业，增开大专业下的专门化，专门化是大专业门类中新发展起来的专业教学模式，有一定的灵活性。这些专门化教学比较适合轻工行业小批量、多品种、多交叉的特色，特别是专业技术人员和经营管理人员的交叉培养是企业呼声很高的需求。如为钢琴厂增产和引进进口设备准备人才，1987年开设钢琴制造专门化，这批学员已成为生产和技术的骨干。为市计量现代化服务，开设了计量专门化；为给全国中、小白酒厂培养技术人员，开设了白酒专业。专业建设解决了企业对人才的急需，也锻炼提高了教师队伍。1988年，学校开设企业管理专业信息专门化，并从1988年7月毕业的轻工机械等6个专业的毕业生中，选拔部分学生学习此课程，学习期限为1年，修业期满，成绩合格者，发给企业管理专业（信息专门化）的中专毕业证书。

此阶段，学校不断探索专业的稳定性与灵活性相结合的新形式，发展专业化教学，适应轻工行业中的多品种需要。至1989年，已发展为三大门类八个专业，六个专门化。从建校至1990年的12年间，学校以行业为依托，拓宽办学服务面，建设和发展学校的专业特色，在办学深度和广度上发展，专业建设从外延到内涵进行深化，在学校与行业企业紧密结合中进行改革。1987年10月22日，《北京日报》头版头条中报道了北京一轻工业学校的建设成果，标题为“面向生产和经济建设设置专业，市一轻工业学校教学改革成绩显著”。

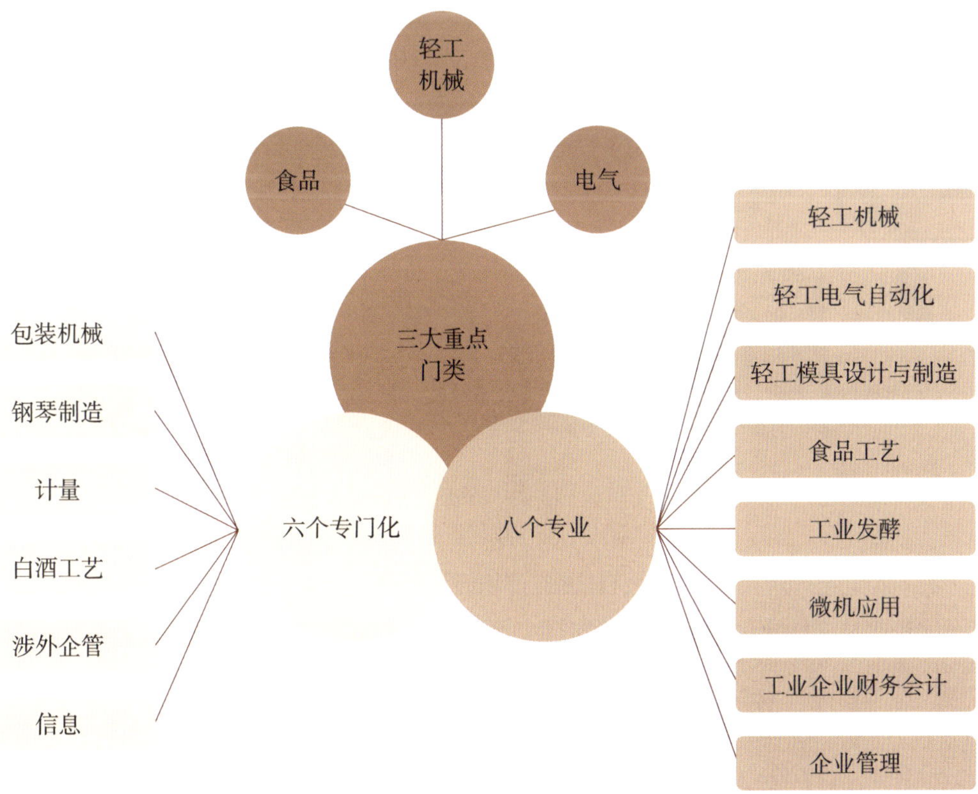

学校专业分类

北京一轻工业学校82届毕业生合影（当时校名为北京第一轻工业学校）

北京一轻工业学校91届食品班毕业留念

进入20世纪90年代，我国经济体制向市场经济转变，国家的经济结构进行战略调整。轻工系统企业对工科中专毕业生的需求减少，为了继续拓展学校的发展空间，从多方面进行了新的探索。

第一方面，适应社会发展、企业技术进步和三资企业增多的新情况，抓住机会建立新的工科专业。1992年，日化二厂准备新上酶制剂车间，学校为这个车间培养技术骨干建立了工业分析专业；1994年前后，新开设了机电技术应用专业和家用电器专业，部分专业完成更名，将微型计算机应用更名为计算机及应用，轻工工业分析更名为工业分析（轻工工业分析专门化），食品工艺（发酵工艺专门化）更名为工业发酵工艺，玻璃工艺更名为硅酸盐工艺（玻璃工艺专门化），玻璃机械更名为轻工机械（玻璃机械专门化），造纸工艺更名为制浆造纸工艺，企业管理更名为工业企业管理，工业企业财务会计增加涉外财会“专门化”。

北京一轻工业学校白酒班毕业生合照

第二方面，根据国家宏观经济结构调整的趋势，调整校内专业设置的总体结构。1994年，学校陆续开办了一批面向第三产业的新专业：物业管理、现代娱乐管理、饭店服务与管理、导游、计算机美术设计5个专业。物业管理、现代娱乐管理、计算机美术设计这三个专业是学校的首创。开办这些新专业是学校对经济发展趋势进行宏观分析作出的决定，当时物业管理意识刚在南方城市兴起，而住宅小区则已遍地开花，人民生活水平提高，对外开放扩大，娱乐健身场所日益增加，新行业需要有较好的文化素质和业务知识、具备服务管理能力的工作人员。市场经济环境下，对既懂绘画艺术又懂计算机、能以计算机为工具进行广告、装潢等设计的复合型人才有广泛需求。饭店服务与管理和现代娱乐管理专业采取与昆仑饭店、康乐宫合作办学的形式，毕业生主要面向这两家企业就业。

第三方面，引入新技术，形成专业特色。1995年6月30日，北京市成人教育局批准北京市第一轻工业学校为全国计算机等级考试试点。12月，北京市高等教育局批复同意北京市第一轻工业学校开办“计算机美术设计”专业。计算机专业开办之初，专业方向定为“软硬结合，实时控制为主、管理为辅”，毕业生主要在企业从事过程控制技术工作。进入20世纪90年代，转向“计算机管理”为主，减少了硬件类课程，强化了“数据库”“操作系统”“维修”。1996年以后，通过多次市场调研，并吸取了专业顾问的意见，把培养目标定在办公自动化、网络应用、多媒体应用方面的技术辅助岗位的人才，业务规格强调信息平台的认识、网络技术和多媒体技术的应用、新技术的跟踪三个层次，专业基础课适当压缩，专业覆盖面扩大，社会上流行的新技术及时引入课程，学生动手能力增强，学生毕业就业竞争能力明显提高。机电技术应用专业是新专业，摸索加强以机械电子控制、单片机、可编程控制器等专业课为重点，形成专业特色。

第四方面，改造老专业。轻工业机械专业是学校最老的专业，社会需求量大，毕业生有市场，在这种情况下该专业同样作了必要的改革，在培养目标上降低机械设计的要求，强化安装、调试、维修、操作的训练要求。教学内容中增加机电结合和计算机辅助设计等；工业企业电气化专业把服务面向扩大到服务业，增加了电梯控制技术等内容。此外还注重计算机技术在电气控制中的应用以及电工仪表等实用技术课程；家电专业是新办专业，根据专业特点，专业课讲授必要理论之外，以家电产品维修的技术工种标准进行教学，将教学与考证相结合，并向学生介绍VCD、家庭影院等当时的家电新品种。

形成四大门类专业　通过多年探索已经形成“宽基础、活模块，多资格，提高学生全面适应与自我发展能力”的教学思路，学校及时掌握企业发展和社会人才需求信息，敏锐地抓住时机，充分利用自身条件，建立起一批面向第二和第三产业、社会服务面较宽的专业群体，既着眼于目前就业需要又考虑学生的长远自主发展，符合现代教育思想的新内涵。在满足企业需求服务社会的同时发展壮大了自己。根据社会需求，学校专业设置具有机、电、食品、财会四大门类。电类设有工业企业电气化专业、微型计算机应用专业；机类设有轻工机械专业（含包装机械专门化、钢琴制造专门化、计量专门化，)、工模具设计与制造专业；轻化工类设有食品工艺专业（含工业发酵专门化）、白酒工艺专业、轻工工业分析专业；财经类设有工业企业财务会计专业、工业企业管理专业（含涉外企管专门化，信息处理专门化）。

四、特色专业

轻工机械（包装机械）专业　轻工机械（包装机械）专业面向轻工、食品、化工、医药、纺织等各个行业企业，对实现包装工业现代化起着重要作用。包装机械涉及工艺、材料、力学、自动控制、设计学等各个学科和技术，是现代科学技术的综合运用。培养目标设定为具有为社会主义建设事业献身精神的，能够从事包装机械设计、生产工艺管理和生产设备维修、调试、使用的专业技术人才。开设课程除普通课外，还有制图与公差、理论力学、材料力学、机械原理与零件等课程。

工模具设计与制造专业　工模具是轻工业生产的重要工艺装备，对产品造型设计、提高产品生产中的应变能力，提升产品竞争能力有着重要作用。本专业培养掌握专业基础理论及专业知识，有一定实践技能的轻工模具中等技术人才。开设课程除普通课外，还有专业课开有冷冲压模具设计，冲压机械自动化、液压与气动等。

工业企业电气化专业　工业企业电气化专业于1981年开办，1982年正式招生。北京轻工业系统在国家的大力支持下，依靠一轻系统比较雄厚的工业基础，大规模进行现代化技术和设备引进工作，这些设备的使用急需一批有一定文化基础和受过专业训练的基层技术人员承担其管理、运行、维护保养和维修工作，为此开办本专业。按照“强电”“弱电”“微机控制”“技能培训”等几条主线组织专业教学。

食品发酵工艺专业 食品发酵工艺专业为酒类及氨基酸等发酵产品的生产培养中等专业人才，使学生掌握发酵产品生产过程的基本原理和生产方法，具有一定的理论知识和较强的动手能力，能胜任组织生产和制订合理生产工艺流程的任务。课程设置除普通课外，还包括有机化学、分析化学、物理化学、化工原理、生物化学、微生物学、发酵专业分析、发酵工艺学、制图、力学、机零机件、计算机语言等课程，有无机、有机、分析、生化、微生物等相关实验室供学生实验实习使用。

食品专业 20世纪90年代食品专业继续作为学校的特色专业，自1985年开设以来，进行了三次调整：1988年将食品和发酵合并，使这个专业毕业生既能胜任食品行业技术岗，又能胜任发酵专业技术岗；20世纪90年代初，将专业定向从过去的一轻系统扩大到乳品及其他食品行业；1997年，将食品专业课定向为饮料、焙烤制品、乳制品和酿造食品四个方面。培养的人才具有专业覆盖面较宽、培养方向超前等特点，本专业毕业生可从事食品、酿酒、化工、环保等工商企业和科研院所中的岗位操作工作。

学校食品专业生产流水线

计算机美术专业 计算机美术专业课程体系特点为强化美术基本功，重视计算机基础，入学即开设素描、色彩等美术课，课时充分，强化训练，实用美术课如专业字体、书籍装帧等占有一定比重，培养既有美术功底，又懂计算机操作，有设计能力、有发展潜能的第一线人才。

导游专业 导游专业特色为适应岗位面较广，重视外语能力，重视专业能力，如导游词写作，语言表达能力等。本专业的培养目标为中文导游员，考虑到今后从业的广泛性，开设课程除了以原国家旅游局导游员资格考试五门课为思路，还开设了北京文博、旅行社管理等课程，学生毕业后除了当导游还可做景点解说、博物馆讲解、旅行社计调、内外联等。

五、实践教学

校内实验实训室建设 为提高教学质量，学校不断投入资金，加强实验实训室的建设。

1980年以前学校没有一间实验室。到1985年底，学校在办学条件极其简陋的情况下开辟了九个实验室，分别是无机化学、有机化学、物理、电工、电子、计算机房、可控硅、模具、轻机实验室，另外开辟了一个语音室，一个实习车间，各实验室及实习车间设备固定资产总额近101万元。

1989年，学校用于实验实训基本建设投资达800万元，其中，三大专业门类已具备基础试验室七个，专业实验室八个，语音室一个，供40人同时使用的金工实习车间一个，各专业实验设备投资近200万元。

1989年，轻工部副部长陈士能到学校考察

1992年，学校实验室面积达5084平方米，电教室200平方米，实习教学场所402平方米。1993年，实验楼中有28个实验室及语音室、电化教学演播室、放映室等，完成了912学时的实验课。

从1990年开始，我国引入第一期世界银行贷款职教项目（以下简称世行贷款），第一期北京市有三所中专校先后接受世行贷款，学校抓住此机遇，在北京市教育主管部门的支持下，成为首批接受世行贷款的中专校之一，获贷款近60万美元，购置了先进教学实验实训技术设备，建成一个食品发酵职教中心，为学校实践教学和专业相近的职业技术学院、相关企业提供实验、实习服务。同时，利用贷款配套资金先后建成实验楼、实习车间、图书馆等设施，共计2.4万平方米，新增设备400台，推动了学校的教改工作，扩大办学规模，满足学校实践性教学需要。

至1998年，学校实验实训室总数共29个，实习场所占地面积为1040平方米。1994—1998年专业教室建设及使用情况见表1-4-9。

学生在实训室聚精会神地实操

表1-4-9　　1994—1998年北京一轻工业学校专业教室建设及使用情况一览表

专业教室名称	座位数	启用年份	主要设备
液压气动技术专业教室	40	1994	气动控制教学系统、液压透明教具、液压可拆装实验台、投影仪、放像机
单片机专业教室	40	1994	单片机实验装置、586及386微机等
微生物酿造食品专业教室	40	1994	显微镜、多功能显微镜、生物培养箱、高压灭菌锅、培养箱、电热干燥箱等
机原机零专业教室	40	1995	机原机零示教板、冲床模型、范成仪、动平衡仪、皮带传动实验仪、各类减速器，投影仪等
材料与公差专业教室	40	1996	万能工具显微镜（含照相机）、光波干涉显微镜、光切显微镜、表面粗糙度样板、光学自准直仪、布洛式硬度计、综合测量仪、立式测量比较仪、内径百分表、显微硬度计、液压式万能材料实验机、测G实验台蝶式引申机、测G实验仪、扭转试验机、冲击试验机、纯弯曲正应力实验台、弯曲组合变形试验台、电阻应变仪金相显微镜、投影仪等
焙烤食品专业教室	20	1996	调粉机、醒发箱、食品搅拌机、糕点成型机、烤箱、谷物膨化机等
饮料专业教室	20	1996	砂棒过滤器、离子软化设备、紫外线灭菌器、冷冻水箱及机组、汽水混合机、汽水储存罐、洗瓶机、灌浆机、压盖机、封盖器、塑膜自动封口机等
乳制品专业教室	20	1996	巴氏杀菌机、牛乳分离机、高压均质机、冰激凌机、蛋托机、榨汁机、多功能食品加工机等
客房、餐饮服务专业教室	20	1996	餐厅设备、客房设备
数控技术专业教室	20	1998	线切割机床、数控铣床教学系统、数控机床、原理示教板、投影仪等

续表

专业教室名称	座位数	启用年份	主要设备
调速专业教室	40	1997	直流调速实验装置、晶闸管实验装置、投影仪等
电动电热制冷专业教室	40	1997	洗衣机（8台）、滚筒式洗衣机、电风扇电吹风、电熨斗、微波炉、电饭锅、烤箱、气焊工具、电冰箱（8台）、中央空调模型、冰箱示教板、空调示教板、空调器等
音频视频专业教室	40	1998	收音机示教板、彩电示教板、黑白电视机（28台）、彩色电视机（20台）、电视场强仪、功放及音箱、失真度测量仪、VCD机、家庭影院等
电脑美术教室	30	1998	P266（30台）、P300、彩色喷墨打印机、扫描仪、29寸显示器等

校内实验课开设情况 1989年，实验课开设率基础课为90%～100%，专业课为50%～70%。至1991年，基础课的实验开设率可以达到95%～100%。

大部分专业课，特别是建成北京市食品专业实习实验中心后，食品专业的实验室拥有较现代化的实验设备，实验开设率可达70%～80%。以1993年食品专业为例，食品专业共有实验员15人，基础课开设率达95%，专业课实验开设率为70%。1998年学校实验课开设情况见表1–4–10。

表1-4-10　　1998年北京一轻工业学校实验课开设情况一览表

专业名称	实开数	主要设备
轻工业机械	102	硬度计、金相显微镜、万能材料实验机扭转实验机、冲击实验机、金相切割和镶嵌机、立式测量比较仪、综合测量仪、万能工具显微镜（含照相机）、光波干涉显微镜、光切显微镜、光学自准直仪、数字程序控制机床、线切割机床、范成仪、动平衡仪、皮带传动实验仪、机原机零示教板、液压可拆装式实验台、气动控制教学系统、空气压缩机、液压透明教具、CAD制图微机及绘图仪数控铣订教学系统等
机电技术应用	152	与轻工业机械专业通用
工业企业电气化	159	示波器、低功率因数表、低频信号发生器、交直流功率表、电机系统实验装置、电力拖动实验板、晶体管特性图示仪、模拟电子实验技术实验装置、集成电路实验学习机、电机调速实验装置、可控硅实验装置、DDE电动差压变送仪、DDE偏差指示调节仪、DDZ校验信号发生器、传感器实验装置、品质因数测量仪、高频信号发生器、标准信号发生器、扫频仪、三相异步电机、超高频晶体管表、可编程控制器等
家用电器	135	收音机示教板、黑白电视机（28台）、彩色电视机（20台）、电视场强仪、功放及音箱、失真度测量仪、VCD机，洗衣机（8台）、滚筒式洗衣机、电风扇、电吹风、电熨斗、微波炉、电饭锅、烤箱、气焊工具、电冰箱（8台）、空调器及各类配套仪表等。其它实验设备与工业企业电气化专业通用
计算机及应用	220	各类微机、服务器、扫描仪、摄像头、数码相机、刻录机、调制解调器、打印机、绘图仪、大屏幕投影机等

续表

专业名称	实开数	主要设备
食品工艺	338	旋光仪、酸度计、自动电位滴定仪、分析天平、722/72G/721A各型号分光光度计、7530紫外分光光度计、原子吸收分光光度计、气相色谱仪、荧光分光光度计、岛津220型紫外分光光度计、荧光分光光度计、SY5000高压液相色谱仪；雷诺实验装置、柏努力方程演示仪、阻力实验装置、流量计校正实验装置、离心泵特性实验装置、非均相物系分离装置、板框过滤实验装置、传热膜系数测定装置、筛板式精馏塔、气体吸收实验装置、干燥实验装置；碳酸饮料灌装小型生产线；粉碎机、刮削机、螺旋压榨机、榨汁机、调温调湿箱、麦芽粉碎机、糖化器、小型多功能发酵罐、显微镜、多功能显微镜、生物培养箱、高压灭菌锅；调粉机、醒发箱、食品搅拌机、糕点成型机、烤箱；多功能食品加工机、谷物膨化机；巴氏杀菌机、牛乳分离机、高压均质机、冰激凌机、蛋托机；真空冷冻干燥实验装置、立式塑料薄膜自动连续封口机

教师指导学生在金相实验室进行课程实验

校外实训基地及实习课开设情况 1993年校外实习基地有八个：北京啤酒厂，北京葡萄酒厂，五星集团，东郊乳品厂，北京酒精厂，第一食品公司，造纸一厂，造纸实验厂。至1998年，校外主要实习场所增加到15个，涉及主要实习专业9个，实习课开设率达到百分之百。1998年校外实训基地情况见表1-4-11。

表1-4-11　　1998年北京一轻工业学校校外实训基地一览表

单位	主要实习专业
中策北京啤酒有限公司	食品工艺
北京义利食品有限公司	食品工艺
北京味珍调味品厂	食品工艺

续表

单位	主要实习专业
北京第三机床厂数控研究所	轻工机械、机电技术应用
北京远东仪表公司	轻工机械、机电技术应用
北京开关厂	工业企业电气化
北京瑞德森商贸公司	计算机及应用
北京朝朝旭海科技发展有限公司	计算机及应用
育新物业管理公司	物业管理
裕中西里小区物业公司	物业管理
中国青年旅行社北京分社	导游
中国国际旅行社	导游
昆仑饭店	饭店服务与管理
康乐宫有限公司	现代娱乐管理
长安娱乐中心	现代娱乐管理

课程与毕业设计的实践性　在实践教学环节，学校重视课程设计与毕业设计的实践性，以实际生产问题为模型，将理论与实践相结合，培养学生的实践能力。

1992年工模具设计与制造专业教学计划中，课程设计的安排作为培养学生综合运用知识的能力，熟悉设计的一般步骤、训练方案、工程计算、结构设计、资料运用、图样表达、技术要求等，以培养学生正确设计思想和工作作风。课程设计备有指导书、任务书、选择类型分析、工作量要求及工作进程表等指导文件，规定此专业课程设计共九项，包括机械零件、冲压模具、塑料模具等课程设计各两周，制图测绘一周半，液压与气动、模具制造工艺学及夹具、冲压生产机械与自动化课程设计各一周，技术测量、工程力学大型作业各半周。

1993年世行贷款建设的汽水生产流水线实训室

学校制订毕业设计管理办法，对毕业设计的组织领导、选题、指导教师及职责、对学生的要求以及毕业答辩成绩评定、毕业设计的结束工作等作出一系列规定。如学校工模具设计与制造专业毕业设计（10周）在第八学期进行。毕业设计的题目一般以某产品设计为主要内容，选择一个比较复杂的产品，其单工序加工约为10个左右工序（包括冷冲模、塑料模）。根据设计任务书要求，在设计期间内完成相当于4张以上零号图纸的模具装配图，若干零件工作图，并制订必要的加工工艺规程，完成编写设计说明书等任务。根据学生在设计中的表现，图纸和说明书的数量和质量，通过答辩小组的评定后，正式确定成绩，并记入学生成绩册。毕业设计的环节，最大限度地将学生所学知识和能力，用于未来技术岗位所承担的任务，为学生毕业后从事相关工作打下基础。

第四节 课程建设

一、课程设置情况

课程设置原则 学校以“面向现代化、面向世界、面向未来”为原则，以社会和经济发展的需求为导向，所有课程以“能力本位”的教育思想为依据，全面设定教学目标。在传授知识的同时，发展学生的认识能力、思维能力和实践动手能力，培养良好的情感、意志和行为习惯。把课程分为学科课程、实践课程和活动课程三类课程。在学科课程中，文化课要达到高中毕业水平并且为本专业服务，专业基础课的理论内容，以本专业“必须、够用”为度；专业课的技术业务内容应具有针对性、适用性和适当的先进性，把实践课程与学科课程并列，突出这类教学内容在中专技术教育中的地位。把班会、校会、科技活动、社会实践等培养合格人才不可缺少的活动纳入活动课程，通过这些活动提高思想品德课的教育效果、提高学生全面素质、发展学生的个性。

从1991年起，学校对部分课程进行了改革，主要包括数学、物理、化学及各专业语文课和英语课等，以相当于高中毕业水平的标准教学，参加北京市高中会考和中专水平测试。

普通课设置 各专业都设政治、体育、语文、英语、数学、计算机基础、音乐、美术鉴赏等公共基础课，工科设物理、化学课，管理类设历史、地理课。主要文化课以达到相当于高中毕业文化水平为教学目标，且从1993起，学校参加本地高中会考或中专系统水平测试，提高了学生的基础课文化水平。

专业课设置 专业课均包括主干课和扩展课。课程结构合理，设置有序。课程设置符合业务规格，能够满足未来岗位工作的需求。各专业为适应社会发展和技术进步，根据本市经济、技术发展水平和发展趋势，研究本专业的发展方向，不断调整课程结构和教学内容，努力发展自己的专业特色。各专业陆续开设新知识、新技术课程或在原有课程中增加了新内容，根据全面、具体设计教学目标的要求，编写了近20门课程的课程标准取代原有的教学大纲。

二、课程改革

计算机专业课改 1991年，学校在总结和调研的基础上，制订了《计算机应用基础》课程改革方案。

重新组织教学内容，不再强调语句的系统性和完整性，而是以某些类型的应用为出发点，在介绍解决这些问题的典型算法中去介绍某些语句，以突出其实用性，如数据的排序、查询及表格化等。

在遵循“三基”教育思想的原则下，突出操作技能的培养与锻炼，将上机操作在总学时中的比例从1：4.07（依据国家教委1986年提出的大纲规定）增至1：15，让学生比较早的掌握DOS命令、汉字处理等技术和方法，并将其应用贯穿课程始终。

在知识结构与知识传授方法上，按“基本知识—基本技能—应用技术”的结构层次进行教学，即按照由浅入深、学用结合、逐步深化的原则，先让学生掌握Basic程序的基本结构及功能组成，并对Basic结构化程序有一定的了解，然后进行基本操作训练，最后学习编程技巧，为学生今后工作中阅读修改或编写简单应用程序打下基础。

1995年，学校开设“网络”和“多媒体技术”课程。“多媒体技术”课程内容从只讲数字过程、声卡到学习多媒体开发软件和数字化设备的使用。“网络技术”课的内容从开始的NOWBLL发展到NT、NT无盘DOS。1997年新开设了“因特网基础”“主页制作”“图像处理”等紧跟当时市场热点技术的新课程。

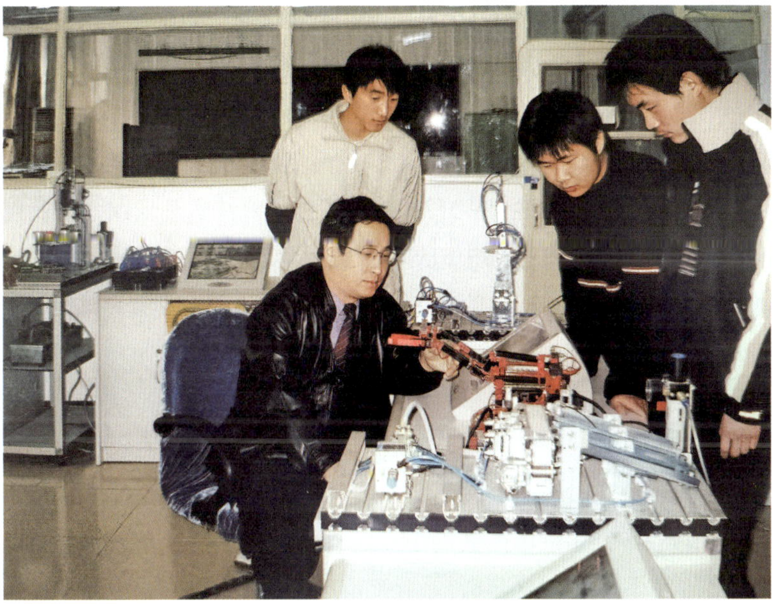

1992年，学生在计算机控制专业教室中边上课边实训

食品专业课改 食品专业基础课改革以“必须、够用”为原则，注重培养学生实际能力，1997年将原有的生物化学课程改为食品化学，使所学内容与专业的结合更紧密。利用分析检验设备的优势，于1991年在食品专业中破例开设仪器分析课程。分析化学和微生物学是两门实践性很强的重要专业基础课，除了增加实验内容和实验时间外，还专门安排了一周的综合训练，专业课的教学内容与行业的发展保持同步，专业概论课不用固定教材，以介绍新技术为主。1997年实现专业课课程综合化、模块化。教学内容包括新型饮料生产加工工艺及产品开发、流行的调味品生产工艺，以及产品开发、新型乳酸型食品的生产开发、超低温冷冻干燥技术等当时的食品发酵最新技术。

轻工机械专业课改 1996年以后，轻机专业的专业课程改革强调了“三性”：一是实用性，对工程力学、机原机零等专业基础课的基本概念、基本原理以讲明为度，删掉那些烦琐的公式推导过程和偏深的理论分析；二是先进性，课程内容在立足于成熟技术应用的同时，亦要重视先进技术的介绍与推广，如在机械制图课程中融入CAD内容。把机床与刀具课程中的数控机床内容抽出，自成一门课程，重点讲述数控机床的结构与操作，让学生了解最先进制造技术的发展动态，跟上时代发展的步伐；三是动态性，不断地吸纳新的知识和营养，在教学过程中实行教材加讲义的形式，如自编的CAD讲义、线切制机床培训讲义等。轻工机械专业于1991年增设机械维修与安装课程，1992年新开“可编程控制器”课程，1993年增设CAD并逐年加大课时比重，1997年增设数控技术课，1998年降低力学、机零机原课程理论深度。

工业企业电气化专业课改 工业企业电气化专业强化了计算机技术，于1993年新开“电工仪表及测量”课，1995年，开设“单片机”“数拉技术”“计算机制图”等课程，用“电梯控制技术”替代了面向工业企业的“断续控制”。

物业管理专业课改 物业管理专业摸索建立了适合中专层次的课程体系。1996年起逐步形成以建筑制图、房屋结构与材料、公共关系、企业管理、物业管理理论与实务、房地产法规等为主要课程的课程体系。后又增加“电工学”与电工实习，学生可取得低压电工技能证书。

计算机美术设计专业课改 计算机美术专业经反复调研论证，以美术基础课为基础，开设了二维设计软件、三维设计软件、VB程序设计等计算机技术基础课，以及包括广告、包装、书籍装帧等多种设计技术和网页制作的专业课，形成较为完整的课程体系；各工科专业的主要专业基础课和专业课以全面落实培养目标和具体设计教学要求为目的，编写了20门课程的课程标准以取代原有教学大纲。

三、思想品德与基础英语课教学改革

思想品德课 1989年，北京市高教局中专处、北京市中专教育研究会制订了《北京市中专学校德育大纲（草案）》，1990年6月，北京市高教局发出通知，中专学校遵循党的十三届四中、五中、六中全会精神，结合中专学校的实际情况，切实把德育放在学校教育工作的首位，决定在北京中专学校各年级开设思想品德课，纳入教学计划，课程不能仅限于课堂教学，要有针对性地安排多种实践活动，做到理论联系实际，知行统一。学校高度重视思想品德课建设，以课堂教学为主阵地，与日常德育教育活动相结合，制订《北京市第一轻工业学校思想品德课教学大纲》，内容上包括思想政治教育和道德品质教育两个方面，道德品质教育的重点是职业道德教育，在不同的时期强调不同的重点内容。

1990年，北京市高教局将《北京市第一轻工业学校思想品德课教学大纲》转发各中专校，要求各学校参照制订的大纲、计划。学校的思想品德课的课程改革得到了教育主管部门的肯定。

基础英语课 改革开放以来，对新型技术与管理人才提出了新的知识要求，一方面是对外交流日益增强，另一方面企业引进国外设备，技术开发、维护、管理需要一批懂英语懂技术的人员，对学校英语教学提出了新的要求，英语课程不单单是基础理论的教学，还是学生能力与水平体现，成为学生就业创业的重要因素。为此，学校英语教学进行了多次改革。学校制订的《基础英语》(1992)课程教学大纲，总结了改革成果。此教学大纲作为英语课程教学改革案例，被列入《北京普通中等专业教育志稿》。

"思想品德课教育大纲""基础英语教学大纲"详情见本章附文。

第五节　重要改革

为更好地适应行业企业和社会发展对中等技术人才的培养需要，从1984年开始，学校实行一系列有效的改革。

一、1984年综合性改革试点

根据市政府京政办发〔1984〕108号文件精神，在市高教局、一轻总公司领导支持下，学校同北京卫生学校等五所市属中专校共同成为综合性改革试点。

改革目的与原则　改革的目的是，把学校办成一个既具有轻工特色、又能为首都轻工行业的发展培养合格人才的中专校，进行全面改革，对内调动全体教职员工的积极性，对外与社会各方面力量合作，加快学校建设步伐，加速提高学生的素质和能力。

改革遵循的原则：以共产主义精神文明为指导，起到促进教育事业健康发展的良好作用；进行管理改革的同时着手教学改革，特别是学校开始招收初中四年制学生的情况下，稳步提高教学质量；改革工作必须有利于学校的建设，在1987年前使学校的办学条件初具规模。

管理方面改革内容　管理方面的改革一是在上级主管部门的领导下，在市高教局的指导下试行校长负责制；二是扩大学校办学自主权；三是人事改革；四是学校内部管理改革以健全岗位责任制为中心，进行考核评比；五是以学校预算外资金收入为基础，建立学校基金，其中百分之五十用于学校建设，百分之五十用于集体福利事业和奖金、职务津贴；六是各科室在完成本职任务前提下，结合业务，挖掘潜力，开展各项服务工作；七是改革学生管理办法，按照市委领导改革小组批准六所试点校统一学籍管理办法执行；八是为了实现集资办学，自1985年起，对社会急需的专业分配毕业生时可要求用人单位给予办学资助；九是学校有权分配学生，按照上级提出的用人单位需求计划，学校可以根据每个学生的特长进行择优分配，在集资办学部分中，学校可以直接与用人单位联系分配学生。

教学方面改革内容　教学方面的改革以提高教学质量为目的，从以下方面进行：在充分调查研究的基础上，明确学校现有七个专业的培养目标、专业特色、质量要求；为了有效地提高教学质量，培养学生的独立思考能力与分析与解决问题的能力，开展教学研究；搞好英语教学是体现“三个面向”的重要条件之一，首选84级电班进行试点，从教材和教法上全面改革，加强学生应用能力的培养。

阶段性成效 满足社会需要，开展多种形式办学，加强学校和各方面的关系，提高办学效益。1984年第一学期，除全日制社会招生六个班外，还接受了轻工部组织的外省市委托代培，面向农村对企业开办了两个全脱产全日制班，为一轻局在职干部开办了两个电视中专班。

在管理改革上实行校长负责制，加强指挥系统，推动各项管理改革的进行；明确岗位责任制，对岗位责任完成情况进行考核评分，在为教学服务的各个部门中推行承包责任制；建立学校基金，设置多种奖励，第一次实行单项奖，受奖人数占学校总人数的23%，充分调动全体同志的积极性；在学生分配问题上开展调查研究，有针对性地分配学生，以点促面推动全盘工作。

在教学改革方面，英语教学改革选84级电班进行，从内容到方法上都作了较大幅度的改革，在教法上采用了要求学生读、写、听、说四个方面同时训练的方法，考试是口答和笔答各占一半。在全校组成了一个25人的口语班每周进行训练，效果良好。数学教改是侧重在教学方法上的改革，教师的教学方法从培养训练学生阅读数学教材、能提出问题入手，再由教师进行综合讲解。改革后统一命题考试，试点班平均84分，全校平均71分。这两门课程的改革是学校招收初中四年制教学改革的先锋，逐步完成教改任务。在毕业班的毕业设计和答辩中，从内容上选择真题目，从方法上采用学校和社会结合，提高了学生设计能力和应用能力。学校开展调查研究，使中专教学赶上时代的步伐，实现“三个面向”，并用来指导各专业的改革计划，同时也加强实验室的建设。

二、1990—1992年综合配套改革

在1984年改革试点的基础上，1990年依照北京市政府、高教局关于继续进行改革试点、深化中专学校内部综合配套改革的指示，结合学校实际情况，制订《北京市第一轻工业学校内部配套改革方案（草案）》。1992年，根据市政府办公厅批复，北京市高教局《关于在五所中专学校进行学校综合改革的请示》的通知精神及高教局制订的《北京普通中专学校综合改革试点方案》，在研究学校具体情况，特别是总结八年改革经验的基础上，对1984年的改革试点工作和1990年12月的改革方案加以修订、完善，保持其连续性，制订《北京市第一轻工业学校综合改革方案》。

综合配套改革目的 通过实施综合改革的各项措施，巩固学校八年改革，尤其是四项综合配套改革的成果，使改革进一步深化，充分发挥现有设施和设备的作用，优化办学条件，在更深层次上调动广大教职工的积极性和创造性，使办学水平再上新台阶，努力把学校办成具有全市乃至全国重点校水平的中专学校。发挥优势，更好地为经济建设服务，为国家培养更多更好的中专人才。

综合配套改革内容 1992年12月，教代会二届四次会议通过北京一轻工业学校综合改革方案，从办学模式、办学机制、行政机构、教育教学等几方面进行改革。

一是办学模式改革，重视校企联合办学，培养企业急需人才；改变过去较单一的办学模式，进行“高、中、低”三档分流；发挥学校办学优势，为城市近郊区的新开发区和乡镇企

业培养人才；在1993年试招部分（城区）自费生，以满足学生求学和市场经济的需要。通过开展多方位、多层次、多渠道办学使学校在校生形成以下结构：校企联合办班生，定向分配生、行业的全国代培生、自费生和统一分配生。

二是办学机制改革，建立调动校内外积极性的办学机制，全面提高办学水平：不断巩固、完善、调整、充实原校顾问委员会，顾问委员会组成成员为一轻总公司领导，大、中型企业的有关领导和高级工程技术人员，主要职责是保证学校的社会主义办学方向，积极为首都经济建设服务，协助制订学校长远发展规划，研讨其他重大问题，帮助学校克服建设和发展中的某些困难。与此同时，建立学校“学术委员会”。成员由有关的校领导、校内外离退休的有办学经验的同志、高级职称的教师和中青年专业骨干组成。学术委员会是学校最高的学术机构，其主要任务是对学校专业建设提出决策意见，负责中级职称的评审工作，进行教学质量评估和新教师的培养，审定教学计划和教学大纲等。三大专业科分别聘请企业工程技术人员建立三个专业顾问组，其主要任务是：参与修订专业教学计划、修订各门专业课及相关大纲，为校内外教学实习基地的建设、学校教师下厂实践提供方便，同时承担部分教学工作。继续加强三大专业科的建设，形成教学、技术开发和多渠道创收的相对独立的体系。学校要逐步实施教学、教师聘任，班组设立及班组长确定、实验实习的对外开放、短训班及相关的服务项目的确定，将教学人员效益工资评定及单项奖的评选等权力放到专业科，以促使其成为相对独立的体系。

三是结构工资改革，进一步激发学校内部活力，增大竞争的力度，优化组合，做到工作量满负荷，争取在最短的时间内达到市政府批文的要求，教师周12课时，教学人员与行政人员比为1∶1。对1990年制订的校内结构工资方案做全面修改，1993年3月执行修改后的方案。建立校内浮动工资制度，每年有10%～12%教职工校内浮动升级，其中1%～2%的名额由校长掌握。建立几项有利于提高工作水平、促进各项工作、提高评比奖励办法。设立“三育人”奖励基金，评选“十佳教师”和“十佳服务标兵”，设立重大贡献奖和单项奖，建立从事学校工作30年教龄员工的工资待遇执行办法。为鼓励多种形式的创收，学校在原有政策规定的基础上修订创收奖励办法。

《学校试行结构工资制试行方案》（1990年4月），见本章附文。

三、其他教育教学改革

在上述两次改革试点工作带动下，学校进一步深化各方面改革，在原有基础上更上一层楼。

在教学改革方面，继续在食品工艺专业实行教学整体改革方案，并根据国家教委推行的加拿大CBE职教模式对原方案做了适当的修改、补充和完善；大力加强实践教学，以实践教学为教改突破口，增强学生的动手能力和在市场经济中的竞争能力，在三个专业试行“双证书制”——轻工机械专业：维修钳工二级；工模具设计与制造专业：模具钳工二级；工企电气化专业：低压电工证。

1993年北京一轻工业学校校史展

在学校机构设置方面，适应社会发展需求，建立三个机构：一是建立校办企业联合办公室，对多种创收事项统一管理，设一名校长助理全面负责。二是在1993年建立生源开发与就业咨询办公室，加大招生宣传与管理力度，面向技术开发区、三资企业、集团公司、远近郊区的乡镇企业和新兴项目，掌握人才需求信息，签订定向代培协议，为招生工作提供准确的依据。同时也为新专业、新“专门化”的开设提供参谋意见；加强对毕业生的就业指导，提前了解企业对人才需求的变化情况，调查了解毕业生的就业及适应情况，掌握企业技术引进、生产和待遇的变化情况，为毕业生就业选择提供咨询，为学校专业转向提供依据。三是建立“北京市食品、发酵实习、实验中心”，做好世行贷款重要项目，发挥学校优势，扩大服务社会的力度。

第六节　师资队伍

一、队伍建设

建立教师队伍　1978—1981年的建校初期，在前期办学基础上，学校开始建立教师队伍。

1978年，共有教职工49人，从1979年到1981年逐年递增，1981年的教职工总数为1978年的2.8倍，专任教师由1978年的24人增加到1981年的67人，教师学历层次不断提升，1980年专任教师中高等学校本科毕业及以上人员有11人，1981年增加到24人。党员教师数目逐年增加。1978—1981年学校教师队伍情况见表1-4-12。

表1-4-12　　1978—1981年北京一轻工业学校教师队伍情况统计表

年份	教职工总数	专任教师数
1978	49	24
1979	58	32
1980	79	38
1981	141	67

提升教师队伍整体素质　1982—1990年，处于20世纪80年代职业教育发展时期，学校师资队伍建设的重点是提升教师队伍整体素质，包括结构、层次和提升教学能力水平，补充新建专业的师资力量。

1982年，教职工总数159人，专职教员41人，行政人员44人，工勤人员35人。到1985年底，专职教师队伍发展到78人。当时，教师队伍结构存有不足，一是1984年改招初中生后，普通课教师严重短缺；二是食品、发酵等部分专业师资力量不足；三是师资队伍的学历偏低；四是40岁以下中青年教师偏多，占84%，存在经验不足的情况。

为改变这一结构状态，学校加强了师资队伍的建设。招收有一定专业技术能力的专业人员，加强对现有教师队伍的培训。五年中，有53名教师通过各种学习进修，学历基本达到大学本科或专科水平。学校进一步加强了对青年教师的培养，青年教师成长迅速，在教学和科研工作中发挥了很好的作用，在中专刊物上发表论文20余篇，其中，9篇论文受到轻工部中专教研会的表扬，教学质量迅速提升。至1986年，教职工总人数227人，专任教师占比39%，教辅人员33人，行政人员47人，工勤人员58人。专任教师中40岁以下青年教师77人。

1990年，学校已建立了一支学科基本配套，能满足教学需要的师资队伍。从1985年的78人，增加到1990年106人，这些专职教师负责全校200多门课程教学，有的走出校门，承担分校教学任务。师资队伍的平均教龄9.4年，其中10年以上的38人。大学本科以上学历占专任教师总数的87.73%，高级讲师4人，讲师30人，占专任教师总数的28.3%，助讲38人，教员34人。专业教师的实践平均年限为3.45年。在国内进行教师培训近200人次，出国进修教师7人次。队伍的业务水平得到了一定的提高，涌现出一批业务骨干，能够完成学校的各项教育教学任务。1982—1990年学校教师队伍结构统计表见表1-4-13。

表1-4-13　1982—1990年北京一轻工业学校教师队伍结构统计表

年份	教职工总数	专任教师数	本科及以上人数	高级讲师数	讲师（专任教师）数
1982	159	80	34	/	19
1983	209	110	65	/	21
1984	248	113	73	/	18
1985	204	78	64	/	7
1986	227	89	73	/	5
1987	246	101	79	/	5
1988	250	99	78	4	31
1989	241	99	86	4	28
1990	246	106	93	4	30

培养业务骨干和学科带头人　1991—1998年，通过引入和培训等方式，学校在继续提升教师队伍结构、层次整体水平基础上，加大了对业务骨干和学科带头人的培养，创新教师团队，提高教学质量和科研能力。

1991年，学校教职工队伍248人，专任教师105人，其中，本科及以上学历92人，高级专业技术职称5人、中级33人。选送到国外学习10人以上，在学校各项工作中，教职员工发扬主人翁精神，以认真负责的态度进行工作，使各部门之间团结协作，共同保证了教学任务的完成。

至1996年，业务骨干和学科带头人基本形成，教学、教改、教研等工作科学、规范、有序进行，具备了较强的教学与管理能力，教师们不断得到进修培养，“八五”期间出国培训和考察有10人，国内脱产学习和培训有460人次，与国内外交流增多。学校教师在本市及全国14个专业研究会、学会中有任职，对中专教育起到骨干作用。教师承担主编及参编教材有18种22册，获评优秀论文、教学成果和技术成果奖的数量逐年增多。

1998年，教职工总数209人，专任教师占比44%，专任教师中高级讲师增加到19人。教师中有80%通过社会考试取得多种技术等级（资格）证书，有18人次在有关学术团体组织中任职，在教育科研、教学改革、教材开发等活动中表现出较高水平。学校建有素质较好、相对稳定的兼职教师队伍，各专业科聘有专业顾问和顾问小组，成为学校教育资源的重要补充。1991—1998年学校教师队伍结构见表1-4-14。

表1-4-14　1991—1998年北京一轻工业学校教师队伍结构统计表

年份	教职工总数	专任教师数	本科毕业及以上人数	高级讲师数	讲师数
1991	248	105	92	5	33
1992	249	104	92	9	42
1993	247	98	86	9	50
1994	245	100	88	11	51
1995	246	107	97	10	56
1996	248	113	102	10	53
1997	226	103	91	15	45
1998	209	92	84	19	35

二、队伍管理

工作规范　经过前期教育教学工作的探索与积累，至1992年学校制订了与结构工资制度相配套的《教师工作规范》，对教学工作的各个环节提出了具体要求，后于1994年进行了修订，通过宣传教育，教师们能够领会并自觉遵守。1995年对《教学工作文件》进行了重新汇编。1997年2月，制订了《关于加强师资队伍建设的若干意见》，对教师的师德、工作质量和业务水平提出了更高要求。

学校于1990年9月开始实行校内结构工资制，此项改革坚持从学校的具体情况出发，贯彻“多劳多得、优质高酬”的原则，在具体实施方案中突出教师在学校工作中的主体地位，实行向教学第一线倾斜的分配政策，对教师的教学水平和工作质量采用综合考评并实行低职高聘、高职低聘，教师确定了标准工作量和目标工作量，行政管理实行满负荷工作制，严格执行以岗划档，按岗分级的原则，确定岗位级别和职责。此外，还加强了考核，严格执行规章制度，实行目标管理。

督导考评　建校以来，学校将教学管理和质量管理作为一项重要常规性工作，教务科每天安排专人检查教师上课情况，定期查阅学生作业量及作业批改情况。

在教学质量综合考核方面，一般有五项内容：一是学生评议占20分，二是同行及领导听课评议占30分，三是教案检查占15分，四是教学业务水平及教学常规评议占25分，五是专业科、教研组对工作表现评议占10分。考评结果与结构工资挂钩，促进教学质量提高，效果良好。

从1992年起，每学期都要考核教师工作质量和业务水平。1996年改为每年考核一次，1997年开始执行修订过的《教师年度考核实施办法》，这些措施促进了师资队伍建设，保证了教育教学质量的稳步提高和教学改革的顺利进行。

教研成果　经过学校培养与和教师自身努力，1984年以前入校的大学毕业生中，60%已成为学校教学、管理方面的骨干，有的担任党委委员、教务科长、团委书记、专业科长、教研组长等，有的参编了中专校教材、习题集等，发挥了骨干作用。

学校多次被评为市经委教育系统的“育人质量先进单位”。论文成果十分丰富，六五期间（1981—1985年）共发表论文43篇，其中，《加强口语训练提高阅读能力》《数学教法改革的一点点尝试》获得轻工部系统评选的论文奖。七五期间（1986—1990年）学校共发表论文106篇，《师资队伍建设的措施》《适应首都需要，办好食品专业》《八十年代中专技术教育的发展趋势》等论文具有实践指导意义，《理顺中间人才层次，发挥中专教育的骨干作用》《中专培养目标的绝对性与相对性》获得轻工部系统中专教育论文三等奖；八五期间（1991—1995年）发表论文345篇，其中《学习西德职教经验进到我校教学改革的设想》获得市高教局评选的中专论文二等奖；发表著作有《市中专应用数学基础》《工业企业财务管理与分析》《北京市中专英语水平考试大纲及样题》《机械零件，机械原理习题集》等。《食品专业教学改革试点工作总结》获北京市教学成果二等奖。《学籍管理软件设计成果》获得市高教局评选的中专论文二等奖。

教师在单片机专业教室指导学生上机

1999年，虞未章申报的课题“中专德育目标和内容的研究”获批95国家级重点课题“整体构建学校德育体系的研究与实验”子课题。1999年，“更新教育观念，进行‘宽基础、活模块、多资格’教学改革”获全国优秀职业教育教学成果一等奖，“‘宽基础、活模块、多资格，培养学生全面适应和自我发展能力’教学模式”获北京市中等职业学校优秀教学成果一等奖，“中专‘课程标准’的研究与实践”获得北京市中等职业学校优秀教学成果三等奖。

三、教师荣誉

1983—1998年北京一轻工业学校教职工获市级及以上荣誉见表1-4-15。

表1-4-15　　1983—1998年北京一轻工业学校教职工获市级及以上荣誉一览表

序号	年份	获奖人及奖项
1	1983	李云阁获北京市优秀教师称号
2	1984	孙健获北京市教育系统先进工作者称号
3	1986	陈小宁获北京市教育系统教书育人先进工作者称号
4	1987	陈小宁获北京市高教系统教书育人服务育人先进工作者称号
5	1988	鞠昌麒获北京市高教系统教书育人服务育人先进工作者称号
6	1988	李云阁获北京市优秀教师称号
7	1989	丁敏获全国轻工业系统先进教师称号
8	1989	赵玉春获北京市工业委系统优秀教师称号，徐恒亮、王路得、虞未章获优秀教育工作者称号
9	1989	陈小宁获北京市优秀教师称号，获全国优秀教师称号
10	1991	冯善云、鞠昌麒获北京市中等专业学校优秀班主任称号
11	1992	张惠清获北京市教育系统德育先进工作者称号
12	1993	徐恒亮获北京市优秀教育工作者称号，获全国优秀教育工作者称号
13	1993	李云阁获北京市优秀教师称号
14	1993	沈卫东获北京市优秀青年教师称号
15	1994	张惠清获北京市教育系统德育先进工作者称号
16	1994	王陆获北京市工业系统优秀教师称号
17	1994	王新宇、虞未章获北京市工业系统先进教育工作者称号
18	1995	张俊茹、虞未章获北京市工业系统先进教育工作者称号
19	1995	周哲获北京市工业系统优秀党支部书记称号，张泽军获北京市工业系统优秀共产党员称号
20	1995	徐恒亮获北京市先进工作者称号
21	1995	肖永生获全国优秀教师称号
22	1995	张俊茹获北京市优秀教师称号
23	1995	徐晶获北京市优秀青年教师称号
24	1996	张俊茹、赵晓文获北京市工业系统先进教师称号
25	1997	郭桐获北京市优秀教师称号
26	1997	刘景复获全国轻工业系统优秀教师称号
27	1997	谢梅英、尹大川获北京市工业系统先进教师称号
28	1997	肖永生、郭桐、谢梅英、徐晶获北京市中等专业学校优秀中青年骨干教师称号
29	1998	董义革获北京市工业系统先进教育工作者称号
30	1998	张惠清、王桂枝、董义革获北京市中等专业学校优秀中青年骨干教师称号

第七节　学生培养

一、教育管理

学校按照未来知识社会及企业发展需求，对学生进行适度“宽与实”的基础文化教育，“活与精”的专业及多种技术等级证书制（多资格）的培养，使毕业生具备“合格质量+特色”，具有专业面较宽、适应性较强的特点。一批知名大企业成为学校较稳定的用人单位，多数毕业生逐步成长为行业企业的业务技术骨干，受到企业和社会的广泛欢迎。

95届微型计算机专业毕业生答辩

学生管理体系　学校制订“德育为首，全面育人”的教育指导思想，成立了以校长为组长的德育工作领导小组，以党委副书记为主任的学生工作委员会，制订教职工“行为规范”，形成全员育人的理念意识。学生科作为学生管理工作的主要机构，组建有较高素质的班主任队伍，注重学生思想道德教育和校风校纪管理。校团委作为体现学生先进性的群众组织，在思想建设、组织建设、文化建设方面，通过开展形式多样、意义深远的特色活动，引领广大学生积极加入共青团组织，发挥共青团员的模范作用，1990年校团委被团市委授予“先进团委”的称号。

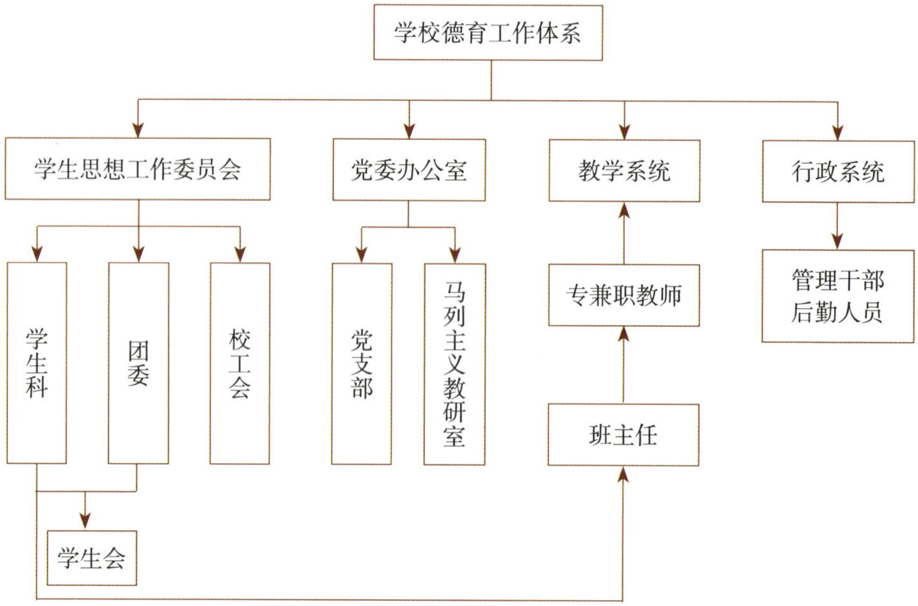

1993年学校德育工作体系框架图

学生思想教育工作　1991年，学校对以往的德育工作进行了改进，成立了学生工作委员会，在党委领导下，马列主义教研室、学生科、团委、工会、学生会等部门与组织共同参加。每学期召开1～2次工作会，贯彻执行党委有关决议，按照德育工作实施方案，分析学生的思想和表现，确定工作目标和重点。

思想政治课作为德育工作主要途径之一，各专业四年制班级开设7个学期思想政治课。严格执行国家有关政治课教学的规定，认真落实教学大纲内容。1998年根据教育部对原有“经济・政治”“国情”课程的调整意见，学校修订了原有政治课教学大纲。党的十五大后，马列教研室教师认真学习党的十五大报告，编写“经济政治”补充讲义，讲义以邓小平理论为指导，以社会主义市场经济为主线，体现了时代特点，贴近学生生活。此外，还编写了“法律”补充讲义，突出知法、用法、守法内容，有选择地对学生进行法律意识和法制观念的教育。在教学方法上变“注入式”教学为“启发式”教学，力求把知识性、趣味性和思想性融于一体，根据不同的内容和目的要求，注意运用各种教学方法来激发学生兴趣，将声像教学设施引进生动的教育课程中。

开展思想品德教育　以主题教育的形式，进行爱国主义、集体主义、社会主义教育。注重对学生进行基本国情、民族优秀传统和革命传统的教育，努力培养学生爱党、爱国的情操，使学生将个人理想与国家前途命脉紧密结合起来，从中学会正确处理个人、集体、国家的关系，树立正确的人生观、价值观和择业观。

以“跨世纪青年文明工程”和“跨世纪青年人才工程”为主题，加强对学生的思想、品德教育，建立了“共青团国旗岗”，编写《历史上的今天》，在每周一全校升旗仪式上播出，在学生中组建了“特色理论研究会”，深入研讨中国特色社会主义理论；以“心中有祖国、心中有轻校、心中有他人”为主题，组织学生参加了“北京市青少年94～97读书工程活动”，举办了“为中华之崛起而读书”演讲比赛和“读百卷书，激爱国情”知识竞赛；以“爱国、爱校、立志、有为，做现代文明的中专生”为主题，开展教育活动，组织了“莫忘国耻，再创辉煌”演讲比赛。以班级为单位，开展了四个专题的主题班会活动。从1982年起，每年组织新生进行军训，培养学生爱国主义意识，增强集体主义观念、加强组织纪律性。

在思想品德教育中坚持与实践结合，规定了实践课时，培养学生劳动观点，养成尊重劳动，热爱劳动的习惯，学校为增强学生的劳动观念，开设了劳育课，组织学生参加绿化美化校园活动，同时进行节约能源、节约粮食的教育活动；师生捐款两万五千余元建立了“阳光基金”，用以资助特困生完成学业。

以先进人物为榜样，树立劳动光荣、奉献社会主题教育，长期坚持开展学雷锋活动，青年志愿者连续多年为太阳宫敬老院、朝阳区敬老院进行献爱心义务服务等公益活动，增强了尊老意识，奉献社会精神。1996年上半年，结合《北京市文明公约》，邀请宏志班的同学来校做报告，组织十八岁成人宣誓仪式并将此项活动制度化。1996年下半年，各班开展“组织一次革命史参观活动、组织一次公益劳动、每一位同学读一本好书，写一篇心得体会、每一位学生干部帮助一名后进同学”的活动。

在优秀团员、学生干部中进行爱党爱国教育。以青年业余党校、团校为阵地，组织各种学生干部学习班、读书班，引导学生学习党团基本理论知识，坚定共产主义信念，共开办六期党校学习活动，培养了235名积极分子，发展了18名学生党员。为迎接1997年香港回归，组织了“庆回归校园书画展”、读报知识竞赛、演讲比赛、师生共同开展纪念“一・二九”等活动。

学校注重理论教育与实践活动紧密结合，大力开展社会实践活动。1994—1997年，组织学生干部和业余党校学员进行了三次大型的社会实践活动，分别到革命圣地延安和西柏坡、孔繁森家乡、山东沿海开放城市调查、考察。每次实践活动结束，都组织报告会，并以图片、录像、文字等内容向全校展出；以各类培训班、学习班的形式培养学生干部，至1998年上半年，举办了十六期学生干部培训班。

开展行为规范教育　学校历来重视加强对学生的日常行为规范教育与管理，形成良好校风。对学生行为规范有明确的、宽严适度的要求，对校风校纪情况有检查制度，并执行严格。

1990年，制订《北京市一轻工业学校学生日常行为规范》，分为六个方面四十七项要求，涵盖了青年学生在“爱国主义、集体主义、学习态度、敬业思想、文明礼貌、劳动观点、生活作风、公德意识、纪律观念”等多方面应达到的规范化要求，既把握住大的方向，又严谨、具体、宽严适度。

建立学生思想品行考核制度　学校从20世纪80年代起，经过长期实践和总结，形成一套完整的思想品行考核制度，包括《学生操行等级考核办法》《后进生考核制度》和《团员日常考核制度》，各项考核有专人负责，严格按制度办事，据此严格要求和教育学生，起到了发扬正气、鼓励先进、约束和教育后进的重要作用。

开展美育、健康教育　大力加强校园文化建设，提高学生全面素质。1989年学校成立了由党政、工、团、学生科、学生会共同组成的文化工作领导小组，成立了校舞蹈队与合唱队，丰富校园文化生活。多年坚持元旦举行“校园之春”、五月份举行“五月鲜花”活动，多次举办美术、书法作品展。

学生在阅览室学习

从1991年开始，学校在四年级政治课中安排美育内容，并配备了教材，教学形式灵活多样，受到学生欢迎。后政治课执行国家教委统一教学大纲，不再包含美育内容，改变为在部分专业、部分班级开设美育类选修课。95级计算机专业开设过音乐欣赏课，96级计算机专业开设过美术（构图和色彩）选修课。1997年，学校经过一段时间酝酿，正式将“音乐”和“美术鉴赏”列入各专业课程计划，并配备了教材，并从97级开始执行。1996年，市教委在中专校推行健康教育，学校自编教学大纲，把健康教育写进课程计划。这一新课程的开设，弥补了教育内容的缺欠，体现了学校对学生健全人格的培养。

学校校歌《前进，一轻校》创作于20世纪80年代，歌词作者为校长刘常新，中央音乐学院教授赵行道谱曲。

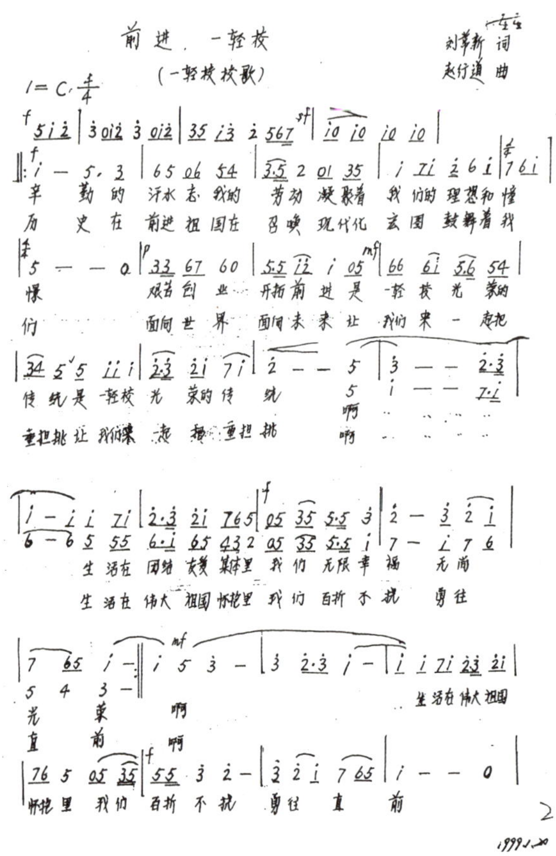

一轻校校歌词曲

歌词中写道，“忘我的劳动凝聚着我们的理想和憧憬，艰苦创业是一轻校光荣的传统，时代在召唤，现代化宏图鼓舞着我们，面向世界，面向未来，让我们一起把重担挑”，反映了学校的办学精神。1997年由学校教职工合唱队演唱，在一轻集团总公司组织的第三届职工文化节中荣获创作词和表演三等奖。

培养青年学生骨干 学校注意在青年学生中培养骨干，使学生树立远大理想和共产主义世界观。1984年建立的党课小组的基础上，又成立了青年业余党校，青年学生有200多人踊跃报名，部分学生参加密云区（当时为密云县）农村改革的社会调查。学校牢牢把握住社会主义办学大方向，培养社会主义事业的接班人。

学校以学生为主体，以培养学生能力为本位，重视学生的基础教育，教育学生学会学习、学会做事、学会合作、学会生存发展，以适应经济社会的发展。1980—1999年学生获市级及以上荣誉的主要情况见表1-4-16。

表1-4-16　　1980—1999年北京一轻工业学校学生获市级及以上荣誉一览表

年份	奖项
1980	葛文杰获北京市中等专业学校三好学生称号
1984	许青获北京市中等专业学校三好学生称号
1991	88级食品班获北京市先进集体称号
	程福元、胡文俊、王英峰获北京市三好学生称号
1995	93级模班获94学年～95学年北京市先进班集体称号
	93级食品班李永峰、94级机电班陈光建、95级大微班张国新获北京市三好学生称号
	93级模班黄奕文获北京市优秀干部称号
1996	95级微机高职班获95学年～96学年北京市先进班集体称号
	95级大微班于立亚、王锦华、微机2班马志刚、93级微机2班许丽格获北京市三好学生称号
	94级机电班李晓军获北京市优秀干部称号
1997	95级食品班、96食品班获96学年～97学年北京市先进班集体称号
	94级模班秀萍、94级计算机1班冯建辉、94级家电1班赵宁、94级家电2班陈士宏、94级食品班周国强、96级食品班张朋苗、96级娱乐2班于英仪获北京市三好学生称号
	94级轻机2班马晓进、94级家电班郝昌德获北京市优秀干部称号
1998	96级食品班、97级管理2班获97学年～98学年北京市先进班集体称号
	96级娱乐2班杨兰、95级电气班毕婵娟、95级机电2班万丽、95级微机2班黄水梅获北京市三好学生称号
1998	96级大微班王晓梅获北京市优秀干部称号、96级娱乐2班邱素音获北京市优秀干部称号
1999	96食品班获全国先进班集体称号

二、就业分配

毕业生分配原则 从建校至20世纪90年代初期，学校在行业办学的体制下，实行统招统分，大多分配到轻工系统的近300多个单位，遍及北京市及全国。

1992年，一轻总公司不再下达毕业生分配指标，实行就业指导，就业推荐，学生自主择业，双向选择。1993年，学校为加强学生就业指导等工作，正式成立“生源开发与就业咨询办公室”，按照面向市场为学生开辟就业渠道的思路开展工作，学生分配原则是为：择优、双向、三满意。

择优：按德、智、体三方面成绩，由高至低排队，对口分配到用人单位，在班主任、学生科、专业科三方面协商推荐前五名优秀生，优先挑选分配单位，用人单位对学生择优录用。对远郊区县的生源，毕业后原则上回原县工作，但对品学兼优的学生，可适当留城分配。结业生，一律不包分配，自找出路。

双向：指用人单位与毕业生，都有选择对方的权利，即分配前开展供需见面活动，说明情况，达成协议，双方签字，交换协议书，达到双向选择的目的。

三满意：在择优分配、双向选择的原则下，达到毕业生学用一致，优才优用，分配后能够使学生、家长、学校三方都满意。

北京第一轻工业学校83轻机班毕业合影

北京市第一轻工业学校84届食品二班毕业合影

行业企业统一分配 20世纪80年代毕业生就业以统招统分为主要形式，企业择优录取，大部分毕业生分配至一轻行业企业工作。

学校78级、80级共毕业机械专业学生181人，其中122人分配到一轻工业局系统各公司、总厂，包括乐器总厂10人，眼镜公司17人，酿酒总厂7人，玻璃总厂5人，钟表公司9人，食品总厂7人，日化总厂6人，缝纫机总厂19人，照明公司17人，搪陶公司5人，制笔公司13人，局直属单位8人（其中1人从灯泡厂调回学校）。毕业生从事技术工作的有71人，管理工作42人，政工工作7人，毕业生各方面表现突出。1982年学校轻工业机械制造专业分配64人，35人分配到一轻局，15人分配到二轻局，9人分配到仪表局，5人分配到冶金局。学校毕业生分配覆盖面提高，质量受到社会的肯定。

1981—1988年，毕业生近1500人，其中本市全日制普通中专毕业生近700人，分配到一轻系统近500人，占70%，分布在71个单位中；分到外系统近200人，占29%，分布在48个单位。

1989年，学校对毕业生情况进行追踪调查，对象为82级117名毕业生（1984年底毕业，高中生毕业后入学，学制两年半），分政治素质、专业能力、组织管理能力、改革创新能力、健康状况五方面进行调查，均达到合格标准。对1988年第一届招收的工业发酵专业两个班62人的调查（工作半年），学生在研究所和华都啤酒厂等三个酒厂的工作，基本受到用人单位的好评。由于毕业生的质量受到肯定，不少单位继续提出招取学校毕业生。

经过统计，在1978—1990年的十二年间，培养出的毕业生，分配在一轻总公司系统的63个企业事业单位，包括59个分厂和4个部属、局属的研究所。分配在市经委系统109个单位，包括10个总公司下属的34个企业、9个研究所和其他单位66个。期间，开办了4个不同专业的职工中专班，培养学生235人，基本回到原单位工作。

学校在招生和分配中，从大轻工系统服务出发，为全国各地输送本系统专业人才。从1984年到1990年，学校为浙江、广西、内蒙古、贵州、湖南、江西、云南、安徽、黑龙江、江苏、广东、宁夏、新疆、吉林、陕西、山东、湖北、河北等18个省自治区委培325人。1990年前后调查显示，毕业生中担任厂级领导干部的13人，担任车间、科室中级干部的96人，担任技术骨干及管理工作的人员占毕业生总数的78%。

北京市第一轻工业学校八九微机班毕业生合影

多种就业分配机制 进入20世纪90年代，学生就业情况为多种形式，双向选择与定向培养相结合，学生就业成为学校专业建设和人才培养工作的导向。

1992年，行业主管部门一轻总公司不再下达毕业生分配指标，学生分配工作进入新的历史阶段。学校面向市场，实行以下几条措施以解决毕业生就业方面出现的新情况。

一是采取多种培养方式，调整生源结构。采取定向培养方式，定向培养生比例最低为20%，最高的在1993—1995年间占60%。外地代培生占20%。定向培养方式，减轻学校解决毕业生就业的压力；安排招生计划时，考虑当地的人才需求情况，在学生容易就业的区县招生。

二是调整专业结构，使专业设置符合社会用人需求。一方面新办社会需要的工科专业，如“机电技术应用”“家用电器”及“计算机及应用”专业的网络专门化等，另一方面开办了一批面向第三产业的专业，如“物业管理”“现代娱乐管理”“导游”以及“计算机美术设计”等专业，在保证毕业生能够就业的前提下，使学生规模达到2500人左右。各专业扩大专业覆盖面，增加毕业生就业机会，工科专业除面向工业企业，还通过适当调整课程，使学生能够在服务行业就业。

三是进行教学改革，实行“宽基础、活模块、多资格”教学模式，提高学生的适应性和自我发展能力。学生有相当于高中毕业的文化水平，采取措施，引导学生取得工种操作等级证书，提高学生就业能力。在专业课学习内容上，满足行业企业岗位需求，使学生有较灵活的选择余地，提高学生非所学专业岗位就业能力。

四是建立毕业生分配工作机构，1993年正式成立“生源开发与就业咨询办公室”，起到毕业生就业工作组织保证作用。办公室通过市场调研，提出招生计划的意见，向各专业科反馈用人单位需求信息和对毕业生的思想、业务要求，联动专业建设共同为学校就业服务；广泛联系用人单位，宣传学校和毕业生的特点，拓宽就业渠道；对毕业生进行就业观念的教育，培训应聘技巧；对毕业生提供就业咨询服务；组织应聘活动和面试；积极做好办理毕业就业的手续。以1997年为例，联系到用人单位126个，需求数量为1365人，当年毕业生为750人，需求量大于毕业生数量。

1995年，推荐就业人数442人，1996年推荐就业人数396人，1997年推荐就业人数637人，1998年推荐就业人数765人，1999年推荐就业人数700人，学校毕业生基本实现全部就业。1994—1996年学校部分毕业生去向情况见表1-4-17。

1993年建校20周年时曾在校工作的校友合影

表1-4-17　1994—1996年北京一轻工业学校部分毕业生去向统计表

接收单位	接收毕业生数			
	1994	1995	1996	合计
北京市公安局	25	14	2	41
北京松下彩管有限公司	13	16	9	38
北京红星酿酒集团公司	1	20	13	34
北京日化二厂	16	3	5	24
北京实创高科技发展总公司	/	/	10	10
北京燕京啤酒集团	/	/	10	10

三、优秀毕业生事例

学校致力于培养全面发展的中级技术和管理人才，建校以来向社会输送了大批优秀毕业生。

金星笔厂的毕业生陈宝峰，在局里举行的“青年四小发明”活动中获得一等奖；王淑芳（女），为88届工模具设计与制造专业毕业生，在校期间曾任学生会副主席并加入中国共产党，分配到通化市造纸一厂工作，曾获省级“新产品开发奖”“新产品设计奖”；郑玉东，为91届微型计算机应用专业毕业生，1994年与1995年连续两年被评为省轻工业厅先进工作者；庞峰峰（女），为92届微型计算机应用专业毕业生，分配到青岛市建设银行工作，1992年在该市“首届礼仪知识电视大奖赛”中荣获第一名。还有1999年任北京市委教育工委副处长的张萍，中国轻骑集团压铸分厂劳资科长的侯杰、北京会计师事务所国际部副经理王桂平等。

田莹　85届轻工机械制造专业毕业生，毕业分配到北京义利食品公司工作，通过实践锻炼逐步成长为技术员、工程师，负责巧克力分厂的技术工作，并担任分厂副厂长。20世纪90年代初，田莹自告奋勇负责开发夹心巧克力设备，他废寝忘食，五天五夜没离现场，解决了各工序的设备技术问题，为该产品的生产成功起到关键作用。此后他又多次参与（负责）企业新产品生产的技术工作。他年年被评为厂里的先进工作者、优秀共产党员，是北京市工业系统百名优秀职工、一轻集团“十大标兵”之一。

杜昌勇　89届电气自动化专业毕业生，毕业后到新疆皮革工业集团公司工作。参加工作后，对工作勤恳、投入，无论是在电控室做一名值班员，还是担任热电公司动力部主任助理，他都把全部心思都放在厂里工作上，而且从未放松学习，1996年，他接受了搁浅两年的1500千瓦抽汽冷却机组电气部分的安装调试任务，不分节假日，有时连续工作四五十个小时，终于克服困难圆满完成了任务。在2号机组的安装调试过程中，为公司节约了20万元资金，受到领导的表扬。1997年被授予“全国轻工系统十大杰出青年岗位能手”光荣称号。

张广学　90届白酒班学生，毕业后到内蒙古宁城老窖酒厂工作。他努力将所学的理论知识灵活地运用于企业生产实践当中，取得了多项成果，如浓香型白酒催化升己降乳的研究、麸曲浓香型白酒生产工艺的改变对酒质的影响、酯化酶粗酶制剂在麸曲浓香型白酒中的应用、提高乙酸菌菌种质量的方法初探等，其中，“浓香型白酒催化升己降乳的研究”获自治区94年“内蒙古自治区星火科技三等奖”。

彭晓峰 97届计算机及应用专业毕业生，毕业后回到广西壮族自治区贺州市公安系统担任民警，历任贺州市公安局八步分局局长、贺州市八步区副区长、八步区人民政府党组成员、区委政法委副书记（兼）、贺州市公安局刑事侦查支队支队长等职，2022年任广西贺州市公安局党委委员、副局长，主要分管经济犯罪侦查支队、禁毒支队、科技信息化支队。工作期间，主持完成了贺州市公安局数字化监测系统的实施运行并获公安部典型推广，在打击广西贺州涉毒案件中工作成效显著。

苏学明 98届计算机及应用专业毕业生，毕业后就职于北京红导计算机技术有限公司，技术本领过硬，主持了中国工作经济联合会大型网站项目（总投资450万），内蒙古哲里木盟财政系统信息管理网（530万）、河北省张家口卷烟厂ERP系统（230万）等项目。2007年创立深圳市耐明光电有限公司，现任总经理，生产国际标准的商业照明、智能植物生长灯等产品，获得多项自主知识产权，其中发明专利3项，实用新型专利20项，产品远销国内外，在美国、加拿大等市场销量稳步提升，成为国家高新技术企业，年产值1.5亿元。

第八节　校园建设

一、建校初期临时校址

1978年5月学校建立后，由于没有统一的校园，沿用前期办学时的教学地点，在左安门十八里店公社饮马井生产队、一轻机械厂内两处分散教学，无独立校园空间。

一处教学地址位于左安门十八里店公社饮马井生产队，校园内仅有一排7间平房，其中四间教室、三间教员休息室。次年，因公社生产噪声和排放氯气，严重污染教学环境，经与公社协商，校址迁往左安门河沿，在新建的三排纤维板活动房中继续教学，校舍搭建十分简陋，房矮顶薄，冬冷夏热，教学条件差，困难重重。

早期的校园环境

另一处办学地址是当时第二届“七·二一”工人大学的校本部，在一轻机械厂内。1979年，由于该厂体制变更，厂本部由此地迁出，原址使用权属于其分厂市属钟表机床厂，后根据钟表机床厂的要求，学校外迁。1980年，学校租借北京市团结湖第二中学的15间教室，办学条件稍有改善。

此时期学校办学处于居无定所和分散办学的局面，既无实验室又无必备的教具，61名教职工奔波于两个办学点开展教育教学工作，在如此困难的情况下，广大师生仍然以极大的热情投入教学与学习中。两届学生将主要精力集中到学习中，表现出了极高的素质。后来，作为校友的毕业生们，回忆起这段时光，仍然充满深情，艰苦的条件让他们更加珍惜学习的机会，更加珍惜师生之间、同学之间的感情。

二、校园设施建设

党的十二大以后，职业技术教育得到了高度重视，学校得到了迅速发展。1982年，在上级支持下，学校购买了位于朝阳区太阳宫芍药居奶牛场的28亩地，以解决无固定校址的问题，在校长刘常新等领导同志带领下，全校师生抗炎暑、战热浪，发扬艰苦建校的创业精神，利用暑假时间，兴建新校舍，于1983年7月，新校舍有了模样，学校迁入新校址，结束了分散办学的局面。

校园基本设施建设　1982—1990年是校园建设最快的阶段。1983年，北京市计划委员会批复关于新建第一轻工业学校计划任务书，总投资控制在365万元内，总建筑面积22600平方米，校本部为16600平方米，家属宿舍6000平方米。工程分为三期建设：第一期建设教学楼及食堂6000平方米，优先解决基本教学条件和生活设施问题；第二期建设实验车间、实验楼等6400平方米，提升教育教学能力；第三期建设学生宿舍、仓库等4200平方米。

1983年暑假开始，在校园基本建设尚未全面开始的情况下，学校决定搬迁至新校区教学，校园内仍然有奶牛场的一些痕迹，有些简陋，需要一边办学一边筹划建设。为解决教学急需，师生一起动手，改善校园的环境，暂造平房2600平方米，为教学和“六五”期间的招生创造了条件。

1984年，根据〔84〕京建字第345号批复，拟再征地，学校建筑面积改为20866平方米，批复意见为新征地后再建2000平方米，总面积控制在22866平方米以内，工程总投资控制在496.4万元内。

从1984年开始，按规划分期进行基本建设，新建教学楼等房屋5758平方米。学校的日常工作，包括教务管理、学生管理、总务后勤几个系统都在人少事多的情况进行下运行。校总务筹办了第三产业，学生科开始搞第二课堂教学，教务科做了大量的教学组织工作，在物质条件极其困难的情况下，坚守岗位做好工作。

1985年，学校完成第二期征地，校区用地达51余亩。教学楼、锅炉房、职工宿舍等均已批准开工。至1989年，学校基本建设投资达800万元，完成新建筑近8000平方米。1982—1990年学校占地面积增长情况见表1-4-18。

表1-4-18　1982—1990年北京一轻工业学校占地面积增长情况统计表

年份	占地面积
1982	28亩
1983	35亩
1984	49.1亩
1985	51亩
1986	51亩
1987	60亩
1988—1990	60亩

建设中的一轻校报告厅

补充完善校园基础设施 1991—1998年，在前期基本设施建设基础上，学校根据办学规模扩大和提升教育教学质量的需要，不断完善校园设施建设。

1991年，学校总建筑面积23423平方米，包括教学楼、实验楼、图书馆、阶梯教室、食堂、浴室、学生宿舍和家属宿舍。

1992年，学校竣工项目有校门传达室和车库、300米跑道的运动场、小健身房、上下水系统和校内道路、茶炉房和木工房。校舍总面积24285平方米，其中实验室5084平方米、电教室200平方米、实习教学场所402平方米，阅览室550平方米。

1993年，学校占地面积4.202万平方米，建筑面积2.586万平方米。教学设施基本完备，其中有教学楼、实验楼、阶梯教室、礼堂、食堂、图书馆楼、学生宿舍楼、运动场、实习车间和校办工厂等。1991—1998年学校占地与校舍建筑面积情况见表1-4-19。

表1-4-19 1991—1998年北京一轻工业学校占地与校舍建筑面积统计表

<table>
<tr><th>年份</th><th>学校占地面积/平方米</th><th>校舍建筑面积/平方米</th><th>固定资产/万元</th></tr>
<tr><td>1991</td><td>40000</td><td>23423</td><td>858</td></tr>
<tr><td>1992</td><td rowspan="7">42021</td><td>24285</td><td>1114</td></tr>
<tr><td>1993</td><td>25868</td><td>1799</td></tr>
<tr><td>1994</td><td rowspan="2">26831</td><td>1903</td></tr>
<tr><td>1995</td><td>1989</td></tr>
<tr><td>1996</td><td rowspan="2">29792</td><td>2042</td></tr>
<tr><td>1997</td><td>2207</td></tr>
<tr><td>1998</td><td>31710</td><td>2280</td></tr>
</table>

教学辅助设施建设 1996年底，学校为每个教室和大部分实验室总共配备了82台投影仪，多数课程的教师已使用投影仪教学，投影胶片成为教案的一部分。电化教学设备总投资113万元，学校所属的实验室、实习场所及附属用房6158平方米。1998年9月，各班教室都配备电视机，学校建成闭路电视系统。马列主义教研室和语音室各有一台VCD机，用于播放教学光盘。英语组共有19台录音机，另有一间48座位的语音教室，以上设备利用率很高。教学设备设施的建设使传统的教学手段发生根本性的变化。学校在因特网上推出了自己的主页，全面介绍学校情况，如专业设置，招生、毕业生信息等，为扩大学校知名度开辟了新的渠道。网上宣传对招生、毕业生就业发挥了积极作用。

建设中的一轻校体育场

在图书馆建设方面，按照有关规定，图书经费应占每年教育行政费的5%，但因教育经费紧张，暂时没有解决。改招初中生后，学生的求知欲较强，没有足够的图书资料在很大程度上影响学生学力的开发和业余文化生活，截至1986年，以上问题未能得到解决。1990年，用于图书馆使用面积已达350平方米，1991年扩大至2000平方米，藏书5.2万册。1994年，图书馆藏书6.81万册，1996年，藏书8.14万册和各种期刊248种。至1998年，图书馆藏书11.8万册。

1987年10月，市委副书记徐惟诚到学校考察

时任一轻校领导讨论学校发展规划

大事记

1973年

2月，经市政府批准，成立北京市第一轻工业局技工学校，校址设在崇文区（现为东城区）夕照寺一轻局一轻机械厂内，设有机械、铸造、铆焊三个专业。

年内，招收初中毕业生，学制两年，机械专业四个班共202名学生。

作为一轻局唯一使用教育经费开办的学校，委托一轻机械厂代管并继续办学，隶属关系为局办厂管。首任名誉校长为一轻局副局长孙礼。

1974年

开设铸造、铆焊专业，招收初中毕业生，两班合计69人，学制两年。

1975年

9月，经上级批准，一轻技校改为“七·二一”工人大学。

1976年

8月1日，经局党委常委研究决定，北京一轻局“七·二一”工人大学正式成立，为一轻局直属单位，工人大学党支部书记王自端，党支部副书记徐倩，党支部委员孙振华。

1977年

对技工学校两届6个班271名学生毕业生进行统计，绝大多数分配在一轻系统，少部分进入其他工业局工作，大多成为企业骨干或熟练工人，个别学生成为厂级领导干部。

1978年

5月，经市政府批准，在前期办学基础上，成立北京市第一轻工业学校，为全日制普通中等专业职业学校。

6月，经一轻局批准，在左安门十八里店公社建校舍，作为首届中专生教室。

1979年

因十八里店公社生产噪声和排放氯气，经与公社协商，校址迁往左安门河沿，在新建的三排纤维板活动房中继续教学。

年内，一轻机械厂内的原“七·二一”工人大学教学场所，由于该厂体制变更，使用权属于其分厂市属钟表机床厂，根据企业需要，学校外迁。

1980年

9月，增设造纸机械与工业企业自动化两个专业。

9月，经一轻局批准，在北京市团结湖第二中学租校舍15间，为中专学校办学使用。

1981年

学校教学处于分散办学情况，61名教职工奔波于两个办学点开展教育教学工作。

1982年

12月，经一轻局批准，北京市第一轻工业学校征地，初步改造后，学校迁到朝阳区太阳宫路芍药居新校区办学。

1983年

7～8月，校园基本建设尚未开始，校园内仍有奶牛场的一些痕迹，教职工和学生一起动手，暂造平房2600平方米。

10月6日，全校师生在新校区举行开学典礼。刘常新校长在大会上进行了建校劳动总结并表彰先进。

年内，北京市计划委员会批复关于新建第一轻工业学校计划任务书，总投资控制在365万元内，总建筑面积22600平方米，校本部为16600平方米，家属宿舍6000平方米。

年内，被北京市政府确定为首批办得好的学校。

1984年

4月9日，全校师生员工在天坛体育场召开一轻工业学校第五届春季运动会。

6月4日，全体教职工参加了朝阳区人民代表大会的选举大会。学校推荐的候选人张桦同志当选为朝阳区第八届人民代表。

7月，北京市政府确定一轻工业学校为试点改革校。同月，接受轻工部组织的外省市委托代培，面向农村对企业开办了两个全脱产全日制班，为一轻局在职干部开办了两个电视中专班。

9月11日，新增购的大轿车开始运行，接送教师上下班。

年内，根据〔84〕京建字第345号批复，拟再征地，学校建筑面积改为20866平方米。

1985年

3月22日，召开党员换届大会，选举产生学校第一届总支委员会委员五名。

年内，完成第二期征地，校区用地达51亩，教学楼，锅炉房、职工宿舍等均已批准开工。

1986年

9月5日，举行教学楼落成典礼和庆祝教师节活动，市领导白介夫参加典礼并视察学校。

11月27日，学校设计制造的包装机试机成功。

12月1日，召开首届学生代表大会。

年内，确定学校专业的发展方向为食品（工业发酵）、轻工机械和电气三大重点门类。

1987年

8月25日，学校顾问委员会成立，审议通过顾问委员会章程。

9月，首届教职工代表大会召开。

9月，与全国白酒协会联合办班，从西南地区各县兴办的白酒厂职工中招生一个班。

10月6日，市委副书记徐惟诚到校视察工作。

10月22日，《北京日报》头版头条以《面向生产和经济建设设置专业》为题报道学校建设成果。

1988年

4月30日，与石化总公司情报所合作建设教育楼5430平方米。

9月6日，通过食品专业科改革试点方案。

12月，获得国家教委批准，得到世界银行贷款60万美元，建立食品专业职教实验实习中心。

年内，学校与市牛奶公司的各大乳制品厂联系，为学生实习寻求专业基地，最终东郊乳制品厂成为学生的实习实训基地。

1989年

7月，北京市副市长陆宇澄来校视察。

9月11日，召开庆祝第五个教师节及表彰先进大会。

年内，陈小宁获全国优秀教师称号。

1990年

6月，学校编制的《中专思想品德课教育大纲》在全市中专校试行。

6月29日，一轻总公司经理崔治安、党委书记庞钦壁到一轻工业学校现场办公，落实拨款20万元。

9月，试行结构工资制，实行聘任岗位目标责任制。

12月12日，实验图书楼完成竣工验收并正式投入使用。

12月，首届教学成果展开幕。

年内，依照北京市政府、高教局关于继续进行改革试点、深化中专学校内部综合配套改革的指示，结合学校实际情况，制订《北京市第一轻工业学校内部配套改革方案（草案）》。

年内，马列教研组获得北京市教育系统德育工作先进集体称号。

1991年

马列主义教研室编写的《中专思想品德教程》，由沈阳出版社出版，44所中专校开始试用。

1992年

9月17日，由全国政协教育文化委员会和北京市政协教科文卫体委员会组成的调查团，来校调查北京市职业技术教育情况。

9月23日，台湾工业职业教育界人士参观团到校交流。

10月19日，由市高教局组织的“北京市中等专业学校教学水平评估”专家组进驻校园进行评估工作。

12年15日，世界银行官员到校检查职教贷款项目落实情况。

12月，被北京市政府评为综合改革试点校之一。根据市政府办公厅批复，北京市高教局《关于在五所中专学校进行学校综合改革的请示》及高教局《北京普通中专学校综合改革试点方案》，制订《北京市第一轻工业学校综合改革方案》。

年内，被北京市高教局评估为B级一类校。

1993年

9月4日，举办庆祝北京一轻工业学校20周年校庆大会。北京市政协主席白介夫、市人大常委会副主任陶西平等领导出席，国家教委职教司、市政府文教办等相关部门领导，轻工总会教育司、北京市一轻总公司等领导，27所兄弟院校、26个兄弟单位等130位来宾，学校39名老领导、老同志，以及262名毕业生校友参加校庆活动。

10月6日，北京市政府批准北京市第一轻工业学校为市级重点中专学校。

12月，学生会主席侯杰同学出席“北京市学生联合会第七次代表大会”，并当选为第七届学联主席团成员。

年内，徐恒亮获全国优秀教育工作者称号。

1994年

2月，完成一轻工业学校内部工资改革工作。

3月，召开二届五次教代会，审议通过了新结构工资方案，并于4月在校内实施。

5月，参加市高教局“五月鲜花”首届舞蹈节，舞蹈《碧荷涟涟》获二等奖，《爱我中华》获三等奖。

5月，运动队参加市中专运动会，男子篮球队获第二名，学校运动项目首次进入前三名。

6月11日，召开三届一次教代会，审议通过徐恒亮校长做的“为95年达到全国重点中专校办学水平而奋斗”工作报告。

11月3日，师生为延庆区（当时为延庆县）“希望工程”献爱心。

年内，《食品专业教学改革新探索》获高教局中专教学研究会论文一等奖，学校获评北京市工业系统首批育人质量先进学校。

1995年

6月30日，北京市成人教育局批准学校为全国计算机等级考试考点。

10月6日，英国职业教育访华团参观一轻工业学校。

10月12日，宝洁（中国）有限公司生产培训经理潘乐德先生来学校访问。

12月，北京市高等教育局批复同意北京市第一轻工业学校开办“计算机美术设计”专业。

年内，办学水平评估达到A级校，达到全国重点中专校的办学水平。肖永生获全国优秀教师称号；徐恒亮获北京市先进工作者称号。

1996年

3月23日，召开三届四次教代会，审议通过《北京市一轻校“九五”发展规划》，党委制订的《北京市一轻校党建三年规划》正式与学校“九五”发展规划配套实施。

4月中旬，建刊《轻校名人榜》。首期刊登一轻校的拓荒人、事业的奠基者、老校长刘长新同志爱校敬业事迹。

4月中旬，教职工代表联席会通过结构工资调整方案，提高教职工工资收入。

5月6日，中国教育报头版头条刊登《职教战线上的“轻骑兵”》介绍学校。中国教育电视台到校录制电视片，于5月底在中国教育台播出。

9月9日，举行庆祝第十二个教师节暨办公楼落成典礼。

10月28日，接待英国鲁顿大学教育同行来采访，是学校确定对外加强与社会（国际）接轨的工作重点后的首次国际间交流。

11月下旬，首次举办“风采艺术节”活动。

1997年

3月，体育组王继学老师带队参加中专体委主办的乒乓球赛荣获团体亚军。

4月9日，被首都文明建设委员会授予“首都文明单位”光荣称号。

年内，食品专业科13名教师首次取得“食品检验工”初级技术证书。

8月24日，台湾省淡水高级商工职业学校校长邱文忠先生等一行24位教育同仁到校参观。

10月9日，举行青年业余党校两期。

10月10日，英国国家科技经济、教育委员会国际部主任大卫先生到校访问。

10月18日，承办市首届企业教育工作者暨第三届工业系统教育工作者田径运动会，获团体总分第五名及特别荣誉奖。

10月24日，尹大川老师代表学校参加西城师范举行的北京市中专校体育示范课观摩教学，40多所中专校100多位老师参加。

11月12日，成立宣传工作委员会。

11月27日，召开“一轻校与新闻界朋友联谊会”。

12月，教务工作顺利通过市教委“教务管理评估”达到A级。

年内，在北京市工业系统第三届中专毕业生技术比赛中获团体总分第三名。

1998年

2月16日，召开示范校评估动员会。

3月31日～4月2日，英国BTEC外部审核员对北京一轻工业学校、无线电学校、商贸学校的领导和部分专业教师进行培训。

年中，北京市教委认定北京一轻工业学校为北京市普通中专示范校。

7月，北京一轻工业学校与北京市轻工职工大学、一轻党校三校合并，申报成立北京轻工职业技术学院。

附一

学校前期办学（1973—1978年）

一、北京市第一轻工业局技工学校

1973年2月，经北京市政府批准，成立北京市第一轻工业局技工学校，校址设在东城区（原崇文区）夕照寺一轻局一轻机械厂内，设有机械、铸造、铆焊三个专业。学校是一轻局唯一使用教育经费开办的学校，后因教育经费紧张，委托一轻机械厂代管并继续办学，故隶属关系为局办厂管。首任名誉校长为一轻局副局长孙礼、第二任校长是一轻局劳动处李洲田，第三任校长是一轻机械厂厂长杨恩泽，副校长为徐倩（女）、孙振华，徐倩同时兼党支部书记。

1973年，开始招取初中毕业生，学制两年，机械专业四个班共202名学生。1974年招取初中毕业生，学制两年，开设铸造、铆焊专业，两个班合计69人。两届6个班271名学生，毕业后绝大多数分配在一轻系统，少部分到了其他工业局工作，这些学生大多成为企业骨干或熟练工人，个别学生成为厂级领导干部。

二、“七·二一”工人大学

1975年，在前期办学基础上，根据企业实际需求，改招“七·二一”工人大学的学生。根据市计委〔76〕京计字第259号、市科教组〔76〕京革科字第28号《关于一轻局局办“七·二一”工人大学的批复》，经局党委常委研究决定：从1976年8月1日起北京一轻局“七·二一”工人大学正式成立，党支部书记王自端，党支部副书记徐倩，党支部委员孙振华，为一轻局直属单位。其中，教职工31人，工程技术干部10人，占职工总数的32.25%。

学校自开办以来，在局党委的领导和各级组织的大力支持下，先后举办了各类工人大学班、学习班和技术培训班，学成后全部回到原工作岗位，通过学习、培训，部分学生成长为企业技术骨干，有的担任车间主任、党政干部或技术生产厂长等职务。学校各类学习、培训主要情况见表1。

表1　　1975—1978年学校各类学习、培训主要情况统计表

学习、培训名称	班数及期数	人数	学习人员
数学师训班、制图班、机械设计基础师训班、写作班和新闻通讯班	6个	66	技术人员
新闻通讯队伍培训班	1个	67	新闻通讯人员
工人大学机械设计培训班	1个	27	工人、干部
工人大学机械设计培训班	1个	39	工人、干部
工人大学新闻班	3期	69	工人、干部
工人制图班	1期	20	工人
数学师训班	1期	19	专业教师

一轻局“七·二一”新闻短训班毕业合影

附二

思想品德课教育大纲（1989年）

一、思想品德课的性质与任务

思想品德教育是中专学校德育工作的重组成部分。开设思想品德课是加强德育工作的需要，也是教育规律和社会要求的体现。思想品德课的性质，表现在教育者按照思想品德形成的规律，有意识地把社会主义的社会意识，共产主义的道德准则，转化为学生个体的思想品德。

（一）思想品德课的任务

在马克思主义指导下，通过教学和相应的活动，培养学生具有坚定正确的政治方向，热爱党，热爱社会主义祖国，具有社会主义道德和共同理想；树立科学的世界观和人生观，能够辨别是非，抵制各种不良影响；树立正确的职业理想，懂得职业道德的基本要求，具有为国家富强和人民富裕而艰苦奋斗的献身精神以及在平凡的岗位上勇于进取的竞争意识；具有法制、纪律观念；有一定的自治能力和自我教育能力。思想品德在培养有理想、有道德、有文化、有纪律的社会主义建设人才乃至从学生中培养出一些具有共产主义觉悟先进分子的工作中起着重要的作用。

（二）思想品德课教学原则

思想品德的心理结构方式，包括政治的、道德的认识、情感、意志、行为等几种心理成分。学生思想品德的形成，就是在有目的的教育影响下，知、情、意、行的培养过程，也是实施教育的一般程序。中专生的年龄特点决定其在校期间是人生观、世界观形成的关键时期。他们心理还未完全成熟，知识经验不足，对个人与社会缺乏全面认识，在思想方法上，容易产生主观性、片面性、不稳定性。由于职业教育特定的内容与教学方法，使中专学生思想品德的发展上受社会影响更大，因而中专学校的思想品德教育具有复杂性、反复性、阶段性和长期性的特点。在教学中要贯彻以下原则。

1. 社会主义和共产主义方向性原则

思想品德教育必须坚持社会主义和共产主义方向，教育学生为振兴中华，实现共同理想而奋斗。在改革开放的形势下，要抵制资产阶级及各种剥削阶级腐朽思想的影响，增强警惕国际资产阶级敌对势力对社会主义进行“和平演变”的自觉性。批判资产阶级的人生观、价值观。用社会主义、共产主义思想培养学生的思想品德和道德情操。

2. 正面教育，积极引导的原则

思想品德发展的动力是受教育者内在矛盾。加强学生主体意识的正确导向，是教育成功的决定因素。由于中专生的年龄特点所决定应着重正面教育，积极引导。他们朝气蓬勃，积极向上的特点，也决定其易于接受正面教育。要用正确的思想，先进的榜样等各种积极因素对学生施加影响。耐心说服，善于发现学生的优点、进步，以情感人，以理服人，启发学生明辨是非。同时也应注意对各种错误思想和观点的批判，使学生在分析和比较中学会思考。

3. 从实际出发的原则

首先要考虑不同年级学生所具有的不同的心理生理特征在道德意识、行为习惯等方面的发展特点，使思想品德教育随着学生年龄增长而逐步提高，加深。其次，要考虑学生当前思想实际及带有普遍性的问题，有针对性地进行教育。再次，要考虑不同专业学生的特点并据此提出各专业更为具体要求。要做到从实际出发，最根本的是要重视对教育对象的了解。因此，教师要深入学生调查研究，防止主观性、片面性、表面性，做到客观地、全面地、深入地了解学生思想实际，在此基础上，使教学内容求新，说理求实，形式求活。

4. 知行统一的原则

学生是教育的主体。思想品德教育必须充分调动学生的积极性，把教育所讲授的知识，转变为学生自己的思想认识，并在活动与交往中，将理论与实践结合起来。教师要教育学生重视实践并着重指导学生去实践，通过大量的、丰富的活动，使学生获得社会道德经验，把理论变为自觉的行动，逐渐形成稳定的思想品质，完成由知向行的转化。

5. 重视陶冶教育的原则

陶冶教育是自觉利用环境、气氛、作风以及教育者自身等教育因素，对受教育者进行积极影响。在教学中要有意识地创造教育环境，使其潜移默化地影响学生的情感和认识，达到塑造人格目的。这种环境包括教师的以身作则，美化校园，优良的校风和班风，良好的学习和生活环境以及作品、美术等艺术熏陶。教师可根据教学内容设置相应的教育环境，使其对教学产生积极的作用。

6. 教育影响的连续性与一致性原则

教育影响的连续性，要求思想品德教育按照一定的目标有计划、有系统地进行，并体现出层次性和螺旋式的特点。一致性则要求来自各方面的教育要求要统一起来。学校的德育工作除了思想品德教育，还包括政治理论教育和日常思想政治工作，要使三个方面教育协调一致，有机配合，形成一个德育工作的系统工程。为此，要实施两个“统一”，一是要在党的统一领导下，学校、家庭、社会各个方面教育力量互相配合；二是各个方面的教育力量要统一到教育目的上来，形成教育合力。学校要通过讲授政治理论课、思想品德课、形势任务课、党课、团课、团组织活动以及班主任工作，完成总体思想品德培养目标，实现教书育人、管理育人、服务育人，同时还要与社会、家庭有机配合，共同实现培养目标。思想品德课的师资队伍建设，可由专职教师、班主任、党团干部及学生管理干部组成。

二、思想品德课的考核与评定

对中专生进行思想品德的考核与评定，是保证大纲落实的重要一环，也是学生进行自我教育、自我评价的重要手段。通过考评，既检验了学生对所学的基本观点、基本理论知识掌握情况使学生及时看到自己的成绩与不足，明确努力方向，又检验了教师贯彻大纲情况，成为评价教师教学工作的依据。

（一）考核评定原则

一为教育引导原则，考评是为了引导学生积极向上、明确努力方向，要以肯定、鼓励、表扬为主，激发学生上进的愿望；二为实事求是原则。考评应如实地反映学生思想品德和行为习惯的实际情况，也要看表现，看觉悟，使其符合学生思想品德发展的规律和教育规律；三为理论与实践一致的原则。注意理论与实践的统一，知与行的统一，对学生全面评价，引导学生用共产主义道德理论指导自己的行动。

（二）考评内容和方法

考评主要以本大纲要求及《中专生日常行为规范》为依据，重点考核以下两方面：一是基本理论掌握情况，由任课教师负责考查学生对所学理论掌握情况。除必要的基本概念、基础知识外，应重点考查学生运用基本理论分析、解决实际问题的能力以及自我教育、自我评价能力，可采取书面笔试、口试等方法，成绩评定可采用百分制。要注意引导学生摒弃单纯的死记硬背，注重思想品德的实际提高；二是学生在各项活动中的表现。由任课教师和班主任联合对学生在思想品德课教学中展开的各项活动及日常学习、工作中的表现进行综合评定，具体包括：在各项活动中的出勤情况；活动中遵守纪律情况；积极主动完成任务情况；联系思想实际，思想品德不断提高的情况；日常行为规范的遵守情况。

以上几方面可由学生个人的总结，小组评议，最后由班主任和任课教师综合，给出成绩（百分制），两部分成绩最后按理论部分占40%，活动部分占60%的比例综合评定出总成绩，记入成绩册，纳入学籍管理的范围，并列入学生操行等级评定中思想品德方面表现的参考。

三、教学内容及时间安排

（一）一年级教学内容安排

教育主题：热爱集体、遵守纪律，迈好中专学习的第一步。教学目的：通过学习使学生热爱学校、热爱专业，增强集体荣誉感和责任感，了解学校的规章制度，提高自我管理能力，树立公民意识，增强劳动观念。教学内容如下。

1. 第一章　认清中专前途，立志成才（8学时）

第一节中专教育在我国四化建设中的地位和作用；第二节学校概况介绍；第三节专业概况介绍；第四节学校规章制度介绍；第五节为四化建设立志成才。教学要求：使学生了解学校及专业的基本情况，了解学校的规章制度，明确中专生的地位和作用，立志成才。活动要求：组织参观工厂；请已毕业的中专生回校介绍在工作中发挥作用的情况，或请典型人物做报告。

2. 第二章　热爱集体，遵守纪律（8学时）

第一节集体主义思想的历史发展；第二节社会主义集体主义的基本内容；第三节集体主义是现代青年应当遵循的基本道德原则；第四节遵守纪律是集体主义的必然要求；第五节自觉培养集体主义思想。

教学要求：使学生懂得集体主义是人类生活的社会性所决定的，个人的成长离不开集体，从而树立集体荣誉感和责任感，自觉培养集体主义思想，遵守纪律，搞好班风、校风建设。活动要求：开展为集体做好事活动；召开以热爱集体、遵守纪律为主题的班会；搞好班委会、团支部建设。

3. 第三章　热爱劳动，艰苦奋斗（8学时）

第一节幸福生活要靠劳动创造；第二节劳动是公民的权利和义务；第三节勤俭节约、艰苦奋斗是党的优良传统和中华民族的美德；第四节美好思想的实现离不开艰苦奋斗。教学要求：使学生懂得劳动和创造是幸福的源泉，理想的实现必须经过艰苦奋斗。培养学生的自立意识，树立正确的劳动态度，增强自我服务的能力，养成勤俭节约、艰苦朴素的好习惯。活动要求：组织公益劳动；开展“我身边的浪费现象”调查，并写出调查报告；开展尊敬后勤服务人员的活动。

4. 第四章　遵守社会公德（8学时）

第一节社会公共生活与社会公德；第二节社会公德的主要内容；第三节自觉遵守社会公德，提倡文明行为；第四节人际关系中社会公德的基本要求；教学要求：使学生了解社会公德的基本内容，自觉遵守社会公德，养成文明礼貌的好习惯。活动要求：组织学生评价违反社会公德的事例；开展“学雷锋，树新风”的活动，实践社会公德的基本要求。

（二）二年级教学内容安排

教育主题：热爱祖国，珍惜年华，树立远大理想。教学目的：通过学习使学生了解中国国情，增强热爱社会主义祖国的情感，增强民族自尊心、自信心和自豪感，把对人生理想的思考与祖国的前途命运联系在一起。增强公民意识。自觉遵纪守法。在学生时代，懂得以学业为重，中专生不宜早恋的道理。教学内容如下。

1. 第五章　社会主义中国在世界上的地位（6学时）

第一节中国走社会主义道路是历史的选择；第二节建国40年的伟大成就；第三节中国人口与资源情况介绍；第四节简介世界主要资本主义国家经济发展的历史与现状；第五节坚持四项基本原则、反对资产阶级自由化是长期的任务。教学要求：使学生了解我国国情，了解当代世界经济发展的简况，既看到中国40年的发展成就，又看到与先进国家的差距，坚定走社会主义道路的信心，把坚持四项基本原则、反对资产阶级自由化的斗争作为一项长期任务。活动要求：组织观看介绍中国40年建设成就和介绍现代科技发展的录像；召开“我的事业在中国”的主题班会；请爱国知识分子做报告。

2. 第六章　做忠诚的爱国主义者

第一节热爱祖国是中华民族的传统美德；第二节爱国是青年的神圣职责；第三节现代青年爱国主义的基本特征；第四节为中华腾飞而努力学习。教学要求：使学生了解古今爱国者的事迹，了解热爱祖国是中华民族的传统美德，懂得热爱祖国与热爱社会主义制度、热爱中国共产党的一致性，继承和发扬爱国主义的传统。把热爱祖国的情感变为努力学习的行动，为振兴中华而努力学习。活动要求：组织参观中国历史博物馆或观看介绍祖国大好河山的录像；结合国庆活动开展教育。

3. 第七章　国防军事知识教育（6学时）

第一节保卫国家安全是青年的义务；第二节人民军队是无产阶级专政的柱石；第三节热爱人民军队是高尚的品德；第四节军事常识与训练。教学要求：使学生懂得人民军队在巩固政权方面的作用，增强自觉保卫国家安全的意识和责任感，通过军事训练使学生养成行动敏捷、纪律严明、珍惜时间的好习惯。活动要求：请部队同志讲解军事知识；开展军事训练。

4. 第八章　社会主义的民主与法制（6学时）

第一节社会主义法制的基本要求和基本原则；第二节社会主义民主与法制的关系；第三节社会主义法制与共产主义道德；第四节公民的基本权利与义务；第五节增强公民意识，自觉遵纪守法。教学要求：使学生懂得社会主义民主与法制的关系，社会主义民主与资本主义民主的本质区别，明确公民的权利和义务，做遵纪守法的好公民。活动要求：组织观看法制教育录像；请从事公检法工作的同志对学生进行案例教育。

5. 第九章　人生理想的追求（6学时）

第一节理想是激励青年向前奋进的精神力量；第二节人生理想的结构与内容划分；第三节理想与现实的关系；第四节树立职业理想。

第五节为实现美好理想贡献青春。教学要求：使学生正确认识人生理想与社会的关系，理想与现实的关系，正确选择人生理想。活动要求：组织关于理想的专题讲演。

6. 第十章　爱情在人生中的位置（6学时）

第一节青春期的生理心理特征；第二节爱情是人类高尚的精神生活；第三节中专生不宜早恋（学业与爱情）；第四节友谊与爱情；第五节爱情关系中的道德要求。教学要求：使学生正确认识爱情在人生中的位置，懂得中专生不宜早恋的道理和爱情关系中的道德要求，树立正确的恋爱观。活动要求：请校医讲解青春期生理卫生知识；组织学生讨论友谊在人生中的重要性。

（三）三年级教学内容安排

教育主题：加强自身修养，树立正确的道德观、人生观、审美观。教育目的：通过学习，使学生懂得加强道德修养的重要性，了解社会主义道德修养的途径和方法，树立正确的道德观；通过人生问题的探讨，使学生懂得无产阶级人生观、价值观与资产阶级的人生观、价值观的根本区别，树立正确的人生观、价值观；通过学习，使学生懂得什么是美，怎样审美，培养感受美、鉴赏美、创造美的能力，树立正确的审美观。教学内容如下。

1. 第十一章　道德在人生中的地位和作用（8学时）

第一节道德的起源和历史演变；第二节青年时期道德意识的发展；第三节道德与青年成才的关系；第四节道德评价对青年道德形成和发展的意义。

2. 第十二章　加强社会主义道德修养，做“四有”新人（8学时）

第一节改革开放与现代青年道德；第二节共产主义道德在社会主义阶段的主要规范；第三节社会主义道德与共产主义道德的关系；第四节加强社会主义道德修养，做“四有”新人。教学要求：（第十一与十二章）使学生懂得道德在青年学生全面发展中的作用，认识共产主义道德是青年的理想道德，建立社会主义的道德意识和道德情感，并在实践中自觉加强道德修养，形成良好的道德行为。活动要求：对周围典型的道德现象进行道德评价。

3. 第十三章　人生观在青年道德形成中的意义（6学时）

第一节人的本质和人的价值；第二节实现人生价值的条件和途径；第三节青年人生观的形成及其意义；第四节树立正确的幸福观、苦乐观、荣辱观；第五节人生观在青年道德品质形成中的作用。教学要求：使学生正确认识人生的目的、意义，认识资产阶级价值观与无产阶级价值观的根本区别，懂得人为什么活着和应该怎样做人。活动要求：组织学习革命前辈、英雄模范人物关于人生和人生目的的言论，了解他们的成长道路；开展人生价值和幸福观、苦乐观、荣辱观的讨论。

4. 第十四章　树立正确的审美观（14学时）

第一节追求真善美是人类生活的崇高美德；第二节审美教育的基础知识；第三节审美

的特点与规律；第四节社会美、自然美、艺术美；第五节培养健康的审美情趣和创造美的能力。教学要求：使学生了解美育在人格形成中的作用，懂得什么是美，如何审美，自觉追求真善美，摒弃假恶丑，培养健康的审美情趣和创造美的能力。活动要求：进行音乐、舞蹈艺术欣赏，发动学生自己动手创作艺术作品，如绘画、书法、摄影等，或结合专业搞一些小型设计，举办学生作品展览。

（四）四年级教学内容安排

教育主题：加强职业道德修养，服从祖国需要，立志成为新时代合格的中专毕业生。教育目的：通过学习使学生正确认识社会需要与个人理想的关系，懂得社会职业道德的要求，不断加强品德的自我陶冶，努力成为合格的中专毕业生。教学内容如下。

1. 第十五章　社会需要与职业选择（4学时）

第一节职业理想的形成和发展；第二节社会需要的多样性与整体性；第三节职业理想应从社会需要出发。教学要求：使学生懂得在社会主义社会，职业只有分工不同，没有高低贵贱之分，教育学生重视平凡工作，学一行爱一行，干一行钻一行。树立正确的职业理想，服从国家分配。活动要求：请不同行业、不同层次的先进工作者作报告；开展关于职业理想的座谈讨论。

2. 第十六章　职业道德修养（10学时）

第一节职业道德的特征；第二节职业生活与职业道德；第三节社会主义职业道德的基本要求；第四节青年职业道德与青年的主动性、创造性；第五节热爱自己所学专业，自觉遵守职业道德。教学要求：使学生了解职业道德的基本要求，热爱自己所学专业，不断加强职业道德修养。活动要求：请本专业教师及本行业工程技术人员、老工人介绍职业道德在本行业的具体要求；组织学生总结在历次下厂参观学习中了解的职业道德的基本要求。

3. 第十七章 加强品德自我陶冶，做新时代开拓者（6学时）

第一节品德的特征及其重要性；第二节青年应具备的道德品质；第三节品德修养的途径和方法；第四节青年道德品质形成中的几对矛盾；第五节投身伟大实践，开拓人生之路。教学要求：使学生认识品德在自我完善中的作用，注意培养自己的高尚品德，在今后的人生道路上不断开拓进取。活动要求：毕业教育活动；先进典型经验介绍；开展关于品德修养方面的专题讨论。

基础英语课程教学大纲（1992年）

一、教学目的和要求

适用专业：各科通用；授课学年：第一学年上、下学期和第二学年上、下学期；教学时数：每周4学时。

（一）语言基础知识和语言基本技巧教学

语言基础知识指的是语言、语法、词汇，它们是语言的三要素，这方面的教学要注意形成一定的知识系统和熟练技巧。熟练技巧尤为重要，要求基础知识的教学要以练为主。语言基本功训练要求脱口而出，不加思索，达到自动化强度。语言基础知识只有转化为熟练的语言基本技巧时，才称是牢固掌握。

（二）语言基本技能的训练

语言基本技能是在一定的上下文和交际情景中，为达到一定的（真实的或模拟的）交际目的而使用英语进行听、说、读、写的能力。言语基本技能既然是使用英语的能力，而使用的场合又千变万化，所以它的水平首先表现在以有限的语言手段来应付无限的交际上的需要上，即使用英语的灵活性上，包含语言与情景的联系，表达方式与交际功能的联系，语言形式与文化背景的联系，言内之意与言外之意的联系，语言行为与社会活动的联系，语言手段与非语言手段的联系等。中等英语教学虽然范围有限，需基本技能的训练与言语基本技能的发展调和一体化。训练言语技能的练习就是言语练习。

（三）学习能力的培养

不论是本族语还是外语都是学习者自己学会的。教学中必须把学习能力的培养作为教学目的一个重要方面。在英语学习能力中需要专门培养的有学习习惯（定时复习和学习，上课集中注意力，使个人思维活动与整个教学过程同步等）和科学学习方法的运用（循环记忆、情景想象、综合性听和读、联想性说和写等）。

为了提高学生的学习能力，要注意把学生在语文、数学、体育等学科中已形成的学习技能迁移到英语学习中来。要尽一切努力消除学生对英语学习的陌生感，化机械性的被动学习为创造性的主动学习，使认识学习、迁移学习和行为习惯学习拧成一根英语学习能力的三股绳。

（四）智力因素和非智力因素的开发

智力因素主要包括思维力、想象力、记忆力、观察力、注意力等，非智力因素包括动机、兴趣、情感、意志、性格等。智力因素和非智力因素是语言基础知识、语言基本技巧、语言基本技能和学习能力发展的基础。成功的英语教学规律之一，就是语言能力和学习能力与智力因素和非智力因素同步发展。首先要适当改变英语教学的课堂要求和组织形式，要让学生敢于活动，乐于活动，不怕出错误。备课可吸收学生参加，上课可由学生主持。活动应在学生愿意的情况下进行。难度应在学生主动要求的条件下提高。课堂上可以进行讲和练，也可以进行竞赛和游戏。

二、教学原则

（一）用英语教英语

英语课是综合性工具课，是实践性很强的课，用英语教英语是实践性的具体表现。要求教师基本上通过英语进行对学生的指导和讲解，也要求学生基本上通过英语来与教师进行交流。这也就是说把英语作为交际工具来教和作为交际工具来学的根本方面。教英语的含义不只包括教学内容，也包括教学形式，内容和形式不可割裂。增加英语课上使用英语的比例，是英语教学质量提高的重要措施之一，也是英语教改的重要方面之一。用英语讲英语应该作为第一重要的原则来对待和贯彻，同时也是检查和衡量英语教学水平的很重要的尺度。

要尽量使用学生已学过的语言；要把用英语教英语和复习已教过但在课本上重复不够的材料结合起来；要随着教学的进展，不断更新所使用的语言；要制订用英语教英语的专门计划，包括各个年级，各个课型，各个环节所用英语。

（二）用英语想英语

用英语想英语，指的是在使用英语时用英语想，而不是用本族语想。在使用英语表达时，减少本族语思考的介入。通过系统的大量的反复使用，培养学生用英语思考的习惯。学生用英语表达思想时遇到的困难之一就是思路不清，缺乏按照严谨的逻辑对已掌握的语言材料加以组织的能力和习惯。理解不好，就是推理能力差，对所听或所读不能从逻辑上进行整体性的把握。为了培养用英语思考，就要加强英语练习的逻辑性。学生的思想外壳主要是汉语，要研究和处理英汉两种语言的关系，学生用英语想英语的最难之处是英汉两种语言和文化差异最大之处，是两种语言的表达方式和习惯截然不同之处。为了使学生用英语时思路通畅，教师应把英汉的差异点作为教学的难点和重点，多多练习，达到习惯成自然的地步。

（三）正确对待本族语

英语不同于汉语，英语教学要帮助学生建立新的语言习惯。在学生形成英语运用能力中，有本族语技能的正迁移和负迁移的因素。教师在教学中应注意研究发挥其积极作用，最大限度地实现正迁移和最大限度地减少负迁移。这也是英语教学优化的根本条件之一。正确对待本族语具体表现在以下几个方面：备课时反复考虑英语和汉语的特点；在学习方法上，引导学生逐步抛掉盲目的比较和不加区别地把汉语习惯套到英语使用上的做法；精确地控制本族语的使用；科学地对待翻译，翻译不可过多，也不可没有。

（四）语言和言语的统一

语言和言语的统一并不等于两者处于同等重要地位，而是要把言语能力放在第一位，把语言知识放第二位。知识要为能力服务，知识要转化为能力，知识的传授应紧扣能力的提高。语言和言语的统一指教学各个层次、各个方面的和谐与平衡。具体有以下几点：听、说、读、写并举，以阅读为中心；语音、语法、词汇、句型、课文综合教学，以课文为中心；语言练习、言语练习结合，以言语练习为中心；讲解和练习结合，以练为中心；教师的主导性和学生的主体性结合，以学生为中心；背诵和多种练习相结合。大量背诵课文与大量多种练习相结合，是对于一切各不相同的条件下的英语教学的普遍有效方法。背诵课文要经过3个层次：尝试性的、半熟性的、流利性的。围绕课文的多种练习也应该是多层次的。

三、教学内容

（一）语音教学

初中毕业生对音素有了基本了解，教师不要把语音课上成语音学课，如果学生对每个音模仿很准确，没有什么困难，那就不必画蛇添足，过多地讲授发音知识。在字母和音标的教学中，最好将字母和音标同时对比教。通过视觉和听觉两个渠道的沟通加深加速对语音的把握。语音教学的重点应该根据实际情况，突出每个阶段的重点，围绕着学生的困难，给学生具体的指导。

（二）语法教学

中专生的语法应以实践语法为主，而不是理论语法，语法教学要以实践为纲，以技能为核心。教师要有意识地把学习语法的目的引导到实用和交际方面，使学生有机会在实践中运用，通过运用自然掌握。一个语法项目的学习不能在一个阶段结束，在各个阶段应循环出现若干次。中专生在一二年级应以常用语法为主（具体内容见语法基本要求）。在语法上要注意逐步渗透、自然习惯；提炼句型，列出公式，创设情景，形象；英汉对比，系统讲解，同时也要注意多样性，层次性和交际性。练中有讲，及时点悟，深化理解。

（三）词汇教学

在词汇教学中防止孤立教词、讲得过多与消化不良的现象。提倡质量并重，逐层加深；在词汇教学中要时时处处渗透理想教学，意志训练等，从总体上教会学生学习。词汇教学中应包括词的意义和词的读音和拼写；检查词汇教学最好以听写为主。

（四）句型教学

把句型教学作为一个支撑点，把语法规则，词汇搭配，课文语言重点都包括在内。掌握了基本句型就基本上掌握了形态和句子结构，词的常用搭配和意义，各课的语言重点和难点等。原来各成体系的语法、词汇、课文，在句型教学中综合，真正达到相互配合的地步。

句型操练以句为单位，比以课文为单位简单，抓住语言的核心结构进行练习，更符合突出重点和精华的教学基本要求，容易练熟基本技巧。句型操练使学生掌握英语句子的基本结构，形成以句子为单位阅读和开口的习惯，言语活动的熟练性自然会随之而提高。句型教学的原则是：应与课文教学相结合；机械操练与意义操练相结合；与听说综合训练相结合。

（五）课文教学

课文教学的原则和方法如下。

（1）灵活性和巩固性相结合　课文教学方法应灵活多样，但都要紧扣教学目的，有利于学生对课文的长期巩固。

（2）整体教学和模式教学相结合　整体教学就是一遍一遍地教，而不是把课文拆散一部分一部分地教。其中心是阅读理解课文。模式教学指的是同类文的基本模式相同或相近，教师要引导学生发现模式，利用模式整体地把握课文内容的发展。模式的灌输要在课文教学全过程都有体现。老师介绍课文大意，学生复述课文，从听、说入手。课文模式教学除了要给学生课文结构模式外，还应给学生结构模式。学生掌握课文学习结构模式，在学习时便更加主动，加强各环节学习的自觉性，积极地把各种活动联系起来。如读课文时准备说大意，说时准备听，听大意时准备说，说时准备读，读时准备写。这种学习模式与课文教学的灵活多样互为补充。学习课文模式以听、说、读、写、背诵为主。

（3）划分类别，突出重点　把全部课文分成3类：精学课文，泛学课文和自学课文。大致比例是各占1/3。另外，也可把课文划分为阅读性的，听力性的，口语性的。

四、教学方法

（一）听的教学

听的教学原则和方法如下。

（1）分析性听和综合性听相结合　分析性听指在听的过程中有语言分析，或把听的材料分析为各个语言层次，让学生分步听，进行听力基本功训练。分析性听的单位可以是词、词组、句子。方式可以一个单位反复地听。综合性听的单位是句子以上的有新内容或新信息的话语。一般可以听2次或3次，第一次听懂，第二次检查。综合性听的难度大，为了使学生保持和提高听的兴趣，对听的要求可逐步，如最初听难度低于所学课材料的；学生习惯后再提高难度。

（2）读听配合　二者可以同时进行，也可以先读后听，先听后读，也可以听读交替，轮流进行。

（3）听写配合要求　学生听音会意的同时，还应将听到的东西写出来，也就是听与写同步进行，注意力不能全部集中在听上。听说配合指有听有说，但主要目的和主要活动是听，说的部分以简略为主。

（二）说的教学

说的教学原则和方法：语言训练和思维训练相结合；精确表达训练与模糊表达训练相结合；模仿性的说与创造性的说相结合；有准备的说和无准备的说相结合。

（三）读的教学

读的教学原则和方法：阅读方法和材料目的一致；独立阅读为主；朗读和默读相结合，精读和泛读相结合，课内读和课外读相结合。

（四）写的教学

写有两个方面的含义。一是书写或书法，二是写作，即笔头表达。中专生在写的方面主要包括书写和课文概要、写信、写日记等。

五、测试方法

（一）测试可以从不同的角度进行分类

（1）成绩测试　指依照教学大纲及相应的教材内容和要求来命题对学生进行检查的测试。目的是检查和评定学生在一个教学阶段里，在学习上所取得的成绩，以平时测试为主。

（2）水平测试　依照北京市中专英语水平测试的大纲进行测试，每年二年级的全体学生都要参加北京市的中专英语水平测试。学校对于考试及格者，将其成绩的10%加入本学期的学期成绩中。

（3）诊断测试　这种测试的目的是了解学生在学习上的困难和缺陷，或发现讲授上的薄弱环节，以便采取相应的补救措施，使教学正常进行，从而提高教学质量。

（二）试题的类型

期中、期末进行测试时采用的类型：听力理解一般占15%；阅读理解一般占40%；完形填空一般占15%；词汇、语法结构多项选择题一般占20%；英译汉一般占10%。

（三）成绩

期末成绩以平时成绩为主，各占50%。

附四

学校结构工资制试行方案（1990年4月）

一、目的

适应当前有计划的商品经济的需要，在学校内部引入竞争机制，与学校各项改革工作配套，提高教学质量和办学效益，为国家培养和输送合格的中等专业人才。

二、原则

（一）按岗定编划档，按责定量考核，优质高酬、多劳多得，是本方案的重要原则。目的是使教学管理科学化、系统化。使教职工各司其职、分工协作。使每个工作人员都能充分发挥自己的积极性、创造性，发挥出最佳的总体效益。

（二）在职责明确，充分发挥个体作用的同时，还要大力提倡社会主义精神文明，多做奉献。忘我工作是社会主义教育战线的崇高美德，因此要充分体现鼓励在教书育人中团结协作、不计得失、任劳任怨、尽职尽责地忘我劳动的优秀人员。

（三）要注意避免分配上的平均主义，克服短期行为。对老教育工作者，要体现尊重他们多年对教育事业的贡献，积极鼓励他们继续从事高质量的工作。对中年骨干教育工作者，要创造条件发挥他们的中坚作用，对青年教育工作者同时考虑使用和培养的需要，使他们健康成长。

（四）要建立各种对质和量的考核办法，严格考核制度。在此基础上，由校长负责对全校教职员工实行聘任制。根据个人实际，试行高职低聘，低职高聘，试聘和不聘（列编外）。做到赏罚分明，鼓励教工积极向上，争做贡献。

（五）体现工科专业学校教学特色，在实践教学环节的质和量的考核上要建立条例，鼓励教师积极从事实践教学。

三、结构工资的构成及各项标准

（一）国拨档案工资。国家规定的基础工资、职务工资、职业工资之和的80%加副食、物价、民族、交通、书报费等补贴。

（二）年功工资。工龄工资、本校中专校龄工资、教龄工资之和。①工龄工资：15年以内（含15年），参加工作年限×0.5元；15年以上，每年递增1元。②本校中专校龄工资：调入本校年限×1元（自1978年起计算）。③教龄（护龄）工资：20年以下（含20年）按国家规定执行。20年以上每年递增1元。

（三）教学人员工作量工资。1. 任课教师按每月课时总数及教案数累计计算。2. 教师课时费标准。高级讲师：2.8元/节；讲师：2.5元/节；助讲：2.2元/节（含已达到助讲任聘资格尚未评聘的同志）；教员：1.9元/节。教案费1门0.5元/节，2门（同时）0.8元/节。3. 教师任课每周超过8节者（不含8节），每多授1节课超课时费4元，无教案费，不再分档次。4. 行政干部兼课，每节1元。无教案费，不分档次。一般每周不超过4课时。5. 实验教师课时费标准：高级实验师2.8元/节。实验师2.5元/节。助理实验师2.2元/节。实验员1.9元/节。实验室管理，另计工作量。6. 学校批准的体育运动队、课外专业活动组及各种文娱团体的辅导活动，每次不少于90分钟者，给辅导教师2元/次。

（四）岗位工资。行政系列：根据学校的特点，将行政人员分为4级，把每一行政人员的工作量转化为相当的课时，折算为岗位工资。1. 行政一级：校级干部，按相当于高级讲师满工作量工资计（包括课时和教案费）。2. 行政二级：科级干部和职员中具备中级职称者，按相当于讲师的满工作量计；科级干部中的高讲按高讲满工作量计。3. 行政三级：各办公室、职能科室职员及具有助工类职称者，按相当于助讲的满工作量计。4. 行政四级：各科室办事员及具备技术员类职称者。按相当于教员满工作量计。

学校工资总额包干考核体系见表2。

表2　学校工资总额包干考核体系表

考核项目	年份		
	1990	1991	1992
学校规模/人	1857	1897	1937
专业设置/个	8	8	8
毕业合格率/%	90	90	90
升级率/%	90	91	92
严重违纪率/%	<3	<3	<3
教职工比例	均达市有关规定		
教工各类培训/%	10	10	10
实验开出率/%	75	80	85
设备完好率/%	95	95	95
经济效益 万元/年创收	10	11	12

注：每年底由总公司组织考核一次，完成各项考核指标后，可以使用工资总额包干结余，若完不成，则每项分别扣减工资总额包干结余的1.5%。

附：职员的任职条件如下。

1. 具有大本学历，从事管理工作1年以上。2. 具有大专学历，从事管理工作3年以上。3. 具有中专学历，从事管理工作5年以上。4. 高中毕业，从事管理工作8年以上。5. 不具备上述学历，从事管理工作20年以上者可酌情聘任。

办事员任职条件如下。

1. 具有大本学历，从事管理工作不足1年；具有大专学历，从事管理工作不足3年者。2. 具有中专或高中学历，从事管理工作年限不足5年者。3. 其他根据工作需要，经考核安排在本岗位工作，并能胜任的人员。

工人系列：1. 六级以上（含六级）技工，从事技术岗位工作，85元/月。2. 六级以下技工（不含六级），从事技术岗位工作，75元/月。3. 普工，从事普通工人岗位工作的和虽然在技术岗位工作，但未取得技术证书或等级者，65元/月。

（五）班主任费及职务津贴：1. 班主任津贴，平均每人40元/月。按此标准拨给学生科，由学生科制订考核办法发放。2. 正校级职务津贴，30元/月。3. 副校级职务津贴，20元/月。4. 正科级职务津贴，15元/月。5. 副科级职务津贴，10元/月。6. 班组长职务津贴，5元/月。

（六）成果效益工资：1. 全校教职员工应为改革和学校工作承担责任，为此设立成果效益工资，以激励教职工尽职尽责，发扬无私奉献的高尚精神，对于个别不能尽职，不负责任、工作中出现事故和失误的工作人员，要给予处罚，以促其改进工作。2. 每学期对全校教职工进行一次评估考核，依工作实绩进行等级评定。3. 成果效益工资总额由校长掌握，根据全校各部门学期工作业绩，由校长按系统分配给各主管副校长。副校长根据所管辖科室的工作量和业绩、成果，分配给各科科长，科长按评定等级分配。4. 成果效益工资的分配贯彻按劳付酬、优质高酬的原则。必须分出等次，否则不能发放。5. 等次划分标准：一等，教书育人、管理育人、服务育人成绩突出。成果明显，能作到无私奉献；二等，能勤勤恳恳工作，认真完成本岗工作，团结协作好；三等，完成岗位工作一般，办事效率不高或有过差错失误；四等，基本上能完成岗位工作，有较大失误或事故，四等者不发效益工资。

四、教职工实绩的考核程序

（一）各级干部的考核：正校级干部采取校级干部互评互考的办法；副校级干部由正校级考核；科长由主管校长考核。结合教代会主席团对各级干部的评议结论，确定效益工资等级。

（二）教师的考核：在自我评估的基础上，由教研组长和科长做工作鉴定，结合学生的评价反馈。确定效益工资等级。报主管校长审核。

（三）职工的考核在自我评估的基础上，由组长和科长作工作鉴定。确定效益工资等级，报主管校长审核。

五、聘任与解聘的规定

（一）根据学校的编制和经过调整核定的岗位，由校长对全校在编正式教职员工进行聘任，聘任期为1年，被聘者方可进入结构工资。

（二）对新入校工作及不完全适应本岗工作的教职员工实行试聘，试聘期3个月，经考核合格方可正式聘任，考核不合格者予以解聘。

（三）教职员工的解聘由主管科长提出，经校长办公会讨论，校长批准。再次受聘之前必须经过试聘。

（四）未受聘任的教职员工，另行安排工作，不进入结构工资系列，第一年领取100%国拨档案工资及全部国拨各项补贴；第二年领取85%的国拨档案工资及全部国拨各项补贴；第三年领取70%的国拨档案工资及全部国拨各项补贴。

（五）编外教职工按改革文件执行。

（六）受聘在我校工作的非正式教职工，不进入结构工资系列，其酬金参照有关条文执行。

六、组织领导及试行期限

方案由校长主持制订，经教代会讨论通过报上级批准后执行。试行期一年（1990年9月—1991年8月底）。试行期间，方案解释权在校长办公室。如需作重大修改，必须由校长提出，经教代会讨论后，报上级审核批准。凡属一般性问题，待试行期满后，再行修改完善。

第五章 北京市汽车工业学校

北京市汽车工业学校成立于1979年5月，为全日制普通中等专业学校，办学地址为北京市朝阳区甜水园甲1号，招收高、初中应届毕业生，围绕汽车行业及社会需求培养技术、技能及管理人才。学校开设有汽车制造、机械制造、汽车检测与维修、冲压工艺与模具设计、机电技术应用、机床技术应用等专业，其中，汽车制造与维修专业为北京市“现代化标志专业”。1993年，学校获评“北京市重点中专校”。1979—2007年，学校共培养中专毕业生10000余人。

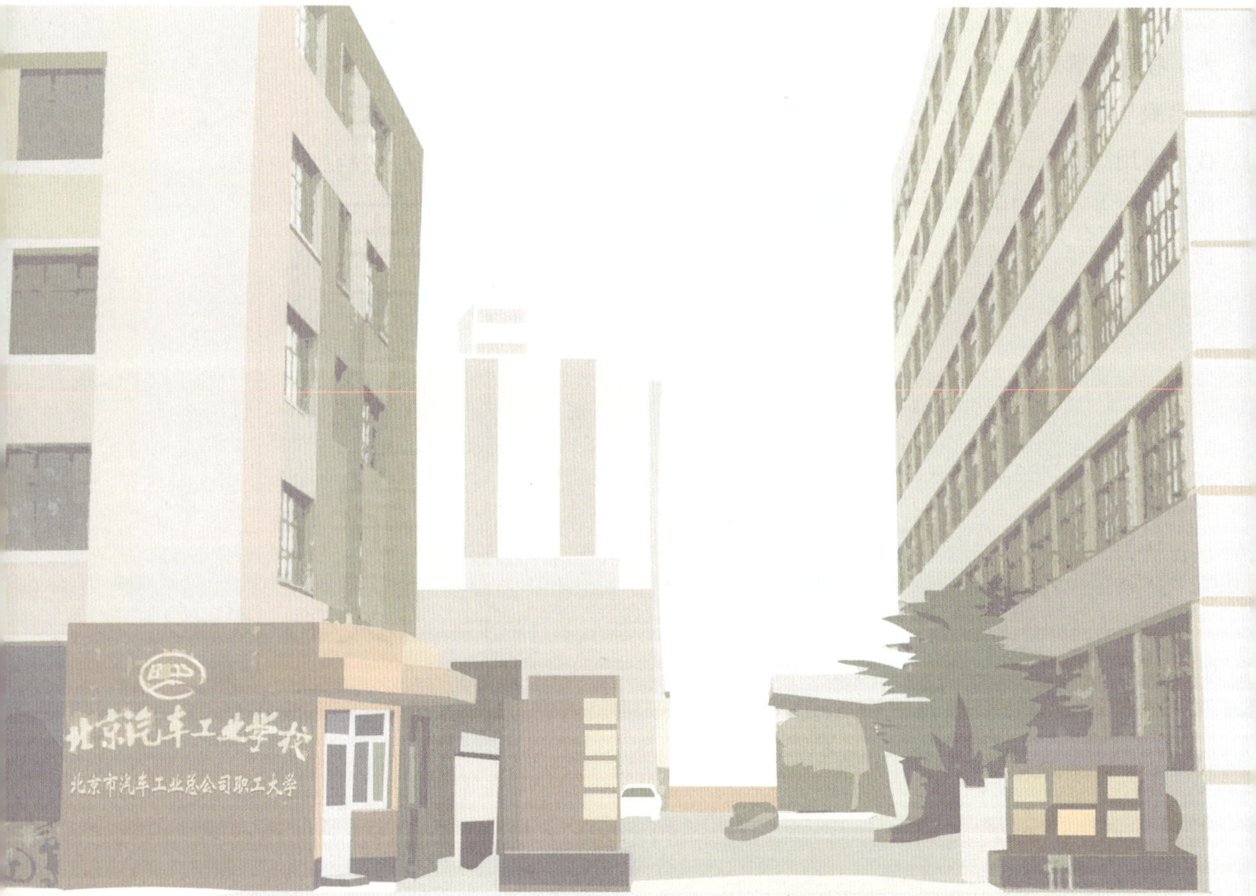
北京汽车工业学校
北京市汽车工业总公司职工大学

第一节　发展沿革

一、学校发展

北京市汽车工业学校成立　改革开放后，北京汽车工业进入快速发展时期，企业由主打零部件配套生产，逐步升级到设计研发整车生产制造，产品不断创新，新技术、新设备、新工艺的技术含量不断增加，企业迫切需要大批具有一定技术水平的技术及管理人员。在此背景下，北京汽车行业主管部门报请北京市人民政府成立以培养汽车制造专业中级技术人才为主的学校，面向社会招生，加速企业所需人才的培养。1979年5月，北京市经济委员会〔79〕京经字第200号、北京市计划委员会〔79〕京计科字第250号、北京市革命委员会财贸办公室〔79〕京革财字第52号、中共北京市教育工作部〔79〕京教字第261号联合批复同意北京市汽车工业公司申请，北京市汽车工业学校成立。

从1979年首次开设汽车制造专业起，学校专业设置逐年扩展，累计开设30余个专业，由首批120名学生逐年递增，在校生最多时达4300余名，教职工队伍由50余人发展壮大到300余人，学校占地面积由初期3亩租借之地发展为甜水园校区教育用地31亩，从小到大、从弱到强、从中专到高职。学校以团结、勤奋、严谨、求实的校园文化精神，本着“人本创造，学本致用”的教育理念，坚持“以服务为宗旨、以就业为导向、以技能为核心、以育人为根本”的办学宗旨，开展教育教学活动。

学校与职工大学整合　1997年3月，北京汽车工业集团总公司（以下简称为北汽总公司）进行体制改革，精简机构，优化资源配置，决定将属于北汽总公司管理的北京市汽车工业学校与北京市汽车工业总公司职工大学（成立于1984年，属成人高等院校）等办学单位进行整合，保留原有各自校名和办学资质，一套机构一个领导班子，一体双轨办学。

并入职教园区　2001年3月，北京市教委下发《关于建立北京经济技术开发区职业教育集团的通知》，决定由北京市汽车工业学校等5所中专学校组建北京经济技术开发区职业教育集团，并在北京经济技术开发区建设职业教育园区，开始北京市汽车工业学校新校区建设。

进入高职办学　2007年3月，经北京市政府批准，北京市汽车工业学校（北京市汽车工业总公司职工大学）、北京市仪器仪表工业学校、北京二轻工业学校、北京市机械工业学校（北京市机械工业局职工大学）与北京电子科技职业学院合并，组建新的北京电子科技职业学院，以北京经济技术开发区职业教育园区为办学地点。

二、产业背景

北京汽车工业的创建，可追溯到1949年2月北平和平解放，中国人民解放军华北军区接管了国民党联合勤务总司令部运输署第409汽车修理厂，接管后改名为中国人民解放军华北军区后勤部北平汽车修配厂，坐落于南纬路甲3号，后转入地方成为北京汽车制造厂的前身。北京汽车工业经历了不平凡的发展道路，由最初的零部件生产到整车的开发研制，由手工制造到机械化生产再到智能化生产。1958—2007年，已研发或合作开发的整车产品有"井冈山"牌小轿车、"东方红"牌小轿车、"北京"牌小轿车、北京"212"吉普车、北京切诺基、北京"130"牌货车、北京现代轿车、北京奔驰轿车、北汽福田重卡、轻卡等车型。1983年，随着改革开放的不断深化，北京在全国率先实施对外合资项目，成立了国内第一家中外合资汽车企业——北京吉普汽车有限公司，1984年，作为合资企业股东的北京汽车制造厂与北京吉普汽车有限公司正式分立。国家加入世界贸易组织（WTO）后，2002年，被批准的第一家汽车生产领域的中外合资企业北京现代汽车有限公司成立，自此，结束了北京没有批量轿车生产的历史。

汽车工业一直以来作为首都经济的支柱产业，是集科技研发、生产制造、节能环保等为一体的产业，包含了冲压、焊装、涂装、总装四大工艺的整车生产和发动机、变速器等零部件生产的多个领域，汽车产业具有技术密集、就业密集和资金密集等特点，产业链长，且拉动相关产业协调发展，汽车工业所需大量的技术与管理人才，是学校办学的源动力。

1973年7月，经中共北京市委员会批准，北京市汽车工业公司成立，将北京汽车制造厂、北京内燃机总厂、北京齿轮厂、北京内燃机配件厂、北京第一弹簧厂、北京消防器材厂、北京汽车附件厂、北京摩托车制造厂、北京二里沟汽车制造厂、北京装具厂十个企业划归汽车工业公司领导，其主要任务是对公司所属单位实行统一领导，制订北京市汽车发展规划并组织实施，按照国家计划组织生产和配套，对市属和区县局的汽车配套工厂实行产、供、销归口管理。随着汽车工业的建立与发展，所属企业不断调整和变化。1978年，根据产业需要，成立了北京市汽车配件总厂和北京市内燃机配件总厂。1987年，北京汽车制造厂与北京摩托车制造厂合并，改为北京汽车摩托车联合制造公司。1996年，成立北京北汽福田汽车股份有限公司。包括前述提及企业，与北京吉普汽车有限公司、北京现代汽车有限公司，这些不同年代成立的大中型汽车制造和配套企业，成为学校人才培养的需求单位，大多数中专生毕业后进入汽车行业相关单位，承担生产一线的技术、生产、服务和管理等工作。

三、隶属关系

行业管理 学校自1979年成立至2000年，属于行业办学。

1973年7月30日，中共北京市委员会批准成立北京市汽车工业公司，统筹北京市汽车工业的发展，按照国家计划组织所属单位的生产和配套。自改革开放至今，北京汽车工业公司经历了由行业管理变为企业化管理模式，曾多次更名。1980年12月更名为北京市汽车工业总公司，1987年更名为北京汽车工业联合公司，1992年更名为北京汽车工业总公司，1994年改为北京汽车工业集团总公司，2000年改制为北京汽车工业控股有限责任公司，2010年为北京汽车集团有限公司。名称的改变反映了机构、管理等各个时期的变革，以下简称“北汽总公司”。

2004年建校25周年，北汽总公司及所属部分企业领导与学校新老领导合影

在行业管理期间，北汽总公司始终将两校的管理纳入行业的发展规划之中，其学校机构设置、领导任用、主要办学经费等由北汽总公司负责，招生计划及学生分配由北汽总公司统筹规划，学校在专业设置上优先申报行业企业所需岗位的人才需求专业，兼顾社会需求，同时兼有对北汽总公司及社会各时期、各层次的职工教育和岗位培训等工作，凸显行业办学的特点。在专业设置、招生计划、教育教学管理、学生学籍备案等方面接受上级教育主管部门的指导与管理。

市教委管理　依据2000年4月《北京市人民政府批转市教委市经委关于调整市经委系统所属30所学校管理体制实施意见的通知》（京政发〔2000〕13号），2000年10月，北京市机构编制委员会下发《关于北京市工艺美术学校等11所学校调整隶属关系的函》（京编办事〔2000〕155号），北京市汽车工业学校（北京市汽车工业总公司职工大学）由北京汽车集团有限公司划归北京市教育委员会管理，其两校人员及朝阳区金台路甜水园校区连同教学设施资源归属北京市教委管理，由行业办学转变为北京市政府办学。原培训中心、党校机构及业务移交北京汽车集团有限公司。2000年后，学校在市教委的全面领导下独立办学。学校继续依托行业办学，同时，服务社会的办学特点日趋明显，专业设置立足汽车行业需要，紧跟社会其他需求，面向全社会招生。

学校由行业办学转入政府办学后，依照相关协议，学校与企业间的校企合作继续保持，在专业设置、人才培养目标上，继续围绕着“汽车”产业链，根据企业技术变化特点，优化专业结构、拓宽专业方向，加强专业建设，课程改革，突出重点专业优势，加强特色专业建设与人才培养。

四、学校荣誉

1992—2006年北京市汽车工业学校获市级荣誉情况见表1-5-1。

表1-5-1　　1992—2006年北京市汽车工业学校获市级荣誉一览表

年份	内容
1992	北京市高教局在评估中认定学校为“B级一类学校”
1993	北京市政府批准学校为首批北京市重点中专校
1999	北京市经委授予学校再就业培训先进单位称号
2000	北京市教委授予学校成人教育培训先进集体称号
2002	北京市教委认定学校汽车制造与维修专业为“北京市中等职业学校现代化标志专业”
2002	北京市教委和北京市劳动保障局授予学校北京市职业教育先进学校称号
2006	北京市教委等六部门授予学校北京市职业教育先进单位称号

北京市重点中专校

育人质量信得过学校

北京市职业教育先进单位

汽车制造与维修专业一现代化标志专业

第二节　机构设置

一、学校历任领导

建校之初，依据中共北京市汽车工业公司委员会〔79〕市汽党字第94号任职通知：崔靖宇兼任校党支部书记、杨素琴任校党支部副书记；副校长为刘宗昭、李同刚。1981年1月，市汽党字第007号文件批复，党支部由杨素琴、刘宗昭、李同刚、王俊哲、贺艳芝五位同志组成。同年11月，市汽总党字第073号文件通知，学校党的建制由党支部升为党总支，由崔靖宇、杨素琴、刘宗昭、潘春森、李同刚五同志组成党总支委员会。

1984—2000年，学校在北汽总公司教育中心、培训中心不同时期统筹管理下，学校领导由中心领导兼任。1997年，中心机构人员整合，学校与北京市汽车工业总公司职工大学一体办学，一套机构一个领导班子，京汽集总组字〔1997〕069号通知，张杰兼任中专、职大校长。2000年，学校划归北京市教委后，领导任用归属北京市教工委管理，其班子成员保持不变。2002年6月，张杰校长调出，依据市教工委干部处工作安排，由党委书记刘国仲主持党政全面工作。1979—2007年学校领导任职情况见表1-5-2和表1-5-3。

表1-5-2　　1979—1997年北京市汽车工业学校领导任职情况一览表

<table>
<tr><th colspan="4">校长、副校长</th><th colspan="4">党支部（党总支）书记、副书记</th></tr>
<tr><th>校长</th><th>任职时间</th><th>副校长</th><th>任职时间</th><th>书记</th><th>任职时间</th><th>副书记</th><th>任职时间</th></tr>
<tr><td rowspan="2">/</td><td rowspan="2">/</td><td>刘宗昭（主持工作）</td><td>1979.06—1982.06</td><td>崔靖宇（兼任党支部书记）</td><td>1979.06—1981.01</td><td>杨素琴</td><td>1979.06—1981.01</td></tr>
<tr><td>李同刚</td><td>1979.06—1983.03</td><td>杨素琴</td><td>1981.01—1981.11</td><td colspan="2">/</td></tr>
<tr><td>李世献</td><td>1982.06—1984.08</td><td>刘宗昭（代校长）</td><td>1984.09—1985.03</td><td>崔靖宇（兼任党总支书记）</td><td>1981.11—1982.02</td><td rowspan="3">杨素琴</td><td rowspan="3">1981.11—1988.06</td></tr>
<tr><td>叶玠良</td><td>1985.04—1986.08</td><td>李冠堂</td><td>1985.04—1988.07</td><td rowspan="2">崔靖宇</td><td rowspan="2">1982.02—1988.06</td></tr>
<tr><td>苗　瀛</td><td>1986.08—1988.06</td><td>赵家骅</td><td>1985.04—1993.11</td></tr>
<tr><td>叶玠良</td><td>1988.07—1994.10</td><td>胡雪晴</td><td>1993.11—1997.03</td><td colspan="4" rowspan="2">/</td></tr>
<tr><td>张　杰</td><td>1996.06—1997.03</td><td>么居标</td><td>1994.04—1997.03</td></tr>
</table>

注：刘洵修1989.02—1997.03任工会主席，为班子成员。支大新于1994.10—1996.06期间作为培训中心常务副主任主持学校工作。1988—1997年，学校在培训中心党委领导下设置党支部。

表1-5-3　　1997—2007年北京市汽车工业学校领导任职情况一览表

校长、副校长				党委书记、副书记			
校长	任职时间	副校长	任职时间	书记	任职时间	副书记	任职时间
张　杰	1997.03—2002.06	么居标	1997.03—2007.03	张　杰（兼）	1997.03—1998.06	刘国仲	1998.01—1998.06
		王纪东	1998.07—2007.03	刘国仲	1998.07—2007.03	胡华平	1998.08—2007.03

注：刘国仲2002.06—2007.03主持工作。刘洵修1997.03—2005.10任工会主席，为班子成员。

2004年建校25周年，市教委职成处领导及部分新老校级领导合影

二、机构设置与人员

机构设置情况　1979年建校，学校党政机构设有党支部、政办室（工会）、校办公室（人事）、总务科、食堂科、基建科等；教育教学机构设有教务办公室（含打字室、图书室、实验室、电化教育室）、学生科（含团委）。专业科（含实验室）和基础课教学科。

1982年1月，北京市经济委员会〔82〕京经字第15号文批复北京市汽车工业总公司，校办实习工厂成立，纳入学校编制，以承担学校教学任务为主，兼顾对外汽车修理业务，其收入作为学校经费不足的补充。1983年3月，学校搬入新校区后，进行了机构调整，1984年1月再次调整机构，设有党总支、团委、工会、校办公室、总务科、食堂科、基建科、修理厂等党政机构；教育教学机构设有教务科、专业科、基础科、学生科等。

校领导与部分教职工合影（北新桥校门前）

从1984年4月至2000年10月，学校为北京市汽车工业总公司教育中心、培训中心统筹管理时期（以下简称中心），党、政机构、教辅机构由中心统一设置管理。学校仅设有教育教学机构。1984年4月学校设有教务科、学生科、专业科和基础科四个科室。1988年8月起学校设有教务科、学生科两个管理科室，设置电子电工、力学机原机零、制图公差、汽车制造、机制冲压、计算机、热加工七个教研室，以教研室为教学单位，开展教育教学工作。此时期的数、理、化、外语及体育等基础学科教学由中心统一设置。1989年10月，学校机构设有教务科、学生科和力学机原机零、电子电工、制图公差、冲压热处理、汽车制造、机制、数学、理化、语文、外语、体育、党建、政治基础理论、企管等教研室。1991年1月，学校在“三统一”管理模式下，将原有14个教研室合并为6个教学科，即汽车专业教学科、机制专业教学科、冲压热处理教学科、基础课教学科、普通课教学科、政治企管教学科等。教学科对所属教研室行使教学和管理职能，新增教学研究室，加强教学与学术研究工作，列为学校的科级建制。

1997年，在北汽总公司领导、培训中心统筹下，北京市汽车工业学校、北京市汽车工业总公司职工大学等统一办学，实行校长负责制，打破原有中专校与职工大学分散教育教学管理的局面，不仅设有党委办公室、主任办公室、财务科、培训科、综合教务科、干训成人教育科、教学教研督导室、教学服务科、学生科、总务科、保卫科等11个行政和教学管理科室；还设有基础部、社科经管科（系）、汽车制造工程科（系）、汽车运用工程科（系）、机电工程科（系）及实习工厂等6个教学运行科（系），其中包含22个教研室。

2000年后，学校进一步进行改革调整机构设置，增设教学改革和发展办公室，协同督导室、教务科对教研室工作进行指导。至2007年3月，学校设有校办公室、教改教研室、教务督导科、学生科、团委、行政保卫科、招生就业办公室、培训开发科，设置文理教学科、汽车工程科、电子信息科三个教学科室。1983年学校机构设置及负责人情况见表1-5-4。

表1-5-4　　1983年北京市汽车工业学校机构设置及负责人一览表

序号	部门名称	部门负责人（正副职）
1	校办公室	王凤琴
2	政办室	陈金铭　白承琛
3	教务科	冯益森
4	专业科	李冠唐　张兆怀
5	基础科	汤德寅　胡雪晴
6	学生科	王宝珍　刘香荣
7	团委	赵群栋　芦建华
8	工会	翁良清
9	总务科	林洪山
10	食堂科	李　忠
11	基建科	饶娟娣
12	修理厂	徐士章

2007年合并前学校机构设置及负责人情况见表1-5-5。

表1-5-5　　2007年合并前北京市汽车工业学校机构设置及负责人一览表

序号	部门名称	部门负责人（正副职）
1	校办公室	李　跃　潘晓艳（兼）　嵇　勤
2	教改教研室	王　霆
3	教务督导科	章　宁　张华磊
4	学生科	张　颢　靳淑敏　张兢瑚
5	团委	潘晓艳
6	行政保卫科	李鹏图
7	招生就业办公室	徐志强
8	培训开发科	吕维清
9	文理教学科	周冠生
10	汽车工程科	冯志新
11	电子信息科	陈渌漪

教职员工　1979年学校建立之初，教职工50余人。其中教师20余人，包括政治教师李路远，英语教师赵福花、王宝珍，数学教师叶玠良、陈柏林、刘万庆，力学教师韩向东、纪凯，体育教师衡锦荣，专业课教师胡雪晴、邵陨生、杨海光、张兆怀、牛火拾、王海龙、汤德寅、曲爱玲、王景昌、赵世恭、郑正德、贺艳芝等。

1982年，教职工人数增加至113人，1992年教职工人数为218人，专任教师102人；2000年，划归教委时，教职工人数为216人，专任教师83人，2007年并入高职时，教职工人数增长至近300人。

1982年学校教职工名单

校　　领　　导：崔靖宇　杨素琴　李世献　刘宗昭　李同刚
人　　事　　科：李东生　宋广宝
政　　办　　室：陈寿卿　崔天宝　贾　均
校　办　公　室：王凤琴　陈金铭　李　忠　周丽艳　韩云清　朱　迅
教　　务　　科：叶玠良　王宝珍　贺艳芝　金佩丹　郑彦林　汤德寅　刘香荣　范文军
　　　　　　　　刘本林　宋秀琴　何慧英　左宁山　霍新平　林云鹤
财　　务　　科：田振刚　张丽君　刘惠格
团　　　　　委：赵群栋　卢建华　李京莲
工　　　　　会：翁良清
专　任　教　师：李冠唐　杨海光　张兆怀　王海龙　胡雪晴　邵郧生　王景昌　牛火拾
　　　　　　　　闫英维　赵世恭　曲爱玲　陈靖华　纪　凯　王向昕　闻健萍　王　云
　　　　　　　　吴贵禄　李岩红　周　红　包　晨　陈　俊　刘华权　韩向东　张立珊
　　　　　　　　陈柏林　赵福花　衡锦荣　李路远　尹力平　陈国栋　阴曼云　刘万庆
　　　　　　　　吴　慧　郭彩霞
总　　务　　科：林洪山　刘永江　王哲俊　吴春华　刘春林　马德明　石　鑫　马全友
　　　　　　　　刘金生　金　策　马维逦　王正双　徐忠诚　李乃迪
保　　卫　　科：韩善斌　杨奉章　贾锡君　高德宝　李贵斌
校　办　工　厂：徐士章　马忠祺　鹿文祥　肖宝金　贺济波　刘义增　高铁江　秦玉亮
　　　　　　　　刘金英　唐爱明　窦春合
基　　建　　科：张　嶽　饶娟娣　薛福海　杨惠忠
食　　堂　　科：刘希谦　李克卿　刘玉伦　何清浩　徐　莉　李树森　王淑惠　刘建琦

2004年5月建校25周年时在编在岗人员名单

校　　领　　导：刘国仲　胡华平　么居标　王纪东
校工会负责人：刘洵修（校领导班子成员）
校　办　公　室：张凤芬　李　跃　嵇　勤　陈俊元　魏　萍　杨金丽　马全友　李红云
　　　　　　　　金　策　魏　红　李春艳
教改教研室：王　霆　李静明　闻健萍
教务督导科：章　宁　张华磊　吕志强　胡德铀　贺济坡　王立华　窦宝萍　李　伟
　　　　　　　　李莲会　叶　容　孟钰宇　张亚君　李克卿　霍新萍　张　莹　王丽萍
　　　　　　　　田晓枝　马胜利
学　　生　　科：张　颢　靳淑敏　张兢瑚　林凤石　王孝忠　崔学芬　刘克玲　周丽艳
　　　　　　　　杨文才　尤翠英　张　铮　李桂彬　李树森　张金凤　张　永　周启祥
　　　　　　　　任福成

团　　　　委：潘晓艳　武　森

行政保卫科：李鹏图　罗金生　常文治　张同祥　白玉林　宋广宝　李月明　王德明　罗连升　刘玉英　张文才　蔺丽华　褚春寅　韩善斌　仲钢岭　邢恩铭　王朝荣

招生就业办公室：徐志强　邢少先　喻　洪　董海军

培训开发科：吕维清　李为军　卢玉珍　刘金生　寇金娥　韩培俊　倪　悦　陈金宝

文理教学科：周冠生　管克安　张　安　陈宗明　张爱香　刘晓明　汪新锋　姜舜怡　王东升　张　健　刘新萍　李　珊　安洪斌　石金凤　尹传芳　孙艳霞　兰海雁　吴莉玫　金仲敏　孙月玲　宋　敏　赵福花　闫素芳　张雪华　王丽红　方　芳　常海燕　王　喆　田蕊芳　游　艳　赵　婧　张　萍　万　鸣　贾　均　胡文丽　冉志刚　胡连仲　宋相石　赵玉麒　谢宝顺　伍学明　仲崇利　常　莼　潘云亮

汽车工程科：冯志新　李　晓　吕江毅　刘敏杰　李　婕　朱　迅　高纪春　朱春红　崔永春　张贺达　李铁砚　屈光洪　张合田　任小龙　宋建桐　施连华　孟冬菊　李延红　曲爱玲　静恩鹤　马丽荣　苟维杰　刘竞飞　刘国良　田　耘　凌　红　夏策芳　苏理中　梁时光　马　峻　郑彦林　安海权　商建英　徐　卓　张锦良　刘　钰　秦玉亮　冯淑元　刘文东　李广伦　赵海军　马胜利　李建桥　张　东

电子信息科：陈渌漪　薄志霞　胡晨光　郑少京　姜　腾　戴长海　陶源兰　王丽华　刘晓惠　管小清　张春雷　籍从林　杨　屏　洪　平　狄春阳　孙汉桥　胡　伟　张　红　贾复生　王　京　李金义　刘本林　陈　彬　付　宁　刘支北　李　杰　牛雅丽　张　彤　刘　萍　周国红　韩晓坤　马　翀　孙　磊　李英罍

学校建校廿五周年教职工合影

第三节　专业建设

在归属行业管理办学期间，学校专业设置以需求、实用为导向，围绕生产技术需求调整专业设置，各专业人才培养目标按照企业和社会需求进行定位。2000年后，根据企业技术变化特点，优化专业结构、拓宽专业方向，加强重点专业建设，围绕产业布局自觉调整专业及课程设置，形成了学校专业建设的特色。

一、专业设置

1979年，学校首建汽车制造专业，至1983年，专业设置以北汽总公司整车及零部件企业需求为导向，专业人才培养目标定位于为企业生产一线培养具有一定的实践能力，能看图、绘图及设计、加工的适应生产工艺、设备工装和生产等岗位的技术人才及管理人员，陆续增开冲压工艺及模具设计、工业企业管理、热能动力（职工中专）等专业。

办学初期，为更好地贴近用工单位对中等人才的实用需求，建立了毕业生用人单位回访制度，学校定期组成调查组，从对首届118名毕业生入职一年后22个用工单位的跟踪调查起，从未间断过，通过座谈会及个别走访、问卷调查等方式方法对毕业生入职后的技术能力、思想品德等方面进行跟踪调研，获取用人单位对学校学生培养的需求与建议，以此加强专业建设。

1984—1990年，随着北京市汽车行业企业自主车型的开发研制、整车生产规模逐年扩大，以及合资企业的出现，学校对专业设置进行调整，根据生产工艺及生产管理的需求，增设了机械制造、焊接工艺、财务会计、冲压自动化、工业企业财务会计等专业。

1991—2000年，根据汽车售后服务产业的不断扩大及社会多元化人才需求，学校以需求、实用、适用为导向，增开汽车检测与维修、机电技术应用、机床数控技术应用、涉外财务会计、汽车制造与维修、工业企业营销管理、对外贸易业务、计算机及应用、工业企业营销管理、汽车外贸英语、电脑美术等10余个专业。

2000年后，学校划归北京市教委管理，本着继续为汽车行业培养人才的目标，围绕着“汽车”产业链，适时调整专业设置，致力开设具有一定优势的专业，增设汽车运用与维修、计算机网络技术、电子商务、车载通信技术、汽车商务等专业，同步开展相关技术培训。同时，面向社会，对急需、热点专业进行调整，满足社会需求。1979—2007年学校专业设置等情况见表1-5-6和表1-5-7。

表1-5-6　　1979—2007年北京市汽车工业学校专业（专门化）设置情况一览表（含职工中专）

序号	专业（专门化）名称	序号	专业（专门化）名称
1	汽车制造	17	工业企业营销管理
2	冲压工艺（冲压工艺与模具设计）	18	计算机及应用
3	工业企业管理	19	对外贸易业务（汽车外贸）
4	热能动力（职工中专）	20	商务外语
5	机械制造	21	电脑美术
6	焊接工艺	22	汽车运用与维修
7	财务会计	23	计算机网络技术
8	冲压自动化	24	电子商务
9	汽车检测与维修	25	模具设计与制造
10	工业企业财务会计	26	美术设计
11	汽车检测	27	市场营销
12	汽车修理	28	电子与信息技术
13	机电技术应用	29	汽车商务
14	汽车制造与维修	30	车载通信技术
15	机床数控技术应用	31	汽车模具设计与制造
16	涉外财务会计	/	

表1-5-7　　1979—2007年北京市汽车工业学校专业（专门化）招生情况一览表（含职工中专）

学年	专业（专门化）/学制	招生专业数/人数
1979—1980	汽车制造/高中2年	1/120
1980—1981	汽车制造/高中2～3年	1/39
1981—1982	汽车制造/高中3年、冲压工艺/高中3年	2/79
1982—1983	汽车制造/高中3年	1/83
1983—1984	机械制造/高中2.5～3年、工业企业管理/高中2年、热能动力（职工中专）/3年	3/140
1984—1985	汽车制造/高中2年、冲压工艺（与模具设计）/高中2年、初中4年	2/145
1985—1986	机械制造/高（初）中2～4年、汽车制造/初中4年、冲压工艺与模具设计/初中4年、冲压自动化/初中4年、焊接工艺/初中4年、财务会计/初中3年	6/516
1986—1987	机械制造/初中4年、汽车制造/初中4年、冲压模具/初中4年	3/239
1987—1988	汽车制造/初中4年	1/73
1988—1989	机械制造/初中4年、冲压模具/初中4年、汽车制造/初中4年	3/132

续表

学年	专业（专门化）/学制	招生专业数/人数
1989—1990	机械制造/初中4年、焊接工艺/初中4年、工业企业管理/初中3年、汽车制造/初中4年	4/239
1990—1991	机械制造/初中4年、汽车制造/初中4年、冲压工艺与模具设计/初中4年	3/249
1991—1992	机械制造/初中4年、汽车制造/初中4年、汽车检测与维修/初中4年	3/204
1992—1993	机械制造/初中4年、汽车制造/初中4年	2/228
1993—1994	汽车制造/初中4年、机械制造/初中4年、焊接工艺/高中2年、财务会计/初中3年、汽车检测与维修/初中4年、机电技术应用/初中4年	6/313
1994—1995	机械制造/初中4年、工业企业财务会计/初中3年、机床数控技术应用/初中4年、涉外财务会计/初中4年、汽车制造与维修/初中4年、工业企业营销管理/高中2年	6/447
1995—1996	汽车制造与维修/高（初）中3～4年、涉外财务会计/初中4年、对外贸易业务/初中4年、计算机及应用/初中4年、机械制造/初中4年、机电技术应用/初中4年、工业企业财务会计/初中3年	7/702
1996—1997	汽车制造与维修/初中3～4年、机电技术应用/高（初）中2～4年、机械制造/初中4年、工业企业财务会计/初中3年、计算机及应用/初中4年	5/835
1997—1998	汽车制造与维修/初中3～4年、计算机及应用/初中3～4年、机械制造/初中3～4年、对外贸易业务/初中4年、工业企业营销管理/初中3年、机电技术应用/高（初）中2～4年	6/1398
1998—1999	汽车制造与维修/初中4年、机电技术应用/高、初中2～4年、计算机及应用/初中3～4年、对外贸易业务/初中4年、工业企业营销管理/初中3年	5/1302
1999—2000	汽车制造与维修/初中3～4年、机电技术应用/初中4年、计算机及应用/初中3～4年、对外贸易业务/初中4年、工业企业营销管理/初中3年	5/1229
2000—2001	对外贸易业务/初中4年、汽车工程机电类/初中4年、信息技术类/初中3～4年、经济管理类/初中3年、电脑美术类/初中4年	5/888
2001—2002	对外贸易业务/初中4年、汽车工程机电类/初中4年、信息技术类/初中3～4年、经济管理类/初中3年、工艺美术类/初中4年	5/849
2002—2003	汽车制造与维修/初中4年、汽车运用与维修/初中4年、机电技术应用/初中4年、计算机及应用/初中3～4年、计算机网络技术/初中3～4年、电子商务/初中3～4年、美术设计/初中4年、商务外语/初中3年	8/872

续表

学年	专业（专门化）/学制	招生专业数/人数
2003—2004	汽车制造与维修/初中4年、模具设计与制造/初中4年、机电技术应用/初中4年、计算机及应用/初中3～4年、商务外语/初中3～4年、汽车运用与维修/初中3年、计算机网络技术/初中4年、电子与信息技术/初中4年、电子商务/初中3～4年、电脑美术/初中4年	10/1085
2004—2005	汽车制造与维修/初中4年、模具设计与制造/初中4年、机电技术应用/初中3～4年、计算机及应用/初中3年、汽车运用与维修/初中3年、计算机网络技术/初中4年、电子与信息技术/初中4年、电子商务/初中3～4年	8/1041
2005—2006	汽车制造与维修/初中4年、模具设计与制造/初中4年、机电技术应用/初中3～4年、计算机及应用/初中3年、汽车运用与维修/初中3年、计算机网络技术/初中4年、电子应用技术/初中4年、汽车商务/初中4年、美术设计/初中4年	9/1107
2006—2007	汽车制造与维修/初中4年、汽车模具设计与制造/初中4年、汽车运用与维修/初中3年、机电技术应用/初中3～4年、计算机及应用/初中3年、计算机网络技术/初中4年、汽车商务/初中3～4年、车载通信技术/初中4年	8/1041

北京汽车工业学校80级全体毕业生合影

二、办学规模

招生情况 20世纪90年代前，中专生为北京市统招，享有国家统招统分政策和干部编制的红利政策，生源质量好，学生素质高，有主动学习的意愿，学习成绩优良，毕业时按照统分政策分配，为专业技术人员，进入企业后享有国家干部身份。

1979—1983年，学校生源为高考应届高中毕业生，首届生源的录取分数线在230～280分。1984年至20世纪80年代末，随着办学场所的扩大及企业用工数量增加，招生数量稳中有升，学校生源新增了初中应届毕业及具有2年以上工龄且专业对口的在职职工中专生。

进入20世纪90年代，随着我国人事体制改革不断深入，中专生原有的红利政策逐渐退出，特别是毕业生分配制度的改革，加之高中、高校的扩招，中专生源一度出现滑坡。学校积极转变招生观念，摒弃“等、靠、要”思想，周密部署，全员（包含学生）参与招生工作，利用各种宣传手段，凭借汽车工业及产业链用人单位的优势，保证学校生源一定的保有量。至20世纪90年代末，在校生数量最高达4300余人。进入2000年，国家大力提倡职业教育，根据国家相关政策，学校恢复录取应届高中毕业生，吸引了一些学习成绩优良、动手能力强的学生进入职业教育。

在校生规模 1979年，学校首批招生120人，此后3年的招生受办学场地所限，开设有汽车制造和冲压模具及职工中专的工业企业管理、热能动力共计4个专业，在校生人数保持在近200余人；1984年后，随着甜水园新校区的启用，企业对技术人才需求的扩展，至2000年，专业增设到30余个，在校生人数到4300余人。2007年合并前，在校生规模为3700余人。1979—2006年在校生情况见表1-5-8。

表1-5-8 1979—2006年北京市汽车工业学校在校生人数统计表（含分校）

年度	班级数	在校生人数	年度	班级数	在校生人数
1979—1980	3	120	1993—1994	24	965
1980—1981	3	160	1994—1995	30	1180
1981—1982	3	117	1995—1996	41	1632
1982—1983	5	204	1996—1997	53	2113
1983—1984	8	303	1997—1998	78	3117
1984—1985	9	366	1998—1999	98	3920
1985—1986	17	688	1999—2000	108	4349
1986—1987	21	851	2000—2001	107	4299
1987—1988	21	826	2001—2002	96	3834
1988—1989	21	860	2002—2003	85	3403
1989—1990	19	736	2003—2004	92	3676
1990—1991	17	697	2004—2005	89	3546
1991—1992	20	799	2005—2006	92	3650
1992—1993	22	897	2006—2007	95	3768

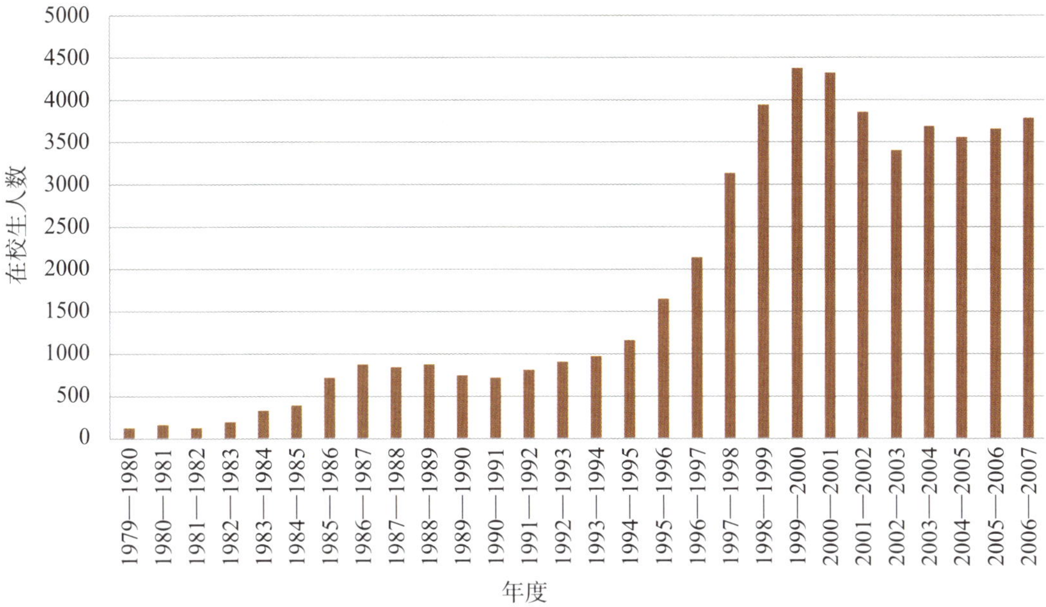

1979—2007年在校生人数规模变化图

三、“汽车制造与维修”现代化标志专业建设

1994年，依据教育部新颁专业目录，学校开设汽车制造与维修专业，经过多年的专业建设与发展，2002年，汽车制造与维修专业被北京市教委评为“北京市现代化标志专业”。

课程体系建设 学校设有基础课、专业基础课、专业课，有制图测绘、金工实习、汽车拆装、课程设计、生产实习、毕业综合实践及毕业设计等环节。在课程体系搭建上，基于职业岗位（群）构建学习领域。在“汽车工厂”和“汽车4S店”教学平台，按照企业岗位实际工作过程确定典型工作任务、设计学习领域与学习情境，形成课程体系的工作程序，完成冲压、装焊、涂装、装配四大工艺和零部件典型加工工艺、汽车自动生产装备调试维护及汽车维护、保养、维修、检测的课程体系，实行考取职业资格等级证书制度，完成核心学习领域建设，编写符合工作过程的职教校本教材。学习国外先进职业教育理念，在校企合作过程中，借鉴“奔驰班”的教学方法，实行以学生为主体，以教师为主导的教学组织过程，采用多种教学方法，实现教、学、做一体化。

实践教学体系建设 在汽车制造专业学习部分，校企共建实训平台，依据汽车生产工艺流程中的冲压、装焊、涂装、装配四大工艺，零部件典型加工工艺和以工业机器人为代表的汽车自动生产装备，共同选择实训装备和实训项目。在汽车维修专业学习部分，以企业汽车维修过程中的典型工作任务选择实训项目，搭建“汽车4S店”教学平台。形成具有汽车专业特色的工学结合模式。

四、实践教学

实践教学管理体系 建校以来，始终将实践教学作为重要教学内容和环节，不断加强校内外实验室和实训基地的建设，逐步制订出一套较为完整的实践教学文件，其中有：实习教学大纲、实习指导书、实习报告、实习成绩考核办法、实习管理办法等，系统制订了实践教学环节质量控制体系。1990年学校被评为北京市机械类中专“实践教学先进单位”。

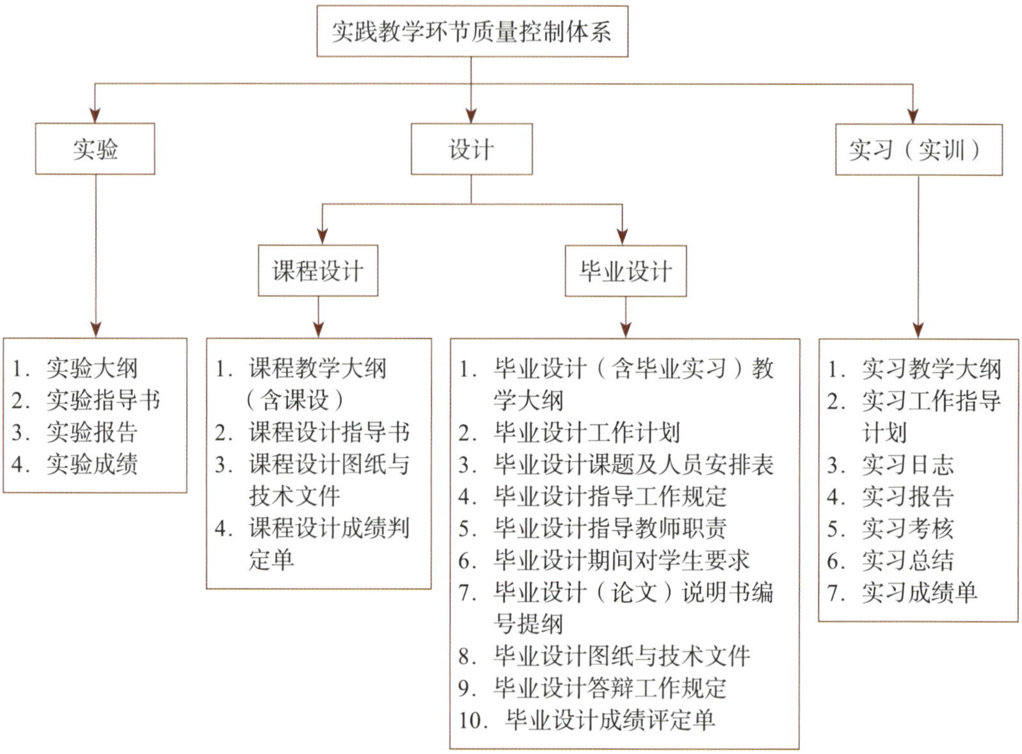

实践教学环节质量控制体系图示

毕业设计 作为工科类中等专业学校，毕业设计课程成为实践教学与学生能力提升的重要环节。由初期教师指定课题，发展到90%以上选自工厂生产实际需求为主要课题，由实践经验丰富、教学水平较高的专业教师进行指导，期间组织学生下厂调研、收集资料、提出方案、实施设计、通过答辩。整个设计过程中，教师注意开发学生的创造力，提倡设计方案标新立异。经过多年毕业设计的实施，毕业设计工作已规范化，形成完整文件，包括：毕业设

学生毕业设计答辩

2000年学生毕业设计成果

计教学大纲、指导书、毕业设计用表格、指导教师职责、学生设计守则、评分标准、答辩自述要求及教师毕业设计实施计划等。

校内实验实训 1979—1982年，建校之初，学校仅有几间旧厂房和车间，改造为电工、公差、金相实验室和电化教学室等基础性专业实验室。1983年，学校迁入新校区后，在北汽总公司及市教育主管部门的支持与投资下，增建和扩建了物理、化学、电工、电子、材料力学、电力拖动、公差、金相、语音、汽车构造、机原机零等16个实验室，开设近百种实验项目，基本覆盖了课程所需实践教学要求，按教学大纲开设物理、化学、公差、力学、电工、计算机、微机原理应用、金工、焊接等多门课程，各实验室能够同时提供1个教学班学生实验。配备计算机房，可同时容纳2个班90余人上机操作，实验开出率应达85%及以上，而学校的实验课开出率达100%。

甜水园校区老电工实验室

1984年，学校将校园内原有的平房改造为实习工厂，成为学校早期实践教学基地，配有车床、铣床、刨床、磨床、齿轮加工机床、钻床等100余台设备，作为学生在校期间基础加工实习设施。实习教学中注重培养学生熟练掌握车、钳、铣、刨、磨等基本工种的操作技能，设立严格的实习考核制度和管理制度。至20世纪90年代中期学校实习工厂机加工车间已有金属切削设备30余台，辅助设备10台，钳工车间有40个钳工工位及画线、钻孔操作间，电气焊车间也已建成。工厂面积达400平方米，可同时容纳两个班学生进行钳工、机加工操作实习。实习工厂开课率达到67%。学校校内实习工厂实习计划及实践教学学时分配情况见表1-5-9和表1-5-10。

表1-5-9　　1994—1995学年北京市汽车工业学校校内实习工厂第二学期实习计划一览表

班级	人数	教学周	工种1					工种2				
			工种	周数	人数	周次	班制	工种	周数	人数	周次	班制
94-7	41	1～3	车工	1	21	2	上午	铣工	1	21	3	上午
			车工	1	20		下午	铣工	1	20	3	下午
94-8	41	1～3	车工	1	21	3	上午	铣工	1	21	2	上午
			车工	1	20		下午	铣工	1	20	3	下午

表1-5-10　1986年北京市汽车工业学校实践教学学时分配比例一览表

课程	机械制造	冲压模具	财务会计	冲压自动化	机械制造（英语）
总学时	3158～3303	3177～3352	2726	3471	3533
基础课	1574～1625	1592～1629	1326	1569	2196（其中英语892）
占比	48.4%～49.5%	49.3%	48.6%	45.2%	62.2%
专业基础课	976～1066	957～1044	793	1283	844
占比	30.4%～30.25%	29.6%～31.6%	29.1%	37%	23.9%
专业课	608～612	628～679	607	619	493
占比	18.9%～18.7%	19.5%～20.6%	22.3%	17.8%	14%
实践环节（累计）	1050	1020～1050	480	1050	990

注：初中毕业生、四年制中专。

甜水园校区机加工实习车间

1985年，在汽车楼一层大车间，配备具有日本20世纪70年代末先进水平的汽车整车及各种实验仪器、发动机和底盘零部件，及日方赠送的具有国际20世纪80年代末期水平的汽车检测仪器，该汽车检测线长32米、宽7米，提供汽车进行制动、速度、尾气排放、侧滑、灯光、前轮定位等多项汽车检测教学实验实训。1985—1990年汽车实训设施见表1-5-11。

表1-5-11 1985—1990年北京市汽车工业学校校内汽车实训设施一览表

名称	数量	能力
汽车实验楼	1座	学校与日本骏台自动车整备工业专门学校建立校际友好关系，在日方帮助下，配备了较先进完善的汽车修理检测等设备，学校经上级拨款建成一座汽车教学实验楼，为办出汽车工业学校特色专业提供了有利条件，成为学生进行汽车修理等实习基地
日系汽车	10辆	
212吉普车、130轻型卡车	3辆	
汽车检测线	1条	
教学陈列设备	若干	
发动机拆装室	20台套	
底盘拆装室	20台套	
变速器拆装室	20台套	

四轮定位检测实验实训（日本赠车及检测线）

1990年，北京市高教局将学校汽车制造专业列为重点发展专业，先后两次下拨专项设备款51.27万元，用于充实专业实验实训设备，改善实验实训条件，加强学生对有关汽车构造、汽车拆装、汽车检测与维修等方面实践教学。同年，学校获北京市机械类中专校“实践教学先进单位”。至20世纪90年代中后期，以强化理论知识应用和实践能力培养为核心，建立了渗透型双体系的教学模式，使理论教学和实践教学既保持相对的独立，又相互渗透，成为有机结合的教学整体。学校实践教学体系构成见表1-5-12。

表1-5-12　北京市汽车工业学校实践教学体系构成一览表

能力阶段	教学形式		
	实验	设计	实习（实训）
基本实践能力	计算机基础、工程力学、机械制造基础	制图测绘	金工实习、计算机通级实习
专业实践能力	公差与技术测量、机械设计基础、电工与电子技术、液压与气动、汽车构造	机械设计课程设计 模具设计课程设计 模具制造工艺课程设计	冲压工艺设备、模具制造及加工设备实习
工程实践能力	机床数控编程	毕业设计	毕业实习（结合毕业课题）

2004—2006年，北京市教委大力支持支柱产业相关职业学校的重点专业建设，给予学校4000余万元专项款，2004年508万元、2005年976万元、2006年3200万元，学校完成了北京奔驰汽车技术培训中心建设项目、亦庄新校区基础设施改造与建设项目、喷漆机器人项目、新校区校园网信息化及网络化建设项目、校园文化建设项目、电气动PLC控制系统及传感器实验室建设项目等几十个项目的建设，购置了汽车空调实验台、电控示教板、安全气囊示教台、发动机实验台架、实验用车、数控加工中心、数控铣床、数控车床、投影仪等多媒体设备；安装了烤漆房、发动机测功机等教学设备；建设了通信实验室，扩充了电工电子实验室，更新并新建了多个计算机房，建立并完善了PLC实验室，扩大了“小机器人”的台数，在亦庄职业园区内对原有的汽车实训车间进行配套装备，重点装备汽车故障诊断实训室、数控加工实训室、装焊工业机器人自动化生产线实训室等。同时引进国内先进水平的实验、实习设备，增配一条汽车检测流水线及相关装备。

亦庄校区汽车实训基地吊装车间

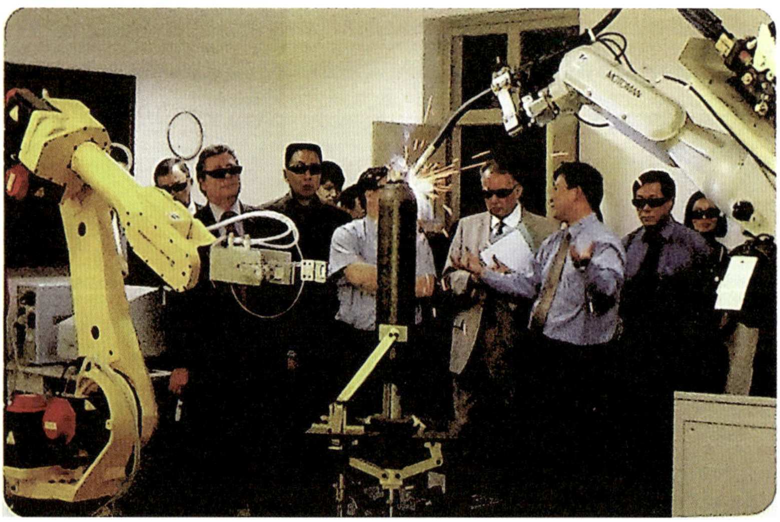

亦庄校区工业机器人实验室

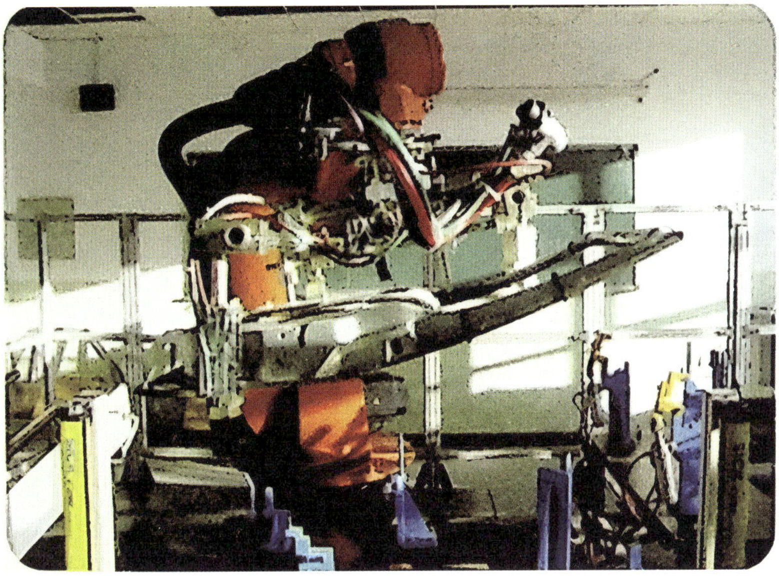

亦庄校区电焊机器人实验室

至2006年，汽车工程实训中心经过多年积累，建成中心下设的汽车原理与构造、汽车制造、汽车生产过程自动化、汽车检测与维修、汽车电子技术、汽车商务六个实训分中心，共有49个实验、实训室，建有“燕宝宝马汽车技术实训中心”“北京奔驰–戴姆勒·克莱斯勒汽车技术培训中心”“北京中法雪铁龙汽车培训中心”“KUKA机器人技术培训中心”4个校企共有的技术培训中心。

校外实训基地 在长期的办学过程中，走出校园、走进企业是学校始终坚持的重要实践教学环节，共享企业先进生产设备、成熟的生产技术和生产工艺以及完备的生产体系。

建校初期，79级、80级学生的校外实习基地是清河机械学校实习厂；1981—1989年，学校与长春一汽集团、北京吉普汽车有限公司、北京公交汽修厂、洛阳拖拉机厂等企业建立合作关系，进行二至三周专业实习；从1989年起，每届四年级第一学期组织学生去长春一汽、洛阳拖拉机厂及北京各大汽车制造厂进行三至四周有针对性专业实习，模拟职业环境、体验职业氛围，在生产一线中完成实践性基础训练，锻炼实际工作能力和专业技能，增强岗位意识，为学生顺利完成毕业论文搭设平台。

2000年后，学校与北京奔驰、北京北汽福田、首汽集团汽修公司、SMC（中国）有限公司、北京燕宝（宝马）汽车服务公司、天津汽车工业集团等企业建立了长期校外实训合作关系。2005年，解放军7453厂作为学生新的实习实训基地。1980—2000年学生企业实习情况见表1-5-13。

表1-5-13 1980—2000年北京市汽车工业学校学生企业实习情况一览表

年份	年级	专业	班数	人数	实习地	实习时间
1980	79级	汽车制造	3	118	北京内燃机总厂	2周

续表

年份	年级	专业	班数	人数	实习地	实习时间
1982	80级	汽车制造	1	41	北汽、北齿、汽配总	2周
1983		机制（职工中专）	1	50	学生原单位	
	81级	汽车制造	1	40	北汽、北二汽	2周
		冲压模具	1	40	北汽南厂	2周
1984	82级	汽车制造	2	80	北汽、北二汽、汽配总	2周
1985	83级	机械制造	2	69	北汽、北齿、汽配总	2周
		工企管理	1	32	北汽、内配总、汽配总	3周
	84级	冲压模具	2	65	北京吉普有限公司	3周
		汽车制造	2	64	北汽、北齿、汽配总	3周
1988	85级	工企财会	2	79	北汽、汽配总	3周
		汽车制造	2	69	北汽、北齿、汽配总	
		冲压自动化	1	30	北京吉普有限公司	
1989	86级	汽车制造	3	109	长春一汽	4周
		冲压模具	1	27	北京吉普有限公司	
1990	87级	汽车制造	2	71	长春一汽	4周
		工企财会	2	80	北汽总公司各厂	
1991	88级	汽车制造	2	72	长春一汽	4周
		机械制造	1	32		
		冲压模具	1	26		
1992	89级	汽车制造	2	76	洛阳拖拉机厂	4周
		机械制造	1	38		
		汽车装焊	1	35	北二汽顺义厂区	3周
1993	90级	汽车制造	3	110	长春一汽	3周
		机械制造	2	74		
		冲压模具	1	37		
1994	91级	汽车制造	4	117	长春一汽	3周
		汽车维修	1	38	汽修四厂、汽修六厂	
1995	92级	汽车制造	4	139	长春一汽	3周
1996	93级	汽车制造	1	39		
		机电	1	31		
		汽车维修	1	36	汽修四厂、汽修六厂	4周
1997	94级	汽车制造	2	75	长春一汽	3周
		数控机床	1	31		
		汽车维修	1	32	汽修四厂、汽修六厂	3周
		汽车技术服务	1	36		

续表

年份	年级	专业	班数	人数	实习地	实习时间
1998	95级	汽车制造	2	83	长春一汽	3周
		汽车维修	2	74	汽修四厂、汽修六厂	
1999	96级	汽车制造	2	63	北京吉普有限公司	4周
		汽车维修	4	122	汽修四厂、汽修六厂	3周
2000	97级	汽车制造	3	122	长春一汽	3周
		汽车维修	3	108	汽修四厂、汽修六厂	4周
		模具	2	83	长春一汽	3周
		机电	2	75		

长春一汽实习师生合影

专业课教师带领学生到洛阳拖拉机厂实习

五、搭建职业资格证书取证平台

学校积极落实国家中等职业教育“两种证书”制度，利用资源成为职业技能培训资格地点单位，为学生在校期间取得多种职业资格证书搭建平台，先后取得国家和北京市十几种考试资格能力，其中包括：国家计算机等级考试、会计证、会计电算化证、汽车修理、机械加工、电工、热处理、推销员、中级工商管理等职业和工种的劳动技能考核和等级证书发放权，被批准为北京市“职业技能鉴定所”培训鉴定点，负责汽车维修、计算机处理员的中、高级工考核和培训，所发证书全国有效，教育部计算机等级考试点，美国AUTO DES公司的AUTO CAD证书定点校。1994—1997年学生课程通级及技能证书获得情况见表1-5-14。

表1-5-14　　1994—1997年北京市汽车工业学校学生课程通级及技能取证情况统计表

项目		年份				
		1994	1995	1996	1997	发证单位
计算机通级	报考	34	127	323	/	全国计算机等级考试办公室
	通过	23	56	142	/	
	通过率%	67.6	44.1	43.9	/	
外语通级	报考	60	260	299	/	北京市高教局
	通过	25	143	43	/	
	通过率%	41.7	55	14.4	/	
计算机二级	报考	/	/	67	/	全国计算机等级考试办公室
	通过	/	/	19	/	
	通过率%	/	/	28.4	/	
汽车驾照	报考	/	89	8	43	北京市交管局
	通过	/	89	8	43	
	通过率%	/	100	100	100	
机、钳工种技术等级证	报考	/	24	/	196	北京市劳动局
	通过	/	24	/	196	
	通过率%	/	100	/	100	
会计证	报考	/	40	/	/	北京市财政局
	通过	/	40	/	/	
	通过率%	/	100	/	/	

校内实训教学课

学生参加技能比赛

1994—2006年在各类技能比赛中，学生通过取得的良好成绩获取专业技术资格证书，有53名学生获取中级证书，5名学生获取高级证书，196人获得奖励和中高级技能证书。郭顺峰获市经委首届中专生技术比赛钳工第一名，王娥获市经委首届中专生技术比赛钳工第三名，冯志新获市经委首届中专生技术比赛车工第一名，侯庆月获市经委首届中专生技术比赛车工第四名，学校获得北京市经委首届中专生技术比赛团体总分第一名。在2006年北京市技能大赛中，有34人获奖，其中，9人获第一名（或一等奖）、9人获二等奖。

1993年，学校第三产业（培训中心）“北京帅星技术培训中心有限公司”成立后，聘请高等学府的电喷车知名教授、行业技术能手、汽车维修专家开办电喷车培训。办班期间，积极为学生提供汽车修理专业技术的学习机会，学生利用周末休息时间做培训班的服务工作，免费进入教室随堂旁听教授及专家讲课，获得汽车修理前沿性的理论与实操的学习机会，有些学生毕业后直接进入帅星培训学员开办的公司或企业就业。2001年毕业的刘庭季同学就是其中之一，他毕业后入职于“北京华信诚汽车技术有限公司”，逐步成长晋职该公司副总经理。学校还开办了汽车驾驶学校，为上千名学生考取汽车驾驶执照提供了便利条件。在2006—2007年两年中，取得汽车维修工等级证书有700人、计算机操作员24人、计算机文字录入处理员18人、制图员130人、车钳工48人、数控加工中心操作员33人、电焊工5人、低压电工16人、取得全国计算机等级证书331人、数控工艺员5人、汽车驾驶执照258人等，历年取证达1500余人次。

第四节　校企与校际合作

在归属行业办学期间，学校与企业有着不可分割的关系。20世纪80年代中期，学校与北汽总公司及所属企业，在企业的生产所在地，开展厂、校、地联合定向办学，成立了北京市汽车工业学校怀柔分部和顺义分部，为北汽总公司在怀柔、顺义所属企业定向培养岗位急需人才。20世纪90年代以来，学校与北京吉普汽车有限公司、北京现代汽车有限公司、北汽福田汽车有限公司、韩国现代MOBIS零部件有限公司、德尔福万源发动机管理系统有限公司、首汽集团汽修公司、朝政汽修检测厂、ABB有限公司、松下四通公司等100多家企业建有校企合作关系。2000年归属北京市教委管理后，与企业的合作转为共建人才培养基地的模式，由学校与合作企业之间签订协议，其中，“订单式”培养成为重要合作内容。

一、日本骏台自动车整备工业专门学校

1985年10月，经北京市人民政府京政科外字〔1985〕002号文件批准，北京市汽车工业学校与日本骏台自动车整备工业专门学校建立正式友好校际关系，日方校长山崎浩嗣对北京市汽车工业学校进行友好访问，双方签订了校际交流协议书，日方无偿提供一条较为先进的

中日校际合作友好协议签订仪式

汽车检测线及其附属仪器设备、实验用整车10辆、发动机和底盘零件、部件等价值400万元的实验实习设备。学校以上述实验实习设备为基础，在北汽总公司及教委的大力支持下，利用专项资金逐步增扩建设备及实验场地，1992年10月，汽车教学实验楼落成典礼，日本骏台自动车整备工业专门学校校长山崎博司先生、总务部长岛田先生、企划室室长中村先生应邀专程赴京为汽车教学实验楼剪彩。按照协议，学校首次派出杨海光、吴贵禄2名汽车专业教师赴日本骏台自动化整备工业专门学校进修。1987年、1988年先后派实习指导教师高继春、朱迅2人赴日本进修汽车维修技术专业，至1990年完成了教师赴日的培训任务。

二、北京燕宝汽车服务有限公司

2003年，学校开始为北京燕宝汽车服务有限公司（以下简称燕宝公司）在内地销售和维修服务企业培养输送技术工人。2005年，与燕宝公司签订了三年的合作协议，全程聘请外教，加大英语教学的投入，且设有师生奖学金。2006年，进一步扩大合作范围，利用企业与学校各自的培训资源优势，实施“订单式”培养和全方位培训，为企业打造高素质的人员队伍，促进企业核心竞争力的提高。学校与北京燕宝汽车服务有限公司合作共建“燕宝宝马汽车技术培训中心”，2007年1月正式签署了“燕宝宝马汽车技术培训中心”的框架协议，建立“订单式”的“燕宝宝马试验班”，燕宝公司为试验班学生单独设立奖学金，平均每人每年3000元人民币，且每年为燕宝宝马试验班提供85000元人民币用于英语培训，设立“江可伯优秀教师奖励基金”，安排部分教师和学生到北京燕宝汽车服务有限公司及在内地的企业进行实践实习和培训。

燕宝宝马培训中心作为教育培训机构，利用学校的场地、师资、生源等教育资源，发挥公司在先进专用设备、技术等方面优势，为燕宝公司在中国的技术、销售和管理人员进行培训，满足企业对聘用员工的技术需求。

燕宝汽车江可伯奖励基金签约

三、法国雪铁龙汽车技术培训中心

学校2005年启动中法雪铁龙汽车技术培训项目，2006年4月，为增进中法职业教育合作，提升北京职业教育水平，增进法国及中法合资企业在华业务影响，实现职业教育直接为企业提供培训服务功能，由北京市教育委员会、北京市汽车工业学校、法国国家教育部、法国雪铁龙汽车公司（以下简称雪铁龙公司）四方合作建立“中法雪铁龙汽车技术培训中心”，共同签署合作协议。

按照协议有关要求，合作双方集中各自优势资源和能力，雪铁龙公司向学校提供一批设备，包括“雪铁龙C4、C6车型的整车及多路传输电子系统教具”，学校对实训场地建设项目进行改造。北京雪铁龙培训中心是中法校企非营利的合作机构，主要为雪铁龙公司服务，同时利用雪铁龙公司提供的先进设备、技术以及先进的职业培训理念，提升学校培训能力和学生职业技能。

四、北京奔驰汽车技术培训中心

2005年12月5日，学校与北京奔驰—戴姆勒·克莱斯勒汽车有限公司（以下简称北京奔驰公司）成立项目组并开始了框架协议的起草。在北京市教委、北汽总公司、德国戴姆勒公司等大力支持下，于2006年3月举行北京奔驰汽车技术培训中心成立仪式，并签订合作协议书。

技术培训　学校为北京奔驰–戴姆勒·克莱斯勒汽车有限公司提供职业学历教育和职业培训服务，培训目标是为企业培训管理、销售和技术工人，建成示范性的校企合作培训中心。

学校与北京奔驰公司校企合作签约

教学模式 北京奔驰汽车技术培训中心是非营利的校企合作机构，学校利用北京奔驰公司提供的先进专用设备，提升教育与培训能力，提高学生职业技能，按照北京奔驰公司的岗位标准组织教学，教学及实践教学乃至实验实训教室布局遵循德国“双元制”模式。

奔驰班 2006年9月，首届“北京奔驰试验班”完成两个班的招生，共计48人，分为“汽车生产”和“汽车售后服务”两个专业方向，每班试行24人小班制。试验班由中、德双方共派教师进行教学。学习期满后，经考试和考核合格，颁发国家统一认可的中专证书。北京奔驰公司从两班中优先录取毕业生。

学校教师指导奔驰班学生拆装实习

外籍教师指导学生上实验课

毕业生追踪　奔驰班2006级（首届）学生，经过3年的在校学习培训后，按照条约规定到北京奔驰公司就业，成为企业的生产管理一线的中坚力量。截至2022年，学校首届奔驰试验班部分毕业生情况见表1–5–15、表1–5–16。

表1-5-15　　北京市汽车工业学校2006级奔驰售后服务班部分毕业生就业情况一览表

姓名	工作简历及荣誉
穆祥森	2009—2010年北京奔驰汽车有限公司总装厂操作工；2010—2018年总装二工厂生产一线班组长；2018—2022年总装二工厂生产一线工段长。2013获北京市经济技术开发区“青年岗位能手”荣誉称号；2014评为北汽集团“十佳明星”荣誉
许营超	2008年参加奔驰技能大师赛，底盘与电气系统理论考试全国第七，底盘与电气系统实操诊断种子选手
丁　萍	北京利星行（北京）汽车有限公司调度员
柳　迪	2009—2013年奔驰天竺之星索赔员；2013—2022年亦庄保时捷索赔员，获保时捷五年服务奖/保时捷十年服务奖
巩　森	2015年5月获共青团北京市委经济技术开发区工作委员会青年岗位能手；2015年获北京市工业和信息化职业技能竞赛高级技术能手；2016年获北汽集团第五批首席技师；2021年获北京经济技术开发区管理委员会“亦麒麟”优秀人才；2022年成为北京市人民政府享受特殊津贴技师
张　赛	2009—2012年北京奔驰总装厂副班长；2011年北京奔驰劳动竞赛标兵；2012—2018年总装二工厂班组长；2013年北京奔驰安康杯优秀班组；2015年北京奔驰青年岗位能手；2015年北京市总工会职业技能竞赛汽车维修工第八名；2018—2022年总装二工厂工段长；2020年北汽集团先进职工
管　龙	先后在北京之星汽车销售服务有限公司、北京星德宝汽车销售服务有限公司、戴姆勒奔驰研发中心工作
李晨旭	2009—2019年北京奔驰汽车有限公司研发工程师；2019—2022年戴姆勒大中华区投资有限公司研发部工程师
李岩龙	北京波士通达汽车服务有限公司机修技师
刘　俊	北京极光星辉汽车销售服务有限公司机修技师
李国丰	北京奔驰汽车有限公司特斯拉汽车北京有限公司技师
杨　静	北京利星行（北京）汽车有限公司索赔员
穆祥柏	北京中升之星汽车销售服务有限公司维修接待

表1-5-16　　北京市汽车工业学校2006级奔驰生产制造班部分毕业生就业情况一览表

姓名	岗位工作情况
马丽军	北京奔驰汽车有限公司—汽车质量分析技师
沙千里	北京奔驰汽车有限公司—设备维护维修高级技师
王立强	北京奔驰汽车有限公司—生产协调班长
郝洪山	北京奔驰汽车有限公司—设备维护维修高级技师
付　强	北京奔驰汽车有限公司—车身工艺组副班长

续表

姓名	岗位工作情况
宋　珍	北京奔驰汽车有限公司—总装质量检查组高级工
冯　硕	北京奔驰汽车有限公司—总装重修班长
黄中秋	北京奔驰汽车有限公司—设备维护维修副班长
李春胜	北京奔驰汽车有限公司—发动机质量控制班长
柳　晨	北京奔驰汽车有限公司—总装副班长
杜新强	北京奔驰汽车有限公司—发动机生产组副班长

五、SMC（中国）有限公司

2006年12月，学校与SMC（中国）有限公司签署了校企合作框架协议，为适应企业发展和职业教育改革，利用双方的资源优势开展专门化的培训，建立“订单式”培养供需合作关系。

双方组建SMC数控（模具）定向试验班，按照SMC企业发展战略，从在校生中选拔组建SMC试验班，分阶段实施培养计划，为企业输送数控加工和模具制造方面的技术工人。课程设置上，由学校负责完成教学大纲教学课程，期间SMC定期派相关人员进校对学生进行相关专业的课程授课、培训或讲座。在教学实施的第三年，由校企双方共同协商制订教学计划，在原有教学内容的基础上，结合SMC数控加工和模具制造的岗位需求，引进SMC对员工的职业素质教育及5S教育、安全教育等内容，开设相关的日语课程，由校企双方共同组织实施。

第五节　教学管理与改革

一、教学管理

制度建设　20世纪80年代中期至20世纪90年代末，学校在办学机制、专业设置、招生分配、培养目标上主动适应市场需求，逐步制订和修订了一系列的教学管理制度，主要包括《教学运行管理制度》《课堂教学管理制度》《教学质量管理检查制度》《实践教学管理制度》《学生校内实习守则》《学生校外实习管理制度》《实习期间班主任职责范围》《特色办学管理制度》《分校办学管理制度》等，针对教学过程中“教”与“学”问题，学校修订了《课堂教学评估管理办法》。2000年，随着办学定位和人才培养目标以及生源的变化，学校及时转变观念、适时调整策略，下发《关于稳定教学秩序，加强教学管理的通知》，进一步优化教学秩序的管理，开展新的教风、学风建设。

教学管理体系　自建校以来，经过教学管理体系不断的探索和完善，建立了学校和教学科室两级管理体系。

教务科作为教学和学籍管理部门，拟定教学管理制度，负责教学工作的组织协调和考试考核管理，落实上级教育教学的指导性文件，制订实施教学文件，编制校历、教学计划、课表，代表学校下达教学任务，并对教学进度进行监督检查及考核。对学生毕业资格进行审定及毕业证书的发放与管理等。根据教学工作需求，组织召开教学例会、教学研讨会、师生座谈会等，布置检查各项教学工作，及时分析、研究和解决教学中出现的问题，落实整改措施。

不同时期成立的教研室、教学科是教学单位，落实学校下达的教学任务，管理本部门教师按规范开展教学活动，参加教学质量管理的监督。

教学质量管理　建校初期，在教学质量管理方面，最初由教务科统一管理。学校办学规模扩大后，学校设立督导室统筹学校教学质量管理工作。至2000年后，学校建有一支30余人的专兼职教育教学质量监控评价队伍，由校外专家督导1人（教师出身、具有多年督导工作经验）和校内专职督导1人以及兼职督导若干组成，兼职督导由学校主要领导、各系部负责人、各教研室负责人和教学运行办人员组成，专兼职督导员按照计划听课及测评、全校学生参与评价教学工作，从不同层面推进教育教学管理。

在教学质量评价管理方面，学校对实验、板书设计、教案编写等内容实施规范管理，建立听课制度，教学主管领导承担部分教学任务，发现问题及时纠正解决。将听课任务进行量化管理，定有不同层次的听课数量标准、听课计划、记录及意见反馈等，以听课促交流。

随着教育教学管理的深入进行，将听课延伸到公开课、观摩课和对优质课的评选，促进教师教学水平的提高，这种传统方法一直延续。教案编写要求，提前2周撰写完授课教案，不得无教案及重复使用旧教案，新聘教师的教案需经老教师指导并送报教务科审核，之后又逐步发展到使用直观、生动、互动的教学手段及多媒体课件制作、模拟教学和案例教学等教学手段。

1988年，按照北汽总公司企业改革的模式，学校教学质量管理以优化劳动组合为抓手，将竞争机制引入教学质量管理之中，采取教学综合评估和加权平均法，通过听课、检查教案、授课计划的执行、作业批改等情况，在教学内容、教学方法、课堂管理等方面进行全面测评，参加评估活动达588人次，共评估教师77人。通过评估促进了这一时期教学质量的大幅度提升，在全市组织40多所学校的数学统考中，取得集体第三（85级）、第五（86级）的好成绩，由于数学、物理教学能力突出，受市中专教学研究会的委托，承担了数学公开课的教学任务，并承担起中专数学、物理教学研究会主办单位的教学研究工作。

举办教学经验交流会

建立两委会 1995年，学校成立了北京汽车工业学校理事会、学术委员会和教育研究会；1997年成立了学校建设指导委员会。后期的学术委员会和建设指导委员会简称两委会。其主要成员由北汽总公司主管教育领导担任，其余成员由校方及企业相关领导、技术人员、社会专业知名人士组成。依据两委会章程，汽车工业学校与各成员企业按照优势互补、资源共享、互利互惠的原则，发展多种形式的校企联合办学和职业培训；两委会将根据北京市汽车工业的发展和社会需求，针对汽车工业学校及各分部的办学方向、招生规模、专业设置、培养目标等重大问题，定期召开会议，进行分析论证、提出调整专业设置、优化课程结构、更新教学手段、改进教学方法的建议。

二、教学改革

根据行业企业需求和社会发展变化，学校在办学模式上、产教融合、课程、实践教学等多方面进行创新与改革，以改革促建设，以改革促人才培养质量的提升。

办学模式改革 随着企业结构的转型及生产技术含量的不断增加，社会用工及学生就业需求多元化，学校探索多种办学模式，由原来的统招统分，逐步转向校企合作、中外合作、联合办学、定向培养，形成多样化办学局面。

在校企联合办学方面，20世纪80年代中期，为适应北京汽车工业向郊区县扩展的形势，经北京市经委批准，北汽总公司于1985年秋开启厂、校、地方联合定向办学新模式，成立北京市汽车工业学校怀柔分部和顺义分部，毕业分配去向为北汽、北轻汽公司当地的专业厂或配件厂，解决企业对人才的需求。1995年，学校持续推进对汽车所属企业的人才的定向培养，以定点办学的模式与北京吉普汽车有限公司、北京齿轮总厂、北京轻型汽车制造厂、北京汽车摩托车联合制造公司等企业建立了办学点，开展联合办学定向培养的办学模式，受到企业欢迎。

北汽分校

北内分校

北齿分校

密云分校

昌平分校

怀柔分校

顺义分校

固安分校

在校际联合办学方面，20世纪90年代中后期，随着高等院校的扩招，中专生逐渐失去了享有国家统招统分及干部身份的红利政策，毕业生接续提升学历呈现出发展趋势。1995年，学校与北京联合大学机械工程学院联合办学，开办了“3+2”大专高职班和“4+4”本科师资班，92级29名学生考取联大大专班，7名同学考取联大本科班，实现了中职教育与高等教育接轨。1996年，与华北石油职工大学联合办学，招收一个班，实现跨省市联合办学。1997年，经市教委批准，与北京工业大学合作开设大专班。

在中外合作办学方面，学校引进先进职业教育办学方式方法，并将之本土化，以“试验班”“定向班”等多种形式，创建中外“校企互融”人才培养模式。主要有三个合作项目，一是2003年与北京燕德宝汽车服务有限公司的合作，组建了燕宝宝马试验班；二是2005年与东风雪铁龙合作“北京中法雪铁龙汽车技术培训中心”，成立东风雪铁龙定向班；三是2006年与北京奔驰汽车有限公司合作成立“北京奔驰汽车培训中心”、开设奔驰试验班。按照北京奔驰公司对人员数量的需求，学校与北京奔驰公司培训部、奔驰中国贸易有限公司（MBCL）人力资源部合作，通过笔试、实操、面试对学生进行共同选拔、订单式培养，北京奔驰公司每年为该班学生提供人均1500元的奖学金。在教学上，引进德国奔驰职业教学资源，北京奔驰公司从德国选派一名职业教育专家维兰来中国工作，MBCL选派帕艘、王亮、彼得陈等专家来中心工作，教师和中外专家一起讨论该班的教学方案和教学工作，任课教师赴德国进行课前的职业教育培训，在教学方法上采用行为导向教学法，在对学生的评价上，注重“双导师”“双评价”的过程性评价，保证原汁原味的德国双元制教学模式和教学方法的有效实施。至2007年，MBCL为该班的教学设施已投入达700万元人民币。

实施专业专门化 随着企业技术的发展，对人才需求趋于综合化。学校围绕着“汽车”载体，灵活设置和调整专业，根据企业技术的变化及特点，从汽车的前店到后厂、从制造到服务、从技术到技能等汽车链为主线，从单一专业分解为针对性更强的专门化方向，优化专业结构、拓宽专业方向。1994—2003年学校专业（专门化）改革情况见表1-5-17。

表1-5-17 1994—2003年北京市汽车工业学校专业（专门化）改革情况一览表

专业名称	专门化	招生年份
汽车制造与维修	汽车制造	1994
	汽车维修	1994
	汽车技术服务	1994
	汽车模具CAD	1997
对外贸易业务	汽车外贸业务	1995
	涉外财务会计	1995
计算机及应用	计算机应用	1995
	计算机信息管理	1996
	计算机行政信息管理	1997
商务外语	商务英语	1997
工艺美术	电脑美术设计	1999
电子与信息技术	车载通信	2003

基础课教学改革 本着实事求是、尊重差异、满足需要、促进发展的原则，围绕开发校本教材、实施分层次教学、改进课堂教学方法、改革学生成绩评价方式等进行改革。教师根据专业需要在中专数学和语文研究会的指导下，编写了适应学生特点及满足未来岗位需要的校本讲义及教材。在校企合作班教学中大胆改革，围绕学以致用的原则，根据专业课及未来岗位需求，大力开发具有职教特征的文化课教材，改变传统课堂教学结构与模式，注重能力训练，尝试数、语、外立体教学。文化基础课改革的成效反映在学生较高的升学率，2002级学生参加单考单招上线录取率为28.33%，2005级学生参加升学考试的录取率41.67%，几年间录取水平稳中有升，平均达到30.05%。表明学校文化基础课已经实现了群体性达标。

体育教学形式，由应试教育向素质教育转化，由应赛教育向健身教育转化，在体育课程结构上，采用以选项课为主体的教学结构，即改变以往单一的以班为单位上体育课的形式，教师根据学生报名的学习内容重新编组，通过一至两个学期完成所选学习内容；增加室内体育教学项目，利用场地器材，科学安排生理负荷。

专业基础课改革 建校初期正值我国改革开放初期，依据1979年教育部《全日制中等专业学校工作条例》，强调专业教育主要学习科学文化知识，提升文化素养。学校的教学事实上只是在普通高中阶段部分文化教育之上，添加了专业学科教育，在课程设置上继续沿用传统的教学模式。1981年，针对首届毕业生所在企业、岗位追踪调研发现的问题，学校及时调整普通学科、专业基础课、专业课的课时比例，对所开制图、公差课的教材、教法进行了改革，试行“精讲多练、提高学生能力”的办法。

2002年初，学校再次对机械制图课进行改革，在教学内容方面，增加CAXA2000软件计算机绘图知识，提高计算机绘图能力。在教学方法、教学手段方面，运用计算机课件教学，提高教学质量和教学效率。在教材建设方面，综合专业和生源特点，编写《机械制图》教材、习题集、试题库。改革后，机械制图课程课堂教学、教案编写、习题答案讲评、试卷编制、学生绘图全部运用计算机完成。

专业课程改革 20世纪90年代，面临新型汽车电子生产技术的广泛采用，机械维修方法的大为简化，汽车行业缺乏维修新型汽车的人才，汽车专业的课程改革势在必行，在专业课程设置上及时进行调整，更新理论课、实践课的内容，增加电类课程比重，在专业课中开设新型汽车有关课程，在实践课中，加入新型实物教具。

2000年后，学校以职业能力为本位、以就业为导向、以实践技能培养为重点，分三个改革阶段。第一阶段为1999—2004年，开展“目标/层次教学模式”课程体系改革实践。对大部分课程教学进行重新构建，对专业课程内容进行了综合；第二阶段为2004—2006年，在专业课程中推行“项目教学法”，在分析各专业课程间内在逻辑关系的基础上，对内容做更进一步的调整，设计了多个教学项目；第三阶段从2006年至2007年，在三个专业探索试行模块化综合项目教学，打破了传统的基础课、专业基础课和专业课三段式课程设置模式，根据职业岗位群的任职要求构建模块化综合项目教学的课程体系。同时，在奔驰试验班实行德国“双元制”以综合项目为主体的学习领域教学。

实施“目标/层次教学模式”，起源于对德国的“双元制”、加拿大的“CBE（Campetency-Based Education）”教学法、新加坡南洋理工学院的“教学工厂”等教学模式的研究，并结合学校实际情况，以职业分析为依据，创建“目标/层次”教学模式，从“学科型”向“目标/层次→小理论、大实践”转变。在培养目标、课程体系、教学内容、学籍管理、教学运行管理等方面进行了大胆探索和改革。改革主要包括：因材施教，实施多种形式分层次教学；课程结构调整为“宽基础、活模块”；以“项目教学法”拉动教材建设。根据职业岗位群的职业技能要求构建模块化、项目化的“专业综合项目教学”课程体系，打破传统学科式的三段式课程设置模式，围绕教学过程中实现综合职业技能培养，以生产过程为导向，按职业能力要求将专业知识、专业技能设置成项目化、模块化的课程体系。2002年，“目标/层次教学模式的理论与实践”获市教委教学成果一等奖。2004年10月，市教委专家组对学校“汽车制造与维修专业”课程体系进行了评估验收，专家组对学校的教育教学改革工作给予一致的好评，认为学校近几年将教学改革工作落到了实处，充分肯定了“目标/层次教学模式”适应了学生和社会经济多元化的需求。

实施模块化综合项目教学法，以行动导向教学为主，教学中应用“六步教学法”“头脑风暴法”“分组讨论法”“角色扮演法”“卡片法”“轴承法”等多种教学方法。汽车教研室率先实践“现场教学”和“小班授课”，实现了理实一体化教学。汽车制造与维修专业课程具有很强的实践性，传统的“先理论，后实践”的两段教学，不符合职业教学的特点要求，也不适应现在学生的接受能力，因此，教学向理实一体化教学过渡。一是课程综合化，以综合职业能力形成为核心，专业课程内容以技能培养为重心，实现专业课程综合。增加实训课时，实现以项目为中心、问题为导向的教学；二是实训基地建设基本实现实训设施、教学环境接近企业实际环境。在综合项目教学法实践中，通过分析各个课程间的内在逻辑性，对专业课内容进行了综合调整，将“液压与气动”“工厂电器与伺服系统”和“可编程序控制器”改为“设备控制技术”，将“金属切削机床与刀具”“机床夹具设计”“机械制造工艺与装备”综合为“机械制造技术”，将“数控机床”和“数控原理与编程”综合为“数控机床及应用”等。充分利用学校实训设备和校外实习基地，实行“项目教学法”。教师把课程的知识点和职业能力培养结合起来设置综合的教学项目，课堂教学设在实训现场，使学生能够边学习边实践，让教学过程充满师生互动和趣味性。

教考管理模式改革 20世纪90年代后，学校成立教学整改办公室，鉴于以往重理论轻实践，忽视能力培养，重基础轻专业，知识结构脱离现实要求等问题，将90级汽车制造专业2个班定为教改试点班，增加实习内容、课程设计项目和周数，在此基础上制订了93级的专业教学计划。在考试制度上实行开卷与闭卷两部分，开卷部分考察学生的分析能力，闭卷部分考察学生的基本概念和理论知识；聘请校外教师出题，有利于客观反映教师的教学水平。

第六节　师资队伍

一、队伍结构

1979年建校初年，师资队伍由20余人组成，承担3个教学班的教学任务，教师队伍组建是由北汽总公司抽选企业中具有高学历、高职称且具有多年技术工作经验的优秀人员组成。彼时师资状况是“三多一少”，即年轻的工农兵大学生多、没有上过专业课的人多、没有上过讲台的人多，具有教学经验的人少。随着办学条件逐年改善，师资队伍结构、规模也随之发生变化。在师资队伍人员配置上，学校逐渐有了主动权和自主权，录用应届大学本科及以上学历毕业生，留用部分本校优秀毕业生，招聘引进企业及社会重点专业人才，安置技术类型的复转军人等。

1986年，学校有专任教师58人，随着学校办学规模、专业的扩展，对教师队伍结构的要求不单纯停留在数量和职称层面上，需要逐步建立起一支年龄结构、知识结构、专业结构、职称结构以及实践能力结构合理的教师队伍。这一时期教师引进主要来源为应届大学毕业生。

1995年，专任教师83人，其教师队伍结构为副高级以上职称20人、中级职称51人、初级及以下12人。教师专业技术水平的大幅度提升，为学校进一步培养选拔骨干教师和学科带头奠定了良好的基础。

2000年后，学校通过多途径多渠道有计划的规范培养、通过引进企业高级技术人才及科研单位科技型人才，对原有的师资队伍结构进行了深度调整，趋近职业院校对应用性和实践性教师队伍结构的需求。至2007年并校前，专任教师125人，其中“双师型”教师36 人，市级学科带头人1人，市级优秀中青年骨干教师20人（中专校及成人院校），博士、硕士学位11人，研究生6人，大学本科学历104人；高级技术职称41人，中级技术职称41人，其数量和结构的变化，有利于学校“双师型”师资队伍的建设与成长。

二、队伍建设

制度建设　在师资队伍的建设与管理上，从建校初期至2000年后，逐步建立起规章制度，成为规划师资队伍的培养培训和教师自我规范约束的依据。

在教师考核管理方面先后制订《教师公约》《教师岗位设置实施细则》《教师岗位级别标准及任职条件》《教师聘任办法》《教师考核评定办法》《教师岗位工资及季度奖金分配试

行办法》《教师教育教学质量综合考评办法》等制度。在教师培养方面先后制订《集体备课制度》《教案编写制度》《教师进修管理办法》《专业带头人、中青年骨干教师选拔和培养实施暂行办法》《师资队伍建设规划》《关于引进高层次人才的暂行办法》《从事科技创新实验室研究工作管理办法及研究人员工作量待遇》《关于教师到企业实践锻炼的规定》等规定。2005年，实施新修订的《教师岗位级别评定办法》，对100余名专任教师的岗位级别进行重新聘任，根据岗位需求、能力测试考核，上下浮动，打破了职称固有的界限。

学校制订《教科研管理制度》，根据整体教科研工作计划，积极引导、鼓励所有教师在做好教学工作的基础上积极开展教育科研工作，使教科研工作常态化、制度化。每年年初进行各级各类科研课题的申报，中期进行各级各类科研课题的中期检查，年终进行各级各类科研课题的评审。教师的教科研能力和业绩纳入学期考核内容，科研工作计入教师的教学工作量，并且作为教师聘任定级、晋级的主要考核依据。

教师培养　初期的队伍培养方面，学校建立了“老带新”、集体备课，建立听课、说课、考评等常规性教学管理制度，加强对教师基本素质的培养与管理，以青年教师公开课，搭建学习交流、施展教学水平的平台。为敦促教师提高师德、教学与实践、教学科研能力，制订了业务进修、学历进修和下厂实践教学管理制度。

从20世纪80年代中期起，学校鼓励教师通过脱产、半脱产、业余进修等学习形式，扩展自身专业达到个人可承担两门以上教学任务；鼓励教师撰写发表论文、编写教材，参加校内外学术研讨；出国留学与进修培训提高教育教学水平，共有六名教师出国留学与培训；20世纪90年代，学校外派进修教师28人，占全部教师总数的30%。进入21世纪，学校继续外派近40名教师赴新加坡南洋理工学院、加拿大泛莎学院以及英国、德国、韩国、日本等国家进行培训、考察、学习。

美术教研室青年教师学术研讨活动

学校注重教师下企业的实践培训，将专业课教师下企业参加实践列入每年的教学任务，与北京吉普汽车有限公司、北京现代汽车有限公司、北京奔驰公司、北汽福田、SMC（中国）有限公司、北京燕宝（宝马）汽车服务公司等企业，在实训设施建设、教材建设、师资培训等方面建立了长期合作关系，每年安排部分专业教师到企业进行实习锻炼，同时帮助企业完成一些科研课题及工艺革新项目，通过这种专业教师到合作方进行短期定向培训的方式，提高专业教师的能力和水平。

2000年后，学校进一步加强对教师的科学化培养，一方面学校利用校内实践教学设施，针对教师自身薄弱环节制订出技能训练计划，进行有针对性的培训；另一方面就是进行外派进修，选派6名骨干教师到德国职业院校学习原汁原味的“双元制”职业教育，回国后带动其他教师在德国专家的指导下，实施“双元制”职业教育；选派28名教师前往各大高等院校攻读硕士研究生学位，推荐10名教师前往清华大学、北京理工大学等高等学院进行“国内访问学者”的进修；有101人次参加了教育部和北京职教教师素质提高工程等各类专业素质的师资培训，学习了企业及同类院校的课改情况，紧贴专业技术创新、现代职业教育发展的最新成果。专业教师通过生产实践技术培训，提高了工程实践能力，具备了理论实践无界化的教学改革能力。

教师考核 学校建立和完善教师考核办法，采用教师自评以及学校领导、教研室其他教师、学生及家长共同参与评价的形式，形成多层面、多向沟通的教师评价机制，评价方法、评价途径多样化，建立以教研为基础的教师岗位工作评价方式，把形成性评价与终结性评价相结合，定性评价与定量评价相结合，不以学生的考试成绩作为评价教师的唯一标准。

20世纪90年代，学校以评优课为抓手，成立了以校长为主任的11人选优课评委会。1993年上半年，历时一个半月，在全校广泛开展了青年教师评优活动，评选课程共13门，其中，普通文化课3门，专业基础课6门、专业课4门，有16名青年教师参加评选，共有705人次参加

教师选优课表彰会

听课和评选，评选结果中最高分89.23分、最低分78.6分，平均83.32分。

1999年，依据学校《教师教学质量考核评定办法》，对全体任课教师进行教学质量考核，根据考核结果，对达到A级的2名教师实施低职高聘，C级的1名教师，按照学校《教师岗位级别评定办法》，实施高职低聘。1998—1999学年度第二学期教师教学质量考核统计见表1-5-18。

表1-5-18　　1998—1999学年度第二学期北京市汽车工业学校教师教学质量考核统计表

岗位级别	参加考核总人数	A级	B级	C级	C级以下
高级	12人	0	10	2	0
中级	36人	1	31	3	1
初级	10人	1	9	0	0

发挥教研室功能　随着生源和专业的增加，学校在原有教研组的基础上成立了教研室，制订《教研室工作职责》，以老带新，组织集体备课，强调中年骨干教师承担指导青年教师的任务，跟堂听课，课后及时进行评价，对新开课和开新课的教师执行试讲程序管理，合格后方能正式上课，督促、培养精益求精的教学态度，使新入校的教师由不懂教学方式方法，到快速掌握教学规律和授课方法，鼓励教师参加社会学术团队，通过学术交流与研讨，提高教学及学术水平，学校教师在中专数学研究会、力学研究会、语文研究会负责相关工作。

2000年后，建立了由专、兼职骨干教师组成的专业教研组，选择师德好、业务能力强和有一定组织能力的骨干教师担任教研组长，有计划地组织教师研究教学业务，将教科研情况纳入教师年度考核指标，教科研成果与教学考核、评先评优、职称职务评聘相结合。鼓励教

北京市汽车工业学校首届教学研讨会

北京市汽车工业学校主办全国中专力学教学大纲终审会

师利用国家教科研数字化资源，积极参加各种教研教改工作，总结教研教改成果，积极发表教科研论文，提高自身业务素质和学术研究能力。教研室还负责开展教学改革实验，探索职业学校教学规律，推动教学实践研究，根据实际需要确立课题，并做好教改实验总结和成果推广等工作。

三、教材及教研成果

自编教材 学校成立至2000年行业办学期间，组织教师编有刀具设计指导书、机械制造实习教程，编写中专工科类通用“数学”（共四册）。在汽车制造与维修专业领域，编写汽车自动变速器维修、汽车底盘构造与维修等45本教材，公开出版发行，使教学内容更加贴近企业和社会不同时期技术需求。

2000年后，为配合项目教学法的改革，专业教师编写出版《汽车检测与维修》《汽车车身电控系统》《汽车底盘构造与维修》《汽车英语》《汽车自动变速器》等教材。

校本讲义 在教学大纲和教材编写基础上，根据项目教学校本讲义编写的要求，开发了30余本项目教学校本讲义，结合学校实训条件和现代职业教育特点，注重反映专业新知识、新技术、新工艺、新方法，简洁明了，图文并茂，版式新颖。其中，汽车制造课本讲义有《乌尼莫克（Unimog）车模制作与装配》《F1赛车制作与装配》《国际象棋数控加工》《液压与气动技术》；汽车服务类的讲义有《汽车故障检测与维修》《汽车发动机拆装》等，讲义以设备原理、结构、操作、运行维护为主线，与综合专业课相配套，突出知识理解综合化、技能培养实践化，具有职业教育特色。黄家骏老师所编写的《汽车制造工艺学》教材由湖北科技出版社出版发行，并在汽车系统学校使用。2000年，教育部组织向21世纪中等职业学校教材招标，教师陈柏林主编的经济类数学教材、韩向东主编的工程力学教材中标。

奔驰售后试验班自编教材

部分教师自编教材

教研成果 建校初期，教学研究工作由教学小组负责，后逐步建立了教研室、督导室、教育教学改革办公室等机构，设定计划和研究内容，研究内容涉及中等职业教育的地位作用、中等专业教育思想、人才培养目标、教师业务规范、新增专业设置、新课程开发等，通过教学研究，制订学校不同时期教学改革计划，通过深入社会和毕业生追踪调查，提出专业及课程改革可行性报告，为学校改革决策提供科学依据。教研室参与制订教师考核制度，参加考核验收工作，拟订《专业评估指标体系》与《岗位目标责任制》等管理文件，对加强管理起到推动作用。建校以来，在教学成果方面取得突出成绩，教职工获市级（含）以上奖项约计43项。其中，1995年学校教研课题立项19项。

2002年，么居标、李静明、闻健萍、王霆、张颢的"'目标/层次教学模式'的建立与实践"荣获北京市中等职业教育教学成果一等奖；2005年11月，学校组织了"焊装工业机器人实训系统的研制与应用""北京市汽车工业学校工程实训中心建设""构建特色职业指导体系的探索""中职校'科技兴趣小组'的实践——在科技兴趣小组中培养高技能人才""探索以弱势群体为生源主体的第一工作模式"五个教科研课题参加了本年度北京市中等职业教育教学成果评选活动。根据北京高职中专研究会的要求，学校组织上报了12篇论文，共获得1个一等奖，3个二等奖，5个三等奖，获奖率为75%。2006年组织上报了3篇论文，共获得2个二等奖，1个三等奖，获奖率为100%。学校还推荐部分老师参加了北京高职中专的"教师论坛"活动，其中宋敏老师获得一等奖，刘新萍老师获得二等奖。

四、教师荣誉

1983—2006年北京市汽车工业学校教师获得全国及市级荣誉情况见表1-5-19。

表1-5-19　　1983—2006年北京市汽车工业学校教职工获市级及以上荣誉一览表

序号	年份	获奖人员及奖项
1	1983	陈柏林获北京市教育系统先进工作者称号
2	1984	陈柏林获北京市先进工作者称号
3	1985	全学倩获北京市劳动模范称号
4	1985	赵世恭获机械工业部系统优秀教师称号
5	1986	杨永祥获北京市工业系统先进工作者称号
6	1987	金佩丹获北京市高教系统教书育人服务育人先进个人称号
7	1989	陈柏林获北京市优秀教师称号
8	1989	李忠获北京市工业系统优秀教育工作者称号
9	1989	张兆怀、赵文序获北京市工业系统优秀教师称号
10	1990	张兆怀获中国汽车公司系统先进教育工作者称号
11	1990	陈燕珊获北京市中等职业学校优秀班主任称号
12	1990	刘万庆获北京市教育系统德育工作先进工作者称号
13	1991	叶玠良获全国职业教育先进工作者称号
14	1991	王宝珍获北京市优秀教师称号
15	1991	刘万庆获北京市中等职业学校优秀班主任称号，获北京市工业系统优秀教师称号
16	1991	赵世恭获机械工业部系统优秀教师称号
17	1993	张兆怀获北京市优秀教师称号，获全国优秀教师称号
18	1993	张兆怀、李静明、陈渌漪获北京市优秀教师称号
19	1993	焦天锋获中国汽车公司系统先进教育工作者称号
20	1994	林凤石获北京市教育系统德育工作先进称号

续表

序号	年份	获奖人员及奖项
21	1995	叶玠良获北京市劳动模范称号
22	1995	金佩丹获北京市优秀教师称号
23	1995	赵文序获北京市工业系统优秀教师称号
24	1996	沈安民获北京市工业系统优秀教师称号
25	1996	刘香荣获北京市工业系统先进教育工作者称号
26	1997	张彤获北京市优秀青年教师称号
27	1997	王纪东、陈渌漪、陈俊、闻健萍、宋敏获北京市中等专业学校优秀中青年骨干教师称号
28	1998	张杰获北京市工业系统优秀教育工作者称号
29	1998	张爱香、曲爱玲获北京市中等职业学校中青年骨干教师称号
30	2001	刘晓明、李岩红、张萍、吴莉玫获北京市中等专业学校优秀中青年骨干教师称号
31	2002	李静明获北京市职业教育先进个人称号
32	2004	刘萍获北京市优秀教师称号
33	2004	王霆、田耘获北京市中等职业学校市级骨干教师称号
34	2006	管小清获北京市优秀教师称号

第七节　学生培养

学校在不同时期对学生的教育管理有鲜明的时代特点。从建校初期就基本形成了学生教育管理的制度规定，经不同年代修改完善。以制度规范为基础，以培养学生良好行为前提，通过各种教育形式，不断加强学生教育管理，形成良好的校风、班风和学风。

一、学生思想教育

20世纪80年代，围绕培养又红又专、德、智、体全面发展的四化建设人才这一目标，开展“五个”教育，树“四个”观点。学生入学进行“专业思想”和“规章制度”教育；学习期间，开展“学习态度”和“道德品质”教育；毕业时抓“毕业分配”教育，专业思想、规章制度、学习态度、道德品质、毕业分配这五个教育，作为一条红线，始终贯穿在学生思想教育中。

通过明确目标、了解任务、知道要求的教育实践，学习雷锋等英雄事迹，树立正确人生观；针对劳动实践，每周设立劳育课，各班轮流参加学校环境卫生劳动，认真抓好教室和宿舍的环境卫生，让学生养成劳动习惯，珍惜劳动成果，树立劳动光荣的观念；通过举行各项集体活动，培养学生团结协作，增强沟通能力；通过政治课和各项参观教育活动，培养学生形成中国特色社会主义世界观，坚持实事求是，坚守科学态度。

20世纪90年代，学校更加重视德育工作，按照“教书育人、管理育人、服务育人”的理念，贯彻落实《爱国主义教育实施纲要》。学校建立德育工作领导小组，组建一支“专兼结合”的德育工作队伍，制订《三育人暂行规定》，设计阶段性工作计划，将“三育人”工作与日常思想政治教育结合起来，充分利用政治理论课和思想品德课，对学生有的放矢地开展教学活动，改变以往“重智育，轻德育”的倾向。组织学生开展“三百”活动，即观看百部爱国主义影片，阅读百本爱国主义书籍，歌唱百首爱国主义歌曲。

进入2000年，学校促进学生树立正确理想信念，通过了解中国近百年来屈辱史和抗争史，激发学生树立“天下兴亡，匹夫有责”的爱国思想。随着改革开放后国家发生巨大变化，组织学生对照自己家乡的变化，用自己的头脑、自己的眼睛看到社会进步和发展，鼓励学生生长在伟大的时代，应该有所作为。在思想品德教育中，帮助学生发现身边的道德楷模，先进事迹，从细微处做起，养成良好的行为规范。通过改革开放后的科技进步，让学生感受到科学技术是第一生产力，劳动技能是创造社会价值的途径，实现个人志愿的能力需求，将工匠精神作为重要教育内容，激励学生学习理论知识、掌握实践技能，并将法治教育、职业素质教育引入第二课堂，通过普法教育，开展各项报告、讲座、参观等活动，引导学生遵章守纪，树立职业道德观念。

在对学生开展思想教育期间，教师撰写的获奖论文有《突出两个特色，为汽车工业培养合格的中等专业人才》《关于我校法治教育的现状调查及教育对策》《德育——启迪学生文明、发展、创新的窗口》《体育教育中“以人为本”教育理念的实践》《我校特困生工作的思路与做法》《我校对贫困学生资助教育的思路与做法》《我校教育、资助贫困学生工作的思路与做法》《让每个学生有所得》《对弱势家庭学生德育工作的探索与实践》《我校2004级新生家庭教育状况分析与对策研究》《构建特色职业教育指导体系的探索——帮助学生树立职业意识，全面提高学生职业综合能力》等论文与课题。

2001年，学校教师开展德育工作研讨

二、“科技兴趣小组”平台

学校组织开办各类学生喜闻乐见的兴趣小组，丰富学生的业余生活，发挥学生特长，扩展学生的知识面，其中，学校通过开办“科技兴趣小组”为学生提供科学育人平台，小组采取自愿报名和教师推荐相结合的形式确定人选，活动以学生为主体，融入项目教学，在科技兴趣小组中培养高技能人才。

2001年10月，第一个科技兴趣小组“小机器人小组”，在“广茂达杯”全国智能机器人大赛灭火项目中获三等奖，他们的成功激发了师生的积极性，学校相继开设了“数控操作”“液压与气动控制”“CAXA三维实体造型（制图）”“MPS模块加工模拟系统”“工业机器人操作”“吉普车维修与调试”“捷达发动机组装与调试”等高技能强化项目。每学期有近二十个涉及不同教学科目的兴趣小组，参加学生有近200人次。

2006年，学校参加“新世纪北京职业技能大赛”，参加六个工种决赛的25名学生都是“科技兴趣小组”的成员，获一等奖1项、三等奖3项、优秀奖12项，7名学生获技师资格。“科技兴趣小组”成为学生进行自主学习、提升技能的新型课堂，成为教师探索教学方式、教学方法改革的试验田，成为延伸“目标/层次教学模式”的有效途径。

三、学生获奖情况

学校坚持“以育人为根本”的办学宗旨，在校期间加强学生的综合素质教育与培养，部分在校生荣获了市级及以上荣誉，部分班级荣获了市级集体荣誉。各类获奖情况见表1-5-20～表1-5-22。

表1-5-20　　1995—2002年北京市汽车工业学校学生获评市级三好学生情况一览表

序号	班级	姓名	获奖时间
1	93-2	张　虎	1995—1996年度
2	93-4	郝英俊	1995—1996年度
3	94-6	李春艳	1995—1996年度、1996—1997年度
4	95-5	周海霞	1996—1997年度
5	96-7	吴月芹	1996—1997年度
6	96-6	盛念一	1996—1997年度、1997—1998年度
7	95-8	耿怀莹	1996—1997年度、1997—1998年度
8	96-8	王　娟	1997—1998年度
9	97-11	王　强	1997—1998年度
10	97-3	赵　辉	1998—1999年度
11	97-13	李　真	1998—1999年度、1999—2000年度
12	98-1	刘　磊	1998—1999年度、2000—2001年度
13	97-7	陈　磊	1999—2000年度
14	97-13	闫　韬	1999—2000年度
15	99-9	王　莹	1999—2000年度
16	99-15	王雯雯	1999—2000年度
17	98-7	宋云彦	2000—2001年度
18	98-15	徐　颖	2000—2001年度
19	98-16	许　磊	2000—2001年度
20	99-3	李　雪	2000—2001年度
21	99-13	徐　伟	2000—2001年度
22	99-16	张　研	2000—2001年度
23	99-1	魏连生	2001—2002年度
24	99-11	陈　晨	2001—2002年度
25	00-13	卢松蕊	2001—2002年度

表1-5-21　　1995—2002年北京市汽车工业学校学生获市级及以上优秀学生干部情况一览表

序号	姓名	所在班级	获奖时间
1	宋晓梅	94-6	1995—1996年度、1996—1997年度
2	张　鹏	93-2	1996—1997年度
3	吴月芹	96-7	1998—1999年度
4	孙雪娟	98-16	1998—1999年度
5	于　森	97-13	1999—2000年度
6	钟　国	97-13	1999—2000年度
7	许　磊	98-16	1999—2000年度、2001年获第六届全国优秀学生干部
8	张　俭	98-10	2000—2001年度
9	李　洋	98-12	2000—2001年度
10	王月圆	99-3	2000—2001年度
11	刘　岩	99-12	2001—2002年度
12	苗　静	99-14	2001—2002年度
13	王　超	00-5	2001—2002年度

表1-5-22　　1995—2002年北京市汽车工业学校获评北京市先进班集体情况一览表

序号	获奖班级	获奖时间
1	93级4班	1995—1996年度
2	94级6班	1996—1997年度
3	95级7班	1997—1998年度
4	95级5班	1997—1998年度
5	96级7班	1997—1998年度
6	97级7班	1998—199年度
7	98级15班	1999—2000年度
8	99级11班	1999—2000年度
9	99级3班	2000—2001年度
10	99级12班	2000—2001年度
11	00级8班	2000—2001年度
12	00级13班	2001—2002年度
13	01级10班	2001—2002年度

北京市级优秀班主任及优秀班集体合影

四、学生就业情况

建校28年来，中专毕业生累计1万余人，就业单位100余家。通过在校几年的基础知识、专业基础理论、专业课程和毕业设计与实践环节学习，顺利完成学业走向行业企业和社会，进厂后经过短暂的车间劳动锻炼，逐步进入产品工艺员、车间施工员、工艺装备设计员、设备维修技术员、技术革新（包括非标准设计）技术员、实验技术员等工作岗位。其中，汽车制造专业毕业生分布在北京市汽车制造、汽车维修、汽车检测、汽车商务、汽车保险、机械制造、交通管理等行业，成为北京市汽车产业不可缺少的技术骨干力量，有些人还走上了领导岗位。

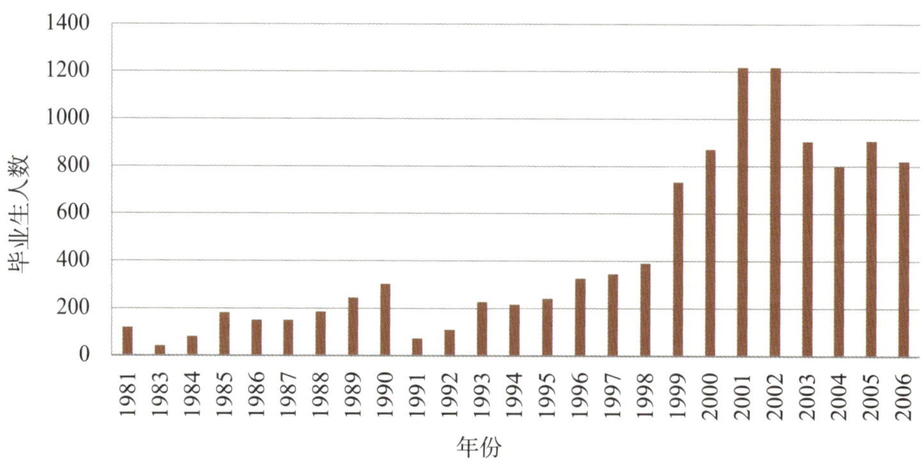

1981—2006年毕业生人数变化图

统招统分 建校伊始，学校的生源来源于应届高中毕业生，按照国家统招统分政策，其分配去向是大中型国有企业，并具有北京市人事局备案的干部编制。1984年，学校经北京市教育主管部门批准，开始招收应届初中毕业生，毕业后，原则为统招统分。学校81届至84届毕业生主要分配单位见表1-5-23。

表1-5-23 北京市汽车工业学校81届至84届毕业生主要分配单位统计表

81届人数	82届人数	83届人数	84届人数	总计人数	分配去向
9	/	/	/	9	留校
7	17	14	/	38	北京汽车制造厂
16	15	15	/	46	汽配总厂
6	16	19	/	41	北京第二汽车制造厂
16	5	10	/	31	内燃机配件总厂
15	5	7	32	59	北京旅行车厂
/	3	13	/	16	北京齿轮厂
18	/	5	/	23	北京摩托车制造厂
16	5	7	/	28	汽车靠垫厂
15	2	4	/	21	北京汽车仪表厂
/	/	3	/	3	北京内燃机总厂

双向选择 20世纪80年代末开始，随着经济体制改革的深入，企业提高经济效益，将“大锅饭”“铁饭碗”的分配机制从源头进行了改革，在招收高校及大中专毕业生时，普遍实行了“供需见面”“双向选择”的录用方式，中专生原有分配政策中的干部身份被打破，实行以岗定编聘任制，供需双方都有了极大的选择权，双方通过洽谈，签订协议书，学校办理派遣手续，对于未达成协议的学生允许自谋职业或社会待业。对此，学校一方面及时把控就业方向，摸清行业企业和社会需求，通过就业动态调整专业，进行课程改革，增加学生实践能力，岗位需求更具有针对性，增强学生就业能力。同时加强毕业教育，提高学生的认知水平。

就业指导 2000年后，学校将职业指导课程纳入教学计划，安排经验丰富的教师讲课。为配合教学，各系制订就业指导方案，每学期不同年级学生以不同形式主题开展职业教育活动。一年级重点进行职业意识培养，二年级重点进行职业生涯设计，三年级重点进行职业目标定位等。通过参观企业、专题讲座、主题班会、设计比赛、模拟招聘等活动，使学生加深对企业的全面了解和认识，明确就业方向，提升就业竞争力。2004—2006年毕业生主要就业情况见表1-5-24。至2007年，学校的就业率始终保持在90%左右。

表1-5-24　2004—2006年北京市汽车工业学校毕业生主要就业情况统计表

用人单位	人数			接收专业
	2004年	2005年	2006年	
北京奔驰-戴姆勒·克莱斯勒汽车有限公司	30	/	69	汽制、汽修、机电
北京现代汽车有限公司	36	51	34	汽制、汽修、机电
北汽福田汽车股份有限公司	28	16	13	汽制、汽修、机电
北京市汽车修理公司	41	/	59	汽车维修
北京燕宝汽车服务有限公司	11	12	10	汽车类、机电、计算机
朝政汽修检测厂	8	10	/	汽车类、机电、计算机
北京现代摩比斯汽车零部件有限公司	21	/	/	汽制、汽修、机电
北京佩特来电器有限公司	8	12	6	模具、机电
北京市朝阳汽车检测厂	11	19	20	汽车类、机电、计算机
北京市交安北苑机动车检测中心	17	26	25	汽车类、机电、计算机
北京三元食品股份有限公司	9	26	16	机电、模具
朝阳环卫服务中心	/	37	13	汽车类、机电、计算机

北京市汽车工业学校首届毕业生合影

续表

用人单位	人数			接收专业
	2004年	2005年	2006年	
SMC（中国）有限公司	17	28	18	模具、机电
解放军7453厂	16	8	12	汽制、汽修
京沈高速公路分公司	/	24	35	所有专业
北京电子精密部件服务公司	/	3	12	模具、机电
中国人保北京分公司	4	5	3	计算机、汽车机电类
首钢有限公司	10	14	15	汽车类、机电、模具
北京燕盛隆汽车服务有限公司	9	7	/	汽修、汽车商务
北京东方四环汽车检测厂	17	15	/	汽车类、机电、计算机
北京平治汽车服务有限公司	8	7	15	汽制、汽修、汽车商务
北京德尔福汽车系统公司	8	11	6	汽制、汽修
瑞萨四通集成电路有限公司	6	9	10	计算机、机电

五、优秀毕业生事例

倪新 1980年9月入学，汽车制造专业，1982年12月以优异的成绩毕业，被分配到北京内燃机总厂所属的北京市汽车电机厂，在车间实习半年，凭借过硬的技术水平和良好工作表现，半年后就被调入科室，从事技术研究工作，从技术员做起，经过常年不懈的努力与拼搏，最终成长为汽车专业高级工程师。起初的设计工作是从零件设计开始，经过组件设计最终成长为总图设计工程师，完成了ZF141、ZF151汽车发电机新产品设计、实验、试制工作；完成了产品ZF131、ZF132汽车发电机的改型设计。担任产品设计组长期间，参加工厂生产质量鉴定联合工作组、外协厂定点认定、工艺设备评审等相关工作，负责研发新产品，同时将新产品技术应用到在制品的升级改造之中，以延长产品生命周期，为企业持续发展提供了技术保障，赢取了更大的经济效益。

1992年10月，他被调入北京汽车工业总公司规划处工作，主要负责固定资产投资项目管理、进口机电设备审查等工作。参与实施的重大项目有：北京博格华纳合资项目、北汽轻型汽车有限公司顺义工厂建设项目、北京现代合资项目等。这些项目的实施，为北京汽车的重新崛起起到了关键作用。

2002年6月至2005年12月，他被借调到北京市经委，进入北京市汽车领导小组办公室、汽车零部件本地化办公室工作，在本地化办公室担任项目经理，主要完成了北京市零部件资源调研报告，编制了汽车零部件本地化规划，引导韩资企业与国内企业合资合作，取得了2003年底五十余家中外零部件企业在北京投资建厂的丰硕成果。为北京现代汽车有限公司实现本地化配套，达到国家对合资品牌汽车生产国产化率要求，带动北京汽车零部件工业发展作出了贡献。

2006年1月，他回到北京汽车工业控股有限责任公司，参加北汽零部件平台筹建工作，主要负责零部件园区规划、合资合作项目方案制订及实施，在北汽零部件平台——北京海纳川汽车部件股份有限公司的成立和大兴采育零部件工业园区入驻中发挥了自身优势；后调入新成立的北京海纳川汽车部件股份有限公司，主要负责合资合作及投资项目的规划与实施，对项目调研、方案编制、论证、上报审批、实施、后评价等进行全过程操作，被北京海纳川汽车部件股份有限公司授予“创业者”“项目管理精英”等称号。

陈顺 1981年高中毕业后考入北京市汽车工业学校汽车制造专业，学习三年，在学校期间担任学生会主席，1984年8月毕业，就职于北京汽车配件总厂至1987年7月，期间，曾任车间主任、团总支书记；1985年考入北京交通大学，学制3年，三年间曾获优秀毕业生；1987年8月，调入北京市人事局干部调配处和军队转业干部安置办公室任副处级调研员至1998年5月，期间，1992年被选送中央党校学习三年、1995—1996年在华中师范大学研修班学习一年；1998年5月起，在中体产业集团股份有限公司任副总裁兼中体奥林匹克花园管理集团总裁，中国体育国际经济合作公司董事长至2012年12月，期间，成为中体产业集团股份有限公司第一届纪委委员，第二届党委委员，获得国家体育总局全国优秀党务工作者称号；2006—2007年，在清华大学经管院房地产投资总裁班学习一年；2013年4月至今在润物控股有限公司担任总裁、董事长，同时在中融人寿保险股份有限公司任监事长；2013—2016年担任上市企业中科英华股份有限公司董事。

他历年来担任的社会职务有：丰台区第九届及第十届政协委员会委员、中国新闻文化促进会理事、北京房地产学会副会长、中国房地产业协会产业协作专业委员会副主任委员、中国房地产业协会中国房地产研究会技术与政策专家委员会会员、中国房地产业协会老年住区委员会研究员、中国房地产经理人联盟第四任轮值主席、中国房地产工程采购联盟理事长、北京楼市传媒聘为中国房地产专家、北京晚报聘为房地产专家顾问人员。在2008年北京第29届奥运会担任火炬传递手。

吴军　1981年入校，汽车制造专业，学制三年，1986年考入北京科技大学（成人教育学院）机械制造专业，在职本科，1992年毕业，后赴日本留学两年，1994年回国；2002—2005年，在中央党校在职学习，取得经济学研究生学历。

1984年毕业后，他被分配到北京汽车靠垫厂，由一名实习生逐步成长为车间工艺员、生产调度员；1986年任厂团委书记，1994年回国后在原单位（已经合资改名北京江森汽车饰件公司）装配分厂任党支部书记；1996年任公司党委委员。由于工作表现突出，1998年他被选调到市委工业工委组织处任主任科员；2003年，转到北京市国资委党群处；2007年转到国资委信访处，先后任副处长、处长，并取得高级政工师职称。2016年被市政府任命为副巡视员（副局级）。

黄爱蓓　1983年通过高考进入学校，成为企业管理专业的一名学生，期间任班级团支部书记、校学生会生活委员。作为班干部，她不仅重视专业课学习，还积极参加各项活动，培养独立性，学习和管理能力得到锻炼，为走向工作岗位打下很好的基础。毕业后利用业余时间进修了本科学历，通过考评成为高级审计师，工作职务由科长晋升为正处一级调研员，多次被评为优秀公务员，获得3等功一次。

毕业后她被分配到北京汽车配件总厂财务科工作，将学校所学知识与工作有效运用结合，很快独当一面，承担会计工作。1988年，由于汽车工业总公司进行改制，其所在的汽车配件总厂被取消，人员自谋出路。凭借自身的学习功底及业务能力，当年就考入了北京市审计局，成为一名国家公务员。2010年凭借多年的审计工作经验，通过考试进入北京市国资委工作，成为一名国有企业处级专职监事。2019年由于工作需要，调回审计局工作，成为业务骨干，所带团队的审计项目被评为系统优秀审计项目。

王金宝　1997年入学，97–4班汽车维修专业，2001年7月毕业，分配到北京博瑞祥恒汽车销售服务有限公司机电维修工岗位，工作中刻苦钻研维修技术，当年任所在岗位班组长，2015年晋职为技术总监，2018年起承担该公司培训管理工作。为获取更多的国内外维修技术知识，利用业余时间继续进修，取得了北京市第二外国语学院专科学历和北京交通大学本科学历。经过多年努力，获得多项荣誉：2012年北京市技术能手，2012年北京市交通技术能手、北京市第三届职业技能大赛汽车发动机维修冠军、北京祥龙博瑞汽车服务（集团）有限公司优秀共产党员，2013年首都劳动奖章、全国交通技术能手，2019年北京市总工会寻找职工好讲师教学基本功竞赛一等奖，2021年北京市朝阳区政府首席技师特殊津贴，2022年北京市政府特殊津贴。

徐洪海　1992年毕业于北京市汽车工业学校冲模专业，现为北汽集团、北京奔驰冲压专业首席技师。成立有北京奔驰徐洪海创新工作室，荣获“北京市职工创新工作室”“北京经济技术开发新工作室”“区新创工程高技能领军人才工作室”“北汽集团5星级工作室”等荣誉称号，获评第五批北京市突出贡献高技能人才。

毕业后他就职于北京吉普汽车有限公司，作为模具维修工段钳工，负责汽车生产模具的维修维护工作，以不懈的努力实现了他的“工匠”梦想。2005年后，作为北京奔驰汽车有限公司（以下简称北京奔驰）冲压车间模具维修高级工、技师，先后从事W204、V212车型25个零件130套模具维修维护工作，被任命为北京奔驰MRA冲压车间模具维修2班班长，带领团队先后负责V/W205X156、X253车型共计35个零件180套模具的维修维护工作，获全国汽车行业冷冲压模具工比赛三等奖，后又被聘为北汽集团首席技师，并担任北京奔驰冲压工厂职工创新工作室带头人，负责攻克生产疑难杂症、新技术引进创新和青年员工的培训工作。

他曾带队完成了北京奔驰首次铝件冲压模具的序列化生产，通过优化模具切边刃口新装和涂抹黄油等工艺手段，控制切边铝屑造成的零件表面硌伤，使冲压件质量一次合格率从75%提升至90%。完成新一代豪华C-CLASS左右侧围起皱开裂问题的整改优化，通过反复的计算机模拟，以及20多次的线上调试验证，使得侧围冲压模具生产稳定性和零件起皱开裂问题均得到控制。X253车型投产上市4个月左右，门内板冲压件的尺寸波动影响了装焊、总装车身和成品车的质量。在模具供应商束手无策之际，徐洪海带领团队历时50天，经过10多轮反复模拟实验，控制了冲压件门内板的波动，使得整车质量达标。

他曾在一年内主导开展了36项技师项目，并参与搭建了冲压工厂模具差异化预防性维护体系，覆盖模具维修、现场调试、质量整改、新技术引进和应用，以及和装焊、喷漆和总装等，为北京奔驰提升冲压件和整车外观、装配质量打下基础，创造直接经济效益累计达6000万元。

学校部分优秀毕业生情况见表1-5-25。

表1-5-25　　北京市汽车工业学校部分优秀毕业生情况一览表

序号	姓名	专业	现任职务职称
1	周国栋	机械制造	广州本田汽车日银特约销售店售后服务经理
2	杨大汉	汽车制造	西门子（中国）有限公司自动化与驱动集团自动化系统部市场推广部门经理
3	杨　晶	冲压专业	北京联拓机电集团有限公司副总经理
4	黄　瀚	机械制造	北汽福田公司欧马可轻型汽车厂厂长助理
5	郝克东	汽车维修	北京广通雷克萨斯副总经理
6	章　霆	汽车维修	2006年荣获丰田汽车维修第五届全国技能大赛冠军
7	李国勇	汽车维修	北京勤和祥龙汽车销售有限公司车间技术总监
8	安　岩	模具专业	北京燕宝汽车服务有限公司维修接待主管
9	李　根	汽车维修	北京市汽车修理公司6分厂自动箱修理车间主管
10	段　绪	汽车制造与维修	北京晨德宝汽车销售服务有限公司，售后服务总监助理高级技师

续表

序号	姓名	专业	现任职务职称
11	刘京宬	汽车制造与维修	原北汽集团发动机试验技师现高级服务人员
12	许营超	奔驰售后	北京之星汽车服务有限公司技师
13	穆祥森	奔驰售后	北京奔驰汽车有限公司，工段长高级技师2013年获北京经济技术开发区“青年岗位能手”称号
14	刘瑞华	焊接专业	北汽集团威望事业部党委副书记
15	张　莽	汽车制造与维修	北京兴创海珀尔运输有限公司，总经理助理，从事氢气运输，参与加氢站管理等工作

第八节　校园建设

一、基础设施建设

建立新校园　1979—1983年，是学校新校园建立时期。建校初期，北汽总公司为学校借用下属企业北京市东城区北新桥三条69号的部分厂房，作为临时办学地，并对新校区的建设和布局做了详细的安排。1979年底，北汽总公司按照在校生800人的规模，向有关部门提出了校区建设申请，决定将位于北京市朝阳区金台路甜水园甲1号作为汽车工业学校的新校址，此地原为北汽总公司建筑工程队使用。1980年经北京市计划委员会〔80〕京计基字第079号文件批复，同意学校按在校生800人的规模进行建设，设置相应的实验室设施，建筑面积控制在一万平方米内，主要工程包括教学楼、学生住宿以及食堂等配套设施，所需资金和各项材料费用为250余万元，经费来源由北汽总公司自筹一部分，上级给予补助一部分。

1981年，北汽总公司第十八次经理办公会决定，自筹所需的80万元资金，分2年筹齐，其中，1981年筹35万元，来源为汽车工业学校财政拨款的上年结余（经批准使用），还有来自北汽总公司及工程公司修理厂的筹资，向北汽总公司下属销售公司借款等。1981年开始建设新校区5000平方米教学实验楼，于1982年底竣工并交付使用，新校区首期建设完成。期间，将原工程队简易车间改建成为机加工实习厂。

1983年3月，汽车工业学校搬迁至新校区教学实验楼，此楼共5层，坐西朝东，后称西教学楼。

重点设施建设　1984—2000年是学校重点建设时期，北汽总公司对校园基本建设投资力度持续提升，用来扩大校园面积和新增教育教学设施，使校园基本形成教育教学、实验实训、办公生活等一系列配套齐全的教育基地。原校址中的部分建筑，经改造后继续使用，包括在北门西侧有一座办公楼，地上一层地下一层，后改为西宿舍楼；原址中有一个维修车间，后拆除建设教育中心7000平方米教学楼。

1984年，教育中心、职工大学相继成立，北汽总公司以校区作为教育基地进行布局，筹资建设7000平方米教学楼并配套500平方米变电室，教学楼共七层，坐南朝北，后称南教学楼。南教学楼建成后，教育中心、职工大学（从西教学楼搬出）、党校等单位在此楼办公、教学。图书馆、电教室、计算机房等公共设施安排在南教学楼，供教育中心所属各单位使用。建设工程于1984年冬季完工交付使用，1985年登记入账。

北汽总公司为进一步改善教育中心及所属单位的办学条件，在校园外东北侧征购土地18亩，一是建设了3360平方米的职工宿舍；二是在宿舍区南侧建设了一个3600平方米的运动操场；三是通过土地置换的方式，将位于学校北门东侧的水果批发店（三层小楼加上平房）总计990平方米划入校区，改造为宿舍使用，称为东北楼宿舍。

1985年，经北京市政府批准，学校与日本骏台自动车整备工业专门学校建立校际友好关系，日方援助学校先进完善的汽车修理检测线及设备。在此背景下，学校在操场南侧，建设了一座以汽车制造、检测、维修专业为主的实训车间、实验室、实训室，打造成汽车实践教学的综合基地，称为汽车楼，上下两层，一层为可容纳汽车生产线的实训大车间，包括引进的日方汽车修理检测线；二层为大开间的汽车实验、实训室，汽车楼及配电室建筑面积共2307平方米。1987年，1500平方米的师生食堂工程破土动工，1988年登记入账。

进入20世纪90年代，学校全日制招生形势较好，在校生数量增加，教学、住宿等设施条件出现缺口。1993年，将西北宿舍楼加层，由一层楼变为三层楼，增加建筑面积123平方米，作为女生宿舍使用。1998年，将汽车楼进行加层建设，原二层建筑增加至五层，共增加建筑面积1253平方米，作为教室使用。同年，将食堂进行加层改造，增加建筑面积792平方米，建造一个大阶梯教室。同年，在食堂的南侧，建设一座三层学生宿舍，称为学生宿舍东楼，后又称为小东楼，建筑面积1237平方米。至此，学校基础设施建设基本完成。

截至2007年五校合并前，甜水园校区分为南北两院，办学区域占地面积18420平方米，合计27.63亩。主要建筑设施为：南教学楼（建筑面积7058.2平方米），西教学楼（建筑面积4911平方米），汽车教学楼及配电室（建筑面积3561.56平方米），食堂与二层阶梯教室（建筑面积2316.4平方米），东北楼学生宿舍及平房（建筑面积990.5平方米），西北楼学生宿舍（建筑面积1956.9平方米），学生宿舍东楼（建筑面积1237.3平方米），实习工厂用房（建筑面积376.1平方米），木工房（建筑面积367平方米）。其中，用于教学面积共计24300平方米。

职教园区建设　2001年3月，北京市教委下发《关于建立北京经济技术开发区职业教育集团的通知》，北京市汽车工业学校作为成员校之一，由北京市教委牵头，由筹建办公室组织实施建设工程，学校提供各项教育教学和实训基地建设需求，参与本校区楼体建设。2005年底，职业教育园区完成一期工程建设，北京市汽车工业学校建筑面积为25572平方米。

二、校园文化建设

学校始终以办学理念、办学定位作为学校发展建设的指导思想，使之成为一种校园文化，统一广大教职工的思想，形成共识和行动。在办学理念上凸显理论与实践相结合、工学结合的职业教育特征，发挥教师在文化建设中的引导作用，潜移默化地影响学生，倡导勤学、敬业、创新、诚信、乐学之风，培养面向生产服务的技能型、实用型人才。同时，将汽车文化融入校园文化中，通过汽车发展历程，了解汽车人薪火相传的工匠精神。

办学理念　20世纪80年代，学校确立“全面贯彻党的教育方针，培养德、智、体、美、劳全面发展的社会主义事业接班人”的办学指导思想，树立“团结、勤奋、严肃、求实”的校风，将培养人的问题放在首位，引导广大师生爱岗敬业。

20世纪90年代，在职业教育发展的新形势下，学校充分利用内外资源，从学生实际需求出发，从社会需求出发，不断深化教育教学改革，竭诚为学生服务，学校确定“人本创造、学本致用”的教育理念，引导广大教师在传道授业中以人为本，因材施教，重在创新和应用。鼓励学生积极进取，努力学习，注重实际能力提升，为未来发展打好基础。

2000年，学校划归市教委管理后，根据职业教育发展新形势新要求，对教育方向与目标进行及时的调整，办学指导思想为“以服务为宗旨、以就业为导向、以技能为核心、以育人为根本”，坚持立德树人，坚持技能培养，坚持以学生为本，通过改革创新，更好地为社会提供职业教育服务。之后，随着社会产业结构的不断调整，学校体制随之变革，办学理念的内涵也在不断丰富与完善，办学宗旨调整为“以社会需求确定办学模式，以资源共享求得共同发展，以教育质量赢得学校信誉，以法律法规规范教育行为”。

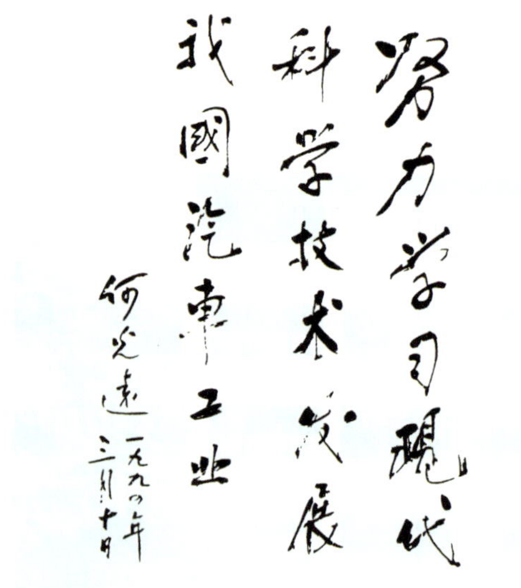

1994年何光远为学校题词

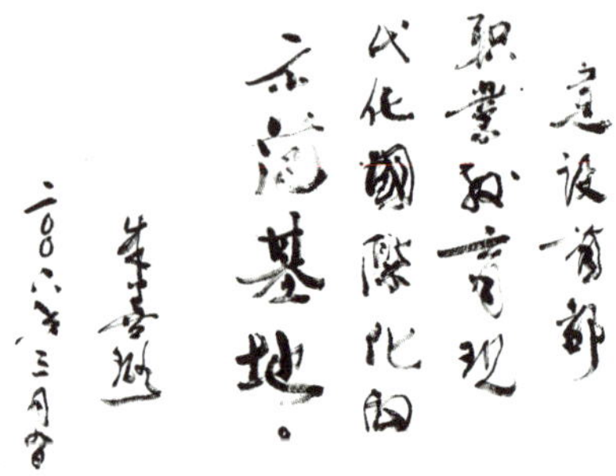

2006年朱善璐为学校题词

校训 1986年，学校坚持面向生产、面向企业，为首都汽车产业培养人才的办学指导思想，确定“团结、求实、严谨、奋斗”作为校训，勉励广大师生发扬艰苦奋斗、团结协作的精神，以脚踏实地、一丝不苟的工作态度，努力进取，增强广大师生的使命感和责任感。此校训一直延续使用，不同时期有相应的内涵。

校徽 校徽标志由英文Automobile的首字母“A”变形，将“A”中的一横替换为圆环，正方形逆时针旋转24°来衬托。整个造型具有明确的方向感，有向上的突破动势，与学校发展前景契合。

校徽

图形意义：“A”字中圆环象征汽车，代表了该校现代化标志性专业“汽车制造与维修”；“A”字也是英文字母表中第一个字母，“A”同时也是学科成绩达到最高标准的评价符号，用“A”字做标志传达了学校追求卓越的办学内涵，强调了学校力争行业第一，全力培养优秀学生的精神追求。倾斜24°的正方形表明学校的教育教学方法不拘一格，不墨守成规，有自己鲜明的特色。

色彩意义：色彩具有暗示性，是优于形象传播的视觉语言，M90，Y70的红色是强有力、喜庆刺激的色彩，是一种雄壮的精神体现，给人以热情、活力、奋斗的感觉；白色具有宁静、明快、纯真的感受，象征光明、坦率、美好。红与白的搭配，对比度和形式感强，一目了然，可以产生强烈的视觉效果，传达出活泼、热诚、积极、奋进的理念。

校刊 1987年，校刊的创刊号问世，聚焦学校动态，展示师生风采，荟萃师生成果，记录心灵感悟。首期校刊开设有教育改革、教书育人、语文教学改革探讨、教材改革、教法研究、理论研究、实践教学、其他等栏目，每个栏目都在师生中广泛征稿，精心设计编版。校刊自1987年创刊到2000年，共发表11期，校刊的栏目内容不断调整完善，增设了德育工作、班主任工作、成人教育、人才培养、分校办学、学生工作、学生园地、职业教育等栏目。

大事记

1979年

5月，〔79〕京经字第200号、〔79〕京计科字第250号、〔79〕革财字第52号、〔79〕京教字261号联合批准，北京市汽车工业学校成立，规模320人。借用北京市东城区北新桥三条69号三亩之地为临时校舍。

9月，首次招生120人，开设汽车制造1个专业，3个班，学制2年。

1980年

3月，北京市计划委员会批准北京市汽车工业学校设计任务书，按在校生800人规模进行建设，建筑面积控制在1万平方米以内，总投资254万元。

1981年

经北京市经委批准，撤销北京市汽车工业总公司建筑工程公司，在原址（北京市朝阳区金台路甜水园甲1号）13亩地上建设北京市汽车工业学校，并破土新建5000平方米教学楼。

7月，首届118名毕业生完成毕业设计，全部达到合格，准予毕业。

9月，新增冲压工艺专业，学制3年，招收高中毕业生40名。

1982年

10月，学校首座5000平方米教学楼在朝阳区金台路甜水园甲1号落成。

1983年

3月，北京市汽车工业学校迁入新校舍，开始使用5000平方米的教学楼。

9月，新增工企管理专业，学制2年，招收高中毕业生33人；同时新增热能动力专业，招收职工中专生36人，学制3年。

9月，汽车工业学校被北京市政府和高教局确定为首批办得好的十三所中专校之一。

1984年

3月，北京市经委〔84〕京经教字第173号文批复成立北京汽车工业总公司教育中心，包括汽车工业学校、汽车工业总公司职工大学、汽车工业总公司党校、干部进修学院四个教学实体。

4月23日，召开教育中心成立大会。

年内，学校新征18亩地，扩大办学用地。

1985年

4月13日，北京市汽车工业总公司分别与怀柔县（现为怀柔区）、顺义县（现为顺义区）签订联合办学协议，根据协议，学校将在怀柔县定向招收2个专业4个班163名学生，在顺义县招收3个班4个专业144名学生。

10月，经北京市人民政府京政科外字〔1985〕002号文件批准，北京市汽车工业学校与日本骏台自动车整备工业专门学校建立正式友好校际关系。7日，与日本骏台自动车整备工业专门学校签订了校际交流协议书。

年内，承办国家教委全国中专教材研讨会。

1986年

4月，根据北京市人民政府京政科外字〔1985〕002号文件批复，首次派出2名汽车专业教师赴日本骏台自动化整备工业专门学校进修。

1987年

12月，校长苗瀛、高教局中专处处长谢幼琅、学校教师代表杨海光对日本骏台自动车整备工业专门学校进行了友好访问。

1988年

7月，根据北京市委、市政府两个办公厅〔87〕京办10号文批复，北京汽车工业联合公司培训中心成立，培训中心包括汽车工业学校、职工大学和北汽总公司党（干）校。原教育中心撤销。

1989年

7月，新增设汽车修理与钣金专业（技工班）。

1990年

6月，按照北京市政府和高教局要求，学校开始进行内部管理体制和四项综合配套改革。

11月，根据〔1990〕机进综字31号文批复，机械电子工程师进修大学机械学院北京汽车工业分校成立。

年内，成立了教学改革发展办公室，招收两个汽车制造班级为教改试点班；新建电子学和焊接实验室。

年内，获评北京市机械类中专校“实践教学先进单位”。

1991年

1月，学校全面实施管理体制四项综合配套改革。

5月4～7日，日本骏台自动车整备工业专门学校前校长代理及川晃一先生、教师杉浦健夫先生及随员一濑昌夫先生来校访问。

9月，新增汽车检测与维修专业。

1992年

10月12日，北京市高教局派复评工作组，对学校办学水平进行复评，被确认为B级一类学校，且并被推荐为北京市重点中专学校。

10月，举行汽车教学实验楼落成典礼，日本骏台自动车整备工业专门学校校长山崎博司先生、总务部长岛田先生、企划室室长中村先生应邀专程为汽车教学实验楼剪彩，北京市汽车工业联合公司总经理马守平、党委书记续伯聪和北京市高教局林浦生副局长参加了落成典礼。

1993年

2月23日，《关于北京市汽车工业学校办学水平的复评结论》（京高教专〔1993〕020号）中指出：经复评与综合分析，（学校）被确认为B级一类学校。

3月，发展了一名学生党员，实现了汽车工业学校在中专学生中发展党员零的突破。

9月，北京市汽车工业学校被评为九三年北京市工业系统教书育人先进集体。

9月，新增设机电技术应用专业。

10月6日，北京市汽车工业学校被北京市人民政府评为“北京市重点中等专业学校”。

10月27日，叶玠良校长再次赴日本骏台自动车工业专门学校访问，之后随中汽公司考察团赴美国考察。

10月，北京市人大常委会副主任陶西平参观学校学生在北京市工业系统首届职业技术学校毕业实习、设计作品。

1994年

2月，增开“机床数控技术应用”“工业企业营销管理”专业，试办“涉外财务会计”专业。

3月，机械工业部何光远来校指导工作并题词：努力学习现代科学技术，发展我国汽车工业。

5月，举办庆祝建校15周年纪念活动；怀柔分部学生齐亚红为学校夺得市中专校运动会首枚金牌——女子甲组标枪第一名。

11月29日，经党政联席会决定，增设汽车计算机教学部和汽车驾驶培训部。

11月，友好学校日本骏台自动车整备工业专门学校按协议赠送给北京汽车工业学校的五辆教学用全部运抵学校。

1995年

6月，中专校新增“计算机及应用”和“汽车外贸业务”专业，并新增了北汽摩、轻汽、北齿、通县（现为通州区）、大兴、海淀等六个办学点。

7～8月，经北京市机构编制委员会审核批准，培训中心、汽车工业学校分别于7月24日和8月17日进行了事业单位法人登记，取得了事业单位法人资格。

9月，在北京市首届中专校学生操作技能比赛中，学生在车工与钳工比赛均获冠军，并获团体总分第一名。

9月，学校与联合大学机械工程学院联合办学，开办了“3+2”大专高职班和“4+4”本科师资班，通过多种渠道培养高层次的专业人才，实现了中专教育与高职教育接轨。92级29名同学考取联大高职大专班，7名同学考取了联大高职大本班。

9月，学校在市工业系统首届中专校技术比赛中荣获育人奖。

1996年

6月12日，汽车工业集团总公司常委会任命张杰同志为培训中心常务副主任（法定代表人）。

9月，汽车工业学校与华北石油职工大学联合办学，招新生一个班。学校首次实现了跨省市联合办学。

1997年

3月6日，北京汽车工业集团总公司党委常委会任命张杰同志为北京市汽车工业学校校长、北京汽车工业总公司职工大学校长。

3月，经北京市劳动局批准，北汽总公司在培训中心设立了“国家级职业技能鉴定所”。

4月，成立了“学校建设指导委员会”。

7月，按照市教委《北京市贯彻〈教师资格认定的过渡办法〉实施意见》，培训中心严格按照教师资格的认定权限和程序，完成了134名教师的资格认定工作。

7月，北京工大机械电子工程系机械设计及制造专业高职班面对全市“中职”学生单独招生考试，录取了34名学生，其中33名为本校毕业生。

9月，经市政府教育督导室和市经委评审，学校被评为市工业系统“育人质量信得过学校”。

9月，获得“国家推销员职业资格培训与鉴定辅导站”资格。

10月，培训中心取得“北京市高等教育自学考试助学试点院校”资格。

10月，培训中心取得“北京市再就业训练定点学校”资格。

11月6日，市教委职教处派20人组成的专家组对北京市汽车工业学校进行教务管理评估，是全市被评估的第一所中专校。

11月，学校取得“北京市中级工商管理培训资格院校”资格。

12月，北汽总公司进行了四项管理体制改革，将汽车工业总公司职工大学，汽车工业总公司党（干）校，汽车工业学校三校合一，实行人财物三统一，对外保持“培训中心”和“三校”四块牌子，一套班子，内部实行统一管理，形成了“资源共享，优势互补，各具特色，共同发展”的办学格局。

1998年

1月，学校被市中专教务管理评估组评为教务管理A级二类学校（1997年11月10日评估）。

7月23日，经集团总公司党委第11次扩大会议讨论决定，任命刘国仲（兼）、王纪东同志为北京汽车工业总公司培训中心副主任。

1999年

1月，成立专业咨询委员会并召开了第一次会议，委员会成员包括市相关部门领导、公司领导、社会专家学者、企业领导和专业技术人员及本校领导和教师。

1月25日，世界银行贷款国内外专家来校对世界银行贷款第二个职业教育发展项目的建设方案和项目准备情况进行评估。

4月25日，在北京体育馆召开了培训中心第十届田径运动会暨学校建校二十周年庆祝大会。

5月8～9日，朝阳区招生办公室批准学校为全国成人高考考点，首次组织了24个班的考试。

6月，经世界银行批准，成为世界银行第二个职业技术教育发展项目的贷款学校。

8月，张杰校长按世界银行贷款要求，赴新加坡对其职业教育进行了为期三周的考察。

10月10日，市委常委、市教委主任徐锡安同志到校调研。

年内，学校被北京市经委评为“再就业培训先进单位”。

2000年

1月，根据世行贷款要求，副校长么居标，督导室主任王霆，赴新加坡参加为期三个月的职业教育培训。

1月，学校管理委员会第三次会议，专业咨询委员会第二次会议在学校召开。

2月，市工业系统“消防杯”竞赛中，学校获“银杯单位”称号。

4月，学校加大管理改革力度，撤销司机班，不再设“专职司机”工作岗位。

6月，经汽车工业集团总公司党委决定：党委书记刘国仲兼任培训中心常务副主任。

7月，汽校实行按专业大类招生，部分专业实行提前招生。

9月，北京市汽车工业学校、北京汽车工业总公司职工大学，正式由汽车工业总公司划归为北京市教委管理，党、工、团关系成建制转到朝阳区委。

9月，学校首次开办全日制高职补习班，参加补习应届毕业生达140人。

11月，教育部组织面向21世纪中等职业学校教材招标中，学校教师陈柏林主编的经济类数学教材、教师韩向东主编的“工程力学”中标。

年内，职工大学被北京市教工委评为“成人教育先进集体”和“优秀项目”单位。

2001年

3月，学校成为亦庄职教园区办学单位之一。

5月，研究制订了学分制实施方案，获市教委批准。

6月，亦庄校区汽车工程实训中心建设方案通过专家论证，获市教委批准。

7月，学校课题“建立多目标多层次教学模式的研究”获市教委批准立项。

9月，“汽车制造与维修专业课程体系改革报告”获市教委批准立项，该课题是市中专系统首批十个试点课题之一。

11月，完成了《世行贷款2000年度项目进展报告和世行贷款2000年度财务情况说明》，通过了市审计局的审计。

2002年

学校被北京市教委、北京市劳动局和社会保障局授予“职业教育先进单位”称号；汽车制造与维修专业被北京市教委认定为“北京市现代化标志专业”。

2003年

2月，教育部中国教育技术协会、欧特克（Autodesk）中国有限公司公司和中国教育电产公司三方联合举行“全国大中专学生计算机辅助设计软件（AutoCAD）认证项目”首批授权考试站启动仪式。经全国大中专计算机辅助设计（AutoCAD）认证项目委员会批准，学校被列为“全国大中专学生（AutoCAD）认证项目”首批授权考试站，同时得到美国欧特克（Autodesk）公司免费提供的价值200万元人民币的最新计算机辅助设计软件。该项目为教育部教育科学十五计划重点课题，学校是全国八所获批首批考试站的学校之一，是北京地区唯一被授权的大中专学校。

年内，首次为北京燕宝汽车服务有限公司内地销售和维修服务企业输送技术工人；设立“北京燕宝汽车江可伯奖励基金”。

2004年

5月，隆重举行建校25年校庆纪念活动。

6月，召开学校建设管理委员会和专业咨询委员会。

2005年

4月1日，学校被列为财政国库管理改革扩大试点单位。

5月18日，市教委成教处处长及法国教育部官员、法国标致–雪铁龙公司、东风雪铁龙专家一行14人就合作建立培训中心问题来校考察调研。

9月，市教委、市财政又批复给学校563万元设备和改造资金。

10月，机电教研室建成数字通信技术专业实验室并投入使用。

11月，确定了“北京奔驰–戴姆勒·克莱斯勒”汽车有限公司与学校合作成立汽车技术培训中心事宜。

年内，与北京燕宝汽车服务有限公司签订三年合作协议。

年内，汽车制造实训基地、汽车检测与维修实训基地获评“中等职业教育市级示范性重点实训基地”。

2006年

3月，与北京奔驰合作组建了“北京奔驰–戴姆勒·克莱斯勒汽车技术培训中心”。

3月9日，在亦庄职业教育园区举行“北京奔驰–戴姆勒·克莱斯勒汽车技术培训中心”成立仪式，市委常委、市教工委书记朱善璐来校参加合作揭牌仪式并讲话题词。

4月，北京市教育委员会、北京市汽车工业学校、法国国家教育部、法国雪铁龙汽车公司四方合作建立中法雪铁龙汽车技术培训中心，共同签署合作协议。

9月，与北京奔驰合作开办两个“奔驰试验班”。

12月12日，与SMC（中国）有限公司签约，建立SMC试验班。

12月28日，与北京现代汽车公司合作签约，建立“现代”试验班。

年内，签订合作共建“燕宝宝马汽车技术培训中心”的框架协议。

2007年

1月26日，正式签署“燕宝宝马汽车技术培训中心”协议，成立燕宝试验班、宝马英语班，增设“江可伯优秀教师奖励基金”。

3月，经北京市人民政府批准，北京市汽车工业学校（北京市汽车工业总公司职工大学）、北京市仪器仪表工业学校、北京二轻工业学校、北京市机械工业学校（北京市机械工业局职工大学）与北京电子科技职业学院合并，组建新的北京电子科技职业学院。

教育中心、培训中心管理模式

学校从1979年建立至2000年，归属于北京汽车工业总公司（以下简称北汽总公司）行业管理，其管理模式有其自身特点，北汽总公司从行业办教育的整体布局出发，将学校的建设发展融入北京汽车工业整体发展布局之中，建立了教育培训中心机构，统筹教育资源，1984—1988年为北汽总公司所属教育中心统筹管理，1988—2000年为北汽总公司所属培训中心统筹管理。

一、教育中心统筹管理（1984—1988年）

教育中心成立背景 1984年，北汽总公司对其所属企业52000余名职工进行调研，结果显示职工队伍人员文化程度、技术水平存在严重不均衡的情况。受过中、高等教育的有3800余人，占职工总数的7%；工程技术人员2400余人，占职工总数的4%。市计委要求到1990年时，企业技术人员应占职工总数15%。时任厂处级干部139人中，初中以下文化程度有45人，占33%；企业中层干部1033人，初中以下文化程度有541人，占53%；专业管理干部3358人，初中以下文化程度有2016人，占60%。全公司只有39名会计师、13名统计师。在43000名工人中，七、八级技术工人仅有504人，占1.17%，且年龄偏大；三级工以下的工人有32414人，占75.4%；其中需进行文化、技术“双补”的青年工人有20993人，占工人总人数的48.7%。

为改变职工队伍现状，根据国务院《关于国营工业企业进行全面整顿的决定》中关于大型企业建立教育中心的指示要求，北汽总公司将建立教育中心的报告上报市经委、市委，并于1984年获批成立。北汽总公司以北京市汽车工业学校甜水园甲1号校区作为教育中心的基地，投资建设7000平方米教育中心教学大楼。

1984年，举办北京市汽车工业总公司教育中心成立大会

教育中心成立后，对多层次、多种形式的四个办学实体单位实行统筹管理模式，集中开展行业企业的教育培训工作。在办好学历教育的同时，集中各校优势在教育中心统筹管理下对企业职工共同开展各项教育培训工作。

统筹管理模式 教育中心管理下的教育教学单位主要包括：北京市汽车工业学校、北京市汽车工业总公司职工大学、北汽总公司党校、干部进修学院四个教育与培训单位。教育中心实行统筹管理，一是各办学单位不再单独设立党政等管理机构，以汽车工业学校原党政管理部门为班底，成立中心党群组织机构（含工会、团委）和公共行政机构，人事、劳资、财务、行政、后勤等，校区公共资源由各教学单位共享。在干部管理方面，教育中心及各校级领导由北汽总公司任命，中心及各教学单位的中层干部由教育中心任命；二是各教学单位仍为独立办学实体，可独立对外开展教学工作，按照上级业务主管部门要求，履行教育教学任务。其中，汽车工业学校负责中等职业技术教育，为行业企业培养中级技术技能人才，职工大学负责高等专科学历教育，两校兼有对公司企业职工进行文化及技术教育培训任务。

机构及任职情况 为强化教育中心统筹管理职能，成立了由北汽总公司主管教育领导、部分企业主管教育领导及中心内教学单位主要领导组成的教育中心管理委员会，北汽总公司党委任命管委会成员，由康志芳（北汽总公司常务副总经理）、夏连生（北汽总公司副总经理）、苗瀛、毕金儒、刘宗昭、叶玠良等十三人组成，康志芳任主任。

成立教育中心党委（临时）：书记由康志芳兼任，副书记为崔靖宇、常汝宜担任，纪委书记由崔靖宇兼任。1984—1988年教育中心时期历任领导与机构设置情况见表1～表2。

表1　　1984—1988年教育中心时期历任领导情况一览表

姓名	职务	任职时间
康志芳	主任及临时党委书记（北汽总公司副总经理兼）	1984.04—1986.08
夏连生	副主任（北汽总公司副总经理兼）	1984.04—1988.07
白宝贵	副主任	1984.04—1988.07
苗　瀛	副主任	1984.04—1985.04
常汝宜	临时党委副书记	1984.06—1988.07
崔靖宇	临时党委副书记	1984.06—1985.04
马顺启	副主任	1985.04—1988.07

表2　　1984—1988年教育中心机构设置情况一览表

党政组织机构		教学机构			
党群组织	行政科室				
临时党委、纪委、团委、工会、组宣办	办公室、教务办公室、人事科、劳资科、财务科、总务科（保卫、医务室）、食堂科、基建科、图书馆、电化教育室	中专校	职工大学	干部进修学院	党（干）校

二、培训中心统筹管理（1988—2000年）

培训中心成立背景 1988年后，企业对职工文化普及教育任务基本完成，伴随着社会主义经济建设的发展，企业开始大量引入先进技术及设备，加大了岗位技术含量，加强职工技术技能的岗位培训成为企业急需解决的问题。1988年7月，根据北京市委、市政府两个办公厅所发《改革北京市汽车工业国有体制的通知》和市委工业部、市经委《关于组建北京汽车工业联合公司工作机构请示的批复》，北汽总公司培训中心成立，接续统筹北汽总公司系统中专校、职工大学、党校等学历教育和岗位职业培训等工作，教育中心予以撤销。

管理模式（1988—1997年） 继教育中心之后，培训中心继续统筹北汽总公司所辖中专校、职工大学、党（干）校等学历教育，对外共有"四块牌子"，包括培训中心、北京市汽车工业学校、北京市汽车工业总公司职工大学、北京市汽车工业总公司党（干）校，其内部采用"资源共享、优势互补、各具特色、共同发展"的管理模式，由培训中心统一设置党群组织、行政管理机构、教辅机构，与教育中心管理时期相比，进一步明确了教辅机构资源共享与公共基础课的资源统筹管理，进一步扩大岗位技术技能培训任务，协同两校强化培训资源市场化工作的管理，先后建立了技能鉴定、汽车维修及驾校培训等校内外机构。培训中心及校级以上领导干部由北汽总公司任免，中层干部由培训中心任免。

机构及任职情况（1988—1997年） 此时期党群组织设有党委办公室、培训中心工会、培训中心团委。

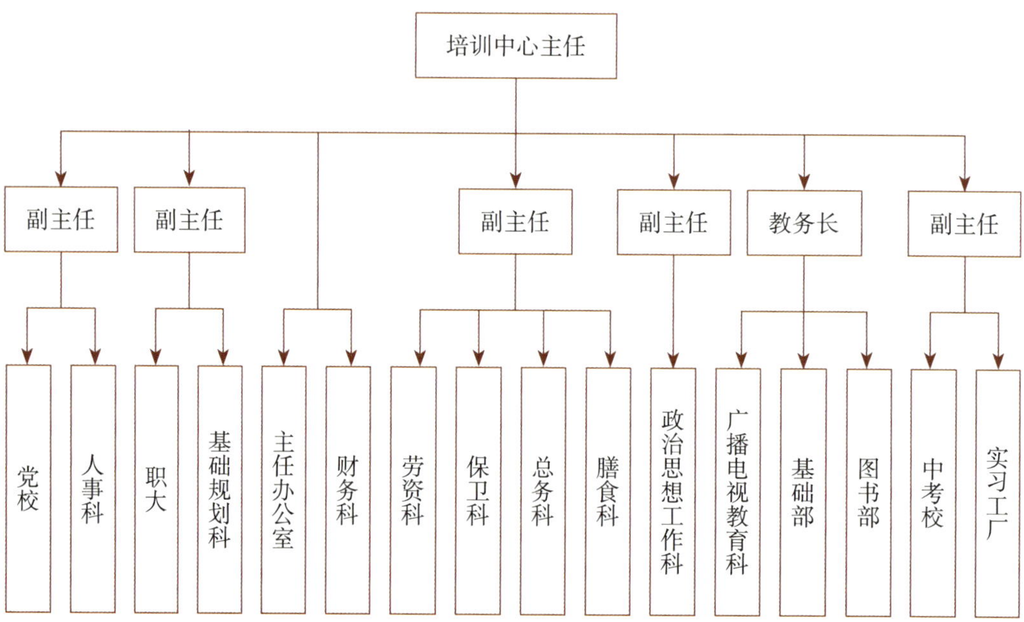

行政管理系统图

1988—1997年培训中心历任领导情况见表3。

表3　　1988—1997年培训中心历任领导一览表

姓名	职务	任聘时间
叶玠良	主任兼中专校校长	1988.07—1994.10
	主任兼职大常务副校长	1991.10—1994.10
全学倩	副主任	1988.07—1989.11
	党委书记	1989.12—1993.06
马顺启	副主任	1988.07—1991.08
赵家骅	副主任兼中专校副校长	1988.07—1993.11
周天骥	副主任兼职大副校长	1988.07—1996.12
毕金儒	副主任兼党（干）校副校长	1988.07—1993.07
	党委书记	1993.07—1993.12
柳景元	教务长	1988.07—1992.03
	副主任	1992.03—1993.11
张德长	党委副书记兼纪委书记	1993.05—1993.11
	党委副书记（主持工作）兼纪委书记	1993.12—1997.03
支大新	常务副主任	1993.11—1996.04
	常务副主任兼中专校校长	1994.10—1996.04
胡华平	副主任	1993.11—1997.03
胡雪晴	副主任兼中专校副校长	1993.11—1997.03
么居标	副主任兼中专校副校长	1994.05—1997.03
张　杰	常务副主任	1996.12—1997.03

整合阶段（1997—2000年） 进入20世纪90年代后期，企业内部教育培训的需求发生了变化，大规模的培训任务已基本完成，开始社会培训及职业资格等专项培训。1997年，北汽总公司深化体制改革，汽车工业学校、职工大学、党校进行整合，减少行政管理层次，精简机构和人员，人财物统一调配使用，领导班子一体化、机构设置一体化、人员聘任及教学管理一体化，形成以学历教育为主体，教育培训为辅的办学格局。至此，北京市汽车工业学校与北京市汽车工业总公司职工大学实现机构整合，开始一体化双轨办学。

整合后的机构设置，行政管理科室由原来的19个缩减为11个，教研室由原来的11个调整为22个，原正、副科级干部49人，调整后为38人。在教学管理方面，打破教学单位之间半封闭的状况，根据学科、专业重新组建教学机构，依据中专与成人大专教育层次的不同要求开展教学管理。

1997—2000年培训中心历任领导情况见表4。

表4 1997—2000年培训中心历任领导一览表

党委书记		副书记		常务副主任、主任		副主任	
张　杰	1997.03—1998.06	刘国仲	1998.01—1998.06	张　杰	1997.03—2000.09	么居标	1997.03—2000.09
刘国仲	1998.07—2000.09	胡华平	1998.07—2000.09			王纪东	1998.07—2000.09

注：1997—2000年，培训中心、北京市汽车工业学校、北京市汽车工业总公司职工大学（党校）机构整合，由一套领导班子统一管理。

第六章 北京市机械工业学校

北京市机械工业学校建立于1984年，是一所全日制普通中等专业学校（以下简称机械工业学校），1984—1995年独立办学，1996—2007年与北京市机械工业局职工大学（以下简称机械局职工大学）合并一体办学。机械工业学校的建立旨在培养北京市机械行业生产一线紧缺的中等专业技术人才，主要开设机械制造、工业企业电气化、机械工业企业管理、数控技术应用等十三个专业，其中，数控技术应用专业2002年被教育部评为首批"全国示范专业"，被北京市教委评为"北京市现代化标志专业"。学校成立二十多年间，培养了近万名毕业生。1998年，机械工业学校被北京市教育委员会批准为"北京市中等职业学校骨干校"。2002年、2006年两次获得"北京市职业教育先进单位"称号。

北京机械局职工大学
北京市机械工业学校

第一节　发展沿革

一、学校发展

成立北京市机械工业学校　20世纪80年代初，随着机械行业的快速发展，生产一线的技术人员严重短缺，急需培养。根据《关于同意筹建北京市机械工业学校的复函》（京高教专字〔83〕第003号）精神，在北京市机械工业局（以下简称机械局）的主持下，机械工业学校的建校筹备工作于1983年先期展开，确定了局属企业北京市第二工具厂（原址西郊罗道庄，后该址名称变更为海淀区翠微路4号）迁出，将厂址作为建校地址。1984年6月2日，根据北京市人民政府办公厅公文批复（〔1984〕厅秘字第029号）正式成立北京市机械工业学校。经过多年建设，机械工业学校的教育教学设施不断完善，办学规模不断扩大，逐渐形成了自己的办学特色。

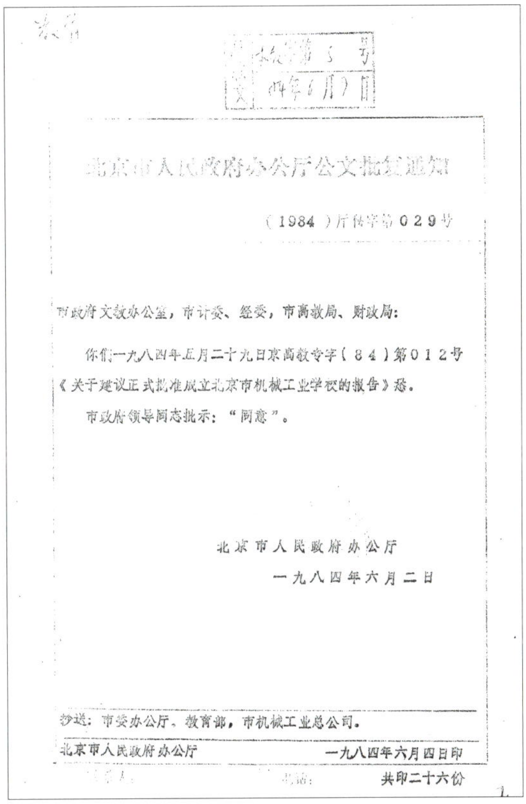
北京市人民政府办公厅公文批复通知

（1984）厅秘字第029号

市政府文教办公室，市计委、经委，市高教局、财政局：

你们一九八四年五月二十九日京高教专字（84）第012号《关于建议正式批准成立北京市机械工业学校的报告》悉。

市政府领导同志批示："同意"。

北京市人民政府办公厅
一九八四年六月二日

抄送：市委办公厅、教育部，市机械工业总公司。

北京市人民政府办公厅　一九八四年六月四日印

共印二十六份

北京市机械工业学校批准建校文件

合并办学阶段　1995年12月，为保障机械局"九五"发展规划的实施，优化教育资源配置，集中局属学校办学优势，相互补充，发展经济教学规模，1995年12月11日，机械局下发文件（机教字〔1995〕第531号），决定将机械工业学校和先期成立的机械局职工大学（成立于1980年，属成人高等学校）合并，筹建新的办学实体，两校一体办学，校址合于一处，合并后施行一套机构两块牌子，保留原有各自校名和办学资质。1996年，两校正式合并办学。

职教园区建设阶段　2001年3月，北京市教委下发《关于建立北京经济技术开发区职业教育集团的通知》，决定由北京市机械工业学校等5所中专学校组建北京经济技术开发区职业教育集团。同年，在职业教育园区内开始机械工业学校新校区建设，并于2005年完工。

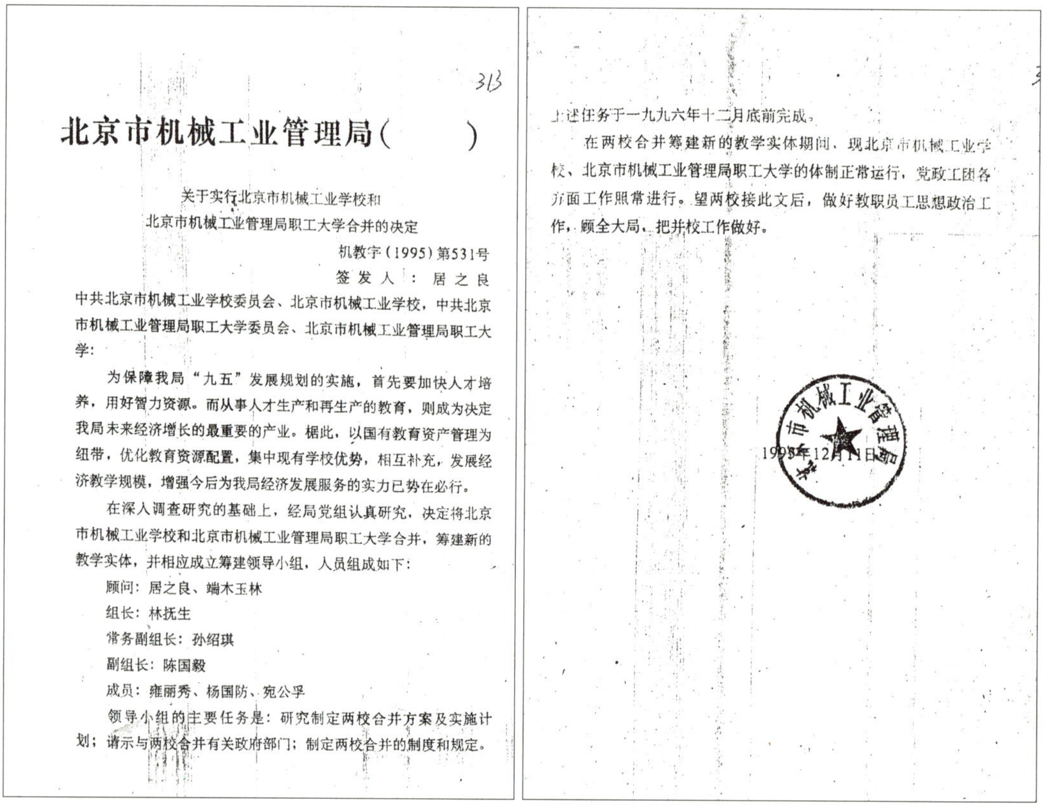

北京市机械工业管理局（　　）

关于实行北京市机械工业学校和
北京市机械工业管理局职工大学合并的决定

机教字（1995）第531号
签发人：居之良

中共北京市机械工业学校委员会、北京市机械工业学校，中共北京市机械工业管理局职工大学委员会、北京市机械工业管理局职工大学：

为保障我局“九五”发展规划的实施，首先要加快人才培养，用好智力资源。而从事人才生产和再生产的教育，则成为决定我局未来经济增长的最重要的产业。据此，以国有教育资产管理为纽带，优化教育资源配置，集中现有学校优势，相互补充，发展经济教学规模，增强今后为我局经济发展服务的实力已势在必行。

在深入调查研究的基础上，经局党组认真研究，决定将北京市机械工业学校和北京市机械工业管理局职工大学合并，筹建新的教学实体，并相应成立筹建领导小组，人员组成如下：

顾问：居之良、端木玉林

组长：林抚生

常务副组长：孙绍琪

副组长：陈国毅

成员：雍丽秀、杨国防、宛公孚

领导小组的主要任务是：研究制定两校合并方案及实施计划；请示与两校合并有关政府部门；制定两校合并的制度和规定。

上述任务于一九九六年十二月底前完成。

在两校合并筹建新的教学实体期间，现北京市机械工业学校、北京市机械工业管理局职工大学的体制正常运行，党政工团各方面工作照常进行。望两校接此文后，做好教职员工思想政治工作，顾全大局，把并校工作做好。

1995年12月11日

机械工业管理局下发两校合并的文件

合并组建北京电子科技职业学院　2007年3月，经北京市政府批准，北京市教委将北京市机械工业学校（北京市机械工业局职工大学）、北京市仪器仪表工业学校、北京二轻工业学校、北京市汽车工业学校（北京市汽车工业总公司职工大学）与北京电子科技职业学院合并，组建新的北京电子科技职业学院，将职业教育园区作为新校区，开展独立设置的全日制高等职业教育办学。

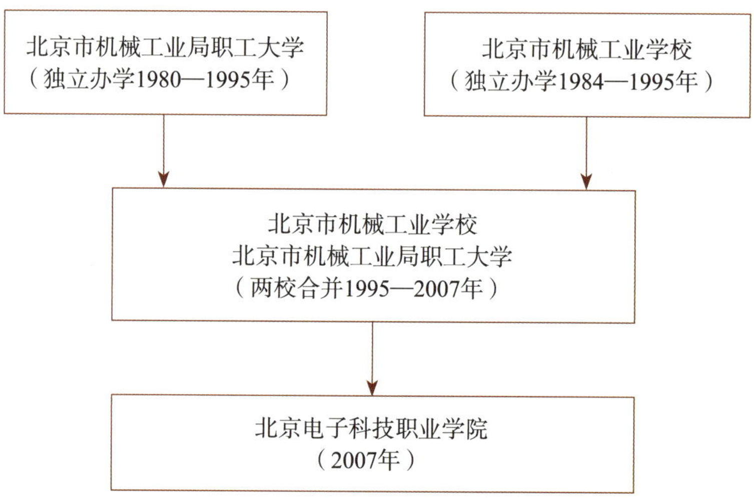

北京市机械工业学校发展历程

二、隶属关系

产业背景 北京的机械工业经历了从修理机械配件到制造机械的发展历程。在20世纪50年代，北京即建设了一批大中小型普通与精密的工作母机制造厂及量具刃具、轴承等制造厂，建设了冶金设备、化工设备、炼油设备、建筑机械等制造工厂，形成了一个比较完整的制造体系。随后，北京机械工业系统积极发展精密机床、程序控制机床以及其他国家急需的特种设备、通用设备、重型设备、精密量具的制造，迅速扩大品种，提高产量。新建、扩建了一批企业，其中具有代表性的大型国有企业如北京第一机床厂（铣床）、北京第二机床厂（磨床、镗床）、北京人民机器总厂（胶印机）、北京重型电机厂（汽轮发电机）、北京重型机器厂（大型铸锻件）、北京开关厂（断路器）、北京起重机器厂（汽车起重机）、北京变压器厂（变压器）等，创造出了许多新产品，譬如：新中国第一台X53K—1型数控铣床、新中国第一台J2201型对开双色胶印机、新中国第一台QD100型大型汽车起重机等。

20世纪80年代后，国家机械工业实行“上质量、上品种、上水平、提高经济效益”的方针，机械工业实现了快速发展。在自主创新、积极引进先进制造设备及技术的同时，自身与国际先进水平之间的差距也显现出来，对人才培养的需求随之上升到了突出位置，表现为：对人才规格的要求越来越高，对高素质人才的培养与训练越来越迫切，机械类人才的需求量越来越大。北京市机械行业企业数量众多，职工众多，分布面广。机械局作为北京市机械行业的主管部门，在国家教育政策的指引下，积极推动所属企业对人才的培养，先后成立了北京市机械工业局职工大学和北京市机械工业学校，为北京市机械行业培养中、高级技术人才，同时承担在职职工的继续教育任务。

机械局管理 1984—2000年，机械工业学校隶属北京市机械工业局管理。

改革开放以后，机械局经历了从行业行政管理向企业管理模式的转变，其名称也历经多次变化。1980年名为北京市机械工业局，1984年更名为北京市机械工业总公司（职工大学的名称也随之更名为北京市机械工业总公司职工大学），1986年更名为北京市机械工业管理局（职工大学的名称也随之更名为北京市机械工业管理局职工大学），1997年转制为北京机电工业控股（集团）有限责任公司，2000年更名为京城机电控股有限责任公司。名称虽然多次改变，但学校与之的隶属关系不曾发生变化。

在行业管理期间，两校校址的确定、学校领导的任命、人员编制及办学经费等都由机械局统筹安排，专业设置、招生计划、教学管理等则接受北京市教育主管部门的指导及管理。在培养对象及专业设置上，机械局有明确的面向行业、优先服务本系统企业的要求，专业设置优先申报机械局制订的开设专业指令性计划，兼顾社会需求，管理模式凸显出了行业办学的特点。

北京市教委管理 依据2000年4月《北京市人民政府批转市教委市经委关于调整市经委系统所属30所学校管理体制实施意见的通知》（京政发〔2000〕13号），2000年10月，北京市机构编制委员会下发《关于北京市工艺美术学校等11所学校调整隶属关系的函》（京编办事〔2000〕155号），北京市机械工业学校（北京市机械工业管理局职工大学）的人、财、物及校园等整建制划转北京市教委，一切工作均由北京市教委管理。

2000年后，学校在市教委的全面领导下独立办学。学校依托行业、服务社会的办学属性日趋明显，专业设置也立足机械行业需要，紧跟社会需求，并面向全社会招生。在此期间，学校改造旧专业，强化重点专业，突出技能训练，提升学生职业能力，为学校开办高职专业打下良好基础。

三、学校荣誉

1998—2006年学校获得市级及以上荣誉见表1-6-1。

表1-6-1 1998—2006年北京市机械工业学校获市级及以上荣誉一览表

序号	年份	内容
1	1998	北京市教委批准学校为北京市中等职业学校骨干校
2	2000	教育部授予学校全国学校艺术教育工作先进单位称号
3	2002	北京市教委、北京市劳动和社会保障局授予学校北京市职业教育先进单位称号
4	2002	北京市教委认定学校数控技术与应用专业为“北京市现代化标志专业”
5	2002	教育部认定学校数控技术与应用专业为首批“全国示范专业”
6	2003	教育部认定学校为“数控技术与应用专业领域技能型紧缺人才培养”培训学校
7	2005	北京市教委认定学校为中职“数控技术与应用”及“电气运行与控制”专业师资培训中心
8	2006	北京市教委等六部门授予学校北京市职业教育先进单位称号

第二节　机构设置

一、历任领导

在独立办学阶段，机械局以工业学校建校筹建组杨荣年、王恩佑、史文郁三位负责同志为班底，组建第一届学校领导班子。1984—1995年独立办学阶段学校历任领导情况见表1-6-2。

表1-6-2　1984—1995年北京市机械工业学校独立办学阶段历任领导一览表

校长、副校长						党总支（党委）书记、副书记			
校长	任职时间	副校长	任职时间	副校长	任职时间	书记	任职时间	副书记	任职时间
王恩佑	1984—1987	杨百琦	1984—1995	史文郁	1984—1995	杨荣年	1984—1989	魏工雄	1984—1995
孙绍琪	1987—1995	魏工雄	1989—1995	林从滋	1992—1994	雍丽秀	1991—1995	董　宪	1995

注：赵德筠1994—1995年任纪委书记。

创建时期的学校领导班子

两校合并办学后，对外是两块牌子，内部则是一套领导班子。为实现两校的顺利融合，由机械局副局长林抚生同志兼任学校校长，另调刘宗仁同志任常务副校长，其他领导班子成员则由两校原负责同志共同组成。1996—2007年合并办学阶段学校历任领导情况见表1-6-3。

表1-6-3　　1996—2007年北京市机械工业学校合并办学阶段历任领导一览表

<table>
<tr><th colspan="8">校长、副校长</th><th colspan="4">党委书记、副书记</th></tr>
<tr><th>校长</th><th>任职时间</th><th>副校长</th><th>任职时间</th><th>副校长</th><th>任职时间</th><th>副校长</th><th>任职时间</th><th>书记</th><th>任职时间</th><th>副书记</th><th>任职时间</th></tr>
<tr><td>林抚生（兼）</td><td>1996—1998</td><td>魏工雄</td><td>1996—1998</td><td>陈国毅</td><td>1996—1999</td><td rowspan="4">张宝君</td><td rowspan="4">1996—2007</td><td>雍丽秀</td><td>1996—1998</td><td>杨国防</td><td>1996—1998</td></tr>
<tr><td>马来顺（兼）</td><td>1998—2000</td><td rowspan="3">刘宗仁（常务）</td><td rowspan="3">1999—2000</td><td>刘鹏飞</td><td>1999—2007</td><td rowspan="3">魏工雄</td><td rowspan="3">1998—2007</td><td rowspan="2">董　宪</td><td rowspan="2">1996—2003</td></tr>
<tr><td>刘宗仁</td><td>2000—2001</td><td rowspan="2">赵德筠</td><td rowspan="2">1999—2007</td></tr>
<tr><td>魏工雄（兼）</td><td>2001—2007</td><td colspan="2">/</td></tr>
</table>

注：林抚生、马来顺为时任机械局副局长兼任校长。董宪1996—2003年兼任纪委书记。赵德筠1996—1999年兼任工会主席。高建茹1999—2007年任工会主席，2003—2007年任纪委副书记。

二、机构人员

机构设置　机械工业学校的机构设置随着学校的不断发展而变化，机构名称及职能也在不断调整。

1985年，学校正式设立学校办公室、财务办公室、总务处、教务处、实习工厂、工会、团总支等部门，此时学校机构设置见表1-6-4。

表1-6-4　　1985年北京市机械工业学校机构设置一览表

序号	部门名称	部门负责人
1	学校办公室	薛　植
2	财务办公室	范澄江
3	教务处	温义深　姚淑华　高越岑
4	实习工厂	李佑新　山国亮
5	总务处	董凤广　周居贵　蔡振德
6	工会	高德胜
7	团总支	韩育明

1996年两校合并前，机械工业学校的机构设置发展到18个，其中，万力厂为学校直属的校办企业，此时学校机构设置见表1-6-5。

表1-6-5　　1996年北京市机械工业学校机构设置一览表

序号	部门名称	部门负责人（正副职）
1	党委工作部	董　宪（兼）
2	学校办公室	薛　植
3	人事科	王　荣
4	财务科	师　平
5	总务处	陈志斌
6	学生工作部	魏工雄（兼）　王兴武　林　森
7	教学工作部	王　宁　刘鹏飞
8	教务科	戴文玉
9	教育研究室	王庚新
10	专业教学部	王　宁　林　洪　侯志宁
11	基础教学部	陈永茂　魏增良
12	实习科	井延平
13	实验教学科	林　洪
14	工会	赵德筠
15	团委	陈晓文
16	膳食科	谢玉琴
17	校产部	武文力（兼）　王世盛
18	万力厂	董家辅

1996年两校合并后，在机构设置上进行了部分调整，资源共享，人员统一调配，确保两校教育教学工作的顺利融合与发展。

1997年，学校共设置23个部门，其中，教学部门设置为机械工程系、电气工程系、经贸系、基础课科、实验科、实习科（含实习车间）；继续教育部门为培训部、机械工程师进修大学北京分校；万力厂、刃磨站为独立经营部门。此时学校机构设置见表1-6-6。

表1-6-6　　1997年北京市机械工业学校机构设置一览表

序号	部门名称	部门负责人（正副职）
1	党委工作部	董　宪（兼）　扈德华
2	学校办公室	薛　植
3	人事保卫部	魏工雄（兼）　王　荣　张玉梅
4	教学工作部	刘鹏飞（兼）　王　洁
5	教务科	戴文玉
6	教育教学研究	王庚新
7	学生教育管理工作部	魏工雄（兼）　王兴武　林　森　卢嘉仁
8	行政后勤部	张宝君（兼）　武文力

续表

序号	部门名称	部门负责人（正副职）
9	总务科	陈志斌　石　英
10	膳食科	谢玉琴
11	财务部	师　平　李桂金
12	团委	陈晓文
13	机械工程系	陈万力　刘春华
14	电气工程系	欧阳若乔
15	经贸系	丁文信
16	基础课科	李　荫　沈红霞
17	实验科	林　洪
18	实习科	井延平
19	机械工程师进修大学北京分校	刘燕红
20	培训部	韩育明
21	校产部	武文力　王世盛
22	万力厂	董家辅
23	刃磨站	董凤广

1997—2007年，学校机构设置及职能根据建设发展需要做了多次精简与调整。其中，原实验科管理的实训室按照课程类别由专业系分别管理，另成立电教信息中心；教务科与培训部合并；学生教育管理工作部分解为学生科、招生就业办公室。至2007年3月（并入电子科技职业学院前），教学部门为“3系1中心”，分别为机电工程系、信息管理系、公共基础系和实训中心。2007年学校机构设置见表1-6-7。

表1-6-7　　2007年北京市机械工业学校机构设置一览表

序号	部门名称	部门领导（正副职）
1	学校办公室	王　荣　陈晓文
2	教务科、培训部	运文强
3	教育教学研究室（督导）	沈红霞
4	学生科	林　森
5	总务科	董家辅
6	财务科	师　平
7	工会	陈晓文
8	招生就业办公室	韩育明　李冬梅
9	团委	高　强
10	机电工程系	林　洪　井延平　贾俊良
11	信息管理系	刘玉山　张晓春
12	公共基础系	李　岩　张志红

续表

序号	部门名称	部门领导（正副职）
13	实训中心	井延平（兼）
14	电教信息中心	张胜利

教职工人员情况 在人员构成上，建校初期，学校组建行政、教辅、后勤人员比例较高的员工队伍，为后期学校的建设发展提供基础保障。同时，积极录用应届大学毕业生来校任教，并在机械局系统内招聘热衷教育事业且具有相应学历和丰富生产实践经验的工程技术人员充实教师队伍。随后，不断引进教辅人员，完善机构设置，人员规模逐步扩大。截至1996年两校合并前，工业学校人员总数从建校时的124人增加至295人。

1984年在编在岗教职工人员名单

校　　领　　导：杨荣年　王恩佑　魏工雄　杨晋琦　史文郁

学 校 办 公 室：薛　植　高德胜　阎仲平　韩育明　满留柱　王淑琴

财 务 办 公 室：范澄江　曹洪斌　张玉海　师　平

教　　务　　处：温义深　姚淑华　董凤广　高越岑　刘爱云　杜传智

专 任 教 师：数学课教师：王　健　林　江　宋川利　荆　岷

语文课教师：赵德筠

物理课教师：李　荫　刘沙铃

化学课教师：赵炳森　鲍　鸥

政治课教师：李燕芹　沈向宁

英语课教师：周　胤

体育课教师：窦学东

专业基础课教师：钟　洵　王维汉　丁德才　刘　莎　宋秀孚　王云鹏　段文秀　吕　青

专 业 课 教 师：耿玉岐　陈万利　杨萌萌　屠晓白　陈金华　刘鹏飞　周移山

实　习　工　厂：李佑新　山国亮　于倩青　兰晓江　王　琪　徐秀兰　汪　正　侯月秋　叶克辛　薛文革　周喜明　李　辉　辛文革　刘士芹　关顺利　陈志广　陈　平　焦银芝　刘占军　张宝岐　任玉华　张立本　朱承源　王永修　徐　蓟　杜立芝　李　莉　白云峰　孙志敏　孙　哲　武文力　陈志斌　李福竹

总　　务　　处：董凤广　周居贵　蔡振德　那文亮　张　延　李桂珍　于淑荣　何忠甲　赵　合　邢秀祖　严成芬　刘亚茹　王俊玲　李文元　赵建忠　李淑敏　王俊征　崔丁臣　辛国庆　张秀惠　高玉和　谢衍家　韩遵连　胡广军　李德顺　孙金明　崔德禄　刘淑芬　马守珍　吴兴凯　蔡玉芹　安淑平　李福东　常金生　陈宝利　吴义敏　任永泉　于大年　韩　荣　李　泽　张士芳　王雅琴

北京机械工业学校建校十周年教职工合影留念

两校合并后，随着学校的发展变化，人员构成也在不断调整优化。其中，专任教师队伍迅速壮大，行政及教辅、后勤人员配置占比趋于降低。至2007年3月并入北京电子科技职业学院前，学校在编在岗教职工共有226人，具体见表1-6-8。

表1-6-8　2007年3月北京市机械工业学校在编在岗教职工人员一览表

序号	机构设置	人员名单
1	校领导	魏工雄　张宝君　刘鹏飞　高建茹
2	综合办（含工会）	王　荣　陈晓文　周金成　扈德华　岑晓燕　王春祥　姜雪艳　李　娜
3	财务科	师　平　李京平　富金涛
4	教务科 培训部	运文强　李　梅　董天义　章国宾　张唯秦　马　芳　金燕奇　肖英君 倪正贵　焦银枝　高宏坤　李桂金　毕红玉　赵炳森　崔　萍　王苏石 刘世芹
5	督导办公室	沈红霞　李　荫　黎克清　牛荣华
6	学生科（含团委）	林　森　高　强　马菊生　张世荣　何腾蛟　陈红兵　刘稚雄　乔世伟 黄建华　李冬兰　孟宪菊　李福竹　刘亚芬　吴世伟　刘玉亮　李卫平 欧桂东　王玉玲　李胜利　丁宏燕
7	招生就业办公室	韩育明　李冬梅　赵　丽　彭利明　郭迎庆　雷　鸣
8	电教信息中心	张胜利　张　延　万　伟　王　玮　王惠林　白云峰　韩惠峰　刘青山 兰晓江　白　宇　秦永亮　杨树桂　宋　敏　王保国

续表

序号	机构设置	人员名单
9	总务科	董家辅 陈志斌 黄燕民 彭玲玲 宗　杰 侯秀琴 靳鸿耀 杜　江 王　威 高　岚 陈宝利 任永泉 王铁山 杨伟民 王如敏 薛同利 王志义 吴卫东 王吉魁 关顺利 刘　雁 黄志民 许晓顺 严成芬 张素霞 高　红 欧玉东 于大年 崔彦水 李　泽 张秀惠 王俊征 何春林 焦仁栓 任　义
10	实习科	井延平 薛建民 武文力 蔺志勇 甄雪松 黄为民 于　杰 靳　宇 闫永亮 曹志强 孙　哲 姚京贤 刘文平 王　琪 刘　競
11	机电系	林　洪 贾俊良 徐玉华 龚　雯 钱鸿雄 陈金华 陈万利 王凤玲 李玉兰 戴文玉 宋　昀 李荣雪 顾春光 杨慧宜 陈则钧 邱　坤 庄　严 智　玲 赵　振 龙　娟 刘　珊 高千红 高　青 孔晓林 王　勤 周澄宇 赵文艺 芦福桢 刘　岩 侯庆红 郝继红 张　丽 文　珈 张　娜 张　力 袁朝晖 王文艳 屈晓军 孟　杰 曹著明 姚　佳 张宝歧
12	信管系	刘玉山 张晓春 曹公达 黄毓先 马海鸥 檀　平 孔　洁 高振宇 刘彦武 李文召 韩　莹 崔　红 戴　瑞 欧江林 许春兰 张玉军 赵静雅 王　静 刘　静 赵　艳 闫伟华 郑常亮 冯　磊 刘　涌 赵　娜 田淑芬
13	公共基础系	李　岩 张志红 杨丽彬 窦学东 崔春燕 芦　净 李建杰 田　方 戈　峰 刘博夫 吴　燕 言兆平 魏增良 刘爱云 尹爱莲 张玉秀 赵宝林 秦　颖 顾红宇 姚秀凤 张红霞 陈爽超 师海歌 郭　华 马　兰 梁胜冬 宋　艺 高　岩 王立松 杜立芝 纪惠敏

第三节　专业建设

随着行业企业不同年代技术更新和产业结构的变化，学校根据实际需求增加专业设置。由于机械行业属于基础工业，新增专业数量不多，学校在对传统专业不断注入新技术、新工艺、新知识上下功夫，保持专业不断改革与发展，专业数量稳定，专业品牌集中度较高。

一、专业设置

在专业设置上，机械工业学校在建校初期受到办学条件的制约，仅开设机械局所属企业急需的机械制造、工业企业电气化、机械工业企业管理三个专业。随着办学条件的逐步改善，专业设置逐渐增加。为了培养局属企业工作岗位紧缺的具有一定理论知识水平的焊接操作工、数控机床操作工、计算机应用等一线操作人才，机械工业学校陆续开设了焊接、数控技术与应用、计算机及应用等专业。20世纪90年代，企业对外业务交流急剧增加，涉外管理类人才短缺，学校即开设了对外贸易业务、涉外财务会计、商务英语等专业。截至2007年，工业学校累计开设13个专业。

自2003年开始，焊接、计算机及应用、保险、汽车应用与维修、商务英语5个专业改为三年学制，其他专业均为四年学制。机械制造、工业企业电气化、数控技术与应用、焊接等专业是学校重点建设的专业。1984—2005年学校新增专业见表1-6-9。

表1-6-9　1984—2005年北京市机械工业学校新增专业一览表

年份	新增专业
1984	机械制造
1986	工业企业电气化
1987	机械工业企业管理
1988	焊接
1992	数控技术与应用
1995	对外贸易业务
1996	涉外财务会计、计算机及应用
1997	财务会计
1998	空调、保险
2003	电气运行与控制
2005	汽车应用与维修、商务英语

二、办学规模

1984年，机械工业学校首批80名中专学生正式入学，此后，随着基础设施的逐步建立与完善，学校的办学规模不断扩大。在1996年两校合并时，年招生数近500人，在校生规模达到近1600人。2000年隶属北京市教委管理后，在校生数量达到4000人。学校充分发挥自己的专业优势，积极开展联合办学，分别与平谷第一职业学校、通州区中等专业学校、门头沟区职业教育中心学校、房山区社区服务与管理学校等14个教学单位签署办学协议，在当地开设教学班，既扩大了办学规模，也解决了部分边远山区学生上学难、当地企业招工难的问题。随着社会生源逐渐减少，学校的招生数量有所降低，至2007年并入北京电子科技职业学院前，在校生规模稳定在2500人左右。1984—2006学年学校学生规模具体情况见表1-6-10。

表1-6-10　　1984—2006学年北京市机械工业学校学生规模统计表

学年	在校生	招生	毕业生	所学专业
1984—1985	80	80	/	机械制造
1985—1986	245	167	/	机械制造
1986—1987	398	162	/	机械制造、工业企业电气化
1987—1988	609	240	/	机械制造、工业企业电气化、工业企业管理
1988—1989	871	338	76	机械制造、工业企业电气化、焊接、工业企业管理
1989—1990	1114	419	152	机械制造、工业企业电气化、焊接、工业企业管理
1990—1991	1289	336	130	机械制造、工业企业电气化、焊接、工业企业管理
1991—1992	1374	322	220	机械制造、工业企业电气化、焊接、工业企业管理
1992—1993	1360	307	297	机械制造、工业企业电气化、焊接、机械工业企业管理、数控技术与应用
1993—1994	1282	361	394	机械制造、工业企业电气化、焊接、数控技术与应用
1994—1995	1418	479	308	机械制造、工业企业电气化、焊接、数控技术与应用
1995—1996	1575	604	306	机械制造、工业企业电气化、焊接、数控技术与应用、对外贸易业务
1996—1997	1956	731	302	机械制造、工业企业电气化、焊接、数控技术与应用、对外贸易业务、涉外财务会计、计算机及应用
1997—1998	2759	1083	409	机械制造、工业企业电气化、焊接、工业企业管理、数控技术与应用、对外贸易业务、计算机及应用、财务会计
1998—1999	3428	775	451	机械制造、数控技术与应用、工业企业电气化、计算机及应用、空调、保险、焊接
1999—2000	4046	1311	589	机械制造、数控技术与应用、工业企业电气化、计算机及应用、空调、保险、焊接
2000—2001	4076	837	694	机械制造、工业企业电气化、焊接、工业企业管理、数控技术与应用、保险、计算机及应用、财务会计、空调
2001—2002	3743	573	943	机械制造、数控技术与应用、焊接、保险、计算机及应用、工业企业电气化、空调

续表

学年	在校生	招生	毕业生	所学专业
2002—2003	3213	603	1085	机械制造、数控技术与应用、焊接、保险、计算机及应用、工业企业电气化、空调
2003—2004	2575	732	1131	机械制造、数控技术与应用、空调、电气运行与控制、工业企业电气化、焊接、计算机及应用、保险
2004—2005	2436	819	844	机械制造、数控技术与应用、空调、电气运行与控制、工业企业电气化、焊接、计算机及应用、保险
2005—2006	2700	802	468	机械制造、数控技术与应用、汽车应用与维修、电气运行与控制、商务英语、焊接、计算机及应用、保险
2006—2007	2570	500	727	机械制造、数控技术与应用、汽车应用与维修、电气运行与控制、商务英语、焊接、计算机及应用、保险

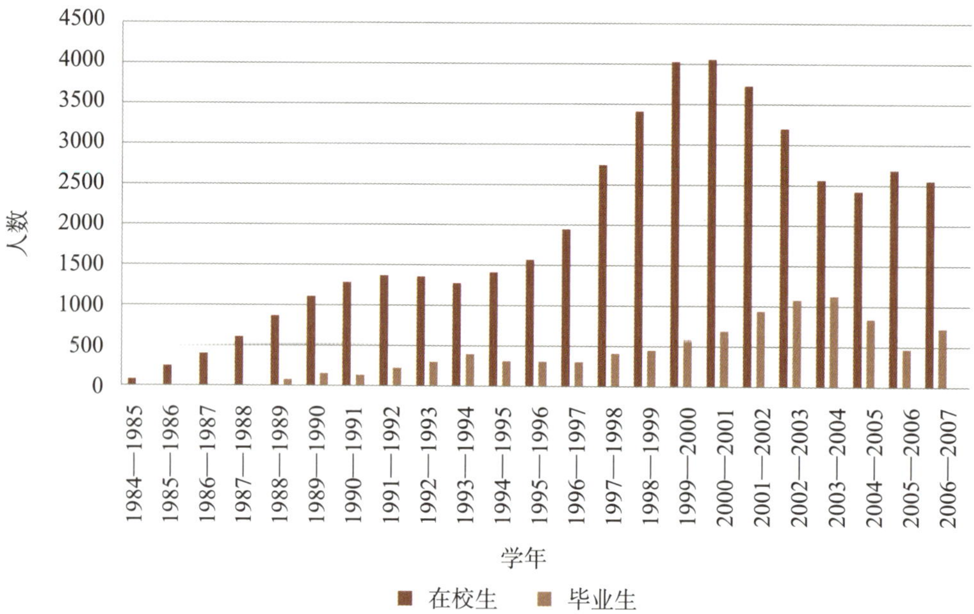

1984—2007年北京市机械工业学校历年学生规模变化图

北京市机械工业学校首届毕业生合影

三、重点专业建设

学校本着“背靠行业，面向社会，区域服务，办出特色”的原则开展专业建设，并对企业需求量大的专业进行重点改造和发展。为了找准专业建设与发展的脉络，1993年，学校广泛聘请企业人员成立市场用人信息顾问团，帮助学校获取企业用人信息及专业建设的意见；成立专业建设委员会，研究确定专业建设发展方向。学校在机械制造、数控技术与应用、工业企业电气化专业、焊接等重点专业的教学设备、师资配备、教学改革力度等方面都给予了较大的资金与人力的投入。为了提升专业实力，学校密切跟踪企业对人才培养的需求变化，不断调整优化课程设置、教学内容及教学方法，补充完善实验设备，使得教学效果不断提高，毕业生质量不断提升。

机械制造专业 机械制造专业是学校的骨干专业，根据企业需求，学校相继开办了设备维修与管理和模具二个小“专门化”。根据北京液压公司的发展规划开办了液压与传动小“专门化”，与人民机器厂合办了机、电、光一体化的胶印机调试“专门化班”。1995年，学校对通用类机械制造专业进行了改革试点，以适应行业快速的发展需要。

机械制造专业是学校的长线专业，也是机械行业人才培养的普适专业。1995年，经过深入企业调研，了解专业发展、用人需求、岗位能力等企业人才需求动态，学校提出了机制专业改造的实施方案，有针对性地调整课程设置及课程内容，改变教学方法，并从95学年～96学年开始在两个教学班进行试点。

改革以“岗位针对性为主，兼顾一定的就业适应性”为原则，调整和确定专业培养目标，并根据这一目标重新构建了课程体系，对原来的部分课程内容进行适当的取舍和组合，避免重复。比如对基础课和专业基础课内容进行适当压缩，增开《机械设备维修》《机械设备管理》《工艺装备设计》等课程，加强《数控机床应用技术》课程，拓宽专业知识范围，以提高学生上岗就业的适应能力。同时，强化实践性教学环节中的动手训练，增设实验专用周，增加集中实习专用周。这样的安排提高了教学效果，对学生实验、实习操作技能的提高起到了很好的促进作用。

为提高集中实训的教学效果，该专业依据教学计划，结合学校自身特点改革，制订出新的“实习实施计划”，规范实习过程，要求实习指导教师写出规范性的实习教学教案，加强实际操作教学的管理力度，加大练习量和动手时间。通过强化训练，实习效果明显提升。1995年，学校参加经委系统首届中专学校学生技能比赛，该专业学生分别获得车、钳两个工种的第二名，团体总分第二名，实习教学科也因此获得“育人奖”；1997年，参加经委系统第三届中专学校学生技能比赛，学生获钳工项目第一名，车工项目第二、三名，并获得团体总分第一名。

该专业还承担了为甘肃省培养机械制造专业人才的任务。2006年5月，为响应国家支持西北地区大开发的战略部署，在市教委的主导下，学校与甘肃省武山县职业技术学校签署了联合办学协议，为甘肃省培养机械制造专业中等专业技术人才。该项目采用前2年在武山县职业技术学校进行基础课教学，后2年在北京本校进行专业课教学的“2+2”模式开展教学。项目共执行四期。自2007年开始，武山转至本校入学的有05级机制专业77人，06级机制专业

机加工实习

北京市经委车钳工比赛团体第一名，学生选手与指导教师合影

40人、06级焊接专业41人，08级机制专业75人，09级机制专业23人。该项目后被列为示范校建设之“对口支援”项目。

数控技术与应用专业 1992年，为满足国家对数控技术专业人才的迫切需要，机械工业学校率先在北京市开办了“数控技术与应用”（中职）专业。2002年，学校的“数控技术与应用专业”被教育部评为首批“全国示范专业”，被北京市教委评为“北京市现代化标志专业”。

学校深入局属企业，了解数控设备的使用情况以及毕业生适应岗位能力的情况，探讨数控机床操作及维护需要的知识结构及能力结构，与企业专家反复研讨论证教学内容，并以此来指导教学内容及教学方法的改革。专业注重加工能力的培养，在课程设置上加强了电控方面的课程以及电工实习训练。学校积极创造条件，2001年即建成了CAD/CAM机房和局域网，完成了软件编程、模拟演示、仿真加工、联机加工等一系列教学环节。通过有针对性的培养，为学生适应企业数控机床操作与设备维护提供了知识、能力储备。

学校发挥数控实训条件的优势，积极创造条件鼓励教师、学生参加技能大赛，以赛促学、以赛促教，该专业学生在参加北京市、国家两级的技能比赛中，取得了一系列优秀的成绩。2004年，在新世纪北京首届职业技能大赛中，即获得了学生组数控车工比赛第一名、第二名，加工中心比赛第一名的好成绩。在同年举办的第一届全国数控技能大赛中，获得了学生组加工中心比赛第十六名。2006年，参加第十二届北京市工业职业技能竞赛，获得了中专组数控车工比赛第一名、第二名，数控铣工比赛第一名、第三名，加工中心比赛第二名、第三名。同年参加第二届全国数控大赛竞赛，获得中专学生组加工中心比赛第十二名。

经过中职数控专业多年的教学实践，学校积累了丰富的专业建设经验，在2000年职工大学开办高职数控专业时，学校制订出的教学计划就具有了自己的特色。企业专家得出结论："培养目标定位准确，课程体系安排合理，体现了教学改革的新思路；知识覆盖面适度，理论与实训的课时比例适当，符合高职教育的特点和培养目标要求；在课程内容安排上做到了适度超前，有针对性地引入新技术、新工艺，从而为企业培养合格的数控技术人才提供了保障。"自此，该专业中、高职建设同步发展，大幅提升了专业实力，也为后期示范校建设期间高职数控技术专业成为国家重点建设专业打下了坚实的基础。

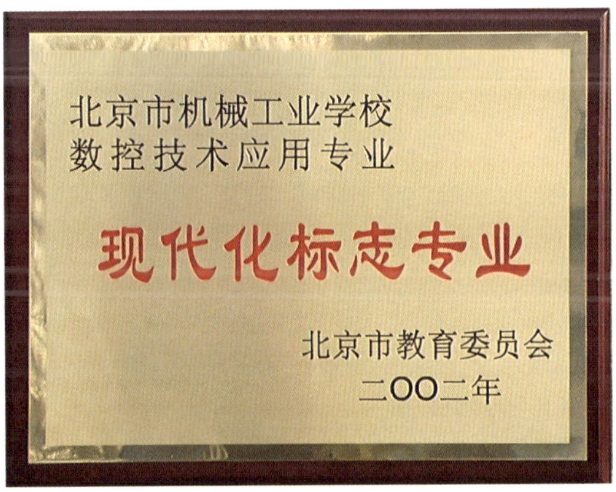

四、实践教学

实践教学体系 学校从教学计划顶层设计入手，配套相关措施构建实践教学体系，使实践教学得以按照教学计划制订的人才培养目标有效落实。

在校内搭建实践教学实施平台，建设及完善实验室、实习车间设施设备，为实践教学提供基础保障；规定工科专业集中实践教学环节的课时量占总课时量近30%，要求理论课教师及实习实训指导教师在实践教学实施过程中，科学设计实验、实习项目，充分发挥已有设备条件的教学功能；加强制度建设，制订实验、实习场所的相关制度规定，主要有《设备、仪器管理》《设备、仪器档案管理》《设备、仪器事故处理》《生产管理制度》等，确保人员及设备安全；在校外建立相对稳定的校外实践基地，与北京第一机床厂、第三机床厂、北京重型电机厂、北京机电研究院、北京开关厂、北京量具刃具厂等企业密切合作，开展参观及生产实习等教学活动，增强学生对专业的认知及职业能力的感受。

2003年12月，学校与SMC（中国）有限公司签订合作办学协议。根据协议，学校每年为其培养数控机床操作工、维修工、调试工等岗位所需的毕业生；以校内实训基地为依托为该公司职工开展技术培训；公司为学校部分专业学生提供生产实习岗位；协助开展教师教学实践活动，并派出数控技术专家参与学校数控技术应用专业教学计划及相关教学环节的制订和评价工作。

实训基地　1990—1996年，学校相继建立了金属切削、机床、液压、数控、电子等30个实验室及一所实习工厂。采购了具有较先进水平的各类实习实验设备2000余台（套），实

数控实训车间

机加工车间

习实验条件在市属中等专业学校中名列前茅。其中，实习工厂有各类普通机床及数控机床42台，机加工、钳工、焊工、铸造实习工位90多个。

为了提升实习工厂的实训能力，学校不断争取财政支持，逐渐增加实习车间设备数量。2003年，学校投资100万元，购置数控车床、铣床各两台，加工中心一台；2005—2007年，在专项经费的支持下，重点采购了多台教学用数控车、铣床及加工中心，使数控实习车间拥有数控车22台，数控铣11台，加工中心7台。通过不断地建设，实训条件明显改善，各实习实训单元形成了一个较为完善的整体。其中，数控技术实习车间成为设备先进、规模较大的数控技术实训基地，为数控技术专业及相关专业的建设提供了有力的支撑。

师资配备 学校具有很强的实习实训指导教师队伍。截至2007年，实习科（原实习工厂）共有指导教师19名。其中工程师2名，高级技师2名，技师2名，高级工8名。教师们除担任繁重的实习教学任务及学生参加技能竞赛的指导工作，还直接上场参加技能大赛。2004年，甄雪松老师先后获得北京市数控车工项目第3名、全国数控大赛（数车组）职工组第18名、2006年全国数控技能竞赛数车项目教师组第一名，被劳动部门授予高级技师证书、全国五一劳动奖章；孙哲老师分别获海淀区普通车工比赛第4名、北京市普通车工项目决赛第2名，被市劳动部门授予高级技师证书；实习指导教师闫永亮获得市工业系统数控铣工项目第4名，被劳动部门授予技师证书。

学校承办职业技能数控比赛

紧缺人才数控实训基地

2003年，学校被北京市教委指定为中职数控技术领域师资继续教育培训的中心校；“十一五”期间，成为数控技术专业及实训基地重点建设项目的承担校、数控技术领域技能型紧缺人才培养培训工作的承担校；2005年，北京市教育委员会指定学校为中职数控技术应用及电气运行与控制专业师资培训中心。基地多次承接了上级主管部门委托的师资培训任务和承办北京市数控技能大赛任务，为实现建设国家级实训基地的目标奠定了较强的基础。2007年学校重点实习车间、实验室建设情况见表1-6-11。

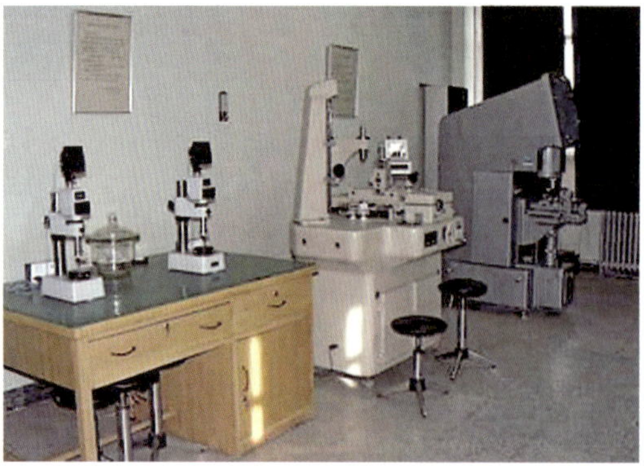

公差实验室

变流实验室

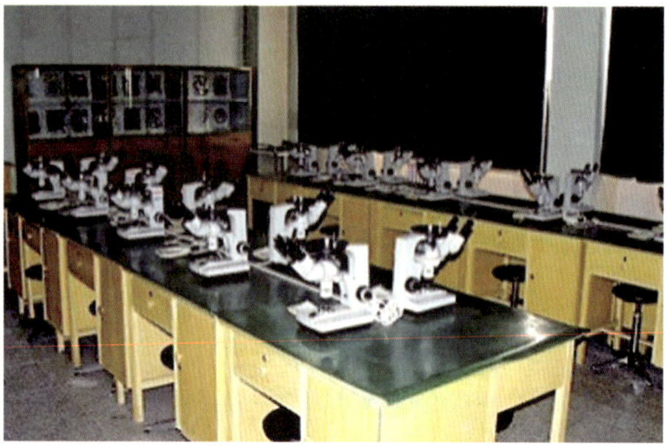

金相实验室

表1-6-11　　2007年北京市机械工业学校重点实习车间、实验室建设情况一览表

序号	车间、实验室名称	面积/平方米	主要设备名称	工位数
1	普通机加工车间	600	普通机床	80
2	数控实训车间	600	数控机床	80
3	钳工实训车间	150	钳工设备	40
4	焊接实训车间	130	焊机	30
5	电工技能实习车间	100	电气实训装置	42
6	数控维修实训室	300	数控维修实训台	44
7	变流调速实训室	90	变流调速实训台	18
8	电气控制实训室+PLC	90	电气控制实训台	24
9	EDA技术实训室	90	计算机、软件	40
10	理实一体数控技术实训室	132	数控车、铣、计算机	25
11	CAD/CAM实训室	180	计算机、软件	100
12	焊接自动化实训室	130	焊接机器人	30
13	三坐标测量实训室	30	三坐标测量仪	6

续表

序号	车间、实验室名称	面积/平方米	主要设备名称	工位数
14	电工技术实训室	100	电工技术实训台	24
15	电子技术实训室	60	仪器、仪表	24
16	微机控制实训室	60	微机实验箱	24
17	金属热加工实训室	370	硬度计、显微镜等	40
18	柔性制造技术实训室	90	柔性制造系统	20
19	物理实验室	70	实验仪器	40
20	测量技术实训中心	132	测量设备、仪器	24
21	液压气动实训室	66	液压气动实训台	24
22	网络技术实训室	70	计算机等	24
23	焊条压涂实训室	33	焊条压涂机	12
24	企业供配电实训室	100	继电保护装置	24
25	智能建筑控制实训室	100	楼宇智能设备	40

第四节　教学改革

学校的教育教学在不断的改革及实验当中发展壮大，学校的办学实力也从中得到不断的增强。

一、教学模式改革

1999年，学校开办综合高中班，成为全市中专办高中的四所试点学校之一。综合高中班学生进入二年级后，根据学习成绩分流，一部分强化基础知识学习，参加高考，另一部分转入专业知识学习，成为中专毕业生。

同年，经市教委批准，学校的保险、计算机技术应用等专业（初中毕业生）从四年制改为三年制，解决中专教育与普通高职的接轨问题。

2000年，经市教委教科院批准立项，学校进行课程体系改革工作，包括研究课程模块化及试行学分制教学。模块式层结构教学模式依照学生的接受能力、自我设计目标、社会对人才的需求等，采取不同对象予以不同教育内容的动态教学方法，学生可根据自己的基础爱好和发展方向，选择不同模块的组合进行学习。改革方案在2001级机电专业五个班试行，教学形式形成分层教学、厚基础、宽专业、活模块的特点。

2002年，在前期试点的基础上，学校积极推动日常教学与考取职业资格证书接轨的改革工作，强化学生职业及职业技能意识，制订了《学生在校期间必须取得职业证书的规定》。2003年，即有109名学生取得通用机床加工初级证书，302名学生取得电工初级证书，126名学生取得数控工艺员初级证书，91名学生取得计算机等级证书，38名学生取得焊工中级证书，打破在校生获取中级证书“零”的记录。在此后的应届毕业生中，职业资格证书取证率均达到98%。

2003年，在高年级学分制试点班实行“导师制”，具体做法是由与学生所选专业一致、具有中级以上技术职称的专业教师担任指导教师，负责学生专业技术指导，掌握学生学习情况和解决学习中出现的各种问题，并根据学生实际情况制订培养指导计划。同时还负责学生的日常管理及思想品德教育工作，引导学生树立正确的学习观念和就业观念。

二、学分制改革

2000年，经市教委批准立项，学校在部分专业进行课程体系改革工作，包括研究课程模块化及试行学分制教学。学分制是以选课制为前提，学分是计算学生完成一门课程的学习任务所需要时间和学习成效的单位，是学校确定学生能否毕业的重要依据。学分制充分考虑到学生的条件和意愿，改变了学生的被动和从属地位，使其能够自由选择、自主学习，进而改变传统的教学模式。学校根据对机电行业主要企业用人需求趋势和学生及家长意愿的调查，决定在2001级机械制造、电气运行与控制、数控技术、空调制冷等工科四年制机电类专业开展学分制试点。

学分制组织领导 学分制教学改革带来了学校管理的一系列变化，为了确保改革顺利实施，成立了由校长亲自挂帅，由书记、教学副校长、学生副校长等主要领导参加的教学综合改革领导小组，成立由教学副校长任组长，由督导室主任、教务主任、学生工作部部长以及相关系科主任参加的学分制改革工作小组和实施机构，为学分制试点提供切实保障。

学分管理基本原则 根据《学分制管理暂行规定》，四年制学生最低学分标准为220学分，含必修课学分、限选课学分、任选课学分、思想品德学分，且在本校修读的学分不低于总学分的60%；以上各类学分之间不能任意冲抵；对于补考后仍未通过的必修课程必须重修，限选课程可以通过选择其他课程替代学分；学习年限为3～7年。

试点方案课程设置 课程分为必修课、限选课、任选课和思想品德与养成教育课，按照学时数设置学分。

必修课：由文化基础模块和专业基础模块两部分组成，共26门课程，折合136学分，占总学分的62%。其中含8项技能实训课共19周，折合19学分（含毕业设计10周折合10学分）。通过必修课程的学习，学生能够具有本专业必需的文化基础，机电两大类专业必需的专业基础知识、基本理论和基本技能，以及良好的政治素质和职业道德素质。

限选课：为学生提供的限选课程包括七个不同的“专门化”方向共44门（含10项技能操作实训）课，本部分课程学生应修满46个学分，约占总学分的20%。通过限选课的学习，学生能够在某一个专业方向上深化专业知识，熟练操作技能，为从业上岗做好进一步的准备。

任选课：为学生提供任选课程共32门，每个学生至少选学22学分，占总学分的10%。通过任选课程的学习，使学生的知识面拓宽，兴趣、个性和潜能得以发展。同时，对于学有余力的学生提供另外两种选择：一是用课余时间学习提高模块，为升学和进一步深造打基础；二是可以选择其他辅修专业。

思想品德与养成教育：此课程不在教学计划内，但作为学分的组成部分，由学生工作部、团委、班主任和辅导员考核并量化，最低16学分（最高为25个学分）方可毕业，占总学分的7%。

试点方案实施 试点方案按照分段学分、分层教学、模块化等原则实施，更适合于中职学生的心理特点。

一是分段学分：考虑到中专学生的特点，学校采取分段学分制的方式进行。整个学习过程共三个阶段，第一阶段是必修课，适当配合少量选修内容；第二阶段主要是按照不同的主修专业将课程划分为限选模块组，再适当加入一定量的任选课程；第三阶段主要是任选课，给学生最大的选择余地。由于中专招收的初中毕业生年龄只有15岁左右，自制能力较差，所以仍采取固定班级的学习模式，并配备班主任管理。同时，由于学生对专业缺乏必要的认识，故在一二年级不细致划分专门化方向，以开设必修课程为主，适当加入拓展和提高模块。到三年级以后，学生具有了一定的客观选择专业和发展方向的能力，学校采取限选和任选结合的方式，在专业导师的指导和协助下，学生自主选择丰富多彩的任选课程，根据自己的喜好充分扩展不同领域，同时也可以根据自己的能力、社会需求，选择辅修专业模块。

二是分层教学：由于中专生入学水平差距很大，导致正常教学发生极大困难。为了使基础好、肯学习的学生能够有较大幅度的提高，同时也使程度较差的学生最终达到教学的基本要求，学校在一二年级采取分层教学的方法。其具体做法是，录取时按中考成绩编班，入学后再全面进行摸底测验并重新组班。采用统一模块教学，进度基本相同，但要求的侧重点有所区别。基础较好的学生可选择提高模块，为进一步深造打基础；对基础较差的学生，注重夯实基础，提高兴趣。在考核上采取不同基准，最大限度降低淘汰率。

三是宽基础、专技能、活模块：宽基础就是对于文化基础和专业基础课给予充分的学时保障，同时充分考虑机电大类专业的共性，将原来小类专业共同且必要的基础知识让学生较全面掌握，保证学生能学够、学透，拓宽其专业发展面。活模块主要针对不同专业方向，设置模块化课程结构，采用限选方式给学生以自由选择的空间，对于学有余力，并有其他志向的学生提供丰富多彩的任选课。专技能是在学生主修专业方向上加大实训力度，配合社会或有关机构认定的技能标准，使学生至少取得一项岗位技能证书，适应岗位需求，提高就业竞争力。

教学方案研讨会

第五节 师资队伍

一、队伍结构

建校之初，学校通过招收应届大学毕业生建立教师队伍，同时，机械局在本系统内调配年富力强、学历高、有企业实践经验的技术人员充实教师队伍。随着办学规模的不断扩大，师资队伍迅速扩充。

两校合并后，1997年，学校教职工总数达360名，其中专任教师91名，实习、实验指导教师38名，具有专业技术职务的教师204名，其中具有高级职称的教师35名、具有中级职称的教师109名、具有初级职称的教师60名。在教学师资配备上，每个专业均有高级职称以上教师任教，各专业每门基础课、专业基础课课程都配备二名讲师以上的教师任教，每门专业课至少有一名讲师以上教师任教，保证了教师的均衡配置。

2007年，师资队伍结构不断优化。在职教职员工226人中，专任教师96名，实习指导教师15名。具有专业技术职务的159名，其中高级职称42名、中级职称78名、初级职称39名。2007年3月学校教学系高级职称专任教师情况见表1-6-12。

表1-6-12 2007年3月北京市机械工业学校教学系高级职称专任教师一览表

序号	姓名	职称	系部	职务
1	林 洪	高级讲师	机电系	系主任
2	龚 雯	教授	机电系	专任教师
3	杨慧宜	副教授	机电系	专任教师
4	陈则钧	副教授	机电系	专任教师
5	邱 坤	副教授	机电系	专任教师
6	庄 严	副教授	机电系	专任教师
7	徐玉华	高级讲师	机电系	专任教师
8	钱鸿雄	高级讲师	机电系	专任教师
9	陈金华	高级讲师	机电系	专任教师
10	陈万利	高级讲师	机电系	专任教师
11	王凤玲	高级讲师	机电系	专任教师
12	李玉兰	高级讲师	机电系	专任教师

续表

序号	姓名	职称	系部	职务
13	戴文玉	高级讲师	机电系	专任教师
14	宋　昀	高级讲师	机电系	专任教师
15	李荣雪	高级讲师	机电系	专任教师
16	顾春光	高级工程师	机电系	专任教师
17	刘玉山	副研究员	信管系	系主任
18	曹公达	副教授	信管系	专任教师
19	黄毓先	副教授	信管系	专任教师
20	马海鸥	副教授	信管系	专任教师
21	孔　洁	高级讲师	信管系	专任教师
22	李　岩	高级讲师	基础系	系主任
23	戈　峰	副教授	基础系	专任教师
24	杨丽彬	高级讲师	基础系	专任教师
25	窦学东	高级讲师	基础系	专任教师
26	崔春燕	高级讲师	基础系	专任教师
27	芦　净	高级讲师	基础系	专任教师
28	李建杰	高级讲师	基础系	专任教师
29	田　方	高级讲师	基础系	专任教师
30	刘博夫	高级讲师	基础系	专任教师
31	吴　燕	高级讲师	基础系	专任教师

二、队伍建设

制度保障与考核　学校一直将质量管理作为教育教学工作的重点内容，特别是两校合并后，为保证教学质量，提高办学水平，学校在师资队伍建设方面制订了《关于加强教师队伍建设的规划》《关于在职人员培训、进修管理的规定》《关于培养和选拔优秀中青年骨干教师的实施办法》《专业技术人员考核制度》等文件，有计划地提高教师队伍的整体素质。在教师行为规范方面，进一步推动教育教学规范，编制《教学工作部教师手册》《实习指导教师手册》《实验指导教师手册》，有效规范了各类教师的教育教学行为，促进教育教学平稳有序。学校每年定期召开教学工作会议，专题研究教学工作，并重点解决1～2个与教师教学相关的问题。在制度贯彻落实方面，学校重视对教师每学期的考核，考核结果都与职称挂钩，与评优课、骨干教师的评选、各级先进的评选和奖励挂钩。

教学能力提升　为了保证教学质量，学校制订了师资培养规划，鼓励年轻教师攻读硕士、博士学位、赴高校进行课程进修研读。

建校以来，学校鼓励教师一专多能，要求教师能承担两门以上课程教学任务，通过参加科研提高业务水平及教学能力。学校充分发挥老教师传帮带作用，安排年轻教师跟随老教师进课堂听课、局部授课、助教，课下交流指导，加强课堂教学督导、加强教学质量考核，提高年轻教师的教学水平。

1998年，批准13名教职工参加研究生主干课程研修班和脱产研究生的考试，所需费用全部由学校承担。2000年，10名青年教师分别考取北京理工大学和北京工业大学，读取工程硕士、工学硕士等学位，涉及计算机、自动化控制和机电工程等专业。2003年，投资80万元用于师资培养，先后有22名教师攻读硕士研究生，9名教师参加研究生主干课程班学习，68名教师参加专业培训，29名教师取得各类技能证书，12人赴国外考察和培训。2004年，派14人先后到德国、英国、新加坡、新西兰等国家进行考察和培训。

教师实践能力培养 建校以来，学校始终强化对青年教师的实践能力培养。每年派出青年教师进行一个月至半年的工程实践锻炼，参与企业的工程实践，了解企业生产现状、技术水平、工艺过程，了解企业对学生就业岗位的能力和素质要求，既提高了教师工程实践能力，也为课程改革收集了第一手的信息。同时，安排青年教师进入学校实习车间，参加校内教学设备改装，提高实习、实验设备操作能力，并考取相应工种的技能证书，从而能够独立承担专业课教学任务。通过培养，教师队伍的实践能力明显提升，至2007年，98%的专业课、专业基础课教师获得了不同工种的职业技能证书。

三、教师荣誉

1985—2006年学校教职工获市级及以上荣誉及2004—2007年学校教师参加技能竞赛获奖情况见表1-6-13 ~ 表1-6-14。

表1-6-13　　1985—2006年北京市机械工业学校教职工获市级及以上荣誉一览表

序号	年份	获奖人及奖项
1	1985	孙绍琪获北京市劳动模范称号
2	1987	王兴武获北京市高教系统教书育人服务育人先进个人称号
3	1991	侯志宁获北京市优秀教师称号
4	1995	林洪获北京市优秀教师称号
5	1997	高青、沈红霞、陈万利、李岩获北京市中等专业学校优秀中青年骨干教师称号
6	1997	宋昀获北京市优秀教师称号
7	1999	李玉兰获北京市中等专业学校优秀中青年骨干教师称号
8	2000	沈红霞获北京市劳动模范称号
9	2001	高青获北京市中等专业学校优秀中青年骨干教师称号
10	2004	高青获北京市优秀教师称号
11	2004	李玉兰获北京市教育系统优秀德育工作者称号
12	2006	甄雪松获全国五一劳动奖章
13	2006	秦颖获北京市教育系统紫禁杯优秀班主任称号

表1-6-14　　2004—2007年北京市机械工业学校教师参加技能竞赛获奖情况一览表

序号	年份	获奖教师及奖项（技能竞赛）
1	2004	甄雪松获北京市高级技术能手称号
2	2004	甄雪松获第一届全国数控技能大赛教师组数控车工比赛第十八名
3	2004	闫永亮获新世纪北京首届职业技能大赛职工组数控铣工比赛第四名
4	2005	孙哲获第十一届北京市工业职业技能竞赛车工第九名，获北京市工业高级技术能手称号
5	2006	甄雪松获全国数控技能竞赛数车项目教师组第一名
6	2006	黄为民获第十二届北京市工业职业技能竞赛教师组数控车工比赛第四名
7	2007	甄雪松获全国技术能手称号

第六节　学生培养

学校十分重视学生的全方位培养。1993年，学校以“团结、勤奋、严谨、求实”为校训，以“北机校”（校名缩写）为主题设计校徽，创作校歌，凝聚师生精神力量，营造校园文化气氛。在对学生开展专业理论、技能培养的同时，采用各种手段加强思想素质教育及文化素养培育，以增强学生满足国家需要、适应社会需求的能力。

一、思想教育

1988年，学校正式出台《学生管理制度》，制订学生行为规范。1989年，在专业教研组设置政治辅导员，并制订岗位职责。通过发挥政治辅导员的作用，加强学生管理系统力量，加强课堂教学过程中对学生进行思想素质教育，推动班主任工作更加深入开展。

对学生进行爱国主义、集体主义、正确世界观与人生观教育、文明礼貌教育、法制教育。学校采取“请进来，走出去”的方式，组织学生参观海淀区检察院主办的法制教育图片展览，聘请公安局、检察院的同志担任学校的法制辅导员，定期对学生进行法制教育。聘请第一机床厂青年岗位能手、电机总厂先进青年、中国青年政治学院青少年工作系教授分别作关于“勤奋学习，立志成才”的报告，把教学与社会实践结合起来，把心理健康教育纳入学校教育之中。学校通过社会实践活动加强对学生的思想教育，有计划地组织学生进行社会调查，拨专款对优秀调查报告的作者予以奖励。

1998年，学校将“心理健康”作为课程列入教学计划，加强学生心理健康教育。聘请专家对全体教职员工作心理健康报告，对学生进行问卷调查，不定期地对学生进行心理咨询活动。

2003年，学校召开德育工作研讨会，审议《学校加强和改进学生教育与管理工作的意见》和《学生教育指导性计划》。适应学生变化情况，改进教育管理方式方法，保护学生的合法权益，加强班主任队伍建设，发挥共青团组织在教育管理中的作用。在坚持爱国主义教育、理想信念教育、人生观、世界观、价值观教育中贯彻分层教育原则，按中专学生的年级确定教育重点内容。

二、第二课堂

学校将第二课堂作为日常教学工作的有益补充，通过组织不同内容的社团、小组活动，对学生进行仪表仪容、音乐欣赏、书画欣赏等文化素养方面的培育，把美育教育融入学生的日常生活中。

1988年，学校建立无线电小组、书法小组、美术小组、外语兴趣小组、文学小组、吉他小乐队等。

1995年以后，第二课堂工作取得快速发展，学生团、队、组的数量增加到包括文艺、体育、信息、机电、英语、环保、戏剧表演等多种内容形式在内的二十几个团队，在册学生人数已达1000余人。2004年，学校举办了两次成果展示会。2006年，学校再次举办大规模的第二课堂成果展，共计20多个团、队、组参加展览，其中机器人小组、计算机硬件小组和CAD/CAM小组分别进行了现场实物演示，其他近20个团、队、组都用图文展板的形式进行了展示。

2006年12月，校团委和学生会组织了书画大赛、演讲比赛、辩论赛、主持人大赛、校园歌王争霸赛和有奖征文比赛等一系列活动纪念“一二·九”运动。学校在后勤指挥学院大礼堂举行“青春献祖国”主题文艺汇演，纪念“一二·九”运动七十一周年，全校师生同台献艺，以合唱、相声、口技、舞蹈等节目形式展现学生风采。

第二课堂丰富了学生的课余生活，促进学生身心健康、提高素养。在此基础上，学校参加历届北京市中专合唱节、艺术节活动，校级合唱团、校园剧等项目获得多个奖项。

举办学生成人仪式

学生参加军训

学生参加职教讲座活动

学校举行庆祝“七一”文艺汇演

学生团体部分获奖证书

三、技能培养

学校积极组织学生参加各级技能大赛，通过训练和参赛，营造了以重视学习、提高技能为荣的良好氛围，培养了学生认真学习、遵守纪律、重视实践、争得荣誉的意识。学校建立选拔机制，经过实习教师、理论课教师、班主任三级推荐的品学兼优学生才能参加训练；在训练过程中，注意培养学生发现问题、解决问题的能力，达到理论知识、操作技能双提升。1995年，学校参加北京市工业系统首届中专校技术比赛，即获得车工第二名、钳工第二名、团体总分第二名的好成绩。

为了扩大技能比赛在教育教学工作中的良好影响，2007年，学校举办首届校级技能大赛。本届大赛历时两个学期，涵盖所有专业，面向所有学生，充分体现全体动员、积极参与。大赛在各方的积极组织及学生的积极参与下，最终获得圆满成功。整个大赛按专业共设立比赛项目30个，其中数控、机械类8项，基础学科类10项，信息类12项。报名参加的学生达到1700人次。

四、优秀毕业生事例

甄雪松 1993年毕业于北京市机械工业学校，毕业后留校任教。后就读于北京市机械局职工大学取得本科学士学位。任教后主要从事钳工、数控车工等实践教学和科研工作。2004年，担任第一届全国数控大赛北京集训队教练兼选手，代表北京市参加全国数控大赛，取得数控车第十八名的成绩，被授予高级技师证书、北京市青年技术能手称号。2006年，代表北京市参加第二届全国数控大赛数控车决赛，获教师组数控车第一名，荣获全国技术能手称号，被授予全国五一劳动奖章。指导学生范润森获得2009年全国职业院校技能竞赛中职组数控车项目第一名，指导学生陈明辉获2009年全国职业院校技能竞赛数控维修项目第一名、2010年全国数控技能竞赛数控车工学生组第一名、2014年全国数控技能竞赛数控车工教师组第一名，并获全国技术能手称号。2011年，被国家人力资源和社会保障部任命为第41届世界技能大赛数控车项目中国技术指导专家。2014年，提出的技能竞赛改革建议在各类赛事中被普遍采用，使技能竞赛与实践教学更为融合；完成论文五篇，其中核心期刊论文两篇；主持参与发明专利两项，实用新型专利十二项。2014—2019年，先后担任技能竞赛国家级裁判、裁判长、命题组专家、仲裁员等工作。2020年承担第一届全国职业技能竞赛数控车（国赛精选）赛项裁判长工作。

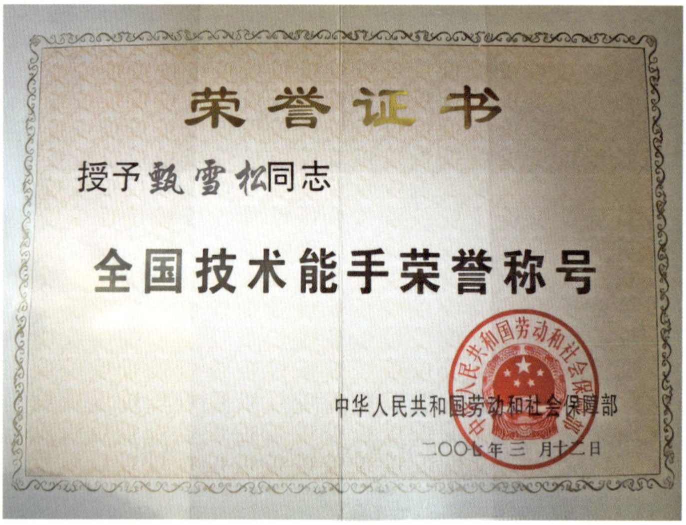

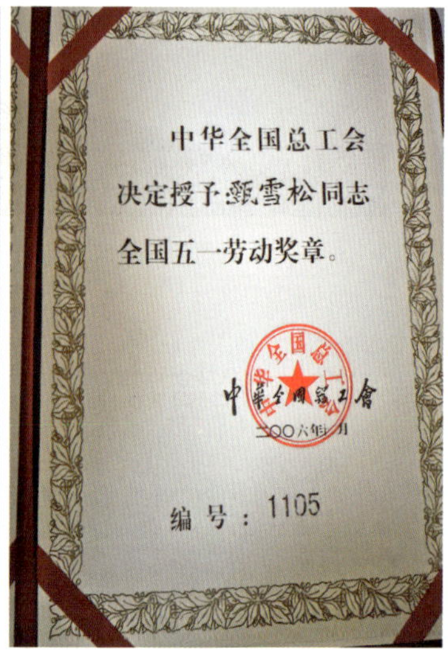

赵斌 1996年毕业于北京市机械工业学校机械制造专业。毕业后，先后在北京吉普、北京奔驰工作，一直深耕于汽车发动机装调测试和修复岗位。虽然所学专业与实际工作差距较大，但通过不断自学及虚心求教，知识积累与技术能力迅速提升，经过二十多年艰苦的学习与实践，成长为汽车发动机核心技术的掌握者、企业相关岗位的大工匠。

2011年，获得北京市职工高级技术能手称号，2013年被北京市授以“北京市首席技师工作室”铭牌、北京市“首都市民学习之星”，2014年被北京经济技术开发区授予中国汽车行业“最美汽车人”荣誉，2016年成为“北京市有突出贡献高技能人才”、享受北京市政府技师特殊津贴，2018年荣获全国五一劳动奖章。2019年，其工作室获批国家级技能大师工作室。工作室成立后，通过“师带徒”、开展技能培训等方式培养出多名高级技师及技术骨干，在北京市技能大赛中多次获奖。

张恩良 1998年北京市机械工业学校机械制造专业毕业。毕业后，分配到SMC（中国）有限责任公司工作。入职后，坚持在加工部门工作，积淀了坚实的技术功底。热衷于技术创新，成为公司职工创新工作室的负责人，工作室不断追求工艺改进，探索更高效的制造方法，不但提高了经济效益，同时为公司培养了一批专业技术人才。

2004年在“新世纪北京首届职业技能大赛”中获得“NC车床编程加工”项目一等奖、北京市职业技能大赛数控车床编程工一等奖，2005年获得北京市总工会授予的“经济技术创新标兵”；2010年享受北京市政府技师特殊津贴，2013年获北京市总工会颁发的首都劳动奖章，2015年被北京市政府授予北京市劳动模范。其领衔的公司职工创新工作室被北京经济技术开发区于2014年评为首席技师工作室、2015年评为职工创新工作室、2016年评为劳模创新工作室、2017年获创新工程高技能领军人才工作室。

彭国华和飞天英雄杨利伟合影

彭国华 2002年北京市机械工业学校机械制造专业毕业，在中国航天运载火箭技术研究院首都航天机械公司从事长征系列运载火箭制造和装配工作，参与我国第一艘载人飞船“神舟”五号发射升空的长征系列运载火箭制造和装配等相关工作。2010年调至中国航天科技集团第五研究院参与卫星总体装配工作。2011年获得中国航天科技集团第五研究院型号发射实验模范共产党员，2013年获国防科工局嫦娥五号国家重大专项论证阶段优秀个人，2015年被评为嫦娥五号探测器发射场合练试验队第一阶段劳动竞赛先进个人，2018年荣获“总装与环境工程部2017年度党员示范岗”。

尚晓利 2005年毕业于北京市机械工业学校数控技术专业。担任北京市级职工创新工作室和北京经济技术开发区创新工程高技能领军人才工作室“双带头人”，为社会和企业培养了一大批专业技能人才。2007年获北京市数控技能大赛优秀奖，2015年获全国职工技能大赛加工中心操作工第七名，2016年4月获首都劳动奖章，同年8月被评选为享受政府特殊津贴的技师，2018年被授予全国五一劳动奖章，并被评为“亦庄榜样”。

冯佳林 2000年9月入学，在北京市机械工业学校数控技术专业完成了中专、大专共7年的学习生涯，现任北京卫星制造厂有限公司技师。自2007年参加工作以来，一直奋战在数控技术岗位一线。2006年获全国数控技能竞赛数控车高职组第九名，2008年获全国数控技能竞赛数控车职工组第八名，2012年获得中国空间技术研究院职业技能竞赛数控车第一名、荣获“五院技术能手”荣誉称号，2013年获得中国航天科技集团公司第七届职业技能竞赛决赛数控车第一名，荣获“全国技术能手”“航天技能大奖”“航天技术能手”等荣誉称号；获得“2021年度航天贡献奖”及2021年度集团公司十大技术突破奖。2022年享受北京市政府技师特殊津贴。

第七节　校园建设

一、教学楼建设

机械工业学校建校地址是原北京第二工具厂的厂址，占地面积26362平方米。学校成立时，校址上还是原来旧工厂的原貌，不符合办学要求。

1985年，机械局统筹320万元资金，开始建设教学楼。为了解决学校办学的迫切需求，仅用一年时间，教学楼即告落成，1986年9月投入使用。教学楼为地上6层、地下1层建筑，建筑面积8548平方米，其中包括顶层学生宿舍674平方米。设有公共教室44间、合班教室2间、办公室36间，还设有图书馆、阅览室、录像演播室、学生活动室等。教学楼的建成，使学校终于有了正规的上课、办公、住宿及学生活动场所。

1986年北京市机械工业学校大门

1984年北京市机械工业学校临时教室

北京市机械工业学校新建教学楼

1986年北京市副市长陈昊苏来校考察

北京市机械工业学校校门

二、实验楼、综合楼建设

1990年，学校在国家教委及北京市政府的统一部署及指导下，接受了世行贷款职业教育建设项目之“职业技术教育中心”和装备“机械类综合实习、实验中心”子项目，成为北京市首批接受世行贷款的中专学校之一，是获得贷款数额最多的学校，共计世行贷款资金96万美元、北京市政府配套资金780万元。在政府配套资金的支持下，学校完成了6712平方米（含1037平方米的学生宿舍）的实验楼及多功能厅的建设、实习工厂的基础设施建设，利用世行贷款资金采购了相关实验、实习设备。

北京市机械工业学校实验楼外景

截至1996年，实验楼建有机械工程类、电气工程类、热加工类基础及专业课实验室30个，实验课平均开出率达到95%，装备专用教室和特种教室123间，建设并完善了美育及第二课堂。实习工厂可同时容纳4个教学班实习，并具有了产品开发及加工制造能力，20世纪90年代开发生产的板式换热器等产品，年销售额200多万元，创利40万元左右，为学校创造了直接经济效益。这些设施设备完善了基础设施建设，加强了实践教学能力，提高了办学能力水平，基本满足了各专业的教学需要，也为美育及第二课堂的开设创造了条件。

2000年，为满足招生规模不断扩大的需要，学校自筹资金新建5544平方米的综合楼，包括教室、多媒体计算机房、食堂及536平方米学生宿舍等设施。

北京市机械工业学校综合楼（右）

大事记

一、独立办学时期（1983—1995年）

1983年

北京市经济委员会批复：撤销北京第二工具厂建制，腾出的厂地用于筹建北京市机械工业学校。

1984年

学校正式成立，首期机械制造专业80名学生入学，正式开始办学。

1985年

机械局统筹320万元建设教学楼。

孙绍琪获得北京市劳动模范称号。

1986年

8600平方米教学楼竣工并投入使用，教学条件得到极大改善。

1987年

加强学校内部管理，成立人事科、保卫科、学生科。人事管理进入规范渠道，校园安全管理得到保障，学生管理质量大幅提升。成立体育教研组、文科教研组，专业基础课组一分为二，加强教学研究活动。

1988年

进一步完善管理机制。成立膳食科、图书馆。加强教学研究及管理机构设置，成立机械工程一科、二科，电气工程科，普通课科。教学研究及管理趋于完善与规范。建立健全了《学生管理制度》《治安保卫条例》《教学管理制度》《生产管理制度》。开辟第二课堂，建立无线电小组、书法小组、美术小组、外语兴趣小组、文学小组、吉他小乐队等。

1989—1990年

制订了《专业技术人员考核制度》，建立教师和其他各类专业技术人员考核档案。设立专业教研组和政治辅导员，并制订岗位职责。

1991年

完成6600平方米实验楼建设，世行贷款60万美元设备（709件套）到位。

年内，侯志宁被评为北京市优秀教师。

1992年

为满足国家对数控技术专业人才的迫切需要，学校率先在北京市开办了“数控技术及应用”专业。

1993年

3月，改革教学实习和技能培训课程内容与方法，在93学年～94学年焊接专业学生中进行《北京市特种作业操作证书》和《等级工证书》双证书考核试点。在此基础上，全面推动《双证》考核工作。

1994年

4月，举行建校十周年庆祝活动，北京市、局有关领导参加庆祝活动。

1995年

12月，机械局党组决定：工业学校与职工大学合并，一套班子，两块牌子。主管部门为北京市机械工业管理局，党组织关系隶属于北京市机械工业管理局党组。

年内，通过了世行贷款项目总评估，获市政府文教办颁发的“全面达标，办有特色”荣誉证书。

年内，林洪被评为北京市优秀教师。

二、两校合并办学时期（1996—2007年）

1996年

2～5月，机械局职工大学迁入工业学校校址，两校组建新的领导班子，人员重新整合，实现一体办学，制订了“以提高教学质量为中心，以深化改革为动力，以加强管理为保障，把我校办成高质量、有特色、第一流的学校”的办学方针，明确了把中专学校办成骨干示范学校和积极发展高等职业教育的奋斗目标，着力打造本科、大专、中专、短训等多层次、多规格、多形式的办学格局。

9月，为支持首都边远山区的经济发展，学校在96级从密云、怀柔、门头沟等6个区县的27个偏远乡村招收两个机制专业扶贫“图强班”，共79名学生。

年内，与北京重型电机厂、第一机床厂、北京开关厂等大型国有企业合作，为学生生产性实习提供基地，为学生适应企业需求、提高动手能力提供了保证。

1997年

7月，机械局职工大学“机械电子工程”专业被评为北京市成人高等教育特色专业。

年内，建立培训部，开展一系列社会培训。包括职称考试考前辅导，职业资格证书考试辅导，全国推销员培训、军地两用人才《计算机文字录入》《家用电器维修》《电工》培训等。

年内，宋昀老师被评为北京市优秀教师；高青老师被评为北京市优秀青年教师；李岩、陈万利、沈红霞老师被评为北京市教育系统优秀青年骨干教师；欧江林老师被评为北京市成教系统优秀教师。

1998年

3月，建立中央党校北京市委机关分院机械局职大函授站，开办经济管理和政法两个专业的大专及本科班。

年内，被市教委评为中等职业学校骨干校。

1999年

5月，建设5500平方米综合楼，包括教室、机房、食堂及学生宿舍等。

9月，开办综合高中班，次年设立“高中部”。

年内，邱坤、庄严老师被评为北京市成人院校优秀中青年骨干教师。

2000年

1月，经市教委教科院批准立项，进行课程体系改革工作，包括研究课程模块化及试行学分制教学。

4月，北京市机械工业学校、北京市机械局职工大学归属北京市教育委员会管理，党组织关系隶属于中共北京市海淀区教育工作委员会。

5月，教师沈红霞被市政府授予“北京市劳动模范”称号。

7月，新建5600平方米的综合楼投入使用。

9月，开办全日制高职班，设有计算机应用、机电技术、财会等专业，通过单招单考招收132人。

10月，被中央教科所德育中心评为全国教育科学“九五”规划国家级重点课题“整体构建学校德育体系的研究与实验”2000年度先进实验校。

12月，在全国学校艺术教育工作经验交流会上被评为艺术教育先进学校。

年内，支持青年教师深造，10名青年教师分别考取北京理工大学和北京工业大学，读取工程硕士、工学硕士等学位，涉及计算机、自动化控制和机电工程等专业。

2001年

9月，2001级机电专业五个班试行学分制学籍管理模式。试行学分制后，教学形成新特点，即分层教学、厚基础、宽专业、活模块。

2002年

4月，数控技术及应用专业被市教委评为北京市中等职业学校现代化标志专业。学校获全国教育科学“九五”规划国家重点课题“整体构建学校德育体系”研究与实验先进实验学校。

11月，首次实行全员聘用合同制，岗位面向全校公开招聘，全员竞聘上岗，实行岗位工资。

12月，数控技术及应用专业被教育部授予首批全国示范专业。

年内，被市教委、市劳动和社会保障局授予“北京市职业教育先进单位”荣誉称号。

2003年

12月，与SMC（中国）有限公司签订合作办学协议。根据协议，学校每年为其培养数控机床操作工、维修工、调试工等岗位的毕业生，并为该公司职工开展技术培训提供师资、教程、实训条件等。公司将为学校部分专业学生提供生产实习岗位，协助开展教师教学实践活动，并派出数控技术专家参与学校“数控技术应用”专业教学计划及相关教学环节的制订和评价工作。

年内，投资100万元，购置数控车床、铣床各两台，加工中心一台。数控加工设备总数达到13台。

投资80万元用于师资培养，先后有22名教师攻读硕士研究生，9名教师参加研究生主干课程班学习，有68名教师参加专业培训，29名教师取得各类技能证书，12人赴国外考察和培训。

根据《教育部办公厅、国防科工委办公厅中国机械工业联合会关于确定职业技术院校开展数控技术应用专业领域技能型紧缺人才培养培训工作的通知》（教职成厅〔2003〕4号），学校成为“数控技术应用专业领域技能型紧缺人才培养”培训工作的承担校。

2004年

5月，高青老师被市教委授予“优秀教师”称号。

7～11月，多名师生分别参加海淀区、市、全国技能比赛活动，并取优异成绩。3名学生入选北京市集训队。实习指导教师孙哲获海淀区普通车工比赛第4名、北京市普通车工项目决赛第2名，被授予高级技师证书。实习指导教师甄雪松获得北京市数控车工项目第3名、全国数控大赛（数车组）职工组第18名，并获得市教委颁发的特等奖证书和市劳动部门授予的高级技师证书。

10月，教师李玉兰被市教工委、市教委授予“北京市优秀德育工作者”称号。

11月，95届中专毕业生、航天部五院北京卫星制造厂职工欧志奎在“第一届全国数控技能大赛”中获得“加工中心”项目的第三名。98届中专毕业生、SMC（中国）有限责任公司职工张恩良、刘保辉在“新世纪北京首届职业技能大赛”中，分别获得“NC车床编程加工”项目的一、二等奖。02届大专毕业生、中国车检中心中安特公司职工王欣获得“TC智能卡制作”项目一等奖。

12月24日，召开第二课堂研讨会。学校第二课堂从单一的文艺类发展到文艺、体育、信息、机电、外语、环保、就业指导等多个门类，活动小组由3个增加到15个。参加学生人数由80余人增加到320余人，并在2004年举办两次成果展示会。

年内，加大提升师资队伍水平与能力的投入，派14人先后到德国、英国、新加坡、新西兰等国家进行考察和培训。

2005年

10月，与德国汉诺威维亚国际职业培训中心举行签约和挂牌仪式，共同培养专业技术人才。

年内，被市教委批准为中职“数控技术应用”及“电气运行与控制”专业师资培训中心，被北京经济技术开发区授予“北京经济技术开发区人力资源供给基地”。

年内，数控技术应用实训基地、电气应用实训基地获评“中等职业教育市级示范性重点实训基地”。

2006年

1月23日，校工会召开工作会，党委书记、校长魏工雄、副校长张宝君、工会主席高建茹、校工会委员及分工会成员参加会议。高建茹同志做了2005年工会工作总结及2006年工作要点报告。

2月24日，召开二届六次教职工代表会议。会议讨论并通过魏工雄校长作题为“贯彻全国职教会议精神，大力推进课程改革步伐，全面加强专业建设，努力探索教育教学规律，为实现学校搬迁、改革、发展的目标而努力奋斗”的学校工作报告。

3月，被市教委、市发展和改革委员会、市财政局、市劳动局、市人事局、市劳动和社会保障局和市农村工作委员会授予“北京市职业教育先进单位”称号。

4月，机电工程系教师龚雯、陈则钧研制开发的北京市铣工高级技师职业技能鉴定题库和铣工技师职业技能鉴定题库通过市级验收并投入使用。该项目为北京市级研究项目，填补了北京市职业技能鉴定的空白。两位教师还被聘为北京市职业技能鉴定命题专家。

4月14～15日，召开共青团第一次代表大会暨第三次学生代表大会。大会听取并审议通过“团委工作报告”“学生会工作报告”和代表提案和《学生会章程》，民主选举产生新一届团委和学生会委员及学生干部。

5月，与甘肃省武山县职业技术学校签署联合办学协议，共同培养机械制造类中等专业技术人才。

7月，师生参加第十二届北京市工业职业技能竞赛、第二届全国数控大赛北京选拔赛。教师甄雪松、黄为民分获教师组数控车工比赛第一名和第四名。学生获中专组数控车床项目第一、二名，数控铣床项目第一、三名，高职组数控车床项目第一、二名等好成绩。

7月，根据北京市在06届高校毕业生中招聘“大学生村官”（村党支部书记助理、村委会主任助理）的指示精神，经过学生报名、培训、考试以及延庆县（现延庆区）人事局的面试、体检等层层筛选，10名毕业生光荣成为首届“大学生村官”。

11月，被北京市教育工委、北京市教委授予市教育系统2001—2005年法制教育先进集体称号。

11月，在当地政府和工商协会（IHK）的大力协助下，学校委派邱坤等6名专业教师前往德国汉诺威FBZ职业培训中心，就机电一体化、数控等相关专业在理念、知识、技能以及教学方法等方面如何更新与改革，参加了为期四周的师资培训。

11月10日，为支援新农村建设，向2006年7月毕业离校后在延庆县担任“大学生村官”的10名同学所在乡、村捐赠电脑、图书、桌椅等物品。

11月27日，甄雪松老师在劳动和社会保障部、教育部、科学技术部、国防科学技术工业委员会、中华全国总工会、中国机械工业联合会共同举办的“第二届全国数控技能大赛”获教师组数控车工第一名，获得全国五一劳动奖章。

12月26日，团委在阶梯教室举办第二课堂成果展，形式分为实物演示和图文展板两种。学生活动团、队、组的数量从1995年单一的几个文艺类团队，发展到2006年包括文艺、体育、信息、机电、英语、环保、戏剧表演等多种类型并存的二十几个团队，在册学生人数达1000余人。

12月，秦颖老师获北京市紫禁杯优秀班主任奖。

2007年

3月，经北京市人民政府批准，北京市机械工业学校（北京市机械工业局职工大学）、北京市仪器仪表工业学校、北京二轻工业学校、北京市汽车工业学校（北京市汽车工业总公司职工大学）与北京电子科技职业学院合并，组建新的北京电子科技职业学院。

年内，被市教委批准为北京市现代制造类教师培训基地和北京市示范性高等职业教育实训基地。

学校参加各类比赛获奖情况

北京市机械工业学校参加各类比赛获奖情况一览表（市级以上）

<table>
<tr><th>获奖年份</th><th>比赛名称</th><th>获奖名称</th><th>获奖等级</th><th>获奖人员</th></tr>
<tr><td>1993</td><td>北京市中专第二届合唱节</td><td>/</td><td>三等奖</td><td>/</td></tr>
<tr><td rowspan="3">1995</td><td rowspan="3">北京市工业系统首届中专校技术比赛</td><td>车工</td><td>第二名</td><td>/</td></tr>
<tr><td>钳工</td><td>第二名</td><td>/</td></tr>
<tr><td>团体总分</td><td>第二名</td><td>/</td></tr>
<tr><td rowspan="3">1997</td><td rowspan="3">北京市工业系统第三届
中专学校学生技能比赛</td><td>钳工</td><td>第一名</td><td>/</td></tr>
<tr><td>车工</td><td>第二名
第三名</td><td>/</td></tr>
<tr><td>团体总分</td><td>第一名</td><td>/</td></tr>
<tr><td>1998</td><td>北京市工业系统第四届
中专校技术比赛</td><td>团体总分</td><td>第一名</td><td>/</td></tr>
<tr><td>2000</td><td>北京市第七届学生合唱节</td><td>校级合唱团</td><td>一等奖</td><td>/</td></tr>
<tr><td>2002</td><td>北京市第八届学生合唱节</td><td>校级合唱团</td><td>二等奖</td><td>/</td></tr>
<tr><td>2003</td><td>北京市第七届学生艺术节</td><td>舞蹈</td><td>一等奖</td><td>/</td></tr>
<tr><td rowspan="6">2004</td><td>第一届全国数控技能大赛（团体）</td><td>决赛发那科杯优胜奖</td><td>/</td><td>/</td></tr>
<tr><td>第一届全国数控技能大赛</td><td>加工中心比赛</td><td>第十六名</td><td>赵　飞</td></tr>
<tr><td>新世纪北京首届职业技能大赛（团体）</td><td>职教赛区组织奖，数控车特等奖，数控车专业第一名，数控铣专业第三名，普通车工专业第二名</td><td>/</td><td>/</td></tr>
<tr><td rowspan="2">新世纪北京首届职业技能大赛</td><td>数控车工比赛</td><td>第一名
第二名</td><td>王　旭
李海洋</td></tr>
<tr><td>加工中心比赛</td><td>第一名</td><td>赵　飞</td></tr>
<tr><td>北京市第九届学生合唱节</td><td>校级合唱团
小合唱</td><td>三等奖
三等奖</td><td>/</td></tr>
<tr><td>2005</td><td>北京市第八届学生艺术节</td><td>校园剧</td><td>二等奖</td><td>/</td></tr>
<tr><td rowspan="3">2006</td><td>北京市第九届学生艺术节</td><td>校级合唱队
校园剧</td><td>二等奖
三等奖</td><td>/</td></tr>
<tr><td rowspan="2">第二届全国数控技能大赛</td><td>学生组高职数控车工比赛</td><td>第九名</td><td>冯佳林</td></tr>
<tr><td>学生组中专加工中心比赛</td><td>第十二名</td><td>李猛祥</td></tr>
</table>

续表

获奖年份	比赛名称	获奖名称	获奖等级	获奖人员
2006	第十二届北京市工业职业技能竞赛	高职组数控车工比赛	第一名 第二名	李海鹌 冯佳林
		中专组数控车工比赛	第一名 第二名	陈明辉 张成健
		中专组数控铣工比赛	第一名 第三名	李猛祥 康华鹏
		中专组加工中心比赛	第二名 第三名	史腾飞 路程龙

2004年新世纪北京首届职业技能大赛获奖师生合影

在第二届全国数控技能大赛中获得优异成绩的师生合影

第二篇

成人高等教育

第一章 北京市机械工业局职工大学

北京市机械工业局职工大学（以下简称机械局职工大学）建立于1980年，是一所成人高等专科学校。1980—1995年独立办学，1996—2007年与北京市机械工业学校合并办学。2000年前，学校隶属北京市机械工业局管理，2000年后转由北京市教育委员会管理。机械局职工大学建立旨在培养北京市机械行业紧缺的高等专业技术人才，包括本、专科学历教育、工程技术人员的继续教育以及中高级技术工人理论培训。成人学历教育专业主要有机械制造、企管工程、工业会计、电气技术、计算机应用、机械电子工程、外贸英语、财务会计等30余个，2000年后开办高职专业，主要开设机械电子应用技术、计算机应用技术、电气自动化技术、机电一体化技术、数控技术应用、电子商务、会计、焊接技术及自动化等10个专业。至2007年，成人专科学历毕业生累计5000多人，高职专业学历毕业生900余人。1990年，在北京市独立设置成人高等学校评估中被评为A级学校。1997年，“机械电子工程”专业被市教委评为北京市成人高等教育特色专业。

北京机械局职工大学
北京市机械工业学校

第一节　发展沿革

一、学校建立

1980年，根据北京市人民政府《关于批准十三所职工高等院校的通知》(京政发〔1980〕100号)，批准成立“北京市机械工业局职工大学”，并于1982年在教育部备案。

1980年，根据北京市整顿验收“七·二一”工人大学的精神，在市教育主管部门的指导下，机械局对所属企事业单位举办的“七·二一”大学进行了整顿和验收。9月，经市政府批准，在整顿验收的基础上建立了北京市机械工业局职工大学，在北京重型机器厂、北京重型电机厂、北京第一机床厂、北京第二机床厂、北京第一通用机械厂、北京变压器厂、北京电机总厂、北京机电研究院等重点企事业单位设立七所分校。此时，七所分校由机械局的教育处直接管理。

1982年，职工大学总校正式建立，校址在北京市朝阳区幸福一村55号（北京电加工机床厂内），总校和七所分校总占地面积28.6亩，建筑面积8060平方米（其中总校3242平方米），固定资产值533.6万元。教职工总数209人，专业教师123人（副教授37人，讲师47人，助教

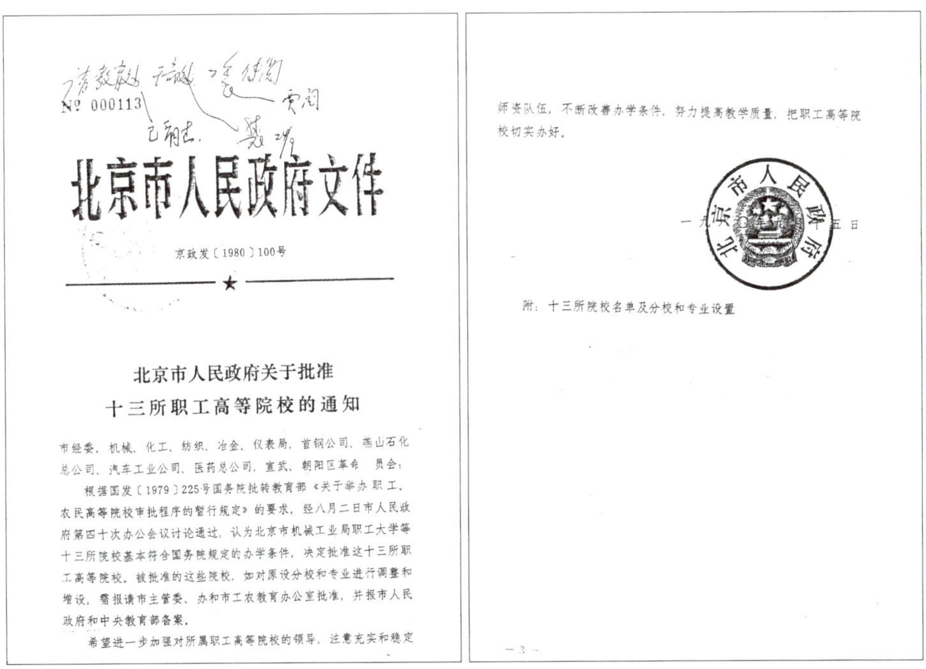

№ 000113

北京市人民政府文件

京政发〔1980〕100号

北京市人民政府关于批准十三所职工高等院校的通知

市经委，机械、化工、纺织、冶金、仪表局，首钢公司、燕山石化总公司、汽车工业公司、医药总公司，宣武、朝阳区革命　员会：

根据国发〔1979〕225号国务院批转教育部《关于举办职工、农民高等院校审批程序的暂行规定》的要求，经八月二日市人民政府第四十次办公会议讨论通过，认为北京市机械工业局职工大学等十三所院校基本符合国务院规定的办学条件，决定批准这十三所职工高等院校。被批准的这些院校，如对原设分校和专业进行调整和增设，需报请市主管委、办和市工农教育办公室批准，并报市人民政府和中央教育部备案。

希望进一步加强对所属职工高等院校的领导，注意充实和稳定师资队伍，不断改善办学条件，努力提高教学质量，把职工高等院校切实办好。

北京市人民政府

一九八〇年九月五日

附：十三所院校名单及分校和专业设置

— 3 —

北京市机械工业局职工大学批准建校文件

39人），藏书8.3万册。总校于1983年正式招生，并对各分校的招生及教学进行统一管理，对外统一使用“北京市机械工业局职工大学”校名。此后，各分校在完成在校学生培养后陆续停止招生。在后文内容中，除学生培养表2-1-5中1980—1987年数据含分校数据外，职工大学情况均为总校情况。

二、两校合并

1996年，机械局职工大学与工业学校合于一址办学，共同组建新的领导班子，人员充分融合为一套组织机构。两校保留原有各自校名和办学资质，对外两块牌子开展办学活动。两校合并后，人力物力资源条件提升，办学实力增强。机械工业学校继续强化中职教育专业实力，机械局职工大学则在保持成人学历教育原有办学规模的基础上，积极进行专业改造，并向高等职业教育拓展。2000年后，陆续获批开办10个高职专业，形成了成人业余教育与全日制高职教育并进的办学格局。

2000年9月，学校划归北京市教育委员会直属管理。2007年3月，经北京市政府批准，北京市汽车工业学校（北京市汽车工业总公司职工大学）、北京市仪器仪表工业学校、北京二轻工业学校、北京市机械工业学校（北京市机械工业局职工大学）、北京电子科技职业学院合并，组建新的北京电子科技职业学院。

第二节 机构设置

机械局职工大学在两校合并前专注成人业余教育，机构人员规模较小，随着专业设置的增加，教师队伍随之扩大，人员结构不断优化，整体规模有限增长。

两校合并前，机械局职工大学的领导班子由机械局党组任命，机械局领导兼任校长。校领导任职情况见表2-1-1。

表2-1-1　1983—1996年北京市机械工业局职工大学历任校领导一览表

<table>
<tr><th colspan="8">校长、副校长</th><th colspan="4">党委书记、副书记</th></tr>
<tr><th>校长</th><th>任职时间</th><th>副校长</th><th>任职时间</th><th>副校长</th><th>任职时间</th><th>副校长</th><th>任职时间</th><th>书记</th><th>任职时间</th><th>副书记</th><th>任职时间</th></tr>
<tr><td>汪　统（兼）</td><td>1983—1987</td><td rowspan="2">张德昌（常务）</td><td rowspan="2">1983—1992</td><td>刘兴家</td><td>1983—1985</td><td rowspan="4">寇连方</td><td rowspan="4">1983—1996</td><td rowspan="2">孙文芳</td><td rowspan="2">1983—1992</td><td rowspan="2">翟怀远</td><td rowspan="2">1990—1992</td></tr>
<tr><td rowspan="3">连　廉（兼）</td><td rowspan="3">1987—1996</td><td>王伟光</td><td>1985—1992</td></tr>
<tr><td>王伟光（常务）</td><td>1992—1994</td><td rowspan="2">张宝君</td><td rowspan="2">1994—1996</td><td rowspan="2">张德昌</td><td rowspan="2">1992—1995</td><td rowspan="2" colspan="2">/</td></tr>
<tr><td>陈国毅（常务）</td><td>1994—1996</td></tr>
</table>

注：汪统、连廉为机械局副局长兼任校长。

两校合并后校领导的任职情况见本卷第一篇第六章第二节。

机械局职工大学的机构设置在建立初期共有9个，随着学校的发展历经多次变化，至1996年，机构设置为13个。1984—1985年及1994—1996年机械局职工大学机构设置情况见表2-1-2和表2-1-3。

表2-1-2　1984—1985年北京市机械工业局职工大学机构设置一览表

序号	部门名称	部门负责人
1	办公室	张玉梅
2	政教处	徐素玉　李青川

续表

序号	部门名称	部门负责人
3	教务处	陈国毅
4	总务处	韩际舜
5	学生科	郝秀珍
6	团委	石　英
7	机械工程系	陈天惠
8	企管工程系	罗　平
9	基础部	田玉璋　林士中

表2-1-3　1994—1996年北京市机械工业局职工大学机构设置一览表

序号	部门名称	部门领导
1	办公室（人教处）	张玉梅
2	政教处（党委办）	彭利明
3	教务处	王　洁
4	总务处	石　英
5	财务科	李桂金
6	机械工程系	刘春华
7	电气控制系	唐丽娟
8	企管工程系	孙奉平
9	英语系	王洪尧
10	机械工程师进修大学北京分校办公室	刘燕红
11	培训部	赵启雯
12	职教部	沈　云
13	校办工厂	杜　江

建校初期，机械局职工大学的教职员工由抽调局属企业人员及录用应届高校毕业生组成。1983年10月，除校领导外，教职员工共32人，具体如下。

行政人员：陈国毅　徐素玉　郝秀珍　韩际舜　张玉梅　运文强　孙鸽翎
张　英　杨　建　郝　漪　梁　力
机械系人员：田玉璋　陈翩燕　陈则钧　刘春华　陈　平　孙建东　王伟光
朱京玉　张宝君　杨慧宜　刘　峰
企管系人员：郭润祥　马海鸥　寇景春　罗　平
基础部人员：赵国庆　毛克宁　王朝龙　黄毓先　陈　锴　贺利利
至1996年两校合并前，机械局职工大学人员总数增至65人。

第三节 教育教学

一、专业设置

机械局职工大学为成人教育，专业设置在适应企业及社会需求方面较为灵活，专业设置（备案）较多。

1980年建校时，七所分校只招收本企业职工，开办专业针对本企业生产特点。其中，一分校开办机械制造工艺及设备专业，二分校开办电机、汽轮机专业，三分校开办机床设计与制造、电气自动化专业，四分校开办压缩机制造专业，五分校开办变流器制造专业，六分校、七分校开办机械制造专业。

1983年，总校开始招生，均为脱产班，1985年开始招收业余班。学校确定了机电结合、冷热结合、长短结合的人才培养方向，开设专业覆盖行业需求。总校先期开设的专业有机械制造、铸造、热处理、工业企业管理、工业会计、党政干部基础理论等专业。随着局属企业及社会需要的变化，学校及时增设了机电、电气技术、计算机应用、数控、机械电子工程、外贸英语、财务会计等专业。

至1996年，陆续备案招生的专业共27个。两校合并办学后，办学条件得以改善，1999年开始陆续申办全日制高职专业，专业数量继续增加，至2007年，备案数量达37个（含高职专业10个）。1983—2006年机械局职工大学（总校）历年新增专业情况见表2-1-4。

表2-1-4 1983—2006年北京市机械工业局职工大学（总校）新增专业一览表

年份	新增专业
1983	机械制造、铸造、党政干部基础理论
1984	工业企业管理、财务管理
1985	工业会计、机械制造（热处理专门化）
1986	机械制造（专升本）师资班
1987	电气技术
1988	计算机应用
1989	涉外会计、制冷空调、计算机（二学历）、企业管理（二学历）、科技英语（二学历）
1990	机电（机械电子工程）、财务会计、外贸英语
1993	机械电子工程（原机械制造）（专升本）、市场营销、工业会计（二学历）、外贸英语（二学历）、数控机床制造与调试（高职试点）

续表

年份	新增专业
1996	会计学、英语、数控机床应用技术
2000	工商企业管理、机械电子应用技术（高职）、计算机应用技术（高职）、会计（高职）
2002	计算机科学与技术（专升本）、电气自动化技术（高职）、数控技术应用（高职）、电子商务（高职）
2003	涉外企业管理（高职）
2004	涉外企业管理
2005	机电一体化、机电一体化（高职）、涉外事务管理（高职）
2006	焊接技术及自动化（高职）

二、专业建设

围绕企业需求开办专业 机械局职工大学建校时，培养对象是企业的在职职工，目标是为企业的生存发展培养有用人才，在专业建设上，始终强调工学结合，课程教学内容与企业实际工作衔接。

在制订教学计划、设置课程体系、安排教学内容时，既遵循国家教委《制订教学计划的原则意见》，又具有灵活性与针对性。学校对每个专业都制订了通用的教学计划，一般应用于“招进来”上课的教学班；对深入基层下厂办学的教学班，教学计划具有较强的针对性，主要是改变专业课的课程设置及专业课的教学内容。学生的课程实践、生产实习、毕业设计等环节都是依据本行业企业的生产实际课题设置。

1987年，北京互感器厂引进西门子技术，急需培养技术人员。学校即与互感器厂合作，在厂内开办电气技术专业互感器专门化大专班。专业课以互感器的设计、制造、检验为主要教学内容，毕业设计的14个课题完全选取该厂的产品设计、设备改造，以及产品故障研究等内容，教学效果十分明显。该班28名毕业生全部充实到各个技术岗位，发挥了他们的专业特长。

学生在语音教室上课

学生在教室上自习

学校又于1991年与密云液压件厂、1994年与人民轴承厂合作，分别在厂内开设机械制造专业液压件制造、机械制造专业轴承制造专门化大专班。除了安排必要的基础理论课程外，专业课及实践环节紧紧围绕着企业的产品安排。如液压件厂大专班的专业课安排了“液压传动系统”“液压元件”“液压件制造工艺”“液压CAD技术”等六门课程，占总学时24%左右；人民轴承厂的大专班安排了“轴承设备”“轴承制造工艺及夹具”“滚动轴承设计”“滚动轴承测试技术”等专业课程，占总学时21%左右。明确教学时数分配，公共基础课：专业基础课：专业课比例约等于3：3：4，实验、实习、设计自成体系，实践教学环节和理论教学时数的比例达到近1：2，体现了“针对性强、实践性强”的办学特色。

学生参加论文答辩

毕业生合影留念

围绕学生需求拓宽办学形式 机械局职工大学的学历教育采用脱产、半脱产、业余方式教学，学制固定，授课地点固定。1984年以后，对于不具备脱产学习条件的学生来说，业余时间上课也很难保证。为此，学校陆续开展以自学为主的函授（沈阳工业大学—工业会计、中央党校—经济管理）、电视大学（工业会计、工业统计）、高等教育自学考试（机电一体化本、专科）等学历教育，解决了此类学生上学难的问题。此外，为了满足拓展第二学历人群的需要，学校于1990年开始开办计算机应用、工业企业管理、科技英语（机电类）、工业会计、外贸英语等专业的第二学历班。

三、机械电子工程专业建设

机械电子工程专业起源于1990年开设的机电专业。1997年，“机械电子工程”专业被市教委评为北京市成人高等教育特色专业。

建设内容 为培养适应企业要求的人才，学校在深入企业调研的基础上，以培养机、电合一复合型人才为目标，综合机械制造、电气技术两个专业的核心知识、能力结构，制订机电专业的教学计划、教学大纲，挑选各门课程适用的教材，安排具有多年企业技术工作经验的骨干教师讲授专业课。这些教师能够紧密结合生产实际及企业需要安排课程教学，将企业新技术成果和生产中的技术问题及时纳入教学内容，使学员的学习收获能在生产中见到实效。同时，学校对课堂教学各环节及质量控制均有明确要求，重视提高学生自主学习能力，考试、考核和实践性教学环节的组织实施均有明确规定并严格执行。在课堂教学中，教师要求学生带着问题来，共同探讨生产中存在的问题；在毕业设计环节，以学员所在企业生产中的实际课题为选题原则，并聘请该企业的优秀工程技术人员联合指导学员，有效地培养了学员解决工程实际问题的能力。

专家评估特色专业

建设成效　经过多年的教学实践，该专业培养出了一批机电复合型紧缺人才，改变了以往机电分家，懂机不懂电的状况。毕业生在企业的生产实践中，充分利用所学到的知识，解决现场存在的问题以及一些技术难题，发挥了骨干作用，在工作岗位上创造了直接经济效益。其中，多数毕业生被提升为行政、技术干部，多名毕业生获得市级科技成果奖。机电91液压专门化的学生李革军毕业后提升为北京液压件厂的厂长，1993年被评为市第八届优秀青年工程师，1996年获得北京市科技进步二等奖。机电91高宝明提升为人民轴承厂厂长。机电94史立新被提升为人民轴承厂厂长助理，分管厂里的技术工作。机电91郑宝红同学毕业后组织设计了OBS隔爆开关等四项成果并批量生产，使单位获得了可喜的经济效益。电机总厂共有五届机电专业的毕业生，他们分布在全厂的设计、工艺、工装、技改、生产管理等各个岗位上，发挥了技术骨干的作用。吴秋声、关维贤多次获得市级科技成果二、三等奖。

北京市成人高等学校
特色专业
证书
BEIJING SHI CHENG REN
GAO DENG XUE XIAO
TE SE ZHUAN YE
ZHENG SHU
北京市机械工业管理局职工大学：
经北京市成人高等学校特色专业专家组评估，你校机械电子工程专业被确认为成人高等学校特色专业。特发此证。
北京市教育委员会
一九九七年十二月
编号：97022

成人高校特色专业——机械电子工程

四、教师队伍

引进与培养　建校之初，学校一方面接收本科毕业生建立教师队伍，一方面招聘引进行业企业中有扎实理论基础和丰富实践经验的中高级技术人员充实教师队伍。这些招聘来的教师立即成为学校的骨干教师，其中15名教师1988年被评聘为副教授，2名教师被评聘为高级工程师。学校通过老教师对年轻教师进行传帮带，年轻教师跟随老教师进课堂听课、局部授课、助教，课下进行交流指导，使年轻教师的教学水平得到提高。

学校制订师资培训规划，鼓励年轻教师攻读硕士学位、赴高校进行课程进修研读，积极开展学术研究，参与教材编写，提高教科研水平。在1990年学校迎接北京市成人高等学校评估时，学校有专任教师46人，其中高级职称18人，中级职称18人；独立或合作出版著作10部，在省部级以上刊物发表论文4篇，参加科研活动取得科研成果14项。至1996年两校合并前，机械局职工大学人员总数65人，其中高级职称11人，中级职称30人；在各级刊物发表论文29篇，自编教材、软件10项、其他成果22项。

成绩与荣誉　通过学校培养及教师努力，教师们获得了许多荣誉。1985年，根据教育部成人教育司拟定的职工高等工业专科学校《机械制造工艺及设备专业教学计划》，机械局职工大学机制专业教学研究会组织有关职工大学教师，编写了《金属切削原理与刀具》《液压传动》《机械制造工艺学》《机床夹具设计》《金属切削机床概论与设计》五门适合职工高校教学特点的专业课教材，经机械工业部教育局同意并推荐供各职工大学试用。学校张宝君、刘峰（戈峰）、易独清、王伟光4位老师参加了其中4本教材的编写。张宝君老师于1993年获北京市优秀教师称号，2003年获北京市职工技术协会金属切削委员会颁发的“普通车床数控改造”优秀技术成果奖。邱坤老师“烧结机台车结构及强度研究”1996年获黑龙江省科学技术成果奖，1997年获齐齐哈尔市自然科学技术优秀学术成果奖，1999年被评为北京市成人院校优秀中青年骨干教师，2007年获得全国机械工业职工技术创新成果专业组金奖。欧江林老师1997年获北京市成教系统优秀教师。庄严老师1999年被评为北京市成人院校优秀中青年骨干教师。2006年，教师龚雯、陈则钧研制开发的北京市铣工高级技师职业技能鉴定题库和铣工技师职业技能鉴定题库通过市级验收并投入使用，该项目为北京市级研究项目，填补了北京市职业技能鉴定的空白；两位教师还被聘为北京市职业技能鉴定命题专家；同年，龚雯老师、陈则钧老师编著的教材《机械制造技术》和《机电设备故障诊断与维修》入选为“十一五”国家级规划教材。

1985年学校教师参与编写职工大学试用教材

五、学生培养

学校的成人教育从1980年开始至2007年，27年间，不同专业共培养了5000多名具有高等学历的技术和管理人才，在机械行业和社会中发挥了应有的作用。1980—2006年成人学历教育历年在校生、毕业生情况见表2-1-5。

表2-1-5　　1980—2006年北京市机械工业局职工大学成人学历教育在校生、毕业生情况一览表

学年	在校生数	毕业生数	所学专业
1980	531	/	机制工艺与设备、机床设计与制造、压缩机制造、汽轮机制造、电机制造、变流器制造、电气自动化、机械制造
1981	1008	191	
1982	933	530	

续表

学年	在校生数	毕业生数	所学专业
1983—1984	900	403	铸造、党政干部基础理论、机械制造工艺及设备、汽轮机制造、机械制造
1984—1985	965	200	工业企业管理、财务管理、机械制造工艺及设备、汽轮机制造、机械制造、党政干部基础理论
1985—1986	1228	217	工业会计、机械制造（热处理）、机械制造、企业管理、党政干部基础理论、铸造、汽轮机、工业统计
1986—1987	784	358	机械制造（专升本）、机械制造、汽轮机制造、铸造、企业管理、党政干部基础理论、财务管理、工业统计、机械制造（热处理）
1987—1988	580	200	电气技术、机械制造（热处理）、企业管理、机械制造、工业会计、机械制造（专升本）
1988—1989	590	200	计算机应用、电气技术、企业管理、机械制造、工业会计、机械制造（专升本）
1989—1990	600	150	涉外会计、制冷空调、计算机应用（二学历）、工业企业管理（二学历）、英语（机电类）（二学历）、电气技术、计算机应用、企业管理、机械制造、工业会计、机械制造（专升本）
1990—1991	600	150	电气技术、计算机应用、企业管理、机械制造、工业会计、计算机应用（二学历）、工业企业管理（二学历）、机械制造（专升本）
1991—1992	600	150	机械电子工程、电气技术、计算机应用、企业管理、工业会计、科技英语（二学历）、机械制造（专升本）
1992—1993	467	150	财务会计、外贸英语、机械电子工程、电气技术、计算机应用、工业会计、企业管理、科技英语（二学历）、机械制造（专升本）
1993—1994	576	160	工业会计（二学历）、外贸英语（二学历）、市场营销、数控机床制造与调试、机械电子工程（专升本）、机械电子工程、电气技术、财务会计、外贸英语、计算机应用（二学历）、企业管理
1994—1995	576	150	机械电子工程、电气技术、企业管理、财务会计、市场营销、外贸英语、计算机应用（二学历）、工业会计（二学历）、外贸英语（二学历）、机械电子工程（专升本）
1995—1996	600	150	会计学、数控机床应用技术、英语、机械电子工程、企业管理市场营销计算机应用、机械电子工程（专升本）
1996—1997	531	163	机械电子工程、企业管理、会计学、市场营销、英语、计算机应用、数控机床应用技术、机械电子工程（专升本）
1997—1998	582	146	机械电子工程、企业管理、会计学、市场营销、英语、计算机应用、数控技术应用技术、机械电子工程（专升本）
1998—1999	630	150	机械电子工程、企业管理、会计学、市场营销、英语、计算机应用、数控技术应用技术、机械电子工程（专升本）
1999—2000	630	200	机械电子工程、企业管理、会计学、市场营销、英语、计算机应用、数控技术应用技术、机械电子工程（专升本）

续表

学年	在校生数	毕业生数	所学专业
2000—2001	792	215	工商企业管理、机械电子工程、计算机应用、会计学、企业管理、机械电子应用技术、电气技术、数控机床应用技术、机械制造及其自动化
2001—2002	729	269	机械电子工程、计算机应用、会计学、企业管理、工商企业管理、机械电子应用技术、电气技术、数控机床应用技术、机械制造及其自动化
2002—2003	637	212	计算机科学与技术（专升本）、机械电子工程、机械类新专业、电气信息类新专业、会计学、电子商务、机械设计制造及其自动化（专升本）
2003—2004	710	187	机械电子工程、机械类新专业、计算机科学与技术、电气信息类新专业、会计学、电子商务、工商管理类新专业、机械制造及其自动化（专升本）、计算机科学与技术（专升本）
2004—2005	506	213	涉外企业管理、机电工程、机械电子应用技术、计算机应用技术、电气技术、会计、电子商务、机械设计制造及其自动化（专升本），计算机科学与技术（专升本）
2005—2006	393	156	机电一体化、计算机应用技术、会计、电子商务、电气技术、机械设计制造及其自动化（专升本）、计算机科学与技术（专升本）
2006—2007	402	110	机电一体化、电气技术、计算机应用技术、会计、电子商务、机械设计制造及其自动化（专升本）、计算机科学与技术（专升本）

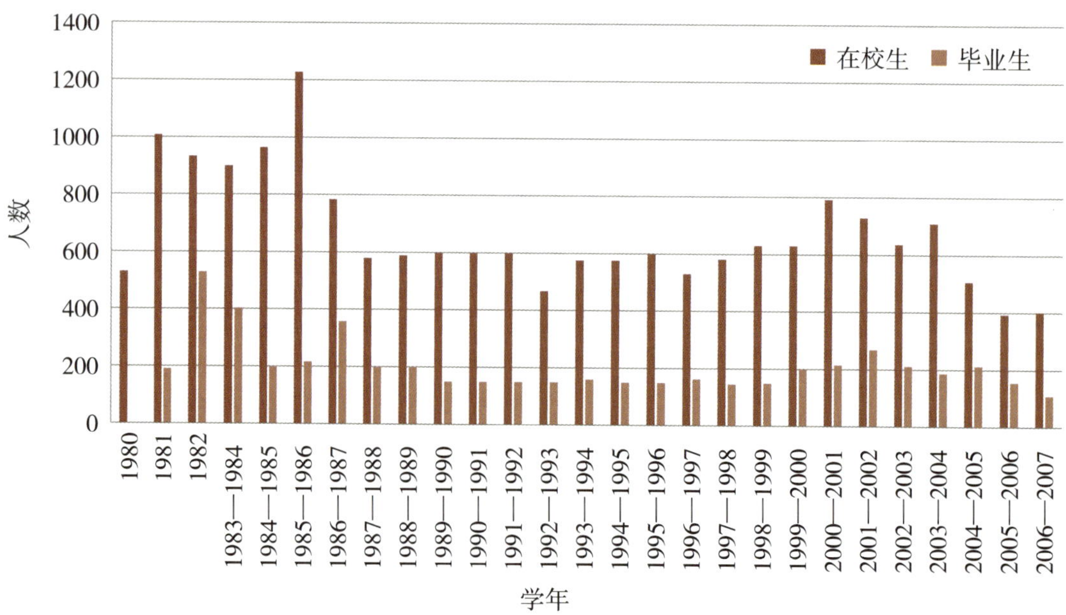

1980—2007年成人学历教育历年在校生、毕业生规模变化图

第四节 全日制高职专业

1986年，学校本着“企业出题目，学校作文章”的精神，针对专业制造厂、专业产品及其专业岗位群的需要，探索下企业办学，为机械局所属互感器厂、密云液压件厂开办了互感器专门化专业、液压件制造专业，为北京人民轴承厂开办了轴承制造专业。这些专业教学班的培养模式为开办全日制高职专业积累了经验。

一、立项研究高职专业

1997年，根据北京市教委《关于开展北京市成人高等学校、成人中等专业学校教育教学改革立项试点工作通知》(京教成〔1997〕030号)，学校正式向市教委成教处、教育科学研究院成教所申请开展“机械电子应用技术专业（高职）”教育教学改革立项研究。该研究旨在摆脱既往学科式教学，摆脱“普高”的影子，改变重理论轻实践的教学方式，探索培养企业需求的“能文能武”的专业人才。学校深入企业调研，划分机电行业专业技术岗位，梳理高等职业技术人员所适应的岗位（群），并对高职专业《机械电子应用技术》的人才规格、知识能力、技艺结构、课程体系、课程内容等进行研究。

经过近两年的研究探索，该项目在高职教育人才培养目标、课程体系、课程教学内容等方面形成了研究成果，具有较强的系统完整性及可操作性，在课题结题验收时，得到了同业专家及北京市教委的充分肯定。北京市教委反馈意见：“研究成果表明，通过对本行业岗位能力调查分析，提出了比较明确具体的培养目的和规格，设计新的课程体系，并对机械类、电气控制类、基础类等主干课程内容进行了重组，增设了选修课，改革力度大。并能针对不同教学内容，采取不同的实践方式方法，实践教学环节有特色，课程组织实施和课程实验正处于起步阶段，专家对阶段研究成果鉴定予以肯定，有实用价值。”

鉴于该立项研究成果，学校申请开办全日制高职专业班。

二、开办全日制高职专业

1999年，学校按照当时的政策，以机械局职工大学的名义申办机械电子应用技术专业（高职），获得北京市教委的批准，实现了机械局职工大学由成人学历（业余）教育向全日制高职教育的拓展。至2006年，学校先后开办机械电子应用技术、计算机应用技术、会计、电气自动化技术、数控技术应用、电子商务、涉外企业管理、机电一体化、涉外事务管理、焊接技术及自动化等10个高职专业（会计、电子商务、涉外企业管理、涉外事务管理四个专业为二年学制，其余为三年学制），毕业生近千人。2000—2006年学校全日制高职在校生及毕业生情况见表2-1-6。

表2-1-6　2000—2006年北京市机械工业局职工大学全日制高职在校生及毕业生情况一览表

学年	在校生人数	招生数	毕业生人数	所学专业
2000—2001	132	132	/	机械电子应用技术、计算机应用技术、会计
2001—2002	372	240	/	计算机应用技术、机械电子应用技术、会计
2002—2003	571	240	39	电气自动化技术、数控技术应用、电子商务、计算机应用技术、机械电子应用技术、会计
2003—2004	617	240	199	涉外企业管理、计算机科学与技术、电气自动化技术、会计、电子商务、机械电子应用技术、数控技术应用
2004—2005	586	250	261	机械电子应用技术、数控技术应用、计算机应用、电气自动化技术、会计、电子商务、涉外企业管理
2005—2006	548	242	278	机电一体化、涉外事务管理、数控技术应用、电气自动化技术、计算机应用技术、会计、电子商务
2006—2007	594	245	199	焊接技术及自动化、数控技术应用、机电一体化、电气自动化技术、计算机应用技术、会计、电子商务、涉外事务管理

三、机械电子应用技术高职专业建设

机械电子应用技术专业是学校开办的首个高职专业。

培养目标　“以培养技术应用能力为主”，符合企业用人标准，针对机电复合型专业，在知识能力方面，使学生掌握本专业的专业理论知识及必要的相关知识，包括掌握机械制造中的工艺理论知识及机械传动、液压传动、金属切削知识；掌握机械电气控制的理论知识及专业检测技术知识。在专业能力方面，使学生具备编制机械加工、装配、维修工艺及设计工艺工装的能力；具有将新技术新工艺应用于生产的能力；具有判断生产中出现的技术问题、制订技术问题解决方案并组织实施的能力；具有本专业技术检测能力；具有关键技术岗位中级工以上的操作技能等。

课程设置及教学内容　在课程体系构建方面，从既往培养具有开发能力的“通材”向培养以技术岗位能力为核心的“专材”转变，重点强调“能力为本”。在教学安排上，实践教学与理论教学占比近1∶1，大幅提升实验室、实习车间现场教学与训练比例。在课程设置上，体现以机械工程（设计与制造）知识为主，辅以电子技术、计算机技术的应用。为实现这一目标，对相近课程的内容进行优化重组。如“工程制图”课简化画法几何内容，强化识图制图内容；“机械设计基础”课综合理论力学、材料力学、机械原理、机械零件、金属材料等内容；“电气技术基础”课综合电工基础、电子技术、电机拖动、整流与变频技术等内容。同时，淘汰老化知识，增添计算机应用技术及数控机床等教学内容。

实践教学安排 在安排实践课程时遵循三个原则：技术人员应具备实际操作能力；应具备设计能力及制订工艺的能力；应具备自己动手从事检测、发现技术问题并解决技术问题的能力。使学生能够将所学理论知识应用于实践，将自己的构思设计成图纸或编制成工艺文件，并能够在生产过程中应用，例如机械设计课程设计针对机械零件设计、计算机绘图针对工程制图的计算机技术应用、机制工艺工装设计针对机制工艺规程编制及夹具设计等。在基本操作技能训练方面，设置了电工电子实习、数控加工实习、微机接口技术、机械设备故障诊断与维修等课程。在教学过程中，充分利用学校的实训条件开展现场教学，“公差与技术测量”“机械加工设备”“液压与气动技术”“电气控制技术应用”等课程在实验室、实习车间进行教学讲解。

第五节　多元化办学模式

机械局职工大学是成人高校，为机械局系统企业、机械行业培养急需的专业技术及管理人才而设立。企业不仅需要学历教育，而且有技术工人等级提高、技术人员继续教育方面的需求。为了适应企业、行业发展的需要，学校积极开展多功能、多形式的办学。

一、申办本科班

1986年初，学校对北京地区75所职工高校师资队伍现状进行调查和分析并撰写调查报告。报告指出：北京市职工高校师资队伍学历层次偏低，高职称所占比例偏小，年龄结构老化，缺少高级技师类型的师资，各科类专业教师比例不适应经济发展需要。全市职工高校尚有596名不够大学本科学历的教师，应设法在三五年内，通过培训渠道达到本科毕业的要求。

据此，学校于1986年申请开办机械制造师资本科班（专升本）。经市成人教育局审核，国家教委正式批准办班，并在当年招生入学。2002年，学校再次获批申办计算机科学与技术

首届本科毕业生合影

本科班（专升本），办学层次不断提升。2007年学校合并，本科专业停止招生。

二、高级技工技师班

为了开展高级技术工人和技师的培训工作，1986年，学校派人到上海、天津、西安、哈尔滨、武汉等地学习试点经验，收集有关资料，并结合机械局实际情况制订了教学计划和大纲。在机械局领导的关心和支持下，学校派人参加了机械局高级技术工人、技师考评委员会，高级技术工人考评委员会理论组设在学校，由机械局总工程师任组长，学校教学副校长任副组长。1987年，学校在局属十七个工厂展开试点工作，编审印发了高级工第一层次21个工种的教学计划、25门课程的教学大纲，在校内组织高级工理论培训近千人次，组织高级工第一层次理论考试2500余人次。

高级电工班结业合影

三、工程师继续教育

为满足机械行业工程技术人员的继续教育需求，学校借助工程师进修大学开展工程技术人员的继续教育工作。工程师进修大学由原机械工业部和中国机械工程学会联合创办，是我国第一所工程技术人员继续教育性质的开放大学。1987年，机械工程师进修大学北京分校挂靠在机械局职工大学，由机械局主管教育的副局长任分校校长，职工大学常务副校长任分校副校长，分校办公室设在职工大学。学校由此开展了工程技术人员继续教育的培训工作。自开办以来，2300多名学员参加学习，近6000人次考取单科结业证书。

大事记

1983年

总校正式开始招生，设机械制造工艺及设备、党政干部基础理论、铸造等3个专业，均为脱产学习。

1984—1986年

建立沈阳工业大学函授工作站，开设工业会计函授大专班；建立北京电视大学电大工作站，开办工业会计及工业统计函授大专班。针对函授教育及电视大学的教学特点积极组织开展面授辅导。

筹建校办工厂（厂址在德内大街220号），发挥自身专业、人才优势，拓宽办学方式。

积极开展成人高教研究工作，出版《成人高教之窗》《机械局职工大学学报》《北京市经委协调会职工高等教育论文集》《北京市成人高等教育研讨会论文集》等刊物。

1987年

设立机械工程师进修大学北京分校（1998年更名为机电控股公司工程师培训中心）。

参加机械局考工委员会工作，开展高级技术工人及技师——应知应会培训。编审印发高级工第一层次21个工种的教学计划、25门课程的教学大纲，组织高级工第一层次理论考试2500余人次。

应北京互感器厂要求，在该厂开办教学班，招收电气技术专业（互感器专门化）一个班，28人。

1988年

获批开办“企业管理”等专业证书班，有专业证书授予权。

根据北京市成人教育局〔88〕成教字第134号文件《关于北京市“七·二一”大学毕业生学历认定考试工作若干问题的通知》精神，学校承担了机械类“七·二一”大学毕业生学历认定考试考前培训及组考工作。自1988年12月起至1989年7月止，经过资格认定、考前培训及组织考试等各环节，完成该项工作。

1989年

开办计算机应用、工业企业管理、英语（机电类）等专业第二学历班。

开展高等教育自学考试《机电一体化工程》专业（专科、独立本科段）助学工作，北京理工大学为主考学校，符合毕业条件的考生由北京理工大学颁发毕业证书及学位证书（本科段）。

受北京市科干局委托，由机械局职工大学对北京市行业企业中不具备学历的工程技术人员晋升职称及中、高级技术工人进行考前培训及组考工作。

1990年

在北京市独立设置成人高等学校评估中被评为A级学校。

1991年

在密云液压件厂设立教学点，招收机械制造专业（液压件制造专门化）一个班，16人。

经教育部批准，与马来西亚英迪学院合作，培养“工商企业管理”“企业营销”等专业学生，毕业后授予英国考文垂大学毕业证书。该项目于2007年终止。

1994年

在地处门头沟山区的人民轴承厂，招收机械制造专业（轴承制造专门化）一个班，23人。

1995年

被北京市成人教育局授予全国计算机等级考试一、二级考试点。

1996年

为支持乡镇企业的发展，应朝阳区十八里店乡政府要求，在该乡招收财务会计专业一个班，24人。

1996—2007年北京市机械工业学校与北京机械工业局职工大学合并时期的大事记见本书第一篇第六章大事记。

第二章 北京市轻工职工大学

1984年，经北京市人民政府办公厅批准，“北京市第一轻工业总公司职工大学”成立。1994年更名为“北京市轻工职工大学”。1998年，学校与北京一轻工业学校合并，1999年成立北京轻工职业技术学院。1983—1998年办学期间，先后设置工业企业管理、党政干部基础理论、财务会计、外贸英语、对外经济贸易、金融、文秘与办公自动化、计算机应用、实用美术等专业，培养各类符合企业实际需要、具有成人高等教育学历、具备专业技能的技术人才。至1998年，毕业生累计近3600人。同时，学校为行业企业和社会提供各种培训教育。

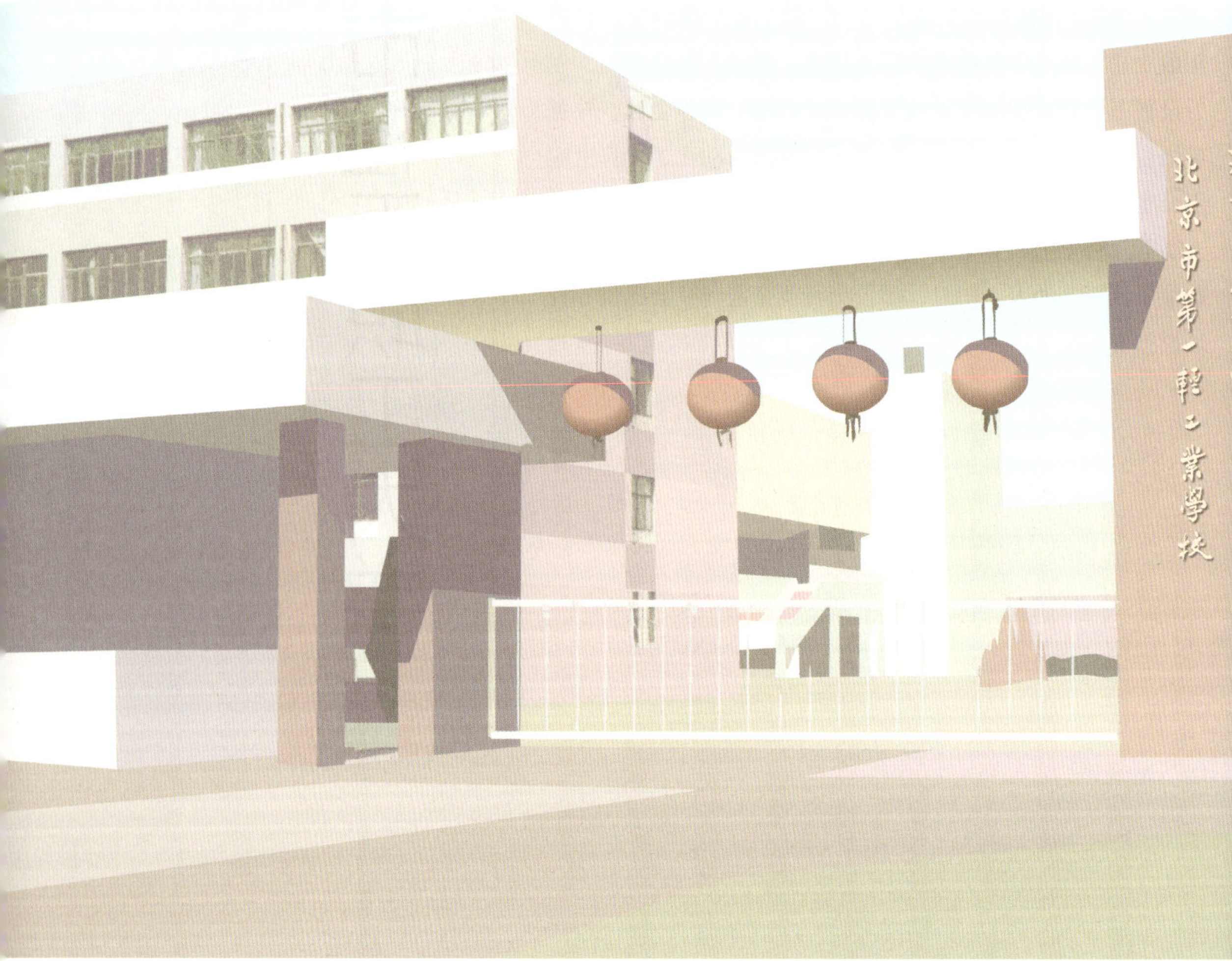
北京市第一輕工業學校

第一节　发展沿革

一、学校建立

成立背景　1983年北京市第一轻工业总公司有近9万名职工，下属15个公司（总厂），6个直属单位，各级领导班子成员近850名，其中具有大专学历的仅有116人，学过经济管理专业的人员只有17人，急需加强各级领导干部队伍建设，尤其是培养工业企业管理的专门人才。轻工业生产专业复杂，产品繁多，技术更新快，市场竞争性强，需加速技术改造，大量采用新技术、新设备、新工艺和新材料，必须加强经济规律和管理科学的研究与应用，但当时北京市第一轻工业总公司有大专学历的专业技术人员只占职工总数的1.42%，在生产第一线的工程师只有600余人，占职工总数的0.73%，管理人才更少，具有大专学历的统计人员仅有50人，会计人员仅有28人，工业企业管理、工业会计、食品等方面的专业人员过少，已严重影响生产和经营，急需进行学历方面的培养教育，提升技术与管理干部的水平，开办成人职工大学势在必行。

建立职大　北京市轻工职工大学原名为北京市第一轻工业总公司职工大学，是在北京市第一轻工业局党校发展过程中承办的成人高等学历教育。党校办学历史可追溯到1972年3月成立的北京市第一轻工业局毛泽东思想学习班，随着形势的不断发展，一轻局于1976年6月5日正式下发文件，将毛泽东思想学习班改制为一轻局党校，建校初期，校舍借用北京卷烟厂，后办学地址迁至昌平县（现昌平区）秦城一轻局工业仓库。1979年，在朝阳区左家庄占地开工建立新校址。

1983年，为提高本系统各级各类干部和技术岗位人员的文化素质和管理水平，解决部分在岗从事专业技术和管理工作职工学历不足的问题，在发展党校的同时，筹建一轻局系统的职工大学。1983年7月，经上级教育主管部门批准，先期试办工业企业管理、党政干部基础理论两专业各一个班，在一轻系统内招收学员。1984年7月，经北京市人民政府办公厅〔1984〕厅秘字第038号文批准，“北京市第一轻工业总公司职工大学”成立，为成人专科高等院校。至此，北京市第一轻工业总公司所属党校、职工大学，两块牌子一套人马，一体办学。建校初期，职工大学曾在留学路校址办学，1986年前后，左家庄校区教学楼建成后进入新校区，与党校一体办学。

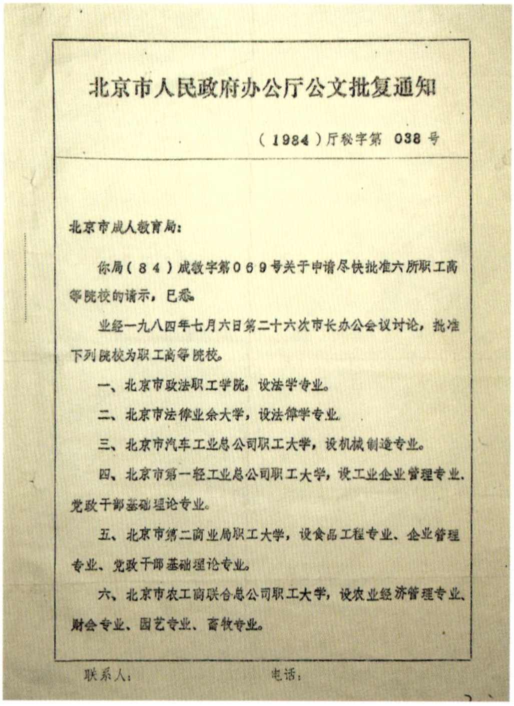

北京市人民政府办公厅公文批复通知

（1984）厅秘字第 038 号

北京市成人教育局：

你局（84）成教字第069号关于申请尽快批准六所职工高等院校的请示，已悉。

业经一九八四年七月六日第二十六次市长办公会议讨论，批准下列院校为职工高等院校。

一、北京市政法职工学院，设法学专业。

二、北京市法律业余大学，设法律学专业

三、北京市汽车工业总公司职工大学，设机械制造专业。

四、北京市第一轻工业总公司职工大学，设工业企业管理专业、党政干部基础理论专业。

五、北京市第二商业局职工大学，设食品工程专业、企业管理专业、党政干部基础理论专业。

六、北京市农工商联合总公司职工大学，设农业经济管理专业、财会专业、园艺专业、畜牧专业。

联系人： 电话：

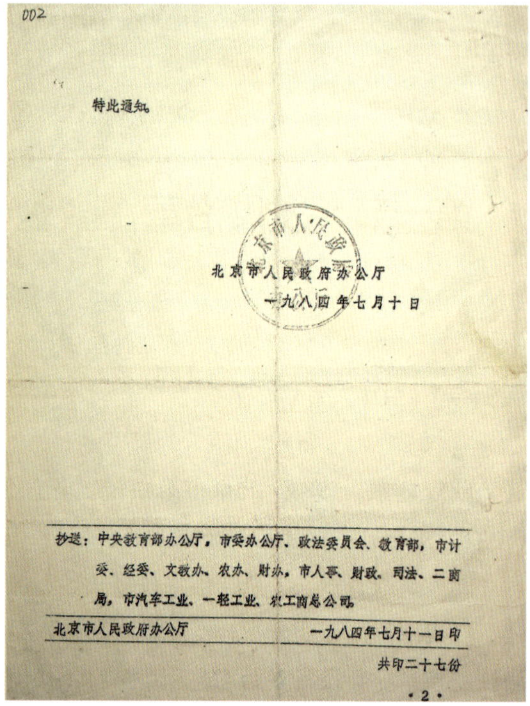

002

特此通知。

北京市人民政府办公厅
一九八四年七月十日

抄送：中央教育部办公厅，市委办公厅、政法委员会、教育部，市计委、经委、文教办、农办、财办，市人事、财政、司法、二商局，市汽车工业、一轻工业、农工商总公司。

北京市人民政府办公厅 一九八四年七月十一日印

共印二十七份

·2·

北京市第一轻工业总公司职工大学成立批复文件

二、后续发展

1991年，轻工职工大学接受北京市成人高等学校办学条件、办学水平、办学效益评估，被确定为A级。1993年，北京电大一轻工作站由一轻总公司教育处移归北京市第一轻工业总公司职工大学，轻工职工大学开展多元化形式办学。

1994年6月16日，经北京市机构编制委员会同意并正式发文，北京市第一轻工业总公司职工大学更名为“北京市轻工职工大学”。

进入20世纪90年代末期，北京市高职教育快速发展，学校领导从未来发展大局出发，与北京一轻工业学校领导共同谋划，积极向行业主管部门报告，依据申办全日制高职的政策，积极筹备建立高职院校，得到行业领导的批准。1998年7月，北京一轻集团有限责任公司下发《关于北京市轻工职工大学、北京市一轻总公司党校与北京市第一轻工业学校三校合并的决定》（京一轻〔98〕人劳字第274号）文件，为实现“科教兴企”的战略目标，深化教育体制改革，优化教育资源配置，促进中高等职业技术教育的协调发展，加快发展高等职业教育，使教育更好地适应改革发展的需要，决定三校合并，原有校名和办学体制保留，各拨款渠道不变，芍药居、左家庄两处校区保留，师资、设备等教育资源统一调配使用，创造条件积极申报高职学院，申报名称定为“北京轻工职业技术学院”。

职工大学自成立以来，奉行“立足一轻，服务社会”的办学宗旨，以行业企业需求和学生成长需要为导向，开办专业，设置课程，开展学历教育和企业培训，推进教育教学改革，提高办学质量，得到企业和社会认可。

1990—1998年北京市轻工职工大学获得市级荣誉见表2-2-1。

表2-2-1　1990—1998年北京市轻工职工大学获市级荣誉一览表

序号	年份	内容
1	1990	获北京市教育系统德育工作先进集体称号
2	1991	获评北京市独立设置成人高校A级校
3	1993	获北京市工业系统教书育人先进集体称号
4	1994	获北京市工业系统首批“育人质量先进学校”称号
5	1997	获北京市工业系统“育人质量先进学校”称号
6	1998	获北京市经委授予再就业培训先进单位称号

三、学校隶属关系

北京市轻工业局成立于1958年，1965年11月更名为北京市轻工业公司，1966年9月更名为北京市第一轻工业局，1983年1月更名为北京市第一轻工业总公司，此时期职工大学成立。1993年一轻总公司依法注册为北京一轻总公司，1996年更名为北京一轻集团有限责任公司，2000年更名为北京一轻控股有限责任公司，后文简称“一轻局”或“一轻总公司”。轻工职工大学自1983年开始办学起，始终隶属于北京市一轻行业管理，为行业办学单位，在领导任用、办学经费、人员关系、人才培养等方面均归属行业管理，在招生计划、学历备案和教学业务上接受北京市教育主管部门的指导和管理。

一轻工业所涉及的领域多是城乡居民生活消费品生产，其所属工业门类主要有日化、钟表、酒类（葡萄酒、啤酒、酿酒）、食品、乐器、造纸、日用玻璃制品、眼镜等。

第二节 组织机构

一、学校历任领导

一轻局重视学校的发展建设，职工大学成立之初和后期，由一轻局领导兼任学校校长，学校领导班子部分成员原是行业企业干部，熟悉企业情况。部分校领导来自相关学校，熟知教育教学规律。1984—1998年北京市轻工职工大学历任书记、校长及副书记、副校长任职情况见表2-2-2和表2-2-3。

表2-2-2　1984—1998年北京市轻工职工大学历任书记、校长一览表

序号	姓名	职务	任职时间
1	葛康同	党委书记	1984—1991
2	张益中	常务副校长	1984—1986
3	王淑萍	校长	1986—1991
		常务副校长（正处级）	1991—1998
		党委书记	1991—1998

注：1984—1986年、1991—1998年，一轻局领导兼任职工大学校长，由常务副校长主持工作。

表2-2-3　1984—1998年北京市轻工职工大学历任副书记、副校长等一览表

序号	姓名	职务	任职时间
1	孙雅筠	党委副书记	1985—1991
		副校长	1991—1998
2	闫龙慎	副校长	1984—1985
		纪委书记	1986—1991
3	王庆才	副书记	1984—1990
4	李友青	副校长	1985—1988
5	毛长林	副校长	1985—1993
6	吕耀俭	副校长	1985—1993
7	王海峰	工会主席（副校级）	1986—1993

续表

序号	姓名	职务	任职时间
8	吕耀俭	工会主席（副校级）	1993—1997
9	付泽民	副校长	1991—1998
10	吴文莲	纪委书记	1991—1993
11	周　枫	副校长	1996—1998

注：辛敏于1984—1986年任工会主席，从1986年1月起享受副校级待遇。

二、机构人员

机构设置 1984年北京市第一轻工业总公司职工大学成立后，职工大学、党校一体办学，统一管理，主要管理机构设置为：校办公室（包括党政工作）、干部科、行政科、教务科、学生科、培训部、党校工作部，设置马列教研室、文史教研室、数理教研室和企管教研室。

1992年，根据学校发展需要，设置办公室、人保科、工会、教务科、教学研究室、学生科、培训科、教学开发部、总务科、招待所，设置企管教研室、马列教研室、外经外贸教研室、文史教研室、信息教研室和政法教研室。

1994年9月，为加强教学管理，提高教学质量，建设师资队伍，适应改革发展的需要，校务会决定以专业类别为基础，成立7个教学系，分别为：管理系（原企管教研室）、政教系（原马列教研室）、经贸系（原外经教研室）、计算机系（原信息教研室）、财经系（原财经教研室）、文秘系（原文史教研室）、外语系（原外语教研室）。1998年两校合并前轻工职工大学机构设置及负责人见表2-2-4。

表2-2-4　1998年两校合并前北京市轻工职工大学机构设置及负责人一览表

序号	部门名称	部门负责人
1	办公室	主任：王建华
2	人保科	科长：曹　成
3	职大教务处	主任：李玉鹰
4	党校教务处	主任：刘　敏
5	中专教务处	主任：杨　斌　副主任：洪志坚
6	培训部	主任：石秀清
7	图书馆	主任：张健儒
8	学生科	科长：朱树森
9	总务处	主任：吴国华
10	财务科	科长：杜淑玲

续表

序号	部门名称	部门负责人
11	经济开发办公室	主任：胡毓俊
12	电教科	主任：胡建华
13	政教系	主任：许桂萍
14	文秘系	主任：石乐铭
15	计算机系	主任：葛炎午　副主任：单玉梅
16	经管系	主任：高　岩
17	财经系	主任：黄淑梅
18	外语系	主任：刘希棠
19	艺术设计系	主任：戴　荭

人员情况　1984年职工大学成立后，人员定编为118人。1985年实际人数103人。1987年3月，教职工员工达到111人。随着学校的发展变化，教职工队伍有所扩大。至1998年教职工队伍229人，其中专任教师160人。1985—1998年北京市轻工职工大学教职工队伍基本情况见表2-2-5。

表2-2-5　1985—1998年北京市轻工职工大学教职工队伍基本情况统计表

年份	教职工总数	专任教师数
1985	103	31
1986	107	30
1987	111	37
1988	106	35
1989	103	33
1990	93	33
1991	106	40
1992	104	36
1993	104	40
1994	120	66
1995	229	166
1996	242	168
1997	244	170
1998	229	160

1992年1月北京市第一轻工业总公司职工大学在职人员名单

校领导：王淑萍　孙雅筠　毛长林　吕耀俭　付泽民　吴文莲　王海峰

工会：王海峰（兼）

办公室：王建华　石秀清

人保科：曹　成

教务科：黄淑梅　刘新华　丁俊英　郭春鸿　郝晓光　张秋霞
杨　斌　胡遵强　郭　瑨　李育梅

教学研究室：张健儒　戴　平　陈正宗

学生科：朱树森　刘瑞英

培训科：王　莉　贾　粒　李　岩

教学开发部：林培训　武中华　王玉萍　王玉琪　梁百玲　孙树仁

总务科：吴国华　李树升　赵守谦　刘宝纯　赵　立　张思远　陈雨兴
杨世昆　李　京　王　琪　赵丽彦　陈晓根　杨曼怡　杜淑玲
任萍香　韩巨增　王玉荣　刘松杰　胡毓俊　李杏娟　黄建虹
张战旗　孙永利　刘　均　吴连利　骆原良　李金媛　杨淑敏
方炳存　孙宏燕

招待所：马永路　赵志贤　徐　茹　韩钢钢　王进喜　李民欣

企管教研室：周　枫　何　红　唐慕英　徐秀艺　卜丽华　卢　萍　刘葆春
崔晓翔

马列教研室：冯　雷　许桂萍　李庚垣　许秋富　侯丽洁　韩立余

外经外贸教研室：高　岩　高承庆　李玉鹰　范　宁

文史教研室：石乐铭　蔡承训　李桂荣　刘　敏　胡晓涓　金木英　贺华峰

信息教研室：葛炎午　张淑娴　林　萍　王稚蔷　鲁　峰　刘稳恩

政法教研室：夏颖颖　梁　东　程　伟　肖慧芳

第三节　专业建设

一、专业设置

轻工职工大学建校初期，以培养在职职工学历教育为主，并按照革命化、年轻化、知识化、专业化的要求为一轻局所属各企业培养干部队伍。1983—1984年，学校设置两个专业，分别为工业企业管理、党政管理干部基础理论专业；1985年，新增食品工程和工业会计专业。

1986年首届工业企业管理专业（8311）班毕业生合影

87届党政干部基础理论专业（8421）班毕业生合影

1989—1993年，根据全面开创首都轻工业建设新局面的特殊要求，把全面提高劳动者素质作为根本任务，满足企业改革开放新形势下的岗位需求，新增行政管理、对外经济贸易、外贸英语、文秘与办公自动化、工企涉外企管、工企经营销售、财务会计（涉外财会）、金融、国际金融、工业造型设计、计算机应用等专业或“专门化”。

92届对外经济贸易专业（89级）毕业生合影

1994—1998年，学校通过社会调查，将求学意向、求职热点作为新增或调整专业（方向）的着眼点，使专业设置和专业名称调整更符合社会发展要求和成人学习的规律。1994年，专业调整较大，经北京市成人教育局同意，学校新开设工商企业管理、市场营销与公关、金融与证券、旅游英语、外贸日语、涉外秘书、财务会计（计算机辅助管理）、实用美术等专业或“专门化”。

1996年，经北京市教委批准，部分成人高等学校继续试办成人高等职业教育，学校的会计、计算机应用与管理、电脑美术设计、食品营养与配餐四个专业，被批复为成人高职教育试办专业，招收成人在职学生，采用“3+2”入学考试改革试点。1997年，经批准，增加钢琴调律专业，其中，乐器修造（钢琴调律）专业以北京星海乐器公司为依托，有专兼职教师队伍和良好的实习基地。

在专业设置中，根据不同时期情况，灵活采用脱产、半脱产、业余等多种办学形式，多以业余学习形式为主，解决学生工作与学习之间的矛盾，满足企业职工和社会青年的个性化需求。按照企业和学生需求，在同一专业上设置不同方向或“专门化”，如财务会计专业，设有涉外财会、计算机辅助管理等方向，培养目标与课程安排有所不同。

进入20世纪90年代，为满足学生拓展第二学历需要，培养复合型人才，开办了第二学历班，学生可申请成人大专第二专业学历，并享有免试入学及同类课程免学的政策鼓励。1983—1998年轻工职工大学专业（方向）设置见表2-2-6。

99届食品营养与配餐专业（96级）毕业生合影

表2-2-6 1983—1998年北京市轻工职工大学专业（方向）设置一览表

序号	开设年份	专业（方向）名称	序号	开设年份	专业（方向）
1	1983	工业企业管理	20	1994	金融与证券
2	1983	党政干部基础理论	21	1994	旅游英语
3	1985	工业会计	22	1994	外贸日语
4	1985	食品工程	23	1994	涉外秘书
5	1989	行政管理	24	1994	实用美术
6	1989	对外经济贸易	25	1995	经济信息管理
7	1989	英语（外贸英语）	26	1995	商务秘书
8	1989	财务会计	27	1995	广告
9	1990	文秘与办公自动化	28	1995	服装设计与表演
10	1991	工业企业管理（工企涉外企管）	29	1996	法律
11	1991	工业企业管理（工企经营销售）	30	1996	国际贸易
12	1991	财务会计（涉外财会）	31	1996	财务会计（高职试点）
13	1992	国际金融	32	1996	食品营养与配餐（高职试点）
14	1993	金融	33	1997	电脑美术设计（高职试点）
15	1993	工业造型设计	34	1997	计算机应用与管理（高职试点）
16	1993	计算机应用	35	1997	计算机网络
17	1994	工商企业管理	36	1998	保险
18	1994	市场营销与公关	37	1998	钢琴调律（高职试点）
19	1994	财务会计（计算机辅助管理）			/

注：此表数据来源于成人高等学校基层报表，开设年份为实际招生时间。

1983—1998年北京市轻工职工大学招生专业及学习形式与学制见表2-2-7。

表2-2-7　1983—1998年北京市轻工职工大学招生专业及学习形式与学制一览表

年份	招生专业数	实际招生专业（方向）	学习形式与学制
1983	2	工业企业管理、党政干部基础理论	全脱产：工业企业管理3/党政干部基础理论2.5
1984	2	工业企业管理、党政干部基础理论	全脱产：工业企业管理3/党政干部基础理论2.5
1985	4	工业企业管理、党政干部基础理论、食品工程、工业会计	全脱产：工业企业管理3/食品工程3/ 半脱产：工业企业管理3/党政干部基础理论2.5/工业会计3
1986	2	工业企业管理、党政干部基础理论	半脱产：工业企业管理3/党政干部基础理论3
1987	2	工业企业管理、党政干部基础理论	全脱产：工业企业管理3 业余：工业企业管理3/党政干部基础理论3
1988	2	工业企业管理、工业会计	全脱产：工业企业管理3 业余：工业企业管理3/工业会计3
1989	5	工业企业管理、行政管理、财务会计、对外经济贸易、外贸英语	业余：工业企业管理3/行政管理3/财务会计3/对外经济贸易3/外贸英语3
1990	6	工业企业管理、行政管理、财务会计、对外经济贸易、外贸英语、文秘与办公自动化	业余：工业企业管理3/行政管理3/财务会计3/对外经济贸易3/外贸英语3/文秘与办公自动化3
1991	7	财务会计、对外经济贸易、外贸英语、文秘与办公自动化、工企涉外企管、工企经营销售、财务会计（涉外财会）	业余：财务会计3/文秘与办公自动化3/对外经济贸易3/外贸英语3/工企涉外企管3/工企经营销售3/财务会计（涉外财会）3
1992	6	财务会计、对外经济贸易、外贸英语、文秘与办公自动化、工企经营销售、国际金融	业余：财务会计3/对外经济贸易3/外贸英语3/文秘与办公自动化3/工企经营销售3/国际金融3
1993	9	食品工程、工业企业管理、财务会计、对外经济贸易、外贸英语、文秘与办公自动化、金融、工业造型设计、计算机应用	全脱产：食品工程2 业余：工业企业管理（2、3）/财务会计（2、3）/对外经济贸易（2、3）/外贸英语（2、3）/文秘与办公自动化（2、3）/金融（2、3）/工业造型设计（2、3）/计算机应用（2、3）
1994	14	财务会计、对外经济贸易、外贸英语、文秘与办公自动化、工商企业管理、市场营销与公关、财务会计（涉外财会）、财务会计（计算机辅助管理）、金融与证券、旅游英语、外贸日语、涉外秘书、实用美术、计算机应用	全脱产：财务会计2 业余：财务会计3/对外经济贸易3/外贸英语3/文秘与办公自动化3/工商企业管理3/市场营销与公关3/财务会计（涉外财会）3/财务会计（计算机辅助管理）3/金融与证券3/旅游英语3/外贸日语3/涉外秘书3/实用美术3/计算机应用3

续表

年份	招生专业数	实际招生专业（方向）	学习形式与学制
1995	15	工商企业管理、市场营销与公关、财务会计、财务会计（涉外财会）、财务会计（计算机辅助管理）、对外经济贸易、金融与证券、外贸英语、外贸日语、实用美术、计算机应用、经济信息管理、商务秘书、广告、服装设计与表演	全脱产：计算机应用2 业余：工商企业管理3/市场营销与公关3/财务会计3/财务会计（涉外财会）3/财务会计（计算机辅助管理）3/对外经济贸易3/金融与证券3/外贸英语3/外贸日语3/实用美术3/计算机应用3/经济信息管理3/商务秘书3/广告3/服装设计与表演3
1996	14	工商企业管理、财务会计（计算机辅助）、财务会计（涉外财会）、金融与证券（原金融）、外贸英语、外贸日语、实用美术、广告、服装设计与表演、法律、国际贸易、计算机应用、财务会计（高职试点）、食品营养与配餐（高职试点）	业余：工商企业管理3/财务会计（计算机辅助管理）3/财务会计（涉外财会）3/金融与证券（原金融）3/外贸英语3/外贸日语3/实用美术3/广告3/法律3/国际贸易3/服装设计与表演3/计算机应用3.5/财务会计（高职试点）3/食品营养与配餐（高职试点）3
1997	11	工商企业管理、财务会计（计算机辅助管理）、金融与证券、外贸英语、商务秘书、实用美术、广告、计算机网络、财务会计（高职试点）、计算机应用与管理（高职试点）、电脑美术设计（高职试点）	业余：工商企业管理3/财务会计（计算机辅助管理）3/金融与证券3/外贸英语3/商务秘书3/实用美术3/广告3/计算机网络4/财务会计（高职试点）3/电脑美术设计（高职试点）4/计算机应用与管理（高职试点）4
1998	11	服装设计与表演、实用美术、广告、外贸英语、金融与证券、工商企业管理、保险、财务会计（高职试点）、计算机应用与管理（高职试点）、电脑美术设计（高职试点）、乐器修造（钢琴调律）、食品营养与配餐（高职试点）	业余：服装设计与表演3/实用美术3/广告3/外贸英语3/金融与证券3/工商企业管理3/保险3/财务会计（高职试点）3/计算机应用与管理（高职试点）4/电脑美术设计（高职试点）3/乐器修造（钢琴调律）（高职试点）3/食品营养与配餐（高职试点）3

注：此表数据来源于成人高等学校基层报表，包含二学历专业（方向）。表中高职试点专业试行“3+2”入学考试改革。

二、建设情况

轻工职工大学自成立以来，专业设置和调整，立足于行业企业对专科学历教育的需求，还要适应社会成人学历教育需要，满足学生发展个性化的需要。

成立专业指导委员会 1998年，轻工职工大学为适应首都经济建设和社会发展对高级职业型、技术型人才的需要，进一步深化教育教学改革，加强与产业界的合作，办出高等成人教育的职业特色，提高教学质量和办学效益，成立北京市轻工职工大学专业指导委员会。各专业指导委员会由相关行业、企业的专家顾问、企业家、本校各专业系领导，以及一轻集团总公司主管部门领导和校外实习、实训基地的高级技术人员组成。

专业指导委员会实施以来，在专业建设、教学改革和专业发展方向等方面，发挥了积极作用，进行了有针对性的指导，主要内容为：制订各专业学历教育和短期培训的近期建设目标和长期发展规划；对各专业的培养目标、教学计划、课程设置、课程内容和实践教学等方面提出指导性意见。同时，提供行业、企业技术与生产发展对人才的需求信息，对学校毕业生的质量提出评价意见，包括学生培养的规格、标准，对课程体系和教学内容的改革等。

学校先后成立的专业指导委员会有：食品与发酵专业指导委员会、会计专业指导委员会、经贸英语专业指导委员会、食品营养与配餐专业指导委员会、工商企业管理市场营销专业指导委员会、电脑美术专业指导委员会、钢琴调律专业指导委员会、计算机及应用专业指导委员会、计算机与网络技术专业指导委员会、形象设计专业指导委员会。各专业指导委员会设主任一人，副主任1～2人，委员若干人。

重点专业建设 在职工大学开办过程中，学校始终坚持以行业企业需求为导向，以提升企业职工综合素质为原则，建设中坚持工学结合，教学内容与企业实际岗位需要相衔接。在制订教学计划、课程设置、教学安排等方面，既遵循国家教委《制订教学计划的原则意见》，又结合企业和学生实际情况灵活运用。根据社会需求，新增“对外经济贸易”“旅游英语”“外贸日语”“金融与证券”“商务秘书”“电算会计”“广告”“实用美术”等专业，将老专业“工业企业管理（工业经营销售）”改造为“工商企业管理”等，形成一个较合理的专业群。

工业企业管理专业，是轻工职工大学的长线重点专业，企业需求，学生需要，培养目标为既具有一定专业理论知识又具有处理、利用信息于企业经营决策和外经工作能力的、德才兼备的经营开拓型专门人才。本专业可分为：信息管理专门化、外经管理专门化、经营管理专门化以及生产技术管理专门化等，该专业的师资力量较强，人员配备齐全；党政干部基础理论专业为最早开设的专业，针对行业企业对管理干部培养需要，培养具有从事政、法、文秘、组织及劳动人事管理等工作的理论知识和实际能力的管理干部；财务与会计专业是学校的长线专业，培养能够掌握理论政策、正确贯彻执行国家财政制度，既懂工业企业财务、会计工作理论知识，又有实际操作能力的专业管理干部，初期重点是工业会计，后期开设涉外会计、计算机辅助管理会计等方向，作为重点专业还试办了成人高等职业专业，为企业和社会培养人才。

97届外贸日语专业（94级）毕业生合影

91届工业会计专业（8831）班毕业生合影

三、教学管理

职工大学成立以来，始终将教学管理作为教育教学工作重点，围绕教学计划管理、学籍管理、教学过程管理、常规管理、教学质量管理等几个环节，建立较为完善的制度规定，一方面加强对教学秩序的控制管理，提升教师教学质量水平，另一方面规范出勤及课堂纪律，激发学员学习兴趣。在这些环节中，学校特别注重教学过程的管理，新生入学的第一课即抓好入学教育，给新生介绍学校情况、专业设置及课程安排，进行学习目的及专业思想教育，让学员掌握各种规章制度。入学后，严格课堂教学管理，先把选课关，再把教学质量关，尤其重视考试纪律，建立了学校试卷库，学期末由系主任和教务处共同抽取试卷，考场均要求隔行按号入座，持学生证入考场，发现违纪行为及时处理，从细节入手，形成良好的学风。

为适应成人在职学习的特点，学校很早实行全业余办学，每晚有校领导带班，教务部门、学生管理部门和后勤保障部门全部人员参与，为教学值班服务。为照顾一些“三班倒”的学生，学校将部分课程设置为白班、晚班同时开，以利学生选择适合自己的上课时间，食堂每晚为下班后赶来上课的学生准备丰富的小吃，为避免因停电而停课，学校装有发电机，配备专人值班，保证可在停电后五分钟之内供电。

第四节　教学改革

随着市场经济的日益发展，为适应行业企业和社会对专科人才的需求，职工大学成立以来，探索成人高校的办学规律，在课程设置、学分制等方面进行改革，提升办学质量和水平。王淑萍校长、孙雅筠副校长在国家教委所属“中国成人教育”刊物1995年第1期上，刊登了《适应需求，深化改革，探索成人高校办学规律》一文，详细介绍了学校多年来教育教学改革的情况。

一、按照社会需求增设专业

需求信息调查　为了解社会对人才的需求信息，更贴近行业企业及社会需要，学校改变传统的等待行业劳动人事部门下达计划的做法，多方面多角度进行社会调查。

在把握一轻系统各企业用人需求方面，采取“请进来、走出去”的方式，每年请一轻局各处处长和大中企业厂长到校座谈，由他们直接提出行业企业对专业人才的需求和培训要求，具体到需求类型、数量要求、岗位培养标准等，作为学校改革调整专业和课程的重要依据；组织调研活动，由学校领导带队，分几路走访一轻系统40多个企业，到一线现场和岗位，听取对人才培养的需求和改进意见。对外经贸、市场营销、涉外财会、工业造型设计等专业，都是根据调研了解的需求信息而设置的。

学校通过各种渠道对社会上用人单位进行调查，为开设新专业提供依据，例如在开设金融专业之前，1992年派教师到交通银行、人民银行总行和朝阳、东城的储蓄所，就人才培训需求、岗位目标和生源情况进行调查。通过此形式，掌握第一手资料，在专业增设申报、课程设置、招生宣传等方面更有针对性。

学校对培养对象开展调查，积累学生学习需求信息。到参加成人高考补习班的学生中了解求学的需求，每年在招生专业论证中，均向补习班学生发出数百份问卷调查，询问拟报专业志愿，平均收回率99%。统计的结果成为学校增设调整专业、完善课程建设和学生培养的重要依据。

转换办学理念　通过需求调查，转变了学校传统的办学理念，更加靠近社会实际。从按企业需要办学，逐渐发展到按社会需要办学，改变了为本行业服务与为社会服务相矛盾的状况。行业生存于社会之中，是社会的组成部分，社会中有行业，为社会服务与为行业服务不仅不矛盾，而且可以互相促进、互为提高。这种理念转换在办学中得到了落实。一轻系统在二十世纪八九十年代有16个行业方向，180余家企业，职工岗位技术培训很难一统化，学校选择了共性强的文科管理类专业作为基本框架。而管理类学科又是社会上各行各业需要的，故而为行业和为社会服务应是统一的。改革开放后，从计划经济向市场经济过渡，企业已经成为融技工贸、供产销为一体的实体，金融、证券、合资会计、外经外贸等涉外型、复合型专业人才，既是行业企业所急需的，也是社会所急需的。

93届行政管理专业（90级）毕业班合影

97届财务会计（涉外财会）专业（94级）毕业班合影

二、按应用型培养目标更新课程

随着社会发展，人才培养需求不断变化，在设立新专业的同时，学校对新老专业的教学计划、课程设置、教学内容不断进行更新改造。

成人高校的学员，不同于全日制大学生，他们已是各行各业职工，对专业课的设置有发言权，学校每学期召开各专业学生座谈会，听取学生对课程设置和教学内容的意见，每届毕业生离校，校领导听取他们对整个专业教学计划的全面评价，作为更新计划和课程改革的重要依据。

对基础课进行改革，本着加强基础、适度、够用的原则，压缩理论推导，加强与后续专业课衔接的基础部分。以1995年为例，教师们大胆进行教学改革，经济与政治的教师结合社会主义市场经济的特点，把“政治经济学”与“西方经济学”结合起来，去粗取精，去伪存真，运用马克思主义的立场、观点、方法分析经济规律，使学生感到耳目一新；数学的教师们针对成人学生年龄偏大、家务与工作负担较重、文化基础不同的特点，紧密结合专业课所需的知识，把微积分、线性代数、线性规划、概率、运筹学等几门课，按照它们的内在逻辑，综合为“经济应用数学”进行讲授，既缩短了课时，又便于成人学生理解接受。同时，扩大基础课的外延和内涵，“世界政治经济与国际关系”“政治经济学”与“西方经济学”结合的“经济学概论”分别成为涉外专业和财经专业的公共基础课，而英语、计算机已成为所有专业不可缺少的基础课，各专业计算机课一般按国家教委计算机等级考试二级要求安排教学。英语课教学注重听、说、译的能力培养，与社会上英语中级水平考试相接轨。

在专业课上改革上，根据新知识、新技能的不断发展，跟进求新，加强针对性、实用性。财务会计专业参照会计师全国统考课增加、调整了有关课程，建立了财会实验室；对外经贸专业按照外销人员的上岗考试要求，设置了相应的国际贸易实务、国际经济法规、世界行情等课程；商务秘书专业增设了“Windows”“Lotous”等新型商用软件应用课程。

北京市轻工职工大学金融专业九五届毕业留念 九五.六.八

北京市轻工职工大学金融专业95届毕业合影

三、按成人学生特点实行学分制

1985年经北京市成人教育局批准，学校在北京成人院校中率先实行学分制，通过十年逐步完善，受到成人学生的欢迎。

实行柔性教学计划和选课制　学校在各专业计划中设必修、分组选修和15%左右的任选课，以适应每位学生的不同兴趣和需要，这是实行学分制的前提。为拓宽知识面，至1994年，共有2500余名学生科次跨专业选修，在已毕业的1600多名学生中，超学分毕业达1400多人，超学分毕业近90%，人均超15学分左右，相当于多选2～3门课。

实行弹性学制　学校将学制订为2～6年，因工作或其他原因，无法完成一学期规定课程，可申请缓修部分课程，也可休学，延长学习年限；如学有余力或有免修课的，可提前选高年级课程或多选课，缩短学习年限，提前毕业；除对执高校成绩证明批准免修外，每学期初对经自学申请免修的学生组织免修考试，成绩合格可批准免修；经补考不及格允许重修，重修不限次数。实行这种弹性学制，至1994年，提前选修共4000多人科次，缓修近190人科次，已毕业的学生中，有200多人提前到2～2.5年毕业，39人滞后毕业。学校指导学生选课，已选修的课实行较严格考勤，对考试（免修考试）及补、缓考一律使用试卷库等相应的管理措施，严把教学质量关。

特点成效　实行学分制度，满足成人学历教育学员的学习需求。

一是具有学习内容多样性的特点，根据职业需要、个人特长及未来发展趋势，学生在学完必修课的基础上，灵活地进行选修课的学习，更好地学以致用；二是具有学习时间灵活性的特点，成人学生绝大部分是在职职工，工学矛盾突出，学习时间没有保证，学分制则在一定程度上使学生可以根据自己工作的时间来安排学习；三是具有学制灵活的特点，学分制可在一定期限内延长学习时间，使每个学生充分发挥自己潜在的能力，可以跨年级、跨班级选课，只要在2～6年中，学完教学计划规定的学时学分即可毕业。

四、联合办学试点改革

经市成人教育局和市高教局批准，北京市轻工职工大学与北京市第一轻工业学校进行了联合改革试点工作。自1993年起，从北京市第一轻工业学校二年级学生中优选部分学生，参加全国成人高等学校统一入学考试，经北京市成人考试办公室统一录取后，进入学校全日制大专班学习（学制三年）。截至1996年，北京市第一轻工业学校有四届学生共214人考试合格，被录取为计算机应用和食品工艺等专业的大专生，单独编班，配有较强的师资和实验设备，在教学过程中突出实践技能的培养，教学质量得到充分的保证。

五、试办成人高等职业教育专业

1996年，北京市教委下发文件，经研究并报国家教委批准，在北京市部分成人高等院校试办高职教育，学校计算机应用与管理（理工类）、会计、电脑美术设计、食品营养与配餐四个专业获批试办成人高等职业教育。1997年又批准增加钢琴调律专业。学校在成人高等职业教育中进行改革试点，为后期申报独立设置的高职院校做了有益尝试。

入学考试实行“3+2”改革 成人高等职业教育主要面向在职从业人员，其中绝大部分有自己的岗位或职业，具有在职、业余学习的特点，大部分人员接受过中等职业教育，相当多的在职人员取得成人中等职业学校的学历。他们有自己的专业，随着社会经济技术的不断发展和工作岗位技术含量提升的需要，仍希望继续学习，提高自己的学历层次，拓宽自己的专业领域。

学员不但入学后是在职、业余学习，而且入学前的考前复习也是在职、业余学习。20世纪90年代后期，因在职的原中等职业学校（包括中专、职高、技校）的毕业生已逐渐成为成人高考的生源主体，为适应受过中等职业技术教育的考生深造的需要，北京市教委批准，高职招生试行入学考试科目“3＋2”的改革，从传统文科的语、数、政、史、地和理科的语、数、政、物、化，改为国家统考语、数、政三科，另外加试两科专业课或专业技能课，突出岗位专业技术的特点，使更多的在岗在职青年获得提高学历的机会。学校开设的财务会计（“3+2”入学考试试点）专业高职班，1996年招收40余人，1997年招生近90人，1998年招生100多人。

轻工职工大学教务处教职工合影

成人高职教育改革探索 成人高等职业技术教育在培养目标、教与学实践、用人单位参与和学校办学条件等方面具有很强的职业导向特征，学校通过实践进行了改革探索。

一是培养目标具体化，高等职业教育的本质特征具有很强的职业定向性，根据社会需求，面向生产、管理、技术的第一线，培养具备高等教育规格的应用性人才，从某个职业岗位群出发，进行职业分析，了解构成这一职业岗位工作的主要内容，明确支撑其职业或工作所需的知识与技能。如财务会计专业的培养目标为培养具有良好的会计职业道德，熟悉相关法律、法规，具备会计岗位工作所需的基础理论知识及较高会计职业技术能力，毕业后能够较快地从事各种会计核算工作直至担任主管会计的高级专门人才。

二是职业知识与岗位能力明确，学员能力培养具有很强的针对性，着力培养应用型能力并取得相关资质。如财务会计专业，要求学生具有会计核算能力，收集、加工、分析经济信息能力，应用有关计算机软件能力和财经应用文写作能力，同时要求取得相关的资格证书，即市财政局等部门统一考核、颁发的“四证”（会计证、电算化证、计算机等级证、珠算通级证）。

三是根据培养目标进行课程改革，在课程设置上以职业岗位能力的分解为主要依据，安排每门课程，强化课程的实用性和实践性，以职业技能训练和岗位能力培养为中心组织教学。考虑社会发展使职业岗位的外延和内涵都处于不断变动之中，要求学员不仅要具有胜任某一职业岗位具体工作的能力，还要具有对职业岗位变动的良好适应性和可持续学习的能力。如财务会计专业设置两个课程体系模块：知识与素质模块包括社会科学与文化素质教学、专业基础理论知识教学、经济管理知识教学三个子模块；专业技术操作模块包括会计核算技术、会计分析、预测决策及计算机操作、写作能力等子模块。

四是需要用人单位参与专业建设，高等职业教育和成人普通专科教育相比，培养过程需要用人部门直接参与，使培养目标、课程设置、实践教学更贴近企业岗位（群）的需要。为此，一轻总公司主要领导亲自挂帅“学校发展咨询委员会”，逐步成立了各试办高职专业的“专业指导委员会”，委员由企业高级管理技术人员和社会上的专家组成。对各专业的专业建设、课程设置、师资培养以及落实学生的实习实训基地等进行具体指导。

五是高职办学条件需逐步完善，以保证职业技术型人才这一特定培养目标的实现。在师资队伍建设方面，开始着手培养“双师型”教师队伍，采取“送出去、请进来”的方式，与企业建立密切联系，使教师有机会到企业参观、实践，参与企业的经营管理和咨询诊断，组织有关教师下厂办学，一方面为企业培训人才，另一方面使教师能和企业管理人员交流，相互学习，了解企业实际情况，以利于进行实践教学；加强实践教学环节的投入建设，根据高职培养目标及支撑其职业或工作所需的知识与技能，相关专业均较大幅度地增加了实践环节和实践课程的比例，使理论教学时数与实践教学时数比接近1：1。同时要求学生毕业时取得相关的职业资格证书。如财务会计专业，重视“会计模拟”实训环节，建立了较规范的财务会计模拟实验室。

第五节　师资队伍

职工大学成立以来，通过引进、进修培养和下企业实践等途径，加强师资队伍建设，提高教师教学能力和水平，贴近行业企业需要，教书育人，管理育人，服务育人。

1991年教职工党日活动

教职工参加北京市工业系统运动会

1984年职工大学成立后，人员定编为118人。1985年教职工总数103人，其中专任教师31人。1987年，教职工111人，专任教师39人，其中40岁以上教师16人。1988年，评定讲师16人，副教授2人，从1989年起，学校中级以上职称人数逐年递增。1995年，学校专职教师达到166人，其中获得学士及以上学位的共有160人，讲师102人，副教授23人，中级职称以上的占教师总数的75%，师资力量不断加强。

至1998年，学校有专任教师160人，其中本科学士学位以上人员155人，占专任教师总数97%，硕士学历3人，中级职称93人，副高级职称28人。1985—1998年北京市职工大学教师情况见表2-2-8。

表2-2-8　　1985—1998年北京市轻工职工大学教师情况统计表　　单位：人

年份	教职工总数	专任教师数	副教授	讲师	专任教师党员	硕士	学士
1985	103	31	/	/	12	/	/
1986	107	30	/	/	13	/	/
1987	111	37	/	/	16	/	16
1988	106	35	2	16	15	/	21
1989	103	33	2	14	15	/	13
1990	93	33	3	14	15	/	22
1991	106	40	5	16	19	/	31
1992	104	36	6	18	19	/	31
1993	104	40	8	23	18	1	39
1994	120	66	9	47	31	3	60
1995	229	166	23	102	52	3	160
1996	242	168	24	110	56	2	164
1997	244	170	26	108	59	2	165
1998	229	160	28	93	53	3	155

轻工职工大学教师活动合影

学校十分重视教师队伍建设，制订“求实、自律、团结、进取”的校训，统一思想，同心同德。制订教师发展规划，有计划地提高教师素质。

按照国家对成人高校的验收标准，学校调整内部结构比例，充实教师队伍，注重学科带头人的选择与培养，各教研室主任均具有硕士研究生学历或达到同等学力水平。

学校每年选送一至二名在教学实践中涌现的有培养前途的优秀教师进研究生班学习，逐渐形成高水平、高质量、思想正的骨干教师队伍。每年组织三至五名教师，深入企业调查研究，掌握第一手材料，写出论文或调查报告，充实到教学内容中。各教研室制订计划，帮助条件成熟的青年教师走上讲台授课，不断提升新教师的成长。为使教师的教学跟上新专业的设立和经济改革的发展，有计划地送出教师进修计算机、国际商法、外贸企管、进出口业务、保险学、财政金融、社会学、礼仪等新课程，不断更新知识结构。

1989—1997年北京市轻工职工大学教职工获市级及以上荣誉情况见表2-2-9。

表2-2-9　　1989—1997年北京市轻工职工大学教职工获市级及以上荣誉一览表

序号	年份	获奖人及奖项
1	1989	宋慧敏获全国轻工业系统优秀教育工作者称号
2	1989	曹随获北京市成人教育优秀教师称号
3	1989	许桂萍、高岩获北京市工业系统优秀教师称号
4	1989	王淑萍、李树升获北京市工业系统优秀教育工作称号
5	1989	王淑萍获北京市成人教育优秀教育工作者称号
6	1994	周枫、付泽民获北京市工业系统优秀教师称号
7	1995	孙雅筠获北京市教育系统优秀教育工作者称号
8	1997	李玉鹰获全国轻工业系统优秀教师称号
9	1997	王淑萍、周枫获全国轻工业系统优秀教育工作者称号
10	1997	刘希棠、石乐铭获北京市优秀教师称号

第六节　人才培养

一、职大招生与毕业情况

学校办学的最初几年，生源主要是经历了“文化大革命”的“老三届”及后几届初高中毕业生，大多为企业在职在岗的管理干部、技术人员、一线技术工人等。随着对“老几届”补课任务的完成及中等职业技术教育的迅速发展，进入20世纪90年代，成人高等教育的生源开始转变，相当部分生源为原中等职业学校（包括中专、职高、技校）的毕业生，还有高中毕业生和个体劳动者等。

轻工职工大学立足北京一轻系统，服务北京工业系统，面向全国轻工系统，在不断提高为本系统服务的基础上，加强跨行业、跨地区代培，逐步提高学校的教育成效。1984年招生119人，在校生规模为241人。1992—1998年，在校生规模均在1000人以上。1998年招生382人，在校生规模为1099人。至1998年，累计毕业生近3600人。20世纪90年代开展了第二学历的教育，1994—1998年参加二学历（第二专科）教育的人数不断增加，累计1000余人。

1983—2001年轻工职工大学招生及毕业人数、1983—1998年北京市轻工职工大学在校生规模变化及1986—2001年毕业生情况见表2-2-10及图示。

1996年轻工职工大学教职工参加成人教育招生咨询活动合影

表2-2-10　1983—2001年北京市轻工职工大学招生及毕业人数统计表

入学年份（级）	在校生规模/人	招生数/班	毕业年份（届）	毕业生/人
1983	122	122/2	/	/
1984	241	119/2	/	/
1985	440	199/3	/	/
1986	416	100/2	1986	121
1987	401	132/3	1987	119
1988	385	154/4	1988	194
1989	450	166/5	1989	99
1990	630	321/8	1990	127
1991	894	411/7	1991	143
1992	1035	303/13	1992	128
1993	1403	703/9	1993	286
1994	1740	616/14	1994	362
1995	1695	494/14	1995	642
1996	1634	611/10	1996	425
1997	1285	357/4	1997	423
1998	1099	382/2	1998	527
/	/	/	1999	539
/	/	/	2000	395
/	/	/	2001	332

注：表中职工大学成人专科招生、在校生规模数据来自成人高等学校基层报表。

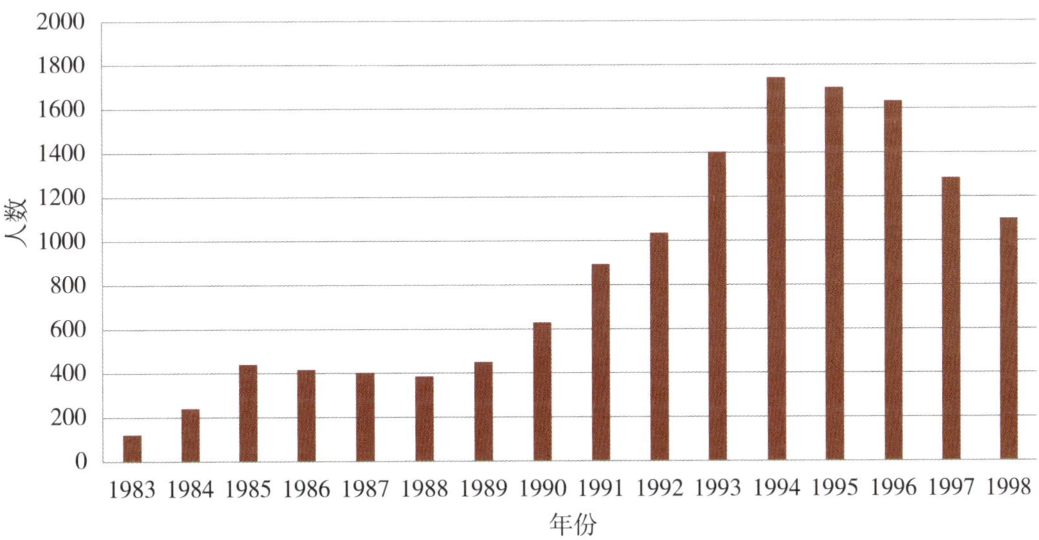

1983—1998年北京市轻工职工大学在校生规模变化图示

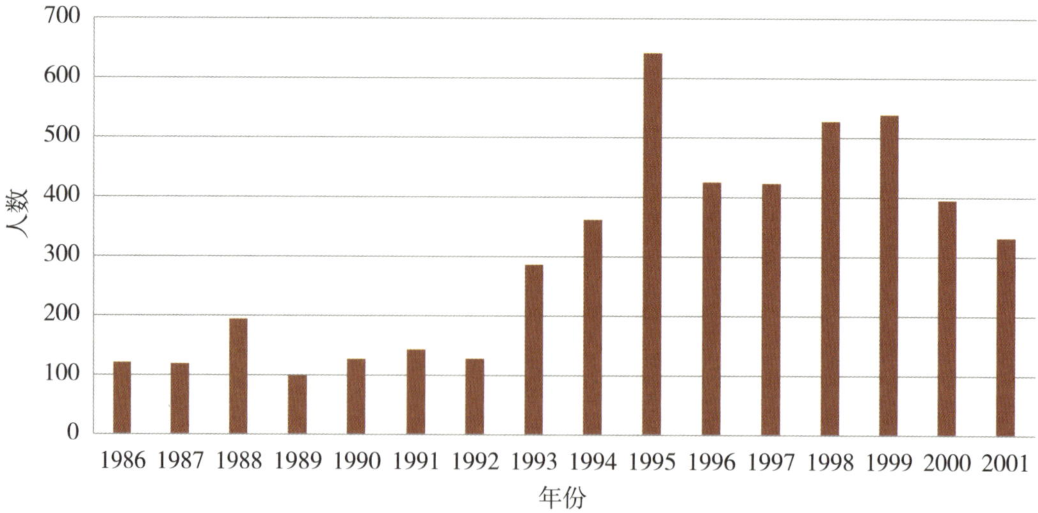

1986—2001年北京市轻工职工大学毕业生情况变化图

北京市轻工职工大学87届工业企业管理专业（8411）班毕业生合影

北京市轻工职工大学94届文秘与办公自动化专业（91级）毕业生合影

北京市轻工职工大学95届外贸英语专业（92级）毕业生合影

北京市轻工职工大学97届实用美术专业（94级）毕业生合影

二、培训等其他继续教育情况

学校在办好成人专科教育的同时，还有一项重点任务是充分利用职工大学与党校的教育资源，开展各种形式的培训和继续教育。在行业主管部门统筹下，以一轻局行业企业不同时期的人员素质提升和岗位需求为背景，为行业企业开展补习、培训、进修等教育，为行业建设发展服务，为企业员工适应发展提升能力提供教育服务。同时，学校面向社会多元化需求，开展取证培训、继续教育等多种服务（表2–2–11）。

表2-2-11　1985—1990年北京市轻工职工大学举办各种培训班招生情况统计表

单位：人

年份	短训班	补习班	单科班	进修班
1985	510	225	/	/
1986	216	153	73	64
1987	/	95	144	/
1988	/	50	480	745
1989	/	194	/	176
1990	/	/	/	563

1985—1989年以短期培训和补习班为主，重点是普遍提高企业干部员工的思想、政治与文化素质，1988年起主要是以进修班为主，提高干部员工的工作能力与水平，不断适应轻工业现代化建设的需要，主要包括厂处级领导培训班、中青年干部培训班、后备力量培训班、员工文化素质补习班等，举办马列基础理论等不同专业的单科班，满足某一方面专业水平提升的需要。每年均开展会计等继续教育的培训。

进入20世纪90年代，多以岗位培训为主，包括资格性培训和适应性培训两种类型。1992年岗位培训总计2098人，其中资格性培训948人，适应性培训930人。1996年岗位培训706人，1997年岗位培训2124人。1998年岗位培训合计2517人，其中资格性培训达1982人，适应性培训506人。1992年，开展大学后继续教育，人数为220人。其中，资格性培训主要以取得相关职业等级证书或资格为目标，重点包括：获取计算机一级、二级等级证书考试的培训；英语等级考试培训；取得会计证、助理会计师、会计师考试的培训；学校与北京市广告协会合作，作为全市唯一的培训点，举办广告业取得上岗证的培训；学校与全国钢琴调律协会、北京星海钢琴厂合作，开展钢琴调律高级、中级、初级取证培训班，作为全国两个培训点之一，所培训的学员覆盖了北半个中国，具有较大影响。

学校还尝试其他学历教育的办学，满足不断增长的学习要求。1985年，为北京电视大学承办业余文书档案专业四个班163人的教学、学籍等管理工作，同年招收马列主义基础理论函授班84人。1994—1998年，学校举办成人中专班，满足在职员工取得中专学历的需求。1994年、1995年分别招生50人，1996年招生97人，1997年招生79人，1998年招生30人。

三、优秀毕业生事例

王平　学校1983级工业企业管理专业学生，首届优秀毕业生。1986年毕业后返回北京卷烟厂，很快就从车间主任提升为厂长助理、副厂长，1993年9月任厂长、党委副书记，1998年1月兼任北京烟草供销公司经理。1994年被国家统计局评为中国行业百强企业优秀企业家。1993年和1997年连续两届当选为北京市朝阳区人大代表。2000年9月被评为全国烟草系统劳动模范。

1993年，王平一上任就投入大量精力搞调研、跑市场。北京卷烟厂当年实现利税2.18亿元。而后逐年增长，1999年达到4.2亿元，出口创汇201万美元，实现历史性突破。1994年企业被评为“北京市最佳经济效益工业企业”并位居第一位。1998年企业获全国质量效益型先进企业称号，2000年企业荣获“全国质量管理优秀企业”。

张国庆 学校1983级工业企业管理班学生。1986年毕业后回北京日化二厂工作，从事外贸销售的工作。

2002年张国庆自己创业，成立了北京金宇瑞欣贸易有限公司，任董事长。在短短的一年时间公司被北京市工商联评为“重合同、守信誉”文明单位，继而连续十年获此殊荣。自2012年起，其公司开始向养老护理行业转型，创建“莱特、葫芦巴、护伊宝”等产品品牌，并研发设计了洗浴宝、三洗宝、浴婴宝等专利产品。研发产品中有13项实用新型专利、外观专利和2项发明专利，其中“莱特洗浴宝”获得2018年中国国际福祉博览会“诶加”创新产品银奖和最佳人气奖，并入选《中国残疾人基本辅助器具指导目录》。2022年公司获得中国十大养老人气奖、十大养老掌门人奖以及爱心企业等十余奖项。

2016年其公司开始开展上门助浴服务，并规划实行“互联网+养老+服务+产品”的行业模式。截至2022年，公司的产品受益人近50万人以上，莱特产品已成为中国助浴行业的引领者和创新推动者。

郭春鸿 就读于1984级党政干部基础理论专业，1987年毕业。曾任职于中华女子学院北校区主任兼党总支书记，研究员职称。在工作上积极进取、勇于开拓，多次被评选为先进教育工作者、优秀共产党员。她带领团队荣获全国妇联机关先进基层党组织、北京市德育先进集体称号，出版了《梦开始的地方》《大学新生教育实践与探索》《第一流的领导艺术》等作品。

张金刚 学校1987级工业企业管理专业学生，1990年毕业。入学前已是红星酿酒厂下属一个郊区分厂的厂长，他克服重重困难，边工作边上学，以优异的成绩毕业后，担任了红星酿酒厂总经理。

2000年8月，红星联合四家单位成立了北京红星股份有限公司，张金刚任副董事长、总经理兼党委书记。张金刚不断深化企业体制和机制改革，在残酷竞争的市场环境中，使“红星”酒类产品的销售收入连续三年迈出三大步，成为全市利税大户，张金刚本人连续五年被评为北京市爱国立功标兵，被称为“创新‘红星’的带头人”。2000年被授予“北京市劳动模范”称号。

费志远 学校1987级工业企业管理（行政劳动人事）专业学生，1990年毕业。毕业后投身到北京一轻总公司经济管理工作中，取得“高级经济师”专业技术职称。先后就职于北京一轻总公司体改办、中国汽车工业总公司集团工作部。多年在国企一线工作，为一轻综合配套改革和国家大型企业集团改制做了大量具体的工作。后期曾从事私募股权基金运营。作为专家，长期为学校经济管理学院会计专业提供企业投资、产权管理、内部治理、规范上市等相关教学咨询服务。

第七节　校园建设

一、建筑设施建设

1979年，北京市第一轻工业局为学校筹建办学基地，将位于朝阳区左家庄同属于一轻局所属酒厂的部分用地划拨给学校，占地面积5533平方米，地址为左家庄北里2号院。同年11月开始一期工程，校园内建设办公楼（北楼），建筑面积4106平方米，楼内包含学生宿舍，共有50余间，可放置300余张床位，为市郊区县和外省市学生住宿提供方便，1981年底竣工。办公楼建成后，党校由昌平秦城迁入新校区。

1984年，开始二期工程建设，在校区内建设教学综合楼（西楼），共五层，建筑面积2550平方米。

1984年，以党校所属土地名义（学校出地）在校区南面建设家属宿舍楼（左家庄北里3号楼），家属楼的东半侧为学校教职工宿舍，西半侧为第一轻工业总公司下属酒厂职工宿舍（企业出资），建筑面积为430平方米。1985年，建设单身职工宿舍楼，建筑面积114平方米。

1989年，翻盖锅炉房近150平方米，建设东二层行政用房285平方米。1991年，在教学综合楼上进行加层施工改造，使教学综合楼变为六层，加层后建筑面积为2927平方米，楼内有大中小相配套的教室20多间，设有电教室、图书馆和大教室。1995年建设餐厅，建筑面积377平方米。至此，学校基本设施建设完成。

1994年12月，根据一轻总公司〔94〕人劳教字第621号文件，“同意将一轻工业学校兼作轻工职工大学分校”，“在保持原隶属关系、产权关系、机构设置和财政渠道等不变的前提下，以联合促进教育资产的优化配置，优势互补，资源有偿共享，互惠互利，共同发展”。1995年，学校占地面积15297平方米，建筑总面积36659平方米。

二、教学设施建设

1987年，学校建成电教室、语音室、计算机房、图书馆等教学设施。图书馆面积135平方米，藏书二万多册。

1988—1989年，英文打字实验室投入使用。图书资料共上架新书6000册，购书质量有所提高，图书馆资料分编上架。

进入20世纪90年代，为适应教学要求，学校加强硬件建设，陆续购置了摄像机、录像机、72英寸投影电视、英文打字机等视听教学实习设备，建有4间电子教室配备386型、486

型微机装备80余台，语音教室2间共80个座位。学校校舍及资产情况见表2-2-12。

表2-2-12　1985—1998年北京市轻工职工大学校舍及资产情况统计表

年份	校舍建筑总面积/平方米	教学行政用房/平方米	学校占地面积/平方米	固定资产/万元	图书/册
1985	4300	1141	5533.33	/	/
1986	6449	1404	5533.33	/	/
1987	8906.85	2247	5533.33	250	18000
1988	8906.85	2247	5533.33	250	22350
1989	9451	1678	5533.33	30	24000
1990	9451	2348	4866.67	42	27000
1991	9451	2409	5533.33	384.56	30784
1992	9451	2409	5533.33	388.56	34353
1993	9451	2409	5538	418.56	36518
1994	9451	2409	5538	630	60100
1995	36659	19284	15297	2530	128800
1996	37009	19634	15297	2531	129400
1997	37009	19634	15297	2550.04	131200
1998	37009	19634	15297	2650	130000

大事记

1983年

年初，为提高本系统各级各类干部和技术岗位人员的文化素质和管理水平，解决部分在岗从事专业技术和管理工作职工学历不足的问题，一轻总公司开始筹建一轻局系统的职工大学。

7月，经上级批准，开始试办成人高等教育专业两个班共计122人，8311班为工业企业管理专业，8321班为党政干部基础理论专业。

1984年

7月，根据北京市人民政府办公厅〔1984〕厅秘字第038号文，成立北京市第一轻工业总公司职工大学，国家教委备案，人员定编118人。职工大学与党校两块牌子一套人马，一体办学，实施统一管理。

9月，职工大学正式开始招生，暂在留学路校址教学。

年内，左家庄校区一期工程开工，建设办公楼（北楼），建筑面积4106平方米。年内，两校一体办学后，职工大学、党校统一管理，主要管理机构设置为：校办公室（包括党政工作）、人事科、行政科、教务科、学生科、培训部、党校工作部，设置马列教研室、文史教研室、数理教研室和企管教研室。

年内，以党校所属土地名义（学校出地）在校区南面建设家属宿舍楼（左家庄北里3号楼），家属楼的东半侧为学校教职工宿舍，西半侧为第一轻工业总公司下属酒厂职工宿舍（企业出资），建筑面积为430平方米。

1985年

年内，经北京市成人教育局批准，学校在北京成人院校中率先实行学分制。

9月，经批准，新开设食品工程、工业会计专业。

年内，开始建设单身职工宿舍楼，建筑面积114平方米。

1986年

左家庄校区西教学楼建成后，职工大学搬入左家庄校区。

1987年

建成电教室、语音室、计算机房、图书馆等教学设施。图书馆面积135平方米，藏书二万多册。

1988年

学校成立职称评定小组，评定讲师16名，副教授2人。自此，学校有了高级职称教师。

1989年

经批准，新开设行政管理、对外经济贸易、外贸英语、财务会计专业（方向）。

1990年

在教学综合楼进行加层施工改造，使教学综合楼变为六层，加层后建筑面积为2927平方米，楼内有大中小相配套的教室20多间，设有电教室、图书馆和大教室。

经批准，新开设文秘与办公自动化专业。

获北京市教育系统德育工作先进集体称号。

1991年

学校在北京市成人高等学校办学条件、办学水平、办学效益评估中，被确定为A级。

经批准，新开设工业涉外企管、工企经营销售、财务会计（涉外财会）专业（方向）。

1992年

学校调整机构设置，设有办公室、人保科、工会、教务科、教学研究室、学生科、培训科、教学开发部、总务科、招待所，设置企管教研室、马列教研室、外经外贸教研室、文史教研室、信息教研室和政法教研室。

经批准，新开设国际金融专业。

1993年

经批准，新开设金融、工业造型设计、计算机应用专业（方向）。

北京电大一轻工作站由一轻总公司教育处移归北京市第一轻工业总公司职工大学，多元化形式办学。

获北京市工业系统教书育人先进集体称号。

1994年

5月16日，经北京市成人教育局批准，学校成为第一批全国计算机等级考试考点，并在国家教委考试中心备案。

6月16日，经北京市机构编制委员会同意并正式发文，北京市第一轻工业总公司职工大学更名为“北京市轻工职工大学”。

年内，经批准，新开设工商企业管理、市场营销与公关、财务会计（计算机辅助管理）、金融与证券、旅游英语、外贸日语、涉外秘书、实用美术等专业（方向）。

9月，校务会决定以专业类别为基础，成立7个教学系，分别为：管理系（原企管教研室）、政教系（原马列教研室）、经贸系（原外经教研室）、计算机系（原信息教研室）、财经系（原财经教研室）、文秘系（原文史教研室）、外语系（原外语教研室）。

年内，获北京市工业系统首批“育人质量先进学校”称号。

1995年

建设餐厅，建筑面积377平方米。

经批准，新开设经济信息管理、商务秘书、广告、服装设计与表演专业（方向）。

1996年

经批准，新开设法律、国际贸易专业（方向）。

北京市教委下发文件，经研究并报国家教委批准，在北京市部分成人高等院校继续试办高职教育，学校计算机应用与管理（理工类）、会计、电脑美术设计、食品营养与配餐等四个专业获批试办成人高等职业教育。

1997年

经批准，新开设计算机网络专业。

经北京市教委批准，增加钢琴调律专业为成人高等职业教育试办专业。

获北京市工业系统“育人质量先进学校”称号。

1998年

7月，北京一轻集团有限责任公司下发《关于北京市轻工职工大学、北京市一轻总公司党校与北京市第一轻工业学校三校合并的决定》，三校合并，原有校名和办学体制保留，各拨款渠道不变，芍药居、左家庄两处校区保留，师资、设备等教育资源统一调配使用，创造条件申报高职学院，申报名称定为“北京轻工职业技术学院”。

年内，成立北京市轻工职工大学专业指导委员会。获批开设保险（文科）专业。获北京市开展转岗就业培训先进单位称号。

1984—1998年北京市轻工职工大学机构设置及人员名册

学校领导：葛康同　张益中　王淑萍　孙雅筠　闫龙慎　李友青　王庆才　毛长林　吕耀俭　王海峰　付泽民　吴文莲　周　枫

办公室：石秀清　王晓艳

人事工作部门：曹　成　朱艳杰

保卫工作部门：朱树森　李　岩

教务工作部门：郭春鸿　杨　斌　王　琦　郭　瑨　郝小光　孙树仁　丁俊英　马　蕾　陈小根　张　清　李育梅　王京红　杨月凌　胡遵强

党校工作部门：宋慧敏　刘　敏　王　丽　贾　粒　赵淑玉

学生工作部门：史生彦　刘瑞英　洪志坚　李　京　侯　翊

教学开发部门（招生办）：林培训　武中华　张秋霞　肖慧芳

电教部门：刘新华　蔺月松　李建强

图书馆：张健儒　赵志贤　唐慕英　王玉琪　王玉萍　梁百玲　闫　萍

财务部门：赵守谦　王进喜　杜淑玲　任萍湘　徐　茹　陈雨兴

后勤部门：吴国华　李树声　黄建虹　李杏娟　李柏松　方炳存　刘宝纯　李　达　孙永利　李金媛　杨淑敏　骆原良　吴连利　张思远　杨曼仪　赵　立　杨世昆　韩彦玉　刘胜刚　刘　钧　张战旗　陈晓根　孙宏燕　李民欣　韩巨增　王玉荣　胡毓俊　刘松杰　张维新　佟明利

三产部门：陈正宗　马永路　韩钢钢　赵丽艳

工会：辛　敏　王建华　彭世明

马列教研室：冯　雷　许桂萍　许秋富　李庚垣　梁　东　侯丽洁　王　辉　韩立余　戴　平　柴继红

文史教研室：石乐铭　贺华锋　蔡诚训　李桂荣　夏颖颖　胡晓涓　金木婴

数理教研室：葛炎午　张淑娴　徐　信　刘稳恩　胡建华

经管系：张　云　曹　随　高　岩　何　红　李玉鹰　卢　萍　徐秀艺　卜丽华　马　琳　程　伟　梁丽芬　李宏伟

财会系：黄淑梅　张　晖　崔晓翔　刘葆春　付伟芳　马　蕾　彭　爽　张　璇

计算机系：单玉梅　鲁　峰　王稚蔷　林　萍　陈　涵　龙　漪　杨恩华

外语系：刘希棠　高承庆　郑沛钧　唐　伟　范　宁　鲜　明

艺术设计系：戴　莛　刘　弘　陈　凯　唐云丽　李　颖　李伟明　赵智扬　白晓炜　展　望　陈　薇

注：以上部门为学校在不同时期设置，部门名称以存在时间较长的部门名称为准；校内人员在部门间调动的，以在岗职务高或时间长的部门为准。名单由部分老同志回忆、编撰而成。

第三章 北京市汽车工业总公司职工大学

北京市汽车工业总公司职工大学成立于1984年，为成人高等专科院校，与20世纪70年代末成立的北京市汽车工业学校，同为行业办学单位，同在一个校园内办学。1997年，两校整合，一体双轨办学。学校主要专业有机械制造、企业管理、汽车检测与维修、机电一体化、汽车营销、计算机应用技术、汽车维修技术、数控机床应用技术等，至2006年，为行业企业及社会培养了900多名合格的专科毕业生。2000年，北京市教委授予学校“成人教育培训先进集体”称号。

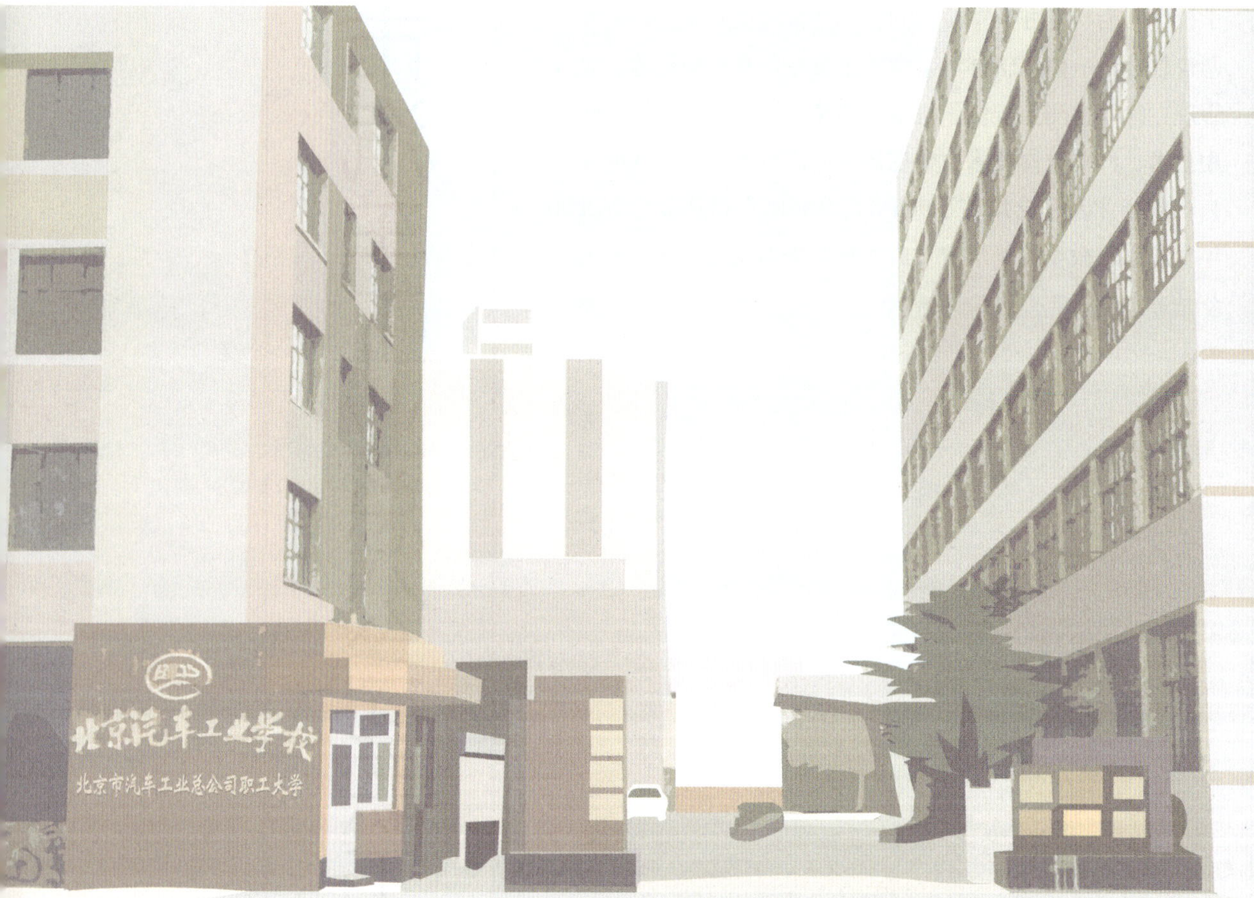
北京汽车工业学校
北京市汽车工业总公司职工大学

第一节　发展沿革

一、学校建立

1983年初，北京汽车工业总公司（简称北汽总公司）根据北京市工农教育办公室〔82〕工农教办字第006号文件精神，向上级主管部门申报建立北京市汽车工业总公司职工大学。1983年秋，经北京市工农教育办公室同意，北汽总公司试办职工大学，纳入市属成人高等院校系列，并经全国成人高考招生，当年设置全日制三年成人专科机械制造专业，招生对象为年龄35周岁以下、两年工龄以上、文化程度为高中毕业或相当于高中毕业的系统内部职工，共录取76人，编为2个教学班，办学地点为北京市朝阳区金台路甜水园甲1号（汽车工业学校西教学楼第5层）。

1984年7月，根据市政府〔1984〕厅秘字第038号文，北京市汽车工业总公司职工大学正式成立，承担总公司下属大、中型企业五万余名职工的文化教育及高等专科学历教育的任务，成为北汽总公司在职职工的教育基地。

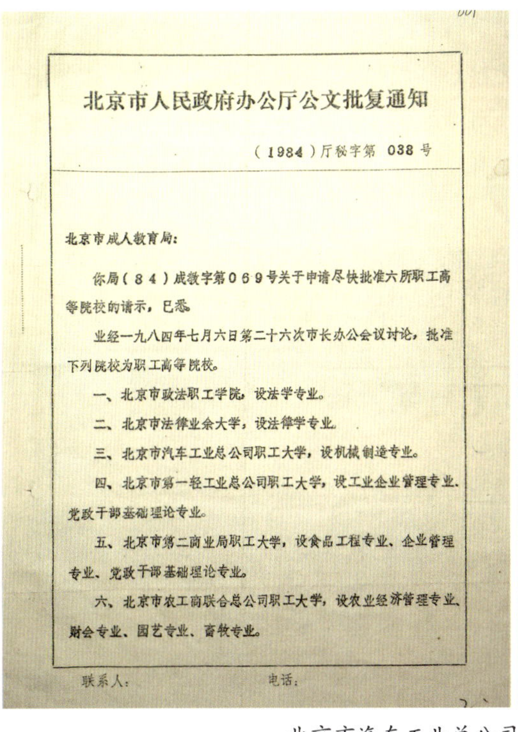

北京市人民政府办公厅公文批复通知

（1984）厅秘字第 038 号

北京市成人教育局：

你局（８４）成教字第０６９号关于申请尽快批准六所职工高等院校的请示，已悉。

业经一九八四年七月六日第二十六次市长办公会议讨论，批准下列院校为职工高等院校。

一、北京市政法职工学院，设法学专业。

二、北京市法律业余大学，设法律学专业。

三、北京市汽车工业总公司职工大学，设机械制造专业。

四、北京市第一轻工业总公司职工大学，设工业企业管理专业、党政干部基础理论专业。

五、北京市第二商业局职工大学，设食品工程专业、企业管理专业、党政干部基础理论专业。

六、北京市农工商联合总公司职工大学，设农业经济管理专业、财会专业、园艺专业、畜牧专业。

联系人：　　　　电话：

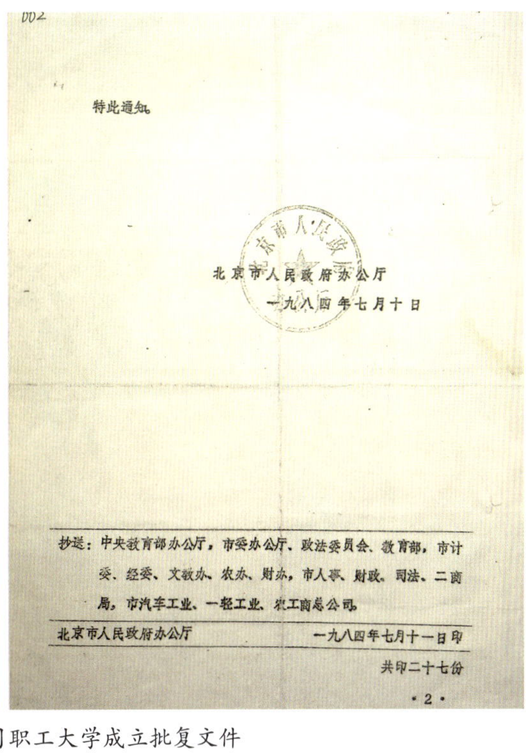

特此通知。

北京市人民政府办公厅

一九八四年七月十日

抄送：中央教育部办公厅，市委办公厅、政法委员会、教育部，市计委、经委、文教办、农办、财办，市人事、财政、司法、二商局，市汽车工业、一轻工业、农工商总公司。

北京市人民政府办公厅　　　一九八四年七月十一日印

共印二十七份

·2·

北京市汽车工业总公司职工大学成立批复文件

二、隶属关系

1983年建校至2000年，学校隶属于北京市汽车工业总公司，教育教学工作接受教育主管部门的指导和管理。1997年，学校与北京市汽车工业学校整合，一套机构，两块牌子，一体双轨办学。2000年9月，学校划归北京市教育委员会直属管理。2007年3月，经北京市政府批准，北京市汽车工业学校（北京市汽车工业总公司职工大学）、北京市仪器仪表工业学校、北京二轻工业学校、北京市机械工业学校（北京市机械工业局职工大学）与北京电子科技职业学院合并，组建新的北京电子科技职业学院。

三、学校发展

建校初期，开设机械制造专业，2个教学班，办学地点在汽车工业学校5000平方米教学楼内的第五层（简称西教学楼）。1986年，职工大学校由西教学楼5层搬入新建7000平方米教学楼（简称南教学楼）第4、第5层，使用面积约为3000平方米，扩大了教学场所面积，办学条件得到改善。学校成立之初，秉承百年大计，教育为本的办学理念，将满足企业对技术人才的需求，解决部分职工“以工代干”的学历教育问题，作为办学的立足点和出发点，搭建起汽车行业职工学历教育与培训相互融合的办学格局。20世纪80年代，生源主要来源于参加北京市成人高考的企业内部在职在岗职工，为全日制脱产学习。八十年代末至九十年代中期，生源由汽车行业企业内部招生扩展到面向社会兼收应届高考生，开设全日制、半脱产教学班，形成“人本创造、学本致用”的办学理念，重在创新，不断提升学生职业素质和创新能力。1997年，学校与北京市汽车工业学校合并，一体双轨办学。2000年，两校一并划归北京市教委管理，面向社会招收应届高考生，包括全日制、半脱产、业余等多种办学模式，逐渐形成以服务为宗旨、以就业为导向、以技能为核心、以育人为根本的办学宗旨，增强了学校的社会服务能力，得到社会、企业、学生的认可。教师队伍从建校初期的十几人，发展至1997年的63人。至2006年，开设专业20余个，累计培养成人专科毕业生900余人。

教育主管部门领导及专家组来校考察工作

四、机构人员

历任校领导 建校初期，学校党政正职领导由北汽总公司主管教育领导兼任，1984年后，学校开始设有副校长一职；1988年后，正职由培训中心主任兼任。1985年4月，柳景元任职大副校长。1988年7月，周天骥任职大副校长。1991年10月，叶玠良任职大常务副校长。1997年3月，根据京汽集学组字〔1997〕060号通知，张杰兼任中专校长、职大校长。1983—1997年历任职工大学领导见表2-3-1。

表2-3-1 1983—1997年北京市汽车工业总公司职工大学历任校领导一览表

序号	职务	姓名	任职时间	备注
1	党委书记、校长	康志芳	1983.09—1986.08	公司副总经理兼
2	校长	王明先	1986.08—1993.10	公司副总经理兼
3	常务副校长	叶玠良	1991.10—1994.07	培训中心主任兼
4	校长	张　杰	1996.03—1997.03	培训中心主任兼
5	副校长	苗　瀛	1983.09—1986.08	/
6	副校长	柳景元	1985.04—1988.07	/
7	副校长	周天骥	1988.07—1996.12	/

注：支大新于1994.10—1996.03作为培训中心常务副主任主持学校工作。1997年起，两校一体办学，与汽车工业学校班子成员一致。

机构设置与教职工 1983年，教职工队伍由企业内外调入人员及招收的应届6名大学毕业生组成。教务长为柳景元，专任教师有15人，分别为段淑兰、徐信、王喆、陈绍仪、张坚、孙汉桥、陶顺娟、陈金宝、潘燕华、么居标、刘强、李彦中、谢晓惠、孙伯平、殷晓蒙。

1984—1997年，属于北汽总公司教育中心、培训中心管理时期，在党政群团、行政管理和公共资源等方面统一设置机构，职工大学实施教学与学生管理。教育中心时期，职大设有校办公室、教务科、专业课教研室、基础课教研室、电化教育室和学生科。1988年8月，学校机构调整，设有教务科、技校工作科、电教室、企管教研室、机制教研室。1994年，设有教务科，科长沈林法、副科长么居标；企管教研室，主任陈京军、副主任李彦忠；机制教研室，主任张坚。至1997年，教职工人数为63人。

1988年教职工名单：周天骥、柳景元、张坚、张玉珏、方谨瑜、余敏华、沈林法、赵敏娴、柏振兰、甘连仪、魏萍、段淑兰、徐天增、郑少京、阴曼云、李秀敏、王喆、刘家华、潘燕华、吴莉玫、周纯智、谢宝顺、陈绍仪、么居标、陶顺娟、夏策芳、韩雁、章宁、殷晓蒙、李安、李彦忠、付宁、陈京军、陈渌漪、陈金宝、杨惠忠、刘善克、孙汉桥、姚春利、喻洪、王玉萍、何丽娟、华大文、张军元、唐爱明、陈俊、于淑然、王纪东等。

1997—2007年，职工大学与汽车工业学校整合，一个领导班子，一套机构，这一时期的机构人员情况见本书第一篇第五章“北京市汽车工业学院”相关内容。

第二节　专业建设

一、专业设置

1983年，职工大学首次开设机械制造专业。1985年，职工大学与中美合资企业北京吉普汽车有限公司适时开办了机械制造专业机制英语专门化，经北京市教育主管部门批准，纳入普通高考招生。1987年，开办了机械制造专业工艺与设备专门化，通过成人高考和普通高考招生。1988年，开设了机械制造专业质量控制专门化，纳入普通高考招生。1991年、1993年学校又与北汽总公司财务处联合开办现代会计专业。1995年，针对企业对汽车维修服务人才的需求，开始招收汽车维修与检测专业学生。1996年，为北汽总公司“九五”期间成立模具中心储备人才，开设了汽车模具制造工艺专业。1998年开设数控机床应用技术、企业管理、汽车维修技术专业。1999年增设财会专业、汽车营销专业，为汽车销售人员提供学习进修平台。

2000年，开设半脱产汽车维修技术、工商企业管理、数控技术、计算机应用技术专业，办学形式适应学生边工作边学习的需要。2001年，增设半脱产电子商务专业。2001年增设文科业余：现代会计、电子商务专业；理科业余：计算机应用技术等专业。1983—2007年职工大学专业（专门化）设置情况见表2-3-2。

表2-3-2　　1983—2007年北京市汽车工业总公司职工大学专业（专门化）设置一览表

年份	专业名称	生源
1983—1987	机械制造专业工艺与设备专门化	系统内部职工
	机械制造专业机制英语专门化	
	机械制造专业技校实习教师师资专门化	
1987—1995新增专业	机械制造专业质量控制专门化	系统内部职工及社会人员
	工业企业管理专业经营管理专门化	
	工业企业管理专业财务管理专门化	
	现代会计	
1987—1995新增专业	汽车检测与维修	
	汽车商务	

续表

年份	专业名称	生源
1996—2007 新增专业	汽车模具制造工艺	系统内部职工及其他企事业单位人员，普通高考、成人高考应届高中毕业生
	汽车运用工程	
	财务会计	
	金融	
	数控机床应用技术	
	企业管理	
	汽车维修技术（脱产、半脱产）	
	汽车营销	
	电子商务	
	工商企业管理	
	计算机应用技术	
	机电技术应用	
	数控技术应用汽车运用工程	

二、课程介绍

机械制造专业 学生需要完成高等数学、普通物理、理论力学、材料力学、机械原理、机械设计、机械制造工艺学、切削刀具、热处理、计算机与算法语言、机床电气、机床设计等二十余门课程的学习，毕业后取得国家大专学历资格，主要为企业从事机械制造加工工艺和机械设计的技术岗位培养人才。1983年学校机械制造专业和1984级机械制造专业各学期课程及1988年职工大学课程学时安排见表2-3-3～表2-3-5。

表2-3-3　1983年北京市汽车工业总公司职工大学机械制造专业各学期课程一览表（全日制三年）

第一学期	第二学期	第三学期	第四学期	第五学期	第六学期
高等数学	数学分析	哲学	英语	电工学与工业电子学	汽车构造
普通物理	普通物理	英语	机械零件	液压传动	企业管理
政治经济学	理论力学	材料力学	公差配合与技术测量	机械制造工艺学	毕业设计
画法几何	机械制图	机械原理	电工学与工业电子学	夹具设计	/
化学	英语	金属材料与热处理	计算机与算法语言	金属切削机床与设计	/
英语	电子技术基础	线性代数	金属工艺学	机床电器控制	/
工程数学	/	概率论	金属切削原理与刀具	/	/

续表

第一学期	第二学期	第三学期	第四学期	第五学期	第六学期
微机	自控原理及系统	测试技术	机床电器控制	/	/
电子技术基础	金属切削原理与刀具设计	CAD语言	工艺及夹具	/	/
/	/	机床设计	/	/	/

表2-3-4　1984级北京市汽车工业总公司职工大学机械制造专业各学期课程一览表（全日制三年）

第一学期	第二学期	第三学期	第四学期	第五学期	第六学期
高等数学	高等数学	普通物理	英语	机械制造工艺学	机床电器控制
普通物理	普通物理	英语	机械零件	夹具设计	工业企业管理
政治经济学	理论力学	材料力学	公差配合与技术测量	金属切削机床与设计	毕业设计
画法几何	机械制图	机械原理	电工学与工业电子学	电工学与工业电子学	/
体育	英语	金属材料与热处理	液压传动	汽车构造	/
英语	计算机与算法语言	金属工艺学	金属切削原理与刀具	/	/
普通化学	线性代数	概率论	/	/	/

表2-3-5　1988年北京市汽车工业总公司职工大学课程学时安排一览表

学期	班数	学生数	课程数	总课时	本校教师		外请教师		外请率
					课程数	课时数	课程数	课时数	
上半年	17	515	58	3120	41	2168	17	952	30%
下半年	15	592	57	3954	42	3056	15	898	23%
合计	32	1107	115	7074	83	5224	32	1850	/

企业管理专业（工业财务类型）　学生在三年（业余）时间内完成政治经济学、微积分、工业基础、工业经济、工业统计、工业会计、经济法、企业管理、经济活动分析、对外信贷、计算机原理等二十余门课程的学习，毕业后取得国家大专学历资格。主要为企业从事财务管理、生产管理等岗位培养人才。

汽车营销专业　专业主要开设课程有：邓小平理论、经济应用数学、英语、应用文写作、计算机基础、机械制图基础知识、中国经济地理、经济法、统计原理（含工统）、公关与推销、营销心理学、会计电算化、企业会计、国家税收、广告学、汽车构造、汽车商品学、汽车营销学、市场行情预测、国贸实务、谈判技术、制图测绘，进行计算机上机实习、会计电算化，并进行毕业设计。

计算机应用技术专业 专业主要开设课程：邓小平理论、高等数学、工程数学、离散数学、英语、WINDOWS应用基础、电工电路基础、数字电子技术、PASCAL语言数据结构、C语言程序设计、微机原理、计算机英语、操作系统、数据库原理与应用、计算机接口、可视化程序设计、计算机网络原理与技术、多媒体技术及应用、三维动画、实用软件、上机初步实习等内容，进行数字电子技术课设、C语言程序设计课设、微机原理课设、数据库原理课设、计算机接口课设、计算机网络原理与技术课设、多媒体技术及应用课设、专业实习、毕业设计等。

数控机床应用技术专业 专业主要开设课程：邓小平理论、英语、机械制图、计算机基础、应用数学、应用文写作、工程力学、公差配合与测量、金属工艺学、金属切削机床概论、电工学与电子学、机械设计基础、数控机床液压系统、数控机床电气系统、金属切削原理与刀具、机械制造工艺学、微机原理及应用、数控原理与数控机床、液压伺服与电动伺服、数控编程、数控检测、数控机床故障分析、数控机床机电维修、机械制图测绘，进行机械制造工艺数控编程实习、数控机床操作实习、机床操作实习、钳工实习、数控机床维修实习等内容，并进行毕业实践与毕业设计。

汽车维修技术专业 专业主要开设课程：政治经济学、高等数学、英语、应用文写作、计算机基础、机械制图、金属工艺、汽车工程材料、工程力学、机械设计基础、公差配合、电子技术基础、微机原理单片机、液压传动与气动、汽车构造、发动机与汽车原理、测量技术基础、汽车维修技术、汽车检测技术、汽车电控技术、汽车电气设备、汽车故障与诊断、汽车运行材料、汽车新技术讲座、制图测绘等内容，进行机加工实习、机械设计课程设计、汽车拆装实习、汽车检测维修实习、中级工实际操作考核，并进行毕业设计。

1991年北京市汽车工业总公司职工大学办学八年教育教学成果展

第三节　教学管理

一、运行管理

随着市场经济发展和企业生产、技术、管理的需求，职工大学从单一培养规格和办学模式向多规格、多形式转变，从单纯教书、传授书本知识向培养专业能力、实际动手能力转变，从最初全日制脱产班办学形式到增开半脱产及业余办学形式，贴近企业及社会需求，实现学以致用的办学理念。

教学常规管理　为准确把握教学方向，学校教务科从备课、教案、教学计划、听课等环节入手，有考核有落实。

学校课程的开设均由北京市成人教育局（简称成教局）批准，在课程计划的实施上，遵循国家教委《成人高等专科教育制订教学计划的原则意见》，依据北京市成教局的要求，结合企业岗位对技术的需求，组织教师开展教材及教学大纲的编写工作。截至1995年，共编有169份教学大纲；在教案编写上，要求教师提前备写出占总课时1/3学时的教案，并上报教研室审阅批准。教务科负责组织教学检查，并对所听课程进行检查，对教学质量进行分析，每年检查测评优良的教师占参评教师的90%。在1991年国家教委组织的高等数学、金属材料及热处理、公差配合与技术测量、机制工艺等四门课程的统考中，及格率分别为94%、81.6%、71.4%、67.3%，高于同类院校，取得了好成绩。1984—1985年末职工大学各班考试成绩统计见表2-3-6。

表2-3-6　　1984—1985年北京市汽车工业总公司职工大学各班考试成绩统计表　　单位：分

<table>
<tr><td rowspan="2">班级</td><td colspan="8">科目</td></tr>
<tr><td>公差</td><td>英语</td><td>电工</td><td>机原机零</td><td>BASIC语言</td><td>金属工艺学</td><td>刀具</td><td>总平均</td></tr>
<tr><td>83-1班</td><td>82.6</td><td>78</td><td>79.4</td><td>76.7</td><td>77.6</td><td>86.8</td><td>68.9</td><td>78.57</td></tr>
<tr><td>83-2班</td><td>81.7</td><td>79</td><td>79.1</td><td>78.4</td><td>80.4</td><td>84.1</td><td>72</td><td>79.24</td></tr>
<tr><td rowspan="2">84班</td><td>线性代数</td><td>英语</td><td>理论力学</td><td>高等数学分析</td><td>BASIC语言</td><td>普通物理</td><td>体育</td><td>总平均</td></tr>
<tr><td>84.9</td><td>85</td><td>82.5</td><td>90.8</td><td>80.3</td><td>72.6</td><td>87.7</td><td>82.68</td></tr>
</table>

实践教学　学校始终加强实践教学管理，校园内资源共享，设有计算机室、汽车、数控机床等20余个实验室以及实习工厂，其中计算机60余台，可联网使用，财务专业学生可进行模拟练习；汽车实验室可提供汽车专业学生对发动机及整车的拆装实验；实习工厂为学生提供了车、钳、铣、刨、磨等机加工的实习等，保证了学生专业实习课的开出率。同时，学校组织不同专业脱产班的学员到多家企业进行10周的生产实习，汽车专业学生前往长春一汽、湖北二汽、洛阳拖拉机厂进行专业技术实习，机制技工师资班学生前往天津职业技术师范学院实习，机械制造英语专门化专业的学生前往合资企业进行专业实习，安排企管专业学生进行社会调查等。

安排毕业生有针对性地进行实践活动，要求学生带着课题到企业或结合企业所需设计课题。机械制造（简称机制）专业坚持“三图一卡”（零件工序图、加工示意图、机床联系尺寸图和生产率计算卡）进行毕业设计；企业管理专业论文，将所学知识转化为企业管理所需，需6000字以上完成课题。其中，86级机制专业学生，毕业设计的“D21A摩托车3210差速器钻镗孔专机、夹具设计”被北汽摩公司分厂采用，88级机制质量控制专业的2名学生，在毕业设计中的两项检具方案、论文及图纸等资料被北京内燃机总厂留用。

专业基本功训练　注重机制专业学生制图动手能力的培养，并贯穿整个教学过程中，除了设有制图课程外，通过机零、刀具、液压、夹具、机床等课程中的课程设计、大作业及毕业设计等形式，强化学生制图能力培养与训练，使学生具有独立绘制简单机械及一般机器设备的设计图纸。

学校对1994—1996年毕业生分配去向、用人单位、毕业生使用情况、岗位情况等进行了跟踪调研，从系统内部对毕业生的使用情况来看，汽车制造、维修等专业的毕业生绝大部分安排在技术岗位，文科类及计算机专业毕业生大多分配在管理岗位。1994—1996年职工大学毕业生主要用人单位统计见表2-3-7。

表2-3-7　　1994—1996年北京市汽车工业总公司职工大学毕业生主要用人单位统计表

单位名称	接收毕业生人数			合计	占毕业生%	备注
	94届	95届	96届			
吉普汽车有限公司	26	99	67	192	24.3	国有合资
北汽摩公司	30	29	15	74	9.4	国有
松下彩管有限公司	1	32	2	35	4.4	国有合资
公交管理局	19	3	5	27	3.41	行政
汽车电机厂	7	4	14	25	3.16	国有
北京齿轮总厂	10	1	8	19	2.4	国有
汽车起动电机厂	11	8	0	19	2.4	股份合资
北轻汽	10	6	2	18	2.3	国有合资
汽车离合器厂	0	0	16	16	2.02	集体

学生在湖北二汽实习合影

二、教学改革

在办学过程中，落实全国成人教育工作会议精神及有关文件精神，从思想观念上逐步实现了三个转变：从主观奉命办学逐步向企业实际需要办学转变，努力扩宽专业面，增加办学的动力和活力；从单一培养规格和办学模式向多规格、多形式办学转变，努力发挥教育多功能的作用；从单纯教书、传授书本知识向培养专业能力、实际动手能力，树立教书育人思想上转变，努力培养更多、更好地适应企业需要的专门人才。

课程改革　职工大学培养的学生应该是生产第一线的应用技术人员，而现行教材满足不了这个要求。根据毕业后学生用人单位的调研反馈，普遍感到高等数学虽然课程学时多，但在后续专业课及就业工作岗位的实践中数学理论应用性差，而实际工作中经常用到的很多数学方法却又没有学过，加之新技术发展快，特别是微型计算机的广泛应用，对工程技术人员的培养提出了新的要求，电子计算机的应用，常常遇到的是离散化的函数、数值计算方法等。为适应学生的岗位需求，数学老师对高等数学的教学内容和方法进行了变革。在课程的内容上侧重讲微积分的基本概念和方法，重视微积分的应用，删去一些次要的或仅有理论意义的内容及概念、法则甚至定理，通过直观的方法引入，使学生在较短的时间内完成学习微积分的准备部分，较早地进入主要部分的学习，在删减传统内容的同时增加了电子计算机较常使用的数值计算方法，包括微分与积分的数值计算方法，常微分方程的数值解法，渐近级数、数值拟合等。

办学形式多元化 职工大学根据生源层次的不同，按照全日制脱产、半脱产、业余教育等类型，组织教师在修订教学计划方面做了大量工作，适当调整了专业课和实习课的比例，要求教师下厂实习和参加生产劳动，一方面增长自身的专业知识，另一方面了解企业的需求，更有针对性地为培训人才做准备，学校先后开设了定向代培班和联办分校。2000年后，根据学生及社会需求开展半脱产、全日制等多元办学形式。

按需求办专业设课程 学校1985—1996年，先后开办了机械制造专业英语专门化（简称机械英语）、机械制造专业技校实习指导教师师资专门化（简称机械师资）、机械制造专业质量控制专门化（简称质量控制）、现代会计四个专业，共150余人的普通高考全日制订向培养班。这一时期正值北京汽车工业的一个大发展时期，当时成立有中美合资北京吉普汽车有限公司，是北京第一家大型工业项目的中外合资企业，公司引进了先进的生产装备和生产技术，也引入了先进的企业管理方法，迫切需要一大批适应合资企业需求的英语和技术专业知识均达到相应水平的复合型人才。学校在市教育主管部门和北汽总公司的支持下与吉普公司联合开办了机制英语专业，当年从参加普通高考分数达到普通大专录取线的应届高中毕业生中，招收了30名学生，作为定向培养，专业课程包括机械设计、机床、机制工艺等机械类课程，也包括英语口语，英语精读，机床、机制工艺课程采用英文教材，采用英语授课。经过三年的系统学习后，吉普公司录用了十五名毕业生，其余学生由北京旅行车厂，汽车仪表厂等录用。

1987年开办了机制师资专业，脱产学习3～4年，开办这个专业是根据当时工业系统各技校缺少有较高理论水平又有实践能力的实习指导教师的情况确定的，生源一部分来自在岗的不具备大专以上学历的青年实习指导教师，参加成人高考后录取；另一部分来自应届高中毕业生。此专业的基础课和技术基础课要达到一般机制专业大专水平，专业课不过分强调工装设计能力，而是强调实际操作各种设备的能力和指导实习的能力，且在原机械制造专业课程的基础上，在课程安排上增设了技工教育心理学、职业教育管理学等课程。根据企业及生源需求，开办了业余班，利用周日及下班时间上课，解决了学生不能脱产的问题。

1988年，学校与北汽总公司质量处及北京市质量管理协会，联合开设了质量控制专业，招收应届高中毕业生，定向培养，主要为北汽总公司系统各企业生产一线培养工序质量、产品质量控制专门人员。课程强调用数理统计的方法研究质量控制。学校开设此专业，是由于企业生产一线从事质量控制的人员部分是由技术、工艺人员转行的，部分人员是资深的生产工人，二者均没有系统的质量控制专门知识，学校取其所长补其所短，大胆实践，增设了质量管理工程、质量经济学等课程，培养既懂生产技术又懂质量控制的专门人才，以充实生产一线质量控制的技术力量。同年，为北京旅行车制造厂开办了技工班，定向培养一线技术工人。

1991—1993年，为适应北汽总公司下属合资企业中会计工作业务的需求，学校与北汽总公司财务处联合开设现代会计专业班，定向培养适应现代化企业、适应市场经济的具有外语和电算化能力的新型财会人员，招收在职及高中毕业生，在课程安排上突出英语、计算机、涉外会计三方面的教程，且设有会计模拟实习，学生毕业后除了具备大专学历，在校期间还取得了会计证、会计电算化等多种岗位资格证书。

1994年，开办数控机床操作与维修专业定向班，定向培养实用型的专业技术人员，满足企业对操作维护大型数控机床和数控装备的人才需求。

1995年，北汽总公司体制改为集团总公司后，各企业生产规模大发展，汽车年产量逐年递增，汽车行业经过近20年改革开放的变迁，已不仅仅局限于机械、汽车制造，逐步进入汽车销售服务领域，人才需求也发生了相应的变化，由此，汽车商务、汽车维修借助汽车工业学校整套汽车检测设备，开设有“汽车检测与维修”专业，加强汽车发动机与汽车理论、汽车维修技术、汽车检测技术、汽车运行材料等方面的教学以及校内的汽车拆装实习、汽车检测维修实习等。

第四节 师资队伍

一、队伍建设

学校从建立健全制度入手，由最初的听课制度、集体备课、教案检查逐步引入奖励与竞争机制，建立起科学的管理体系，通过各种教学评估考核、师德培训等优化教师队伍，提升教师综合素质，以评优、职称评定、岗位聘任等“关联性改革”，推动教师与学校“共同成长”。至2000年，学校教师主编教材出版10余册；10余名教师获得市级以上荣誉。

1983年，专任教师15人，具有中级专业技术职务4人。1988年教职工达48人，其中专任教师27人，队伍初具规模。

1991年，专任教师45人。学历结构状况：大学本科以上学历34人，占75.6%；大学专科学历9人，占20%；中专学历2人，占4.4%；专业技术职称状况：具有高级职称11人，占24.4%；中级23人，占51.1%；年龄结构状况：50岁以上16人，占35.6%；40～49岁10人，占22.2%；30～39岁8人，占17.8%；29岁以下11人，占24.4%；专业类型结构情况：基础课教师16人，占35.6%；经济类专业课教师8人，占17.8%；工科类专业课教师21人，占46.6%。

至1997年与汽车工业学校合并前，教职工达63人，其中专任教师31人，具有高级技术职称11人、中级技术职称20人。

二、教师荣誉

1989—1999年学校教职工获奖情况见表2-3-8。

表2-3-8　　1989—1999年北京市汽车工业总公司职工大学教职工获市级荣誉一览表

序号	年份	获奖人及奖项
1	1989	沈林法获北京市工业系统先进教育工作者称号
2	1993	余敏华获北京市工业系统先进教育工作者称号
3	1994	赵敏娴获北京市工业系统优秀教师称号
4	1995	吴旭朝获北京市工业系统优秀教师称号
5	1996	么居标获北京市成人院校中青年骨干教师称号
6	1997	章宁获北京市工业系统先进教师称号

续表

序号	年份	获奖人及奖项
7	1998	李晓获北京市工业系统先进教师称号
8	1998	王霆、张安、付宁、陈俊获北京市成人院校中青年骨干教师称号
9	1998	王霆获北京市工业系统先进教育工作者称号
10	1999	常莼、朱迅、夏策芳获北京市成人院校中青年骨干教师称号

第五节　人才培养

一、职大招生与毕业生情况

招生情况　1983年，开设机械制造专业，学制为全日制三年。计划招生60人，实际录取76人，最高分396分，最低分270分（高于北京市规定最低录取分20分）。录取学生最大年龄35岁、最小年龄19岁，平均23岁，生源来自所属8个企业。

20世纪90年代中期以后，开始面向社会招收应届高考高中毕业生，开办脱产班、半脱产、业余班。截止到2006年底，职大在校生人数为170人。1983—1991年职工大学招生情况如表2-3-9和表2-3-10所示。

表2-3-9　1983年北京市汽车工业总公司职工大学首届学生主要来源情况一览表

序号	生源所在单位	录取人数
1	北京齿轮总厂	12
2	北京摩托车厂	12
3	北京第二汽车厂	8
4	北京汽车配件总厂	14
5	北京内燃机配件总厂	14
6	北京内燃机配件厂	5
7	北京汽车仪表厂	6
8	北京内燃机总厂	5
合计		76

表2-3-10　1983—1991年北京市汽车工业总公司职工大学招生情况一览表

年份	专业	模式	计划招生	录取人数	录取率
1983	机械制造	脱产	推荐	76	/
1984	机械制造	脱产	推荐	34	/
1985	机械制造	脱产	推荐	37	/
	机制英语	脱产	推荐	30	/
1986	机械制造	脱产	推荐	46	/

续表

年份	专业	模式	计划招生	录取人数	录取率
1987	机械制造	业余	30	20	/
	机制技校师资	脱产	推荐	27	/
	工业企业管理	业余	60	70	/
1988	机械制造	业余	30	17	57%
	机械质量控制	脱产	30	54	180%
	机械质量控制	半脱产	30	19	63%
	工业企业管理	业余	30	48	160%
1989	工业企业管理	业余	60	62	103%
1990	机械工艺与设备	业余	30	20	67%
	工业企业管理	业余	30	26	87%
1991	机械工艺与设备	业余	30	22	73%
	工业企业管理	业余	30	29	97%

学生管理　建校至2000年，学校以班主任为抓手开展爱国主义教育、“党在我心中”“学雷锋”等主题教育活动，成立学生党支部，通过讲党课引导学生积极入党，先后发展10余名学生党员。在行为规范上，制订有学籍管理制度、考试制度、学生行为规范等制度。学校对全体员工提出“三育人”，即教书育人、管理育人、服务育人的要求，制订各部门各岗位育人达标任务，要求教职工言行举止都要做到为人师表。

毕业生情况　学校重视学生就业后追踪调查，依据企业、学生信息反馈，及时调整专业与课程设置，1991年对1986—1991届毕业生进行了追踪回访，用人单位满意率为99%。1986—1991年学校毕业生统计见表2-3-11。

表2-3-11　1986—1991年北京市汽车工业总公司职工大学毕业生统计表

专业	总计	86届	87届	88届	89届	90届	91届	备注
合计	417	73	34	64	71	60	115	/
机械制造	186	73	34	34	45	/	/	脱产
机制英语	30	/	/	30	/	/	/	脱产
机制技校师资	26	/	/	/	26	/	/	脱产
机械质量控制	65	/	/	/	/	/	65	脱产、半脱产
机械工艺与设备	18	/	/	/	/	/	18	业余
工业企业管理	92	/	/	/	/	60	32	业余

职工大学首届83-1班毕业生合影

二、社会培训及继续教育

职工大学每年在完成学历教育的同时，承担对企业、社会文化补习、岗位培训、继续教育等培训工作，结合社会及企业需求，充分利用学校教学资源，开办不同层次多类别的培训。先后开办干部文化补习班，对财务人员、统计人员、工程师、青年干部、质量管理、高级工日语等专业岗位的培训工作。

1983—1994年，学校在完成学历教育的同时，承担了10000余人次的各项培训工作，其中，行业内部培训9200余人次，社会培训1400余人次，具体情况如下表。1995年后中心单独成立了培训部，将两校培训工作进行了集中管理，扩大了社会培训、取证、考试等工作规模，2000年培训任务达到4803人次，2006年培训1600余人次。学校历年培训情况见表2-3-12。

表2-3-12　　1983—1994年北京市汽车工业总公司职工大学开展培训等情况一览表

年份	培训名称	人数	委办单位
1983	政工人员读书班	83	公司各厂
1984	赴日人员日语研修班	30	公司经理办
1985	文化课补课班	144	公司各厂
1986	会计补习班	44	公司各厂
	支部书记学习班	231	
	现代化管理学习班	39	
	党政干部文化课辅导班	130	
	厂、处级学习班	171	公司经理办
	86级工程师继续教育	1096	公司各厂

续表

年份	培训名称	人数	委办单位
1987	中青年干部班	27	公司各厂
	厂长党的十三大文件学习班	12	
	86级工程师继续教育	1096	
	支部书记培训	236	
	厂、处级学习班	80	公司经理办
	87级工程师继续教育	517	公司各厂
1988	87级工程师继续教育	517	公司各厂
	统计职称培训	80	
	88级机电一体化培训	52	
	88级机电一体化培训	17	
	厂、处级学习班	110	公司经理办
	支部书记培训	11	公司各厂
	优化组合培训班	126	
	88级工程师继续教育	387	
1989	特种加工技术培训	40	公司各厂
	汽车构造与维修班	35	社会企业单位
	扶忠汉双向英语班	35	
	88级机电一体化培训	52	公司各厂
	88级机电一体化读本科	17	
	88级工程师继续教育	387	
	大学生岗前培训班	224	公司人事处
	厂、处级学习班	110	公司组织部
	全国纺织系统工会干部培训班	48	纺织总公司党校
1990	特种加工技术培训第二期	30	社会企业单位
	汽车构造与维修班	30	
	塑料在汽车工业中应用与塑料模具培训	30	公司技术、教育处
	机电一体化培训第二期	212	公司人事、教育处
	小型厂长培训	132	北汽摩公司
		128	轻汽公司
		35	汽配总厂
		92	北京齿轮总厂
	支部书记学习班	31	公司组织部
	纪检人员学习班	74	公司纪检处
	厂、处级学习班	110	公司组织部
	机电一体化读本科	17	公司各厂
	成人高考补习班	90	/

续表

年份	培训名称	人数	委办单位
1991	机电一体化读本科	17	公司各厂
	机电一体化培训	212	公司人事、教育处
	工艺管理培训	75	公司技术处
	标准化培训	60	公司质量处
	支部书记学习班	220	公司党委
	小型厂长培训	82	北京内燃机总厂
	厂、处级学习班	220	公司组织部
	质量管理培训	60	公司质量处
	成人高考补习班	90	/
	职称评定培训	45	公司人事、职称办
	统战人员学习班	24	公司统战部
	政工人员评定职称补习	569	公司职称办
1992	出国人员人员培训	55	公司相关单位
	工程师、厂长及质量干部培训	100	
	财会人员岗位培训	360	
	会计计算机培训	21	
	第一期机电一体化继续教育培训（结业）	78	
	市技术工人电工竞赛培训	90	
1993	各类培训	360	社会企事业单位
1994	冷加工高级工等各加工类培训	685	社会企事业单位

三、优秀毕业生事例

张云　1979—1981年8月，就读于北京市汽车工业学校，于1983年考入职工大学脱产学习3年，至1986年毕业，为两校的首届毕业生。中专毕业后分配到北京汽车制动器厂工作，中共党员，历任车间技术员、车间副主任、车间主任、生产科科长等职。1991年9月调至中国核工业集团有限公司工作，先后担任下属公司副总经理、机关服务中心综合处副处长、物业部主任（处长）、党委委员等职。其中，1996—1997年在中央党校涉外经济专业学习。

毛建红　1982年进入汽车工业学校企业管理专业学习，毕业于1985年8月，分配到北京摩托车制造厂财务科从事财务工作，次年，因工作表现优秀破格推荐参加了成人高考，凭借着中专坚实的数学基础取得了数学科目满分，以很高的综合成绩被北京广播电视大学首届审计专业录取，就读于电视大学北京市汽车工业总公司职工大学工作站教学班，3年制大专半脱产，毕业后回到公司审计处工作。1994年，通过考试，获得了财政部颁发的注册会计师资格证书，1998年再次通过成人高考，被北京机械工业学院财会专业录取，学制三年。2008年进入海纳川汽车部件股份有限公司从事审计工作。

她凭借着坚韧、执着、专注的精神，从中专学历升至大学本科学历，技术职称从一名审计员到会计师再到注册会计师、国际注册风险管理师，从普通员工到审计主管再到审计高级经理至审计部部长，确保了公司海外国有资产的安全运营，在海纳川汽车部件股份有限公司及北汽集团监管境外国有资产、防范海外并购、经营风险方面实现零的突破，敲开境外审计的大门。

闫以军 1987年，经其所在北京第二汽车制造厂推荐，以优异的成绩考入北汽职工大学，机制师资专业大专班脱产学习2年，于1989年7月毕业。同年，任北京轻型汽车有限公司技工学校校长。1999年9月，考入天津职业技术师范学院机械设计及自动化专业脱产（专升本）学习，2001年7月毕业，获得大学本科学历，之后就读天津职业技术师范大学职业教育学院（职业技术教育学专业）在职研究生，获教育学硕士学位。工作中先后任北京汽车工业高级技工学校机械培训部实习教师、机械培训部部长、校长助理、教务科科长、校长助理、后勤服务中心主任、党委委员、副校长，后走上北京汽车技师学院院长助理、职业教育研究所所长等领导岗位。获评高级实习指导教师。

机制班部分学生合影

1983年

9月，经上级批准，北京市汽车工业总公司职工大学试办成人教育专业，招收机械制造专业学生。

1984年

3月，北京市经委〔84〕京经教字第173号文批复成立北京汽车工业总公司教育中心，包括汽车工业学校、汽车工业职工大学、汽车工业党校、干部进修学院四个教学实体。

7月，北京市政府〔1984〕厅秘字第038号文批复，北京市汽车工业总公司职工大学成立，办学地点在北京市汽车工业学校甜水园校区5000平方米教学楼的第五层。

1985年

年内，以招生招工相结合方式，招收全国统一普通高考大专生，机制英语专业。

1986年

年内，首届76名合格毕业生，除一名留校任教，其余全部返回原单位工作岗位。

1987年

年内，开设机械制造技校师资专门化专业。

1988年

7月，根据北京市委、市政府两个办公厅〔87〕京办10号文批复，北京汽车工业联合公司培训中心成立，培训中心包括汽车工业学校、职工大学和总公司党（干）校。原教育中心自动撤销。

年内，完成北汽总公司系统首次516名工程技术人员的继续教育培训工作。

1989年

9月，与中国企业文化研究院共同举办全国汽车、机械制造行业中小型企业管理干部培训班，并签署协议书。

1990年

6月，按照北京市政府和高教局要求，在培训中心管理下进行了内部管理体制和四项综合配套改革。

1991年

11月11～13日，北京市成人高等学校评估工作小组进校评估。

年内，举办教育教学成果展；对86—91届300余名毕业生进行了毕业情况追踪调查。

1992年

10月，学校被市成人高等学校评估工作小组评估为B级学校。

1993年

年内，与北汽总公司财务处联合开办现代会计专业，招收高中应届毕业生34人。

1994年

年内，赵敏娴被北京市经委评选为北京市优秀教师。

1995年

10月23日，经北京市成人教育局批准，北京汽车工业总公司职工大学（培训中心）为全国计算机等级考试一、二级考试的考试点。

1996年

12月11日，学校取得朝阳区成教局颁发的“北京市社会力量办学许可证”。

1997年

年内，汽车工业总公司进行四项管理体制改革，将汽车工业总公司职工大学、汽车工业总公司党（干）校、汽车工业学校三校合一，实行人财物三统一，对外保持“培训中心”和“三校”四块牌子，一套班子，内部实行统一管理。

第四章 北京邮电工业职工大学

1984年，中华人民共和国邮电部（简称邮电部）成立北京邮电工业职工大学（简称邮电职工大学），对在职人员进行继续教育和培训，1995年北京邮电工业学校与北京邮电工业职工大学合并一体办学，主要专业为工业企业管理、计算机应用、计算机通信等，学校通过学历教育、岗位培训和继续教育，培养各类骨干2500余人。

PTIC 北京邮电工业学校
北京邮电工业职工大学

第一节　发展沿革

一、学校发展

邮电事业的持续发展带来了邮政机械化、自动化、信息化水平的不断提高。为了适应发展，尽快培养邮电系统急需的企业一线高级技术人才和管理干部，解决在职在岗人员以工代干的学历层次问题，1984年2月，中华人民共和国邮电部下发《关于举办北京邮电工业职工大学的批复》〔1984〕邮部字89号文件，批准成立北京邮电工业职工大学，校址位于朝阳区酒仙桥15街坊104号。1984年5月，教育部下达《关于职工大学、职工业余大学备案的复函》〔84〕教成字025号，文件中回复，经过教育部审核，邮电职工大学正式备案。学校占地面积6500平方米，包含教室、图书馆、实验室、宿舍和食堂等，校舍建筑总面积0.5万平方米。

邮电职工大学从1984年成立至1995年合并前，上级主管单位一直为邮电部下属的中国邮电工业总公司。1995年，邮电部下发《关于两校合并方案的批复》〔95〕总办字第396号文，将同属于邮电部管理的北京邮电工业学校、北京邮电工业职工大学（首都联合职工大学邮电分校）合并，两块牌子，一套人马，一体融通办学，成人高等教育设立专门部门进行协调组织。

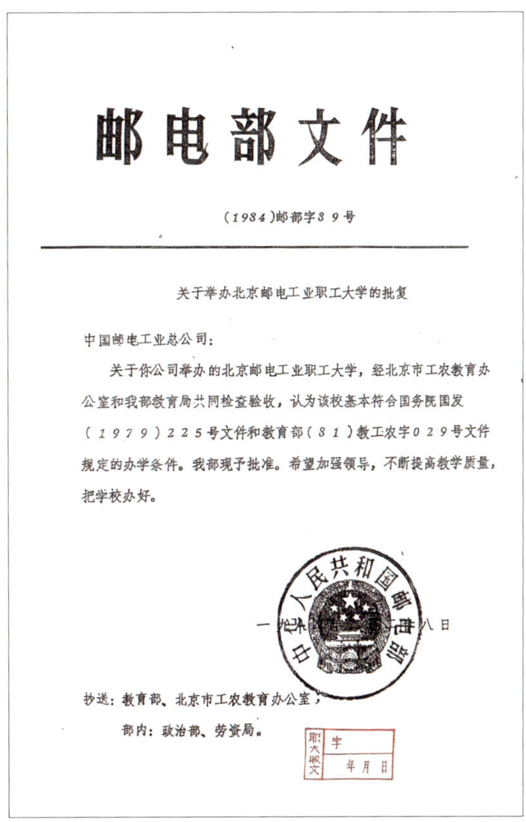

邮电部文件

（1984）邮部字89号

关于举办北京邮电工业职工大学的批复

中国邮电工业总公司：

关于你公司举办的北京邮电工业职工大学，经北京市工农教育办公室和我部教育局共同检查验收，认为该校基本符合国务院国发（1979）225号文件和教育部（81）教工农字029号文件规定的办学条件。我部现予批准。希望加强领导，不断提高教学质量，把学校办好。

一[illegible]八日

抄送：教育部、北京市工农教育办公室，

部内：政治部、劳资局。

1984年2月28日，邮电部关于成立北京邮电工业职工大学的批复

二、机构人员

1984—1995年合并前，王振基、杨旭之、梅东华先后担任邮电职工大学校长兼党委书记，罗华锐、张志超、王中昌先后担任副校长，班子成员实行党政工作一肩担。期间，学校设有办公室、教务科、总务科和培训部等机构。

1985年在编在岗教职工名单

王振基	罗华锐	杨旭之	张志超	王景致	谌洪孝	黄竹平	李智萍	李连福
越　宁	韩光伟	李立华	刘树英	李风启	王祖槈	张燕飞	朱　熠	王风岑
郭新平	杨桂菊	凌振云	魏金君	李月梅	赵庆根	闫福瑞	于淑芹	秦志虹
曹新才	王美菊	张幸伟	朱　刚	何　恬	程风英	张梅芳	周子芹	易桂芝
寇书田	曹德懿	朱秉恭	张艳兹	郭　媛	刘达民	王景昌	宋建浩	周建豪
钱志刚	曹学敏	范存珊	许安特	李惟唐	陈　和	于　林	金轩轩	张树臣
赵显昌	吕志仙	孙晨丽	王惠儒	赵显玉	李承忠	杨炳亮	马德华	李云龙
董维坤	佟　玲	刘秋婷	谭淑英					

教职工在学校校门前留影

1995年，邮电职工大学与邮电工业学校合并，变为两块牌子，一个领导班子，一支教职员工队伍，学校成立大专部，与社会对接，组织学校和社会资源，继续开展成人高等学历教育。有关北京邮电工业职工大学1995年合并后的机构设置、人员情况、学校管理等参见本卷第一篇中等职业教育中北京邮电工业学校章节。

第二节　专业建设

北京邮电工业职工大学，主要开展面向行业企业的成人学历教育，解决职工实际学历低和工业管理干部缺乏的问题。因此，邮电职工大学的培养目标主要有三个：一是培养现代化经济管理人才，特别是财会人员；二是培养现代化技术开发人才；三是培养现代化管理骨干。为了实现这三个目标，在办学方式上灵活多样，有的是两年半到三年的学历专科班，也有半年到一年的非学历教育的培训班，还有的是短期轮训班，主要解决在职干部轮训和知识更新问题。最终采取的培养方式主要根据行业企业需求决定，而不是单一的培养方式。

一、专业设置

1984年成立初期，设置的成人学历教育专业主要是邮电工业企业管理和会计专业，学员大多来自企业在职职工，学制为3年至3年半，采取全脱产的方式学习，毕业后回原单位工作。学员在学习阶段，必须参加北京市成人教育局组织的政治经济学、高等数学两门课程的统考，以及邮电部与教育局组织的两门专业课的统考。同时，学校还充分利用现有教学资源举办邮电部系统内的相关培训班。

中国邮电工业总公司首届工业设计培训班结业典礼

1988年，北京邮电工业职工大学加入首都联合职工大学，成为首都联（职）大邮电工业分校。首都联合职工大学是1988年2月经国家教委正式批准，独立设置的成人高校。这种合作办学的关系一直延续，后来成为职工大学主要的办学教育模式。

1993年，学校开办“成人高等职业技术教育班”，培训和培养生产一线的操作技艺型和管理型人员，生源为当年的应届高中毕业生，并将招生与招工结合起来，毕业后直接进入企业工作，招生人数为40人，专业为计算机应用，学制为2年全脱产，学生毕业后颁发大专毕业证书，国家承认学历。

1996年开始，学校参加了北京市成人高校招生，重点专业为工业企业管理。与北京邮电大学函授学院联合举办了3届“通信信息管理”高教自考大专助学班。

从1997年开始，学校开办了成人大专学历教育班，设置计算机及应用、计算机通信两个专业，共招收七个成人大专班，分脱产和业余班两种模式。1997—1998年，普通专科班招生32人，专业为计算机，学制3年。同年，适应性岗位培训招生320人。

1999—2000年，北京邮电工业职工大学全脱产招生人数为34人，业余（半脱产）招生人数为24人。全脱产的学员专业为计算机应用与通讯，学制3年，业余学员专业为计算机应用与管理，学制3.5～4年。

二、主要专业

邮电职工大学的专业设置非常具有邮电行业特点，主要体现在专业课程安排上，将基础理论知识、专业知识和邮电行业需要紧密结合，使学生的学习内容更具有针对性。

工业企业管理专业　基础类课程有：哲学、政治经济学、党史、英语、应用文写作、微积分、线性代数、物理、体育等。专业类课程有：工业企业管理原理与组织、工业企业经营决策与计划、技术管理、质量管理、市场学、财务管理、管理会计、管理信息系统以及统计原理及工业统计等。为使学员适应邮电工业特点，还增设了机械制图、电工学、通信技术基本知识等课程。

计算机应用专业　基础类课程有：政治经济学、高等数学、英语、电路基础、电子技术、离散数学、工程数学等。专业类课程有：PASCAL语言、数据库及应用、C语言程序设计、数据结构、Windows操作系统、多媒体技术、计算机英语、微机原理与汇编语言、微机接口技术、VB语言、实用软件、企业管理学、信息系统分析设计、计算机网络基础、管理工程、CAD使用、软件工程、现代通信技术基础等。

计算机通信专业　基础类课程有：政治经济学、高等数学、英语、工程数学、电路基础、电子技术、离散数学等。专业类课程有：PASCAL语言、数据库及应用、C语言程序设计、Windows操作系统、微机原理与汇编语言、数字通信、通信英语、程控交换原理、数据通信原理、计算机通信网基础、VB语言、管理信息系统、现代通信网技术基础、局域网实例等。

学校自1984年成立至1998年秋季，以学历教育为主，同时适当地进行短期培训；1998年秋季以后转到以岗位培训为重点，同时开展对专业技术人员的继续教育。学校通过学历教育、岗位培训和继续教育，为邮电工业系统培训了各类骨干2500余人，包括：取得大专学历的职工，厂级党、政、工会的领导干部和总工程师，厂级后备干部，中层干部，以及高、中、初级专业技术人员等。

第三篇

高等职业教育

第一章 北京轻工职业技术学院

1998年，北京市轻工职工大学（党校）与北京一轻工业学校合并，组建北京轻工职业技术学院，申办全日制高职院校。1999年，经教育部批准，学院成为北京市首批独立设置的全日制高等职业院校，开始进入高职教育阶段，先后开设工程技术、艺术设计、经济管理三类共30多个专业，钢琴调律、生物技术应用专业被教育部确定为改革试点专业。2004年，经北京市政府批准，北京轻工职业技术学院与北京邮电工业学校（北京邮电工业职工大学）合并，成立北京电子科技职业学院。

北京轻工职业技术学院

第一节 发展沿革

一、成功申办高职院校

申办高职院校的背景 1998年，在北京市召开的市属高校高职教育研讨会上，明确提出高等职业教育属于高等教育范畴，也是职业教育的高层次，开办高职院校必须同时遵循高等教育和职业教育的一般规律。1999年，北京市教委、计委联合下发《关于北京市试行按新的管理模式和运行机制举办高等职业技术教育的通知》（京教计〔1999〕025号），明确了试办高职院校的五种条件，其中一种方式为重点中等职业学校与成人高校、职工大学资源整合，合并组建独立设置的高职院校。由此，北京高等职业教育进入快速发展时期。

两校合并申办高职 面对高职教育发展的历史性机遇，北京市轻工职工大学（党校）和北京一轻工业学校的校领导，及时做出判断和反应，达成一致意见，按照申报条件进行调整。作为两校的行业主管部门，北京一轻集团有限责任公司从“科教兴企”战略目标出发，通过深化教育体制改革，优化教育资源配置，促进中高等职业教育的协调发展，加快发展高

北京轻工职业技术学院芍药居校区（原一轻学校所在地）

北京轻工职业技术学院左家庄校区（原职工大学所在地）

等职业技术教育，使教育更好地适应人才培养的需要，于1998年7月6日印发《关于北京市轻工职工大学、北京市一轻总公司党校与北京市第一轻工业学校三校合并的决定》（京一轻〔98〕人劳教字第274号），统一领导班子，三校和一轻电大工作站校名及办学体制均予保留，各拨款渠道不变，师资、设备等教育资源统一调配使用，扩大办学规模，创造条件申办高职院校，高职学院名称为“北京轻工职业技术学院”。学院校址分为南北两个校区：北校区位于北京一轻工业学校办学所在地——北京市朝阳区太阳宫路芍药居甲1号；南校区位于北京市轻工职工大学办学所在地——北京市朝阳区左家庄北里2号。

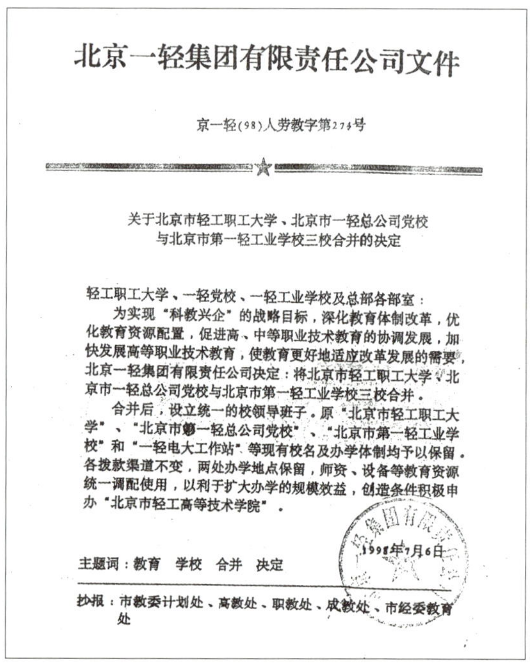
北京一轻集团有限责任公司文件

京一轻(98)人劳教字第274号

关于北京市轻工职工大学、北京市一轻总公司党校
与北京市第一轻工业学校三校合并的决定

轻工职工大学、一轻党校、一轻工业学校及总部各部室：

为实现“科教兴企”的战略目标，深化教育体制改革，优化教育资源配置，促进高、中等职业技术教育的协调发展，加快发展高等职业技术教育，使教育更好地适应改革发展的需要，北京一轻集团有限责任公司决定：将北京市轻工职工大学、北京市一轻总公司党校与北京市第一轻工业学校三校合并。

合并后，设立统一的校领导班子。原“北京市轻工职工大学”、“北京市[illegible]一轻总公司党校”、“北京市第一轻工业学校”和“一轻电大工作站”等现有校名及办学体制均予以保留。各拨款渠道不变，两处办学地点保留，师资、设备等教育资源统一调配使用，以利于扩大办学的规模效益，创造条件积极申办“北京市轻工高等技术学院”。

1998年7月6日

主题词：教育　学校　合并　决定

抄报：市教委计划处、高教处、职教处、成教处、市经委教育处

三校合并批复文件

成为首批独立设置的高职院校　经过一年的努力，1999年7月，教育部发布《关于同意建立北京信息职业技术学院和北京轻工职业技术学院的通知》（教发〔1999〕93号），根据教育部文件，北京市教委印发《关于同意建立北京轻工职业技术学院的批复》（京教计〔1999〕025号），学院是由教育部首次批准的独立设置的全日制高职院校，也是北京市首批两所独立设置的高职院校之一。批复文件发至北京一轻集团有限责任公司，考虑到本市中等职业教育发展的需要，暂时保留

北京一轻工业学校名称，逐步过渡为职业技术学院的中专部。北京一轻集团有限责任公司及两校领导和广大教职员工，抓住了重要战略机遇，为成功申办高等职业院校做出了历史性贡献，实现了从成人高等教育、中等职业技术教育向独立设置的全日制高等职业教育的跨越式发展。

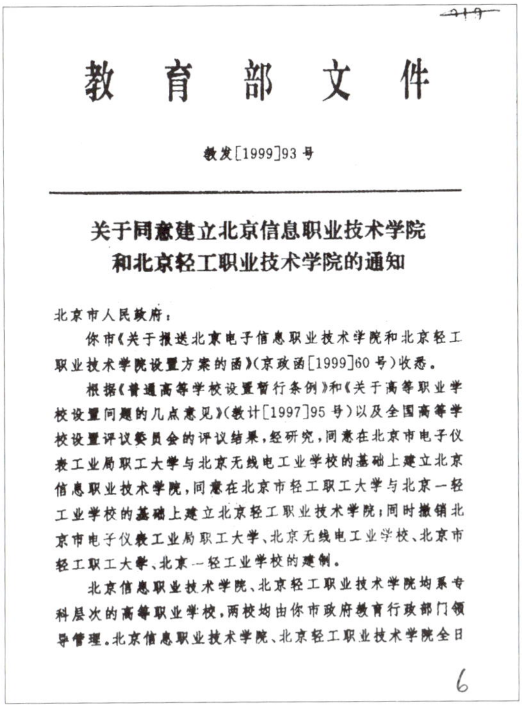

教育部文件

教发[1999]93号

关于同意建立北京信息职业技术学院和北京轻工职业技术学院的通知

北京市人民政府：

你市《关于报送北京电子信息职业技术学院和北京轻工职业技术学院设置方案的函》(京政函[1999]60号)收悉。

根据《普通高等学校设置暂行条例》和《关于高等职业学校设置问题的几点意见》(教计[1997]95号)以及全国高等学校设置评议委员会的评议结果，经研究，同意在北京市电子仪表工业局职工大学与北京无线电工业学校的基础上建立北京信息职业技术学院，同意在北京市轻工职工大学与北京一轻工业学校的基础上建立北京轻工职业技术学院；同时撤销北京市电子仪表工业局职工大学、北京无线电工业学校、北京市轻工职工大学、北京一轻工业学校的建制。

北京信息职业技术学院、北京轻工职业技术学院均系专科层次的高等职业学校，两校均由你市政府教育行政部门领导管理。北京信息职业技术学院、北京轻工职业技术学院全日

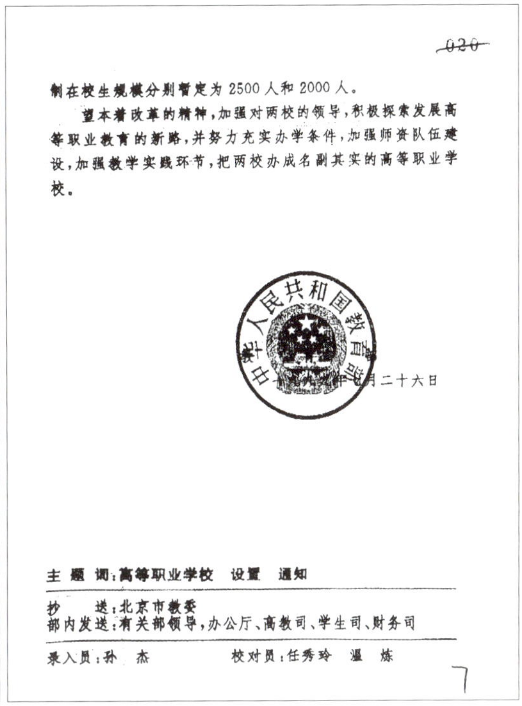

制在校生规模分别暂定为2500人和2000人。

望本着改革的精神，加强对两校的领导，积极探索发展高等职业教育的新路，并努力充实办学条件，加强师资队伍建设，加强教学实践环节，把两校办成名副其实的高等职业学校。

月二十六日

主题词：高等职业学校 设置 通知

抄送：北京市教委
部内发送：有关部领导，办公厅、高教司、学生司、财务司

录入员：孙杰 校对员：任秀玲 温炼

教育部批准成立北京轻工职业技术学院

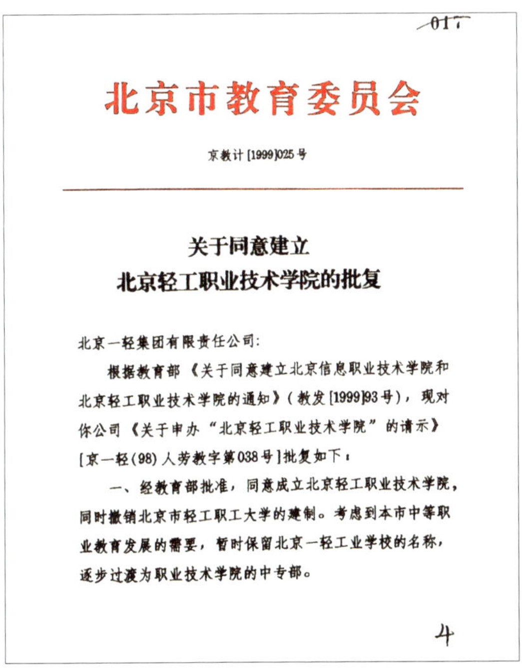

北京市教育委员会

京教计[1999]025号

关于同意建立北京轻工职业技术学院的批复

北京一轻集团有限责任公司：

根据教育部《关于同意建立北京信息职业技术学院和北京轻工职业技术学院的通知》(教发[1999]93号)，现对你公司《关于申办"北京轻工职业技术学院"的请示》[京一轻(98)人劳教字第038号]批复如下：

一、经教育部批准，同意成立北京轻工职业技术学院，同时撤销北京市轻工职工大学的建制。考虑到本市中等职业教育发展的需要，暂时保留北京一轻工业学校的名称，逐步过渡为职业技术学院的中专部。

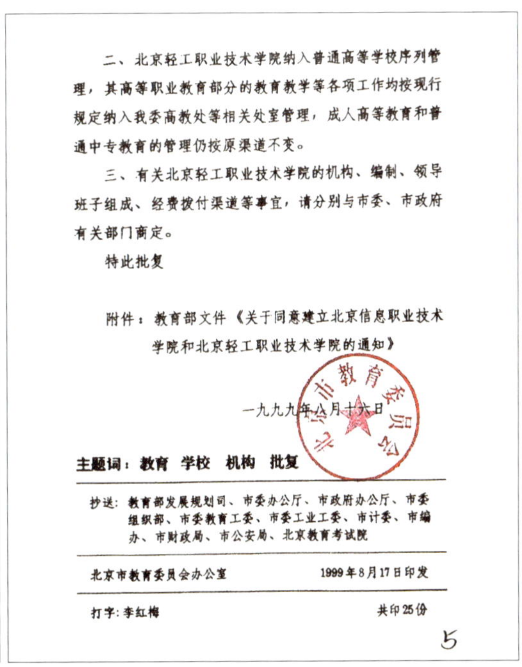

二、北京轻工职业技术学院纳入普通高等学校序列管理，其高等职业教育部分的教育教学等各项工作均按现行规定纳入我委高教处等相关处室管理，成人高等教育和普通中专教育的管理仍按原渠道不变。

三、有关北京轻工职业技术学院的机构、编制、领导班子组成、经费拨付渠道等事宜，请分别与市委、市政府有关部门商定。

特此批复

附件：教育部文件《关于同意建立北京信息职业技术学院和北京轻工职业技术学院的通知》

一九九九年八月十六日

主题词：教育 学校 机构 批复

抄送：教育部发展规划司、市委办公厅、市政府办公厅、市委组织部、市委教育工委、市委工业工委、市计委、市编办、市财政局、市公安局、北京教育考试院

北京市教育委员会办公室 1999年8月17日印发

打字：李红梅 共印25份

市教委批准成立北京轻工职业技术学院

二、发展建设

1999年7月至2004年6月，在思想建设、人事制度、教育教学、人才培养、行政后勤等方面深入改革，提升办学能力和水平。经历了整整五年的办学历程，完成了办学层次从中等职业技术教育、成人高等学历教育逐步向高等职业教育的转变，逐步转向高职教育人才培养。学院2002年被评为“北京市职业教育先进单位”，荣获“首都文明单位”光荣称号。

2001年学院首届99级高职学生毕业典礼

发展高职专业 1999年，高职招生专业（专业方向）为4个，食品与发酵、物业电气技术、形象设计和钢琴调律专业，其中形象设计和钢琴调律是两年制高职，食品与发酵和物业电气技术是三年制高职，共招生90人。至2003年底，累计设置专业31个，当年主要招生专业（含专业方向和不同学制）22个，招生1080人，在校高职生规模达到2726人，学院高职专业和在校生规模由少至盛，不断发展。

北京轻工职业技术学院2001届毕业生师生合影

经过建设和发展，“生物技术应用”和“多媒体艺术设计”两个专业被评为2002年北京地区高校高职高专教育教学改革试点专业，“钢琴调律”“生物技术应用”专业被教育部定为改革试点专业。

兼顾成人与中专教育 1999—2004年，学院保留成人高等教育的资质，保留北京一轻工业学校的校名和办学资质，在学历教育层面上，形成了以全日制高职教育为主体，成人高等教育与中等职业教育并存的局面。

1999年9月，中专当年招生650人，在校生共计4592人，中专教育主要招生专业（含“专门化”）总计33个。至2003年底，中专当年招生225人，在校生共计1079人，主要招生专业（含专门化）减少到13个。中专招生与在校生规模逐渐减少。学院成立后，继续开展成人专科教育，以函授夜大为主要形式，1999年9月在校生规模1111人，当年招生384人。2003年9月，成人专科在校生规模1154人，当年招生246人。专业及规模基本保持稳定。

2002年，艺术系2000级形象设计专业高职毕业生汇报表演

2003届物业电气技术专业高职毕业生合影

整合成立北京电子科技职业学院 2003年10月16日，北京轻工职业技术学院和北京邮电工业学校向北京市委教育工委、北京市教委提交《关于北京轻工职业技术学院与北京邮电工业学校合并的请示》(北轻院院〔2003〕34号)，2003年11月19日，向北京市教育委员会提交了《北京轻工职业技术学院与北京邮电工业学校合并方案》(北轻院院〔2003〕44号)，两校联手重在优势互补，共同发展，以更加合理的办学规模迎接教育部高职教育办学水平的评估。

2004年6月4日，北京市人民政府印发《北京市人民政府关于同意北京轻工职业技术学院与北京邮电工业学校合并成立北京电子科技职业学院的批复》(京政函〔2004〕50号)，同意北京轻工职业技术学院与北京邮电工业学校合并，成立北京电子科技职业学院，同时撤销北京轻工职业技术学院、北京邮电工业学校建制。

三、隶属关系变化

1998年7月学校合并，学院隶属于北京一轻集团有限责任公司管理，公司高度重视学院的发展建设，公司领导兼任首任院长，创造条件申报高职，支持发展高职教育。

依据2000年4月北京市人民政府批转市教委市经委关于调整市经委系统所属30所学校管理体制实施意见的通知》(京政发〔2000〕13号)，北京市进行职业教育体制改革，2000年10月，北京市机构编制委员会下发《关于北京市工艺美术学校等11所学校调整隶属关系的函》(京编办事〔2000〕155号)，北京轻工职业技术学院整建制划归北京市教育委员会管理(包括人员和校区)。学院党校办学业务等由北京一轻集团有限责任公司管理。在此过程中，北京一轻集团有限责任公司从教育发展大局出发，助推学校的发展建设。

第二节 学校管理

一、办学定位

学院成立后，中专教育、成人教育、高职教育和社会培训并举，机构设置和人员安排需按照新的办学模式进行重组，中职教育向高职教育转变需要过渡和时间，这些改变必须建立在高职教育新的办学理念和思路基础上，因此，重新确定办学定位成为关键。1999年，学院在全校举办了高职教育新模式思想大讨论，提出从思想上完成好两个转变，普通的成人教育向职业教育转变，中等职业教育向高等职业教育提升。经过讨论和初期实践，学院确定了高职教育的办学理念和思路，统一了教职员工的思想。

办学指导思想 以毛泽东思想、邓小平理论和“三个代表”重要思想为指导，贯彻党和国家的教育方针，按照市委、市政府关于教育工作的总体部署，以教学和育人为工作中心，以加大实训基地建设和加快师资队伍建设为工作重点，以强化规范办学和实施以法治校为主要手段，以积极开拓市场和推进产学研结合为主要途径，既注重学院规模、结构、质量和效益的协调发展，又注重学生知识、技能、素质和个性的协调发展，积极培养社会发展急需的高素质技术应用性人才，力争把学院建成国内一流的高职学院。

发展思路 以改革求发展，以特色求进步，以质量创品牌，把学院建成国内一流的高职学院。

人才培养定位 立足首都，依托行业，服务基层，以就业为导向，以培养应用能力为主线，以产学研为途径，培养适应生产、建设、管理、服务一线需要的、毕业后就能上岗顶用的技术应用性人才。

校徽和校训 学校将校徽、校训作为办学理念的重要组成部分。

2003年，学院党委制订了《关于在全院开展办学思想的大讨论和征集校训活动工作意见》，全院师生将长期办学实践中逐步形成的办学精神进行讨论和提炼，研究高职教育办学规律，最终确定“求实、创新、厚德、重艺”作为学院高职教育办学的新校训，将办学理念与人才培养目标有机结合，将立德树人、品行合一、实践技能、创新能力作为核心理念。

北京轻工职业技术学院校徽

校徽的设计思路从高职教育特点规律出发，高等教育是一种新尝试，高职学生应具有必要的理论知识和较强的实践能力，适应生产、建设、管理、服务第一线岗位需求，学院艺术系以沟通、协作、交流、运动、发展为创意，寓意人与人的沟通、社会与学校的协作、企业的依托、学校与兄弟院校的学习交流、教学与实践的有机的结合。

二、领导体制

建立党委领导下的院长负责制 学院成立后，领导体制由校长负责制转变为党委领导下的院长负责制。2002年6月，中共北京轻工职业技术学院委员会印发《关于贯彻落实党委领导下的校长负责制的若干规定（试行）》（北轻院党〔2002〕6号），文件规定了党委会及其议事规则，按照“集体领导，民主集中，个别酝酿，会议决定”的原则，建立和制订必要的会议制度和议事规则，明确了党委会主要议决范围，规定党委会每月召开一次，如有特殊情况可随时召开，由党委书记主持党委会。党委会议题由党委书记提出并与院长商议决定。文件还规定了院长办公会及其议事规则、会议制度，院长办公会是学院研究和决定行政日常工作的会议，每周召开一次，如有特殊情况可随时召开，院长办公会由院长召集和主持。学院坚持和完善领导体制和工作机制，进一步明确党政职责范围和议事决策程序。

建立教代会制度 学院整合后，建立了教职工代表大会制度（简称教代会），改选教代会代表，并于1999年召开首届教代会。经首届教代会一次会议审议通过了《结构工资方案试行办法》，从2000年1月1日起全院实施统一的工资标准。2001年11月，经过教代会的审议，确定了学院机构重组和调整方案，遵循“精简高效，规范合理”的原则进行设置和调整，党政管理部门职能相近的进行合并或合署办公，各教学系、部的设置按专业系统归类，参照高校管理的基本模式把学生工作下放到系里，党支部建在系上并与教学工作结合，形成三位一体统一管理模式，推动学院改革与发展。

建立专门委员会机制 为了加强重点领域工作，协调相关部门工作，学院逐步建立专门委员会或工作小组，在学院党委领导下，依职责开展工作。北京轻工职业技术学院领导小组、委员会情况见表3-1-1。

表3-1-1　　北京轻工职业技术学院领导小组、委员会一览表

成立时间	小组、委员会名称
2000.03	北京轻工职业技术学院信访、保稳定、排查调处领导小组
2000.03	北京轻工职业技术学院宣传工作委员会
2000.07	北京轻工职业技术学院党建和思想政治工作研究会
2000.09	北京轻工职业技术学院后勤社会化领导小组
2002.04	北京轻工职业技术学院学术委员会
2002.05	北京轻工职业技术学院思想政治工作人员专业职务评审领导小组
2002.10	北京轻工职业技术学院精神文明建设领导小组
2002.10	北京轻工职业技术学院“两课”建设领导小组
2003.09	北京轻工职业技术学院老干部领导小组

建立运行机制 2003年9月，学院建立党建思想政治工作联席会议制度，坚持每月一次例会，紧密结合中心工作，交流信息、沟通情况、部署工作。2003年11月底，学院提出规范工作程序的基本意见，调整和建立了各类会议制度，如每周五召开院领导班子工作会；每周一召开中层干部会；每月一次党建和思想政治工作联席会。每年初召开教职工代表大会，让教职工参政议政。定期召开学生座谈会，定期召开学代会，让学生参与学校管理，落实以学生为本、以教师为本的管理。

为更好地加强学院领导班子思想作风建设，加强民主管理，深入联系群众，打通干群交流渠道，2000年，学院建立了院领导接待日制度，在南北校区每月双周二下午安排半日，由学院领导负责接待教职员工，并在南北校区设立了“建议意见箱”。2003年，学院建立了座谈会和联系老干部制度，多次召开教师、学生、老干部各类座谈会，了解情况、听取意见和建议。同年，学院党委调整了学院老干部领导小组，制订了《老干部工作领导责任制》。

三、管理体制改革

学院成立以来，根据办学定位和高职教育理念，积极改革，促进发展。先后开展了人事制度、内部管理体制、后勤管理体制等方面的改革。

人事分配制度改革 2000年开始，学院通过以人事分配制度为核心的管理改革方案，实现全员择优聘任、竞争上岗，出台《结构工资方案试行办法》，形成以岗位工资为主的分配制度，建立教职工聘任、教师职称聘任制度。2002年，出台《结构工资中增长机制的调整办法》，规定凡年度考核等级为合格者，自每年9月起增资，增资幅度为本人档案工作的10%。教学系统形成了院系两级管理体制，做到权责明确、科学高效，调动了教职工办好高职学院的积极性。

教学和学生管理改革 学院逐步健全教学管理、学生管理体系，通过改革实施院、系两级管理机制，加强教学与学生管理。

在教学管理上，重视管理制度建设，将原有制度根据高职教育规律进行整理、补充和修改，形成《北京轻工职业技术学院教学管理文件汇编》，制度文件以教学过程为主线，对教学各个常规环节的质量标准和相关工作职责作了明确规定，对教学计划及实施计划管理、精品课程建设、实习实训管理、选修课建设、教学档案管理等方面作出详细规定。教学管理工作由主管教学的副院长领导，教务处负责组织、协调全院教学运行及管理，各教学系部负责本系部教学的统筹、实施及管理，并接受院教务处指导、协调，科研处督导室负责教学督导和质量检查。各部门各负其责，相互协调，保证教学工作正常有序地运行。学院使用北京市教委推荐的北京大学教学管理系统和办公管理信息系统、学生成绩登录系统，利用教务管理系统进行排课、考试和学籍管理，规范了管理，提高了效率。

在学生教育管理上，根据中专、高职生不同层次教育、年龄等特点，分别实施不同教育内容和管理方法。随着高职学生的逐步增加，教育重心逐步转移。党委副书记主管学生工作，同时主管招生和就业工作，使学生教育管理工作从入校至毕业贯穿始终，相互成就，融为一体。学生工作部和院团委负责学生教育管理工作，各系党支部书记分管本系的学生管理和就业工作的落实。为了加强招生与就业工作，学院成立“生源开发与就业指导中心”，加强毕业生就业指导与服务。

后勤管理改革 2000年9月，学院成立后勤社会化领导小组，开展后勤管理体制改革，随着后勤社会化改革深化和后勤服务水平的提高，2003年10月，学院建立以学生为主体、各部门代表参加的伙食管理委员会。

四、教育教学改革成果

2000—2002年北京轻工职业技术学院获得教育教学改革成果见表3-1-2。

表3-1-2 2000—2002年北京轻工职业技术学院教育教学改革成果一览表

序号	年份	内容
1	2000	北京市教委批准学院钢琴调律专业为北京地区高校高职高专教育市级教改试点专业
2	2001	教育部批准学院钢琴调律专业为高职高专教学改革试点专业
3	2002	北京市教委批准学院生物技术应用专业为北京地区高校高职高专教育市级教改试点专业
4	2002	北京市教委批准学院多媒体艺术设计专业为北京地区高校高职高专教育市级教改试点专业
5	2002	教育部批准学院生物技术应用专业为高职高专教学改革试点专业
6	2002	北京市教委认定生物技术应用专业为“北京市中等职业学校骨干特色专业”、“现代化标志专业”
7	2002	北京市教委和北京市劳动保障局授予学校北京市职业教育先进学校称号

第三节　机构设置

一、历任校领导

1998年7月6日，中共北京一轻集团有限责任公司委员会下发《关于两校领导班子调整的通知》〔98〕组字第029号，刘渊同志兼任北京市第一轻工业总公司党校校长；陈天宝同志兼任北京市轻工职工大学校长；吴玉顺同志任中共北京市第一轻工业总公司党校（北京市轻工职工大学）委员会书记、中共北京一轻工业学校委员会书记；徐恒亮同志任北京市第一轻工业总公司党校（北京市轻工职工大学）常务副校长、北京一轻工业学校校长；免去王淑萍同志一轻工业总公司党校（北京市轻工职工大学）党委书记、常务副校长职务，同意办理退休手续；两校领导班子其他成员原任职务不变。因此，根据通知，孙雅筠、付泽民、周枫为北京市轻工职工大学副校长，金铭为北京一轻工业学校党委副书记兼纪委书记，张贵春、黄根龙、虞未章为北京一轻工业学校副校长，郑长仁为北京一轻工业学校工会主席。

教育部正式批复北京轻工职业技术学院成立后，1999年8月，北京一轻集团有限责任公司下发学院行政领导班子成员的任职通知，9月选举学院首届党委会成员。1999—2001年学院领导情况详见表3-1-3和表3-1-4。

表3-1-3　1999—2001年北京轻工职业技术学院院长、书记一览表

序号	姓名	任职内容	任职时间
1	陈天宝	北京轻工职业技术学院院长	1999.08—2001.11
2	徐恒亮	北京轻工职业技术学院常务副院长（正院级）	1999.08—2001.11
3	吴玉顺	中共北京轻工职业技术学院党委书记	1999.09—2001.11

注：陈天宝为北京一轻集团有限责任公司领导兼任学院院长。

表3-1-4　1999—2001年北京轻工职业技术学院副书记、副院长等一览表

序号	姓名	职务	任职时间
1	金　铭	党委副书记	1999.09—2001.11
2	孙雅筠	副院长	1999.08—2001.11
3	张贵春	副院长	1999.08—2001.11
4	虞未章	副院长	1999.08—2001.11
5	黄根隆	副院长	1999.08—2001.11

续表

序号	姓名	职务	任职时间
6	周　枫	副院长	1999.08—2001.11
7	付泽民	副院长	1999.08—2001.11
8	王建华	纪委书记	1999.09—2001.11

2000年，学院划归北京市教委管理，2001年11月15日，中共北京市委教育工作委员会下发《关于调整北京轻工职业技术学院领导体制和领导班子的通知》京教工干〔2001〕57号，决定北京轻工职业技术学院领导体制由院长负责制调整为学院党委领导下的院长负责制，徐恒亮、金铭、周枫同志任学院党委副书记；徐恒亮同志任学院院长，孙雅筠、黄根隆、张贵春同志任副院长，王建华同志任纪委书记，原领导班子成员担任的职务自然免除，吴玉顺同志保留正级处，虞未章、付泽民同志保留副处级。

2002年2月25日，北京市委教育工委下发《关于张文进同志任职通知》，张文进同志任学院党委书记。2003年8月28日，北京市委教育工委下发《关于马平等同志职务任免的通知》，马平同志任学院党委书记（副局级），免去张文进同志学院党委书记职务，李振华同志任学院院长（副局级），徐恒亮同志、孙雅筠同志退休。2001—2004年学院领导情况详见表3-1-5和表3-1-6。

表3-1-5　　2001—2004年北京轻工职业技术学院院长、书记一览表

序号	院长		党委书记	
	姓名	任职时间	姓名	任职时间
1	徐恒亮	2001.11—2003.08	张文进	2002.02—2003.08
2	李振华	2003.08—2004.06	马　平	2003.08—2004.06

表3-1-6　　2001—2004年北京轻工职业技术学院副书记、副院长等一览表

序号	姓名	职务	任职时间
1	徐恒亮	党委副书记	2001.11—2003.08
2	金　铭	党委副书记	2001.11—2004.06
3	周　枫	党委副书记	2001.11—2004.06
4	孙雅筠	副院长	2001.11—2003.08
5	黄根隆	副院长	2001.11—2004.06
6	张贵春	副院长	2001.11—2004.06
7	王建华	纪委书记	2001.11—2004.06

二、机构设置

截至2004年6月，通过调整改革，学院的机构主要分为党政职能部门和教学系部。

党政职能部门 院办公室、教务处（包含图书、网络、电教）、学生工作部（包含团委）、科研处、人事保卫处、生源开发与就业指导中心、财务处、总务处、工会、继续教育部。

学院教学系部 工程技术系，下设5个教研室，分别为机电技术教研室、电子技术教研室、生物技术教研室、环境治理与检测教研室、计算机应用技术教研室。经济管理系，下设6个教研室，分别为工商管理教研室、财会教研室、英语导游教研室、资产评估教研室、商务英语教研室、金融保险教研室。艺术设计系，下设7个教研室，分别为美术基础教研室、人物形象设计教研室、钢琴调律教研室、广告艺术设计教研室、多媒体艺术设计教研室、电脑美术设计教研室、环境艺术设计教研室。基础理论部，下设5个教研室，分别为文史教研室、社科教研室、数理教研室、外语教研室、体育教研室。

三、教职员工

2004年6月合并前，学院在编在岗人员总计290人。

学院领导（7人）：马　平　李振华　金　铭　周　枫　黄根隆　张贵春　王建华

院办公室（6人）：吴景秋　王晓艳　孙　跃　王　磊　张光伦　朱保戢

教务处（16人）：张俊茹　严新新　边树棣　陈洪华　吴　方　黄　蓉　杨月凌　米　兰　刘　玮　沈　瑜　王玉宁　汤月芹　崔　红　陈玲玲　侯　翊　王建丽

学生工作部（10人）：齐志明　刘　静　王路得　蒙国文　马永路　方炳存　徐海东　侯萌萌　苑宏健　吕　佳

科研处（7人）：韩志伟　王丽梅　杜文荣　侯爱莲　王　岩　王玉琪　杨彦如

人事保卫部（8人）：王桂枝　朱艳杰　赵汝强　赵桂金　赵　立　李　岩　张桂兰　邹　忠

生源开发与就业中心（4人）：赵永良　于泉英　李秀云　武中华

财务处（8人）：宓小佳　杜淑玲　赵志华　李　伶　徐　茹　陈雨兴　撤忠伟　曾广就

总务处（28人）：吉少泉　江玉珍　张思远　关凤琴　黄仁春　孟祥丽　王宝利　关铁朋　李旗营　韩彦玉　阎少波　沈宝福　王宝玉　李俊明　佟明利　张维新　赵文生　陈全立　尤雨朋　吴连利　关铁章　胡毓俊　杨建军　杨世昆　刘立明　梁百玲　刘胜刚　黎国庆

工会（3人）：崔晓宏　王景荣　张秀芹

继续教育部（17人）：李玉鹰　王　琦　李育梅　王京红　郭　瑨　白婉君　蔺月松　张秋霞　石秀清　贾　粒　赵淑玉　李建强　张沙丽　孙树仁

郝晓光　刘兆麟　强卫群

工程技术系（57人）：周国烛　蒲国平　苑　函　刘亚红　谢　斌　马红麟　范晶彦　徐思德　李默生　张福顺　杨京平　刘增辉　朱运利　叶海蓉　黄　丽　陈小荣　李雪梅　张　玫　杨　雯　李惠芳　辛秀兰　夏　青　李晓燕　陈红梅　金明善　吴志明　路　梅　马　越　兰　蓉　徐　晶　谢梅英　董义革　杨洪雪　刘　杨　徐红勤　胡晓红　韩丽萍　王　萍　肖永生　赵　凯　吴友兰　林　萍　王丽芬　龙　漪　陈　涵　任有志　孙红庆　贾治茂　黄利明　黄冠明　王利明　刘　霞　李双石　王晓杰　张晓辉　杨国伟　陈小宁

经济管理系（32人）：高　岩　徐秀艺　张　清　李　京　梁莉芬　邓　红　王建平　李红伟　寇　静　张　晖　崔晓翔　何　深　刘晓煜　徐　蕾　孔　辉　何　红　唐　伟　王冬梅　于学英　刘希棠　桑永明　刘新华　彭　爽　王世华　张　弦　张春辉　安　静　戚瑞双　史小来　何妮娅　周　哲　肖兴辉

艺术设计系（29人）：戴　莛　李先飞　谈丽丽　刘　弘　陈　凯　王　文　李伟明　康海英　石　头　张　强　刘　卉　李　宙　李　珂　白晓炜　陈　昕　唐芸莉　李　颖　王　巍　李京京　徐威贺　吕悦宁　李盛隽　张　芸　赵　曦　运晓凝　张　峻　李晓君　齐学君　刘德欣

基础理论部（56人）：刘　敏　许桂萍　崔焕英　胡晓涓　金木婴　张建儒　安淑春　朱　兰　李　琤　石莉芸　涂雪菊　侯丽洁　张智梅　杨改玲　宋　忆　许秋富　董　辉　任　皞　梁　东　柴继红　吴胜奎　李亚杰　郭　桐　洪志坚　胡建华　左峰辉　王冬琳　阮　俊　王建荣　王冬华　张元亮　刘丽洁　郑沛钧　胡　娜　杨丽娟　高承庆　杨　青　吴桂平　胡　昊　廖　华　王卫东　贺翠玉　陈芳珍　王　薇　李　博　马　源　裴　敏　王继学　杨　青　杨金荣　尹大川　伍　严　龙明丽　李　玲　郭文玲　鲍晓华

附属鸿阳中学（2人）：张惠清　王绍岩

第四节　专业建设

1999年学院成立后，制订了专业建设与调整的指导思想："突出特色，强化优势，主抓骨干专业建设，改造和调整传统专业，根据社会需求特别是首都经济发展需求增设新专业"，建立起长、短、特、热四类专业共存并动态调整的专业体系。学院自开展高职教育起，不断适应社会需求，从企业对人才的要求出发，调整专业研究方向，从成立时的4个专业（方向），发展到近30个专业（方向），依据专业特点确定培养目标，既扩大了办学规模，又为社会培养了急需人才，在多年的教学中形成自己的特色。

一、高职专业设置

1999年学院成立时，开设物业电气技术、形象设计、食品与发酵和钢琴调律4个招生专业，共招生90人；2000年9月，在上一年基础上，新增8个专业，以管理、服务类专业为主，除物业电气技术、生物技术应用和计算机网络技术三个专业为3年制外，其余为2年制，当年招生573人，较1999年有较大提升；2001年，主要招生专业14个，大幅度增加了3年制高职专业，当年招生698人；2002年9月，主要招生专业21个，当年招生987人。根据2002年招生简章，形象设计专业和钢琴调律专业在福建和广东招生；2003年9月，主要招生专业22个，当年招生1080人，学制均为3年。

经过3年的调整、建设和申报，2003年专业布点基本完成，有近30余个专业（方向），涵盖了当时北京市重点发展的制造业、高新技术产业和服务业。截至2004年6月，从专业类别分类：工程技术信息类专业13个，占所开设专业的41%；工商经济管理类专业10个，占所开设专业的32%；艺术类专业8个，占所开设专业的25%。经济管理类专业所占比重较大，反映了北京市现代服务业的兴起。1999—2003年学院高职主要招生专业（方向）设置及招生情况见表3-1-7 ~ 表3-1-12。

表3-1-7　　1999—2003年北京轻工职业技术学院高职专业（方向）设置一览表

序号	开设年份	专业（方向）名称	序号	开设年份	专业（方向）名称
1	1999	物业电气技术	4	1999	钢琴调律
2	1999	食品与发酵	5	2000	生物技术应用
3	1999	形象设计	6	2000	计算机网络技术

续表

序号	开设年份	专业（方向）名称	序号	开设年份	专业（方向）名称
7	2000	商务英语	20	2002	计算机网络技术（多媒体）
8	2000	英语导游	21	2002	商务秘书
9	2000	金融保险	22	2002	室内设计
10	2000	会计（税收）	23	2002	资产评估
11	2000	国际商务	24	2003	会计
12	2000	电脑美术设计	25	2003	商贸英语
13	2001	机电技术应用	26	2003	环境检测与保护
14	2001	电子商务	27	2003	环境艺术设计
15	2001	物业管理	28	2003	计算机美术设计
16	2001	广告策划与设计	29	2003	智能建筑控制技术
17	2002	电子信息技术	30	2003	人物形象设计
18	2002	多媒体艺术设计	31	2003	计算机应用技术（软件设计）
19	2002	计算机软件技术	/		

表3-1-8　　1999年北京轻工职业技术学院高职主要招生专业（方向）及招生情况一览表

序号	专业（方向）名称	学制	招生人数
1	物业电气技术	3	29
2	食品与发酵	3	24
3	形象设计	2	21
4	钢琴调律	2	16

表3-1-9　　2000年北京轻工职业技术学院高职主要招生专业（方向）及招生情况一览表

序号	专业（方向）名称	学制	招生人数
1	物业电气技术	3	33
2	生物技术应用	3	35
3	计算机网络技术	3	87
4	钢琴调律	2	15
5	形象设计	2	25
6	商务英语	2	76
7	英语导游	2	32
8	金融保险	2	44
9	会计（税收）	2	85
10	国际商务	2	76
11	电脑美术设计	2	65

表3-1-10　2001年北京轻工职业技术学院高职主要招生专业（方向）及招生情况一览表

序号	专业（方向）名称	学制	招生人数
1	形象设计	3	20
2	生物技术应用	3	36
3	钢琴调律	3	36
4	英语导游	3	44
5	商务英语	3	83
6	金融保险	3	43
7	计算机网络技术	3	80
8	会计（税收）	2	29
9	国际商务	3	78
10	电脑美术设计	3	53
11	机电技术应用	3	28
12	电子商务	3	70
13	物业管理	3	33
14	广告策划与设计	3	65

表3-1-11　2002年北京轻工职业技术学院高职主要招生专业（方向）及招生情况一览表

序号	专业（方向）名称	学制	招生人数
1	电脑美术设计	3	23
2	电子商务	3	77
3	电子信息技术	3	38
4	多媒体艺术设计	3	34
5	钢琴调律	3	21
6	广告策划与设计	3	54
7	国际商务	3	80
8	会计（税收）	3	38
9	机电技术应用	3	23
10	计算机网络技术	3	53
11	计算机网络技术（多媒体）	3	38
12	计算机软件技术	3	41
13	金融保险	3	76
14	商务秘书	3	39
15	商务英语	3	89
16	生物技术应用	3	30
17	室内设计	3	14

续表

序号	专业（方向）名称	学制	招生人数
18	物业管理	3	38
19	形象设计	3	15
20	英语导游	3	84
21	资产评估	3	82

表3-1-12　　2003年北京轻工职业技术学院高职主要招生专业（方向）及招生情况一览表

序号	专业（方向）名称	学制	招生人数
1	电脑美术设计	3	43
2	电子商务	3	35
3	电子信息技术	3	53
4	多媒体艺术设计	3	40
5	钢琴调律	3	27
6	广告艺术设计	3	64
7	国际商务	3	81
8	会计	3	38
9	机电技术应用	3	20
10	计算机网络技术	3	60
11	计算机应用技术（软件设计）	3	56
12	金融保险	3	76
13	商务秘书	3	25
14	商贸英语	3	62
15	生物技术应用	3	60
16	物业管理	3	77
17	人物形象设计	3	17
18	英语导游	3	77
19	资产评估	3	43
20	环境检测与保护	3	32
21	环境艺术设计	3	41
22	智能建筑控制技术	3	53

二、高职专业建设

成立专业指导委员会　为了加强对专业建设的指导，适应首都经济建设和社会发展对高等技术应用型人才的需要，进一步深化教育改革，增强与产业界合作，提高教学质量和办学效益，形成高等职业教育的专业特色，学院制订了《北京轻工职业技术学院专业指导委员会章程》，各系部建立了教学专业指导委员会，聘请在本专业、本行业内有较高造诣和丰富实践经验的知名专家、高级工程技术人员和行业企业主管领导，指导与协调各专业市场调查论证、专业培养目标和人才培养方案的研讨，以及教学计划、课程大纲审定、实习实训基地建设等。指导委员会是学院各专业建设的指导与咨询机构。同时，设立了校外实训基地，直接、及时获得行业的最新动态和人才需求的最新信息，与专业指导委员会工作相结合，以此为依据进行专业方向的调整和课程建设。

2000年1月，成立了形象设计、服装设计专业指导委员会，聘请吕实璟、胡月任主任；成立了设计专业指导委员会，詹炳宏任主任；会计专业指导委员会成立，李一经任主任。2000年2月，物业管理专业指导委员会成立，孙雅筠副院长向来自行业主管部门、企业专家介绍学校改制为高职学院的情况。2000年5月，英语导游专业指导委员会成立，战忠祥任主任。为适应北京房地产业的发展及人才的需要，2000年学院成立了资产评估专业指导委员会，委员中有学者和资产评估师，在教学计划和培养目标、知识结构体系方面进行指导。

专业建设情况　2000年1月7日，经北京地区高校高职专业设置审核专家组评议，同意学院为加强专业建设，办出高职教育特色，新增国际商务、英语导游、商务英语、商务秘书、生物技术应用专业（方向）。

2000年11月24日，北京市教委批准学院钢琴调律专业为2000年北京地区高校高职高专教育市级教学改革试点专业。学院聘请北京中加海资曼钢琴有限公司总经理、钢琴调律大师金先彬为钢琴调律专业指导委员会主任，聘请美国钢琴技师协会戴尔温先生为名誉教授，指导专业和课程建设，并为学生讲课。2001年，钢琴调律专业被教育部批准为高职高专教学改革试点专业。

学院聘请美国著名钢琴设计者和制造者戴尔温为钢琴调律专业名誉教授

2002年4月2日，市教委专家组对学院生物技术应用专业、多媒体艺术设计专业进行教改试点评估，被批准为北京地区高校高职高专教育市级教学改革试点专业。其中，生物技术应用专业前身是1984年创建的食品发酵专业，具有多年的教学实践，所培养的人员受到行业企业认可；多媒体设计专业是个年轻的专业，专业教学中建立了课堂教学与实训教学为一体的专业教室和工作室，并取得职业技能鉴定机构的认可，经授权设立了美国Autodest公司中国区Discreet授权培训中心和考试中心，以及荷兰Adobe公司联合设立的中国认证设计师培训中心。

2002年10月29日，教育部高教司专家组来校考察生物应用专业的教改试点工作，肯定了生物技术应用专业的办学优势，专业被评为教育部的教改试点专业，是继钢琴调律专业后的第二个部级试点专业。

2002年生物技术专业焙烤制品加工实操考试

2003年12月，机电技术应用、多媒体艺术设计、生物技术应用专业确定为学院教学改革试点专业，学院对试点专业给予较大的资金投入和政策倾斜，以此为龙头带动整体的专业建设和教学改革。试点专业在教学内容、课程体系改革等方面都取得了阶段性成果。

学院艺术设计系从2003年5月下旬至6月下旬，在系主任带领下，进行大量调查研究、综合分析，形成了《艺术系教育教学改革总体规划草案》，并将本次改革的材料汇编成册，对电脑美术设计、广告艺术设计和多媒体艺术设计三个专业的教学体系进行了调整和完善，制订了三套以学生职业能力培养为核心，以学生就业为导向的教学课程体系。

截至2004年6月，学院设有机械、艺术、管理三大类共30余个专业（方向），生物技术应用、计算机应用、机电技术应用、电脑美术设计、多媒体艺术设计、物业管理、财务会计等专业是学院的主体专业，具有较高水平，是学院形成办学规模、促进长期稳定发展的保证；电子商务、资产评估等专业是根据市场需求的变化新开设的热门专业；钢琴调律、形象设计等是学院职业特色鲜明的专业。学院还结合技术发展的新工艺、新技术、新水平，不断对老专业进行改造，如计算机应用专业突出了网络方向，开设了电子信息技术专业等。

金先彬老师为钢琴调律专业学生授课

三、中等专业设置

1999年学院成立后，以北京一轻工业学校的名义，紧密对接北京市行业企业对技能人才的需求，对招生、就业较好的专业进行重点布局，不追求生源数量，追求就业质量，为社会继续培养中等专业技能人员。1999年，学校开设专业（方向）37个，招生专业（方向）21个，共招生1270余人，有中专在校生5000余人，具有相当规模。

2000年归属北京市教委管理后，学校除继续为一轻行业企业培养技能人员外，面向北京市热门专业和紧缺行业的岗位需求，在发挥自身优势的基础上，不断开拓新的专业。2000年9月，当年新招中专学生650人，主要招生专业（方向）12个，均为初中毕业生，学制4年。

2001年9月，当年新招中专学生355人，招生人数较上一年度减少一半。主要招生专业（方向）9个，其中，5个专业为3年制，说明3年制中职专业成为新的需求趋势。在2000年基础上，实际新增专业只有1个，为4年学制网络技术应用专业，这是计算机技术发展和社会需求的结果。

2002年9月，当年新招中专学生253人，较上一年度继续减少，主要专业（方向）7个，其中新增商务英语1个专业。从专业分析，除传统优势专业轻工机械、机电技术应用、计算机应用、生物技术应用等外，导游、金融、商务英语等服务类专业占据比重较大，反映了首都产业结构的调整。

2003年9月，当年新招中专学生225人，主要招生专业（方向）5个，专业数量较上一年度大幅度减少，没有新增专业，个别专业名称有所改变。1999—2003年学校中职专业（方向）招生情况见表3-1-13 ~ 表3-1-17。

表3-1-13　　1999年北京轻工职业技术学院中职招生专业（方向）及在校生统计表

序号	专业（方向）名称	学制	招生数	在校生数
1	轻工机械	4	125	507
2	工业企业电气化	4	/	258
3	机电技术应用	4	87	464
4	家用电器	4	38	156
5	计算机及应用	4	122	413
6	计算机及应用（商务电脑专门化）	4	/	35
7	硅酸盐工艺	4	/	121
8	食品工艺	4	/	165
9	生物技术应用	4	84	88
10	保险	4	/	75
11	保险（医疗保险专门化）	4	/	90
12	金融（金融与保险专门化）	4	42	84
13	财务会计	4	/	70
14	涉外财务会计	4	/	41
15	工业企业管理（文秘与档案专门化）	4	45	45
16	工业企业管理（公共关系专门化）	4	44	171
17	工业企业管理（公共关系专门化）	3	/	27
18	工业企业管理（文秘与办公自动化）	4	/	50
19	涉外文秘（英语专门化）	4	42	42
20	市场营销（公关与营销专门化）	4	25	101
21	经贸英语	4	91	374
22	饭店服务与管理	3	/	161
23	饭店服务与管理	4	88	181
24	饭店服务与管理（物业管理专门化）	4	74	165
25	物业管理	4	/	116
26	物业管理（电器维护专门化）	4	/	88
27	物业管理	3	/	39
28	现代娱乐管理	4	31	70
29	现代娱乐管理	3	/	62
30	计算机美术设计	4	63	246
31	计算机美术设计（广告设计专门化）	4	22	22
32	运动保健专门化	4	35	77
33	运动保健专门化	3	/	42
34	自动控制	4	81	84
35	导游	4	83	203
36	导游（旅游英语专门化）	4	39	130
37	女性形象设计	4	10	10

表3-1-14　　2000年北京轻工职业技术学院中职主要招生专业（方向）统计表

序号	专业（方向）名称	学制	招生人数
1	机电技术应用	4	87
2	计算机及应用	4	88
3	生物技术应用	4	42
4	金融（金融与保险专门化）	4	39
5	涉外文秘（英语专门化）	4	33
6	市场营销（公关与营销专门化）	4	38
7	经贸英语	4	38
8	物业管理	4	43
9	计算机美术设计	4	70
10	运动保健专门化	4	89
11	自动控制	4	40
12	导游	4	43

表3-1-15　　2001年北京轻工职业技术学院中职主要招生专业（方向）统计表

序号	专业（方向）名称	学制	招生人数
1	机电技术应用	4	37
2	生物技术应用	4	30
3	网络技术应用	4	41
4	经贸英语	3	37
5	导游	3	37
6	金融（金融与保险专门化）	3	38
7	计算机美术设计	3	69
8	现代娱乐管理	3	43
9	物业管理（电器维修专门化）	4	23

表3-1-16　　2002年北京轻工职业技术学院中职主要招生专业（方向）统计表

序号	专业（方向）名称	学制	招生人数
1	机电技术应用	4	28
2	生物技术应用	4	29
3	计算机及应用	4	55
4	导游	3	30
5	金融事务（保险专门化）	3	30
6	商务英语	3	62
7	电脑美术设计	3	19

表3-1-17　　2003年北京轻工职业技术学院中职主要招生专业（方向）统计表

序号	专业（方向）名称	学制	招生人数
1	机电技术应用	4	56
2	生物技术应用	4	28
3	自动控制技术	4	66
4	计算机网络技术	4	29
5	电脑美术设计	3	46

四、办学规模

1999年学院成立后，全日制在校生主要以中专生为主，在校生达到5200余人。高职在校生人数由1999年首届学生的90人，到2003年在校生达到2700余人，反映了高职教育不断发展的趋势。中专在校生，从1999年的5000多名在校生，到2003年的1000余名在校生，规模呈下降趋势。学院着重研究高职学生的教育与管理，为后续发展积累经验。1999—2003年学院学生规模见表3-1-18。

表3-1-18　　1999—2003年北京轻工职业技术学院全日制在校生情况统计表

年份	高职在校生数	中专在校生数	在校生总数
1999	90	5073	5163
2000	622	4592	5214
2001	1316	3283	4599
2002	1833	2026	3859
2003	2726	1079	3805

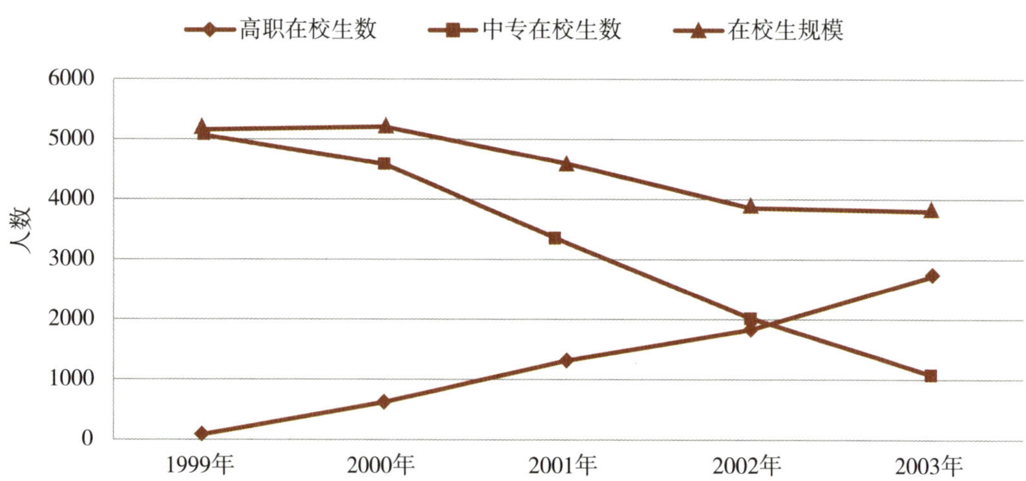

1999—2003年北京轻工职业技术学院办学规模情况图

五、实践教学

学院以培养高技能人才为目标，创建学训一体的专业教室，构建融入职业标准的课程模式。

实践教学管理 根据高职培养目标对职业能力的要求，学院建立了与理论教学相辅相成的实践教学体系，不断完善实训基地建设，健全相关规章制度，在保障实践教学规范化基础上，改革实训内容，保证实践训练环节的质量。各专业实验课、实习课开出率均达到100%。

各专业设有综合性实践训练项目及毕业实习、毕业设计等环节。在制订培养计划时，把实践教学环节和职业能力训练作为重要内容，根据市场需要及新技术、新工艺的发展，将新内容及时纳入培养计划，保证实训时间不少于半年，以促进学生职业能力的不断提高。截至2003年，学院建有专业教室和实验室、实训室53个，专业教室建设独具特色，实现了学训一体的模块化教学。

创建专业教室 专业教室是一种教学功能完善的教学环境，学生在专业教室能完成四项训练，一是熟练掌握室内设备，二是用这些设备组成工艺流水线、会编程，三是在计算机上模拟现场演练，四是虚拟未来新技术新设备和新工艺。学院以专业教室为基地，形成了“流水线”式的教学模式，实现了学生能力与就业岗位“零距离”目标。

学院成立以来，采用自筹资金或与企业共建的方式，以工程技术系为先导，逐步向艺术设计系和经济管理系辐射，建立各类专业教室22个，初步形成了专业教室网络。专业教室教学不仅全面培养了学生的岗位能力，也塑造了一批既具备深厚理论功底又具备较强操作技能的教师队伍。借助专业教室教学功能，克服了传统教学模式中专业课教学与实训在空间和时间上脱节的弊端，突破了传统的认识实习、课程实习和毕业实习“三层楼”的实践模式。

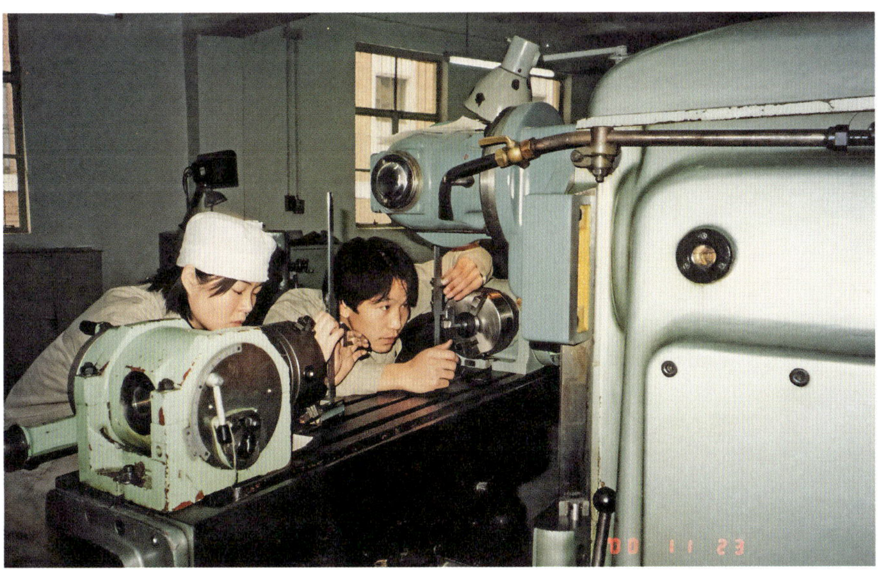

聚精会神进行实训的学生

2002年9月，学院投资100万元，建立了微机仿真、轻工TCL（The Creative Life）网络两个专业实训教室，微机仿真专业教室可支撑单片机、传感器、通信、线路板制作等技术的实验教学，综合性强、利用率高；轻工TCL网络专业教室，由学院与TCL公司共同投资建设，可完成计算机网络专业学生关于综合布线、网络管理、网络操作系统等课程的教学和实习，也可满足获得综合布线、网络管理职业资格证书的实训要求。2003年4月，计算机教研室在经过充分市场调研、多次方案论证的基础上，计算机软件设计专业教室投入使用。

学院苹果机房

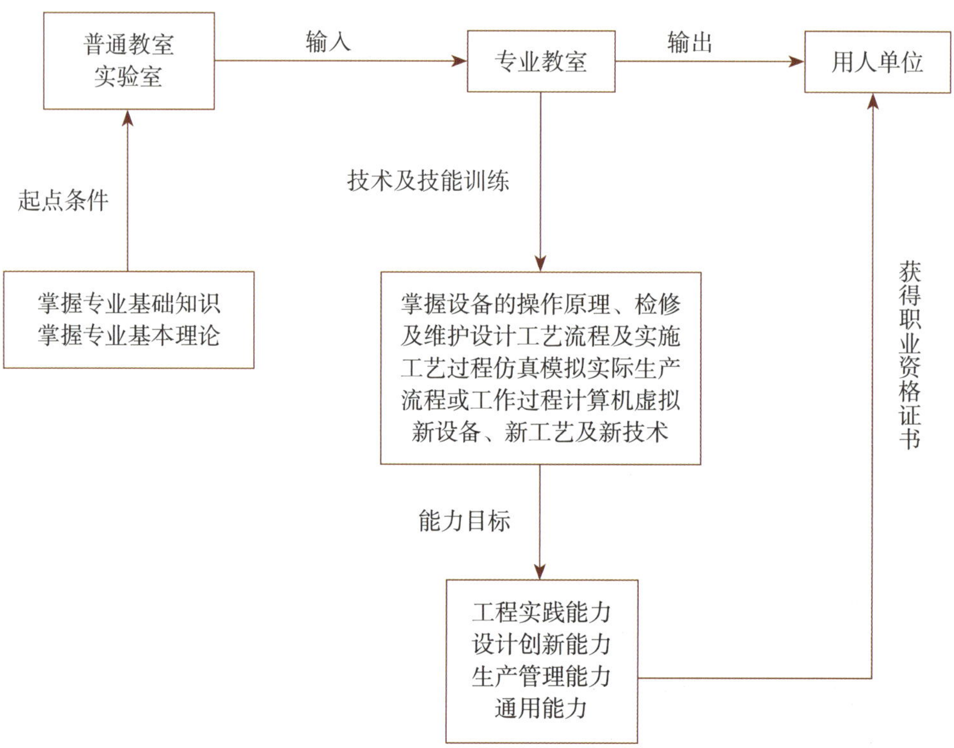

专业教室技能培养体系图

实训（室）基地建设 学院每年投入500万元，更新、改造、新建5～7个实验、实训教室，2004年将原有实验、实训教室按照新标准改造完毕，至2004年，学院教学设备总值达到3500万元，校内实训基地9个。校内实训基地建设突出职业教育特点，紧贴行业，营造真实企业环境氛围。学院生物技术实训基地2002年被北京市评为市级实训基地。

2002年，学院工程系为了加强实验、实训基地的建设，制订《生物技术应用专业实训基地及其他专业教室的改造方案》。经济管理系注重校企合作，在原有财会综合实训室的基础上建立了ERP（Enterprise resources planning）实验中心，该项目是用友公司在北京高职学院建立的第一个培训中心，在人才培养模式上进行新的探索和实践。2000年12月，学校会计、金融、保险实训教室建成，实训教室面积约100平方米，机房和情景模拟教室共投入资金40余万元。2002年，学院数理实验室正式建立，它是由原物理实验室加以改建而成，保留了原物理实验室全部设备，增加了多媒体设备，功能涵盖高等数学实验课、物理课教学和实验、小型学术交流活动举办等。

2003年2月，学院建成七个多媒体教室，开展多媒体教室设备使用方法培训，向老师们讲解了PowerPoint软件和Flash的使用方法，促进了多媒体技术在教学工作中的广泛应用。计算机技术产业高速发展，学院为北京市软件基地培养“软件蓝领”程序设计人员，给学生提供真实的计算机软件开发环境。

第五节　教学改革

学院积极开展教学改革，形成了教改特色的总体思路，即借鉴国外先进的职教经验，以职业岗位能力为基础，以课程改革为核心，进行课程模式的改革，实现高等技术应用性人才的培养目标。

一、确定改革指导思想

1999年学院成立后，为建立高职教育的办学定位和指导思想，学院认识到教育教学改革是重中之重，采取大讨论的方式，提出深化教育教学改革的理念，并经过教代会的审议，确定了一系列的改革措施。

一方面在专业建设、课程设置、职业标准引入、实践教学、教学方法等内容上进行改革，使之服务于应用性人才培养的需要，适应社会经济发展，走出一条具有本院特色的高职教育发展之路；另一方面，借鉴加拿大CBE的职教模式，引入英国BTEC的教育观念，通过项目改革传统的教学模式。2000年，在充分总结北京市轻工职工大学和北京一轻工业学校办学经验的基础上，通过学习国内外高职院校先进的办学经验，结合学院自身的状况和条件，确定了以提高教学质量为中心的教育教学改革工作思路。

2003年，学院确定为教学改革与建设年，通过建立适合高职人才培养并具有学院特色的课程体系，积极开展“双证书”教育，加强教育督导工作和教学管理现代化建设等措施，实现各方面转变：一是办学宗旨由重视短期目标服务转变为重视长期目标服务；二是办学理念由强调共同性转变为重视学生个性发展；三是教学管理由刚性的教育管理系统转变为柔性的教育管理系统；四是组织教学由以教师为中心转变为以学生为中心；五是教学改革由注重教材建设转变为重视教学大纲制订；六是教学方法由运用传统教学媒体转变为运用现代化教学媒体；七是教学质量评价由运用主观评价标准转变为运用客观评价标准。

二、课程改革

教育教学改革中，以课程改革为核心。其中，搭建完善的专业教学体系，是架起通向高就业率的桥梁，课程设置、教学模式、“双证书”制度等软件建设是到达“目的地”的“补给”。学院在构建融入职业标准的课程模式方面进行了有益的探索和尝试：改变了传统的教学方法，建立“以学生为中心”的教学模式；引入了“课业”考核等方式；打破传统的基础课、专业基础课和专业课的“老三段”的课程设置模式，以职业岗位能力为基础，建立了模块化、综合化的课程体系，把职业标准融入课程标准，全面落实了“双证书”制度。

以职业能力为基础，实现专业课程模式的创新 2000年以来，学院借鉴加拿大CBE教学模式，以职业能力为基础进行课程设置。但如果过分强调职业能力，学生在通用能力方面会有所欠缺。因此，在保证突出职业能力的前提下，恪守专业能力和通用能力培养并重的原则，借助专业教室的教学资源配置，实现了课程的综合化与模块化。课程的模块化是指课程结构的模块化，即打破传统的基础课、专业基础课和专业课的“老三段”课程设置模式，以职业能力为基础，进行课程重组；课程的综合化是指课程内容的综合化，即将两门或两门以上的专业理论课，经过一定的调整、增删、补充，有机重组为一门课程，以构建新的课程体系。

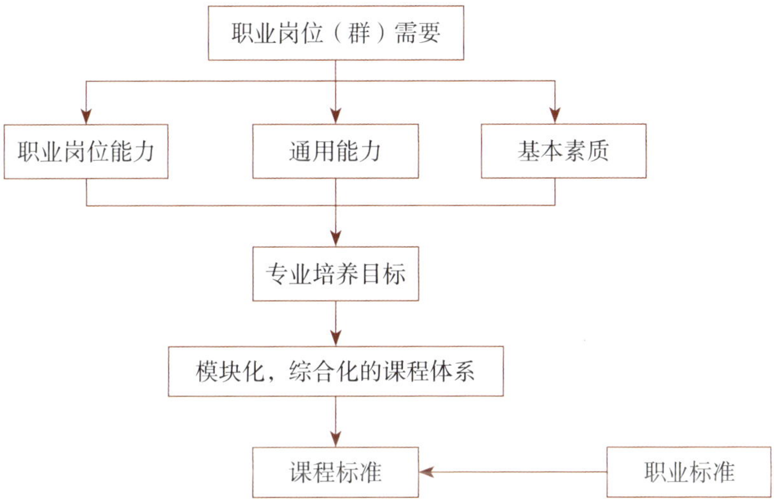

职业能力培养课程体系图

职业标准融入课程标准，全面落实“双证书”制度 学院成立后，在高职教育体系建设过程中，一个突出的改变是重视课程目标的价值取向，把国家职业标准融入学院的课程标准中，突出课程目标的职业化方向，以增强学生的岗位适应性，并且通过实行“双证书”制度，使学生在校期间就取得进入劳动力市场的“通行证”——职业资格证书，从而增强学生的就业竞争能力。学院主要采用三种方式落实“双证书”制度。

一是将职业标准融入课程标准中。“职业标准”是企业根据岗位应具备的职业能力而制订的，“课程标准”是学校制订的指导各门课程教学工作的基础教学文件。学院在编写课程标准的过程中，以职业标准为导向，特别注重知识、能力、素质结构的分析、学生的技能要求，以及对技能的考核方法。学院借鉴国家已公布的319个职业标准，结合各专业的课程设置，把职业标准有机地融合到课程标准中。通过组织学习与学院专业设置关系密切的50个职业标准，先后编制了37门渗透了职业标准的课程标准，取代了传统的教学大纲。经过几年的实践，在提高学生取证率和就业率方面取得了较好的成效。

二是将通用能力融入课程标准。通用能力主要包括八个大类：交流表达、数字运算、革新创新、自我提高、与人合作、解决问题、信息处理和外语应用。学院重视学生能力的培养，将通用能力融入课程标准，以此作为突破口，使“以学生为中心、以能力为本位”的教育理念成为全院师生的共识。

三是特种专业将职业标准直接作为课程标准。对某些特种专业，采取实习与考证直接挂钩的方法。例如将机电技术应用专业的制图员考证直接作为教学内容，考证标准直接作为课程标准。将课程标准与职业资格证书制度相融合，从而使“双证书”制度真正落到了实处。

改变传统教学模式，实行“四结合” 在教学方法、考核方法、教学实践和创新思维训练等方面进行改革。

在教学方法上，多种教学形式相结合。专业教室教学区的多媒体设备、工艺区的关键工艺设备和仿真模拟设备，以及分析检测区的常规分析仪器为教师提供了多种教学手段相结合的条件，同时也为学生创造了良好的学习氛围，实现教学手段的多样化，最大程度提高学生对专业的认知能力和教学效果。

在考核方法上，多种考核方法相结合。专业教室教学在注重培养学生专业能力的同时还特别重视学生的通用能力的培养，使学生成为岗位适应性强和积极上进的高素质劳动者。与之对应，在考核方法中，融入通用能力的考核。以“乳品与饮料加工”课为例，学生在学习过程中需要完成“市场调研→资料查询→配方设计→工艺实施→产品检验→感官评价→课业成果”等一系列活动，每个教学环节都要提交证据，作为成绩评定的依据，使学生活动步步受控，为学生提供展现自己能力，包括专业能和通用能力的机会，改变传统笔试“一纸定成绩”的弊端。

在教学实践上，专业课教学与技能实训相结合。在传统的教学模式中，学生学完了主要专业课程以后，需要进行实习与实训，以便进一步巩固所学专业知识。在专业教室可进行模块化课程的学习，借助专业教室完善的硬件功能，直接完成主要的实训任务，真正做到理论与实践互相渗透，实践训练与岗位培训互相渗透，从而完全克服了传统教学模式中专业课教学与实训在空间和时间上脱节的弊端，突破了传统的认识实习、课程实习和毕业实习“三层楼”的实践模式。学院建立了生物制药、电子商务、电气自动控制、平面设计、多媒体设计、会计金融、钢琴调律、形象设计等实训实习专业教室和工作室。重视与行业、企业合作，先后与北京星海乐器有限责任公司、北京丽源公司、北京酒业股份有限公司、北京三元乳品公司等建立了密切合作关系，将教学内容与企业先进的技术接轨，在教学方法上实现理论教学与实践教学的紧密结合。

在创新思维训练上，新技术、新工艺讲座与虚拟演练相结合。专业的发展离不开技术的革新。在教学的过程中，注重培养学生的设备使用能力和工艺实施能力，创新能力的培养必不可少。专业教室良好的教学环境以及新的教学模式能够给学生提供很大的发展空间，学生可借助现有设备，利用计算机系统，对即将出现的新工艺及新设备进行预测，通过虚拟演练，实现设备和技术的更新，使教学活动的时间和空间得到无形的扩展。

采用“活教材”，实现课程资源多元化 在高职教育过程中，学院对于教材的选用进行改革。科学技术的飞速发展，使传统统编教材的滞后性显现了出来。职业教育的针对性和适应性既对立又统一，一本教材很难满足教学要求。为适应课程的模块化和综合化，学院部分专业采用了“活教材”的方式，凡是能让学生获得知识、信息、经验、感受的载体与渠道都可以是课程学习的资源，提倡教师多搜集最新资料、最新设备和产品的介绍，各种学术专著与网上资料等，都可以是教材的内容。课程资源的多元化，直接引发教学方式与学习方式的改变。教学过程也由教师控制课堂的预设过程变成了师生共同建设、共同发展的过程。

建立学生获得职业资格证书的平台 为了增强学生的职业适应性，在硬件上创建了专业教室，在软件上构建了融入职业标准的课程模式，以取得职业资格证书进入就业市场，提高了毕业生的就业率。2000年，学院职业技能培训中心成立，为实行“双证书”制度提供了有力的保证，该中心取得了有关部门授权具有培训、鉴定资质的项目13个，与具备鉴定资质的单位合作培训项目16个。学生取证有三种形式。

一是参加学院经上级部门批准设置的职业技能鉴定站的鉴定，主要有：直接进行职业资格鉴定，如钢琴调律师职业资格鉴定、电子商务职业资格鉴定、推销员职业资格鉴定、中国商业美术设计师资格鉴定等；与中华人民共和国人力资源和社会保障部、中华人民共和国住房和城乡建设部等部委的合作职业培训项目，如电工、物业管理员、会计证、中级美容师等；与行业协会的培训项目，如保险代理人、广告上岗证等。

二是参加相关单位授权或合作开发的鉴定培训项目，主要包括：与北京市质量技术监督局合作，进行食品检验工以及技师和高级技师培训；由中国环境科学学会授权，进行化学检验（室内空气质量检测、水质检测和环境检测）国家职业资格鉴定培训；与对外经济贸易大学合作开发的培训项目——外销员岗位资格证书；取得国际著名大公司的职业技术证书，如Adobe公司的平面设计师证书和Autodesk公司Discreet软件工程师培训证书。

三是取得毕业证书即认定为具备职业资格证书。经过教学质量的提升和相关协会认定，学院钢琴调律专业凡取得毕业证书的学生，中国轻工联合会同时加发钢琴调律师的职业资格证书。学院教育发展规划中计划用五年的时间，使60%的专业达到这样的标准。学院不仅为高职在校生取得“双证书”提供保证，还面向社会承担职业技能培训和考核项目，为周边社区和首都经济发展服务。专业教室的广泛建立为实施“双证书”教育提供了硬件保证。

开启就业之门的金钥匙 学院积极推行“双证书”制度，突出职业教育特色，制订《学生参加职业技能鉴定（职业资格证书）管理办法》等相关规章制度。

学生在校学习期间，就获得进入劳动力市场的“通行证”——职业资格证书，毕业生的取证率达95%左右，提高了毕业生的就业率，体现了职业教育以就业为导向的特征。学院自1999年成立以来，共有四届毕业生，从如表3-1-19所示数据可以看出，学院学生取证率一直维持在90%以上，就业率也逐年攀升，这一数据充分体现了实行“双证书”制度是提高毕业生就业率的重要手段和措施，是促进职业学校规范发展的核心动力，同时也是以就业为导向的高等职业教育自身特性的具体体现。

表3-1-19 北京轻工业职业技术学院学生职业资格证书取证率和就业率统计表

年份	取证率	就业率
2002	94.4%	90%
2003	98.5%	91%
2004	93.9%	98%

专业课程建设面向实际应用 在教学改革过程中，学院坚持以应用为主旨，改革课程体系和教学内容，专业基础课以“必需、够用”为原则，突出课程的综合化，专业课开发面向实际应用，注重解决实际问题，将职业标准和职业能力融入课程标准，并根据科学技术的发展和就业岗位对人才需求的变化，不断更新教学内容。如：生物技术应用专业开设的“药学综合”课，涵盖了药理知识、药物化学、生药学、药剂学等课程的相关内容；计算机网络专业开设的计算机网络管理课是学习计算机网络建设与管理的一门实践性很强的课程；会计专业开设的行业会计实务、理财规划、ERP原理与应用与电子商务专业开设的商务网站策划、网络营销案例等都是实用性很强的课程。2002年，全院700多门课程整合为404门，进一步明确课程标准，规范课程管理。增加弹性化的专业选修课，为学生提供更多自主学习的机会。学院开出院级选修课24门，每学期选修的学生达1000人次。

各专业以培养学生技术应用能力为宗旨，积极推进教学方法与手段的改革，包括：充分利用专业教室和实验室、实训室进行教学，将理论教学与实践教学有机融合与渗透；采用模块化互动式教学方式，体现以学生为主体；部分专业以任务式的“课业”替代传统试卷，注重考核学生能力；广泛运用现代教育技术，提倡教师制作多媒体课件授课，全校有207门课程采用了多媒体教学手段；在“以评促建”过程中落实了“双语”教学工作计划，有四门课程尝试使用国外原版教材，开展“双语”教学。

三、产教研结合

学院产学研结合作为教学改革的目标，通过校企合作，产教结合，改善实践教学条件，建设“双师素质”教师队伍，建立了产学研结合的办学模式，逐步形成以社会需求为导向，以行业企业为依托的办学体制和管理机制。

建立“需求导向型”人才培养模式 “需求导向型”人才培养模式的特点，是培养以企业的需求为导向，以现场顶岗实习为重点，校企密切结合，共同完成人才培养的全过程，学生毕业后无需附加培训，直接上岗。在市场经济条件下，企业面临知识经济的挑战和机遇，需要借助高校优势进一步提高企业经营水平和管理能力，同时为院校创造提供理论与实践更好结合的场所和条件。要求学校开设的专业符合企业需要，适应高职人才培养的层次要求。

一是建立校外实训室，实训室除完成正常的教学任务外，校企联合共同培训企业的专业人员。经长期合作发展，学院与SMC（中国）有限公司、天鸿物业公司、北京华英仁家展览展示有限责任公司、《中国职业技术教育》杂志社、北京星海乐器有限公司、北京宏丽源有限责任公司等87家单位建立了运行良好的校外实训基地。校外实训基地为教学提供校外实习场所，双方共同协商制订实习计划，对实习内容、实习环节等做出安排。学院部分校企共建实训室情况见表3–1–20。

2000年，为加强形象设计专业与企业的联系，学院与丽源公司签订了联合办学协议，并为美容美发实训教室揭牌，开设形象设计专业高职班、成人大专班，成立形象设计专业指导委员会。由丽源公司出资设立了“丽源奖学金”，共建丽源形象设计实训教室。

表3-1-20　北京轻工职业技术学院部分校企共建专业实训室一览表

年份	名称	共建企业
2000	丽源形象设计实训教室	丽源公司
2000	钢琴实验实训基地	北京星海乐器有限责任公司
2002	企业资源计划（ERP）实训中心	用友集团公司
2002	美国Autodest公司中国区Discreet授权培训中心和考试中心	美国Autodest公司
2002	荷兰Adobe公司中国认证设计师培训中心	荷兰Adobe公司

2000年5月，学院与北京义利食品公司签署厂校挂钩协议，在企业的营销策划、市场调研、产品开发、教学课题、师生实习等多方面进行合作。

为支持学院开设钢琴调律专业，培养钢琴调律专业人才，北京钢琴厂与学院签订《借琴协议书》，向学院提供星海牌立式钢琴12台作为教学使用，借用期限为三年。学院和北京星海乐器有限责任公司联合办学，成立了钢琴调律专业指导委员会并建立了钢琴实验实训基地，星海公司出资设立“星海奖学金”。2000年，中国乐器协会钢琴调律分会会长金先彬先生代表星海公司子公司北京海资曼钢琴有限公司向学院赠送一架价值4万元的三角钢琴。

首届宏丽源设计大赛一等奖设计者与模特合影

2001年7月7日，北京宏丽源公司与学院共同举办首届“宏丽源杯”形象设计大赛在学院举办，由北京化工大学、北京财贸管理干部学院、北京玄宇艺术研修学院、北京西城经济科学大学、海淀走读大学协办，学院学生在此次大赛中展现了首届高职形象设计专业学生较高的艺术修养、造型能力及综合素质，为培养高等职业技术专门人才起到积极推动作用。

2002年，学院经管系注重加强与企业的合作，对原财务会计教研室的实训基地进行了具有突破性的调整和改进，与用友集团公司联合建立了ERP实训中心，同时成为用友集团公司在北京建立的第一个培训中心，在与企业的合作与交流和人才培养模式上开展了新的探索和实践。

二是毕业设计真题真做，学院及各系非常重视毕业环节，对毕业设计环节规程、指导教师职责和学生要求做了明确规定及检查措施，切实达到综合考查和提高学生实践能力的目的。学院每学年都组织毕业设计（论文）成果汇报和展示评比，以促进毕业环节的工作。

毕业设计紧密结合生产实际选题，学生按照企业的要求和操作程序进行课题策划，其中一些毕业设计已被企业采用，例如毕业设计课题《微生物及植物细胞体系对甘草次酸等天然药物活性成分生物转化的研究》，来自北京大学医学部药学院的课题，学生通过研究发现了对天然药物具有生物转化能力的菌种，为该课题进一步研发新药提供了理论依据。广告艺术设计专业学生为首都规划委员会设计的“崇文区（现东城区）多媒体触摸屏界面”已被采用，得到用户及企业的好评。

重视科研成果应用于企业 学院重视科研工作，累计投入科研经费百余万元，参加教育部重点课题研究1项，参加国家重点科学技术计划科研项目研究3项，为企业开发研制新产品3种。2000年，与宜昌喜旺食品有限公司合作开发新型搅拌型酸奶制品，学院的加工工艺被厂方采纳，产品被评为“湖北省消费者信得过产品”；2003年，为北京中林广泽科技发展有限公司开发了树莓果酱、果汁和果酒等产品，质量符合行业标准要求，被企业采用。

四、引入英国BTEC证书

“以学生为中心，以能力为本位”是职业教育改革的根本所在，是我国教育思想与国外先进教育思想的差距之所在，也是我国职业学校一直没能很好解决的问题。学院通过学习、消化吸收英国BTEC的教学模式，解决“中心与本位”问题。

英国BTEC教育模式的特点 英国BTEC教育模式，根据市场需求开发专业，统一编发教学计划和课程教学大纲；根据教学大纲推荐参考书，而没有全国性的统编教材；根据“以学生为中心”的教育理念，组织多样性的教学活动；以任务式的“课业”连续对学生进行考核的方式，取代期末一次性笔试；在培养学生专业能力的同时，注重培养通用能力并将通用能力的考核评估落到实处。

1999年，BTEC证书班开学典礼

学院在推进教育教学改革的过程中，比较系统地借鉴和融合了英国“BTEC”等国外先进的职教模式，针对教学过程的四大环节，即教材、教法、考核和通用能力培养，进行了积极的探索，并把它们“本土化”，形成自己特点。

英国BTEC模式教改实践 引进和借鉴其方法有利于职业教育改革，课堂气氛更活跃，学生独立学习主观能动性得到发挥。

一是打破传统的统编教材的观念。我国数十年来一直非常强调国家级和省部级、行业的统编教材，从历史上看这种做法在教学中确实起到了十分重要的作用。但是在当今的高等职业教育中却暴露一定的弊端。我国科学技术的飞速发展，使教材的滞后性显现出来，职业教育的针对性和适应性既对立又统一，一本教材很难满足要求，生产过程实际需求和模块化的教学模式，统编教材也难以适应。理论教学和实践教学的脱节也是统编教材中的客观存在。学院提倡教师多搜集新的资料编成辅助讲义，作为单一教材的补充，进而建立起自己的“活”的教材体系。生物技术专业在建立开放灵活、形式多样的教材体系方面做了有益尝试：选择一本主要教学参考书，学生人手一册；指定1～2本学习参考书，起到对主要教学参考书补充、参照、扩展、深化的作用；推荐与本课程有关的期刊网站等供学生课外阅读，获取鲜活、实用的知识和技术；将主要教学参考书之外的、对教学有重要价值的资料、技术文件等印发给学生。工程技术系则在编写辅助讲义方面做尝试：组织各专业教学和实践经验较为丰富的中青年骨干教师编写主干课程辅助讲义，在强调实用性的同时，充分体现以学生为中心的教育理念。

二是打破传统的以教师为中心的“满堂灌”的教学方法。学院鼓励教师建立以模块教学带动“化大班为小班”的讨论式、互动式的教学方法，使教师在整个教与学的过程中起到引导、启发的作用，调动了学生主动学习的积极性和内在潜能，对学生综合素质的培养也起到了很好的作用。学院生物技术应用专业的专业教学改革有两大创新点：专业课教学内容的“模块化、综合化”和教学方法的“行为导向”。

三是打破单一笔试的考核方式，采用任务式的“课业”代替试卷，优点是：完成课业的过程是一个相互学习、深化学习的过程，更是全面消化吸收所学知识、解决实际问题的过程。任务式“课业”融合了理论知识、专业能力与技能、职业素质，是全面提升学生素质和水平的过程；完成课业的过程，克服了单一笔试带来的弊病，如死记硬背、重理论轻实践、考场纪律等问题。

四是打破专业教育和素质教育分离的局面。英国BTEC模式教学的一大重要特色，是将通用能力和专业能力一起列入教学目标，明确界定通用能力的内涵，把发展通用能力作为学生学习过程的一部分，并对学生通用能力的发展水平进行评估。

英国BTEC模式取得认证 1999年9月，学院将生物技术应用专业、钢琴调律专业作为试点。举办BTEC证书开学典礼，英方官员、市政府教育督导室、市教委及相关学校的领导出席现场，BTEC教学课程开始实施。2000年1月4日、11日，市政府督导室谢幼琅副主任、各方专家进校检查BTEC教学实施情况。2月28日，英国商业与技术教育委员会国际部董事丹尼森、BTEC亚太地区官员蔡秀娟及市政府督导室工作人员对学院BTEC课程教育运作情况进行考察，英方对BTEC项目开展情况给予充分肯定。2000年3月13日，英国BTEC外审质量检查团到校，检查BTEC课程教学情况。同年建成“BTEC专用学习室”并对学生开放。3月21日、22日，BTEC亚太中国区冯培荣博士对学院教师、管理人员和北京市政府教育督评督学们，围绕英国爱德克斯（Edexcel）背景、BTEC教育理念、教育方法及教学管理进行了培训。

2000年10月24日，英国BTEC委员会对学院进行课程教学外审，外审官员和专家对学院BTEC教学给予较高评价。2001年4月，学院通过了英国专家对BTEC教学的外审。2001年6月26日，北京职教首届EBEXCEL-BTEC班毕业典礼在北京商贸学院举行，为首届BTEC班毕业生颁发BTEC国家职业资格证书，学院97级学员董博等十几名同学获得优秀学员称号。

北京职教首届EDEXCEL-BTEC班毕业典礼合影留念

2002年5月，英国爱德克斯（Edenxcel）国家教育基金会中国区经理冯博士等来学院对学院申请开设BTEC高等学历证书课程的计算机、商务、图文设计三个专业进行审核，学院通过BTEC高等学历证书教育办学中心的申请。2002年6月19日，英国爱德思国家学历及职业资格考试委员会BTEC总部市场开发部经理塞萨姆先生专程来学院代表总部宣布：北京轻工职业技术学院成为英国BTEC在中国办学的第一所重点示范校，此后学院成为中国区展示、宣传教学工作的“窗口”和开展BTEC教育的活动基地。

2003年，学院继续开展与国外大学合作办学，积极为赴英国学习的学生联系出国学习的相关事宜，两批出国学习的19名学生于7月初按期赴英国学习。2003年8月25日，英国BTEC对中专00计算机班进行了第一次外审。外审员充分肯定了学院BTEC教学情况，认为学院BTEC内审工作到位，教学管理较完善。

学校首批赴英留学的学生

五、生物技术应用专业课程体系改革

指导思想 从培养应用型人才促进我国生产力发展的根本要求出发，以社会需求为导向，更新教育观念，树立学生为中心、能力为本位的教学指导思想，实行产教结合，研究专科层次高等技术应用型人才的具体规格，优化高职生物技术专业的人才培养计划，建立起有高职特色的人才培养模式，培养出能够胜任生物高新技术企业一线技术、运行、操作、管理岗位工作的普通劳动者和技术、管理人员。

改革思路 从教学指导思想入手，更新观念，变传统的学科本位为能力本位，在教学内容方面，密切关注我国生物工程和新医药产业、环保产业以及食品行业的发展，力求把行业的新知识、新工艺及新技术引入课堂；在课程体系方面，打破传统的学科体系，建立模块化、综合化的体现生物技术行业特点的综合课程体系；在实践教学方面，一是大力加强实训基地的硬件建设，二是大力加强软件建设，提高实践教学的比例，培养学生的技术应用能力；教材建设方面，采用自编教材和收集资料相结合的方式，形成一整套有高职特色、适用性强的综合了特色教材、技术资料、数字化信息、声像资料等多种形式的活“教材”或“学习包”。及时引进新知识、新技术、新工艺、新方法，使之具有时代特征和技术教育的特点及生物技术专业特色；采用在专业教室上课的教学方式和以学生为中心的教学方法，教学组织过程突出师生之间的“活动”和“交往”；改革考核评价方法，以考核技术、业务实际能力为目标，推行以任务式的“课业”为主的考核方式；在专业教学改革过程中要依靠行业、企业专家，积极开展国际交流与合作、吸收借鉴国外职业教育的办学经验。

课程体系搭建 以技术应用能力为线，确定课程体系，培养学生专业能力。一是专业理论知识和技术业务知识，通过详细地分析生物技术类高等技术应用型人才的岗位职责，确定本专业学生应具备的知识结构，设置了相应的专业基础课和专业技术课。二是技术实施能力，根据学生将来工作岗位的职责确定专业学生应具备的技术实施能力，并且落实到相关课程或单独设置的实践环节。

改革措施及方案 一是根据企业需求，在食品发酵方向增设食品生物技术课程。随着食品科技的发展，膜分离等现代生物技术的手段在行业中的应用越来越广泛，为把行业的新知识和新工艺引入课堂，增设食品生物技术这门课程，使学生能够更好地适应企业现代化的需求。二是高职学生掌握了专业基础知识后，完全可以符合学习食品发酵方向专业技术课的需求。生物制药方向的专业技术课，由于技术含量高，学生光有一些化学基础不够，药理学、药物化学、药剂学、生药学等课程中的有些内容也是学生必须掌握的。专业培养目标是高等技术应用型人才，着重培养的是学生的实际应用能力，理论知识以“够用”为原则，如果对药学基础课面面俱到，必将削弱实践环节。

学校的生物专业实训室

根据上述特点，确定生物制药方向课程体系的改革方案如下。

首先，构建专业基础课与生物制药的桥梁，依据理论知识“够用”的原则，开设《药学综合》这门专业课，涵盖药理知识、药物化学、生药学、药剂学等课程的相关内容，让学生宏观地了解药学理论，为学习生物制药等专业技术课打基础。这门课的开设能起到桥梁的作用，使学生能够把化工和生物制药有机地结合起来。

其次，以生物药物和生物制品的生产技术为依据，确定生物制药方向的专业课程体系。生物药物和生物制品的种类繁多，生产工艺和分析检测方法复杂，不可能以产品种类划分课程模块。但不同的药物和生物制品有相似的生产技术，根据这一特点，对生物制药方向的专业技术课，以生产工艺的种类不同划分专业课程模块，确定“四大技术模块”和“两大综合”课程体系改革，即以药学综合课为桥梁，以药物分析技术、生物分离原理与技术、发酵技术、细胞培养技术四大技术为基础，再以生物制药工艺进行综合，使学生全面、系统地了解生物制药技术，满足现代化生物技术对高等技术应用型人才的需求。

在开设环境生物技术这门课程的基础上，建立环境生物技术方向课程体系。根据用人单位的需求，增加弹性化的专业选修课，为学生提供更多的自主学习的机会。

内容与方法改革 在教学内容方面加强与企业的联系，及时把行业的新知识、新工艺及新技术引入课堂，理论知识以“必须、够用”为原则，注重学生综合能力的培养；在教学方法方面，确立能力本位的教学思想，教学方法改革以培养学生“主体性”为目标，以全面培养学生的能力为主要内容，教学过程突出“活动”（包括教师和学生两个方面的活动）的重要性，以活动的设计和实施实现培养学生能力的目标。

在具体实施中，加强对主干课程教学内容的改革，把行业新知识渗透到课堂；教学方法采取“行为导向”，教学内容以“任务”形式呈现，教学环境模拟仿真，教学过程“师生互动”“主体交往”考核方法多样化。

生物技术应用专业课程的改革要点、技术实施能力课程设置、专业技术知识课程设置以及专业课时比例见表3-1-21～表3-1-24。

表3-1-21　　北京轻工职业技术学院生物技术应用专业课程改革要点一览表

序号	课程名称	教学内容改革要点
1	微生物学	增强从自然界中分离筛选目的菌的实操训练强化食品的卫生指标检测技能
2	有机化学	强化天然有机化合物的结构
3	分析化学	增强真实样品的处理和分析检验技术
4	仪器分析	强化分析方法的开发与应用
5	生物化学与分子生物学	根据专业课的具体要求，强化酶类和蛋白质类化合物的分离与纯化技术
6	药学综合	根据理论知识“必须、够用”的原则，有机综合药理学、药物化学、药剂学和生药学的相关知识
7	生物分离原理与技术	把超临界萃取、亲和色谱等先进技术作为教学内容
8	发酵制品加工	开发野生资源的发酵制品 传统发酵生产中废弃物的综合利用 保健发酵食品的开发研制
9	乳制品加工	把工艺、设备、分析课程内容综合，强化新产品的开发
10	生物制药	引入制剂的生产技术，增加冷冻干燥等新技术

表3-1-22　北京轻工职业技术学院生物技术应用专业技术实施能力课程设置环节一览表

序号	技术实施能力	相关课程或实践环节
1	工艺实施能力	生物制药技术、发酵制品加工模块、环境生物技术、细胞培养技术、药剂学、乳制品加工模块、焙烤制品加工模块、认识实习、专业实践、毕业设计等
2	生产管理能力	上述的各个实践环节、GMP认证与实施、ISO9000认证
3	质量控制能力	各专业课模块中的实验、分析化学、仪器分析、分析检测技能训练、药物分析技术、食品检验工考证培训等
4	工艺设计创新能力	专业课模块教学中的工艺设计、上述各种实习、生物分离与纯化方法的选择、生物制药工艺设计
5	生产操作技能	技术岗位证书考证训练、其他实践环节

表3-1-23　北京轻工职业技术学院生物技术应用专业技术知识课程设置一览表

序号	专业知识技术业务知识	相关课程
1	具有生物技术应用类专业必备的专业基础知识	生物学、有机化学、无机化学、分析化学、生物化学、微生物学、化工原理
2	理解并能够运用生物化学、微生物学基础知识和基本理论，学习生物药物、食品和发酵制品的加工过程，掌握产品加工技术	药学综合、细胞培养技术、生物分离原理与技术、生物制药技术、乳制品加工技术学、焙烤制品加工技术学、饮料加工技术学、发酵制品生产技术
3	熟悉生物药物、食品、功能性食品及发酵制品等主要产品生产过程、工艺条件、加工设备、原辅料及产品分析检验方法	现代仪器分析、分析化学、药物分析、化工单元操作、生物分离原理与技术、专业课模块
4	与生产管理、生产安全与卫生相关的知识	GMP认证与实施、环境生物技术、专业课模块以及各实践教学环节

表3-1-24　北京轻工职业技术学院生物技术应用专业课时比例统计表

课程类别		总学时	理论课	实训实验课	实践教学
公共基础课		738	702	36	990
专业基础课		638	322	316	
专业方向课	生物制药	452	202	250	
	食品发酵	452	162	290	
	环保生物	414	226	188	
选修课	文化素质	210	210	0	
	专业技术	1020	666	354	
合计		3924	2490	1434	990

六、交流合作

建立高职院校后，将合作交流作为学院发展和教育教学的重要途径，走出去，引进来，开拓视野，借鉴学习，促进学院办学能力和水平的提升。

学院与威根学院合作 2000年10月23日，英国纽卡索市市长、英国北部教育顾问渥顿先生来学院参观访问。2000年4月4日，英国威根学院莫丁女士等2人莅临学院，商议两院教育互通及学生赴英留学事宜。2000年5月15日，英国鲁顿大学高联中国中心主任王海及爱德华先生来校商洽联合办学。合作办学是学院一件大事，对提高知名度，积累国际教育办学经验，提高教学质量和水平起到举足轻重的作用。

2000年7月，经北京市教育委员会批准同意北京轻工职业技术学院与英国威根学院建立教育交流与合作关系，为期二年。10月29日，学院与英国威根学院合作办学，举行首批学院班的双语开学典礼，来自不同年龄、不同专业的26名同学参加了典礼。

2001年，学院首批威根班学生赴英留学合影

合作项目包括教师和学生培训、试行高职教育课程等，首批学员班专业为计算机应用，学习为期二年，课程包含网络基础、网络设计、程序设计、专业英语、视听、精读、口语和英国概论。为了实地考察英国职业技术教育，北京轻工职业技术学院组织赴英访问团，从2001年2月4日至2月18日，访问了英国EDEXCEL、英国伦敦ECT学院和英国威根学院。2001年3月14日，英国威根学院执行院长来校与学生见面。2001年9月，首批计算机专业的25名学生完成在校一年的学习课程，赴英国留学。2002年3月6日，英国威根学院董事会主席斯提文先生和国际部主任贝瑞先生对学院进行了为期一天的访问，英国威根学院对第一批赴英的25名学生的学生状况比较满意，同时双方的合作范围从计算机专业扩展到电脑美术设计和商贸专业。2002年3月25日，学院第二期威根班正式开课。2002年4月3日，学院聘请英国达彼大学教授苏沃女士为名誉教授，由苏沃女士为学院第二期威根班学生讲授外语教学观摩课。

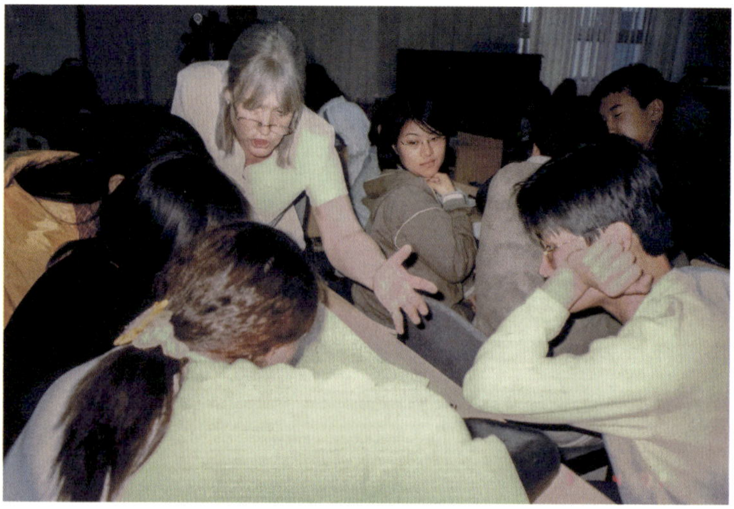

学院2002年聘请的名誉教授英国达彼大学教授苏沃女士在指导学生

借鉴英国BTEC职业教育模式 学院在推进教育教学改革的过程中，与英国教育机构进行交流合作，引入英国“BTEC”先进的职教模式，在教材、教法、考核和通用能力培养方面进行了积极的探索，解决“中心与本位”问题。

1999年，开始实施BTEC教学课程。英国商业与技术教育委员会和英国BTEC委员会负责对学院教学开展情况进行审核。经过两年的办学实践，2002年，确定学院成为英国BTEC在中国办学的第一所重点示范校。

其他交流合作 2000年4月，台湾高中职校校长访问团一行17位成员在北京进行为期一周的访问，访问活动由学院（北京一轻工业学校）承办。

2000年11月，为了利用社会各界力量联合办学，学院与北京国际旅游专修学院签署联合办学协议书，自2001年起，双方联合举办商务英语、装饰艺术设计二个专业成人高等教育大专班。

学院的艺术系展室

2001年2月，美国加州联合大学一行6人来校考察。2001年3月，意大利艺术学院院长来校参观考察艺术系形象设计专业，并签署了意向协议书，在服装设计、广告艺术设计、室内设计、电脑美术设计等五个专业进行合作。

2002年5月，英国布莱德福商务学院国际部项目经理察尔敦和丹妮森女士来校洽谈合作办学事宜。同年10月14日，学院与英国布莱福德商务学院联合办学的首批本科班学员正式开学，外籍教师戴维和理查德先生进行授课。

2002年11月，学院高职学生会与韩国职业学校合作开展“韩国文化周”活动，将韩国时尚文化带到校园，拓宽了学生视野。

2003年，学院参与的“北京高校学生工作赴泰考察团”圆满完成考察任务，此次考察团赴泰国高校考察，重点是考察泰国高校学生事务工作的体制、模式、工作的内容及方法途径，了解两国学生工作理念和具体方法做法的异同，在世界一体化的趋势下，增强学生国际适应性。

2003年赴英国布莱德福德学院首批学员合影

第六节　师资队伍

一、队伍管理

建立考核制度　学院制订《北京轻工职业技术学院教师教育教学质量综合考评办法》，建立了教学质量监控体系，包括：每学期进行一次教学大检查，主要针对教师的备、讲、批、辅、考各教学环节进行检查、考核，同时对教师综合素质进行考评，由听课督导、学生、院系领导根据考核指标测评打分，考核结果分A、B、C三级，并与课酬、年度考核、评优等挂钩，连续两次被评为C级的教师将调离教师岗位。2002年9月，学院根据市教委《关于加强北京高职高专教育教学工作，提高教学质量的若干意见》，制订《关于加强学院教育教学工作，提高教学质量的实施意见》，修订了教学质量综合考评办法，改进教学督导人员工作办法，通过考评在119名教师中评出A级15名，C级5名，有效促进了教学质量的提高。

建立听课制度　由学校领导、管理科室与系部负责人、教师和外聘专家组成督导队伍并坚持听课制度，及时发现、解决教学中的问题。每年组织两次学生座谈会，听取意见和建议，将情况整理归类分别由相关责任部门落实处理，及时反馈给学生。注重发挥各班学生信

2002年首届科研论文表彰交流大会

息员的作用，随时收集汇总学生意见，协助职能部门记录日常教学基本情况。学院采取试讲、培训等措施，严把教师上岗关。制订有关规定，适当限制新任教师的教学工作量，保证充足时间进行教学准备，并将其作为重点听课对象。

师德师风建设 学院注重开展师德建设系列宣传教育活动，利用宣传教育片、论文评比、答卷等形式，不断增强教师的自立意识、竞争意识、效率意识、民主法律意识和开拓创新精神。要求遵守“教师职业道德规范”“教师日常行为规范”“教师教学工作规范”，不断完善《教师教育教学质量综合考核管理办法》，促进教学改革意识和质量意识不断增强，形成为人师表、热爱学生，钻研教学业务的良好氛围。学生满意率不断提高。学院每年均有科研立项课题及在市级机构获奖的优秀论文。

二、能力培养

学院制订《师资队伍建设与管理办法》，加强教师进修培训。2001—2003年学院先后投入师资培训经费64万元，教师参加各类进修培训达900多人次。选派教师到企业生产一线提高实践能力或为企业提供咨询服务，同时选派教师赴英国的威根学院和布莱德福学院、澳大利亚悉尼大学教育学院、韩国等地进修考察，长期聘请企业工程技术人员兼职教师，改善教师队伍结构。

学院经济管理系部分教师合影

加强各类人才引进，自2000年至2004年，学院从企、事业单位引进和接收应届毕业生52人，其中教授1人，副教授1人，博士研究生1人，硕士研究生26人，2004年合并前专任教师情况见表3-1-25。

表3-1-25　1999—2004年合并前北京轻工职业技术学院专任教师情况统计表

年份	专任教师数	正高级职称数	副高级职称数	中级职称数	初级职称数
1999	141	/	34	57	38
2000	143	/	38	62	39
2001	151	/	41	62	42
2002	150	/	44	71	35
2003	153	/	39	78	32
2004	180	1	68	66	44

三、教材建设

学院制订了《教材管理办法》《关于自编、参编教材（讲义）的有关规定》以加强教材建设。学院除重视自编教材建设外，还鼓励教师参加北京市立项的新、特、优、精教材的编写工作，近三年出版教材37部，其中主编19部，有2部获准北京市精品教材立项，一些教材得到了专业机构及专家的好评。学院规定要最大限度选用新近出版的优质高职高专教材，使用的属于近三年出版的高职高专教材比率达到68%。提倡教师多渠道搜集资料，编写讲义，建立“活教材”体系。学院获得国家级精品资源共享课及北京市精品课程情况见表3-1-26和表3-1-27。

表3-1-26　北京轻工职业技术学院获得国家级精品资源共享课情况一览表

课程名称	课程负责人	课程团队成员	专业名称	批准年份
创业起步	王建平	徐秀艺　高　岩　张　晖 寇　静　董义革　邓　红 王宇昕　俞立泽　付长龙	工商企业管理	2003

学院教职工参加文艺演出

表3-1-27　北京轻工职业技术学院获得北京市精品课程情况一览表

序号	课程名称	课程负责人	批准年份
1	创业从这里起步	王建平	2003
2	数学实验	李亚杰	2004

四、教师获奖

2003年，工程技术系刘增辉、辛秀兰两位教师的教材确定为立项精品教材。艺术设计系教师刘弘创作的《黄河壶口瀑布》邮票在第23届全国最佳邮票评选中荣获2002年度最佳邮票奖。陈凯的书画作品在首届中国书画小精品创作大奖赛中获银奖，并被授予“百名当代杰出艺术家”称号，作品载入《当代中国书画名家国粹博览》，并被主办单位永久收藏，陈凯老师被聘为编委。1999—2002年学院教职工获市级荣誉情况见表3-1-28。

表3-1-28　1999—2002年北京轻工职业技术学院教职工获市级荣誉一览表

序号	年份	获奖人及奖项
1	1999	戴莊获北京市工业系统先进教师称号
2	1999	虞未章获北京市工业系统先进教育工作者称号
3	2000	肖永生获北京市劳动模范称号
4	2001	戴莊获北京市中等职业学校中青年骨干教师称号
5	2002	周国烛、戴莊获北京市职业教育先进个人称号

2002年艺术系教师陈凯在北京艺术博物馆举办画展

第七节　人才培养

学院成立后，形成了以高职教育为主体，高职、成人教育和中职并行的局面，并逐步向高职教育过渡。多层次办学给学生教育与管理提出更高的要求。

一、招生就业

招生工作　2000年，北京市招生工作遇到生源少的困难，学院采取了加大宣传、增加专业吸引力、多层次办学等措施，几年来，招生数量逐年提升。2000年，学院高职计划招生500人，完成573人；中专计划招生765人，完成650人。2003年，学院计划招收高职生1100人，实际完成1080人，其中，单考单招计划400人，实际完成439人；普通高考700人（包括外地招生30人）也全部完成招生计划。

就业指导　学院关注学生就业服务与指导，将就业工作视为人才培养的出口，是检验学校教育教学工作的重要指标，建立了以院党委书记为组长的就业工作领导小组，形成了就业指导中心牵头，系主任、专业系教研室主任、专业教师、毕业班班主任参加的就业工作体系，各专业系建立了就业工作小组。

学院制订《毕业生就业工作奖惩办法》，将毕业生的就业工作责任具体细化，多途径、多办法拓宽就业渠道，积极探索“以需求定培养”的模式。就业工作制度落实、全员参与，在毕业生逐年增多的情况下，毕业生就业率逐年稳步提高，2001年就业率为100%，2002年就业率为90%，2003年就业率为91%，2004年就业率为98.01%。

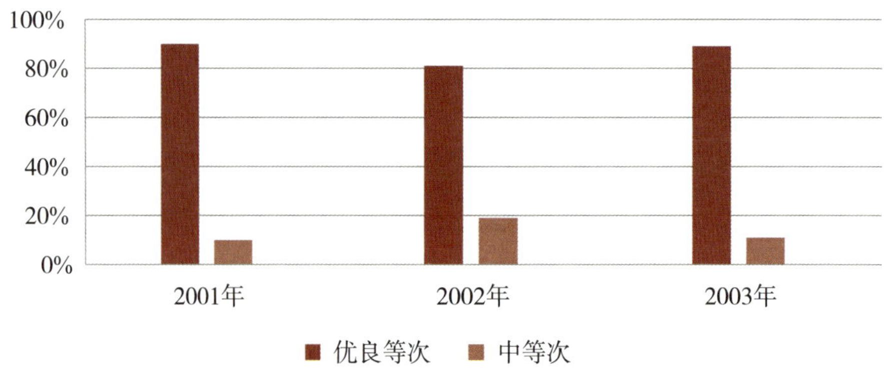

2001—2003年用人单位对毕业生综合评价情况图

生源开发与就业指导中心通过发放毕业生跟踪调查表等形式，调查了解社会用人单位对学院毕业生的认可度和社会对高职高专人才质量要求情况，适时提供人才质量信息，学院调整课程结构和教学计划以满足社会对毕业生的质量要求。抽样调查显示，用人单位对学院毕业生的综合评价是：实践应用能力强，工作认真，敬业爱岗，顾全大局，善于合作，普遍受到欢迎与重视。由于毕业生在行业、企业有了较好的影响，用人单位提出了愿意继续与学院合作，接收学院毕业生。1999—2003年学院共有高职毕业生670余人，大多数分配在生产、管理、服务和技术的第一线。

二、学生教育

学院以职业素质教育为核心，从社会对高职人才要求的标准出发，建立并完善了党委领导下的党政齐抓共管的学生工作体制，制订了《关于学生遵守校园秩序管理的若干规定》《学生文明行为准则》《高职生“十不准”规定》《关于男女生交往过程中的几点要求》《奖学金评定条例》《评选先进集体和先进个人办法》《学生德智体综合评分办法》《职业习惯培养常识》等一系列规章制度，与《首都市民文明公约》和《首都大学生文明公约》一并列入《学生手册》，在全院范围内全方位加强宣传，开展素质教育。

职业素质教育　学院以课堂教学和课外活动为渠道，采用学院活动和系部活动相结合的方式，以人文素质教育为基础，以职业素质教育为核心，以职业道德教育为重点，全面推进素质教育。将职业素质教育贯穿整个教学过程及学生的生活、活动中，实施“知识、能力、素质”三位一体的教育教学活动，并通过入学教育、举办讲座、第二课堂、社团活动等，提高学生的职业素质。

充分发挥“两课（马克思主义理论课和思想政治教育课）”的主渠道作用，积极落实“三进（进课堂、进教材、进学生头脑）”工作，以增强教育实效性为目的进行“两课”的教学改革，教学内容密切联系学生思想实际和社会热点问题，采用专题讨论、课业展示、小品、外出参观等教学方法和多媒体教学手段，开展实践教学。

职业教育大讲堂

人文素质教育 学院制订《关于加强学生人文素质教育的规定》，从专业需要出发开设相应的人文素质类课程和专题讲座，开设了中国文化史、中国科技史、美术欣赏、音乐鉴赏、中外名著赏析、西方文化概论、交际日语等课程，2001—2004年共举办专题讲座26场。

学院及系部注重活动育人，每年都组织“迎新年文艺演出”“中秋联欢晚会”，利用各种纪念日举行歌咏比赛，举办“高雅艺术进校园”系列活动，组织学生运动会和各类体育比赛。为加强学生心理健康教育，学院成立了“心理咨询中心”，引进了专业人才，购买了专用设备和软件，开设心理健康讲座，进行心理咨询，指导学生排解心理问题。

1999—2000年，紧紧围绕新中国成立50周年庆典、迎接澳门回归和进入新世纪，院团委组织了“跨世纪，我们与祖国同行”等主题团日活动；1999年10月1日圆满完成了国庆游行彩车造型、晚会集体舞两项光荣的政治任务。新千年（2000年）元旦师生联欢会上，南北学区师生首次同登舞台共庆新年。

2002年元旦举行师生联欢会

2001年，学院围绕庆祝中国共产党建党80周年，开展了系列教育活动。学生党支部、团委、学生部门在学生中开展了党史讲座、歌咏比赛、征文演讲等活动。学院寓教于乐，扶持一些特色社团，活跃学生的业余生活。2002—2003学年第一学期，学院话剧社为全院师生表演了著名话剧“雷雨”，举办了“中秋联欢会”，出版校刊《导航》，组织了以“彩虹精神”为指导的多种志愿者服务队等有益的活动。

按照教育部、国家体育总局的规定和要求，学院从2003级开始实行《学生体质健康标准》，取代原《大学生体育合格标准》，购置了体能测试仪器，制订了《实施办法》（手册），近三年学生达标率在95%以上。2004级起全面实施《学生体质健康标准》。

学生在社区做志愿服务英语讲座

加强学风教育 学院重视教风学风建设。2000年5月，学生处组织行为规范强化月活动，要求学生做到“面必净、衣必整、行必端、言必恭”。2002年11月，学院为加强学风建设，营造良好学习氛围，针对学生存在的纪律松散、迟到旷课等现象，开展“强化月”活动；针对高职生宿舍脏、乱、差的状况，开展了“宿舍是我家”等丰富多彩的教育活动；开展了“学风建设先进班”的评比、表彰、交流；有针对性地制订了《严禁学生酗酒的通知》《宿舍安全防火的规定》《班主任进宿舍的规定》等制度。

2003年，学院开展学风建设活动，第一个阶段是重申校纪校规，重点是减少迟到、旷课现象，提高到课率，遵守住宿要求；第二阶段是提高学生学习的自觉性、主动性，进行文明宿舍建设。“讲文明 树新风”成为学生们的普遍要求，全院上下形成了良好的素质教育氛围。

学院成立至2003年，不断加强理想信念教育，广大学生在政治上积极要求进步，共有788人申请加入中国共产党，45名同学发展为新党员。

第八节　成人教育与社会培训

学院成立了继续教育部，统筹成人高等学历教育和社会培训工作。

继续教育部教职工合影

一、成人学历教育

1999年9月，学院成人夜大当年招生384人，其中业余大学招生368人，专业设置20个，招生专业14个，专业设置以服务类、经济类为主，见表3-1-29。

表3-1-29　　1999年北京轻工职业技术学院成人夜大专业设置情况一览表

序号	专业（方向）名称	学习形式/学制	招生人数	在校生人数
1	电脑美术设计	脱产班/2	13	13
2	物业电气技术	脱产班/2	3	3
3	工商企业管理	夜大班/2	43	102

续表

序号	专业（方向）名称	学习形式/学制	招生人数	在校生人数
4	金融与证券	夜大班/2	34	104
5	商务秘书	夜大班/2	16	29
6	应用英语	夜大班/2	11	11
7	计算机应用	夜大班/3	36	146
8	会计（3+2）	夜大班/2	111	271
9	服装设计与表演	夜大班/2	13	34
10	广告艺术设计	夜大班/2	44	100
11	实用美术	夜大班/2	23	85
12	电脑美术设计	夜大班/2	12	32
13	室内艺术设计	夜大班/2	14	14
14	乐器修造艺术（钢琴调律）	夜大班/2	11	24
15	食品营养与配餐	夜大班/2	/	3
16	外贸英语	夜大班/2	/	39
17	计算机与网络应用	夜大班/3	/	25
18	财务会计（计辅）	夜大班/2	/	68
19	财务会计（涉外）	夜大班/2	/	7
20	保险	夜大班/2	/	1

2000年9月，夜大招生专业14个，招生373人，专业设置20个：在1999年专业基础上，新增装饰艺术设计2年制、物业管理2年制、计算机网络技术3年制专业，在校生1218人。

2001年9月，夜大招生专业17个，招生421人，专业设置22个，增加了商务英语3年制、资产评估3年制、电子商务3年制、钢琴调律3年制、形象设计3年制专业，在校生1314人。

2002年9月，高中起点的专科招生专业16个，当年招生426人。第二学历招生专业10个，共招生33人。在校生1566人。

2003年9月，高中起点专科招生专业共19个，招生330人；另外，第二学历招生专业10个，招生110余人。

二、社会培训

学院延用对外社会培训的机构“培训中心”，充分利用学院师资、专业、课程、实验实训、场地和鉴定机构的资源优势，拓展面向行业企业、面向社会的培训和考试服务，包括轻工行业的培训。学院具有经政府或社会权威机构授权的鉴定资质项目（鉴定站）13个，与鉴定单位合作培训的项目16个。经全国轻工联合会的批准，学院钢琴调律专业凡取得毕业证书的学生，同时获得轻工联合会颁发的职业资格证书。学院开展社会培训情况见表3–1–30。

表3-1-30　　1994—2003年北京轻工职业技术学院主要社会培训及考点情况一览表

开办年份	职业资格、考试名称	合作机构
1994	全国计算机等级考试考点	/
	初级会计职称资格考试考点	北京市财政局
2000	全国钢琴调律师职业资格鉴定	北京星海乐器有限公司
	食品检验工（初、中、高级）职业资格培训	北京市质量技术监督局、中国环境科学学会
	化学检验工（初、中、高级）职业资格培训	北京市质量技术监督局、中国环境科学学会
	北京轻工职业技术学院分析检测中心	北京市质量技术监督局
	秘书、推销员职业资格鉴定培训点	国家劳动部
	计算机辅助设计CAD软件证书考试考点	/
	CAXA认证教育培训中心	北京北航海尔软件有限公司
2003	电子商务师职业资格证书的培训点和考点	/

2000年，成立北京轻工职业技术学院分析检测中心，功能主要包括：承接社会上的食品分析任务，为学生提供实习机会，增强岗位适应能力，按计量认证的规程，规范实践教学指导过程，按国家标准完成食品分析的教学任务。

学院是原国家劳动部指定的秘书、推销员职业资格鉴定培训点，自1994年开始组织全国计算机等级考试，曾多次被评为市级先进。2001年7月21日，首次与社区合作组织物业上岗证取证考试；2002年，组织了全国公共英语二级考试、全国职称外语等级考试等。

2000年，学院机电系开办了计算机辅助设计（CAD）中级资格证书考试，学院成为计算机辅助设计CAD软件证书考试单位之一。

2000年10月，学院与北京北航海尔软件有限公司签署合作协议书，在学院设立CAXA认证教育培训中心，开展CAXA-CAD/CAM/CIMS技术与软件产品教育培训活动。

2002年11月，北京市朝阳区教委社会力量办学管理科组织对区社会力量举办的非学历教育机构开展评估，学院培训中心被确定为第一批参评单位。2002年底，培训中心完成了学校自评工作。2003年3月，北京市朝阳区教委社会力量办学管理科、区教委社会力量办学管理所和成人教育研究室组成的评估组到校检查，学院顺利通过社会力量办学评估。2002年底，学院本着培训与社会需求、培训与专业紧密结合的原则，共开展18项2650人次的培训，进一步深化了“双证书制”。

学院承担市人事局技术人员计算机应用水平考点任务，被评为全市28个考点的第一名。2003年，学院继续教育部新开发了电子商务师职业资格证书的培训点和考点等5个项目。2003年8月，学院预科工作站以总分第一的成绩被评为“市级优秀工作站”。学院组织的北京市会计职称考试也被财政局评为朝阳区及北京市最好的考点。11月，学院以111分（满分120分）的优异成绩通过北京市朝阳区教委及朝阳区劳动局对学院培训中心和职业技能培训中心的评估年检。

第九节 校园建设

在北京一轻工业学校和北京市轻工职工大学前期校园建设基础上，学院的校园建设主要是功能完善与补充，没有大的基本建设项目。

学院图书馆重新进行了调整，面积2164平方米，藏书量27万册，其中电子图书12.7万册，设有学生阅览室、教师阅览室和电子阅览室，电子阅览的计算机132台。2002年，高校网络图书馆正式开通，26所高校及首都图书馆电子版图书、科研信息供师生阅览。2002年底，学院图书馆增加电子信息数据库两个：重庆维普和EBSCO外文，学校可上网阅览的电子信息数据库已达8个。《新华社多媒体数据库（教育版）》正式开通，学院图书馆成为《新华社多媒体数据库（教育版）》示范图书馆。随着图书馆学习中心改造工程完成，从新馆投入使用到2003年5月，入馆人次达到47977人，平均每天545人次。

学院成立“北京轻工光环网络技术公司”，双方共同出资100万元建设校园网络系统，采用了当时社会上最先进的设备，为10兆光纤直接接入INTERNET（西区）和2兆光纤接入CERNET（南区），拥有办公系统、教务管理系统、电子图书馆、子网和FTP（文件传输协议）、MALL网站等服务；适时对校园网网页的模块结构进行完善、对内容进行充实。校园网络的建成提高了学校现代化、信息化水平，给教学、管理、学生学习活动带来便利。

学院教职工集体跳绳活动

2003年11月5日，顺利通过了由北京市教委组织的校园网络建设评估验收。

学院拥有10000平方米运动场地，建有人工草坪田径运动场、篮球场、体操房、体能测试室和集游泳馆、篮球馆、网球馆于一体的体育馆。2001年新学期伊始，学校投资200万元对运动场地进行改造，建设全塑胶人工草坪运动场，包括250米跑道，保证足球场、篮球场、健身区等功能，集运动健身与娱乐为一体，学院办学条件得到改善。

2003年，学院收回兴华大学教学楼（又称为北楼），总务处等部门利用暑假完成了全面改造工程，新学期开学后，艺术设计系进楼上课。此楼的“回归”，增加建筑面积近6000平方米，大大缓解了当年招生后教学、生活条件不足的燃眉之急。

1998年

1998年7月6日，北京一轻集团有限责任公司印发《关于北京市轻工职工大学、北京市一轻总公司党校与北京市第一轻工业学校三校合并的决定》（京一轻〔98〕人劳教字第274号）的通知，在行业主管部门领导下，三校合并，统一领导班子。三校和一轻电大工作站校名及办学体制均予保留，各拨款渠道不变，师资、设备等教育资源统一调配使用，扩大办学规模，创造条件申办高职院校，高职学院名称为“北京市轻工职业技术学院”。

1999年

7月，经教育部批准，北京市教委印发《关于同意建立北京轻工职业技术学院的批复》（京教计〔1999〕025号），学院是由教育部首次批准的独立设置的全日制高职院校，也是北京市首批两所独立设置的高职院校之一。批复文件发至北京一轻集团有限责任公司，同时撤销北京市轻工职工大学的建制，考虑到北京市中等职业教育发展的需要，暂时保留北京一轻工业学校名称，逐步过渡为职业技术学院的中专部。

9月，首次开办4个高职专业，食品与发酵、物业电气技术、形象设计和钢琴调律专业，其中形象设计和钢琴调律是两年制高职，食品与发酵和物业电气技术是三年制高职，共招生90人。

下半年，学院第一批高职生召开了“一届一次高职生学代会”，成立了“北京轻工职业技术学院学生会”。

12月17日，召开学院与中等职业学校联谊会，有25所中专、职高校校长、招生负责人及《中国教育报》《北京教育报》的记者等共近50人到会。会上分析当前高职教育形势及学院的优势特点，介绍了2000年学院招生规模及专业设置。

年内，学院纪委成立，制订《纪委工作职责范围》《学院党风廉政建设责任制实施办法》《学院经费审批权限》等五项制度。

年内，被评为首都文明单位。

年内，党委在原一轻中专青年业余党校的基础上批准成立北轻院党校，举办了首期培训班，共培训96名入党积极分子和学生班、团骨干。

2000年

1月，成立学院爱国卫生运动委员会。

1月6日，人事处举办学院首期新入校教师培训班，来自人大、北师大、哈工大等多所高校12名毕业生和1名新调入教师参加了培训。

1月7日，新增食品检测、国际商务、饭店与娱乐管理、市场营销与策划、英语导游、商务英语、商务秘书、生物技术应用专业（方向）。

1月9日，召开了高职“班级工作”及“班主任工作”研讨评估会。学生处基于对高职学生特点分析，对学生管理工作采取了“目标管理办法”并对此管理办法进行评估总结。

寒假期间，市教委召开北京市中专职高中青年教师评比课总结大会，学院青年教师徐蕾、王萍老师获得一等奖第一、二名。

3月26日，举办学院首期学生干部培训班，全员460多名班、团干部参加培训。

3月28日，党委调整组建了学院宣传工作委员会并召开第一次会议。

4月4日，英国威根学院莫丁女士等2人莅临学院，商议两院教育互通及学生赴英留学事宜。

4月7～9日，全国高校物业管理专业协作会在学院举行，会议由学院和海淀走读大学培训学院联合举办，参加会议的有来自大连、辽宁、佳木斯、丹东、宁波职业技术学院的教师。

4月15日，召开首届春季运动会，2000多名师生参加。

4月20日，首次组织南北两教学区教职工统一体检。

4月21～22日，学院承办北京市中职学校第三届“轻职杯”田径运动会于丰台体育场举行，共有68所中职校参加。

4月30日，学院消防队首次进行消防技术演练。

4月，肖永生同志被评为北京市劳动模范。

4月，团委开展“世纪之路——百年历史回顾”主题活动。

4月，台湾高中职校校长访问团一行17人在北京进行为期一周的访问，访问活动由学院（一轻工业学校）承办。

5月，与北京义利食品公司签署厂校挂钩协议，在企业的营销策划、市场调研、产品开发、教学课题、师生实习等多方面进行合作。

6月12日，召开“教育育人事迹报告会”，肖永生、戴茳、徐蕾三位教师介绍了工作体会和经验。

6月12日，院团委组织举行18岁成人宣誓仪式，97、98级共500多名中专生参加了宣誓仪式。自1996年开始举行成人宣誓仪式活动。

6月，中专生足球队参加“华晨杯”全国中学生足球赛，获得北京赛区第五名。

7月，经北京市教育委员会批准，同意学院与英国威根学院建立教育交流与合作关系，为期二年。

9月，成立后勤社会化领导小组，开展后勤管理体制改革。

10月中旬，承办全国轻工中专教研会2000年华北组研讨会，华北地区共有11所中专校近20名校长、教务等主管人员参会。

10月23日，英国纽卡索市市长、英国北部教育顾问渥顿先生来学院参观访问。

10月24日，英国BTEC委员会对学院进行课程教学外审，外审官员和专家对学院BTEC教学给予较高评价。

10月29日，与英国威根学院合作办学，举行首批学院班的双语开学典礼，来自不同年龄、不同专业的26名同学参加了典礼。

10月，与北京北航海尔软件有限公司签署合作协议书，在学院设立CAXA认证教育培训中心，开展CAXA-CAD/CAM/CIMS技术与软件产品教育培训活动。

11月初，市教委高职高专教育专业教学改革专家组对学院钢琴调律专业进行考察评估，对教改情况给予了充分肯定。

11月24日，北京市教委批准，学院钢琴调律专业为2000年北京地区高校高职高专教育市级教学改革试点专业。

11月，中专97级轻机班和98级机电班共94名同学首次参加全国职业技能鉴定统一考试。

11月，学生篮球队参加北京市中专学校“中专杯”篮球赛获第三名。

11月，与北京国际旅游专修学院签署联合办学协议书。

2001年

3月，意大利艺术学院院长来校参观考察艺术系形象设计专业，并签署了意向协议书，在服装设计、广告艺术设计、室内设计、电脑美术设计等五个专业进行合作。

4月，通过了英国专家对BTEC教学的外审。

6月，五月鲜花歌咏决赛在大礼堂举行。

6月26日，北京职教首届EBEXCEL–BTEC班毕业典礼在北京商贸学院举行，为首届BTEC班毕业生颁发BTEC国家职业资格证书，学院97级学员董博等十几名同学获得优秀学员称号。

6月29日，北京市党建研究会庆祝建党80周年教工文艺汇演在学院举行。

7月5日，组织实验实训室建设现场展示会，艺术系、财经系、管理系和机电系对已建、新建和更新的8个专业教室做了现场展示。

7月7日，北京宏丽源公司与学院共同举办首届“宏丽源杯”形象设计大赛在学院举办，由北京化工大学、北京财贸管理干部学院、北京玄宇艺术研修学院、北京西城经济科学大学、海淀走读大学协办，学院学生在此次大赛中展现了首届高职形象设计专业学生较高的艺术修养、造型能力及综合素质，为培养高等职业技术专门人才起到积极推动作用。

7月9日，举行首届高职毕业典礼，99级形象设计班和钢琴调律班学生就业率达100%。

9月，首批计算机专业的25名学生完成在校一年的学习课程，赴英国留学。

9月，何深老师参加2001年北京市“争奥运　展风采”导游员电视大赛，荣获优秀导游员称号。

9月，学院提出“二十字工作方针”：找准位置、提高质量、办出特色、抓住机遇、赢得发展。

9月，团委组织50名师生参加了北京第21届世界大学生运动会，被市教委、轻工委评为组织工作先进单位。

9月，徐恒亮院长担任北京高职中专研究会副会长并分管高职教研工作。

10月15日，召开全院教工大会，进行深化校内人事分配制度改革动员。

11月6～7日，完成市教委专家组对生物技术专业进行的中专现代化标志评估工作。

11月，教代会审议确定了学院机构重组和调整方案，遵循“精简高效，规范合理”的原则进行设置和调整，党政管理部门职能相近的进行合并或合署办公，各教学系、部的设置按专业系统归类。

年内，学院99级高职物电班和97、98级中专物业班75名同学首次参加“全国物业管理人员持证上岗”北京区考试，通过率97.3%，超过北京平均通过率10个百分点。

2002年

3月6日，英国威根学院董事会主席斯提文先生和国际部主任贝瑞先生对学院进行了为期一天的访问，英国威根学院对第一批赴英的25名学生的学生状况比较满意，同时双方的合作范围从计算机专业扩展到电脑美术设计和商贸专业。

3月29日，院内电视台新增“新视眼”等栏目。

3月30日，近20名教职工首次参加高校百名校长、千名学者建设首都高校文化林活动，为首都绿化做贡献。

4月2日，市教委专家组对学院生物技术应用专业、多媒体艺术设计专业进行教改试点评估，批准为北京地区高校高职高专教育市级教学改革试点专业。

5月10日、6月14日，组织两次高职生“时事与政策”课，听首都师范大学郭海燕教授的《公民道德建设实施纲要》专题报告和北大国际关系学院李茂春教授的国际形势报告。

6月，中共北京轻工职业技术学院委员会印发《关于贯彻落实党委领导下的校长负责制的若干规定（试行）》（北轻院党〔2002〕6号），文件规定了党委会及其议事规则的原则为“集体领导，民主集中，个别酝酿，会议决定”。

7月，参加科技博览“北京教育周”展览会，制作“学院招生就业状况”等九块图板在军事博物馆参展。

9月，首次组队参加“全国大学生数学建模竞赛”，获得北京市二等奖。

9月，成为北京市教育科学规划课题“高等职业教育弹性学习制度实践与研究”课程组长学校，在2002年级高职生中积极推行学分制改革。

10月29日，教育部高教司专家组来校考察生物应用专业的教改试点工作，该专业被评为教育部的教改试点专业，成为钢琴调律专业后的第二个部级试点专业。

10月，学院掀起学习宣传贯彻党的十六大精神热潮，各行政、教学部门观看了十六大的开幕实况并进行专题研讨和交流；党委工作部开展“喜迎党的十六大，寄厚望于十六大”板报比赛等。

11月18日，第一期教师英语培训班正式开课，旨在提高教职工的英语口语水平。

11月20日，北京市中专教研会高职教研组在学院举办高职高专数学研讨会。

11月，朝阳区教委社会力量办学管理科组织对区社会力量举办的非学历教育机构开展评估，学院培训中心被确定为第一批参评单位。

11月，高职学生会与韩国职业学校合作开展“韩国文化周”活动，将韩国时尚文化带到校园，拓宽了学生视野。

12月23日，召开第一次优秀论文表彰大会暨交流大会，共收论文57篇，评出一等奖5篇，二等奖9篇，三等奖11篇。

12月，被市教委、市劳动和社会保障局授予北京市职业教育先进单位称号。

年内，戴荭、周国烛老师被评为职业教育先进个人。

年内，学生参加了教育部组织的全国大学生数学建模及计算机应用竞赛，获得北京赛区大专组二等奖。

2003年

2月12～13日，党委举办第六期中层干部寒假培训班。

3月21～22日，BTEC亚太中国区冯培荣博士对学院教师、管理人员和北京市政府教育督评督学们围绕爱德克斯（Edexcel）背景、BTEC教育理念、教育方法及教学管理进行了培训。

4月，高职生王武明、张頔、崔红利在北京人民大会堂召开的2002年度“国家奖学金获得者”大会上，接受表彰。

8月25日，英国BTEC对中专00计算机班进行了第一次外审，充分肯定了学院BTEC教学情况。

9月，建立党建思想政治工作联席会议制度。

9月，第二次参加全国大学生数学建模竞赛，取得了北京赛区一等奖（唯一一所高职院校）及优秀组织奖的好成绩，并推荐为全国奖项。

10月20日，“高职高专院校人才培养工作水平评估”工作全面启动。

10月29日，学院评估领导小组成员到北京工业职业技术学院学习评估工作经验。

10月，启动高职高专人才培养工作水平自评估，学院提出“统一思想、全员参与、一丝不苟、精雕细刻、全力以赴、迎接评估”的工作方针。坚持贯彻“以评促建、以评促改、以评促管、评建结合、重在建设”的原则。

11月19日，向北京市教育委员会提交了《北京轻工职业技术学院与北京邮电工业学校合并方案》(北轻院院〔2003〕44号)，以更加合理的办学规模迎接教育部高职教育办学水平的评估。

12月，机电技术应用、多媒体艺术设计、生物技术应用专业确定为学院教学改革试点专业。

年内，高职学生第一次参加“北京市高校计算机水平测试”，参加考试的959名学生中，通过了754名，及格率为79.41%，达到北京市通过率水平。

2004年

6月4日，北京市人民政府印发《北京市人民政府关于同意北京轻工职业技术学院与北京邮电工业学校合并成立北京电子科技职业学院的批复》(京政函〔2004〕50号)，同意北京轻工职业技术学院与北京邮电工业学校合并，成立北京电子科技职业学院，同时撤销北京轻工职业技术学院、北京邮电工业学校建制。

第二章 北京电子科技职业学院

2004年6月，北京轻工职业技术学院与北京邮电工业学校（北京邮电工业职工大学）合并，成立北京电子科技职业学院。2005年，学院以较好成绩完成了高职高专院校人才培养工作水平评估。同年获全国职业教育先进单位。2006年申报“国家示范性高等职业院校建设计划”。

北京电子科技职业学院

第一节　发展沿革

一、两校合并

扩大办学规模　2003年10月16日，北京轻工职业技术学院和北京邮电工业学校正式向北京市委教育工委、北京市教委提交《关于北京轻工职业技术学院与北京邮电工业学校合并的请示》(北轻院院〔2003〕34号)，2003年11月19日，北京轻工职业技术学院和北京邮电工业学校向北京市教育委员会提交了《北京轻工职业技术学院与北京邮电工业学校合并方案》(北轻院院〔2003〕44号)，拟申请合并成立“北京电子科技职业学院”，扩大办学规模，提升办学质量，迎接教育部高职教育人才培养工作水平评估的工作。

2004年6月4日，北京市人民政府印发《北京市人民政府关于同意北京轻工职业技术学院与北京邮电工业学校合并成立北京电子科技职业学院的批复》(京政函〔2004〕50号)，同意北京轻工职业技术学院与北京邮电工业学校合并，成立北京电子科技职业学院。

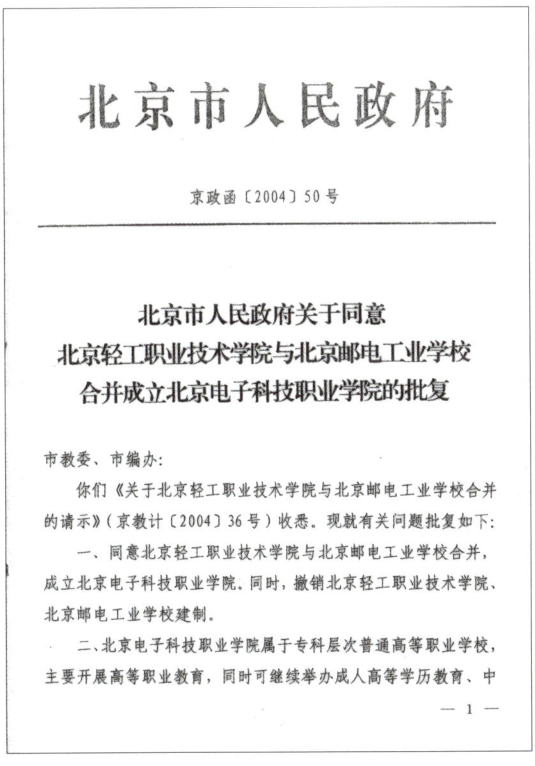

北京市人民政府

京政函〔2004〕50号

北京市人民政府关于同意北京轻工职业技术学院与北京邮电工业学校合并成立北京电子科技职业学院的批复

市教委、市编办：

你们《关于北京轻工职业技术学院与北京邮电工业学校合并的请示》(京教计〔2004〕36号)收悉。现就有关问题批复如下：

一、同意北京轻工职业技术学院与北京邮电工业学校合并，成立北京电子科技职业学院。同时，撤销北京轻工职业技术学院、北京邮电工业学校建制。

二、北京电子科技职业学院属于专科层次普通高等职业学校，主要开展高等职业教育，同时可继续举办成人高等学历教育、中

— 1 —

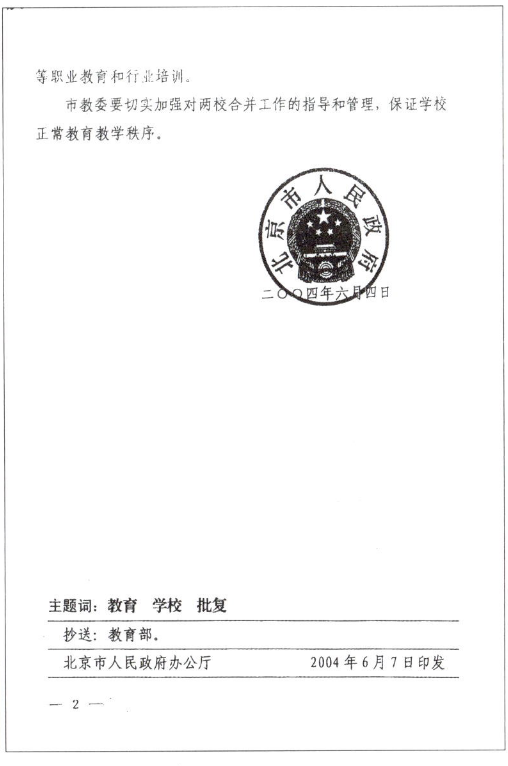

等职业教育和行业培训。

市教委要切实加强对两校合并工作的指导和管理，保证学校正常教育教学秩序。

二〇〇四年六月四日

主题词：教育　学校　批复

抄送：教育部。

北京市人民政府办公厅　　2004年6月7日印发

— 2 —

市政府批准两校合并成立北京电子科技职业学院文件

2004年6月21日，北京市教育委员会印发《关于同意北京轻工职业技术学院与北京邮电工业学校合并成立北京电子科技职业学院的批复》（京教计〔2004〕45号），同时撤销北京轻工职业技术学院、北京邮电工业学校建制。学院属专科层次普通高等职业学校，主要开展高等职业教育，同时可继续举办成人高等学历教育、中等职业教育和社会培训。

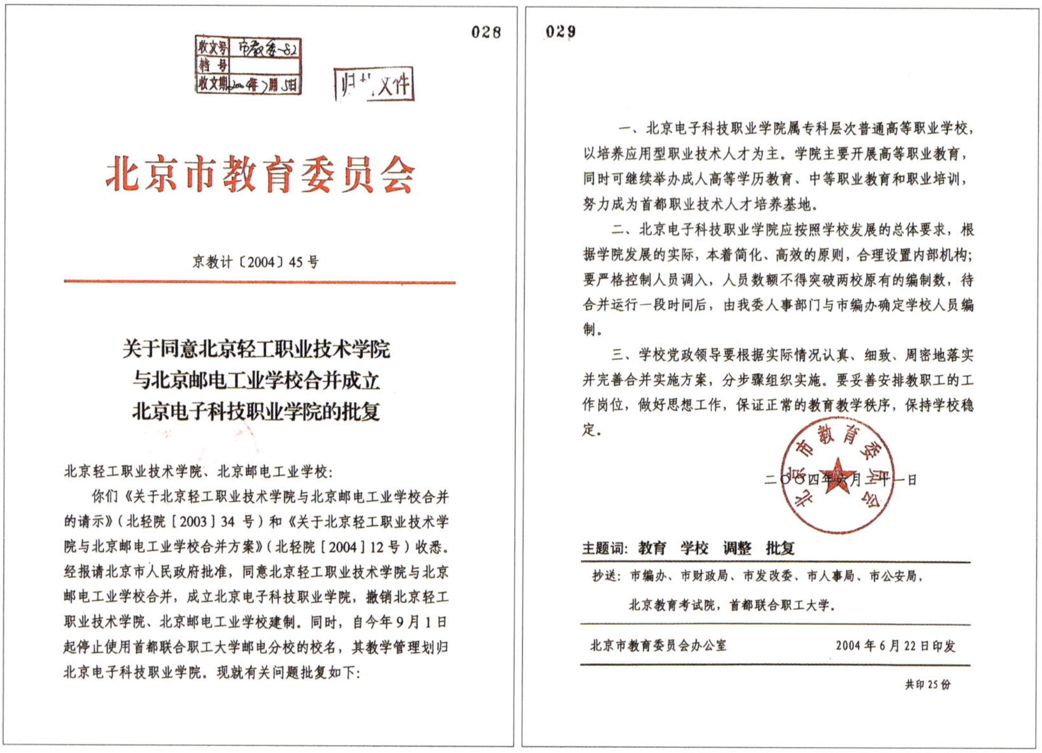

028

收文号 市教委-82
档号
收文期 2004年7月5日

归档文件

北京市教育委员会

京教计〔2004〕45号

关于同意北京轻工职业技术学院与北京邮电工业学校合并成立北京电子科技职业学院的批复

北京轻工职业技术学院、北京邮电工业学校：

你们《关于北京轻工职业技术学院与北京邮电工业学校合并的请示》（北轻院［2003］34号）和《关于北京轻工职业技术学院与北京邮电工业学校合并方案》（北轻院［2004］12号）收悉。经报请北京市人民政府批准，同意北京轻工职业技术学院与北京邮电工业学校合并，成立北京电子科技职业学院，撤销北京轻工职业技术学院、北京邮电工业学校建制。同时，自今年9月1日起停止使用首都联合职工大学邮电分校的校名，其教学管理划归北京电子科技职业学院。现就有关问题批复如下：

029

一、北京电子科技职业学院属专科层次普通高等职业学校，以培养应用型职业技术人才为主。学院主要开展高等职业教育，同时可继续举办成人高等学历教育、中等职业教育和职业培训，努力成为首都职业技术人才培养基地。

二、北京电子科技职业学院应按照学校发展的总体要求，根据学院发展的实际，本着简化、高效的原则，合理设置内部机构；要严格控制人员调入，人员数额不得突破两校原有的编制数，待合并运行一段时间后，由我委人事部门与市编办确定学校人员编制。

三、学校党政领导要根据实际情况认真、细致、周密地落实并完善合并实施方案，分步骤组织实施。要妥善安排教职工的工作岗位，做好思想工作，保证正常的教育教学秩序，保持学校稳定。

北京市教育委员会

二〇〇四年六月二十一日

主题词：教育　学校　调整　批复

抄送：市编办、市财政局、市发改委、市人事局、市公安局，北京教育考试院，首都联合职工大学。

北京市教育委员会办公室　　2004年6月22日印发

共印25份

北京市教委批准两校合并成立北京电子科技职业学院文件

北京轻工职业技术学院占地面积71亩，北京邮电工业学校占地面积57亩，合并后占地面积达到128亩，加上外租实习工厂场地，达到150亩办学占地面积的评估条件。两校有多年联合办学的良好基础，同属朝阳区，地域距离近。合并后，学院校园将分为四个区域，北京市朝阳区太阳宫路芍药居甲1号（西校区）、北京市朝阳区左家庄北里2号（南校区）、朝阳区将台路2号（东校区）和朝阳区酒仙桥15街坊104号（北校区）。

调整形成合力　2004年7月两校合并后，继续延续高职教育的办学定位：立足首都，依托行业，服务基层，以就业为导向，以培养应用能力为主线，以产学研为途径，培养适应生产、建设、管理、服务一线需要的、毕业后就能上岗顶用的高等职业技术应用型人才。学院确定了“集成、凝练、创新、整合”的合并方针，实施人事、机构、财务、教学、后勤工作的“五统一”。

一是深化专业整合与调整。在原有高职专业基础上，建立了现代化制造业、现代服务业和高新技术产业三大类专业体系，邮电工业学校以其IT产业专业群的优势，使学院在专业版图上做了重要的补充。教学系部与产业结构相适应，以经济建设需要为导向，教学系部设置为：以首都现代制造业等支柱产业为目标，设置工程技术系；以首都现代服务业为服务目

2004年12月10日，学院隆重举行揭牌庆典

标，设置经济管理系和艺术设计系；以服务首都、IT高新技术产业为目标，设置电子工程系和电信工程系，工程技术系的计算机教研室归入电信工程系。

二是深化校内人事管理和分配制度改革，实行全员岗位聘任制。中层干部实行招聘竞争上岗；全体教职工按照“五统一”原则重新调配使用；教师按专业布局和系部情况重新组合调配。

三是统筹各校区的功能划分。学院校园分为四个区域，原轻工职业技术学院所在的北京市朝阳区太阳宫路芍药居甲1号称为西校区、北京市朝阳区左家庄北里2号称为南校区，原邮电工业学校所在的朝阳区将台路2号称为东校区、朝阳区酒仙桥15街坊104号称为北校区。合并后，高职教育主要设置在西校区，以高职学生为主体；中专部设置在东校区，除部分高职专业教育外，以中专学生为主体；成人大专学历教育统归继续教育部管理，主体教育工作在南校区，西校区以成人学历教育为主，东校区以短期培训、岗位资格证书考核为主。

四是学院设立学术委员会、校务委员会，通过以教师为主体的教职工代表大会及其常设委员会形式，依法保障教职工参与学院民主管理和监督。

二、完成评估任务

评估任务以《国务院关于大力推进职业教育改革与发展的决定》为依据，按照教育部《高职高专院校人才培养工作水平评估方案（试行）》进行。评估的主要内容包括办学条件、教学管理、教学质量、办学效益、教学改革、校企合作等指标。评估的方法采取各校自评并写出报告和依据材料，专家组进校考察评定，对于存在的问题要求提出整改方案，一年后上报整改工作总结。

学院评估工作的建设阶段在北京轻工职业技术学院时期，评估与整改阶段在2004年成立的北京电子科技职业学院时期。评估工作是一项重大任务，要达到以评促建、以评促改、以评促管、评建结合、重在建设的目标。2004年11月1日至4日，评估专家入校开展了现场评估工作，肯定了学院在教育思想转变、专业和课程建设、师资队伍建设、实验和实训基地建设、教学质量和控制等方面取得的成果。

2004年11月，评估专家考察参观学院专业教室

2005年4月4日，北京市教育委员会给出评估结论：通过人才培养工作水平自评、预评和专家评估，除师资队伍结构和教学基础设施外，其他各项指标均达到A级标准，评估成绩被定为优秀。专家组在肯定学院办学成绩的同时，提出了整改建议。学院制订“以人为本，科学发展，脚踏实地，精益求精，追求卓越”的整改思路，成立了整改工作领导小组，认真进行了整改阶段的建设，推动了人才培养、师资队伍、教学改革、素质教育、实训基地等方面的建设。

评估工作情况，详见本章附文《学院开展高职高专院校人才培养水平评估工作》。

三、机构设置与人员情况

按照北京市教委批准的两校合并方案，以“精简高效、加快合并统一”的原则，建立与市场经济体制相适应的校内管理体制，学院在两校合并后进行了人事制度改革。

学院领导任职情况　2004年6月21日，北京市委教育工委下发《关于组建北京电子科技职业学院领导班子的通知》，任命马平同志为学院党委书记（副局级），李振华同志为学院院长（副局级），宋淑芬同志为党委副书记兼纪委书记，毕重伟同志为党委副书记，陈嵘同志为副院长（正处级），黄根隆、周枫同志为副院长，原北京轻工职业技术学院、北京邮电工业学校党政领导班子成员自然免除，金铭、张贵春、王建华同志保留副处级。2004—2007年学院书记、院长与副书记、副院长任职情况见表3-2-1和表3-2-2。

表3-2-1　　2004—2007年北京电子科技职业学院书记、院长任职情况一览表

党委书记		院长	
姓名	任职时间	姓名	任职时间
马　平	2004.06—2007.03	李振华	2004.06—2007.03

表3-2-2　　2004—2007年北京电子科技职业学院副书记、副院长等任职情况一览表

序号	姓名	职务	任职时间
1	宋淑芬	党委副书记兼纪委书记	2004.06—2007.03
2	毕重伟	党委副书记	2004.06—2005.03
3	戴吉娜	党委副书记	2005.07—2007.03
4	陈　嵘	副院长	2004.06—2005.02
5	黄根隆	副院长	2004.06—2007.03
6	周　枫	副院长	2004.06—2007.03

机构设置　2005年3—7月，在总结原两校以往人事制度改革经验基础上，根据学院发展目标，先后完成了中层、科级干部竞聘和全员竞聘上岗工作，科学合理设置机构和岗位，试行按需设岗、双向选择、公平竞争、择优聘用上岗，实行聘用合同制。建立院、系两级管理体制，加强教学系部的领导力量，调整了专业系、教研室的配置及师资配备，新建了电子工程系、电信工程系，形成五系一部的格局。2005年学院职能部门与教学系部设置情况见表3-2-3～表3-2-4。

表3-2-3　　2005年北京电子科技职业学院职能部门设置情况一览表

职能部门及中层干部		科级设置情况
学院办公室	主任：崔靖宇 副主任：施英	/
党委工作部	部长：吴景秋	宣传科科长（部长兼）；组织科科长：朱保戡
纪检监察办公室	主任：马德华	/
学生工作部	部长：齐志明 副部长：贾燕军 副部长（兼任团委书记）：殷文娟	西区学生科科长（部长兼）；东区学生科科长（副部长兼）；西区宿舍管理科科长：马永路；东区宿舍管理科科长：李承忠
教务处	处长：张俊茹 副处长：郭炜、熊伟	西区教务科科长：陈洪华；东区教务科科长（副处长兼）；东区培训科科长（副处长兼）；现代教育技术信息中心主任：吴方

续表

职能部门及中层干部		科级设置情况
科研处	处长：韩志伟 副处长：米兰	校刊编辑部主任（处长兼）；高职教育研究室主任（副处长兼）；图书馆馆长：王丽梅
督导处	处长：钟桂英	东区督导科科长：梁玉芹
招生与就业处	处长：赵永良	招生办公室主任（处长兼）；就业指导中心主任：于泉英；东区综合科科长：王琪
人事保卫处	处长：刘敏 副处长：赵汝强	/
财务处	处长：宓小佳	东区财务科科长：魏筠
总务处	处长：吉少泉 副处长：吕毓良	西区总务科科长（处长兼）；东区总务科科长（副处长兼）；校办企业管理科科长：胡毓俊；车辆管理科科长：佟明利
院工会	代主席：马德华	退休人员管理科科长：崔晓宏
院团委	书记：殷文娟	/

表3-2-4　2005年北京电子科技职业学院教学系部设置情况一览表

专业系	负责人	教研室情况
工程技术系	主任：周国烛 副主任：苑函、朱运利	机电技术教研室主任：马红麟；计算机网络教研室主任：肖永生；计算机应用教研室主任：王萍；生物技术应用教研室主任：辛秀兰；环境监测教研室主任：马越；电子信息技术教研室主任：陈小荣
经济管理系	主任：徐秀艺 副主任：梁莉芬、张晖	会计教研室主任：崔晓翔；金融保险教研室主任：彭爽；物业管理教研室主任：安静；英语导游教研室主任：何深；商务英语教研室主任：王冬梅；资产评估教研室主任：何红；文秘教研室主任：胡晓涓；工商管理教研室主任：李红伟；电子商务教研室主任：林萍；物流管理教研室主任：（无）
艺术设计系	主任：戴莛 副主任：洪志坚、刘卉	电脑艺术设计教研室主任：张强；多媒体设计与制作教研室主任：康海英；广告设计与制作教研室主任：徐威贺；环境艺术设计教研室主任：李京京；人物形象设计教研室主任：李珂；钢琴调律教研室主任：（无）
电子工程系	主任：胡亦 副主任：张燕飞、于京	计算机应用技术教研室主任：张景峰；应用电子技术教研室主任：张景璐；实训管理室主任（主管教学副主任兼）
电信工程系	主任：刘威 副主任：董辉、陈梅	电子信息工程技术教研室主任：林梦圆；通信网络与设备教研室主任：杨秀清；电工电子实训基地主任（主管教学副主任兼）
基础理论部	主任：刘利平 副主任：刘静	数理教研室主任（东、西区各一名）：李亚杰、景妮琴；文史教研室主任（东、西区各一名）：安淑春、杜鹃；社科教研室主任（东、西区各一名）：侯丽洁、廉诗红；外语教研室主任（东、西区各一名）：刘丽洁、张惠琴；体育教研室主任（东、西区各一名）：王继学、李春荣
继续教育部	主任：李玉鹰	成教科科长（主任兼）；培训科科长：石秀清 中专科科长：崔红
学院附属鸿阳中学	校长兼党支部书记：张惠清	校办公室主任：王绍岩

北京电子科技职业学院第一期中层干部培训班

2005年6月学院召开第一届教代会第一次会议

职工队伍 2005—2006年学院教职工情况见表3-2-5。

表3-2-5 2005—2006年北京电子科技职业学院教职工及专任教师情况统计表

年份	教职工总数	专任教师人数	正高级职称专任教师人数	副高级职称专任教师人数	中级职称专任教师人数	教职工党员/专任教师党员人数
2005	408	249	1	71	122	262/90
2006	416	254	1	75	135	251/86

2006年9月北京电子科技职业学院在编在岗教职员工名单

院领导：马　平　李振华　宋淑芬　戴吉娜　黄根隆　周　枫

院长助理：周国烛

院办公室：崔靖宇　施　英　王晓艳　孙　跃　王　磊

党委工作部：吴景秋　朱保戬　张光伦　王秀婷　常立权　金　铭

纪检及工会：马德华　崔晓宏

团委：殷文娟　徐海东　吕　佳

督导处：钟桂英　刘　苹

教务处：张俊茹　熊　伟　陈洪华　吴　方　严新新　边树棣　黄　蓉　杨月凌　刘　玮　汤月芹　王建丽　侯　翊　梁百玲　蒙桂英　王玉萍　李兰玉　杨永春　张　界　孙晨丽　白婉君　强卫群

科研处：韩志伟　米　兰　王丽梅　杜文荣　侯爱莲　王　岩　杨彦如　吕倩娜　熊淑琴　徐　洋

人事保卫处：刘　敏　赵汝强　赵桂金　赵　立　李　岩　郭士洪　胡卫星　田智明　邹　忠　张逢梅　丁明洁　张思远

财务处：宓小佳　魏　筠　杜淑玲　李　玲　徐　茹　陈雨兴　撒忠伟　曾广就　彭　娟　余　英　梁丽洁

招生与就业处：赵永良　于泉英　王　琪　张京霞　吕晓丽　李秀云　许馨艺

学生工作部：齐志明　贾燕军　马永路　李承忠　王路得　张沙丽　王玉琪　马文坤　任宝海　刘　杰　汤喜臻　张树臣　陈宝山　刘胜刚　曹新才　李春荣

总务处：吉少泉　吕毓良　胡毓俊　佟明利　赵志华　关凤琴　江玉珍　黄仁春　王宝利　孟祥丽　陈全立　赵文生　尤雨朋　张维新　李旗瀛　李俊明　沈宝福　王宝玉　闫少波　韩彦玉　关铁章　李　珍　魏晓湘　徐　康　邬杰明　孙绍华　白　东　姜　涛　陈通亮　蔡金生　肖　翔　姚学文　谢　斌　刘立明　黎国庆　杨建军　杨世昆　关铁朋　张桂兰　吴连利　武中华

工程技术系：朱运利　马红麟　苑　函　刘亚红　谈丽丽　任有志　孙红庆　贾志茂　刘国良　陈小荣　杨　雯　刘　霞　李惠芳　张立秋　徐思德　焦　镭　刘增辉　范晶彦　李默生　张福顺　杨京平　张　玫　马　越　李双石　王利明　陈红梅　张晓辉　辛秀兰　李晓燕　兰　蓉　徐　晶　谢梅英　杨国伟　刘俊英　王晓杰　苏东海　吴志明　路　梅

经济管理系：徐秀艺　梁丽芬　何　红　王京红　李　京　崔焕英　崔晓翔　何妮亚　张　晖　高红梅　彭　爽　王世华　张　弦　张春辉　安　静　史小来　周　哲　何　深　徐　蕾　孔　辉　刘晓煜　刘　洁　王冬梅　唐　伟　桑永明　刘希棠　于学英　戚瑞双　刘新华　胡晓涓　张健儒　肖兴辉

李红伟　高　岩　王建平　邓　红　石慧霞　林　萍　刘士忠　马　骏
马　洁　严霄蕙　续秀梅

艺术设计系：戴　茳　洪志坚　侯萌萌　张　强　李先飞　王　巍　陈淑姣　刘德欣
康海英　吕悦宁　石　头　唐芸莉　刘　弘　徐威贺　李　颖　张　峻
李盛隽　张　芸　运晓凝　吕　航　李京京　赵　曦　王　文　齐学君
李伟明　李　珂　李　宙　刘　卉　陈　凯　白晓炜　陈　昕

电子工程系：胡　亦　张燕飞　于　京　张景峰　高　斐　苏　晨　刘　扬　王丽芬
胡晓红　王　梅　王琳娜　吴友兰　朱恭生　胡冬琴　蔡志芳　丁　江
杨洪雪　徐红勤　韩丽萍　张燕宁　尹春艳　张景璐　黄冠利　詹晓东
王　萍　董义革　黄利明　杨永利　赵婉芳　赵　妍　肖永生　陈　涵
赵　凯　杜　辉　龙　漪

电信工程系：刘　威　陈　梅　董　辉　张树新　李雪梅　黄　丽　裴春梅　梁金宏
林梦圆　韩　伟　张晓晶　王　婧　孙世菊　王艳秋　杨秀清　张学华
蒲国华　王　莹　廉诗阳　陈莉莉　王　雪　叶海蓉　刘丽华

基础理论部：刘利平　刘　静　张　清　史亚明　李亚杰　郭　桐　胡建华　左峰辉
王冬琳　王建荣　阮　俊　王冬华　王桂枝　景妮琴　徐　锷　王　瑜
危　晴　王佳新　苏盘龙　秦　麟　张小东　董华丽　安淑春　朱　兰
石莉芸　涂雪菊　杜　鹃　张晓刚　刘志男　李　华　林铭祖　张　华
闫　泽　侯丽洁　张智梅　杨改玲　宋　忆　许秋富　任　皞　梁　东
柴继红　吴圣奎　鲍晓华　苑宏健　廉诗红　梁玉芹　刘丽洁　郑沛钧
胡　娜　杨丽娟　高承庆　杨　青　吴桂平　胡　昊　廖　华　王卫东
贺翠玉　王　薇　李　博　马　源　裴　敏　郭文玲　李牧耘　陈芳珍
李从容　张惠琴　周　宇　马　进　于海霞　王　茜　黄朝晖　崔愿玲
葛丽萍　王彦侠　吴　欣　李　燕　永　远　叶少敏　王继学　杨　青
杨金荣　尹大川　伍　严　龙明丽　张秀芹

继续教育部：李玉鹰　王　琦　李育梅　郭　瑨　赵淑玉　蔺月松　贾　粒　刘兆麟
郝晓光　李建强　石秀清　张秋霞　朱艳杰　关庆国　崔　红　陈玲玲

学院附属鸿阳中学：张惠清　王绍岩

校办企业：徐　禾　吴耀忠　文鄂明　赵　军　李雪梅　李秋霞　王　旗　胡海军
杨志强　何卫东　江　超　张瑜峰　樊凤丽　朱晓东　尚志英　肖韵华
何雪梅　刘　琦　李建华　塔春宇　王小爽　薛齐美　王丽军　张英侠
毛　磊

四、学校荣誉

2005—2006年学院获得市级及以上荣誉见表3-2-6。

表3-2-6 2005—2006年北京电子科技职业学院获市级及以上荣誉一览表

序号	年份	内容
1	2005	教育部等七部门授予学院全国职业教育先进单位称号
2	2005	北京市教委认定在人才培养工作水平评估中学校成绩为优秀
3	2006	北京市教委等六部门授予学校北京市职业教育先进单位称号

北京电子科技职业学院校门

第二节 教育教学

学院成立后，延续并扩大北京轻工职业技术学院高职专业设置，以高职办学为主，兼顾中职、成人脱产和函授夜大等多层次多类型教育，坚持以提高教学质量为中心，不断深化教育教学改革。2004年前后，北京市开展“3+2”五年制高职试点项目，招收初中毕业生，由高职院校招生并实施，五年一贯制，前三年为中职阶段教育，后两年转为高职阶段教育。早在2003年11月，北京轻工职业技术学院就向北京市教委提交《关于申报新增五年制高等职业教育专业的请示》。2004年，学院作为北京市五年制培养项目试点学校之一，首先在“生物技术及应用”专业招收初中毕业生90人，开展五制培养。2005年，分别在“生物技术及应用”和“计算机网络技术”两个高职专业招生170余人，2006年，在“生物技术及应用”“计算机网络技术”和“电子信息工程技术”三个高职专业招生220余人。

一、高职专业

人才培养水平评估工作贯穿学院成立前后，以评估促进专业建设持续进行，专业建设与调整的指导思想始终是：“突出特色，强化优势，主抓骨干专业建设，改造和调整传统专业，根据社会需求特别是首都经济发展需求增设新专业”，建立起长、短、特、热四类专业共存并动态调整的专业体系。

2004年7月合并时，高职专业设置基本成型，共有近30余个专业（方向）。经过三年的发展建设，至2006年底，高职专业共有近40个专业（方向），以3年制高职专业为主体。

2004年9月，招生专业（方向）共21个，当年招生1091人，在校高职生人数达到3140人。所有的专业均为3年制。在原有招生专业基础上，增加了广告艺术设计、工商管理等新专业。

2005年9月，主要招生专业（方向）共23个，当年招生1330人。所有的专业均为3年制。高职在校生共3523人。

2006年9月，3年制主要招生专业（方向）共30个，两年制招生专业（方向）3个，当年共招生1530人，高职在校生共3945人。不论是招生专业（方向）数量还是招生人数均达到历史最高，主要原因是经过合并沉淀后，电子信息类的专业类型逐步增加，在专业方向上不断细化，符合现代计算机应用技术的发展趋势。同时，原有部分老专业，根据人才培养需求恢复了招生。2004—2006年学院高职主要招生专业（方向）及招生情况见表3-2-7～表3-2-11。

表3-2-7 2004—2006年北京电子科技职业学院高职专业（方向）设置一览表

序号	延续专业（方向）名称	序号	开设年份	新增专业（方向）或更名
1	物业电气技术	1	2004	广告艺术设计
2	食品与发酵	2	2004	工商管理
3	形象设计	3	2005	楼宇智能化工程技术
4	钢琴调律	4	2005	机电一体化技术
5	生物技术应用	5	2005	软件技术
6	计算机网络技术	6	2005	环境检测与治理技术
7	商务英语	7	2005	资产评估与管理
8	英语导游	8	2005	酒店管理
9	金融保险	9	2005	文秘
10	会计（税收）	10	2005	电脑艺术设计
11	国际商务	11	2005	广告设计与制作
12	电脑美术设计	12	2005	多媒体设计与制作
13	机电技术应用	13	2005	电子信息工程技术
14	电子商务	14	2006	工商企业管理
15	物业管理	15	2006	楼宇智能
16	广告策划与设计	16	2006	楼宇监理
17	电子信息技术	17	2006	物业管理（康体）
18	多媒体艺术设计	18	2006	汽车电子技术
19	会计	19	2006	手机游戏设计
20	计算机应用技术（软件设计）	20	2006	计算机多媒体技术
21	商务秘书	21	2006	电信工程（电信）
22	室内设计	22	2006	应用电子技术
23	资产评估	23	2006	广播电视网络技术
24	环境检测与保护	24	2006	通信技术
25	环境艺术设计	25	2006	文秘（现代办公）
26	计算机美术设计			
27	智能建筑控制技术			
28	人物形象设计			
29	商贸英语			
30	计算机网络技术（多媒体）			
31	计算机软件技术			

表3-2-8 2004年北京电子科技职业学院高职主要招生专业（方向）及招生情况一览表

序号	专业（方向）名称	学制	招生人数
1	形象设计	3	20
2	生物技术应用	3	87
3	机电技术应用	3	60
4	钢琴调律	3	15
5	英语导游	3	44
6	商贸英语	3	87
7	金融保险	3	91
8	计算机网络技术	3	41
9	会计	3	45
10	电脑美术设计	3	35
11	电子商务	3	45
12	物业管理	3	45
13	广告艺术设计	3	47
14	多媒体艺术设计	3	35
15	环境艺术设计	3	19
16	环境检测与保护	3	40
17	智能建筑控制技术	3	78
18	电子信息技术	3	37
19	计算机应用技术（软件设计）	3	39
20	工商管理	3	91
21	资产评估	3	90

表3-2-9 2005年北京电子科技职业学院高职主要招生专业（方向）及招生情况一览表

序号	专业（方向）名称	学制	招生人数
1	生物技术应用	3	48
2	环境艺术设计	3	35
3	楼宇智能化工程技术	3	83
4	物业管理	3	41
5	机电一体化技术	3	35
6	计算机网络技术	3	102
7	软件技术	3	37
8	电子信息工程技术	3	195
9	环境检测与治理技术	3	45
10	金融保险	3	83

续表

序号	专业（方向）名称	学制	招生人数
11	资产评估与管理	3	45
12	会计	3	42
13	国际商务	3	83
14	电子商务	3	45
15	导游	3	83
16	酒店管理	3	46
17	商务英语	3	74
18	文秘	3	46
19	电脑艺术设计	3	34
20	人物形象设计	3	18
21	广告设计与制作	3	44
22	多媒体设计与制作	3	34
23	钢琴调律	3	32

表3-2-10　　2006年北京电子科技职业学院高职主要招生专业（方向）及招生情况一览表

序号	专业（方向）名称	学制	招生人数
1	生物技术应用	3	41
2	机电一体化技术	3	42
3	钢琴调律	3	20
4	导游	3	87
5	商务英语	3	44
6	金融保险	3	45
7	计算机网络技术	3	77
8	国际商务	3	41
9	电子商务	3	42
10	物业管理（康体）	3	44
11	广告艺术设计	3	22
12	广告设计与制作	3	50
13	环境艺术设计	3	28
14	电脑艺术设计	3	48
15	多媒体设计与制作	3	30
16	软件技术	3	69
17	资产评估	3	45
18	工商企业管理	3	47

续表

序号	专业（方向）名称	学制	招生人数
19	楼宇智能	3	72
20	楼宇监理	3	42
21	汽车电子技术	3	44
22	手机游戏设计	3	72
23	计算机多媒体技术	3	42
24	电子信息工程技术	3	41
25	电信工程（电信）	3	43
26	应用电子技术	3	33
27	广播电视网络技术	3	35
28	通信技术	3	74
29	环境检测与治理技术	3	41
30	文秘（现代办公）	3	44

表3-2-11　　2006年北京电子科技职业学院两年制高职主要招生专业（方向）及招生情况一览表

序号	专业（方向）名称	学制	招生人数
1	环艺（古建彩绘）	2	30
2	物业管理	2	41
3	会计	2	54

二、中职专业设置

2004年学院成立后，建立了中专部，在保留原有一轻工业学校和邮电工业学校中专教育教学基础上，围绕北京市行业企业对技能人才的需求，继续招收中专生，但逐步减少了招生数量，向以高职教育主体转变。

2004年9月，基层报表显示（原轻工职业技术学院填报），开设专业（方向）12个，主要招生专业（方向）10个，当年新招初中毕业中专学生370人，2004—2005学年度中职在校生规模994人。从社会和企业用人需求角度出发，保留了机电技术应用、生物技术应用、计算机及应用、计算机网络技术、自动控制技术、导游、商务外语、金融事务、文秘等传统优势专业，部分专业的初中3年学制重新招生，短、平、快式的培养模式得到社会和学生认同。

2005年9月，主要招生专业（方向）6个，当年新招初中毕业中专学生540人，其中，机电技术应用、计算机及应用两个专业招生人数大幅增加，社会需求较大。2005—2006学年度中职在校生人数达到3227人，反映出两校合并后，在中专学生的招生工作中做出了新的部署和调整。

2006年9月，主要招生专业（方向）5个，与2005年基本持平，当年新招初中毕业中专学生404人，较2005年的540人减少136人，2006—2007学年度中职在校生人数为2832人，比

2005年的3227人减少395人。2006年的招生，全部为初中3年制，随着计算机技术的发展，计算机网络专业招生人数增加。

2004—2006年学院中职招生专业（方向）设置情况见表3-2-12 ~ 表3-2-14。

表3-2-12　2004年北京电子科技职业学院中职专业（方向）设置及在校生情况统计表

序号	专业（方向）名称	学制	招生人数	在校生规模
1	机电技术应用	4	30	155
2	生物技术应用	4	30	116
3	计算机及应用	4	34	88
4	计算机网络技术	4	29	98
5	自动控制技术	4	38	104
6	导游	3	25	55
7	金融事务（保险专门化）	3	41	70
8	商务英语	3	25	45
9	文秘	3	28	28
10	生物技术应用	3	90	90
11	电脑美术设计	3	/	122
12	物业管理（电器维修专门化）	3	/	23

表3-2-13　2005年北京电子科技职业学院中职招生专业（方向）设置情况统计表

序号	专业（方向）名称	学制	招生人数
1	机电技术应用	3	120
2	生物技术应用	3	96
3	计算机及应用	3	215
4	计算机网络技术	3	39
5	自动控制技术	3	27
6	金融与保险	3	43

表3-2-14　2006年北京电子科技职业学院中职招生专业（方向）设置情况统计表

序号	专业（方向）名称	学制	招生人数
1	电子与信息工程	3	76
2	生物技术应用	3	75
3	计算机及应用	3	66
4	计算机网络技术	3	107
5	计算机美术设计	3	80

三、全日制在校生规模

学院成立后，全日制在校生主要以高职生为主体，中专生次之。

2004年，招收3年制专业高职生1091人，中专生370人；2005年，高职招生人数1330人，全部为3年制学生，中专招生540人；2006年，高职招生人数继续增长，共计1530人，中专招生404人，较上一年度有所减少。

2006年，全日制在校生规模达到自1999年高职学院成立以来最高峰，在校生人数共6777人。其中，高职在校生不论从招生人数还是在校生规模持续增加，中专招生和在校生规模2005年增长后下降。2004—2006年北京电子科技职业学院学生人数情况见表3-2-15。

表3-2-15 2004—2006年北京电子科技职业学院全日制在校生规模统计表

年份	高职招生数	高职在校生数	中专招生数	中专在校生数	在校生总数
2004	1091	3140	370	994	4134
2005	1330	3523	540	3227	6750
2006	1530	3945	404	2832	6777

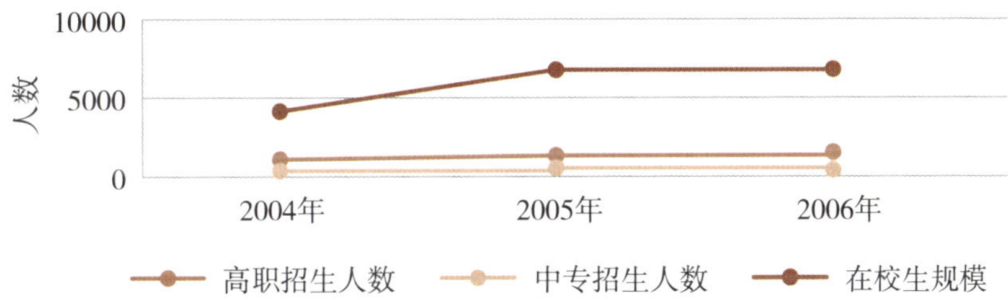

2004—2006年北京电子科技职业学院学生人数变化图

四、教学改革

深化原有教学改革成果 2004年学院成立后，坚持原有改革实践的做法，持续借鉴美国CBE（以能力为本位的教育）职教模式和英国BTEC证书教育理念，仍以产学研结合的方式，建立“需求导向型”人才培养模式。

学院相关部门和教师深入企业了解岗位人才培养需求，根据培养目标中对职业能力培养标准的要求，从完善实训基地建设、健全规章制度、加强教学管理规范化、改革实训内容等方面入手，保证实践训练环节的落实和能力培养质量。将实践教学环节和学生职业能力的训练纳入2004版人才培养方案中，专业基础课以“必需、够用”为原则，突出课程综合化。专业课开发面向实际应用，注重解决实际问题。通过基本技能、专业技能测试、学生专题研讨会等形式的考核，促进学生实践能力的提高。

借鉴美国CBE职教模式 以行业需求为导向，采用“倒推法”进行课程开发。其步骤是：由专业人员组成的专家委员会确定该专业学生所应具备的职业岗位能力；开发专业课保证学生职业岗位能力的获得；开发专业基础课保证专业课的开设；开发基础课保证专业基础课的开设。这样的课程模式，虽有“老三段（基础课、专业基础课、专业课）”的痕迹，但内容已大不相同。

以机电技术应用专业为例，专业的培养方向是工厂的机电师，由现场工程技术人员组成的专业委员会确定工厂机电师应具备的岗位技能：一为数控机床的维修，二为机械与电气设备的维修，三为厂区临时变电所的设计，四为编制机械零件的加工工艺。围绕以上四项岗位技能，由以专业教师和现场专业人员组成的课程开发小组制订所开的专业课，如数控机床、机械制造工艺学、厂区变电所设计等。为保证专业课的开发，制订机械零件、机械原理、电工学等专业基础课，再以够用为度根据专业基础课选开基础课。教师根据课程计划与大纲选教材，授课时恪守教学计划与大纲，而不墨守教材。这样培养出来的学生，职业针对性强，与岗位需求保持零距离对接。

应用英国BTEC证书教育理念　以行业为风向标，设置开放性与灵活性相结合的模块化课程体系。教师在行业委员会指导下，随时根据职业职能转变和新技术、新工艺的出现等调整课程体系的设置和教学内容，从而使学生的培养目标及时跟上社会经济发展变化的需求。学院部分专业以职业岗位能力为主线，把主干课程划分成若干教学模块，彻底打破了“老三段”的授课模式，授课地点为专业教室，考核方法以完成综合课业代替单一笔试的方式。调整后的课程是“大平台，小模块，大综合，小方向”。模块化教学培养的学生职业能力强，取证率高，就业率高。如生物技术及应用专业，根据行业发展现状和人才需求状况，按照专业所需核心技术的种类，设置了生物制药技术、生物分离技术、细胞培养技术、发酵工程技术、分析检验技术5个模块课程体系。排课方式采用集中排课，授课地点是专业教室，授课方式是讲练结合，以培养动手能力、完成产品加工和评价等技能培训为主，弱化深奥的理论推导。以这种方式教学，可全方位地培养学生的专业能力，学生在获得毕业证书

2006年，市领导调研参观学院生物实训室

的同时，也能获得药剂员、食品检验工、生物分离提取工、化学检验工等职业资格证书，一些优秀学生能拿到高级工或技师的资格证书，全面实现了专业课学习与就业岗位的零距离对接。这个专业的学生连续三年就业率100%。

物业管理专业在制订教学计划时，突破了第六学期安排实习的传统模式，将实习实训计划根据企业需求作动态调整。在保证本专业必需的知识技能教学的基础上，尽可能根据企业需要安排学生现场顶岗实习，受到用人单位的欢迎；计算机网络专业根据科学技术发展和就业岗位对人才的需求，不断更新教学内容，开设的计算机网络管理课程已成为学习计算机网络建设与网络管理的一门实践性课程；会计专业更加强调行业会计实务、理财规划、ERP原理与应用课程的实用性，将实践能力放入课程教学中；电子商务专业进一步强化商务网站策划、网络营销案例等课程特色，更加贴近实际工作需要。学院加强了基础课程的改革，数学实验课程被评为北京市精品课程。

五、教学管理

2004年学院成立后，教务处起草《教学管理文件汇编》，包括教学管理规章制度71项，共17万字。组织制订和修订教学计划和教学大纲，已完成高职22个专业教学计划和13个专业教学大纲的修订。完善了教务资料室的管理工作，学院投资对原有的资料室的设备进行了扩充，并对资料进行了整理，整理资料20余种，装订资料300个卷宗，并将档案资料录入计算机，基本上具备了查询功能。高职学生考试成绩实现了计算机网络化管理，数据涉及620门课，67个教学班，186位任课教师，学生成绩数据23000余条。2004年，教务处安装了北人教务管理系统升级版，于7月实现网上录入期末考试成绩。

2006年，学院改革教学方法手段和单一考试方式，采取分散考核、综合考评模式。

六、实践教学

2004年学院成立后，进一步加强了实践教学的改革，从校企合作与建设校内实训基地两个方面入手，实践教学能力的提升决定“需求导向型”人才培养模式的有效实施。

校企合作　2004年12月，学院顺利通过北京市质量监督局对分析检测中心的评审，“北京轻工职业技术学院分析检测中心”成立，学院分析检测中心获得美国注册管理会计师（CMA）证书，可合法开展对外检测工作。从2005年1月开始，已正式承接检测任务，仅2005年检测收入已到3万元，标志着学院产学研在此领域取得了新突破。各专业教研室还对教育部推荐的产学研模式进行了广泛的研究，生物专业开发山楂果醋发酵加工工艺研究和产品检测研究等多项科技研发项目。

2004年评估工作之后，在原有基础上，学院系部各专业均建立并完善以企业专家为主的产学研合作专业指导委员会，为贯彻“需求导向型”人才培养模式提供了组织保证，人才培养方案、专业调整、课程设置改革等重大教学安排，均听取相关企业意见，使企业需求、企业岗位标准引入专业、课程层面。

2005年后，在原有校外实习基地的基础上，又增加了北京松下显管公司、北京人才服务中心、北京SMC公司等8家校外实习基地。各专业系按照产学研结合的整体部署与企业建立起密切的合作关系，推进有企业人员参加的课程开发小组，共同制订培养方案，共同进行人员培训，实行校企培训的实质性结合，2005年为北京吉利大学与北京红星集团等7家学校、企业进行技师、员工及有关人员培训达400人次。

产学研结合的人才培养模式取得了初步的成效，学生的专业技术水平和实践技能也有了长足的进步和提高，在参加社会各项技能比赛中，获得多项奖项。艺术设计系学生参加全国"第十四届中华时报广告金犊奖"大赛，有3名学生作品入选，6名学生作品入围；在中国教育技术协会的职业技术教育专业委员会年会的论文和软件评比中，工程技术系教师的一点通路由模拟软件获二等奖；各系参加新世纪北京市首届职业技能大赛，初赛中有338名学生获中级证书，复赛中有14名学生获得高级证书，决赛中有1名学生获技师证书。

学院产学研结合研讨会

实训基地建设 立足于把握技术发展的前沿，运用现代技术，集成先进的器件和设备，适度超前并留有可发展的空间。学校的东、西校区因地制宜，以"先进性、模拟性、开放性、综合性、层次性"互相结合为原则，采用两种方式创建特色实训：一是改造传统验证性试验时，创建多功能的专业教室，二是直接创建多个相关专业教室组成的现代化综合实训基地。

以多功能需求完善专业教室，多功能专业教室既不同于传统的实验室和实训室，也不同于普通计算机教室，而是能够实现多种教学手段并用和多种教学形式相结合的综合职业技能培训基地。布局设计以营造良好的现场氛围、反映专业的主流技术、便于实现理论与实践的密切结合为主要目标。随着数字化信息时代的发展，实训基地的建设数字化，扩大了其功能，专业教室升级并实现演练、编程、模拟、虚拟四个功能，要求学生熟练掌握专业教室内的设备；用这些设备组成工艺流水线，会编程；在计算机上模拟现场演练；在计算机上虚拟未来新技术、新设备和新工艺并演练。这样的专业教室西校区共有32个，基本涵盖了工科的所有专业。

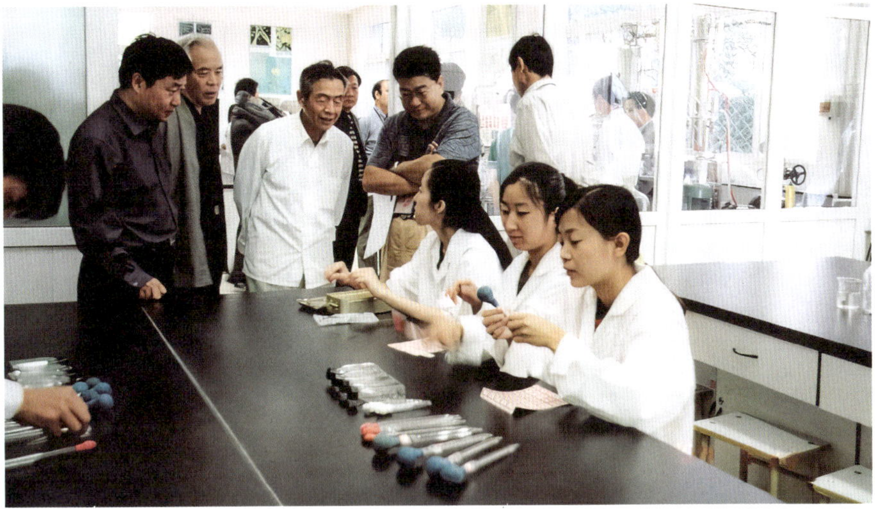

学生在生物实训室实训

建设现代化综合实训基地，针对某一行业或岗位群的技能培养而设立一个工作环境，具有产学研一体的特点，有利于学生在一个条件完善的工作环境下和相对集中的时间内进行全方位的综合能力训练。学院东校区是原北京邮电工业学校，2004年合并后没有按实验室、实训室、专业教室的模式改造，而是摒弃原来不成规模的实验室，直接组建由数个相关专业教室组成的实训基地。新建电工电子实训基地、工业自动化实训基地、综合电信实训基地，满足了东校区10个IT类专业的实训实践教学，如电工电子实训基地含电工、电子、电子元件、电路、数字电路、机床电路六个专业教室为一体，同时也涵盖了一些边缘专业如电力拖动等。它的优点在于资源整合度高，如检测类的仪表、工具等可以减少配备，相同类型的设备可以统一调度使用，虽然初期投资大，但总投资可以比单独建设专业教室节省（1/3）~（1/4）。实训基地在实践性教学环节中发挥了很大作用，使学校东校区的实践教学水平和技术应用性人才培养水平得到了跨越性提升。

学院采用这两种方式创建的实训基地，符合经济和社会发展的需要，能够适应现代化企业对人才综合素质的要求，承担本院学生的实训教学任务；承担本院学生的职业技能训练任务；为相关院校提供实习和实训场所；成为社会职业技能培训和职业资格鉴定场所；成为产学研课题研究中心。

软硬件投入 2004年，学院加大软、硬件投入，促进实训基地、实验室建设再上新水平。投入800多万元，共完成4个现代化数字语音教室、16个多媒体教室、学生体能测试室、生物技术实训基地二期工程、实习车间改造和数控加工实习中心的建设；完成了三个计算机机房的设备及多媒体艺术设计实训室设备的建设；完成了电工技术、通信技术、智能建筑控制、会计专业教室的建设工作。

全国人大代表团成员参观学院生物实训基地

2005年，进一步加强现代教育技术建设，新建多媒体教室73个；数字语音教室5个，增加239个座位。2005年，学院通过评估后，进行整改建设，积极筹措资金，加强教学基础设施建设，充实和完善了专业教室。2005年10月，学院获得北京市高等人才强教项目教学实践技能经费54万元的支持。2005年11月，经过专家评审，生物技术应用实训基地被批准为中央财政支持的专业性职业教育实训基地建设项目资助单位，并获得连续三年每年510万元的经费支持。学院继续加强重点专业建设和改造，新建了物流实训室、三维数字动画设计工作室、环境艺术设计工作室，改建了财会实训室、电子商务实训室、商务综合实训室等，新增了“松下彩色显像管公司”等8家校外实训基地。

2006年，上级主管部门为支持学院“上示范”“进窗口”，安排专项资金2960万元，其中80%是用于实训基地建设，其中投资370万元建设综合电信实训基地，投资120万元建设数据传输专业教室，投资120万元完善生物技术专业教室，投资300万元建设金融、环境、物业、导游专业教室，投资253万元建设微电子与SMT（表面安装技术）实训基地，投资222万元完成图书馆电子阅览系统及图书，投资90万元完善数控实训基地，投资117万元完成科技创安二期工程。

两个新建实训基地 学院于2005年投入经费2489万元，初步建成电工电子实训基地和工业自动化及自控技术实训基地，两个基地共占地1020平方米，涵盖了高职层次电工电子类、工业自控类岗位群的大部分实践训练项目，使学院的实训基地建设有了较高的起点，为实现学生“零距离”就业的目标提供了扎实的基础和可靠的保障。

电工电子实训基地，占地600平方米，基地内设备共有17类，数量达98台套，该基地在2006年申报“中央财政重点支持的专业性职业教育实训基地建设项目”中，受到专家好评，被推荐到教育部参评。该基地的建成使学院实训水平有了新的提高。

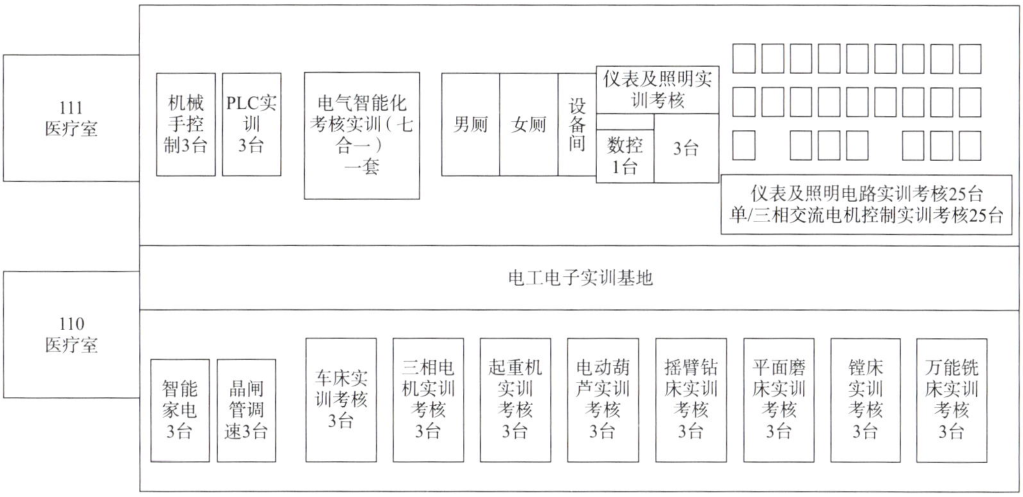

电工电子实训基地示意图

工业自动化及自控技术实训基地，占地420平方米，设有传感器实训平台14套，这个实验环境可以完成20多种传感器，近50个相关的实训项目。PLC基础实训平台14套，PLC气动实训平台16套，柔性生产线模拟组装平台1套，电梯控制模拟平台1套。

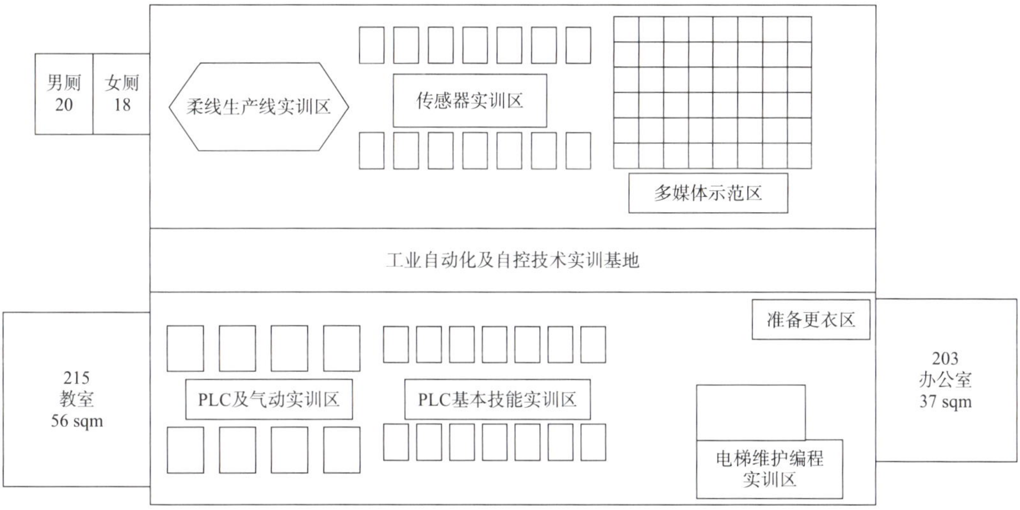

工业自动化及自控技术实训基地示意图

其他教育教学设施建设 2005年，加快了图书馆的现代化进程，在原有基础上，扩大建筑面积1000平方米，投资120万元增加电子阅览计算机32台，新增图书6.5万册，其中电子图书4万册。开通了中国期刊网的优秀博硕士论文全文数据库、重要会议论文全文数据库、重要报纸全文数据库、龙源期刊网、中国高等教育E图网等多种数据库。至2005年底，学院拥有电子图书16.7万册，电子期刊1.5万种，高校网络图书馆共享数据库10种，为教学提供了丰富的资源，极大方便了学生查阅学习。

第三节　师资队伍

一、教科研工作

2004年学院成立后，教职工当年在院内外学报、刊物上发表论文115篇，其中在院外发表论文37篇，院内发表论文78篇。为解决部分学科使用教材针对性不强、效果差的问题，部分教师承担起了高职教材的编写工作，2004年共有26本教材完稿，其中主编12人，参编18人。工程技术系的《生物分离与纯化技术》和《模块化生产加工系统应用技术》两本教材立项为北京市精品教材。2005年度在校内外刊物上发表论文133篇；教师主编、参编教材、专著共26本。

学院始终重视科研工作，以科研带动教学改革。2005年度，科研立项64项，校内课题47项，北京市教委教育教学改革立项3项，北京高职研究会课题5项，北京市教委科研处课题9项。工程技术系生物技术教研室获批北京市属市管高校“创新团队”，并获项目经费支持25万元（团队专业带头人为辛秀兰），主持或主要参加技术研究、开发、服务项目17项；获市级以上科研成果奖励14项；在2005年北京高职中专教育研究会优秀论文评选中，获3个二等奖、6个三等奖。

二、教师队伍建设

2005年，新引进教师20人，其中博士3人，硕士研究生15人，具有高级职称的人员7人，其中2人是从企业引进的高级工程师。至2006年，学校共有博士学位4人，硕士学位60人，专任教师254人，正高级职称1人，副高级职称75人，中级职称135人。

骨干教师及双师素质培养　学院在迎评促建的进程中，逐步树立起新的教育质量观，健全了人才引进机制，不断优化师资结构，建强师资队伍。为建立高素质的“双师素质”教师队伍，制订《专业带头人、教学骨干、科研骨干评审办法》，打破了教师年龄、职称的限制，并给予政策倾斜，加大各类人才引进的力度。

2005年，学院坚持自行培养与引进并重的原则，以加强“双师型”教师队伍为重点。结合师资队伍建设规划制订《教师教育技能和实践技能计划》《选派高等学校访问学者暂行办法》，修订《教职工进修培训规定》。学院选派9名教科研骨干参加教育部认定的“高职高专教育师资培训基地”的培训，并取得“双师素质”证书。首次选派11名具有一定学术水平和较强科研能力的中青年教师骨干参加高等学校访问学者进修。举办了现代教育技术培训班，

28人参加一级培训，40人参加二级培训并取得证书。工程技术系生物技术教研室被评为“北京市属市管高等学术创新团体”并得到北京市25万元专项经费的支持；工程技术系周国烛、朱运利、经济管理系张晖三人被评为“北京市属市管高等学校中青年骨干教师”。学院制订《2005年度教师职业道德建设计划》，得到北京市市教委6万元经费的支持。

教学督导与质量控制 学院坚持教学质量控制，加强各项规章制度的执行力度，实行教学管理的科学化、制度化、规范化。

2005年，学院把教学督导职能从科研处分离出来，设置督导处，制订了《指导教师帮带新教师实施办法》，采用“督导通知单”的方法，在督导实践中做到有检查、有反馈、有督促、有指导，体现以人为本的新型督导机制。同时加强制度建设，修订《教师综合考评体系》，制订《指导教师帮带新教师实施办法》，注重发挥自身引导、帮助职能，指导新教师教学科研，促进教师成长。2005—2006年北京电子科技职业学院获评市级精品课程见表3-2-16。

表3-2-16　北京电子科技职业学院获评市级精品课程情况一览表

序号	评定年份	课程名称	精品课程（精品在线课程）	课程负责人
1	2005	CAD基础与应用	北京市精品课程	周国烛
2	2006	EDA技术应用	北京市精品课程	朱运利

三、教师荣誉

2004—2006年学院教职工获得市级及以上荣誉情况见表3-2-17。

表3-2-17　2004—2006年北京电子科技职业学院教职工获市级及以上荣誉一览表

序号	年份	获奖人及奖项
1	2004	戴茳获全国优秀教师称号
2	2004	王建平获北京市优秀教师称号
3	2005	周国烛、朱运利、张晖获北京市属市管高校中青年骨干教师称号
4	2006	辛秀兰、徐锷获北京市优秀教师称号
5	2006	王利明获第二届北京市高等学校教学名师称号
6	2006	马越、李京获北京高校优秀辅导员称号

第四节　人才培养

一、学生教育管理

2004年，学院进行了学生教育和管理工作下移的试点工作，建立了定期召开学生座谈会制度，恢复晚自习制度。根据学生实际情况，开展“三明”班级评比活动和集中整治处理违纪行为，加大力度整顿了学风校风。

2004级新生开学典礼暨入学教育大会

2005年，学院坚持从严治校、强化管理的原则，实施“1234”建设工程，一为抓好一支班主任队伍，二为完善院系两级管理，三为发挥学生党员、学生干部、学生团干部三条线的作用，四为控制好在校出勤、校纪、晚自习、宿舍四个环节。在素质教育工作上，通过开展“争创三明班级”教育活动、“文明礼仪伴我行”主题班会、组织知识竞赛、文艺演出、校园书画摄影展、住宿生“三明宿舍创意大赛”、志愿者报告会、军训成果汇报表演、形势与政策课、校园歌手大赛、体育比赛、毕业典礼及表彰大会等多种活动，将素质教育工作贯穿学生学习、生活与活动中。2005年6月，为落实教育部颁布的《普通高等学校学生管理规定》

的要求，学院成立学生申诉委员会，印发了《学生申诉管理条例》。

2006年，学院加强对学生工作的统一规划与协调，建立了班主任“合格证”工作模式，强化院、系两级学生管理的工作机制。开展了丰富的主题教育与文化活动，如特色班级建设活动、社会主义荣辱观主题宣传教育活动、“三明教育月”活动，邀请清华大学、北方交通大学青年团举行专场朗诵会和交响乐演出。学院重视学生心理健康，重点开展了对新生进行心理健康辅导讲座、开通“心理热线”、发放《心之旋律》宣传报刊、开展2006级新生心理档案建设及调查回访工作、开办“良好人际关系”团体心理咨询，面向毕业班学生进行“就业能力倾向测验”服务、咨询工作。

学院进行国家奖学金的发放仪式

二、团组织工作

2005年，学院召开了首届团代会，制订《优秀团员、优秀团干部、优秀团支部评选条件及办法》，评出优秀学生团员91名，优秀团干部8名，并进行了表彰。选送优秀主题团日、参赛作品到市纪委机关团委进行评比，共获得五个一等奖、七个二等奖、三个三等奖、三个纪念奖。

学院团委积极拓展志愿者活动内容和形式，开展了2008奥运会、残奥会赛会志愿者及社会志愿服务等活动。牵头将“社团活动月”“文化艺术节”与“三明教育”结合，广泛开展文化活动。2006年，学院团委被北京市委教育工委、市教委机关团委评为“红旗团委”和“朝阳区红旗团委”。

2004年发展新党员20人，其中高职学生13人，高中学生2人（学院附属鸿阳中学）。2005年发展新党员37人，其中高职学生24名。2006年发展新党员44名，其中高职学生34名，中专生1名，高中生1名（学院附属鸿阳中学）。

校园风光

2004年，学生参加了教育部组织的第四届全国大学生数学建模及计算机应用竞赛，9个队参赛，其中本科组3个，大专组6个，获得全国大专组二等奖1个、北京赛区一等奖、二等奖各1个，同时学院获得优秀组织奖。体育教研室组织学生参加了北京高校游泳比赛，获男子团体第二名、女子团体第六名、团体第四名、个人单项第二名的院史最好成绩。

2005年度，学生在各类比赛中获得多种奖项。艺术系学生在全国大学生广告艺术大赛“中凯杯”北京赛区的竞争中，获得“广告标题全国优秀奖”5名，北京市二等奖2名，三等奖10名，北京市入围奖24名。在全国大学生电子设计竞赛中，获得北京赛区二等奖。大学生数学建模与计算机应用竞赛，组织9个分队参加了本科、专科组的比赛，获北京赛区二等奖。全国第二届高职高专实用英语口语大赛北京赛区，获三等奖及优秀组织奖。在全国大学生桥牌锦标赛获女子组第八名。在北京大学生游泳比赛中获得男子组第六名，在高职、中专运动会上获得团体三等奖。在中专健美操大赛中获得四等奖。

三、高职生就业情况

2004年，全国高校毕业生就业形势严峻，学院高职毕业生664人，至7月份就业率达到98%；中专毕业生463人，就业率达到95%以上，毕业生就业指导和推荐工作取得好成绩。

2005年，学院迎来高职毕业生较多的一届，共有21个专业970名学生。学院制订《学生就业工作奖励办法》，推行“一把手”工程，初次就业率达到98%，签约率达到87.9%，超过北京高校一次就业率平均水平。

2006年，学院有高职毕业生1070人，就业率继续保持较好势头，高职生和中专生就业率均达到95%以上。

第五节　继续教育

2004年学院成立后，设置继续教育部，下设成人科、培训科和中专科，将两校成人教育和培训资源进行整合，丰富、扩大了继续教育的办学实力。

一、成人教育专业设置

学院成立后，面临成人高等教育、党校学历教育、各类培训规模有所下降的情况，学院继续抓好办学质量，规范教学管理，提升自身竞争实力。2005年，完成北京市委党校对学院进行的办学情况现场综合评估，专家组对学院的规范管理给了较高评价。

2004年9月，当年招生411人，其中，高中起点专科近400人，第二学历专科生11人。2004年，在校成人专科学生共1123人。

2005年9月，当年招生324人，招生专业10个全部为高中起点专科学生，较2004年的411人有所减少。2005年，在校成人专科学生共1318人。

2006年9月，当年招生271人，较2004年的324人进一步减少，反映出社会对于成人专科教育需求的下降。2006年，在校成人专科学生共1209人。2004—2006年学院成人专科主要招生专业（方向）情况见表3-2-18 ~ 表3-2-20。

表3-2-18　　2004年北京电子科技职业学院成人专科主要招生专业（方向）一览表

序号	专业（方向）名称	学制
1	商务英语（含二学历）	3
2	多媒体艺术设计	3
3	电脑美术设计	3
4	广告艺术设计	3
5	人物形象设计	3
6	环境艺术设计（含二学历）	3
7	钢琴调律	3
8	工商管理（含二学历）	3
9	电子商务	3
10	物业管理	3

续表

序号	专业（方向）名称	学制
11	资产评估（含二学历）	3
12	会计（含二学历）	3
13	计算机网络技术	4

表3-2-19　　2005年北京电子科技职业学院成人专科主要招生专业（方向）一览表

序号	专业（方向）名称	学制
1	商务英语	3
2	多媒体艺术设计	3
3	电脑美术设计	3
4	广告艺术设计	3
5	人物形象设计	3
6	电子商务	3
7	环境艺术设计	3
8	工商管理（含二学历）	3
9	会计（含二学历）	3
10	计算机网络技术（含二学历）	4

表3-2-20　　2006年北京电子科技职业学院成人专科主要招生专业（方向）一览表

序号	专业（方向）名称	学制
1	多媒体设计与制作	3
2	广告设计与制作	3
3	人物形象设计	2/3
4	电子商务	3
5	工商企业管理	3
6	计算机网络技术	4
7	广告艺术设计	3

二、社会培训工作

培训资质　2004年学院成立后，培训工作由继续教育部统筹管理。延续两个社会力量办学培训平台资源。2005年3月，北京轻工职业技术学院培训中心更名为北京电子科技职业学院培训中心，取得《中华人民共和国民办学校办学许可证》。2005年6月，取得《中华人民共和国事业单位法人证书》，办学内容为成人文化教育。2005年5月，北京轻工职业技术学院职业技能培训中心更名为北京市北科院职业技能培训学校，取得《中华人民共和国民办学校办学许可证》，2005年6月，取得《中华人民共和国事业单位法人证书》。

培训情况 2004年，举办社会取证考试7次，全国计算机等级考试2次，北京市英语口语等级考试2次，全国人事职称考试2次，全国计算机信息高新技术考试24场次，考试人数共计4661人次；共举办考前培训班、辅导班44个，其中为本校学生开班29个，参加人数1138人，为学生取证，提高就业率做出了贡献。为社会及企业举办培训班15个，共完成培训收入40万元，其中社会培训收入25万元。

大事记

2004年

6月4日，北京市人民政府印发《北京市人民政府关于同意北京轻工职业技术学院与北京邮电工业学校合并成立北京电子科技职业学院的批复》（京政函〔2004〕50号），同意北京轻工职业技术学院与北京邮电工业学校合并，北京电子科技职业学院成立。

6月21日，北京市教育委员会印发《关于同意北京轻工职业技术学院与北京邮电工业学校合并成立北京电子科技职业学院的批复》（京教计〔2004〕45号），同时撤销北京轻工职业技术学院、北京邮电工业学校建制。

7月，合并后校区分为东、北校区（原北京邮电工业学校）和西、南校区（原北京轻工职业技术学院）。

11月1～4日，高职院校人才培养水平评估专家组入校，听取报告、听课、召开座谈会、组织学生技能测试、检查设施和保障条件等，在办学理念、条件、质量、改革、管理、校企合作等方面进行评估。

12月10日，隆重举行北京电子科技职业学院揭牌仪式。

年内，戴茌获全国优秀教师称号；王建平获北京市优秀教师称号。

2005年

3月，北京轻工职业技术学院培训中心更名为北京电子科技职业学院培训中心，取得《中华人民共和国民办学校办学许可证》。

3～7月，完成了中层、科级干部竞聘和全员竞聘上岗工作。试行按需设岗、双向选择、公平竞争、择优聘用上岗，实行聘用合同制；建立院、系两级管理体制，新建电子工程系、电信工程系，形成五系一部的格局。

4月4日，北京市教育委员会给出对学院高职院校人才培养水平评估的结论：除师资队伍结构和教学基础设施外，其他各项指标均达到A级标准，评估成绩被定为优秀。

5月，北京轻工职业技术学院职业技能培训中心更名为北京市北科院职业技能培训学校，取得《中华人民共和国民办学校办学许可证》，6月，取得《中华人民共和国事业单位法人证书》。

5月31日，成立学术委员会，原北京轻工职业技术学院学术委员会与原北京邮电工业学校学术委员会自然解散。

6月，成立党校工作领导小组，修订党校工作制度。

上半年，召开第一届教职工代表大会。

下半年，开通纪检监察工作网页，设立了举报电话和电子信箱，制订《关于在全院竞聘过程中加强纪检监察工作的意见》和《加强招生工作纪律的规定》。

年内，各系部整理完成计算机应用技术（软件设计）、计算机应用技术（多媒体）、电子信息技术、资产评估、商务秘书、多媒体艺术设计、室内设计七个课程大纲，新增14个课程标准。

年内，报批广播电视网络技术、通信技术、应用电子技术三个新专业。

年内，CAD基础与应用课程（课程负责人周国烛）获得北京市精品课程；周国烛、朱运利、张晖获得北京市属市管高校中青年骨干教师称号；工程技术系生物技术教研室获得北京市属市管高校学术创新团队称号（专业带头人为辛秀兰）；学院获得全国职业教育先进单位称号。

2006年

6月2日，师德建设工作领导小组成立。

9月7日，成立实施高水平示范性高等职业院校建设项目领导小组，并制订工作时间安排，将高水平示范性高等职业院校预审试行标准及指标体系进行分解。

年内，EDA技术应用课程（课程负责人朱运利）获得北京市精品课程；王利明获得第二届北京市高等学校教学名师奖；马越、李京获得北京高校优秀辅导员称号；辛秀兰、徐锷获得北京市优秀教师称号；学院获得北京市职业教育先进单位称号。

2007年

2007年3月，北京电子科技职业学院与北京市仪器仪表工业学校、北京二轻工业学校、北京市机械工业学校（北京市机械局职工大学）、北京市汽车工业学校（北京市汽车工业总公司职工大学）合并，组建新的北京电子科技职业学院。

附

学院开展高职高专院校人才培养水平评估工作

一、水平评估背景

北京市高等职业教育自2000年进入跨越式发展阶段，为规范高职教育教学和管理，保证健康发展，北京市教委先后印发《关于开展高职高专院校人才培养水平评估通知》《关于进一步加强高等职业教育教学工作全面提高质量的意见》等文件，结合北京市实际情况，就全市高职高专院校的建设、评估、发展和提高教育教学质量做出部署，一抓发展、二抓建设、三抓评估促规范和管理。2004年，北京市教委决定开始在独立设置的高职高专院校中进行人才培养工作水平评估。评估的基本任务以《国务院关于大力推进职业教育改革与发展的决定》为依据，按照教育部《高职高专院校人才培养工作水平评估方案（试行）》进行，通过系统收集学校的主要信息，科学分析，对学校人才培养工作质量做出判断，做出体现社会对学校人才培养工作满意程度的具有一定权威性的结论。评估的主要内容包括办学条件、教学管理、教学质量、办学效益、教学改革、校企合作等指标。评估的方法采取各校自评并写出报告和依据材料，专家组进校考察听取报告，检查基础设施和实验实训条件，个别访谈，召开座谈会及专题会，组织学生技能测试，专业剖析、听课、查阅资料等，根据情况向学校反馈意见，对于存在的问题要求学校提出整改方案，一年后上报整改工作总结。通过评估，学校更加明确办学定位和思路，改善办学条件，使师资队伍建设得到加强，特别是“双师型”教师队伍建设，教学改革逐步深入，建立健全教学质量体系。

人才培养水平评估工作的建设与准备阶段在轻工职业技术学院时期，评估与整改阶段在2004年成立的北京电子科技职业学院时期。评估工作对于刚刚跨入高职行列的学校来说，是一项十分重大的任务，也是一次难得的发展建设机遇，以评促建、以评促改、以评促管、评建结合、重在建设，促进学校快速发展。

二、完成评估任务

刚刚成立的北京电子科技职业学院，在前期建设准备的基础上，提交了人才培养水平评估工作的建设报告，评估专家组2004年11月1日至4日入校开展现场评估工作。

专家组通过考察、听课、座谈会、查阅资料等一系列工作，对学院的办学提出了总体意见。专家认为，学院努力学习党和国家有关发展高等职业教育的方针政策，积极贯彻北京市对学院办学方向的决定和要求，在教育思想转变、专业和课程建设、师资队伍建设、实验和实训基地建设、教学质量和控制等方面取得显著成果。

2005年4月4日，北京市教育委员会给出评估结论：通过人才培养工作水平自评、预评和专家评估，除师资队伍结构和教学基础设施外，其他各项指标均达到A级标准，评估成绩为优秀。专家组在肯定办学所取得的成绩的同时，提出了整改建议。学院制订“以人为本，科学发展，脚踏实地，精益求精，追求卓越”的整改思路，并成立了整改工作领导小组，将整改工作落到实处。截至2008年底，共有19所高职学院参评，优秀6所，良好6所，合格7所。

三、整改建设成效

高职高专院校人才培养水平评估之后，学院成立了整改工作领导小组，把整改工作作为提高学院综合办学能力的新动力，确立了“办学理念新升华、师资队伍新加强、教学改革新发展、素质教育新局面、硬件设施新改观、文化建设新变化、学院特色新凸现”的努力目标。

学院把工作的重点放在规范学院办学行为，创新学院发展模式上。通过优化与提升专业带头人和骨干教师的结构和水平，加强师资队伍建设；通过深化教育教学改革、加强规范化管理、提高教师现代化教学能力和开展教育创新，使办学特色得到深化和完善；通过加强基础设施建设、改善办学条件等，推进学院全面现代化建设进程。

实现办学理念新升华 学院根据整改思路和理念，树立以“人的发展为中心”的教育观念，构建和谐发展教育模式，培养“和谐的人”，弘扬严谨办学的精神。

实现师资队伍新加强 一是完善全员聘任制，提高人力资源的利用效率。2005年3月至7月，学院进行了新一轮人事分配制度改革，进一步充实和加强了教学系部的领导力量，调整了专业系、教研室的设置以及师资配备：新建电子工程系、电信工程系，形成五系一部36个教研室，一批优秀中青年教师走上教研室主任岗位，对优化师资结构起到推动作用。

二是健全人才引进机制，加强师资培训，优化师资结构。2005年学院重新调整了师资引进计划，积极创造条件引进有教学和实践经验的工程技术高级人才。同年9月底，新引进教师20人，其中博士3人，硕士研究生15人，7人具有副教授及高级工程师职称。学院选派教科研骨干参加教育部认定的“高职高专教育师资培训基地”的培训并取得“双师”素质证书；首次选派11名中青年骨干教师参加高等学校访问学者进修。

三是强化督导工作机制，规范教学管理。学院加强各项规章制度的执行力度和督导力度，在督导实践中做到有检查、有反馈、有督促、有指导，使教师教学质量意识不断提高。

四是注重从师德培养上提高教师的执教能力。2005年7月，学院制订《2005年度教师职业道德建设计划》，提高教师的职业道德素养，教师爱岗敬业，增强荣誉感和使命感，严于律己，以身作则，在教育教学实践中弘扬高尚的人文精神，提升教育过程中崇高人格的影响力。

实现教学改革新发展 教学改革工作以加强专业建设为切入点，推进课程建设和实习实训基地建设。

一是深化专业课程建设。2005年3月，学院下发《关于制订2005年版专业培养计划的原则意见》和《制订2005年版专业培养计划的补充意见》两份整改文件，强调了专业建设规划的要求：专业培养计划明确该专业所取得职业资格证书的项目、等级、期限，写明该专业的主干课程，强调各专业集中进行的学生实践教学环节不少于半年等三个要求。各系整理完成了2002级“计算机应用技术（软件设计）”等七个专业的课程大纲，还新增写了课程标准14个。2005年学院部分专业增写课程标准见表1。

表1　2005年学院部分专业增写课程标准一览表

专业名称	新增写的课程标准
计算机应用技术（软件设计）	C语言程序设计、数据结构、ACCESS、数据库、计算机网络基础、操作系统原理、网页制作、网络管理、汇编语言与微机原理、Delphi程序设计
计算机应用技术（多媒体）	二维设计软件1、网络数据库编程
电子信息技术	单片机原理、数字通信
资产评估	数据库设计

二是加强实训基地建设。2005年，学院在东校区建立了“电工电子实训基地”和“工业自动化及自控技术实训基地”，基地占地1020平方米。实训基地的建设涵盖了高职层次电工电子类、工业自控类岗位群的大部分实践训练项目，实训项目的设置由简到难，由单一到综合，由模拟到实操再到发挥学生创造性，层次逐步提高。该基地的建设使学院电工电子类、工业自控类专业拥有较高的起点。

三是规范教学管理。加强各项规章制度的执行力度，以毕业生毕业设计展示活动促进教学环节规范；统一规范东西两校区的教学管理文件，校历、培养计划、教学大纲、授课计划等全部统一；制订《关于评选优秀外聘教师管理办法》，加强对外聘教师管理。

实现素质教育新局面　进一步加强学生素质教育工作，学院制订了《北京电子科技职业学院加强学生思想政治工作实施方案》和《关于加强学工队伍建设的意见》，实施“中层干部联系班级制度”等，组织了“争创三明班级”教育活动、“文明礼仪伴我行”主题班会、“校园智慧之星”知识竞赛、“校园的春天”文艺演出、“大学生志愿服务在基层”报告会等，学院呈现出朝气蓬勃新局面。

实现硬件设施新改观　学院充分挖潜，扩大图书馆建筑面积1000平方米，学院投资120万元增加电子阅览计算机32台、图书6.5万册，其中电子图书4万册。2005年学院加大教学设施的投入力度，投入经费约2489万元，加强重点专业建设和改造。学院新建多媒体教室73个，使多媒体教室拥有量达到70％以上；数字语音教室5个，增加239座。

实现教学特色新凸现　学院进一步加强产学研结合的职业教育培养模式，完善双证书制度，实现学院特色新凸现。

一是通过产学研教学模式推进工作。学院各系各专业都相继成立了以企业技术人员和专家为主的“产学研合作专业指导委员会”。在原有87个校外实习、实训基地的基础上，增加了“京东方”“北京松下显像管有限责任公司”“北京大唐物业管理有限公司”“北京杜鸣房地产评估有限公司”“北京人才服务中心”“北京万方数据有限公司”“北京SMC公司”“北京市高碑店污水处理厂”等多家校外实习、实训基地。

经北京技术监督局计量认证考核评审，学院的“分析检测中心”获得CMA证书，可以合法开展对外检测工作，工作范围为食品理化指标分析和食品卫生指标检测等19项。中心从2005年1月开始，正式与北京市传统食品工业总公司、中国林业科学院等部门合作，承接了欧尚超市、永和大王等企业的部分检测任务。

学院鼓励教师、学生参加各级各项技能比赛，在全国“第十四届中华时报广告金犊奖”大赛、论文和软件评比、新世纪北京市首届职业技能大赛等竞赛中取得好成绩。

二是推行“双证书制度”，提高毕业生就业率。学院继续强化“双证书”制度，2005届毕业生取证率比上年提高了0.7个百分点，达到了95.2％。2005届形象设计班学生朱玥，在2004年北京市技能大赛中取得了美容技师资格证书；2005届钢琴调律专业学生林逢杰，凭借扎实的理论知识和操作能力，通过使用音准仪，革新调整技术，由过去传统的日调2台钢琴达到日调6台钢琴的好成绩，被星海钢琴厂录用。2003—2005年学院毕业生取证率和就业率统计见表2。

表2　　2003—2005年学院毕业生取证率和就业率统计表

届别	毕业生人数	取得“双证书人数”	取证率	就业率
2003	176	174	98.9%	91%
2004	656	620	94.5%	98%
2005	970（14人出国）	909	95.2%	98%

三是推进以科研带动产学研结合人才培养模式。2005年北京市教委批准学院申请立项课题9项，资助经费30万元；获北京市教改课题立项3项，资助金额为8万元；学院自立产学研课题17项，在2005年北京高职中专教育研究会优秀论文评选中，学院获3个二等奖、6个三等奖。

附 录

北京市鸿阳中学

1999年4月，经北京市教委批复，同意北京一轻工业学校开办北京市鸿阳中学，按照“民办公助”机制运行和管理；2000年1月，鸿阳中学更名为北京轻工职业技术学院附属鸿阳中学；2008年9月，北京市教育委员会批复朝阳区教委，同意北京市鸿阳中学在2009年7月送走最后一批毕业生后终止办学体制改革试点工作。

学校附属北京市鸿阳中学，开办于北京一轻工业学校末期，在北京轻工职业技术学院、原北京电子科技职业学院时期逐步发展，于2007年新组建北京电子科技职业学院初期停止办学。

第一节 学校开办

一、申报批复

1999年4月，为适应教育改革、特别是办学体制改革的形势，为落实教育部《面向21世纪教育振兴行动计划》要求，满足北京市普及高中阶段教育和发

将鸿阳中学校牌挂在学校门口

展职业技术教育的需要，缓解所在区域高中阶段教育资源短缺与需要接受高中教育人数增加的矛盾，北京一轻工业学校向朝阳区教育委员会提出《关于举办具有综合性质的高级中学的申请》（一轻校〔99〕校字第006号），进行普通教育和职业教育互通办学体制改革的试验，利用校园校舍优势，举办一所综合性质的普通高级中学，基本学制为三年，校址建在朝阳区太阳宫路甲1号（北京一轻工业学校内东南部），学校名称为“鸿阳中学”。

经北京市教委同意，并根据《关于同意试办北京市鸿阳中学的批复》（京教基〔1999〕033号）文件精神，鸿阳中学为利用非国家财政性教育经费举办的、有独立法人资格的按照“民办公助”机制运行和管理的学校，人员自聘，经费自筹，试办期暂定为四年。

北京市教育委员会

京教基[1999]033号

关于同意试办北京市鸿阳中学的批复

朝阳区教育委员会：

你委《关于申办“鸿阳学校”的请示》（朝教[1999]16号）收悉。经研究，同意北京一轻工业学校利用其富余校园、校舍试办一所普通高中，进行普通教育和职业教育沟通等方面的办学体制改革试验，校名为“北京市鸿阳中学”。试办期暂定为四年。

该校为利用非国家财政性教育经费举办的、有独立法人资格的按照“民办公助”机制运行和管理的学校，人员自聘，经费自筹。教育教学、教改、考试等项业务工作必须按市、区有关普通高中的规定执行。

1

北京市鸿阳中学自1999年起开始进行普通高中的招生工作。该校在办学体制改革试验中分流进入北京一轻工业学校接受中专教育的学生，可自分流之日起纳入普通中等专业学校的学籍管理。参与分流学生的学费自理，不转户口、不包分配。

北京一轻工业学校和北京市鸿阳中学有责任保证国有和公有资产保值、增值。

该校的学杂费等收费项目和标准须经物价部门批准后方可实行。

你委要依照有关法律法规，加强对北京市鸿阳中学的领导和管理，与有关部门一起解决好北京市鸿阳中学在办学体制改革中可能遇到的招生、学籍等问题，并不断总结该校办学体制改革试点的有关经验。在该校办学和管理过程中遇到有关办学体制、领导体制等方面的重大问题要及时报我委。

特此批复

（此页无正文）

一九九九年四月十九日

主题词：教育 学校 管理 批复

抄送：市政府办公厅，市财政局、市物价局、市公安局、市国有资产管理局、市编办，朝阳区人民政府，北京一轻集团有限责任公司

北京市教育委员会办公室　　1999年4月21日印发

打字：王存凤　　校对：刘大立　　共印25份

北京市教委同意试办鸿阳中学的批复

二、办学模式

1999年，鸿阳中学首次招生，实行全封闭式管理。

学校办学模式为：高中文化、职普沟通、因材施教、各得发展。

学校招收九年义务教育合格毕业生入学，把握一定的入学录取分数线，在学习两年高中文化课的基础上，经过学习成绩及全面素质考核后，实施第一次分流，一部分学生继续普通高中学习，另一部分学生转入北京轻工职业技术学院中专部学习，实施“二加二”模式；高三毕业参加高考后未被高校录取学生也可根据本人志愿，通过单考单招、高职自主招生或普通高考专科录取考入高职院校。

学校要求学生的思想品德应做到二十字：“做人要自觉，行为要自律，生活要自理，学习要自强”。

学校的治校方针是：“从严治校、全面育人、规范管理、提高质量、务本求实、和谐共进”；贯彻“低起点，小跨度，多台阶，勤反馈，重落实，严要求，大提高”的教学策略；落实“重教育，严管理，养习惯，多活动，疏心理，共育人”的德育工作思路。

鸿阳中学首届学生开学典礼

第二节　组织机构

按照“民办公助”的运行机制，学校组成校董事会，由董事会聘请校长，负责日常教育教学管理工作。北京一轻工业学校申办民办综合高中，是北京市第一个由经济部门举办的国有中专学校申请、由职业学校创办的亦普亦职类民办综合高中。

1999年3月，鸿阳中学董事会成立，成员情况如下：董事长彭林（北京一轻集团有限责任公司副总经理），副董事长徐恒亮（北京一轻工业学校校长），董事谢幼琅（北京市政府教育督导室副主任），董事黄海洋（北京市委教育工委职成处处长），董事黄建生（首师大附中教学副校长），董事虞未章（北京一轻工业学校教学副校长），董事张惠清（北京一轻工业学校校长助理）。

鸿阳中学校领导情况：校长黄建生，教学副校长虞未章，副校长黄根隆（北京一轻工业学校主管学生工作副校长），行政后勤副校长张贵春（北京一轻工业学校主管行政后勤工作副校长），教务主任张俊茹（北京一轻工业学校教务科科长），教导主任齐志明（北京一轻工业学校学生科副科长）。

1999年5月10日，北京市鸿阳中学召开首届董事会第一次会议，会议宣读了市教委《关于同意试办鸿阳中学的批复》，讨论修改了《北京市鸿阳中学章程》《北京市鸿阳中学董事会章程》《北京市鸿阳中学校长工作条例》，研究了1999年招生工作等。

1998年，北京一轻工业学校与北京市轻工职工大学合并，并于1999年7月，成为独立设置的高职学院——北京轻工职业技术学院。1999年12月，为了加强对北京鸿阳中学的领导，北京轻工职业技术学院委派院长助理张惠清兼任鸿阳中学常务副校长。2000年1月，北京市鸿阳中学更名为北京轻工业职技术学院附属鸿阳中学。学校新一届董事会名单：董事长徐恒亮、副董事长张惠清，董事为彭林、谢幼琅、黄海洋、张文进、黄根隆、虞未章。2002年12月，召开鸿阳中学董事会会议，任命张惠清为学校法人代表兼校长。2002年，鸿阳中学成立高招工作领导小组和安全工作领导小组。

2003年11月，鸿阳中学董事会换届，董事会成员为：董事长李振华（北京轻工职业技术学院院长）、副董事长张惠清（鸿阳中学校长、北京轻工职业技术学院党委委员），董事包括：张国华（北京市教委副主任）、谢幼琅（北京市政府教育督导室副主任）、林峰（北京市教委财务处处长）、马平（北京轻工职业技术学院党委书记）、黄根隆（北京轻工职业技术学院副院长）、周枫（北京轻工职业技术学院党委副书记）、于湘廉（鸿阳中学政治课教师）。校长向董事会报告工作。学校创立已经4年多，经过努力，圆满完成了市教委批文中规定的“四年改革试验期”的任务，于2003年10月16日通过了市、区教委组织的“办学体制改革试点工作验收”，决定学校再进行四年试验期办学。

2003年4月，鸿阳中学共有专兼职教职员工75人，在校生12个班，共525人。2004年，随着办学规模不断扩大，各学科教师人数逐渐增多，为进一步加强学科教研，鸿阳中学成立学科教研组，取代原有的备课组。2005年9月，根据学校发展需要，经董事会批准，成立国际部，对外名称为“北京·鸿阳中学国际部”，聘任崔大祥同志为主任。2006年6月，学校聘任王绍岩为鸿阳中学校长助理兼任学校办公室主任。

2004年6月，北京轻工职业技术学院与北京邮电工业学校合并，成立北京电子科技职业学院。考虑到鸿阳中学第二个改革试验期已进行到中间阶段，且到期后拟停止办学，北京轻工职业技术学院附属鸿阳中学的校名及董事会机构未做调整变更。

第三节　学校管理

学校按照董事会决议，根据普通中学办学规律，以学生教育成长为中心，建立一支专兼职结合的教师队伍，树立良好校风学风，严格管理学校。

在学生教育与管理方面，以素质教育为主。2002年，召开了学校首届学代会、团代会，加强学生班干部队伍建设和自我管理能力。开展丰富多彩的学生教育活动，如“让雷锋精神永远与我们相随”“三八节致母亲的一封信”、心理健康讲座、春游、摄影展览等。

举办学生思想教育讲座

2004年，组织学生“五月的鲜花”歌咏比赛、心理健康讲座等活动，对学生全面成长发挥积极作用。2005年，学校建立了“校长、主任、教研组长联系班制度”和“党员联系后进生制度”。

在校园建设方面，注重环境整洁和安全管理。2003年，投资10余万元，积极改善硬件设施，粉刷外墙、安装遮阳棚、重修楼梯、改装电话和教学监控系统等。从2003年开始，鸿阳中学与学院签订协议，有偿使用人、财、物等资源。2004年建设二层活动房，改造了老化的电气线路，购置多媒体教学设备，建立了校园网，办学条件得到改善。

在教职工队伍管理方面，2004年成立了党支部，加强党的建设，修订了各部门及各岗位人员的岗位职责，完善了全员聘任制，制订了财务管理、资金管理、党风廉政建设及校务公开等六项规章制度。改进学科教研工作，积极开展并不断完善教育教学质量监控。制订实施鸿阳中学师德规范，提倡“敬业爱生”，从学生实际能力出发，在教学上先向学生“靠”，

学生们参加新年联欢会

鸿阳中学第一届运动会，学生们在比赛中奋勇争先

再引导学生“上”，不让一个学生掉队。2004年，作为鸿阳中学的“质量年”和“管理年”，不断完善教育教学质量检查评估工作。

第四节　招生与升学

一、高中招生

学校生源主要由计划招生和政策允许的少部分择校招生组成。1999年学校首届招生两个班共90人。2000—2004年，每年招生基本保持在四个班共160余名学生，其中，2003年招收了五个班的学生。2005年，学校克服生源下降等困难，及时调整工作思路，开辟北京市郊区生源，较好完成了180人的招生计划。2006年计划招生135人，实际招生近170人。学校2005年的在校生规模最大，达到13个班520多名学生。办学期间，学校累计招收培养学生1300多人。

鸿阳中学首届毕业生毕业典礼

二、高考升学

2002年，鸿阳中学首届毕业生参加高考，恰逢北京市进行“3+X”高考改革，经过全体教师辛勤努力，学校实现了高考成绩的突破：高考外语、文综、理综成绩名列全区同类校第一名，高考总录取比率名列全区同类校第二名，超过了全市平均录取率。2002届学生共48人参加高考，本科录取9人，占19%；专科录取28人，占58%，合计录取率77%；参加高职单考单招25人，录取16人，占64%。春季会考三科达标率平均98%。

99级和00级学生组成的校足球队合影

学生参加主题活动

2004届学生毕业率达到区教委三年规划的要求，04届学生高考本科各类上线21人。2005届高考，最高分610分，一本院校录取1人，二本院校录取8人，专科以上上线率63.85%，在区同类校中名列第二。2006届专科以上升学率继续维持90%以上水平，受到区教委表扬和奖励。2008届学生专科以上上线率56.4%，本科以上上线5人，语文单科成绩在区同类学校中排名第一。

第五节　停止办学

2007年，鸿阳中学向董事会和北京电子科技职业学院提出《关于鸿阳中学自2007年起停止招生及相关事宜的报告》，得到批准后，向朝阳区教委、区招办提交了停止招生报告。

自2007年起，市、区初中毕业生数量在前几年逐步降低的基础上大幅度走低，按照政府关于让75％以上的学生享受优质教育资源的规划，在满足市、区级示范校、公办校招生规模之后，留给非公办校的生源非常少。2007年朝阳区分配给鸿阳中学的招生计划仅为一个班。从2007级开始，高中要全部进入新课程教学，鸿阳中学是体制改革校，发改委规定的年学费为6000元，上级政策不允许体改校收取择校费，经费方面出现明显困难。同时，北京电子科技职业学院即将迁入北京经济技术开发区。鉴于以上情况，特提出鸿阳中学自2007年起停止招生。

2008年9月，北京市教育委员会给朝阳区教委下发《关于北京市鸿阳中学终止办学体制改革试点的批复》，同意鸿阳中学于2009年7月送走最后一批毕业生后，终止办学体制改革试点，在校生全部完成学业后，鸿阳中学结束全部教育教学工作。停止办学后，北京电子科技职业学院组织对鸿阳中学进行了审计，按照规定，创收的办学资金交由学院纳入财政预算，其他固定资产交回学院。

鸿阳中学初创期正是国家教育体制改革的兴起期，学校勇于探索和实验，从1999年至2009年，十年办学，累计招收学生1300多名，除20%左右的学生升入一、二、三批本科高校之外，其余学生基本上都通过“单考单招”“高职自主招生”“普通高考专科录取”三个途径升入了国家承认学历的高职院校。鸿阳中学从社会效益、经济效益上均取得了较好试点结果，完成了职普沟通的改革任务，也留下了鸿阳精神：忠诚、不弃、奋斗、共进。

大事记

1999年

3月，申请举办一所民办公助的、综合性质的高级中学。

4月19日，京教基〔1999〕033号文批准举办“北京市鸿阳中学”。

5月10日，召开北京市鸿阳中学首届董事会第一次会议。

7月1日，鸿阳中学具体工作正式启动。

7月27～30日，参加北京市中招统一招生。

8月30日，99级新生入学摸底考试。

9月1日，新生报到、召开新生家长会。1～3日，99级新生入学教育。

9月6～13日，99级新生军训。

9月14日，99级新生正式上课。

10月9日，北京市朝阳区教研中心语文、英语、物理、化学、历史、政治六科教研员到校，听取情况介绍，对鸿阳中学办学思路及做法予以肯定。

11月22日，北京市朝阳区招办主任一行四位老师来鸿阳中学视察并指导工作。

12月10日，张惠清同志正式到鸿阳中学担任副校长工作。

12月29日，首届高中一年级学生举办喜迎新千年联欢会。

12月30日，学生参加北京轻工职业技术学院成立后的首届新年师生联欢会。

2000年

1月11日，北京市教委发文（京教基〔2000〕003号），批准鸿阳中学更名为北京轻工职业技术学院附属鸿阳中学。

3月28日，北京轻工职业技术学院附属鸿阳中学团总支建立。

5月16号，鸿阳中学学生会选举。

8月21日，2000级新生报到。22日，高一新生入学摸底考试。24～31日，新生军训。

9月3日，高一学生新生开学典礼。

11月26日，鸿阳中学家长委员会成立，第一期家委会成员如下：刘莉、尚利克、白建明、李祥、李霞、王秀兰。12月17日，召开鸿阳中学家长委员会第一次会议。

12月1日，召开鸿阳中学首届董事会第二次会议，会议选举徐恒亮同志为董事长，张惠清同志为副董事长；任命张惠清同志为学校法人代表、校长。

2001年

3月20日，成立招生工作领导小组、招生宣传办公室。

4月30日，组织全校春游活动——游览世界公园。

6月30日，组织高二学生高校一日游——参观清华大学。

10月14日，举办鸿阳中学第一届运动会。

12月30日，举办鸿阳中学首届元旦文艺汇演。

2002年

2月，进行10间学生宿舍改造。

3月26日，召开学校首届学生代表大会。

4月16日，首届团员代表大会召开。

7月5日，召开99级学生高考动员会。

7月7～8日，99级学生参加高考。9日，举行99级学生毕业典礼。

8月5日，召开首届董事会第三次会议。

10月12日，举办第二届秋季运动会。

11月20～21日，召开第三届英语朗读比赛。

12月4日，学生党课学习小组开展第一次活动。

2003年

1月7日，首届董事会召开第四次会议。

3月22～23日，首次参加朝阳区中小学生运动会入场式。

10月28日，组织开展爱祖国、爱北京、爱鸿阳知识竞赛。

11月底，进行董事会换届，修订鸿阳中学与学院的办学协议，并向学院交纳2003—2004年度各项费用24万元，支持评估款项10万元。

2004年

3月5日，召开党支部成立大会。

4月30日，组织学生春游。

5月6日，举办高三学生成人仪式活动。

5月18日，举办学校首次“五月的鲜花”歌咏比赛。

5月26日，组织首届高三学生拍摄毕业照。

6月21日，召开新党员发展会，是鸿阳中学党支部成立后的第一次学生党员发展会。

8月14日，2004级新生报到、注册。15～21日，04级新生参加军训。

8月29日，召开04级新生开学典礼暨家长会。

12月7日，举办“规范在我心中，文明礼仪伴我行”学生演讲比赛。

12月25～26日，庆祝学校成立五周年，举办迎新年教工联欢活动。

2005年

6月24～27日，05届学生参加高考。

9月10日，根据学校发展需要，经董事会批准，决定成立国际部，名称为“北京·鸿阳中学国际部”，聘任崔大祥先生为主任。

10月19日，举办高三学生会主题辩论会“上大学是唯一的出路吗”。

11月18日，韩国京畿道高阳市、派州市教育代表团来访。

2006年

至12月，修改完善了与教职员工签订的聘任合同，由校长直接抓教研组、年级组、职能组，校办全面协调。

2007年

5月29日，举办“五月的鲜花”歌咏比赛暨“感动鸿阳人物”颁奖活动。

7月，提出“学校还有两年，学生却有一生”口号，以爱校爱生理念凝聚教职工。

2008年

4月15日，开展时事政策、平安奥运宣讲广播校会。

5月27日，召开“为奥运添彩，祝高考成功”全体学生动员会。

6月3日，召开2008届学生成人仪式暨高考动员大会。

12月30日，组织学生新年娱乐活动，放映电影，召开班级联欢会。

2009年

6月4日，举办2009届学生成人仪式暨高考动员会。

6月7~8日，2009届学生参加高考。

6月，随着学校送走最后一届高考学生，鸿阳中学完成了办学历史使命。

9月1日，正式进入结束办学收尾工作。

北京经济技术开发区职业教育园区建设

北京经济技术开发区（亦庄）职业教育园区（简称职业教育园区或职教园区），始建于世纪之交的2000年，建成于2007年，前后经历7年时间，成为北京职业教育集约化、规模化发展的重要标志，促进职业教育融入北京经济技术开发区发展建设。2007年，职业教育园区成为北京电子科技职业学院的办学校址，为北京高等职业教育质量升级提供了条件保障。

第一章　职业教育园区建设背景

第一节　经济形势与人才需求

2000年，中国正处于改革开放的重要时期，党的十五届五中全会通过了第十个五年规划，提出了国民经济翻一番的战略目标。经过艰苦谈判，成功加入WTO世界贸易组织，中国经济开始全面融入世界经济之中。中国的改革开放进入深水区，进行了大规模的国有企业调整、整顿、改革，以市场化的方式进行资产重组，提高技术创新和制度创新能力。全球范围的资源随着科技革命和制度创新的影响，带来了世界范围内的产业转移和资本、技术等生产要素的流动，为发展中国家调整和优化产业结构，实现产业演进、技术进步、制度创新和推动工业化进程创造了良好的发展机遇。

中国制造业由加工组装向制造业基地转变，在国际分工中已经获得一定优势，其中制造业在很多领域中具备较强的国际竞争力，如装备制造业的增加值仅次于美国、日本和德国，居世界第一的工业制成品已多达上百种，家电、洗衣机、纺织品等传统产业，已成为参与国际竞争的强势新产品。制造业增加值在国内生产总值所占的比重在40%以上，一半城市就业人口与农村劳动力流入制造业。

制造业大国不意味着制造业强国。2000年相关资料显示，我国的劳动生产率只有美国的二十三分之一，日本的二十五分之一，德国的十八分之一，大部分企业技术创新能力弱，不少关键技术及设备依赖进口，产品技术含量与附加值偏低，除其他因素影响外，“大”而不强的根源正是制造业的技术进步和劳动生产率提高缺乏强有力的人力资源支持。统计资料显示，2000年前后，我国制造业从业人员平均受教育年限为9.47年，而日本为12.33年，其中具有大专以上文化程度的，日本为28.3%，我国为5.8%，具有高中阶段受教育程度的，日本为52.8%，我国仅为22.8%，具有初中及以下文化程度的，日本仅为18.9%，而我国高达71.5%。由此可见，高中以上文化程度的从业人数是日本从业人员的主体，初中及以下文化程度者是我国制造业从业人员的主体。从技术工人的技术等级结构分析，我国与发达国家的差距也相当明显，我国技术工人中，技师和高级技师占1.5%，高级技工占2.5%，中级工占35%，初级工占60%，而根据国际劳工组织的分析，发达国家技术工人中，高级工占35%，中级工占50%，初级工只有15%。因此，在全球产业格局调整进程中，急需解决人才严重不足的问题，特别是技术技能人才缺乏的问题，职业教育需提速发展，以培养更多、更优质的职业技术人才，提升我国制造业产业的比较优势和竞争实力。

第二节　北京职业教育调整

进入新世纪的2000年，北京市"三二一"的产业发展格局已全面形成，现代化建设和城市化进程正逐步加快，按首都城市功能要求和市场导向，产业内部结构进一步调整和优化，北京经济已开始形成以高新技术产业为核心、现代制造业为支撑、现代服务业为主导的产业发展格局，在现有制造业基础上，重点发展微电子、光机电一体化、生物工程和新医药、汽车四大新兴产业为主导的现代制造产业群，北京的经济由依赖资本驱动发展变为依靠资本、技术、知识和人力资源驱动，由依靠劳动力的数量转向主要依靠劳动力的质量，从而形成对技能人才，尤其是高技能人才的需求。世界经济一体化，促成了北京有100多家世界500强企业落户，如德国奔驰公司、日本松下公司、通用电气、法国施耐德、SMC等国际大型企业的相继进驻，进一步促进了北京对现代化职业教育的需求。

1999年，是北京中等职业教育招生规模变化的分界岭，中等职业教育招生开始下滑，职业学校经历大幅度的布局结构调整。随着1999年北京工业职业技术学院、北京轻工职业技术学院、北京信息职业技术学院3所独立设置的高等职业学校成立，以实施"新模式、新机制"改革为契机，北京高等和中等职业教育进入规模化的快速发展时期。根据这一形势，迫切需要解决中等专业学校优质资源的规模化、高质量地发展问题，绝大多数中专学校是"文化大革命"以后恢复重建，在"文化大革命"以前和改革开放以后，曾为北京市培养了大批骨干力量和专业人才，对北京市经济社会的发展做出过历史性的贡献。但是，这些学校由于受条件的限制，存在着规模小、条件差、办学分散等弱点，与社会的发展和北京市的地位不相适应。

2000年前后，北京市经委系统中隶属于各工业局、总公司管理的学校划归北京市教委管理，其中包括北京市仪器仪表工业学校、北京市机械工业学校、北京市汽车工业学校、北京二轻工业学校等。一是各工业局、总公司处于国有企业改制、改革调整期，调整带来的波动影响了学校的投入、招生、就业；二是这些中专学校均是北京市重点学校和全国重点中专校，有着优质的教学资源，大多没有因为全市的生源下降而受到影响。因此，北京市对职业教育资源重新整合，提高中等专业学校的办学质量，改善办学条件，促进北京市职业教育发展。

综上所述，2000年开始建立北京职业教育园区的设想是在国家大力发展职业教育，加大职业教育投入的形势下启动的，是在北京市产业结构调整，需要职业教育人才培养的支撑，调整职业教育办学规模、办学条件，适应首都经济社会发展需求的情况下形成的。北京市部分职业院校划归市教委管理，为重新整合教育资源，提高办学质量，促进职业教育规模化发展创造了条件。

第二章　规划职业教育园区建设

第一节　决策过程

2000年12月2日，在北京经济技术开发区（亦庄）举办的中等职业学校毕业生供需见面会上，北京市委常委、市教育工委书记、市教委主任徐锡安，市教委副主任李观政与经开区领导就建设职业教育园区的事宜进行了协商，并初步达成了在亦庄建设职业教育园区的意向，职业教育园区建设选址确定在北京经济技术开发区，将职业教育嵌入高速发展的经开区内，建设一所大容量、高水平、高效益、具有示范性和竞争力的职业教育园区，为北京培养优质中高级技术技能型人才。

一、2001年形成职业教育园区建设规划等各项决定

2001年3月13日，北京市委副书记龙新民主持的北京市教育联席会议上，研究了北京市中等职业教育结构布局调整工作。会议责成市教委尽快制订北京经济技术开发区职业教育园区建设方案。征地、土地置换等难点问题，由市政府副秘书长戴卫同志协调。

2001年3月16日，北京市教委副主任耿学超主持召开了职业教育园区建设会议。参加会议的单位有：市计委、市建委、市政管委、市规委、市国土局、市财政局、大兴县政府、亦庄镇政府、经开区管委会、住总集团。会议审议了职教园区建设方案，协调办理职教园区立项、规划、征地和基本建设等手续。会议建议同时进行拟进入园区的五所学校原办学场所的拍卖准备工作，以土地置换资金的方式用于职业教育园区的建设。

2001年3月28日，北京市教委下发《关于建立北京经济技术开发区职业教育集团的通知》（京教职成〔2001〕10号）文件，决定以北京二轻工业学校、北京市仪器仪表工业学校、北京市机械工业学校、北京市汽车工业学校、北京市医药器械学校五所中等专业学校为基础，组建北京经济技术开发区职业教育集团，进入拟建设的职业教育园区，发挥北京经济技术开发区地域优势，进一步落实产教融合战略。

2001年4月6日和9日，北京市副市长林文漪、汪光焘分别在市教委《关于加速北京经济技术开发区建设职业教育集团的紧急请示》上批示："请市规划部门大力支持这项职业改革""请规委负责速出规划意见。土地拍卖置换问题请戴卫同志处理"。

2001年5月14日，北京市教委发文（京教职成〔2001〕24号）函告市计委，职教园区立项的业主单位为北京市仪器仪表工业学校、北京市机械工业学校、北京二轻工业学校、北京市汽车工业学校和北京市医药器械学校五所学校。为便于开展工作，经过协商，五所学校一致同意委托北京市仪器仪表工业学校作为牵头单位，代表五所学校作为该项目的业主单位，办理立项、征地和基本建设相关手续。职业教育园区项目的法人代表为时任北京市仪器仪表工业学校的校长陈昊同志，上述五所学校选出代表组建筹建团队，并从外单位招聘预算等专业人员。

2001年6月25日，北京市教委成立北京经济技术开发区职教园区建设和贷款项目领导小组，由副主任李观政任组长，负责审定职业教育园区的建设方案、规划设计、建设资金的筹集和使用，并负责审定贷款项目，确定贷款额度及用途等工作。领导小组下设“北京经济技术开发区职业教育园区建设和贷款项目办公室”，负责办理职业教育园区建设和贷款项目的各项审批手续，处理基建及贷款等日常管理工作。

2001年8月1日，北京市副市长林文漪在市计委《关于亦庄职业教育园区建设有关问题的请示》中批示：“建议戴卫副秘书长担任亦庄职业教育园区领导小组组长。市计委和市教委牵头，市规委、建委、国土房管局、财政局等有关职能部门参加，加大资金置换转让和园区建设的协调力度。”

2001年9月12日，北京市计委下达《职业教育园区项目建议书》（京计社会字〔2001〕1672号）批复，同意建设职业教育园区。项目建议书对职业教育园区的建设地点、规模、资金组成及来源做出明确要求，同时要求尽快完成初步设计及概算编制。

2001年10月10日，北京市教委下发（京教职成〔2001〕34号）文件，决定由北京二轻工业学校、北京市仪器仪表工业学校、北京市机械工业学校、北京市汽车工业学校、北京市医药器械学校、北京市化工学校六所中等专业学校组成职业教育园区业主单位，在原有五所学校的基础上增加了北京市化工学校。至此初步确定进驻职教园区的北京市六所优质中专学校，分别代表着北京市在电子科技、机械加工、汽车、生物化工等行业中职业教育的领先水平，在专业设置上，涵盖了北京市工业系统所需的几十个专业，将为北京工业系统特别是高新技术产业可持续发展提供技术技能人才支持。

2001年10月19日，受北京市副市长林文漪委托，市政府副秘书长戴卫主持召开会议，决定成立亦庄职业教育园区协调小组，协调小组办公室设在市计委，戴卫担任组长，成员由市计委、市教委、市建委、市规划委、市财政局、市国土房管局、北京经济技术开发区管委会的负责同志组成，负责协调北京市仪器仪表工业学校等六所中等职业学校的资产置换和亦庄职业教育园区建设有关工作。会议要求上述各个部门全力支持职教园区建设，并就即将进驻园区的学校原校址进行土地置换工作进行先期讨论，研究土地置换的方案等，并决定土地置换资金为职教园区建设的自筹资金。会议形成京政会〔2001〕142号文件。

从2001年初至2001年8月，在北京市教委副主任李观政同志的直接领导下，市教委职成处、基建处和职业教育园区项目办公室的同志完成了职教园区的规划设计、方案审批、征地和六所学校图纸的初步设计。设计工作由北京市住宅建筑设计研究院承担。北京市教委形成京教职成〔2001〕35号文件并上报，北京市规划委员会于2001年12月25日对职业教育园区规划方案等进行了批复（市规发〔2001〕1298号）。

二、2002年规划批复并正式开工建设

2002年6月18日，北京市教委、市计委、市财政局联合发文（京教职成〔2002〕25号），决定成立北京经济技术开发区职业教育园区筹建办公室，设主任一名，副主任一名，下设技术、安全、工程管理、预算合约等岗位，成员共7至10人。

2002年6月28日，北京经济技术开发区规划局批准北京经济技术开发区职教园区项目规划设计方案（京计规字〔2002〕第032号），并确定北京经济技术开发区负责职教园区建设的规划、监督检查、项目验收等管理督察工作。

2002年7月11日，北京市财政局和市计委复函市教委（京计社会字〔2002〕331号），同意利用银行贷款建设职教园区，不足部分由市教委和市计委共同以多种方式筹措解决。

2002年9月19日，市计委发布文件（京计社会字〔2002〕1734号），批准职教园区工程立项，确定职教园区规划设计的目标是：建设一座具有全国一流水平的、功能齐全的、集中职和高职于一体的、现代化的职业教育基地。

2002年9月29日，北京经济技术开发区管委会批准职教园区建设方案。内容包括：职教园区按六所学校独立办学进行设计，公共建筑与资源共享，图书馆、体育场（馆）、后勤设施集中管理。职教园区规划建筑面积25.46万平方米，容积率0.5，绿化率40%，项目总投资147803万元，其中固定资产投资138176万元，建设期利息9627万元。资金来源为入驻校现有资产置换收入（在资产置换未完成之前，先已向银行贷款4.04亿元，待资产置换完成后利用置换收入偿还银行贷款）、沙特阿拉伯政府贷款、北京市教委自筹资金和申请北京市政府资金支持。

2002年11月20日，职业教育园区基本建设工程正式开工。

2004年7月，召开职业教育园区建设推进会

2004年，职业教育园区建设项目被列入2004年北京市60项重点建设工程之一，要求2005年完成建设任务，并完成相关入驻学校的搬迁。

第二节　园区选址

职业教育园区的选址，从一开始就确定在北京经济技术开发区内。北京经济技术开发区位于北京市东南京津塘高速公路起点西侧，五环路南侧，距天安门广场16.5千米，20分钟车程可达首都国际机场，90分钟车程可达天津新港。职业教育园区位于亦庄镇凉水河畔，依河东西方向展开，此地原属于旧头村范围，有小学校、化工厂、养猪场、垃圾处理场等。园区北起旧头北路（现凉水河路），南至旧头路（现凉水河一街），东起荣昌西街（现博兴路），西至雅秀斜街（现博兴8路），建成后注册地址为北京经济技术开发区凉水河一街九号。

二十世纪五六十年代，亦庄只是北京郊区的一个村庄，经济慢慢发展后，亦庄周边陆续建起了供销合作社，先后成立了亦庄乡、亦庄镇。1991年8月，北京市委、市政府决定借鉴东南沿海地区发展模式，成立北京市亦庄工业小区。工业小区落地亦庄，是因为这里具有适宜的自然条件，地质结构优越，处于非地震断裂带，地势平坦，地下水源相对丰富，气候条件较好。1992年，经开区正式开始建设并对外招商。

1994年8月，国务院正式同意设立北京经济技术开发区，实行沿海开放城市经济技术开发区的政策，要求经开区充分发挥首都优势，积极吸引外资，兴办高起点的工业项目和科技型项目，扩大出口贸易，发挥外向型经济的窗口作用。作为首都北京唯一同时享受国家级经济技术开发区和国家高新技术产业园区双重优惠政策的国家级经济技术开发区，不但在北京市范围内起到了良好的示范和带动作用，也成为全国开发区中颇具特色的创新样本。北京职业教育园区的规划，是技术技能人才培养和经开区建设的一块重要的拼图。

北京职业教育园区选址在北京经济技术开发区，职业院校同国内外先进企业密切协作，可以充分借助企业和用人单位的优势，不断探索校企合作培养技术技能型人才的途径，探索学生职业道德培养和校园文化建设的方法，企业也能从职业院校得到满足需求的技术技能型人才，是企业和职业院校双赢的选择。双方互惠互利，有利于建设产教融合、校企沟通、社会资源共享的平台，有利于打造与国际职业技术教育交流的窗口，有利于提升首都职业院校在全国职业院校中的位置，有利于企业的发展。

职业教育园区的所在位置整体在北京经济技术开发区内，位于凉水河河岸边，部分在古河道上，在职业教育园区基本建设施工时曾挖掘出古船。凉水河源远流长，汇入大运河，学校紧邻凉水河而建，不仅是时空的巧合，还是文化的相依相存。悠久的运河文明文化所展现出的开拓进取、助力经济、造福人民的精神内涵，为学校注入开放融合与服务社会的文化基因。

凉水河的发源地水头庄，因是凉水河的发源地而得名，凉水河因其源头之水全部来自地下泉水且水温较低而得名。凉水河为农田灌溉、排放城市废水发挥过重要作用，随着城市化进程的发展，这些扬水站、引水灌渠已完成历史任务，退出历史舞台。

二十世纪五十、六十、九十年代北京市多次对凉水河进行了治理，并新建改建20多座桥梁。原有石桥都改为钢筋混凝土结构桥。1991年冬至1992年夏整治凉水河，拆除旧桥，建了新桥，北京市水利局建设“九孔闸纪念碑”“珊瑚桥纪念碑”。进入新世纪，北京经济技术开发区不断加大对凉水河污染治理力度，启动凉水河综合治理工程，高标准处理污水。现在从职业教育园区流过的河段是北京唯一荣获“全国示范河湖”称号的凉水河河段，全长5.4千米。如今的凉水河改善了生态环境，景色宜人，河边设计了信息化与人性化的配套设施，成为现代人休闲娱乐、文化交流的活动场所。

第三章　职业教育园区建设规模与规划方案

第一节　园区建设目标

一、办学目标

2000年的项目建设方案提出：职业教育园区内要能容纳全日制高、中职15000名师生在校学习生活；除办好职业学历教育外，大力开展多层次、多内容的职业岗位技能培训；融通职教园区内部教育资源，做到资源共享、优势互补、教师互聘、学分互认。职教园区在办学方针上，理论与实践相联系，中职与高职于一体，学历教育与岗位培训相结合，面向生产第一线，以技能培训为重点。

职业教育园区建设项目开工纪念

二、组成单位

2001年3月，北京市教委下发《关于建立北京经济技术开发区职业教育集团的通知》，决定以北京二轻工业学校等五所中等专业学校组建北京经济技术开发区职业教育集团，进入拟建设的职业教育园区，后又增加北京市化工学校。其中北京二轻工业学校、北京市医药器械学校、北京市化工学校是国家级重点中专校，其余三所学校是市级重点中专校，另外还包括二所国家认定的职工大学。管理上设计为职业教育集团模式，基本原则是各学校独立办学，园区内统一规划管理，专业优势互补，资源共享。2005年底，职业教育园区完成了北京二轻工业学校、北京市仪器仪表工业学校、北京市机械工业学校、北京市汽车工业学校四所学校的建设。同年，北京二轻工业学校、北京市仪器仪表工业学校率先入驻职业教育园区。至2006年底，北京市医药器械学校、北京市化工学校的建设暂缓执行。

2007年3月，根据职业教育新的发展形势，北京市政府决定对职业教育园区模式进行调整，由北京二轻工业学校、北京市仪器仪表工业学校、北京市机械工业学校（北京市机械工业局职工大学）、北京市汽车工业学校（北京市汽车工业总公司职工大学）和北京电子科技职业学院合并，组建新的北京电子科技职业学院，职业教育园区作为学院新校区。北京市委教育工委下发《关于撤销亦庄职业教育集团管理委员会的通知》（京教工干〔2007〕13号），此外，北京市医药器械学校、北京市化工学校不再进入职业教育园区。

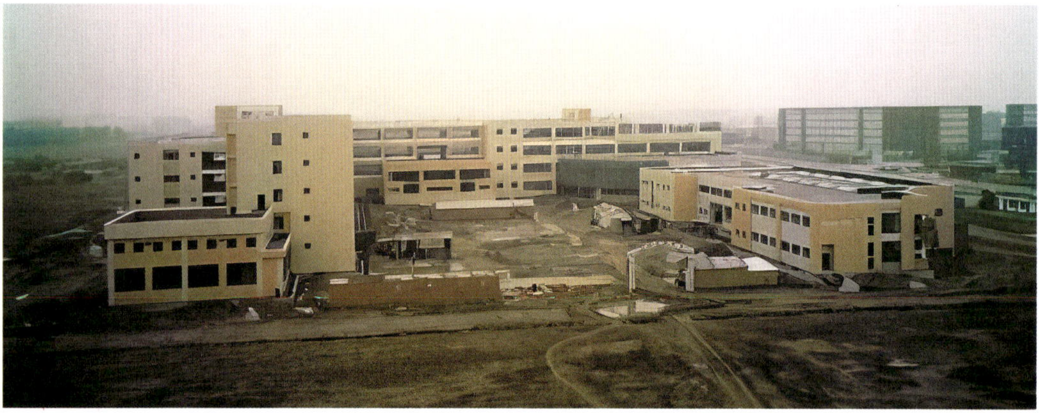

职业教育园区教学设施建设

三、专业和实训基地

职业教育园区的建设从一开始就重视职业教育的专业特点和实验实训室的建设，在市教委的直接统筹下，各入驻学校提供了大量的专业和实训基地建设所需的基础条件资料。职业教育园区开设的主要专业有：计算机应用、自动控制技术、机电技术应用、数控技术应用、电气技术应用、电子信息技术、汽车制造与维修、模具制造、工业造型设计、生物化工、高分子材料、生物制药等。所设专业涵盖了北京市重点发展支柱产业。职业教育园区拟重点建设十二个对全市开放的实训中心，主要包括：自动控制实训中心、计算机技术实训中心、数控技术实训中心、电气应用实训中心、汽车制造实训中心、汽车检测与维修实训中心、模具制造实训中心、服装设计实训中心、医药新技术实训中心、生物制药实训中心、生物化工实训中心、高分子材料实训中心。十二个实训中心计划包含103个实训室和实习车间。

第二节　建设规模布局

一、建设规模

2002年6月，经北京市规划局批复，北京经济技术开发区规划局批准北京经济技术开发区职教园区项目规划设计方案，规划总用地54公顷，约810亩（1亩≈666.6平方米），其中建设用地45公顷，约675亩，代征道路用地8.9公顷，约134亩。园区南北方向约450米，东西方向约1100米。规划建设的总建筑面积为25.46万平方米，容积率0.56，绿化率68%，绿地及活动场地8.16公顷，体育用地6.74公顷。由于周边没有高大建筑，因此经开区规划部门对学校建设进行控规，主要建筑高度不得超过45米。

二、园区规划布局

职教园区的设计布局是：环路以内为教学区；环路以东为运动区；环路以西为宿舍区；东、西向景观带为休闲区；四周绿化带为隔离区；后勤配套设施在运动区和宿舍区内。

园区分配方案 分为中心区、教学区、运动区、服务与配套区及公共绿化区域。周边教学建筑围绕中央公共区及中心绿化带。学校设有外环路，将中心区、教学区与运动区、服务与配置区分离。中心区的西侧分别布置北京二轻工业学校、北京市仪器仪表工业学校，再往西环路外有学生宿舍、学生第二食堂、浴室、动力站和供暖锅炉设施。中心区的东侧有北京市机械工业学校、北京市汽车工业学校等校区、学生活动中心，环路外有风雨操场、体育馆、游泳馆、学生第一食堂和变电站。

职业教育园区学生食堂建设

各分区布局 由行政楼、图书馆组成中心区，相对于校园中心位置偏西，坐南朝北，向北面向凉水河景观，形成南北两个主要出入口，并与东西方向的绿化带相连。图书馆规划建筑面积22759.85平方米。行政楼建筑面积17770平方米，是整个园区的行政管理中心。中心区的功能是为整个园区各学校提供统筹服务，集中公共资源进行共享，是职业教育园区的主要标志建筑区。

以各学校教学楼为主体的教学区相对独立，每所学校规划有教学楼、实训楼及办公配套设施，实训楼、实验楼均根据不同专业特点紧邻教学楼而建，为便于对外服务，汽车制造与维修实验中心靠近公路临街而建。

运动区主要位于校园最东侧，规划设计一个9818平方米的综合体育馆，内设3000个座位，可兼作大型活动、会议和学术交流场所。同时，设计一个2864平方米的游泳馆，一座10000平方米的体育场，2060平方米的看台，一个标准人造草皮足球场，一个标准400米塑胶跑道，周围有若干个篮球场、排球场、网球场，可满足大型运动会和足球比赛及体育教学使用，看台内安排室内训练场所。

服务与生活配套区在东西两侧，重点布局在西侧，有学生第二食堂、学生浴室、动力站。东侧配套有学生第一食堂和变电站。

园区公共设施 职教园区是一个群体工程，规划中单体建筑除六所学校外，还有图书馆、办公楼、学生活动中心、体育馆、游泳馆、体育场、学一食堂、学二食堂。园区的配套工程有：两座动力站、七座变电站、四个大门以及围墙、道路、停车场、地面铺装、景观绿化、路灯照明等。地下管线有：自来水、中水、雨水、污水、强电、弱电、暖气（空调）和天然气。

三、建筑结构

职业教育园区内除体育馆、游泳馆采用钢结构外，其余各单位建筑均采用框架或框架剪力墙结构，各单体建筑功能不同，设计方案有所不同，其中教学楼最高5层，层高3.7米，楼体采用柱网结构，柱网尺寸8.4米×8.4米；实验楼最高地上4层，层高4.3米，实训楼地上1～2层，层高6～8.6米不等，楼体柱网尺寸为8.7米×8.7米。各建筑均按8度抗震设计，基础底板及外墙均为抗渗混凝土，上部结构采用框架结构，楼板采用现浇混凝土。结构设计使用年限50年，抗震等级二级，安全等级二级，基础类型为条形基础，筏板基础框架结构纵向受力钢筋抗拉强度实测值与屈服强度实测值的比值不小于1.25，且钢筋的屈服强度实测值与强度标准值的比值不大于1.3。

第三节　园区配套工程

一、给水系统

园区自来水供应由北京经济技术开发区公共服务供给，园区内共有三个给水管道入口，分别由雅秀斜街、旧头路和荣昌西街引入园区。园区内除行政楼高度为59米外，其他建筑物高度不超过30米，设计上行政办公楼增加了加压设备。园区内游泳馆、浴室需要热水供应，热源由职业教育园区内东动力站供给。其他饮用热水通过电力安排热水炉解决。中水供应由北京经济技术开发区供给，设计中有两个中水管道入口，由旧头路引入园区，入口管径为DN150。但由于经开区中水处理厂尚未建成，中水系统未能启用。

二、排水系统

排水系统分为雨水排放和污水排放两个系统。污水排放按平均日用水量的90%考虑，约为每日3369.6立方米，生活污水经管道收集后排至室外，地下层排水经污水池集水后，由污水泵提升至楼外，再经化粪池分五个出口排入经开区市政污水管网中，其中旧头路两个口，旧头北路、雅秀斜街和荣昌西街各一个出口。厨房排污经隔油池。职业教育园区雨水排量设计为每秒7718.7升，排水主管道管径为DN800，雨水管道分四个排水口流向经开区的市政管网，其中旧头路两个口，旧头北路和荣昌西街各一个出口。校园内最大的出水口位置在北门东侧位置。

三、供电系统

根据建设规模和使用功能，估算总用电负荷为14025kW，变压器安装容量估算为17400kVA，由市电引双路10kV高压电缆供电，进线方式为电缆进线，两电源同时供电互为备用。配电采用单母线分段运行方式，当其中一路电源出现故障时，母线联络以保证供电的可靠性。

四、采暖及空调系统

将冬季采暖和夏季制冷综合考虑，在园区西部和东部各设一个动力站，为园区建筑提供热源。图书馆、学生活动中心、体育馆、游泳馆和实训车间采用中央空调采暖。教学楼采用地采暖，行政办公楼、学生食堂等采用普通采暖方式。其他建筑根据需要分别采用分体式柜式空调机、风冷机组或变频多联机（VRV）分体式空调。

五、天然气

园区内食堂、锅炉房等规划使用燃气，天然气供应由北京华油开发有限公司供给，管线由旧头路（南门附近）天然气预留口接入。

六、通讯系统

园区由中国网通无偿建立电话模块局，解决职业教育园区电话联络问题。电话电缆引自经开区市政外线，由旧头路接入园区。其中消防中心、消防泵房、高压变配电室等重要安全场所除设计正常分机电话外，还设置消防电话及对外直拨电话。

七、弱电系统

园区的弱电工程包括校园网、闭路电视、数字图书馆、多媒体教室、视频会议、安防监控、设备监控、电话、广播、一卡通等。园区在弱电管线设计和施工上，已经为数字化校园创造了前提条件。根据职业教育园区对信息化的要求，规划设计了校园网、闭路电视、数字图书馆、多媒体教学、视频会议、安防监控、设备监控等系统。规划设计校园网网络接口24000个，安防监控系统设计675个点，门禁系统设计514个点，多媒体教室设计360个点，电子化阅览机位1258个。

校园网 校园网是职教园区的信息平台，园区大部分弱电系统依托这个平台来实现。网管中心设在行政办公楼，园区各校（系）和图书馆、办公楼、学生活动中心等建立分中心。网管中心通过宽带连通互联网，通过光缆连通各分中心，分中心连通网络终端，形成园区的网络系统。

闭路电视 园区的闭路电视即园区电视台，主要功能是有选择性地转播电视台的节目，采编校内新闻，进行实况转播，录制和播放教学课件等。电教中心设在行政办公楼，电教中心借助校园网实现与各校（系）电教中心的连接。

数字图书馆 所有阅览室实现电子化阅览，读者可以在校园网上检索、预借图书、阅读电子读物、点播视频节目，管理人员通过计算机实施对图书馆的管理。

多媒体教学 园区所有教室、实验室都预留了多媒体设备，如投影仪、控制台的网络接口、电源等。教师可以通过教室、实验室的控制台完成授课、点播课件、检查批改作业、查阅图书资料、试题库等。

安防监控 园区四周围墙安装红外线报警装置，园区形成电子墙封闭。院区内主要路口、大门、广场、学校建筑四周均设计安装摄像头，建筑内首层大门、各层走廊安装摄像头。安防监控实行三级管理，区域控制，总控室设在行政办公楼，二级控制室设在四个大门，三级控制室设在各校和主要建筑物内，园区所有区域均在监控之中，使园区安全有了可靠保证，为管理提供了方便。

第四章　职业教育园区建设实施情况

2002年11月20日，职业教育园区工程正式启动开工，2005年8月31日，园区工程建设暂时告一段落，完成11万多平方米的教学楼、实验实训楼和食堂、变电站、动力站等配套设施建设，以及给排水、采暖、燃气、消防、通信、道路等市政配套设施建设。2005年8月，根据市教委安排，北京市仪器仪表工业学校、北京二轻工业学校率先进驻职教园区，原有校区进行了移交。

第一节　工程建设管理组织

职业教育园区建设在北京市教委直接领导组织下进行，具体建设工作由职业教育园区筹建办公室负责。筹建办公室于2001年11月成立，至2006年完成建设任务。

一、筹建办公室职责

组织机构 筹建办公室成员由六所业主学校抽调相关人员并外聘部分专业人员组成。主任为高金声，副主任为甄维华、崔尚志。下设工程一部和工程二部两个部门。工程一部主要职责：工程招标、工程进度、工程质量、造价控制、工程验收的管理。工程二部主要职责：工程设计、设备招标、材料认价、工程结算、零星工程的管理。财务管理暂时挂在北京市仪器仪表工业学校财务科账户，聘有专职财会人员，独立核算。

参与建设人员 先后参加到筹建办公室的人员有：韩兆旻（时任北京二轻工业学校宣教中心主任）、宋广宝（时任北京市汽车工业学校校长助理）、钟岩（时任北京化工工业学校基建科科长）、黄燕民（时任北京市机械工业学校总务科副科长）、张俭（时任北京市化工学校财务科会计）、施连华（时任北京市汽车工业学校教师）、李赞跃（时任北京市医药器械学校总务科科长）、刘坚毅（时任北京市化工学校司机）、任义（时任北京市机械工业学校司机）。2006年，调入王月荣（时任北京二轻工业学校计算机实验教师）负责基建档案。期间，还聘用了部分来自社会的专业技术人员、预算管理人员等。

二、一期工程设计单位与施工单位

经过招投标程序，北京市住宅建筑设计研究院、中国航天设计院为设计单位，中国建筑一局（集团）有限公司、北京万兴建筑集团有限公司、北京市市政工程公司施工为建设施工单位，北京津京建设工程监理有限公司、北京致远工程建设监理有限公司为施工建设的监理单位。

三、各校参与建设工作

从2001年开始，北京二轻工业学校、北京市仪器仪表工业学校、北京市机械工业学

2005年一期建设完成后，先期搬迁的仪器仪表工业学校

校、北京市汽车工业学校、北京市医药器械和北京化工工业学校作为职业教育集团的入驻学校，为推动职业教育园区的建设付出了巨大的努力，主要包括：配合上级部门开展相关手续的办理工作；深入调研，提出新建园区所需资料，如规模、功能、实验实训等方面；做好现有办学与搬迁招生计划的接续安排工作，保证现有在校学生的学习、就业安排，并与搬迁时新生的招生宣传与安排进行衔接。各校针对搬迁做了大量的教职工思想引导工作。其中，仪器仪表工业学校作为业主牵头单位，陈昊校长作为职业教育园区的法定代表人（牵头人），为统筹和协调上下关系、综合各学校意见、落实财务收支管理、开展职业教育园区建设起到了核心推动作用。

按照北京市教委的部署，2005年9月，北京二轻工业学校、北京市仪器仪表工业学校克服职业教育园区功能及周边环境尚未完善等诸多困难，学生住宿安置在园区南门对面青年公寓，两校先期完成搬迁，实现了当年在亦庄职业教育园区招生并开展教育教学工作。

第二节 北京职业教育园区一期基本建设

一、建设实施

从2002年11月20日起，北京职业教育园区建设共完成工程建筑面积115388平方米，单体建筑15个。其中包括北京市仪器仪表工业学校26144平方米、北京二轻工业学校23938平方米、北京市机械工业学校26151平方米、北京市汽车工业学校25572平方米、学生第一食堂7412平方米、西动力站2135平方米、东动力站1696平方米、4＃变电站140平方米、5＃变电站140平方米、体育场看台2060平方米，完成了道路、停车场、路灯、自来水、中水、雨水、污水、热力和电力工程等建设。北京职业教育园区建设情况见表1。

表1 北京职业教育园区建设情况一览表

序号	建筑名称	建筑高度/米	总建筑面积/平方米	地上建筑面/平方米	地下建筑面积/平方米	工程证号
1	4#变电站（东）	5.45	140	140	0	2003开规建字0097
2	4#变电站（西）	5.45	140	140	0	2003开规建字0097
3	设备动力站（东）	14.1	1696	1257	439	2003开规建字0097
4	设备动力站（西）	14.1	2135	1696	439	2003开规建字0097
5	体育场看台	17.11	2060.6	2060.6	0	2005规（开）建字0077
6	北京市汽车工业学校	24.2	25572	22800	2772	2006规（开）建字0047（原2003开规建字0121号）
7	北京市机械工业学校	27.3	26151	24861	1290	2006规（开）建字0047（原2003开规建字0121号）
8	北京二轻工业学校	21.2	23938	21872.29	2065.71	2006规（开）建字0047（原2003开规建字0121号）
9	北京市仪器仪表工业学校	22.3	26144	23164.18	2979.82	2006规（开）建字0047（原2003开规建字0121号）
10	学一食堂	14.5	7412	6407	1005	2003开规建字0006号

北京职业教育园区一期工程部分教学楼

二、建设资金使用

截至2006年，北京职业教育园区完成工程合同68项，投资约37592万元，采购设备70项，投资4098万元，土地出让金17000万元，其他费用3357万元。

在职教园区一期工程建设中，为了节约工程投资，保证工程质量、减少甲、乙双方矛盾，使工程顺利进行，职教园区筹建办公室在考察、论证的基础上，从2004年2月起陆续采购了69种关键性的设备和材料，到2006年5月，签订供货合同115份，补充协议28份，总金额4095.227万元。

第三节　规划尚未完成部分

2007年，正当职教园区按照规划筹措资金继续进行建设时，在国家经济建设高质量发展的新形势下，北京市职业教育的调整、整合与发展进入新的阶段。2007年3月，根据北京市政府决定，北京二轻工业学校、北京市仪器仪表工业学校、北京市机械工业学校（北京市机械工业局职工大学）、北京市汽车工业学校（北京市汽车工业总公司职工大学）与北京电子科技职业学院合并，组建新的北京电子科技职业学院，成为北京市规模最大的一所高职院校，职教园区成为新的北京电子科技职业学院的办学地点，职教园区阶段的建设至此结束。截至2007年北京职业教育园区未完成规划内容见表2。

表2　　截至2007年北京职业教育园区未完成的规划内容一览表

序号	建筑名称	建筑高度/米	总建筑面积/平方米	地上建筑面/平方米	地下建筑面积/平方米
1	图书馆	29.05	22759.85	18739.29	4020.56
2	行政综合楼	59	17770	16218	1552
3	学生活动中心	19.5	6059	6059	/
4	体育馆	23.5	9818	7797	2050
5	游泳馆	15	2864	2495	340
6	5#配电室扩建	5.45	116.1	116.1	/
7	学二食堂	16.1	10831	8737.8	2093.2
8	学生浴室	9.15	824.1	824.1	/
9	北京市医药器械学校	22.6	28625.28	20664.68	7960.6
10	北京市化工学校	23.76	27020	23081.7	3938.3

北京经济技术开发区职业教育园区，总用地规划（代征地）面积807亩，学校建设用地面积约670余亩。截至2007年3月，土地开发补偿款和防洪费用未办理，不动产权证（土地证和已建设完成房屋的房产证）未办理。在建设过程中，北京二轻工业学校、北京市仪器仪表工业学校、北京市机械工业学校和北京市汽车工业学校这四所学校对教学及实训功能提出新要求，因此，四所学校原规划设计建筑面积9.65万平方米，2005年建设后实际建筑面积增至

10.18万平方米（主体楼宇未作改变）。鉴于实际建筑面积与规划面积不一致，经北京经济技术开发区规划局批准，重新申报规划，并于2006年完成报规手续，新的规划证面积调整为10.10万平方米，2007年完成了竣测和规划验收。由于消防验收面积的备案无法调整，使得四所学校未能完成竣工备案手续，学一食堂、动力站、变电站、体育场看台等配套1.7万平方米建筑完成了竣工备案手续。

北京电子科技职业学院组建后，在原有职教园区规划基础上，按照新的发展需求进行布局调整，开始新校区的基本建设工程，称为二期工程。

各学校教职工获全国及中央部级（含行业系统）荣誉称号汇总表

序号	年份	获奖人及奖项	学校名称
1	1985	赵世恭获机械工业部系统优秀教师称号	北京市汽车工业学校
2	1988	管立志获机械电子部系统优秀教育工作者称号	北京市仪器仪表工业学校
3	1989	陈小宁获全国优秀教师称号	北京一轻工业学校
4	1989	周以礼获全国邮电教育系统先进工作者称号	北京邮电工业学校
5	1989	丁敏获全国轻工业系统先进教师称号	北京一轻工业学校
6	1989	宋慧敏获全国轻工业系统优秀教育工作者称号	北京市轻工职工大学
7	1989	任迎春获全国轻工业系统先进教师称号	北京二轻工业学校
8	1990	张兆怀获中国汽车公司系统先进教育工作者称号	北京市汽车工业学校
9	1991	管立志获全国优秀教育工作者称号	北京市仪器仪表工业学校
10	1991	叶玠良获全国职业教育先进工作者称号	北京市汽车工业学校
11	1991	赵世恭获机械工业部系统优秀教师称号	北京市汽车工业学校
12	1993	徐恒亮获全国优秀教育工作者称号	北京一轻工业学校
13	1993	张兆怀获全国优秀教师称号	北京市汽车工业学校
14	1993	焦天锋获中国汽车公司系统先进教育工作者称号	北京市汽车工业学校
15	1994	赵玲获全国邮电教育系统优秀教师称号	北京邮电工业学校
16	1995	肖永生获全国优秀教师称号	北京一轻工业学校
17	1995	陈昊获全国优秀教育工作者称号	北京市仪器仪表工业学校
18	1997	姚毅军、马玉蓉获全国轻工业系统优秀教师称号	北京二轻工业学校
19	1997	刘景复获全国轻工业系统优秀教师称号	北京一轻工业学校
20	1997	李玉鹰获全国轻工业系统优秀教师称号	北京市轻工职工大学
21	1997	王淑萍、周枫获全国轻工业系统优秀教育工作者称号	北京市轻工职工大学
22	2004	付宏生获全国优秀教师称号	北京二轻工业学校
23	2004	戴莊获全国优秀教师称号	北京电子科技职业学院
24	2005	王文获全国职业教育先进个人称号	北京二轻工业学校
25	2006	甄雪松获全国五一劳动奖章	北京市机械工业学校
26	2007	甄雪松获全国技术能手荣誉称号	北京市机械工业学校

附录四

各学校教职工曾获北京市劳动模范、先进工作者荣誉称号汇总表

序号	年份	获奖人及奖项	学校名称
1	1959	王沛英获北京市先进工作者称号	北京二轻工业学校
2	1960	王祖耨获北京市社会主义建设先进工作者称号	北京邮电工业学校
3	1960	杨淑琴获北京市社会主义建设先进工作者称号	北京邮电工业学校
4	1979	徐成林获北京市先进工作者称号	北京邮电工业学校
5	1984	陈柏林获北京市先进工作者称号	北京市汽车工业学校
6	1985	孙绍琪获北京市劳动模范称号	北京市机械工业学校
7	1985	全学倩获北京市劳动模范称号	北京市汽车工业学校
8	1989	杨碧云获北京市劳动模范称号	北京二轻工业学校
9	1995	徐恒亮获北京市先进工作者称号	北京一轻工业学校
10	1995	叶玠良获北京市劳动模范称号	北京市汽车工业学校
11	2000	马玉蓉获北京市劳动模范称号	北京二轻工业学校
12	2000	沈红霞获北京市劳动模范称号	北京市机械工业学校
13	2000	肖永生获北京市劳动模范称号	北京轻工职业技术学院

表格索引

说明：

一、索引中所列表格旨在反映各篇章主要数据及资料信息。

二、索引中表格按照本册志书各篇章先后顺序排列。

三、表格索引包括表格标题及所在页码。

编后记

为迎接2023 年建校65 周年，学校决定编纂《北京电子科技职业学院志》。修志是对学校办学和改革发展历程的全面总结，填补了学校尚无校志的空白，对学校发展起到“存史、资治、教化、育人”的重要作用。

学校党委高度重视校志编纂工作。2022年9月，党委常委会研究通过了《北京电子科技职业学院校志编纂工作方案》，成立了校志编纂委员会，设置了校志编纂办公室，组建了校志编纂工作专班，并确定了《校志编纂工作实施方案》和《校志目录框架》。2022年10月21日，召开校志工作启动会，明确了编纂工作机制和进度安排，正式启动校志编纂工作。

此次编纂的校志分为两册。《北京电子科技职业学院志（合并校篇1958—2007）》，记录2007年合并之前各个学校的办学历史，包括概述、三篇正文（共12章）、附录、表格索引等，正文每章为一所学校的分志。《北京电子科技职业学院志（2007—2022）》，呈现2007年合并为一校之后发展建设的历程，包括概述、十一篇正文（共58章）、学校大事记、附录、表格索引等。

校志编纂第一阶段，按照“全面、客观、真实、具体”的原则，根据资料形式和年代远近的不同，合并校篇1958—2007册采取集中人员编写的方法，由校志编纂专班工作小组以现有档案资料为基础分工编写，期间征询了一些老同志、老校友的意见；2007—2022册采取开放式自下而上的编写方法，由学校各单位和部门完成初稿，专班工作小组分工牵头指导、统筹编写，上下沟通，反复修改。2023年9月，完成校志两册样书，向建校65周年献礼。同时，进入校志编纂第二阶段，按照“补充、精减、凝练、完善”的原则，广泛征求了专家、老同志、各单位和部门对校志样书的意见，其中特别感谢运子微、林业两位专家的指导，感谢赵鹏、孙雅筠、连燕玲等学校老领导、老同志给予的支持与帮助。在征求意见的基础上，由专班工作小组统筹，在体例、结构、内容等方面对两册志书进行规范性修改，于2024年1月完成，并送交出版社编辑审校。之后，专班工作小组相关人员继续反复审核数据、查证文献、优化体系、完善内容。2024年9月，两册校志正式出版。

《北京电子科技职业学院志》是学校建校65年来首次编修，参编人员也是第一次参加校志编纂，大家克服各种困难，放弃休息时间，加班加点推进编纂工作。尽管工作非常努力，限于早期历史资料的不足，加上时间有限，校志内容难免存在遗漏、缺失或讹误之处，敬请理解。

在此，向所有参与校志编纂工作的教职员工、老领导、老同志，以及为校志编纂提供意见、建议的专家和相关人员，表示由衷的感谢和诚挚的敬意。